新装版 講座 近代仏教 上

——概説・歴史・思想——

新装版 講座 近代仏教 上巻

第1巻 〔概 説 編〕（目 次）

近代仏教史・近代仏教への胎動（柏原祐泉）・近代仏教の形成（吉田久一）・近代仏教の発展と課題（森竜吉）・二十世紀の漢訳仏教圏（塚本善隆）・南方仏教の現況（佐々木教悟）・海外における仏教研究の動向（藤吉慈海・佐々木現順・渡辺照宏・稲葉正就・高崎直道）

第2巻 〔歴 史 編〕（目 次）

日本の近代化と仏教（家永三郎）・社会変革と仏教（堀一郎）・廃仏毀釈と護法一揆（宮崎円遵）・「信教自由」の問題（小沢三郎）・絶対主義の宗教政策（梅原隆章）・明治仏教と社会主義思想（船山信一）・近代日本における仏教とキリスト教との交渉（宮崎彰）・石川舜台と東本願寺（多屋頼俊）・明如とそれをめぐる人々（二葉憲香）・行誡と徹定（牧田諦亮）・明治の禅僧たち（篠原壽雄）・在家仏教徒の活動（友松円諦）・明治仏教の再建と居士の活躍（大久保道舟）・山岡鉄舟（海音寺潮五郎）

第3巻 〔思 想 編〕（目 次）

西欧思想と仏教（西谷啓治）・近代科学と仏教（三枝博音）・仏教とニヒリズム（武内義範）・仏教より見た実存哲学（玉城康四郎）・現代意識と浄土（星野元豊）・即非の論理と現代（市川白弦）・西田哲学をめぐる問題（鈴木亨）・河上肇（寿岳文章）・法然と現代（諸戸素純）・道元と現代思想（前田一良）・日蓮と現代社会（相葉伸）・思想家親鸞（務台理作）・人間親鸞（圓地文子）・史実の親鸞（松野純孝）

新装版　講座　近代仏教　下巻

第4巻　〔文　化　編〕（目　次）

第5巻　〔生　活　編〕（目　次）

第6巻　〔今　日　の　問　題〕（目　次）

講　座

近代仏教

第1巻概　説

法　蔵　館

目次

第二篇　近代仏教の形成　　吉田久一　六

第三篇　近代仏教の発展と課題　　森竜吉　一一七

講座 近代仏教 概説編

近代仏教史

第一篇　近代仏教への胎動

はじめに

近代仏教ということばは新しい概念をもっている。それは単に近頃の仏教といった漠然とした意味でなく、もっと現代仏教との深いつながりをもった概念である。第二次大戦後、一般日本史の上で時代区分の問題が検討され、明治初年からほぼ今次の大戦末期までを近代という時代概念で把握することになったが、それは戦前に、明治以後を現代とよぶのが一般的であったのに較べて、大きな相違である。いうまでもなくこれは、今次の世界大戦を境として、日本史の上にもはっきりした転換が行われたという、われわれの現代的自覚に基いている。われわれが戦前を近代という概念でとらえるのは、それが現代と異質的であることを、身をもって学びとったからである。しかし近代は、現代に対して異質的ではあるが、決して無縁ではない。むしろ有形、無形に現代は近代につながり、近代がいろいろな意味で現代の母体をなしていることは、われわれの体験し知悉しているとおりである。ここで、近代仏教が本講座にとりあげられたのも、全く同じ意識からであるとおもう。すなわち現代仏教が、新しく自覚された現代という時代の仏教であるならば、それは当然、近代仏教と異質的である筈である。と同時に現代仏教は、近代仏教との直接的な、密接な関連をもち、近代仏教との揚棄的な関係をもっている筈である。したがって近代仏教を見なおすことは、それと、自覚された現代仏教との異質的な面を明白にするとともに、そこから現代仏教に継承し発展されるべき面をも掘りだすことを意味している。かくして近代仏教は、戦前の過ぎ去ったものとしてでなく、われわれの現代仏教への認識と自覚のための踏台としての意味をなげかけてくるのである。ここで、近代仏教を改めて整理し追懐することは、とりもなおさず現代の仏教が立っている位置をより明確にすることを意味している。

ところで、近代仏教にはさらに幕藩制時代（すなわち江戸時代＝封建時代後期＝近世）の仏教が先行する。一般史で近代の理解が近世の解明を前提としているごとく、近代仏教は幕藩制下の仏教事情の考察、ことに幕末維新期の仏教との直接関係を把握することを前提とする。このことは、明治の変革によって出発した近代が、社会的にも思想的にも多分に近世からの継承発展によっているという、一般史の性質からも自明のことといえよう。

本篇ではいわば、このような近代仏教の前提部を究明し概観することを目的としている。そのために幕藩制下の諸問題、幕末期の新動向、一八七二年（明治五）頃までの明治維新期の諸事情について各一章をあてる。なお幕末期の最終期十数年は当然維新期に含まれるものであり、また七二年頃に限るのは、同年の大教院設置から維新政府の宗教政策に改変を生じ、近代仏教が新しく発展するための契機となったと考えるからである。

本篇の一、二章ではいわゆる封建時代の仏教を考察することとなるが、この封建制下の仏教については従来固定した概念がある。すなわち、本末制度、檀家制度の成立や幕府の法度《はっと》政治による封建的教団機構の成長、封建的警察政治と結合した国家的仏教とそれにもたれた僧侶の安逸、などといった、仏教と幕藩制との結びつきを説き、封建仏教という概念で把握するし方である。勿論これはそれ自身としては正しい。しかし、江戸時代の仏教をすべてこの概念で割切るとすれば、それは自覚された現代仏教からは、ただ否定的対象にすぎなくなる。ここからは近世→近代→現代へと継承されるものは出てこないし、現代仏教は自己の根をもたないこととなる。

本篇の叙述の構想は、あくまで近代仏教への胎動の問題を中心にすることである。幕藩制下の仏教のなかで、とくに新しく育てられて近代仏教に継承されるもの、あるいは現代仏教の根になるものを掘りだしてみたいとおもう。勿論それは何らかの作為的な立場から造作されるべきでなく、歴史的、客観的立場からの考察に基いて、封建制度の時代背景のなかで、それぞれの問題の所在点、その限界性、あるいは発展性などが検討されねばならない。本篇においてはこのような意図のもとに、本末制、檀家制などの、いわば幕藩制下においてのみ意義の多い、封建的な時代的制約にしばられやすい教団関係の問題を意識的に避け、とくに比較的柔軟な発想をとりうる思想関係のなかから問題を選びだし概観してみようとおもう。また明治維新期の仏教についても、教団の政治活動などは同じ意味で考察の対象からは省きたいとおもう。

第一章　幕藩制下の思想と仏教

1　倫理的・経世論的・科学的排仏思想の発達

幕藩時代を通じて、従来にみられない排仏思想が盛行し、それが明治維新期の廃仏毀釈の思想的源流の一となったことは、すでに衆知の事がらである。したがってここでその排仏思想について詳論することはさしひかえたい。しかし、幕藩時代が封建的統治形態をとりつつも、なお明治以後の近代に直結する多くのものをもち、その中で育った排仏思想が中世否定的な精神を基盤とし、近世的精神の本質を示す性格をもつものであり、またその仏教に及ぼした影響の大きいことを考えてみれば、やはりわれわれは一応その歴史的本質について把握しておく必要があるとおもう。

幕藩制下の排仏思想は大体、前後の両期によってその特質を分けることができる。前期排仏思想は主として朱子学者を中心とした、儒教の倫理主義的立場からの批判を特色としている。それに対し、後期排仏思想は政治・経済的立場と科学思想的立場からの批判を特色とする。勿論、後期排仏思想には前期以来の倫理的批判がつねに併行するし、また前期においても陽明学派の熊沢了介（蕃山）のごとく政治的、経済的な面からの批判も見いだしうるが、しかし、全体的な歴史的性格からすれば右のごとく特色づけることができよう。なお、後期にはこれらの立場以外に、国学者の主情主義的な立場からの排仏思想が発達するが、それは特に節を改めて一神教的信仰との関連において論及したい。

前期排仏思想の表現するところをみると、たとえば近世朱子学の祖とされる藤原惺窩は、釈氏は仁種・義理を絶滅するから異端であるといい（「惺窩先生行状」）、その門人林羅山は、仏教を君臣・父子を棄てて道を求めるものであると否定し（「論三人」）、室鳩巣も、仏法は五倫五常を離れ、人事物理を具せず、ただ空しく霊覚の心を求めるにすぎないという（「駿台雑話」）。彼等はいづれも朱子学者であるが、このような表現は朱子学者一般に共通するものである。またこの仏教否定の論理は朱子学者ばかりでなく、陽明学派の中江藤樹の「翁問答」、熊沢蕃山の「集義外書」や、古学派の山鹿素行の「聖教要録」「山鹿語類」、伊藤仁斉の「語孟字義」、荻生徂徠の「弁道」「答問書」、太宰春台の「弁道書」などにも見いだすことができる。勿論、各学派の間にはそれぞれ論拠に差異があるわけで、たとえば、古学派の荻生徂徠などは、朱子学者の所論に対し心性論と仏説との同似性をついて、両者を併せ否定し、かえって仏教は実際上の政治にかかわらないから実害はないとしている。しかし、いずれも倫理主義立場から仏教を排する点では共通している。

このように前期排仏思想が儒学の諸派を通じて倫理主義の立場をとるのは、一面としてはその五倫（君臣の義・父子の親・夫婦の別・長幼の序・朋友の信）・五常（仁・義・礼・智・信）を人間究極の生活規範とする考え方が、幕藩体制の階層的秩序社会の構造を合理化する理念として、とくに朱子学者を中心として、政治と密着したからである。そのかぎりでは、その倫理主義は封建的社会関係のなかに跼蹐するものであって、したがってその排仏思想も封建的限界のなかでの主張であるといわねばならない。しかし一面では、そこに近代に直結する精神があることを認めよう。すなわち、その倫理主義は五倫・五常という個人の上下関係だけに拘束するものではあるが、なお、基本的に人間関係を肯定し人間存在を認める点で、人間主義の立場にたつものである。とくに幕藩時代に朱子学を中心とする儒教の倫理主義が盛行するゆえんは、戦国時代以後の強い我意＝自我の主張の精神に支えられているからである。その仏教排斥の思想にはこのような人間肯定の精神があることを認めねばならない。従って右に二、三掲げたごとき排仏思想の表現には、その裏に必ず仏教の来世主義、彼岸主義に対する否定を伴うものであって、現世主義と密着しているものである。勿論、かかる仏教否定が仏教の本質的な否定的精神を理解しての主張であるとはいえないが、しかもその近代に直結する人間肯定に基く点は、とくに非中世的な新しい立場としてその意義を把握せねばならない。そして、このような性格を持つ倫理主義的な排仏思想にいかに対決するかということが、幕藩制下の仏教の大きな課題であった。

ついで、後期になると儒学者のなかに経世論家と呼ばれる人々があらわれ、政治的、経済的な立場から仏教批判を行った。中井竹山の「草茅危言」、その弟履軒の「年成録」、正司《しょうじ》考祺《こうき》の「天明録」「経済問答秘録」、帆足万里《はん》の「東潜夫論」、などがその代表的なものであり、また幕末には水戸学派の藤田東湖の「常陸帯」、会沢《あいざわ》正志斉の「下学邇言」なども実際的な面から仏教を批判している。彼等の主張する論点は僧侶は四民以外の遊民であるということ、伽藍仏教は国費・民費の浪費であるということなどである。従ってその排仏思想も具体的、政策的なかたちをとり、あるいは度牒制を復活して僧尼を取締り、あるいは廃寺・滅寺・合寺により経費を節約し、また宗門改制を止め檀家制を廃して民費の消費を防ぐなどという実際策を論じている。このような排仏思想が後期から盛になるのは、いうまでもなく、この頃から維新期にかけ、幕藩体制の矛盾の進行にともない、その衰微から解体への方向に対する危機感に支えられて、その救済策としての意味をもったからである。廃寺政策などは、すでに一六六六年（寛文六）に水戸藩・岡山藩・会津藩などで実施しているが、この場合は前年に幕府で行った寺院整理統制の政策を踏襲する幕藩制確立期の初期的政策を意味していた。しかし後期に水戸の徳川斉昭《なりあき》が行った廃合寺策などは、会沢正志斉などによる実利的な排仏思想の裏づけなくしては不可能であり、それだけに後期排仏思想は封建制の末期的な政治政策と密接な関係をもって仏教に迫る力をもっていた。なおとくにまた、このような政治的・経済的な立場の排仏策は、単に幕藩体制の枠内に留まらないで、そのまま明治維新期の絶対主義的な富国強兵策に基く仏教政策へ移行する性質のものであったことを注意しなければならない。

後期の排仏思想のなかで、さらに注目すべきものに科学的精神に基くものがある。これは、それぞれニュアンスの相異はあるにしても、おおむね合理主義的な発想法をとり、さきの政治的、経済的立場からのものに比して客観的、論理的な性質のものが多く、その点で必ずしも厳密に排仏思想とはいえないが、しかし従来の仏教観の根源的な面に大きな影響を与え、仏教側からは排仏的著述として受けとられた点で、排仏思想の範疇に入れてよい。そしてとくに留意すべきことは、これらの科学的仏教論の主なものが、中期の大阪などの大都市商人のもっている自由なリアルな精神と結びついた学者から出ていることである。その代表的なものは、大阪尼崎の懐徳堂一派の人々によるものである。さきにあげた中井竹山・履軒兄弟もその関係者であったが、懐徳堂設立当初に助教をつとめた五井《ごい》蘭洲や、ここで学んだ富永仲基、竹山に学んだ大阪の両替商山片蟠桃《やまがたばんとう》などが著名である。蘭洲・蟠桃はそれぞれ「承聖篇」や「夢之代」で、仏教の輪廻転生説や地獄極楽説とともに、仏教的宇宙観としての須弥山説を虚説として批判している。とくにこの須弥山説反駁は、のちになってキリスト教側からの反駁とも併せて、全仏教界に危機意識をあおり、幕末期の仏教界に大きな問題をなげかけた。

また富永仲基は「出定後語」において大乗非仏説論を展開し、その説は京都の町人学者服部蘇門（天游）の「赤裸々」に継承され、また国学者本居宣長も本書を推賞したが（「玉勝間」—出定後語といふふみ—）、とくに平田篤胤の「出定笑語」にいたって、附会的解釈を用いて全く仏教排撃のための理論として援用されたことは有名である。仲基の大乗非仏説は独特の論理で説明された。それは加上と呼ばれ、一切の教法は前に存したものの上に加える所があって成立してゆくというのである。さらに加上を可能にする原理として、すべての言語に三物（類・世・人）五類（張・泛・磯・反・転）の原則を考え、それに従って変化してゆくと考えた。ここから、仏教のうち釈迦の実説は阿含の数章で、その後、小乗に加上して大乗般若説ができ、さらに加上されて法華経一類の教となったなどと論じた。このような加上の論理は、宗教的主体性を無視したものであり、各経典の宗教的本質を把握するに不適当であることはいうまでもない。しかもまた、仲基の歴史的立場は遡源的な史観であって、歴史の発展的、進展的解釈を無視したものであり、その点でも今日の歴史学の批判にたえる方法論とはいえない。とはいえ、仲基の加上説は客観的な仏教史記述の最初の試金石であったと共に、またとくに、明治三十年代の仏教界に大きな波紋をなげた、姉崎正治の「仏教聖典史論」や村上専精の「仏教統一論」「大乗仏説論批判」などの、歴史学的操作による大乗非仏説論に直結する前駆的方法論を提示した点を注意すべきである。このように仲基の「出定後語」は本来、客観的立場にたつ著作であったが、右のごとく平田篤胤の附会論の影響もあって、維新期までの仏教側ではあくまで一般的な排仏の書としての概念で本書に対決した。従って、当時の仏教界では、本書により歴史学的、科学的思考への触発を受けはしなかった。

2 諸宗における排仏思想への対応

前節で概観したように、幕藩時代の排仏思想には幾通りかの発想のし方があった。それらは何れも仏教の本質を理解したものとはいいがたいが、ただ共通して現実主義、合理主義、人間主義などの近世的精神を基盤とした発言である点に意味があった。従って、仏教がこれらの排仏思想にいかに対応するかという問題は、単に宗教的、思想的対決ということだけではなく、仏教が近世的精神にいかに答えるかという歴史的な意義をもっていた。

仏教の排仏思想への対応のし方は、ほぼ三方向に大別することができる。すなわち、積極的に各々の排仏論に反駁を加えるものと、仏教と世俗倫理との融合を以て答える場合と、戒律復興により自戒的な姿をとるものとである。まず最初の排仏思想に対する直接の反駁については、仏教側で主としてマークした排仏論家を知るためと、また一応の整理をつける意味から、繁雑ではあるがそれら反駁書の主要なものを列挙しておきたい。林羅山の本朝神社考を反駁した白隠（臨済宗）の「読神社考弁疑」、寂本（真言宗）の「神社考邪排仏教論」、竜渓（黄檗宗）の「大宗正統禅師弁正録」、羅山文集を駁する潮音（黄檗宗）の「扶桑護仏論」、山崎闇斉の闢異に対する隠渓（臨済宗）の「儒仏合論」、心安軒の「儒仏或問」、熊沢蕃山の集義和書に対する潮音（黄檗宗）の「摧邪論」、太宰春台の弁道書を駁する乙堂（曹洞宗）の「駁弁道書」、貝原益軒の和事始・漢事始を駁する誓鎧（真宗）の「排僻篇」、同じく始好仏者論を駁する致浄（真宗カ）の「嗤《し》謬《びょう》論」、中井竹山の草茅危言を駁する南渓（真宗）の「角毛偶語」、富永仲基の出定後語に対する文雄（浄土宗）の「非出定後語」、放光（天台宗カ）の「弁出定後語」、潮音（真宗）の「摑裂邪網編」、服部天游の赤裸々に対する潮音（真宗）の「金剛索」などがそれである。その他、直接的反駁書を見いださないが、仏教側から特に強い排仏思想を示す儒者の著述として注意されたものについて、竜温（真宗）は「総斥排仏弁」のなかで、井沢長秀の和漢俗説弁、荻生徂徠の擬家大連檄、巨勢彦仙の本朝歴史略評註、正司考祺の経済問答秘録、岩垣松苗の国史略、帆足万里の入学新論、頼山陽の日本外史・日本政記、会沢正志斉の新論・豈好弁・草偃和言、塩屋宕陰の丙丁炯戒録、蒲生君平の今書などを挙げている。竜温は維新期の学僧であるが、とくに後期から幕末にかけての政治経済論的、歴史的立場からの排仏思想を主にとりあげているのは、幕藩制崩壊期にあって危機意識を強くもつ仏教が、これら実際論的、実証的論法をとる排仏論に、より強い刺戟をうけたことを示している。これがまたひいては、幕末仏教に護国意識をたかめさせるための一の大きな刺戟ともなった。

さて、これらの反駁書の内容についてここで検討する余裕はないが、おおむねの論旨についていえば、仏教に対する人倫否定の指摘に対しては世俗倫理との一致論を以て答え、経世論からの排仏に対しては仏教と政治との結合を説き、また自戒自省的なかたちで僧界の粛正を論じ、あるいは仏教の本来的な立場を述べて積極的に儒教を批判するものもあった。世俗倫理との融合や自戒的精神は、別にそれぞれ発展を示して仏教の近世的意義を培うこととなったが、反駁論の一般的な論旨は、幕藩制の限界のうちに跼蹐して、おおむね妥協的傾向の強いものであった。いま、反駁論の一例を、かなり典型的な内容を示すと思われる乙堂の「駁弁道書」から引いてみよう。すなわちまず、五常の仁・義・礼・智・信に仏教の不殺生・不偷盗・不邪淫・不飲酒・不妄語の五戒を配当し、仏教は「父母乃至一切ノ含霊ヲ救テ無為ニ導ク、是レ真ノ孝養ナリ」と世俗倫理との結合を示し、さらに「国恩ヲ知テ実ニヨク広大ニ恩ヲ報スルモノハ出家ナリ」といい、仏道は天地に則り君臣の戒善、父子の至孝などを説くから治道に益ありとして政治との妥協を求めている。しかし一方、「今ノ時、法ヲ売テ紫衣賜号ニ誇ル者ハ辱ヲシルベシ」と強い言葉で僧界の自粛を求めると共に、五常はしょせん迷倫に順ずる治道で究竟の法にあらずとし、「世間ニ於テハ君臣父子ノ間、四民各々ノ所業ヲ務ムル、皆箇々其情欲ヲ遂グル利名ノ道ニシテ縦ヒ仁義ニ依テ行フト云トモ、仏法ヨリミレバ桎梏枷繫ノ迷中ニシテ未ダ輪廻ヲ免ルルコト能ハズ」といって、儒教を批判すると共に世俗性を越えて仏教の自律性を確立している点を確認しておきたい。

仏教の排仏思想への対応のし方のつぎの方向として世俗倫理との融合の面についてみると、これを二種類に分つことができる。すなわち、仏教と儒教ないし儒教・道教または儒教・神道との一致論を説く型のものと、仏教のなかに世俗倫理を混融させて実際的教化に当るものとである。まず前者についてみれば、臨済宗の慧訓著「三教論衡」、白隠著「三教一致の弁」、大竜編「三賢一致書」、東嶺著「神儒仏三法孝経口解」、曹洞宗の為霖著「三教弁惑」、浄土宗の大我著「三彝《い》訓」「三教鼎足論」、日蓮宗の日勇著「弁断鬼神二教合壁論」、日宣・日典共著「三道合法図解」、日達著「神仏冥応編」、真宗の滝温著「神儒対論正理論」や、その他、禿帚軒著「儒釈問答」、道誉著「古今紕繆弁」、風外著「三法鼎足談」、非得著「三教童喩」、某僧編「儒釈筆陣」、某僧著「二教合録」、同「儒仏或問」などの著作がある。なお、このような仏教側の一致論は、水戸の儒者森尚謙の「護法資治論」や長州の儒者滝長愷の「三之逕」をはじめ、坂井兼政・溝口敬明・武田大・松平定常・竜熈近などの一般学者の仏教に対する擁護論により支えられ、または逆にこれら一般学者の論著を生み出していった。

しかし、この範疇にはいる著述は、おおむね時代の排仏思想に対抗することを意識し、故意に仏教と儒教・道教・神道との融合を論理づけようとする公式論的な傾向がつよい。大我の「三教鼎足論」に例をとれば、仏の般若・慈悲・方便と儒の智・仁・勇と神道の明鏡・霊璽・宝剱との一致、仏の戒・定・慧三学と儒の君臣・父子・夫婦三綱と神道の剱・玉・鏡三器との一致、その他、仏儒の関係で五戒と五常、因果と禍福、地獄と地府や、般若の中道と中庸の中理、法華の授記作仏之妙事と尚書春秋の世々天下之奇事等々の一致を相即的に説き、神儒仏の究極は勧善懲悪にあり、仏の出世は利人治国を本懐とするといって封建的治世との妥協をはかっている。一般に一致論の論理からは、排仏思想に対する護教的意識が強く感ぜられ、それ自体としては時代教学の先端に立つものではあっても、近世的精神につらなる面はあまり感ぜられない。

これに対し、仏教により強く近世的意義を附与したのは、つぎの庶民を直接対象として教化に従事した場合であった。これらの教化の内容には世俗倫理が巧みに融合されているが、その殆んどは倫理の内容を儒教的な規範形式に公式的にあてはめることをせず、庶民生活と直結した卑近な、かつ具体的、経験的なかたちで表現している。曹洞宗の鈴木正三《しょうさん》、臨済宗の白隠、浄土宗の徳本、真言宗の慈雲、真宗の徳竜などの著書に典型的に見いだすことができる。以下、すこし具体的に考察してみよう。

正三は「驢鞍橋」「万民徳用」などで〝世間の三宝〟について述べ、〝仏法の宝〟を渡世身すぎ・身心安楽・万事万善・五倫の道・諸法度・武勇などに使うべきことをいい、仏法を世俗生活のなかに生かすべきことを説く。そして武士・農人・職人・商人の日用の職分がそのまま仏行であるべきことをいう。正三は晩年を江戸で過し一六五五年（明暦一）に歿した近世初期の武士出身の人であるから、その説く商人倫理が、「売買の作業は、国中の、自由をなさしむべき役人に天道より与えたまふ所なりと思い定めて」（「万民徳用」）という封建的社会観に立脚することは当然ながら、元禄期以前にすでに商業勃興の時代傾向を呼吸して、仏教により庶民生活を規範づけようとした意義は大きい。

また白隠も、「御代の腹鼓《はらつづみ》」「御酒落《しゃれ》御前物語」「子守唄」「草取唄」「主心お婆は粉引歌」「おたふく女郎粉引歌」「安心法興利《ほこり》多々記」「大道ちよぼくれ」「孝道和讃」など多くの通俗的な談義書を著わし、禅を民衆の生活化することにつとめた。「仏求むりや仏にまよひ、法を求むりや法縛をうく。……障りや濁るぞ渓河の水、問ふな学ぶな手出しをするな、これがまことの禅法だ程に、見ぬが仏ぞ知らぬが神よ。これを聞くより彼の大勢の、無智や懶惰の役坐《やくざ》のやから、さても貴い教化でござる、もはやこれから我々どもは、思ひよらざる生仏《いきほとけ》じやぞ……」（「主心お婆々粉引歌」）といった調子で、坐禅観法の方法を介せず直接に庶民を禅に近づけている。

同じくその書簡集「遠羅天釜《おらでがま》」で、為政者が国務を廃し、武士が武術を忘れ、商人が算盤を砕き、農夫が耕耘を止め、工匠が斧斤を抛って行う枯坐黙照の禅を非現実的なものとして排している。また白隠は、右の著書の多くに恩や孝について語るが、それらはほとんど儒教思想にかることをせず、仏教の四恩（天地・国王・父母・衆生）思想に基き、庶民の日常的な道徳を説くものであった。

徳本は紀州の農民の出身であるが、彼もまた諸方を巡り念仏と生活との一体を庶民に説いた。「徳本行者語」によれば、一心の念仏ということをいい、「つつしみは只一心にあり」といって、その一心は「あきなひすともむさぼるな、ふうきなりとも高ぶるな、……たからありともえよふ（栄耀）すな」といった、生活倫理の中心的役割をなすものとされた。

慈雲が十善戒（不殺生・不偸盗・不邪婬・不妄語・不綺語・不悪口・不両舌・不貪欲・不瞋恚・不邪見）をすすめて庶民を仏教生活に近づけたことは周知のとおりである。慈雲はそれを「十善法語」「人となる道」などの著書に屡述した。すなわち、十善とは「人の人たる道」であり、「此の人有て此の道ある、外に向て求ることではない、……今新に構造することではない、人々具足、物々自爾」のもので、一般的な人間生活そのままのなかに相即したものであるとした。そしてそれは世間戒ではあるが、慈雲はそれを出世間戒や声聞戒・菩薩戒などにいたるための段階的なものと解釈せず、「此の十善が直に菩薩の戒、波羅密の行」「此の十善が直に真言行、菩薩の学処」であると説明した（「十善法語」）。尤も、十善戒中の不綺語戒の説明に、「近世の誹諧・発句・狂詩・情詩の類みな綺語に摂すべし」（「人となる道」）といって新しい庶民文学を否定したり、不偸盗戒を守れば君臣関係の永遠性も保持されることをいって（同）、封建的階層関係維持の理論に援用する面もあるが、しかし、「此の十善は世をおさめ民をすくふ尊貴に処する道にして、独善逸居の趣にあらず」（同）として、仏教を時代社会に即応させ、男女の情欲を肯定したうえで不邪婬戒の夫婦の道を説くなどして、庶民の通俗的な生活倫理の実践のなかに仏教を解放していった点をとくに注目しなければならない。

真宗においては、本来、非僧非俗的生活とその他力的教義とは有機的関係をもつものであり、とくに綱目的な倫理観をたてないが、しかしその生活形態は時代の一般社会生活と密接に結びつき、そこから時代即応の徳目がとりあげられた。近世ではとくにその俗諦論に倫理主義が強調されたが、しかしその倫理はほとんどが儒教的五倫五常の道徳観に依存するにすぎなかった。徳竜の「五倫弁義記」「五常弁」などはその代表的なもので、全く儒教道徳をそのまま強調することに終始している。その限り援用的、手段的方法論を出るものではないが、ただこのようなかたちを通じて、幕藩制下の生きた世俗生活に密着していった時代的意義は認めねばならない。

以上の外に日蓮宗の元政・日輝、天台宗の敬光・実観、臨済宗の沢庵・無難・盤珪・沢水、曹洞宗の天桂、真宗の仰誓・信暁、その他多くの実践的学僧を挙げえよう。これらの人々の説くところを先の一致論と同じ意味をもたせ、ただちに排仏思想に対する直接の対応とみることは許されない。一致論が常に排仏思想を意識するのに対し、これは常に庶民生活を意識しているからである。しかし一致論がおおむね公式的論理にとどまるのに対し、これは時代生活に実践的に直結することにより、間接的ではあるがより強く排仏思想に対し発言力を持つものといえよう。そしてさらに注意すべきことは、これらの実践的仏教のもつ近世的意義についてである。すなわち、いずれも封建制的規範のなかから脱するものではないが、なお庶民の現世的生活を対象とし直接に世俗生活に触れることにより、仏教が近世的な人間性を呼吸することとなったということである。また、このような世俗生活への接近が、仏教を庶民の中に沈潜させ普及させることとなった。江戸時代における仏教と庶民との結合は、単に檀家制度の強行といった法的強制による以外に、このような教学面からの接近による点が注目されなければならない。それがまた、たとえば真宗の妙好人（第二章第三節参照）に示されるような、多くの在俗篤信者を育てることともなったのである。（なお、近世仏教と世俗倫理の関係については、古田紹欽氏「日本（仏教史）、下」―現代仏教講座第三巻―も参照。）

排仏思想に対する第三の対応として、自戒的な戒律思想の盛行をあげたい。これも勿論、直接に排仏思想を意識してのものではない。近世の戒律主義は、幕藩制下における本末制・寺檀制にもたれた仏教の安逸と形式化に対する先覚僧侶の自戒的な復興運動とみるのが本質的であろう。しかし、戒律主義を唱える人々の内に、さきの世俗倫理の融合者が再登場することによっても知られるごとく、その外見は内面的、教団的なものではあっても、明白に時代的、社会的背景を意識しての運動であった。したがってそれは同時に、時代に即応しようとする意味をもち、内面的自覚ということだけではなく、仏教の社会的存在意義を明白に示すことでもあり、ひいては排仏思想に対しても発言力をもちうるものであった。以下に戒律思想の主要なものを列挙しておこう。

天台宗では慈山（妙立）が従来の一向大乗戒に併せて小乗四分律戒を用い、以て僧風の頽廃を救おうとした。弟子光謙（霊空）の時、叡山安楽院によったので安楽律と呼ばれ、光謙の門弟智幽にいたり盛になった。つぎに真言宗においても早くに明忍が真言律を説き、快円・慈忍などに受けつがれたが、浄厳にいたり新安流の律として大成された。また慈雲も先述のごとく十善戒を説いたが、それは菩提心を戒体とし直接に如来の所説に基き修行するもので大小顕密諸教に通じるものであるとして、正法律と呼ばれた。浄土宗においても関通・普寂・敬首などにより、旧来の大乗円頓戒に併せて四分律を用いる浄土律が提唱され宗風興隆運動が起ったが、それは後に湛慧・行誡などに継承された。日蓮宗においても元政が法華律の新運動を起し、草山律・元政律ともよばれた。

真宗においては勿論、戒律を用いることをしない。しかし、西本願寺派の巧存・智洞の願生帰命・三業（身・口・意）安心の説は、真宗の本義からすれば念仏者の自力的作業につらなるもので、異端的なものであったが、この説がいわゆる三業惑乱とよばれて教団内に教学的一大確執を生んだ時代的意義を思うと、三業安心説の背景には上にみた各宗の戒律主義による自戒精神、それによる教団振興という、時代風潮と無関係ではないことが想像される。戒律自体は手段的なもので、仏教の本質そのものではないが、ただ、外部からの排仏思想による圧力と内部における教団の安逸化とに対しては、明白に仏教本来への自覚を示すものであった。その意味で、時代的な背景を考慮にいれて考察すれば、戒律復興は封建制下の枠内にあり乍らも仏教自らが生みだした本質的、自律的な運動であったと評価してよい。

3　新〝神意識〟の発達と仏教

徳川時代にいたって、従来の唯一神道や山王一実神道などの中世的な神仏混合の神道説を否定して、儒者によって神儒一致論に基く神道説が多くたてられた。主として朱子学者を中心とするもので、林羅山・山崎闇斉などを始め、藤原惺窩・三宅観瀾・雨森芳洲などの所説が著名である。その他、陽明学者熊沢蕃山の神道説も知られている。これら儒者のいうところは、三種神器に智・仁・勇、仁・武・明、慈悲・正直・決断などの徳目を配し、神儒の一致点を慈悲・敬・王道などの一点にしぼるもので、儒教的な道徳思想によって神道を解釈するものである。このような神道に対する儒教的附会は、山崎闇斉の垂加神道におけるごとき尊皇意識の強いものもあったが、一般的には封建的道徳を理論づける朱子学を中心とする儒学に、更に国家的な根拠づけを行うためのものであった。儒教的神道は、ほぼ前半期に活動を閉ぢ、後半期には新しく擡頭する復古神道にその道をゆづった。

しかし、このような儒教的神道はただ限られた武士・知識層の政治的宗教思想として受容されただけで、前半期には中世以来の神仏習合的な神道思想が一般的に行われた。仏教側からは天台宗系の山王一実神道を組織づけた南光坊天海や、真言宗系の両部神道に関する若干の著述などの出現があるが、単なる旧来の教説の再敷衍にすぎず、わずかに中期の慈雲の説いた雲伝神道が、一方において儒教倫理を批判しつつ、また旧来の両部神道的神仏習合を排して独特な密教を背景とする神道説を立てて、やや清新さを示したにとどまった。その他、前節に触れた仏教側の神儒仏一致説は、また同時に儒教的神道に対する対応の意味をも持ったといえよう。

しかしながら、江戸時代後半期から殊に幕末にいたり復古神道が発達し、とくに平田篤胤が儒教の倫理思想と共に儒教的神道を強くしりぞけ、また仏教を強烈に排斥するに及んで、仏教は大きな刺戟をうけた。仏教のうち篤胤がもっとも強く排斥したのは、民衆と結びついた真宗と日蓮宗とで、とりわけ浄土思想を強く攻撃した。そのため、とくに真宗からは多くの復古神道に対する反駁があらわれた。本節ではしたがって、この篤胤の神道思想とそれに対する仏教側の対応、及びその性格が中心課題となる。

ところで、篤胤のいわゆる平田神道は、同時に勃興した多くの新興神道と無関係には理解することができない。後半期から特に幕末の幕藩体制の崩壊期にかけて、政治的な不安定と商業資本の発達に伴う農村の階層分化の進展を社会的な背景とし、現実主義的観念、人間主義的意識の展開を思想的な背景とし、直接には現実生活上の実際的な要求や〝世なおし〟的な社会的要求に支えられて、多くの新興神道が生みだされた。金光教・黒住教・天理教に典型的にみいだされるこれら新興神道の特徴は、いずれも山陽・近畿の先進的な農村を基盤とし、生き神としての教祖による創唱的宗教であることと、一神教的な信仰形態をとっているということである。その点で人間的観念が強く、また或程度、近代的に整理された神意識をもつといえる。しかし実際的な庶民との接触は、功利主義的な現世利益を目的とする呪術的色彩のつよいものであって、その点では古代的な宗教意識の再登場にすぎない。ただ、従来の既成宗教の教説とのシンクレチズムのかたちをとってではあるが、一神教的な神をたてて新しい神意識を展開させたことと、民衆の時代の動向を直接に反映した庶民宗教として発達した点は注意すべきである。

さて、篤胤やその門下の大国隆正などが国学を復古神道として発展させせえたのは、このような新しい神意識の発達を背景としてであった。篤胤が宇宙の主宰神として天御中主神《あめのみなかぬしのかみ》をたてたことは、先蹤的には山崎闇斉の同神を天地全能の神とする一神教的思想などにみられるところであり、また直接にはキリスト教的神観に影響されたものともいわれているが、何よりも同時代の庶民の間の、救済神的な新しい神への要求に支えられてのものであった。尤も、新興神道と平田神道とはその神学的体系の発想のし方も異り、その受容層も金光教・天理教などが農民を主な対象とするのに対し平田神道は主として商人及び武士階級に受容されたし、平田神道はまた国家主義的色彩を強くもって維新政治と直接に結びついた。しかし一神教的信仰の類似点ばかりでなく、同時に古代的宗教意識の矛盾を共存させるという面でも、両者は共通した基盤にたっている。

篤胤は本居宣長の復古国学を継承してそれを復古神道として宗教化したが、そのために天御中主神に主宰神的性格を求めるのみならず、大国主神を来世神として幽世を死後往生の世界と考えた。そしてその宗教論を体系ずけるために、表面上は否定した儒教倫理や仏教の輪廻説・往生観などを実際には受容した。また地球説などの科学的宇宙観や洋学流の科学思想をとりいれて合理化をはかっている。その点で、一神教的思想とともに近世的精神への傾斜を示すものである。

しかし本質的には、復古国学本来の、古典に示す古代の神観への無条件崇拝に陥り、一神教的設定も不徹底で、古神道の多神教観を受容している。その他、天狗説・妖魂説などの中世的怪異思想を混在し、通俗的な神秘観により修飾されている。すなわち古代的宗教意識の復活が篤胤の復古神道の根幹をなすものである。ただ、咒術的な現世利益を説かず生き神信仰や教団形成を伴わない点で新興神道の範疇には入らない。平田神道は古代的宗教意識に支えられ、あたう限りの近世的精神によって修飾された皇国主義を本質としている。この故に維新の王政復古の思想的原理たり得たが、またその古代的性格の故に、維新後明治十年代には早くも政治面から後退しなければならなかったのである。

さて篤胤は、このような立場から「出定笑語」「同原本」「同附録（神敵二宗論）」「悟道弁」「古今妖魅考」「印度蔵志」「同未定稿」「鬼神新論」など多くの排仏書を著した。宣長の学説では仏教よりも儒教倫理に対する反駁が強いが、篤胤の場合には古道説を宗教化し新しく体系づける過程で、既成宗教としての仏教に最大の反抗を示した。とはいえ、右のごとく古代的神意識と近世的粉飾の未整理な混在を示す神観からは、儒学者が反倫理性を楯に仏教を批判したごとくには、確固たる排仏の論拠をもたず、また不徹底であった。ただしかし、平田神道が複合的にとりいれた科学的宇宙観、加上説による歴史観などに基いた批判や、国学本来の主情主義的立場からの反駁などは仏教側に大きな刺戟を与えた。とくに「神敵二宗論」で真宗・日蓮宗を対象とし、ことに浄土思想・肉食妻帯・神祇不拝や一向一揆などをとりあげて反駁するにおよび、真宗に驚怖を与えた。

従って、篤胤の排仏論に対する反論は主として真宗によって行われた。その反駁書をあげてみれば、竜温（神儒対弁）

仏法にくまれ草」、法蓮「羊狗弁」、竜暁「論童弁」、中道「摑邪新編」「破邪問答」「唾笑語」「僻難対弁」「神敵二宗論弁妄」、祐肇「出定笑語附録弁駁」「神学弁稿」、常音「神仏逢原」、正楷「神道弁」、仰誓「僻難対弁」、南渓「神仏水波弁」、義導「篤胤駆」、某「神国弁」、蜉蝣居士「決邪問答」など甚だ多い。真宗以外では幻々道人「弁僻譚」、曹洞宗良月「追蠅払」、樨軒主人「梅雨瑣話」などがいずれも篤胤を破している。いまその所説の典型的な型を「摑邪新編」からうかがえば、国学の倫理否定は勧善懲悪を廃することを述べて人倫主義を主張し、神儒仏を四姓の宗帰として三教一致を再確認すると同時に、篤胤の破仏が邪見であることを破するのであって皇国神道の邪をいうのではないといって皇国主義と結びついた神仏一致論を説き、篤胤の地球説に基く極楽否定に対しては須弥山思想を擁護し、また大乗教の仏説を主張している。これらはいずれも他の反駁書に共通した論法であるが、先述の儒教排仏論に対する三教一致論に比較して、とくに新しい発想は見いだせない。ただ、皇国主義と須弥山説擁護とは、幕末の尊皇思想やキリスト教との関連を考慮して考えねばならない新しい問題を提供するので、いずれも節を改めて考察してみたい。

仏教側の平田神道の排仏論に対する反論が清新さを欠くのは、一には対象となる篤胤の排仏の論拠そのものが仏教の本質をついたものでなく、不徹底であることに基くといえよう。ただとくに真宗が大きな刺戟をうけて反論につとめたという点は、単に真宗が排仏の直接対象にあげられたという理由からだけではない問題を含んでいる。すなわち、次節で述べるごときキリスト教に対する特別な考慮ともからまり、幕末の時代背景のなかに教団的な危機意識をつよくしたという事情とも併せて考察すべきであろう。したがって、その反論内容自体からはなんら教学的にも加えられるものを見いだすことはできないが、ただ、この排仏論の刺戟とそれへの反論が、幕末維新期の絶対主義形勢の時代にあって、真宗を中心として、護国意識をたかめ、そのまま近代的政治へと直結してゆく理論形成のための、一の踏台となった点に、歴史的な意味があるといえよう。

第二章　幕末の新事態と仏教

1　仏教とキリスト教との対決

江戸時代の仏教が切支丹禁制策と結びついて檀家制を確立し、政治的、社会的な基盤を固めたことは衆知のとおりである。故に仏教側のキリスト教への関心は、初期に多少示された以外は、前半期では全く見出しえない。しかし後半期に入り一八世紀初頭の文化年代以来、露船・英船などの来航がつづき、一七九〇年（寛政二）の浦上《うらがみ》崩れ、一八〇五年（文化二）の天草《あまくさ》崩れなどの潜伏切支丹信者が現れるようになると、仏教側は漸くキリスト教に注意を向けはじめた。とくに幕末に至り、欧米諸国の通商要求に応じて一八五八年（安政五）、米・英・仏・蘭・露諸国と通商条約が結ばれ、その結果、居留地外人のキリスト教信仰と会堂設立の自由が認められ、リギンス、ウィリアムス、ヘボン、ブラオン、フルベッキ、シモンズなどの著名な宣教師が陸続と渡来し、長崎・横浜などに教会が建てられて日本人への伝道までも行われるにいたり、幕藩体制最後の年である一八六七年（慶応三）には浦上かくれ切支丹三、七〇〇名の集団的発覚の問題までひき起すことになると、仏教はキリスト教との直接的な対決にせまられた。なかでも全教団をあげてキリスト教対策に腐心したのは真宗であった。

真宗がとくにキリスト教問題に敏感に働きかけたのは、少くとも三の根拠がある。その一は教義上のミダ一仏に帰依する一向性とキリスト教の唯一神信仰との外見的類似性の問題である。本来、切支丹が禁圧された最大の理由の一にその一神教的一向性と幕藩体制との乖離関係を指摘できるが、その切支丹と一向宗（真宗）との同似論はすでに早くからとりあげられている。すなわちすでに一五八七年（天正一五）の秀吉の禁制にあらわれ、その後、熊沢蕃山や松本鹿々・平田篤胤なども論じ、一七六七年（明和四）には石見浜田藩の真宗寺院が他宗寺院から切支丹に類似するとの誹謗をうけて幕府の裁許を得た事件まで起った。このような同似論は、とくに幕末から維新期にかけてかなり一般化して、真宗を刺戟している。すなわち、真宗の義導は、「護法建策」（慶応四年）のなかで、京都の儒者巽太郎、美濃の医師某などが真宗と切支丹の一致説を論じていること、三河の曽我耐軒もその著幽討余録でそれを説いていることを指摘しており、同じく真宗の中道も「神敵二宗論弁妄」（明治四年）で、澱水夜話などの著書があらわれて両教の一向性の類似を取あげていることを問題にしている。このような結果、義導などは、維新政府が一八六八年（慶応四）閏四月全国に建てた切支丹禁制の高札中に、切支丹禁止の個条と別個条にして邪宗門禁止とあげられたのを、真宗、日蓮宗の禁遏かと疑い恐れるまでに敏感であった。

つぎに、真宗がキリスト教ととくに強く対決したいま一の最も大きな理由は、幕末の政治・社会を背景として教団に感じられた危機意識に基いた。江戸時代の真宗の檀家組織は、他宗の場合のごとく後為的でなく、室町時代以降の惣村制発展に伴う門徒組織を継承する自然発生的な性格が強いから、末寺と檀家との結合は強固ではあるが、しかし切支丹禁止のための宗門改《あらため》制による法的、後為的な一般の性格から勿論例外ではなかった。したがって幕末のキリスト教流入に対し、それを防遏することは、仏教全般に共通する時代的な政治意識から当然なされるものであった。のみならず、とくに他宗のごとく寺領などをまったくもたずに、全教団の経済生活が専ら檀家組織に依存する真宗の場合は、キリスト教との対決は、宗門改制を固守するという単なる政治的感覚からのみでなく、檀家制度の維持に利害関係が痛切にからまったからであった。

更に第三の理由として、幕末のキリスト教が科学的宇宙観＝地球説と結びつき、それによって仏教的宇宙観＝須弥山説を否定した事情がある。この場合、とくに打撃をうけたのは実体論的なかたちで地獄極楽思想を説いていた浄土教であった。これは最も具体的な形態で論議され、また深刻な意識でとりあげられた問題であったが、これについてはやや詳しく考察してみたい。

宣教師の渡来と併せて数多くの漢訳のキリスト教典籍も流入したが、なかには直接に仏教を破したものもあらわれた。「祀先弁謬」・「野客問難記」・「釈教正謬」などがその著名なものである。とくに香港在住の英国宣教師ジョセフ・エドキンスの「釈教正謬」は仏教を綜合的に論難したもので、殊に浄土教に最も大きな刺戟を与えた。その所論は二十章にわたって、教典・教乗・釈迦牟尼・輪廻などの項目をたて、小乗教は如来の親説であるが大乗教は北方釈徒の偽作であること、涅槃説は非人間的であること、空・無常の説は実験的な実有を無視し非世間的であること、出家生活は世益なく三綱の法にそむき非人倫的であること、須弥山・地獄などは地球世界に実在せず非実見的な妄説であることなどを説くものである。

この「釈教正謬」の論難内容の当否は別として、論拠は実証論的、倫理主義的な立場にたつものであるが、このような論難の大部分はすでに近世初頭以来儒学者国学者などからなされた排仏の論拠に等しいから、仏教側には対応しうる充分な準備があった。しかし須弥山説に対する否定は浄土教に対し決定的な作用を及ぼし、ひいては近代的な浄土観の新しい展開を促す大きな一因となった。真宗の徳鳳は「護法小策」のなかで、「仏法ノ大難コノ天文ヨリ醸スト知ルベシ。……是ヲ防禦スルソノ構ヘナクンバ仏法ノ城郭破滅センコト旦暮ニアリ。」「若シ西洋地球ノ説ヲ成立セバ、コノ地球ハ日夜ニ動転シテ止ムコトナシ。去レバ日ノ出ル処日ノ入ル処、差別ナシ。ナニニ依テカ西方往生ヲ期スベキヤ。……早ク日月西行ノ説ヲ成立シテ仏法ノ城郭ヲ守ルベキハ今コノ時節ニアリ。殊更、浄土真宗ノ僧分ハ心ヲ尽シテ研究スベキ一大事ナリ」と叫び、同じく真宗の介石も「須弥須知論」で「須弥妄説トナルトキハ三千大千世界トイヘルモ固ヨリ妄説ナルコト何ソ論ヲ俟ン。……三千界モ十方界モ妄説ナラバ界外ノ浄土アリト云モ固ヨリ妄説ナルベシ。何ソ過十万億仏土ノミダノ浄土実説ナルベキ理ナランヤ。」と警醒を促し、実体論的浄土思想の立場から須弥山説擁護を説いたが、これはすべての当時の浄土教系のいわゆる護法論家に共通した意識であった。このような意識に基いて積極的に釈教正謬に挑戦する多くの論難書もあらわれた。浄土宗では徹定「釈教正謬初破・再破」、行誡「同再破批」、真宗では南渓「同噱《きゃく》斥」、義導「同随聞記」、神興「同弁駁」、空覚「同講話」、某「同天唾」、千厳「破斥釈教正謬」などがある。

更に、積極的に地球説を破るために須弥山説＝梵暦に対する研究が進められた。尤も、須弥山説に対する反駁はすでに一六世紀中葉に渡来した切支丹宣教師によって行われ、一七〇七年（宝永四）には水戸藩の儒者森尚謙が「後世仏家の大難、天文地理より始らん」（「護法資治論」凡例）と警告したが、未だ仏教側に何らの注意を促すに至らなかった。しかるに文化・文政期以後になると仏教家の梵暦研究が積極化し、とくにその研究法は実験的、実証的な方法をとることを特色とした。これが、直接にはキリスト教への反論であったことは勿論ながら、同時に、先に触れたごとき五井蘭洲・山片蟠桃などの須弥山説否定や本居宣長・平田篤胤などの国学者の地球説支持に対する抵抗を意味したことも注意すべきで、更に、洋学流の実学的研究を専重する時代思潮の批判に堪えうるごとき、一応の科学的方法論に基いたものというべきである。このような方法論による須弥山説の研究者として、浄土宗の円通・存統、臨済宗の環中、真宗の信暁・浄名・霊遊・安慧・蓮純・介石・晃巌などが知られているが、とくに円通は実験主義的研究の創始者として、また介石はその最後の集大成者として著名である。円通は、「仏国暦象編」「梵暦策進」「実験須弥界説」など多くの著作を残したが、要するに須弥山説も暦法に合し科学的実験に堪えうることを実証せんとするのが目的であった。また、介石は視実等象論という理論をたて、目に影ずる天体（視象天）と実際の天体（実象天）とは別で、実際には平面な天も〝垂弧〟と〝縮象〟の法則により頭上に丸く狭くみえるごとく、この法則で視象天と実象天とを連絡すれば須弥説は充分実証しうると力説した。この原理に基いて、地球儀に対抗して視実等象儀という儀器まで製作したが、その後一八七七年（明治一〇）八月の内国勧業博覧会に出品したことは有名である。また晃巌も同じく、須弥山儀および縮象儀の両儀器を製作した。

ところで、このような須弥山説の擁護が疑似非科学的な価値しか持たないことはいうまでもないが、歴史的な意味ではとくに近代仏教への二つの大きな路線をつけた点で注意すべきである。一は、甚だ跛行的なかたちではあったが、ともかく仏教が始めて科学的精神を吸収したことで、これが明治以後の井上円了などの仏教の西洋哲学解釈や、更に後の近代仏教学が育つための、ひろい意味での精神的土壌の役割を成したということである。いま一は、これも逆説的なかたちであるが、このように実証論的に須弥山説にとり組むことによって、かえって中世的な実体論的往生思想との訣別へ踏み切り、近代的浄土観の確立への陣痛的な役割を占めたということである。

キリスト教に対する仏教からの対決は、このような特殊な研究家を生みだすと共に、とくに真宗からいわゆる護法思想家と呼ばれる多くの学僧を輩出させた。勿論、真宗の護法思想は単にキリスト教との関係からだけで出てくるものではなくて、先述のごとき諸種の排仏論や、幕末の尊皇思想などへの考慮などとの複雑なからみあいから生れ、とくに政治的意識の深いものであったが、それらがキリスト教排撃という最も時代に対する発言力の強い一点で燃焼することを特色とした。そのために彼等真宗の護法家は枚挙にいとまないほどの数多くのいわゆる排耶書をあらわした。その著名な人々を列挙すれば、東本願寺派では義導・徳竜・霊遊・香頂・竜温・徳鳳・晃曜・黙恵・千厳・浩然・空覚などがあり、西本願寺派では観道・超然・月性・介石・南渓・得聞・百叡・針水・宏遠・宗興・淡雲・安恵・良厳・諦念・黙雷などがいる。

しかしこれらの排耶書の所論をみると、ほとんどが末梢的、感情的であって宗教的な理解に基いての批判とはいえない。その反駁の方法も大部分は、明朝破邪集（一八五五年・安政二刊）・闢邪集（一八六一年・文久一刊）などのシナから輸入された排耶論の飜訳をいでない。要するに幕府の切支丹を邪教とする政策にもたれて、幕末の狂瀾怒濤のなかにそれをより強調しようとする政治的性格の強いものである。従ってその反駁の立論は、せいぜい維新政府の一八七三年（明治六）の切支丹禁制高札の撤廃の時期までしか通用しない内容のものであった。しかしこの場合の問題はキリスト教との宗教的対決ということにあるのではなく、これによって真宗が政治意識をより高揚させたことにある。すなわち切支丹排撃の思想は当然、護国意識を強くさせるものであって、この護国意識が維新前後の微妙に変化する国家権力と真宗との結合を育てあげていったのである。これを逆にいえば、維新期の国家権力との結合関係で展開する真宗教団には、その底に常に強いキリスト教排撃の潮流があったということである。従って、明治に入ってから、切支丹禁制高札の撤廃と前後して信教自由の運動を展開した黙雷などに、政治的意識に基いたキリスト教排撃思想が、相変らず強く共存するという矛盾も不自然ではなかったのである。

尚また、真宗両本願寺派の各本山が維新期にキリスト教防禦のための積極的な対策を講じたことは、本講座第二巻で宮崎彰氏が述べたとおりであるが、これが同じく護国意識と結びついた護法精神に基いてのものであったことはいうまでもない。

2　国家意識の興隆と仏教

幕末の仏教にみられる大きな特色の一は、国家意識が興隆したことである。すなわち護国思想が護法論と密接に結びつくのであって、それはさきに触れたごとく、とくに復古国学や幕末の諸種の排仏論を背景とし、特にキリスト教との対決によって高められたものであったが、より直接には幕末の政治的変動に対する対応としての意味をもって形成されたものであった。しかも、この仏教の国家意識は単に幕末的現象にとどまらないで、そのまのかたちで明治維新の絶対主義形成期の思想として適用されるものでもあった。ここではとくに幕藩制崩壊期の仏教の護国思想についてその性格をみたいとおもうが、その前に一応この時期の政治論の特色をなす尊王攘夷思想について概観しておきたい。

いわゆる尊王論が早く光圀以来の水戸学の名分論などから出ていることは衆知のとおりである。それは皇室尊崇を説いたが、決して幕府政治を否定するものではなく、かえってそれによって幕府の政治担当権を合理的に説明するものであった。これは本居・平田などの国学者の皇国観においても同様であるが、さらに平田門下でその家塾報本学舎から多くの明治新政府に進出する門人を送った大国隆正においてさえも見られる性格であるといわれている。このような尊王思想は、したがって観念的な域を出るものではなかった。しかるに一八五八年（安政五）の開国以後になると、尊王論は攘夷論と結びついて具体的な現実的目標をもつ政治論として発展した。すなわち尊王攘夷論は、大老井伊直弼《すけ》や紀伊派の幕府独裁政治論者の弥縫的な開国策に反対する水戸の徳川斉昭《なりあき》や一橋派の反幕府的政策論としての意味をもった。のち、一八六〇年（万延一）直弼の殺害（桜田門外の変）後は、幕政は和宮《かずのみや》降嫁を得て公武一和に移り、幕府と対立していた雄藩の間にも公武合体への動きがあらわれたが、一方、尊王攘夷思想は長州藩を始め土佐・薩摩・肥後など諸藩の〝志士〟の間に益々盛になり、京都の公家と結びついて攘夷の実行を論じ、幕府に対抗した。しかし、これら尊攘志士の考えにも決して封建制そのものへの改革は意識されないで、ただ朝廷を中心とし最高とした武家政治の再確立をめざすものであった。しかも当時の国際関係からいって、その攘夷実行論は現実性に乏しいものであって、その点で尊攘論は封建的危機に対する観念的な改革論の域を出るものではなかった。

一八六三年（文久三）八月十八日の政変により長州を中心とする尊攘派は公武合体派によって京都を追われ、更に生麦《なまむぎ》事件に対する報復のための同年六月の英国艦隊の鹿児島攻撃、および下関における仏国船砲撃に対する報復としての翌六四年（元治一）八月の四国連合艦隊の長州攻撃により、攘夷論の非現実性が体験され、以後尊王攘夷論は政界から後退した。その後、長州藩にも新しく開国論が育ち、尊王攘夷にかわる開国勤王を以て薩摩・土佐などの藩士の提携が成り、幕藩政治を解体させて公議政体論に基く雄藩勢力の合体を基礎とし、王政復古の精神による維新政府が実現するにいたるのである。

以上が幕末における尊王攘夷の思想の変遷である。仏教の護国意識はこのような政治観の変化の過程に添って発展してゆくが、その歴史的な性格をみる上に参考となるのは、右の尊王攘夷から開国勤王への発展を通じて共通してみられる二つの大きな特徴である。その一はさきに述べたごとく尊王論は決して封建政治の完全な否定を目的とするものではなかったことで、それは開国勤王の段階においても大差なく、したがって政治形態が幕政から天皇制へ変革されても政権を奉還するという意識であって、必ずしもまったく異質的なものへの飛躍とは感ぜられなかったことである。つぎの特徴は、夷敵思想は幕府の鎖国政策のなかで国民一般の外国観として育ったもので、幕末には政治思想としての攘夷論を生み出したが、その攘夷論は開国論へ発展しても、外国交際の底にはなお攘夷意識・夷敵思想が払拭されていなかったということである。すなわち、開国は西力東漸・万国対峙の国際情勢のなかにあって、ただ富国強兵のための手段として「以夷制夷の術」(一八六六年・慶応二・一〇・一、家茂将軍職辞退上表文)と考えられたにすぎないので、これは新政府成立後においても大差はなかった。

さて、このような政治推移に対応して、仏教界からも多くの〃勤王僧〃があらわれ、護国思想を盛った著作がだされた。法相宗清水寺月照・信海兄弟、真言宗大覚寺空万、臨済宗大隆寺晦巌、曹洞宗済法寺物外、天台宗の慈隆、浄土宗の琳瑞、新義真言宗の道雅、真宗の月性・超然・黙霖・道竜・鉄然・理準・秀欣などが勤王活動を行った著名な人々であり、また真宗の月性著「仏法護国論」、霊遊著「護法策進」、竜温著「急策文」、義導著「利劔護国編」、南渓著「深慨十律」、某著「勤王報国弁」などは護国思想を強調するいちじるしいものである。〃勤王僧〃のうち特に真宗僧侶が多いのは西本願寺派が長州藩を有力な教団の基盤にもつ関係によった。ここでは、これらの人々の実践運動を追うことやその政治関係については触れないこととして、ただ彼等の勤王運動を支えている護国思想の性格についてだけとりあげてみたい。

仏教側の勤王にはきまった思想的根拠があった。それは護法・護国・防邪の三者が一体とみなされたことである。この場合の護国は皇国護持であると同時に封建的治政の肯定を意味したし、防邪は夷狄思想・攘夷思想を指すと同時に仏敵としての切支丹の防禦を意味した。これを、とくにその政治的活動の面で著聞されている清水寺月照と真宗西派妙円寺月性との思想からうかがってみよう。

月照は青蓮院宮尊融法親王（中川宮）・近衛忠熙《ただひろ》・西郷隆盛などの尊攘運動家と交渉が深く、一八五八年（安政五）の幕府の尊攘派排撃（安政戊午の難）が行われた年の一一月一六日、隆盛と薩摩湾に入水自殺したことは有名であるが、その思想を直接に知る史料は少ない。慈雲の正法律・雲伝神道や契沖流・高野山流の国学思想、清水寺における神仏一体思想などの影響からその王法・仏法一如の思想が育てられたが（友松円諦著「月照」）、とくに晩年一年間ほどの、幕府の開国策進行の過程に併行する政治的実践により、その思想が深められたようである。月照歿年の二月一七日、左大臣近衛忠熙から月照兄弟にあてた書簡は、月照の勤王運動の思想的根拠をうかがうに足るものである。それには、「極密に申入れ候。今度亜国使節申立の条々、容易ならざる事柄、此儘流連候時は終には国家の御大事にも及び候哉。殊に邪宗門御流布をなすの意、以ての外の異存に候。我朝は往古より国政の補翼に仏法立置かれ来り候処、即今の時勢にては仏法地に堕《お》ち、仏法地に堕つる時は王法も自ら衰微をなさんか、寒心限り無し。云々」という。すなわちアメリカの開国要求がキリスト教流布を伴うことを指摘し、それが国家の大事であると共に国政補翼の仏法に有害であることを説き、防邪・護国・護法を攘夷の論拠としている。なお忠熙は、同日、高野山に「渡来夷賊邪心退去、奉レ安二叡念一、大樹（将軍……筆者）安レ意、武運長久、一天泰平云々」との願文を納めた。朝廷と幕府とに対し同時に祈るもので、これをみれば忠熙の尊王が封建制を否定するものでないことが明らかである。この忠熙の思想がそのまま親交のあった月照の勤王運動の根本精神であったことは容易に推察しうるところである。すなわち月照にとって、護国は同時に仏教をキリスト教から守ること――護法と防邪――であり、それは現実の幕藩制と矛盾するものではなかったのである。

つぎに周防国妙円寺月性についてみれば、彼も吉田松陰・梅田雲浜・梁川《やながわ》星巌・三条実美《さねとみ》などと交渉を重ねて攘夷運動に参劃し、紀州藩への説得に自ら出かける程に行動的であり、とくに西本願寺広如に対し近江の覚成寺超然などと共に働きかけて、西本願寺を尊攘派に組せしめたことは著名であるが、その歿年はさきの月照と同年であった。その著「仏法護国論」は一八五六年（安政三）十月に記され、間もなく刊行されたが次いで数版を重ね、彼の歿後の長州藩の真宗勤王僧の指針となったばかりでなく、広く幕末の護法家に読まれた書であった。従って本書はただ月性の勤王思想をあらわすばかりでなく、幕末の仏教の護国思想の一般的性格をも知るにたるものである。月性はまず「ソレ仏法無上トイヘドモ独立スルコトアタハズ、国存スルニ因テ法モ亦建立スルナリ、……未ダソノ国亡ビテ法ヒトリヨク存スル者ハアラザルナリ」「今ノ護法ハ唯法ヲ以テ国ヲ護スルニアルノミ」といって王法と仏法の一体、護法即護国を強調する。ついで「神国モシ夷狄ニ有セラレ彼ガ邪教盛ニ行ハルルニ至ラハ我仏法イヅクンゾ衰廃スルナキヲ保ツヲエン」とキリスト教蔓延を恐れ、さらに幕府の開国策を論じて、「不肖、切ニ恐クハ今ノ勢遂ニマサニ沿海ノ愚民夷狄ト相親ミ……彼ノ邪教ニ蠱《まど》ヒ変ジテ犬羊ノ奴トナラントスルヲ。故ニ今日海防ノ急務ハ教ヲ以テ教ヲ防クニシクハナキナリ。而テソノ責ニ任スルモノハタゾ。曰ク八宗ノ僧侶ナリ。」といい、防邪と攘夷との同一意義を説いて仏教界に警策を加えている。このように、月性においても月照の場合と全く同じ発想をとっていることをしるのである。この護国・護法・防邪の一体観から月性の尊攘運動がすすめられるが、同時に、「二百余年耳ニ金鼓ヲキカズ目ニ旌旗ヲミズ安穏ニ腹ヲ太平ニ鼓スルハ抑モ誰ノ力ゾヤ。豈東照神君乱ヲ撥シテ正ニ反《かえ》シ征夷ノ職ニ任シ、ソノ賢子孫相ツギ天下ノ大政ヲトリ四海ヲ平治スルノ功ニアラスヤ。」といって、現実の封建的治政を肯定していることをもしるのである。

以上の月照・月性にみられる防邪を軸とする国家意識の性格は同時に幕末の多くの護法思想家にも共通するものであるが、とくに注意すべきことはそれがそのまま右にみた尊攘論ないし開国勤王論の本質と同一であることである。すなわち右の〃勤王僧〃に共通する封建体制への肯定は、時代の政治的主導者にも見いだすことのできたものであり、したがってその主導者が維新政府を形成したごとく、幕末仏教の護国意識はさして矛盾なく新時代の王法仏法一体論へ展開し得たということである。またその防邪論は前節でも触れたごとく、切支丹禁制高札撤廃までの維新政府の政治政策としても通用したものであった。したがって幕末仏教の国家思想は、全く政治と密着した維新的な性格をもつもので、その点で歴史的限界性の強いものであるが、その故にまた時代的発言力の強いものでもあったというべきである。

なお、少しく注意したいことは、右の国家意識の発展と併行して、幕末仏教の間に末法意識が強く再生しているということである。「近来末世ニ至リ仏法野ニ落タル如」（竜温「闢邪護法策」）しという歎きは竜温・晃耀・徳令・徳鳳・南渓・黙慧などの、特に真宗のいわゆる護法家の論著に多く見いだす。これは勿論、しばしば述べたごとく真宗がとくにこの時期に教団的危機を痛感すべき諸条件に遭遇したことに基くが、ここでは、この末法意識がとくに仏教的自覚を振起さす原動力となり得たことを指摘しておきたい。これが、自戒・自粛的な教界粛正に働きかけたことは当然ながら、また一面に仏教自身の自主的立場をも自覚させる働きをもち、ひいては右の護国思想に対しても、「問云、僧侶の身分に於て勤王報国には何を以てするや。答云、自行化他、唯、仏法を修め弘むるより外はなし」（真宗某僧著「勤王報国弁」）との、自主的な発言を可能にする僧を生む力のあったことも確認しておきたい。

3　在俗篤信者の登場

幕藩制崩壊期から絶対主義の発生の時期にかけて、その政治的、社会的変化に対する仏教教団の対応のし方を究明することは、近代における教団の本質をしるための前提として必要な操作ではある。事実、前節で述べたような尊攘運動の変化発展の過程に併行して、真宗教団などにおいて活潑な政治活動が行われてきたし、その歴史的性格や意義についても近時注意されつつある。しかし本節では教団運動の繁雑な過程を追うことをやめて、とくに本論の方針としている思想的な面、教学と信仰とに関する面を中心とし、その近代仏教につながる問題をとりあげ考察してみようと思う。

その著るしいものはこの時期に新しく一般在俗者の信仰が大きくうかびあがったことである。それはとくに最も民衆と密着して発展した真宗と日蓮宗とにおいてみられる現象である。日蓮宗においては、幕末に、宗門の頽廃にあきたらず、還俗して本門仏立講を開いた長松清風がおり、その他同じく講組織による寿講・高松講・八品《はっぽん》講・本因妙講などの在俗信者の集団がこの頃成立して、いずれも明治の在俗居士《こじ》仏教の先駆的役割を示した。しかしここではとくに教団内部にあって教団全体に大きく作用するものをとりあげることとし、その典型的なものを真宗のいわゆる〝妙好人〟の問題に求めてみたい。

真宗においては今日とくに典型的な篤信者を、シナ唐代の善導の観経疏散善義に語源をもつ〝妙好人〟という言葉で呼んでいる。勿論、親鸞も教行信証・愚禿鈔などで善導のこの語を引用したが、しかし実際には、幕末にいたるまでこの語はとくに真宗で専用されることもなく、また殆んど依用されることもなかった。しかるに、西本願寺派浄泉寺仰誓が初編を書き、ついで専精寺僧純・松前の象王が二編以下の続編を編集した「妙好人伝」六編が一八四二年（天保一三）——五八年（安政五）の間に刊行されるに及んで、〃妙好人〃は真宗篤信者に対する特別な呼称として広く用いられるようになった。これについて私は、特に幕末になって〃妙好人〃が真宗に登場する点に歴史的な意味を求めたいのである。それには先づ、特に〃妙好人〃を必要としなければならなかった思想史的背景、すなわち教学事情から理解してかからなければならない。

真宗が幕末期に教団外からの刺戟をうけて特に強い危機意識をもったことは先に縷述したとおりであるが、それは教団内の問題、とくに教学上の面からも指摘しうることであった。真宗では宗意に反する異解がすでにはやく親鸞時代から門弟の間に現れだしたが、江戸時代になると宗学研究の著るしい発達に伴い、いわゆる異安心《いあんじん》問題が続出した。東本願寺派では約五十件を数え、勿論西本願寺派でもこの数字に近いであろうが、その内で、一八〇六年（文化三）に落着した約半世紀にわたる宗義上の一大確執を生んだ西本願寺派の三業惑乱事件と、一八四〇年（天保一一）頃から明治十年代にまでわたった東本願寺派の頓成《じょう》事件とよばれるものとは最大事件であって、ことに前者は宗学上のみならず教団的抗争までも引起した。このような宗義上の異安心事件の結果、各派ではそれぞれ宗学統制をかため、異義の排除につとめた。すなわち中期から幕末にかけて、西派では法主文如が学林の長老に編ませた「二十二種邪義問答」を始め崇廓の「二十邪義」、南渓の「新二十邪義」など、東派では了雲の「浄土真宗闢邪編」、了祥の「異義集」などが編述されて、異義の種類や異安心的思考の方向を明示した。また西派では幕末に学林に勧学職を置いて各個に宗学を研鑽させると共に教権を本山に統一し、東派では一七九〇年代（寛政頃）以後学寮の講師深励が集大成した学説が規範的に墨守された。

このような教学統制は、中世以来の、宗義から派生した非本質的なもの、不純なものを取除き、宗意を鮮明にし且つ体系づける意味をもち、近代教学を生みだす土壌となった。また一方、教権が本山の専制的な力により統一されることは、単に封建的デスポチズムを意味するばかりでなく、特に幕末期ではそのままで、明治の絶対主義形成期における本山の教学に移行しうる性質をも持つものであった。

ところで、教学がこのように整理され純化され且つ統制されることは、同時に宗学が定型化し固定化することを意味した。それは宗〝教〟が宗〝学〟化することで、いわば〝教〟と〝学〟との分離であった。それは当然、なんら宗学体系を理解せず〝教〟に於て支えられる農村教団を中心とした信仰者の系列と、〝学〟に於て支えられる学林・学寮を中心とした宗学者の系列とを分離させた。そして、このような分離が最も深刻な問題として実感されたのは、内には三業惑乱・頓成事件などの大異安心問題を経験し、外には、幕藩体制の動揺から崩壊の過程の中にあって、教団の基盤をなす農村を中心として新興宗教が勃興し、またその農村における農民一揆の頻度と規模の拡大化（江戸時代農民一揆の年平均頻度は

一六〇三—一七〇二、慶長八—元禄一五＝一、八七。

一七〇三—一八〇二、元禄一六—享和二＝五、二一。

一八〇三—一八六七、享和三—慶応三＝七、六八）が進む幕末においてであった。〝妙好人〟はこのような時代背景をもって幕末に登場する。すなわち優位ではあるが教団的現実性に稀薄な宗〝学〟の系列に対し、低位ではあるが最も教団の基底的生命力を持つ農民を中心とした宗〝教〟の系列＝〝妙好人〟に、幕末期教団のリアリティーを求めたといいうるであろう。したがって、いわゆる〝妙好人〟という概念は勿論妙好人＝篤信者自身の系列からの呼称ではなく、あくまで宗〝学〟の系列からの概念規定によるものである。この間の事状を「妙好人伝」

の分析から、も少し具体的に考察してみたい。

六篇を合纂した「妙好人伝」所載の人数は総計一五七名に及ぶ。ここで、いささか繁雑にわたるが、総数を〔I〕職業別表、〔Ⅱ〕記載中の特に注目すべき特徴的な物語、〔Ⅲ〕在世年代表に分析して表示すると次のごとくである。

〔I〕農民六四、商人二八、武士一〇、幼児一〇、医師四、坊守《ぼうもり》（僧侶の妻）及尼六、僧四、非人乞食三、遊女二、其他二六、計一五七。

〔Ⅱ〕（A）封建的治世・倫理への順応性を示す物語五一（治世に対する積極的感謝一二、現実生活に対する感謝一一、正直・仁慈の行為六、孝行物語九、領主から褒賞を受けた者一三）。

（B）往生物語三二（来迎物語七、往生奇瑞物語八、歿後奇瑞物語九、蘇生物語七、捨身往生一）。

（C）特異物語一六（信仰・念仏・読経による奇瑞霊験物語一三、仏の身代り物語一、悪因悪果物語二）。

（D）対異安心態度三（三業惑乱反対ないし教化三）。

〔Ⅲ〕一五七三―九五（天正）……………一、

一六二四―一七〇三（寛永―元禄）…………二、

一七〇四―一八〇三（宝永―享和）………四二、

一八〇四―五九（文化―安政）…………八〇、

不明…………………………………三二、

計……………………………………一五七。

右の表の〔Ⅰ〕で農民が圧倒的に多いのは、教団基盤が農村にあるからに外ならないが、なお〔Ⅲ〕表中の在世年代に後半期から幕末にかけての篤信者が大部分を占めることと併せ考えると、とくに幕末農村教団のなかにリアリティーを求める意味が出てくるであろう。また、〔Ⅰ〕表に僧侶・坊守一〇名が篤信者に数えられるのは、江戸時代の寺檀構造の上下関係と、檀家に対する寺院の教導者的立場という組織関係からすれば、転倒的であるといわねばならないが、〃教〃と〃学〃との遊離関係や幕末の教団的危機感に注意すれば、もはや封建的寺檀関係の上の観念的安住にもたれ切れない段階において、〃妙好人〃が求められている有様がわかると思う。

つぎに〔Ⅱ〕表は、編者がどのような時代的概念を〃妙好人〃に求めているかを窺えるものである。まず第一に(A)で、〃妙好人〃は封建制度の現実に忠実な順応者であるべきことを求める。つぎに(B)(C)では、何れも篤信者における派生的現象として説かれてはいるが、真宗に非本来的な物語が多い。これは、江戸時代の浄土教がこのような実体論的信仰形態を以て民衆に受容されたという一般的性格に迎えられようとする点からの現象といえるが、なお、「おかげまいり」的な虚無的混乱や新興宗教的現世利《り》益《やく》観の幕末農村における盛行という背景を考慮すれば、実体的な往生・奇瑞を説くことによって真宗信仰の利益を強調し、それを〃妙好人〃の上に具象的に実証する意味もあったと考える。なお(D)に三業惑乱に対し正信を恃したことをあげているが、〃学〃の系列の異安心に対し、〃教〃の系列に正意の原理を求めたことを知る。

以上いささか考証的になったが、〃妙好人〃の問題はとくに二つの点で注意すべきである。一は、それが幕末を時代背景として〃学〃のがわからの要求によって具象化されたということで、したがってその概念は甚だしく歴史的な性格をもっていることである。このことは右の「妙好人伝」編纂以後、今日にいたるまで陸続として出版されている数多くの妙好人伝の性質をしる上にも注意すべき事柄である。明治初年から現在までの間に筆者は約六十点の妙好人の個人伝・叢伝・言行録などの刊行を数えたが、それを明治・大正——昭和（戦前）・昭和（戦後）に区分して、右に「妙好人伝」の分析を行ったとおなじ方法で考察してみると、各時代により〃妙好人〃の概念が著るしく変化してゆく有様がよく分るのである。このことから、〃妙好人〃とはまず第一に幕末から近代にかけての、教団の時代発展を背景としつつ、常に〃学〃の系列からの概念的肉づけによって排出させられたものであることが注意されるのである。

つぎに注目したいのは、〃妙好人〃に目をむけることによって、在俗信仰者を意識し庶民に教団基盤のあることを改めて再認識することとなったことである。〃妙好人〃という概念はしばしば述べたごとく〃学〃の側からの付帯的な修飾によるもので、妙好人＝篤信者自からのかかわらないところである。しかし教団的にいえば、幕末から近代にかけて在俗庶民の間に生きた〃教〃を再確認することは、教団が封建的檀家制から脱却して真宗本来の門徒教団を近代に再確立しうる可能性をみいだすことを意味している。このことは、戦後の妙好人に対する関心のむけ方が、〃妙好人〃の附帯概念づけを離れて、できるだけ妙好人自身のナマな言行録から信仰形態を読みとろうとする方向に動いていることからも知ることができる。

第三章　明治維新の政治と仏教

1　神道主義による国民教化

幕末期に展開した仏教界の護国思想、護法意識は、明治初年の政府の神道主義政策の進行の過程において更に発展する。そしてそれは、近代仏教に一貫したもっとも基本的な性格となるのである。維新政府が強力な神道主義政策をおしすすめるのはせいぜい数年のことにすぎないが、しかしこの間に天皇絶対制の基礎が確立し、それと併行して近代仏教の方向が定められたことをおもえば重要な意味をもっている。本章では、とくに時期を大教院分離の運動が進行して仏教の近代精神への接近がすすめられようとする一八七三年（明治六）ごろまでに限って、仏教界のとくに護国、護法の問題をとりあげてみようとおもう。しかしその前に、本節ではこのための前提として、維新政府の神道主義政策とその性格を分析し、かつその仏教に対する態度について考察しておきたい。

維新政府は一八六七年（慶応三）十二月の「諸事神武創業之始ニ原《もとづ》」くという王政復古の大号令により出発した。この「神武創業」に帰ることの立案者は平田篤胤の直門下である大国隆正やさらにその門人玉松操などであった。それは天皇の絶対権を復古国学的な神道主義によって理論ずけ、神格化することを目的とした。このことは維新政府が封建制から絶対主義的政治形体へ移行するための必須要件であったし、一応一神教的な理論構成を終えた平田流の復古国学はこの場合の唯一の論理的根拠を提供した。またたしかに復古国学は王政＝天皇制の神聖化に成功した。とくに篤胤や隆正の考えた、外国文明や外国思想などをすべて神道の顕現として日本主義のもとに包摂しようとする思想は、政府の富国策の立場からの開国策、開明主義とも矛盾するものではなかった。しかしかかる平田流の神道主義は、一八七一年（明治四）七月の廃藩置県によって天皇親政がはっきりと前面におしだされ、一方、当初の神祇官が神祇省・教部省へ縮少され、七五年（明治八）五月大教院の解散に及んで完全に後退せねばならなかった。それには仏教側の抵抗やその他の理由があげられるであろうが、何よりも篤胤・隆正の神道理論がさきに述べたごとく、基本的には古代的な神観をいでなかったことによる。そのため一応は「復古」の理論たりえても、決して「維新」的な近代国家の観念として堪えうるものではなかったからである。

さて、政府は一八六八年（明治一）三月神仏分離令を、ついで閏四月に社僧禁止令をだしたが、それは必ずしも直ちに廃仏を意味しなかった。したがって、分離令とそれを契機として全国的に起った廃仏毀釈とは一応別個に考察されねばならない。分離令は、時を同じくして発布された、全国諸神社の神主・禰宜・祝《はふり》・神部にいたるまでをすべて統制し官吏化するかたちで復興することを令した神祇官再興の布達に明らかなごとく、従来の神仏習合をたち切り国家権力によって神道主義を明確にうちだすことを直接の目的としていた。従来の本地垂迹説では諸仏と諸神とは同格であっても宗教意識の上では仏教が優位にたつものであったし、その仏教は我国へ伝来以来律令制国家権力の統制下におかれたが、仏教の本質的思想からは国王も凡夫であって仏の絶対性を越えることができないものであった。したがってこのような性格をもつ仏教からあみだされた本地垂迹思想は、維新政府の要求する天皇絶対制の理論化をさまたげる以外のものではなかった。政府が諸政策にさきがけていち早く神仏分離を行ったのはこの理由に基いた。

しかし、分離令は仏教自体にとっては未曽有の大きな意義をもつことができたはずであった。いうまでもなくそれは、名神名社の本地仏という理論に支えられて各時代の権力と密接な関係をもった長い歴史をたち切ることを意味した。分離令がただちに廃仏棄釈をひき起したのは、神官と社僧の対立関係など理由は幾つか数えられているが、何よりも神道側にとって、分離が仏教を国家権力との結合からきり離し、神道が仏教に対し絶対的優位にたつことが意識されたからである。このことは仏教自体にとっては、権力関係から脱して自律化しうる可能性をも含むものであった。しかし実際には、政府はまもなく違ったかたちで仏教を国家統制のもとに再編成したし、また仏教自身の側でも次節にみるように分離令に対処して直ちに再び国家権力に結合していった。また廃仏棄釈も仏教に自律意識を充分に育てることにはならなかった。

つぎに維新政府の仏教に対する態度について考察してみたい。六九年（明治二）五月、天皇から行政官などに対し下された御下問書写は、天祖列聖の祭政一致の政治を復興する施政案を問うたものであるが、そのなかに「中世以降人心偷薄、外教コレニ乗シ皇道ノ陵夷終ニ近時ノ甚キニ至ル」といわれ、この言葉は、「惟神《かんながら》之大道」によって国民教化をはかることを宣言した翌年一月三日の大教宣布詔のなかでそのままの表現でくりかえされた。ここにいう「外教」が平田流の思想から出ていて、儒仏をさすことは一見して明白であるが、とくに仏教を対象としていることは、分離令以後の動向から明らかである。すなわち仏教は江戸時代の国教的位置から完全に転落して、かえって国政の妨害者とみなされた。このような考えから政府は同年十二月民部省内に寺院寮を設けて、一般僧侶の「糊口安逸ヲ貪ルノミナラズ甚シキハ政教を害スルノ徒之レ有ル趣」を取締り、「自反僧律ヲ守リ文明維新之御主意ヲ奉体致スベキ」ように統制した。

僧侶を四民以外の遊民とする思想はすでに述べたごとく江戸時代中期以後の経世論者などによって用意されていたが、今やそれは神道主義を通して国家的な政治政策としてうちだされるにいたった。その当初の政策はとくに富国策の一環として寺院を廃合することであった。神仏分離令を契機として各地に廃仏毀釈と廃合寺運動とが起り、そのため政府は、廃仏毀釈に対しては、六八年（明治一）九月、神仏判然は破仏に非ずと布令を発しておさえたが、しかし六九年春以後全国的に実施された地方諸藩の廃合寺事件に対してはおおむね黙認した。廃合寺は神道主義的立場からだけでなく、維新政府が強行する富国強兵的経済政策とも結びついていたからである。廃合寺問題は、七一年（明治四）富山藩の同問題に対する真宗の反対運動や、同じく真宗からの働きかけによって同年三月神祇省が廃されて教部省が設けられる頃に至って、漸くおちついた。

しかし教部省に教導職がおかれ、仏教各宗僧侶が神官と共に任命奉仕させられるに及んで、仏教は国権に再統制され利用されるに至った。それは、この頃になって神道唯一主義が国民教化に実効のないことを認めた政府が、神道布教に儒教倫理と僧侶の弁説とを求めたためでもあったのである。教導職はいわゆる三条教則（第一条　敬神愛国ノ旨ヲ体スヘキ事、第二条　天理人道ヲ明ニスヘキ事、第三条　皇上ヲ奉戴シ朝旨ヲ遵守セシムヘキ事）以外の説教は許されなかった。また、仏教側もこの機会にかっての国家的地位の回復をはかって七二年（明治五）五月大教院設置を歎願して許されたが、しかし、大教院に対し教部省が説教指導要領として課した十一兼題・十七兼題は神道主義と絶対主義的政治政策との項目をでるものではなかった。同年八月二十七日、各宗教導職の説教に関する伺に対し教部省は「けだし仏者として教職に補任し三条の大綱を設けて之が範囲を越えしめず……神官と同じく宇内に布教せしむるは、即ちこの無用消穀の民（僧侶―筆者）を駆って聖化を翼賛し倫理を正明にするの用に充てしむるの旨趣」であると答えた。これが維新政府の仏教に対する態度であった。その後仏教は、真宗の大教院分離運動を契機とし、七五年（明治八）の大教院解散と信教自由の口達書とによって神道主義による支配は脱したが、しかし国家権力への服属関係は近代を通じて継続していった。

なお最後に、次節の仏教側の護国思想についての記述とも関係するので、維新政府のキリスト教観について概観しておきたい。維新政府は六八年（明治一）三月、「切支丹邪宗門の儀は是迄の通り堅く御禁制」との高札を全国に建てて江戸時代の禁教政策を踏襲した。それはいうまでもなく神道主義による国論統一、祭政一致のためであった。したがって外見上は単なる前時代の政策の踏襲であったが、勿論封建制下の鎖国策としての禁教と性格を異にするもので、神仏分離と一連の関係で考察すべき絶対主義政策をすすめるための第一段階の意味をもっていた。それは禁教高札が神仏分離令と時を同じくして建てられていることからも察することができる。

しかし高札の「切支丹邪宗門」とある邪宗門の文字が不穏当であるとの英・米公使の抗議をうけ、わずか二ヶ月たらずで文面を「一、切支丹宗門の儀は是迄御制禁の通固く可相守事　一、邪宗門の儀は固く禁止候事」と二行書にして外国との調整をはからねばならなかった。ついで七一年（明治四）条約改正談判のため欧米に渡った岩倉具視全権大使一行は、米国より高札の除去を求められた。かくして切支丹禁教は文明開化をたてまえとする日本資本主義発展の政策と矛盾するものであることをしり、政府はついに七三年（明治六）二月高札を撤廃し、翌月には新政府が捕えた浦上切支丹教徒約三千名の釈放を宣言した。そしてこの年一月八日には、前記のごとく神道唯一主義による国民教化が後退して、その儒仏による補強のための大教院の開院式が挙行されていたのである。

2　諸宗の護国思想

政府の神道国教主義と全国的な廃仏毀釈との盛行する一八七二年（明治五）頃までの間に、全仏教教団は新しく政治運動を展開して護国的な方向へむかっていった。この間の政治活動としては、東西両本願寺の幕末以来継続する維新政府への献金や東本願寺の北海道開拓などのごとく各宗別に行われたものもあるが、とくに全仏教的なかたちで行われたものとしては諸宗道徳会盟と大教院設立との運動が注意される。ここではこの両者の運動を軸としてこの期間に展開する諸宗の護国思想の内容、本質について検討してみたい。

諸宗道徳会盟は伊予国臨済宗大隆寺韜谷・真宗興正寺摂信などの奔走によって、第一回会合が六八年（明治一）十二月に両本願寺・叡山など四十余ケ寺の集会をえて興正寺で行われた。ついで会所を各宗にかえて頻繁に行われたが、翌年には東京・大阪においても同形式で開催された。これらの会合はほぼ七二年（明治五）中頃までつづいたようである。ところで会盟の目的については、六九年制定の規約の序が「嗚呼洋教の舋《きん》（すきま）を窺う茲に年あり、開港爾来衆庶殆んど妖風に酔い……」と書きだし、「唯だ同盟力を合せ邪陳を一払し以て国害を免じ万分に稗益せん事を望むのみ」と結んでいるのに明らかなごとく、キリスト教排撃が中心となっていることをしるが、さらに会盟は具体的な議題として、王法仏法不離之論・邪教研窮毀斥之論・自宗教書研覈之論・三道鼎立練磨之論・自宗旧弊一洗之論・新規学校営繕之論・宗々人才登庸之論・諸州民間教諭之論の八題をたてた。これによって維新当初の全仏教界の共通課題の内容をしりうるが、ここでとくに注意したいのは王法仏法の不離、三道鼎立、邪教排撃、旧弊粛正の諸論で、それが等しく国家権力との新しい結合を目的とし、従来の仏教の国教的地位の回復をめざしているということである。

王法仏法不離の論は、前章で考察したごとくすでに幕末の護国思想の発達により育成されていた。維新当初においても同じ理論に基いて、真言宗道契「保国編」・浄土宗徹定「仏法不可斥論」・真宗義導「天恩奉戴録」・同香頂「天恩広大」・同空観「国益三契夜話」・同宗興「大蔵輔国集」などの仏教的護国論書があらわれた。これらの論著の内容はおおむね幕末護国論の護法・護国・防邪の一致論をそのまま踏襲するものであったが、ただ神仏分離令によって従来の国教的仏教から脱落した直後の時代的背景をになっている点に新しい意味がある。仏教の国家権力との結合は、つづいてあらわれる教部省・大教院の三条教則・十一兼題・十七兼題に関する数十種にのぼる各宗からの解説書（河野省三氏著「明治維新と皇道」・辻善之助氏著「明治仏教史の問題」参照）で強調されることとなるが、この護国意識は、以後の八七年

（明治二十）ごろからの国粋主義の進展に伴って展開する大日本国教大道社・尊皇奉仏大同団などの在家仏教家の結社活動や、条約改正と宗教法案貴族院議会上程との問題にからみあって進展する明治中期の全仏教教団をあげての仏教公認運動、あるいは宗教法案の再上程と僧侶参政権の獲得を目的として一九一七年（大正六）結成された十三宗五十六派連合の仏教護国団の運動などに通じてみられるものであって、近代仏教における基本的精神となるものであった。それを諸宗同盟会は、近代の開幕と同時に「王法仏法不離之論」として主題の最初にかかげ示したのである。

同盟会がとりあげた三道鼎立論も基本的には、すでに江戸時代の儒学や復古国学の排仏論に対する対応として説かれた神・儒・仏一致論の再確認にすぎないのであるが、この場合も神仏分離以後の設定である点で異った意味内容をもち、また思想的にもやや違った発想をとっていることが注目される。江戸時代の三教一致論はあくまで排仏論に対抗する思想的意味をでるものではなかったが、維新当初においては全く政治的な意味をもつものであった。すなわち政府の神道国教主義に対し仏教もその政策に参画しうることを理論的に示そうとするものであって、そのため三教一致論の発想が神道主義に対応しうるかたちに改められた。江戸時代の一致論は儒教的倫理主義と仏教との結合や本地垂迹説的な理論による神仏一致を説いたが、神仏分離令はもはや本地垂迹説を通用させなかったから、それに代って神道を中心としそれを儒仏によって補翼するという発想をとった。六八―七〇年（明治一―三）ごろにかけて各宗から多くの仏教政策に関する政府への建白が行われたが、天台宗の寂順・泰良、真言宗の雲照、同増隆、浄土宗の徹定・暢誉、曹洞宗の奕堂、日蓮宗池上学寮などの建白書にはひとしく神道を政体の基本にたて儒仏は神道の翼賛者であることを説いている。このような理論は中世末期以来の、神道を以て仏教・儒教の根本をなすものと説く吉田神道流の反本地垂迹説的ないわゆる根葉果実論に類似するもので必ずしも新しい発想とはいえない。しかしこの場合、この神道中心論には、「魔教ヲ攘ハント欲セバ須ク先ヅ神道ヲ明ニスベシ、神道ヲ明ニセント欲セバ必ズ儒仏ヲ以テコレヲ輔翼スベシ」（雲照建言）というごときキリスト教排撃論との結合を伴うのが普通で、その点でさきの王法仏法一致論との関係も密接となって護国的性格をもったのである。

つぎに、右の記述からもしられるごとく、キリスト教排撃はこの時期の全仏教に共通した意識であって、それはそのまま護国意識に通じた。六九年（明治二）十月の会盟の申合せ事項に「僧侶は元来邪教検斥の職に候えば当分防邪の実効これ無く候ては官府へ対し恐入り候」とあるごときがそれを示している。これはいうまでもなくこの時期の政府のキリスト教禁教政策を考慮にいれての構想である。したがって排撃の論法も、幕末に急激に発達した排耶論が幕府の禁教策にもたれた邪教観に基いていたのと何ら異るものではなかった。したがって、前にも指摘したごとくそれは政府の禁教高札の撤廃の時期までに限られた論法にすぎなかった。しかし同じ幕末的な論法の延用ではあっても、神仏分離令以後の仏教の立場、政府の僧侶遊民観を考慮すれば、この時期の排耶にはいわば仏教教団全体の起死回生的な期待がかけられたといえよう。同盟会の規約の中心目的がここにおかれ、六九年（明治二）三月に会員一同からキリスト教防禦を政府に連署歎願したゆえんであって、防邪は政治権力と結合するための最大の拠点であった。なおまたこの時期のキリスト教排撃には、このような政治的、護国的性格の外に、教団の復興、護持のための功利的な目的をもっていた。すなわちそれは檀家制を維持することと、神葬祭・自葬祭の蔓延に対し仏式葬を擁護しようとする目的をふくんでいた。たとえば六九年の臨済宗久留米梅林寺無学の建白に、「今般御一新ニ付御領内一同、向後仏家之葬祭御改革……左候時ハ兼テ御厳禁ニ相成居候耶蘇ノ邪教追々流通仕リ可キカモ計リ難ク」「一同仏家ノ葬祭専ラナラザル時ハ僧侶アリトモ防邪ノ術を施ニ由ナク」「仏葬仏祭ハ先ヅ是迄ノ通ニ行ハセラレ宗旨改等防邪ノ掟令ハ増々厳重ニ仰付ラレ度」とあるごときがそれで、このような幕藩制下における宗旨改制の継続と仏葬の維持によって檀家制を保持しようとする意図は、他の多くの歎願書、建白書にも見いだすことができる。なお、この時期にも仏教側から多くの排耶書が書かれたが、そのなかでとくに前章一節で指摘した真宗の排耶論者の再登場がめだつ。それはそこで述べたごとく真宗における幕末から維新期へかけての教団事情がとくに国家権力との結合を強くしたのと、檀家制維持の教団的要請が大きかったためである。

つぎに、会盟の議題にあげられた自宗旧弊一洗論が、国家権力と結びついている点をとりあげてみる。旧弊一洗はいうまでもなく自宗教団内部の問題であるから、強い自粛意識を伴うものであったが、同時に維新の政治的変革と廃仏毀釈の風潮に遭遇して、ここでいわれる〝旧弊〟とは江戸時代の幕権との政治関係から導きだされた仏教の安逸を意味し、〝一洗〟とはそれを切りすてて新しく維新政府の政治的統制を求めることを意味した。六九年五月日蓮宗建言のごとく、「寺院僧侶ノ多キハ却テ其法衰廃ノ基ニモ相成候得バ合寺ノ沙汰度牒ノ法厳令ニ成シ下サレ候様」といい、自身を「其夥多ナル実ニ天下ノ間地遊民ニ御座候」と認め、「一歳四千人を定額トナスベシ」といって、政府の富国策の一環としての廃合寺策にかえって積極的に参画し、僧侶の官度制度の復活を求めるものや、諸宗惣代明王院増隆の同年五月以来再三にわたる建言のごとく従来の各宗本山禄所の因循に代って「朝命」により「門閥董正ノ職」を置かんことを望み、同じく翌年八月浄国寺徹定議案のごとく「朝命ヲ以テ」各宗「暁諭師」公選の実施を求めるものがあった。この時期に仏教が改めて自省し、それが近代仏教の自律的な面をそだてる要素となったことについては次節で考察してみたいと思うが、全般的な傾向としては、王法仏法不離、邪教排撃などの護国思想と併立して、宗弊改正はただ国家権力との再結合を意味するにとどまった。

最後に大教院設立の事情とその護国思想との関連について触れておきたい。大教院および各府県の中小教院は、七二年（明治五）五月の仏教各宗からの要請により設置された。それは、設立願書に「神道を始め釈漢洋諸科学」などの講習をうたっているごとく、教部省の教導職についた僧侶が、政府の神道国教主義に参画しつつ、大教宣布のなかに仏教復興の路線をきり開こうとすることを目的としていた。この場合、願書に「今より奸民ありて愚民を煽動すると雖も之を施すに術なからん」といい、大教院規定第四条として「異端邪説を信仰すべからざる事」とあるのに明らかなごとく、とくに大教宣布、国民教化の重点に邪教排撃をおいたことは注意すべきで、大教院設立が諸宗同徳会盟以来の一貫した目的をもっていることをしる。すなわち大教院の場合にも、排耶において仏教の護国性を示そうとする目的をもっていたのである。しかし実際には、先述のごとく、政府の設置認可の目的はただ神道唯一主義を僧侶の説教により補強することにすぎなかったから、この間の齟齬が仏教側をして大教院から分離せしめ、ひいては解散へとみちびいた。

3　主体的護法意識の展開

明治初年の護法思想が全般的に護国思想と密着していたことは、前節の記述からも容易にしることができるであろう。王法仏法不離、護国即護法が最も強く意識されだしたのは、前述のごとく幕末の外国関係を時代背景としてであったが、一面それはいわば日本仏教における全歴史的な性格でもあって、それが維新期仏教の危機に際して、仏教の蘇生策として再登場したことは何ら不思議ではなかった。

しかし、このように国家権力との再結合を意図しつつも、そのなかからわづかに萌芽的であり且つ散発的ではあるが、権力関係への依存を離れて自主的な立場から主体的な信仰を確立しようとする思想が生れた。勿論これらの主体的な主張は、維新期仏教の全体的な国権への傾斜のなかでおし流されていったが、しかし明治後期の清沢満之の精神主義の自律精神などをみのらす土壌が、すでに近代仏教の開幕と同時に用意されつつあったことは充分刻目してよいであろう。以下、この自律精神の二、三の形態について指摘してみよう。

維新期の仏教者のなかで自律精神を最も典型的にうちだしたのは浄土宗の福田行誡であった。彼は一八六九年（明治二）「同徳論」を著して、「もと所護の法なし何れの処にか能護の人あらん、苟も無護をもて無法を護らば邪魔百千劫石を磨すとも一毛之を損する能わず、護法の公論この外に言うべきことなし」といい、護法とは宗団・堂塔・僧官・食禄の護持を意味せぬことを宣言した。さらにその著「仏法と世法」では、「近頃は仏法を世のために説くべしという者あり……元来世を厭ふて修するのが仏法に非ずや、安《なん》ぞそれ此法を以て世のために説くを得ん」「初は仏法に一寸と世間を雑ぜしものが末には仏法に世間をまぜずして世間に一寸と仏法をまぜて水くさき仏法とはなれり……元来仏法は世法とは違ふといふが仏者の見識なり」といって、仏法と世法＝王法とを峻別した。また教導職の三条教則の宣布に対しても、「此三章は人間が今日生きている間の行《おこない》だぞ、これをすぐに後生にまで持こんでゆくと申す御定めではないぞ、後生のことは……阿弥陀様の御引受なされてその御支配なれば、これは精出して南無阿弥陀仏〳〵と唱へやうぞ」「如何なる御沙汰があればとても……敬神愛国のことばかりを説て一切衆生に極楽はどうでもよいはと云様なる説教は出来ぬぞ」（「三条愚弁」）「出離解脱を願ふて無我の法を修する我等何ぞ我執の敬神愛国を説き人に教て可ならんや」(「仏法と世法」)といって、仏教の出世間的立場を堅持し、政府の神道主義的国民教化に対抗して仏教の主体性をうちたてることにつとめた。多くの仏教側の三条教則解説書が、神道主義との同調を説くのに比して、行誡のこの所論は異彩をはなっている。このような行誡の自律的立場の確立の根拠は、七二年(明治五)の僧侶肉食妻帯等勝手の太政官達に対し直ちに「仏の教意を損し伝法の甲斐これなし」と直ちに教部省に建言し反論したことにも明らかなごとく、戒律固持の精神に基くものであろう。行誡は慈雲の十善戒の復興を理想としたが、彼の場合には、持戒持律の固守によって反仏教的な時代傾向のなかに仏教復興を求めたことが、かえって仏教の主体性を確立せしめる動機となった。戒律精神自体は直ちに仏教近代化に意味をもつといえないが、明治初年の戒律復興運動にはおおむね、仏教の自律化を促進さす働きがあった。

真言宗の雲照もまた十善戒の復興をはかり、僧風の粛正に仏教革新の道を求めた。しかし雲照の場合は行誡と異り、国権による仏教統制によって、持戒の外からの確立、保証を求めようとした。そのため「僧弊一洗官符建白」「旧弊一洗改革之条々」「僧制箴規」などをまず政府にむかって建言するというかたちをとって、政権による僧界粛正を求めたが、のち八二年(明治一五)「大日本国教論」を書いて国家仏教の立場を示した。このように雲照の主張には皇道仏教的色彩が濃厚で自律的性格に乏しいが、しかし一面において、持戒堅固の精神は祖風復古の主張を伴い、その点で必ずしも主体性を欠除するものではなかった。高野山にあって、七二年(明治五)三月の太政官の女人結界廃止の通達を拒否し、七九年(明治一二)東京における真言宗合同大成会議が「末徒ノ弊執ヲ洗滌シ祖師ノ遺訓ニ復スル」ことを議案の中心としたのも雲照の持戒精神からの主張によるものであり、八六年（明治一九）には山岡鉄舟・青木貞三などの援護により東京に戒律主義による目白僧園を建てたが、政府の妻帯蓄髪俗服自由令におもねり俗化する時代の僧界に対しては、いずれもそれなりに自主的な意味をもつものであった。

その他、行誡や雲照ほどの明白な主体性をうちだしたものでなくとも、断片的なかたちで自主性の主張を示す片影は多くひろうことができる。その二、三をあげてみると、たとえば三条教則に対する仏教各宗の教導規準を七二年（明治五）に教典局から出版した「諸宗説教要義」の内容は、殆んどが神道や国権や世俗倫理との妥協を説くことに終始するものであったが、そのなかで浄土宗から出した要義には「信ナクシテ神ヲ祈ルト雖モ塊ヲ以テ燧ヲ鑚《き》ルガ如シ……未タ信心ナクシテ道ヲ得ル者ヲ聞カズ苟モ朝旨ヲ遵守スル者信心ヲ鉄石ノ如クニシテ三章（三条教則……筆者）ノ明義ヲ体認シ云々」といい、日蓮宗の要義に「今法華ノ円戒ニ入リ士農工商各其位ヲ守テ安心道ヲ求メハ……自ラ皇上ヲ奉戴シ朝旨ヲ遵守セシムヘキナリ」というごときは、世俗的、政治的な次元を超えた立場からの宗教的次元に基く自主性を示した発言として注意してよいであろう。

同じく三条教則に関しては、真宗の佐田介石も同年頃に出版した「教諭凡道案内」の跋で「三章ヲ以テ必ズ之ヲ直チニ教法ノコトト心得誤ルコト勿レ教法ト申スハ神官ハ神道ヲ以テ説キ僧家ハ仏道ヲ以テ説ク上ニアリ」といって、宗教的次元の教法と政治的な神道主義の教則とを混同せず、仏教の自律的な立場を自覚している。同年の著「教諭凡」などは四行（孝・悌・忠・信）と五常との皇国主義的解釈に終始するほどに介石の国家意識は強いが、それは必ずしも仏教を国権に従属さすことを目的としていなかった。のち七四年（明治七）ごろから介石は独特の国産愛用策に基く富国論、文明論を展開してゆくが、その立場が政府の西洋文明吸収による富国強兵策と性質を異にしていたのも、彼の主張の保守的ではあるが自律的な面をよく示しているものである。翌年には「仏教開国論」（世益新聞二号附録・同六号）を書いて仏教信仰に支えられた国産開発による国家発展論を展開した。

このような自律的な立場をしめす言葉はなお数多くひろいあげることができるであろう。それは仏教に本来的な超歴史的な絶対性とか内面的自覚とかへの再自覚を意味している。このように、近代仏教が出発点において多少とも本質的なところに触れえたことは、あらためて注目すべき点であろう。自律的精神は、すでに述べたごとく、江戸時代の戒律復興や幕末の末法意識の再自覚のなかで育ちつつあった。しかし明治初年の自律的精神は、直接的には神仏分離・廃仏毀釈の影響により生みだされたものであった。神仏分離は日本仏教史のうえで始めて仏教と政治権力との結合を断ちきる意味をもっていた。また、廃仏毀釈は、江戸時代以来の排仏思想の究極段階として、排仏思想への対応として育てられてきた仏教における自粛自戒意識をより一層たかめさせることとなった。したがって、両者に対する仏教の対応のし方のなかに内省的な自律的精神への再自覚が生まれたとしても不思議ではなかった。

しかしながら、これらの自律的精神は萌芽的でありまた散発的状態にとどまり、近代仏教の国家主義への傾斜に対する抵抗線とはならなかった。たとえば最も典型的に自律精神をうちだしたものとして先に引用した行誡の著「同徳論」では、「王道仏道並行論」をたてて、「王道とは忠孝仁義の外なし、即神道これなり儒道これなり、忠仁は我が三学（仏教の戒・定・慧……筆者）これなり、即神儒仏は相離れざるなり、しかれば三道は即王道ならずや」といって、天皇制国家との結合を意識しているごとき実態である。この自律精神の未熟性の理由には二つの面を注意すべきであろう。一は、神仏分離が仏教の政教分離を目的とせず神道主義の確立のためのものであって、従って仏教の神道主義への服属を拒むものではなかったことで、事実、政府自体それを求めて仏教を国家統制のもとに再編成していったことである。また一は、江戸時代の仏教が排仏思想への対応として、庶民化への傾向を示し、また多少とも自粛論や戒律主義を通じて自律的な面をそだてていったとしても、全般的には幕藩的権力との結合に終始するものであったから、近代仏教が再出発をするに当って自からを自律化する充分な試錬に欠けていたことである。かくして近代仏教の護法思想も、前節でみたごとき幕末に発達した護国意識の延長としての国家主義と結びついて、護国＝護法の関係で形成されるのが一般の大勢であったのである。

おわりに

以上は、江戸時代、幕末及び維新期の仏教について、とくに思想関係のなかから問題を選び考察してみたのであるが、その全体的な性格としては政治権力との結合の強いことを指摘できる。政治権力と仏教との結合は、江戸時代においては幕藩政治の法度《はっと》的な宗教統制に服属することから生じたが、とくに幕末の国家意識の興隆に伴って護国即護法という観念をより一層高め、それはそのまま明治維新における全仏教の再出発のための基礎的な足場ともなった。尤もこの護国意識は、幕末には直ちに封建体制の否定を意味しなかったが、明治以後には神道主義による絶対主義政治の進展とともに、天皇制国家護持の意味に変っていった。近代仏教がその出発点において、このように前時代からの護国意識を拠点としたことは、仏教の近代的発展の上に最大の制約を与えることとなるが、それは、明治維新の変革そのもののもつ歴史的性格をそのままに反映するものに外ならなかった。

しかしながら、江戸時代の仏教は、封建的制約のなかにありながらもなお、近代仏教を本質的なかたちで進展させ現代仏教の根となりうるような路線を切り開いた。その最も注目すべき点は、仏教を庶民のなかに定著させたということであろう。江戸時代に仏教が庶民化したことについては、諸種の講の普遍化、仏教的年中行事の普及、巡礼巡拝の一般化などをあげるのが普通であるが、このような慣行的、形式的なことのみでなく、より本質的なかたちで庶民の仏教信仰を育てうる契機を形成していった。その点で、世俗生活、世俗倫理との融合の問題は、封建的倫理観の域をでるものではなかったにせよ、なお、時代の庶民生活のなかに仏教の本来的なるものを具現せしめる働きをもったものと評価してよいであろう。このような庶民への接近が、強制的な檀家制の組織から、なおよく導きだされた仏教浸透の問題ともからみあって、例えば真宗における、〝学〟の側から規範づけられた〝妙好人〟でなく、篤信者としての妙好人を生みだすごとき、庶民の本質的な仏教信仰を可能ならしめたものと考えたいのである。その他、自粛意識から導きだされる戒律復興は、それ自体としては保守的であり本質的とはいえないが、江戸時代においても明治維新期においても、それが発言される場との関係では、仏教の自律的精神を喚起する意味をもちえたのである。また、幕末の末法意識のなかに自主的精神をはらんだことや、須弥山説擁護の思想がかえって逆説的に近代の浄土観を育てえた意味なども見落すべきではない。

しかしながらこれらの新しい路線は、甚だしく狭隘であり、あるいは逆説的であり、または自覚し意識的に志向されたものではなかった。したがって仏教の政治権力との結合という全体的な性格に対しては、ほとんど発言力をもちえなかった。しかしまた、以後の近代仏教が、太い国家意識の線と共に、このような、細いけれども本質的な線をも継承すべき歴史的位置に立ったことも事実であった。われわれは江戸時代以後の仏教に、このような意味での近代仏教への胎動を読みとらねばならないのである。

（柏原祐泉）

第二篇　近代仏教の形成

はしがき

宗教は実践を目途とするものであろう。仏教の歴史的研究の役割は、仏教の教理的研究が尨大な教義体系を誇示していることに対し、実践を生みだすエネルギーである仏教信仰と、それを受とめる社会に焦点をあてることにあると思われる。この観点からみるならば、宗教史の課題は、その時代時代の歴史的諸条件と、宗教としての信仰とがいかにきり結ぶかが重要なポイントとなる。無論仏教史の場合、仏教教理や仏教信仰の持つ超歴史性は、他の宗教に比較した場合重要な点であり、それ自体意味を持っているから、ネグレクトはできない。しかし日本仏教に限っていえば、その時代と信仰の関係をつくことを殊更にさけて、世俗的権威に焦点を合せてきたことも事実であった。

それは二つの点から招来されている。一つは護教教学である。宗教である以上は国民生活に論理化されなければ、特定の階層の所有物となっても、国民のものとはならないだろう。護教ないし護法は、超歴史的な用語として考えればそれ自体重要な意味を持つものである。しかし日本仏教史上に、護教ないし護法という特定の呰の中に逃避し、護法という名目の下で、世俗的権威によりかかりながら、寺院の生活権を擁護したという功利的動機も多かったのは、史実の示すところである。そしてそのことが過去においてインドや中国仏教に比し、日本仏教には実践性が多いという例証にも使用されたことがあった。

第二は逆に社会科学一辺倒の立場で仏教をわりきることで、それは宗教の周辺を堂々めぐりをしているだけで、遂に信仰内容の中味にまで踏みいることができない。確かに仏教は、プロテスタント等に比し社会科学的接近の努力は欠けていたが、しかしされぱといって一世代前のマルクス主義者がおかしやすかったように、善玉悪玉に割りきって、仏教を悪玉の代表のような型で、その政治権力との妥協面だけを剔出して理解したところで、正確な見方とはいえないだろう。本稿では能力の不足はあるが、この二者の立場にかたよらずに、近代仏教の形成を主体的な形で叙述してみたいと思う。

洋の東西を問わず、資本制社会における宗教の位置は弱い。それは終局的には、宗教の論理と、資本制を基礎とする近代社会の論理とが、両立しがたいところからきている。しかし同じ近代社会といっても、欧米近代社会に対応するキリスト教、特にプロテスタンティズムと、日本近代社会に応ずる仏教とでは、その社会的条件や思想的条件が著るしく異っている。江戸時代の幕藩封建制にみられるような特殊性、そして一世紀にもみたない日本近代社会、その中での慌しい西欧社会制度や思想の流入、そこから招来される動と反動との交錯、人間精神の発展過程における我の屈折等は既に指摘されたところである。

しかし他面日本近代社会を、単なる欧米近代社会の模倣とだけ考えてもならないだろう。そこには日本の伝統と欧米文化との深刻な闘争もあったのである。特に宗教のように国民生活の深層部に関係するものは、この点を見逃すことはできない。近代宗教史の最も大きな課題である仏教対キリスト教の関係でも、仏教はたしかにキリスト教の刺激を受け、特にプロテスタントに附随して流入してきた欧米文化に学びつつも、キリスト教の内容をなす愛や正義の問題に対しては、仏教の伝統的態度を必ずしも変えようとはしなかった。

　仏教の近代化とは、幕藩仏教から近代仏教へということである。そこには多くの指標点があげられる。宗旨仏教から宗教としての仏教へ、教団仏教から信仰仏教へ、個人的戒律仏教から社会的な新戒律仏教へ、あるいは島地大等が「明治宗教史」（『解放』大正十年十月）でいわれたように、現相仏教（宗派仏教）から実相仏教（本質仏教）へ等々の変貌がみられる。これらは無論近代仏教の形成期にすべて果しえた課題ではないが、重要な視点であることは事実である。

　しかし仏教の近代化ということは、近代市民社会の宗教に脱皮することだけにとどまることではない。最初にのべたように、宗教の論理、特に仏教の論理は、基本的には近代市民社会の論理と両立できない側面がある。そこに超近代（あるいは現代）の論理と仏教の関係が問われる。社会科学的には資本制社会を克服するものに科学的社会主義がある。しかし日本における仏教の近代の克服の仕方は、マルクス主義等のように、資本制経済や市民倫理との対決克服の上に展開されたものではない。そのような試みをする前に、仏教の本来的性格である否定の論理や没歴史性が先立ってしまった。したがってそこには無政府主義的な答案がだされる可能性がより多くなったのである。資本制的な「我」の問題に対して、独占資本の形成期に仏教の「無我」を持出したことはたしかに有力な着想であったが、それは社会的に昇化もせず、論理化もされなかった。そしてついに社会主義対無我という関係は、歴史的には大した問題点も提出し得なかった。要するに仏教自体の最も苦しい課題であった近代的自己変革がなされないうちに、近代の克服という命題が採り上げられてしまったのである。そしてそこには仏教の未熟な近代化だけが残されたのである。

上述のことは、日本近代社会における仏教を理解する為の前提である。この前提を背景として、近代仏教史の中心テーマとなるものは、国家権力対仏教である。仏教が近代化したかどうかということは、残念ではあるが宗教論より政治論が優先せざるを得なかったのである。家の宗旨であって個人の宗教ではなかった仏教は、容易に日本の近代家族国家の宗教に再編された。幕藩仏教から近代仏教へという路線は、明治維新前後廃仏毀釈等が行われても、それが本質的な課題にまで発展して宗教変革をもたらさなかったために、大部分の仏教は国家仏教へと再編成されていった。その指標点となるのは日露戦争前後からの日本帝国主義と仏教の関係である。むろん自由人や知識層による宗教としての仏教の発掘はあったが、大部分の仏教は国家仏教の路線を歩み続けた。そこには政治優先の啓蒙仏教があっても、信仰仏教の姿は見失なわれていた。

上述のような問題意識にたって、私は近代仏教の形成を、次の三つの課題から叙述したいと思う。第一は廃仏毀釈と仏教の覚醒、第二は国家主義の台頭と仏教革新運動、第三は近代仏教の形成である。第一のテーマにおいて廃仏毀釈の近代史的意義をたずねながら、廃仏毀釈から仏教はいかに覚醒したか、そしてその覚醒が明治維新の過程といかに関連するかということをみることにしたい。時期的には明治十七・八年までで、明治前期仏教史と考えてもよい。第二のテーマは明治三十二年頃までの明治中期で、国家主義の台頭を背景に、仏教の革新運動、これと表裏の関係にあるキリスト教の排撃運動、そして日清戦争前後からの近代化への苦悩に焦点をあてたい。第三のテーマは、明治後期から第一次世界大戦前までで、仏教近代化の諸運動、近代仏教学の形成、二十世紀初頭社会の諸情勢と仏教の関係をたずねてみたい。紙数の配分は、第一から第二、第二から第三へと多くなるが、本書の建前から、そのように配慮した。

第一章　廃仏毀釈と仏教の覚醒

1　廃仏毀釈への途

江戸幕府は、人心の支配やキリシタン断圧のために仏教を利用した。寺院法度をだして新儀を禁止し、研究の自由を束縛し、さらに檀家制度をとって、仏教寺院の生活を保護した。また寺院を本末制度と階級制度によって統制した。この寺院生活の保護と統制は、幕藩仏教をして、封建的な身分制社会の御用宗教としてしまった。幕府権力への屈従と、その代償としての寺院生活の安定は、仏教僧侶の堕落を招き、仏教信仰の喪失は、民心の仏教からの離反となり、その結果は当然廃仏運動へとすすんだ。

廃仏思想は儒者、国学者、経済学者、復古神道家などからとりあげられた。神仏習合等を非難する神道家側の攻撃もさることながら、特に経済学者等による仏教僧侶の遁世や遊民性をついた議論は、社会的矛盾が露呈してくる幕藩末期にいたって、具体的施策となって現れた。即ち水戸藩、岡山藩、鹿児島藩、津和野藩等々の廃仏運動で、特に水戸藩における寺院や僧侶の整理、火葬禁止の法令、神仏分離令は著名なものであった。

近世仏教ないしは近代仏教は、とかく教団仏教の衰頽史観に災いされて、その見方から仏教を非難する議論が多い。近世仏教の中から近代仏教に架橋される要素が、全然索出できないのだろうか。この点では従来、十善戒を高調した慈雲、真宗信仰に徹した妙好人、廃仏思想に対抗しての護法論、ある場合には鈴木正三なども歴史的位置をもつものとしてあげられている。慈雲、妙好人、護法家等は確かに近代仏教に影響を与えていることは否定できない。仏教衰頽の中にあって、慈雲が十善戒を復興したことは、近代初頭の福田行誡、特に釈雲照に継受されているし、妙好人は明治以降の庶民信仰の一つの原型となった。しかし雲照における十善戒や正法律の復興は、近代仏教に戒律の持つ清純な系譜を提供したものの、戒律は個人の課題の中に停止して、幕末から維新の変革過程の中で、社会的役割を持つことはできなかった。また妙好人の多くも、幕末における社会的諸矛盾の増大する中で、現世への「あきらめ」という鋳型で様式化され、結果的には現実的妥協となってしまった。

また護法論は、護国即護法という論法で提出されたが、その内容を詳に検討すれば、仏教側の功利的動機がむしろ多かつた。鈴木正三に近代性の創出を求めることも、その時期からいって無理であろう。総じて封建制から資本制の移行過程という変革期において戒律や、浄土信仰の持つ「あきらめ」等が純粋信仰としてどのように提出され対決さるべきかは、余りあきらかにされなかったのである。

近世仏教から近代仏教への移行の契機点である維新仏教は、総体的には絶対主義仏教への編成過程ともいえる。しかし仏教に絶対主義的性格がはっきりしてくるのは明治五、六年ころからで、幕末から明治初頭にかけては、まだその点が明らかでない。月照や桂月性、宇都宮黙林、広如や大洲鉄然・摂信・慈隆等々のいわゆる幕末勤王僧の輩出は、絶対主義的だと誇大視して考えられている。特に維新原動力の一翼に参加した防長仏教について、それがいわれてきた。しかし大部分の勤王僧における変革の思想は、王政復古だけに強調点がおかれて、近代国家の理解や啓蒙思想というプランを持ち合せていなかった。伝統的な天皇に対する心情の問題が先行して、維新の開明的側面を見抜くことができなかったのである。維新仏教の代表的人物である大洲鉄然、島地黙雷、赤松連城らでも、廃藩置県後にならなければ、近代国家と宗教という課題は、まだ登場してこないのである。

次に、より本質的な問題として、明治維新を絶対主義の形成と理解し、これと仏教の関係を探るならば、絶対主義の内容である富国強兵観と、仏教の持つ世外的厭世的否定的世界観と、論理的には両立できないものであった。仏教は古くから皇室と結びついていたから、近代国家という政治論理を抜きにして、天皇個人に心情的な結びつきを求めることは困難ではない。しかし絶対主義期においては、個人としての天皇というよりは、絶対主義の表徴としての天皇制が問題になるのである。しかしより重要なことは、絶対主義の内容である富国強兵と仏教の関係である。資本制の創出や産業資本の形成という富国的課題にとって、仏教の持つ厭世的否定観は、正しくアンチ・テーゼである。仏教の持つ否定観や厭世観はそれ自体高度なものであるが、幕藩仏教から維新仏教にかけての現実としては、世外的否定観の頽廃面が集中的に露呈していたのである。「天下の遊民」「仏教国害」という非難を、どう受けとめるかによって、資本主義社会の仏教としての方向が決定されるわけである。それはたんに勤王僧の輩出によって絶対主義権力と妥協することや、護法即護国をふりかざしながら、その実はキリスト教排撃であるような、表面的な動きによって糊塗されるものではなく、近代形成の論理と仏教信仰がいかに対決するかという本質的課題であった。しかしそれは維新仏教によって遂に果せなかった課題であった。

王政復古、明治維新と共に神道の国教化がはかられた。その中心人物は平田鉄胤、同延胤、矢野玄道、福羽美静、大国隆正、師岡正胤、丸山作楽らの平田派であった。国教化は神祇宮の再興、祭政一致、続いて大教宣布へとすすんでいった。また神宮、神社も改革され、新しい神社も創建された。そして国家の手によって氏子取調べや神葬祭も行われ、国民に対しては神道の強制となった。著名な「三条の教憲」、即ち「敬神愛国の旨を体すべき事」、「天理人道を明にすべき事」、「皇上を奉載し朝旨を遵守せしむべき事」の発布は、この間の事情を物語っている。

神道の国教化は、当然幕藩体制下で国教的役割を持っていた仏教との正面衝突ということになった。明治元年三月十七日に社僧禁止の布令が達せられ、同月廿八日には「神仏判然の御沙汰」の発布をみることとなった。この布令は神仏判然で、廃仏毀釈ではなかったが、多年神官は別当や社僧に神社の実権を収められていたので、復讎的態度にでてきた。そして神社に所蔵されていた仏像仏具経巻等を破毀焼却し、ここに廃仏の嵐が吹きまくることになった。

しかし廃仏毀釈を神道対仏教という観点からだけみても、その近代史的意義は明らかにならないだろう。先述のように廃仏毀釈への必然性は、仏教自体の中に存在していたのである。また政治過程からいっても、維新政府の仏教断圧という観点はむしろ稀薄であったとみてよいだろう。それは中国の三武一宗にみられるような法難というべきものではない。絶対主義政府は何故間もなく神仏判然政策を棄てて、仏教の再編成を企てたのか。伊藤博文は何故仏教の国家利用の点から、廃仏毀釈を遺憾としたのか。この点で幕藩期におけるキリシタン断圧―殉教のコースを、廃仏毀釈と仏教の関係にあてはめて考えることはできない。僧侶で排仏による復飾をむしろ喜んでいた者も相当あったのである。また通常護法一揆と呼ばれる宗教一揆のような場合ですら、羽根田文明は、僧侶は殉教者とはいえないと指摘されている（『仏教維新前後遭難史論』一五九頁）。この点神道側でも感情的反発が主であった。仏教側にも強い法難という危機意識や近代社会への見通しがなく、神道側では感情的反発が主であったので、そこには封建から近代への宗教改革的要素が生れてこなかった。あいまいな感情論が主流をしめた廃仏毀釈のコースから、宗教の近代的変革という論理への昇化がついにみられなかったのである。そして近代仏教ないしは現代仏教が、幾度かのこきざみな、なしくずしの廃仏毀釈のあえぎを続けねばならぬことになった。

廃仏毀釈後に行われた仏教界の覚醒には、様々な方向があったが、いまその代表的なものを叙述してみたい。最初に宗教一揆であるが、宗教一揆そのものは廃仏に対する反動が主で、必ずしも覚醒ではないがここで取上げることにする。明治初年において仏教に関係する一揆は、福井、愛知、新潟、富山、香川、島根、大分等に見え、未発に終ったものも含めて七例に達する。しかしこの中でいわゆる宗教一揆と呼ばれるものは、三河碧海幡豆郡、越前大野今立坂井郡、信越土寇蜂起の三件で、信越土寇蜂起も厳密な意味では、宗教一揆の範疇に属さない。また三河や越前の場合でも、農民一揆と宗教一揆が結合しているのであって、単に廃仏毀釈に対する反抗という、護法的側面のみを強調し、維新史全体からの評価を見落すことは、当を得ていない。一揆の大部分は真宗、特に大谷派教団と関係が深い地方に起り、東本願寺と徳川幕府と密接であった関係からいって、維新新政権と東本願寺派との人民支配の争いという側面も見えるのである。

宗教一揆には、廃仏毀釈に対する反動的反抗という一面があることは否定できないが、多くの僧侶が復飾さえ喜んでいる中で、寺院僧侶の生活権擁護という立場があるにせよ、とにかく仏教界の堕眠を醒させるものがあった。明治三年の三河菊間藩一揆は、典型的な護法一揆と考えられているが、農民にとっては、新政権の末端官僚である菊間藩大浜出張所小参事服部純の支配に対する反抗であり、寺院にとっては、仏教寺院の廃合寺政策に対する生活権擁護と、護法の両者が結合した一揆であった。したがって一揆の中核となったのは下層農と貧寺が主であった。

明治五年の「信越の間土寇蜂起」事件が起る前にも国民の間に種々の動揺があった。慶応四年真宗門徒からだされた「北国より出たる檄文」には「仏敵薩長」という言葉があるし、明治二年には廃仏に対して死を以て抵抗すべしなどという激論も当時の新聞紙上にみえている。そして、北越という旧幕領における新政府の人民の支配方式、廃仏、新政府による人民課税の重圧等が一つとなって、五年の「天照皇、徳川恢復、朝敵奸賊征伐」を戦旗とする一揆が起ったのである。六年に起った越前大野、今立、坂井三郡一揆は「耶蘇教越前に入るべからざること」、「法談を許さること」、「学校にて洋学を教えざること」ということが、その願意であった。明治初年の宗教一揆は、比較的に保守的な後進地帯の、これら幕領に起った。一揆の掲げる目標も保守的なものが多かったし、一揆の過程にあっても、僧侶の反抗は護法であるが、農民の蜂起は「頑民の蜂起」とみて、共同戦線をとることを拒んだ場合も多かった。しかしとにかく僧、俗が結んで政治権力に抵抗した最後の機会ともいうべき事件であった。

宗教一揆は維新変革に対する反動《リアクション》の側面は否定できないだろう。これに対して絶対主義の開明的側面に仏教を編成することによって、廃仏後の仏教の非勢を輓回しようとする試みが、真宗を中心として生れてきた。明治五年本願寺派の沢融、教阿、黙雷、連城、為然、大谷派の光瑩、白華、舜台、信三らの洋行が断行された。彼等の渡欧は明治仏教近代化の前提となった。その西欧文明から吸収した収獲は大きかったが、中でも欧米におけるキリスト教の近代化、西欧における印度学の再評価、宗教制度や行事、近代国家における政治制度や社会制度、近代市民倫理等への注目は重要な点であった。このような西欧文明を媒介としながら近代的な政教分離の観点から「三条の教憲」を批判し、大教院から仏教分離を完成した島地黙雷らの運動は輝かしいものであった。

五年三月政府は神祇省を廃して、教部省を置いた。翌四月には教導職を設置して、「教憲三条」を宣布させることにした。教導職設置に当っては、神道による国民強化の限界を知った政府は、神道優先策をとりながらも、僧侶等をこれに加えた。廃仏毀釈後の打開方途を求めていた仏教徒は、当初蘘をもつかむ気持でこの方針を歓迎したが、それによって仏教の教義が著るしく曲解されたことは否定できなかった。教導職養成の機関が大教院であった。大教院はもともと仏教徒の発意によってできたものであるが、その規則にもはっきりとうたってあるように神道優先がみえる。維新当初神仏判然の方針をとった政府は、数年ならずして再び神仏合併大教院を開いたのである。

このような政治と宗教の混同は、ヨーロッパで近代宗教のあり方を調査していた洋行僧等にとって黙視できないことであった。特に島地黙雷はパリの旅宿から「三条教則批判建白書」を起草し、政府に迫った。建白の内容は政教分離、三条教則批判、宗教は人為的に創造はできない等の五段にわかれて叙述されている。帰朝後彼はさらに進めて「大教院分離建白書」を起草し、神仏混交の弊害をするどくつき、政教の分離を主張した。八年に分離運動が成功するまでの黙雷の活躍は目を見張るものがある。無論背景には真宗両派等は既に分離に踏み切っていたこと、石川舜台や大内青巒らの仏教開明家が彼を援助していたこと、新聞輿論が分離の気勢をあおっていたこと、政府部内の開明家もこの運動を黙認していたこと等も、成功の理由として数えることができる。

八年五月ついに大教院において神仏分離が成功したことは、明治初年における神道ヘゲモニーからの分岐であり、近代的信教自由運動にとっては特筆すべきことであった。しかし黙雷ら分離運動者は、開明僧としての進歩性は評価されるが、その開明性はあくまでも絶対主義的開明性の枠内に留まっていた。開明的愛国僧は神道優先に対して仏教の自由を叫んだが、キリスト教の近代的自由の主張に対しては口を結んだ。また信教の自由は説いたが、十年代の自由民権運動に対しては、むしろ断圧の側に廻って行くことになった。

洋行僧のように絶対主義的開明性によって、仏教復興をくわだてた人々に対し、廃仏は仏戒の堕落の結果であると受取って、仏道の復興こそ仏教覚醒の最要事と考えた人々があった。戒律と護法、即ち戒律を通じての僧侶自体の覚醒こそ本当の護法であると考えたのであった。明治維新において「八宗の泰斗」「仏教の柱石」と仰がれた福田行誡は、その代表的な人物である。彼は常に僧弊一洗を唱えていたが、「仏家の廃仏を悲むは、寺塔の破壊をかなしむに非ず、衣食の減ずるを悲むに非ず、官録を失するを悲むに非ず、唯天人に此至善の道を失するを悲むなり、僧侶の興法を念じ、廃仏を防ぐ、只此れが為なり」という言葉の中にその態度がうかがわれる。行誡の思想は保守的ではあったが、仏道に徹することによって明治仏教に大きな地位を持ち、それがまた独占資本段階以降の仏教に問題点を投げかけることになった。釈雲照は儒、仏は神道を輔翼するものという立場から廃仏の非を鳴らしていたが、一面廃仏に対しては「竊に顧ふに、宗門の僧徒宗本を忘れ、俗染に淫るるにより、政家の督責此に至れる歟、吾輩慚恥に堪ず」という自省の上に立って発言している。明治期最大の戒律行者としての彼の面目でもある。

僧弊一洗の点からみて、明治元年に結成され、二年にかけて活躍した諸宗同徳会盟の動きも見逃せない。会盟では研究審議すべき課題を八ヵ条掲げたが、その中で仏教内部の旧弊を除き、各宗の教学を振興し、英才の登用をはかると共に、また宗我心の排除につとむべきこともといている。会盟も廃仏は仏教僧侶の流弊の招くところであるとして、その打開策を教育に求めたのであった。

仏道の復興をはかった人々の共通意識は護法観であった。明治元年設立された京都大谷派の護法場はその代表的な事例であるが、護法場からは大谷派ばかりでなく、明治仏教全体にも影響を持つ人材を生んでいる。そして護法は必ず邪教防禦というキリスト教排撃の一面を持っていた。護法を護国意識に結びつけて、キリスト教を排撃したのであった。この護法即護国意識には、欧米列強による日本ないし東洋の植民地化の危機感から生れた前期的国民主義の一面がないことはないが、単なる護法と護国の癒着をはかった者がより多かった。キリスト教排撃を前提とする護法即護国観は諸宗同徳会盟をはじめ、あらゆる護法者に共通して存在していたが、特に浄土宗の鵜飼徹定は『闢邪管見録』『釈教正謬初破』『笑耶論』『仏法不可斥論』『釈教正謬再破』等々を著して、この気運をあおった。

しかし仏道復興を護法に求めようとした者も、福田行誡等三、四の例外を除いて、仏道に徹するというよりは、キリスト教排撃や護国意識が優先して、説得力のないものになってしまった。また信仰に徹するかにみえたものも、ややもすれば維新という変革期や廃仏毀釈に殊更に目をふさぎ、あきらめや自己逃避の態度をとる場合もあった。

維新期の仏教徒が、社会的活動に際し用意した標語は仏教国益論である。それは仏教国害論や僧侶遊民論に対しての答案でもあった。例えば大谷派が中心となった北海道開拓事業、あるいは堕胎間引防止運動から、ひいては児童の教育、監獄教誨等の慈善も等しく国益的観点から行われている。明治五年福田行誡らから左院に提出された「諸宗寺院連名建白書」第十二条には、仏教国益論が具体的に示されている。

仏教国益という観点から最も活発に活動したのは佐田介石であった。彼は天文、地理、言語、宗教、教化、政治、社会、経済等の多方面の著述活動をはじめ、具体的施策として代用品の製造普及、各地での講演宣伝、舶来品排斥、結社の結成等八面六臂の活動をした。特に彼の須弥山説やランプ亡国論はよく知られている。介石の思想は欧化排斥の反動思想で、日本の国有文化や経済的独立を保守的な立場で主張したものだといわれている。しかし介石は単なる護法即護国思想ばかりでなく、護法家にともすれば欠けがちな国民福祉の問題があり、そのために具体的対策を用意したものであった。

しかし総じていえば、仏教国益論の主張点は、古代国家等において、仏教が国家のために社会的活動をしたという事例の列挙で埋められている。実に国益や富国の維新期において意味するものは、資本の原始的蓄積に外ならない。しかし仏教国益からは原蓄過程の精神や、産業資本形成期の精神を何も引出すことはできなかったのである。

仏教は文明開化や啓蒙思想に寄与することは余りなかったが、しかし絶無ではない。明治七年結成された共存同衆は機関誌『共存雑誌』を発行していたが、仏教側から赤松連城、島地黙雷、大内青巒、加藤九郎が加わり、進歩的な意見を発表し、黙雷のごときは既に社会党や虚無党にも注目している。また同じ七年に発刊された『報四叢談』は、編集刊行総長大内青巒、執筆者は島地黙雷、石川舜台、大洲鉄然、原坦山等の仏教界の進歩的陣営に属する者であった。発刊の主旨は教育を隆盛にし、文明開化の気運に応ずるということであった。大内青巒は出版事業に貢献し、仏教の先駆的新聞であった『明教新誌』も主宰した。また初年から十年代にかけて結社の創立も流行し、白蓮社、令智会、能潤会等々が結成され、新興仏教団体としては、仏立講や国柱会の創設もみえている。

維新期に教学に貢献した人も数多いが、福田行誡と原坦山は双壁であろう。行誡の面目は古仏の遺法に対する自己内省が前提にあった。保守的教学ではあったが、仏道優先を主張する彼によって維新教学が守られたといってもいいすぎではない。坦山は十二年東京大学最初の仏書講読講師となったことで著名であるが、彼は仏教研究は実験的、科学的に行わねばならないことを主張して、医学や理学の研究も行い『仏教実験録』（後に『心性実験録』と改題）、『惑病同源論』、『脳脊異体論』等を著した。いわば洋学を仏教学に導入しようとしたところに、坦山の進歩性がみえるのである。

3　維新における仏教変革の限界

日本では封建から近代への移行過程において、宗教改革を欠除したといわれる。維新期における宗教改革は、本来的には民俗宗教としての神道や、移入間もないキリスト教にその役割を求めらるべきものではなく、仏教こそ自己変革をしながらその役割を果すべきであった。しかし幕藩仏教から近代仏教への転回点である維新期において、仏教の変革は遂に行われなかった。比較的廃仏後の覚醒点を内蔵するかにみえた次の諸点でも、多くの限界を持たざるを得なかった。

護法即護国の論理、ここで護国の意味するものが近代国家であったならば、爾後の仏教の方向は大きく変ったものになったろう。しかし仏教の意味した護国は心情的に天皇に焦点があてられたため、近代国家が問題とならず、したがって国民の概念が登場しなかった。つまり護法即護国観と国民生活が断絶をしているのである。律令期や封建期のイデオロギーであった鎮護国家や王法為本、ないしは興禅護国の論理では、近代国家の思想になり得ないという点に気がつかなかったのである。

この点仏教国益観による社会的活動も同様である。原始蓄積期には、国益は国富の概念と結合しなければ歴史的課題とはならない。しかし仏教は原始蓄積期から産業資本の形成期にかけて、本質的にもまた歴史的にもその存在を示すことはできなかった。それはプロテスタンティズムが、資本主義精神の揺藍の役割を果したこととあまりにも対比的であった。むろん仏教は本質的な面からいえば、資本主義形成の精神に寄与できないことは、プロテスタンティズムとの基本的相違点として意味がないことではない。しかし仏教国益観では余りに保守的で、絶対主義国家の精神にすらなり得ないものであった。

それは信教自由、政教分離という近代性を持つと思われる仏教の諸運動でも例外ではない。これは森有礼、津田真道、中村敬宇ら明六社系の信教自由論と比較してみれば了解できることである。信教自由は神道、仏教、キリスト教が全く平等の立場で、しかも国家権力から自由であるところに行われるものである。そしてより重要なことは、仏教における自由論には民権的要素がほとんどなかったことで、この点プロテスタントが自由民権運動に寄与したことと異っている。また近代史上の大きな問題であった婦人解放運動をとってみても、仏教は不邪淫戒を唱えてはいるが、廃娼等の運動にまで発展しなかった。つまり個々の戒律が個人の内観に停止して、社会的に昇化し論理化しなかったことによる。

次に明治維新対仏教信仰という命題からみても、維新の変革に対する仏教のきびしい対決や、維新変革への遭遇からくる深刻な信仰上の苦悩も余りみえない。戒律を媒介として仏道や信仰の復興をはかった人々も、僧者の名聞利益を棄てるのはこの時であるという福田行誡のような深刻な信仰上の苦悩からくる危機意識を持つた者も余りなかった。それは宗教一揆のような、本来ならば最も信仰が昂揚すべき問題でも例外ではなかった。

総じて維新社会における仏教の覚醒は、覚醒といっても維新社会に対する理解は充分ではなかった。また覚醒そのものも未熟なものに留った。不充分な理解と覚醒の未熟さの上に、律令社会や封建社会で発生した伝統的な保守性を持ちこんで、維新政権と妥協しようとしたところに問題があった。つまり廃仏毀釈の教訓を活かし、廃仏を好機として宗教変革を断行する力を仏教は欠いていたのであった。少くとも封建社会の御用仏教となった最も大きな理由をもつ寺檀制度の打破、それにともなう共同体的な宗旨から個人の信仰を解放するためには、廃仏毀釈は好機であったろう。それが不可能になったところに、爾後の近代仏教は、なしくずし的な廃仏毀釈の再生産を行わねばならなかったのである。

維新において仏教対社会という関係も、また仏教自身の内在的信仰の問題にも変革をほとんどみることなく終った。そして近代仏教への不幸な原型点もまた維新仏教から生れてきたのであった。

第二章　国家主義の台頭と仏教革新運動

1　明治中期の仏教革新運動

明治初年においては、神道と仏教の交渉が問題となるが、近代史全体からみれば、仏教とキリスト教の関係がより重要である。仏教は実はキリスト教を攻撃しつつ、逆にキリスト教に導かれて、近代的脱皮を行った面が強い。このことは近代化の起点である明治前期の両者の関係をみればよく了解できる。

キリスト教、特にプロテスタントは幕末に来朝して以来、欧化主義時代に著るしく教勢を拡張した。明治十九年の信徒人員は一四、二六二人で、東京、北海道、神奈川、群馬、大阪、岡山、京都、兵庫等の大都市を含む地方に多く、また信徒層も中、下層士族、商人層、富農、中農層、医師、学校教師、官吏等の中産市民層であった。この信徒数は同十九年の全国寺院総数七二、〇三九軒、住職五六、二六六人に比較すれば微々たるものであるが、仏教は共同体的制約の濃厚な地方において、檀家対寺院という関係で結合し、信仰そのものが余り問題となっていないのに対し、プロテスタントの場合は、知識階層に足場を持ちながら、一応個人の信仰が単位となっていたのである。

初期宣教師達にはピュリタンが多く、彼等はきびしい倫理感に基いて社会的活動をしていた。この点仏教僧侶に比較し、たしかに新鮮なものとして国民の目に写った。そしてピュリタンの倫理は近代市民倫理に支えられていたことも、仏教が共同体的な義理人情に倫理観を置いていたことと著しく異っていた。この市民倫理を基礎にしてプロテスタントは自由民権運動等に貢献した。そして植木枝盛や島田三郎等々がプロテスタントに興味を抱くことになったのである。また一夫一婦制度や廃娼運動、童貞、守貞等の家族倫理、また近代ヒューマニズムに立脚する社会活動も、国益観等に立つ仏教の社会活動とは異っていた。特にプロテスタントの産業主義的聖詔観と、それに基ずく生活指導は、産業資本の形成期には誠に晴々しい近代的青春の息吹きを感じさせ、この点仏教の厭世的出家的否定観と大きく対置されて、近代の夜明けの感を抱かせたものであった。

無論欧米近代社会において、キリスト教の位置が余り輝かしいものでなかったように、日本でも明治初頭から、ミル、スペンサー、ダーウイン等の功利主義や進化論に基ずくアンチ・キリスト教的な思想が多く取入れられていた。またプロテスタントといっても、英語をはじめとする欧米文化、ミッション・スクールの教育、あるいは啓蒙思想家等による文明開化や欧化主義に魅力があったので、明治前期の日本人に何処までキリスト教信仰が受容されていたかは疑わしい。それにもかかわらず、仏教に比し前記のような点において、日本の近代化に寄与したのであった。

しかし明治二十年初頭になってくると事情が異なる。二十年初頭は憲法発布、教育勅語発布等の過程にみられるように、日本の国家権力の確立期であった。はじめて近代国家としての体面を備えたのである。この国家権力の確立を背景として、欧化主義に対する反動として勃興したのは国粋主義であり、その代表的存在は政教社であった。三宅雪嶺ら政教社による『日本人』グループの思想は、日本で最初のナショナリズムであると評価されている。彼等の思想には余り天皇制も問題とならず、反面強い国民の福祉という課題があった。その上にたって西欧の東洋支配に対して、東洋や日本の国権の拡充を主張したのであった。

欧化主義に打ちひしがれた仏教にとって、この国粋主義の勃興は好機というべきであった。政教社には井上円了、島地黙雷らも加っていた。しかし仏教の場合は護法即護国観、それに基づく破邪顕正観が先行して、人民福祉という課題が見失われ勝ちであった。つまり三宅らのナショナリズムに対して、仏教の国権論は幕末の攘夷論と左程大きな差はないのである。このような中で憲法によって信教の自由が保障され、実力でキリスト教に相対しなければならなくなった。

国粋主義の勃興によって、仏教は復興期を迎えたように思われた。しかし宗旨仏教に対する期待が皆無に近かったので、まず仏教の革新は在家者によって試みられたのである。いわゆる居士仏教の展開である。在家仏教者としては、明治維新期に還俗して仏教の為に大いに働いた鴻雪爪等も数えられる。しかしその代表的存在は大内青巒であった。青巒は仏教出版社鴻盟社を興し、各宗有志と計って和敬会を結び、さらに二十年代初頭には尊皇奉仏大同団を結成するなど、明治前半期には顕著な活動をみせた。

明治政府は仏教に対し冷淡のように見えたが、中には仏教の復興につくした政府の顕官もいた。いわゆる外護の居士である。山国鉄舟、島尾得庵は臨済禅に帰し、三浦梧楼は雲照に帰投した。また品川弥次郎は峨山につき、渡辺国武は臨済禅を学んだごときである。これらの人々の政治的立場は保守派であった。

二十年代の在家仏教にはまた違った気運も生じてきた。上宮教会を設立した河瀬秀治、縮冊大蔵経を刊行した島田蕃根、執筆活動で著名な干河岸貫一、辰巳小治郎、棚橋一郎、破邪演説で鳴った日賀田栄・美濃田覚念等々であった。これらの人々は日本の伝統を重んじ、保守的ではあったが、必ずしも政治権力を背景として発言するものばかりでなく、生涯在野で活動した人も多かった。そして在家仏教の系譜は、全く衣更えして次の三十年代の新仏教運動に受けつがれることになった。

これら在家仏教運動に対して、教団仏教の中から仏教を改革して行ったのが井上円了である。常盤大定は井上円了の『真理金針』や『仏教活論』は、明治仏教界が消極的退嬰主義から、積極的進取主義に移った一劃期(『明治文化全集』・宗教篇解題・三〇頁)とされたが、それは理由のあることであった。円了の両著中で特に看守されるのは宗教と哲学の関係で、仏教は哲学や科学的批判にたえ得るが、キリスト教はその点無能であるということである。円了は確かに仏教を護法即護国の論理から護国愛理に転回させ、哲学仏教の形成によって、護法や護国をはかろうとしたその貢献は認めなければならない。西洋哲学による東洋哲学の解釈、特に仏教の基礎ずけが彼の任務であった。「耶蘇教の如きは、偏僻不定の小真理を胚胎するものに過ぎず、之を仏教の真理に比するに実に真理の毛端爪頭にして、或は真理の虚影空響なりと言うとも不当にあらず。嗚呼仏教の真理の明白にして耶蘇教の真理の曖昧なる、恰も明月一たび出でて衆星其光を失うが如し」という『仏教活論序論』の言葉に、彼の明白な意図がうかがわれる。

しかし円了の仏教は哲学仏教であっても、信仰仏教ではなかった。彼は街頭哲学者、あるいは仏教啓蒙思想家として偉大な存在であったが、近代信仰とは何かということについては問題を提出していない。仏教の哲学的基礎ずけは、確かに明治仏教の転回点であった。しかしとかく爾後の仏教は、円了の提示した哲学仏教のみを誇示し、かえって信仰が稀薄になったようなひずみも、また円了の哲学仏教に胚胎していることを否定はできない。

円了によって仏教の哲学的基礎ずけが行われると共に、仏教の革新運動もいくつか生れてきた。明治十九年大道長安は救世教を興した。これは観音を本尊として、妙法蓮華経観世音菩薩普門品経を正依の経典とし、安心の妙義としては念聖解脱の妙力門を高調するものであった。救世教は在家本位であり、また長安は宗教的人格にも長じていた。彼は孤児の救済や囚人教誨にも当った。救世教信者は北越をはじめ各方面にわたっていたが、長安の死後救世教は衰頽した。

この期の仏教のジャーナリズムに華々しく活躍し、仏教革新を唱えたものに中西牛郎があった。彼は少年時代キリスト教の影響を受けたこともあるが、赤松連城に会ってから仏教に心を傾け、井上円了によって基礎ずけられた哲学仏教の主張をひっさげて、仏教革新に当った。二十二年『宗教革命論』を著して以来『組織仏教論』『宗教大勢論』『新仏教論』『仏教大難論』を矢つぎばやに世に送った。中西牛郎は仏教者に社会的な目を開かせ、キリスト教に対抗させようとしたが、彼自身は終りを完うしなかった。

この他には北畠道竜、水谷仁海らはさかんに仏教の革新を唱えた。しかし二十年代前後の仏教革新運動は、運動者がジャーナリストであって信仰が欠除していたり、またその行動も終始一貫していない人もあり、仏教革新の実を結ぶことはできなかった。

二十年代初頭はいわば日本の近代的青春期であった。北村透谷が「内部生命」を高調し、徳富蘇峯が「平民主義」を唱えていた。これらプロテスタントに比し、仏教の革新運動には内部生命からつきあげられる信仰に乏しく、キリスト教に対抗するためにいかに仏教を哲学的に組織するかという、外部的な課題にのみ関心がよせられていた。またプロテスタントはブルジョア・デモクラシーに立脚して、信徒層を近代的市民に導いたが、仏教では保守的貴族か、さもなければ村落共同体上の大衆の上に成立している檀家であって、そこには近代的市民層の仏教が欠除していた。それはひいては、近代資本主義社会の本質的構成要素である資本家並びに労働者の把握が失敗することにもなった。二十年代前後の仏教革新運動は、おおむね日清戦争前で消え去り、日清戦争後の近代仏教の形成には不連続となった。

2　破邪顕正運動

仏教がキリスト教を攻撃する際のモットーは破邪顕正であるが、それはキリシタンの昔からすでに始まっていた。しかし破邪顕正運動のピークは明治二十年代初頭で、国粋主義の勃興を挺子としているのはいうまでもない。仏教徒は欧化主義の反動の波の上に仏教の復興や革新を考えたのであって、その運動は国民生活から浮上がったものであったが、しかしキリスト教攻撃にはすさまじいものがあった。

いまこの点を思想的衝突、伝道上の衝突、そして世論を著るしく注目させた各種不敬事件および教育と宗教の衝突事件、内地雑居をめぐる両者の衝突などの項にわかって概観したい。

仏教とキリスト教の思想的衝突の第一は、皇室とキリスト教は両立しないという仏教の攻撃であった。唯一神の信仰と天皇崇拝とは両立できないということが仏教の錦の御旗で、大内青巒の率いる尊皇奉仏大同団などは特にその点を力説していた。第二は国体論、従来仏教は日本国体にとって母親の役割を果してきたから、キリスト教がいかに賢才慈仁の美婦人でも、仏教とは交換できないという伝統的心情論であった。そして護国即護法を力説したのである。しかし攻撃されたキリスト教側も、仏教の護国は護身というエゴイズムの変形にすぎないと反論している。

第三に植民地的危機感からくるキリスト教への攻撃で、感情的ではあったが、仏教の論説には鋭いものがあった。キリスト教は西洋を本国とし、奪国政略の機関と化しているという主張が主であった。第四は平等博愛論をめぐる問題で、キリスト教の平等博愛は宇宙主義で民主共和制と表裏関係にあるが、これに対し仏教は平等即差別をとっているから、日本国家に対しては差別的博愛をもって臨んでいるという論法であった。

第五点は厭世論で、これはキリスト教側からの攻撃である。いわば自由放任《レッセフェール》主義の上昇期を背景として、仏教の厭世観をついたものであった。釈雲照、井上円了らは「仏教は厭世教にあらず」と反論している。第六点は宗教と科学との関係で、仏教の教理は科学的批判にたえられるが、キリスト教の有神論や創造説は、科学や哲学と衝突するというテーマである。これを組織体系化したのは井上円了であった。

第七点は社会倫理や家族倫理をめぐる問題で、男女同権、一夫一婦制、廃娼、禁酒等が問題となった。キリスト教では本願寺法主の蓄妾を攻撃したり、仏教寺院が娼家を檀家としているのを非難したりした。仏教はこれに対し不邪淫戒や不飲酒戒を提示して応戦したが、それは個人の戒律の問題に論点が集中して、社会的な倫理の問題に迄は発展しなかった。二十五年キリスト教の田村直臣は『日本の花嫁』を米国で出版し、日本の結婚方法や結婚生活の封建制を鋭くついた。仏教側では国辱を海外に売るものとして、「国賊乱臣」と呼び、激しく田村を非難した。

無論上述の外にも衝突点はある。しかし本期においては以上の点に特に、それらが集中したのである。そしてこれを通じてみても、仏教の攻撃は、核心であるべき宗教信仰の点からの攻撃がほとんど見られない。外部的な問題が主であったといえよう。

思想上の衝突はいわば頂点上の問題であるから、宗教そのものとしてはむしろ伝道上の衝突の方が注目される。伝道上の衝突といってもキリスト教は個人の信仰に立脚していることに対し、仏教では個人間の信仰よりも檀家という型で結合していることが主であろう。またキリスト教では特にどの派が多いということはないが、仏教では伝道宗教である真宗に最も衝突が多く、ついで日蓮宗である。今簡単に各地の状況を指摘したい。

愛知県は真宗王国として知られているが、二六年五月の福音同盟会第七回大会に起った両者の衝突は、仏教とキリスト教衝突の山で、遂に騒擾となった。千葉県は日蓮宗がさかんなところであるが、二六年四月の天津事件は告訴にまで発展した。京都は浄土教系の本拠であるが、またキリスト教にとっても同志社等があり、たえず衝突がくりかえされていた。二四年十月の同志社主催各教会連合キリスト教大演説会では、遂に血をみるに至った。

福井、富山、石川、新潟、滋賀、三重、広島も真宗勢力の強い土地だけに、両者は激突している。福井では反動団体殺耶党が組織され、駁邪大演説会を開いていた。富山では二四年六月尊皇奉仏大同団公友の渡川、岱二らは、日本キリスト教会に押しかけて乱暴を働いた。金沢ではキリスト教徒への不売同盟が組織されたし、新潟県ではキリスト者の押川方義に似た県官が間違えられて惨殺されるという事件も起った。滋賀県ではオーテス・ケリーや宮川経輝の演説会にも妨害があったし、三重県では僧侶が各戸を廻って、門徒から生涯キリスト教を信仰しないという誓約書をとっている。広島でも流血の惨事があった。

この外静岡県島田における著名な「ナイフ騒」、和歌山県では真宗僧侶が村民に実印を持参させて本堂に集め、公儀を重んずべき事、真宗を確守すべき事、邪教の徒と交際すべからざる事、邪教の徒に家宅を借すべからざる事、邪教の説教場へ立ち寄るべからざる事等、五条の盟約を結ばせたようなこともあった。この他の各地にも多かれ少かれ衝突が発生していた。

伝道上の衝突は、キリスト教からいえば伝道の開拓であり、仏教からいえば共同体上の仏教を守るという面が濃厚であった。衝突の中心であった真宗寺院の生活は檀家によって支えられているので、キリスト教に信者を取られることは、また寺院経済の問題でもあった。さらにキリスト教が市民倫理を掲げて村落等に入ってくる以上、共同体的倫理との対決は避けられなかった。仏教は共同体上の有力者と結びついていたから、共同体の和合という点からも、キリスト教信者を迫害せざるを得なかったわけである。仏教からの攻撃は国粋主義の勃興を挺子として行われたもので、伝道上の衝突とはいえ、宗教信仰から発するところの少い、底の浅いもので終った。

このような伝道上の衝突を背景に、いわゆる破邪家が全国を遊説していた。二十二年『仏教大勝利耶蘇教大敗北仏耶活問答』を著した小原正雄もそうであった。しかし明治中期の破邪家の代表的人物は美濃田覚念である。『仏教耶蘇教信仰箇条』『能弁大家覚念居士駁邪演説筆記』『仏耶血戦』等をかいた彼の破邪行脚は全国にわたり、キリスト教の権威を求めては擲込みをかけ、ひるむことがなかった。尊皇奉仏大同団の破邪活動もこれに劣らなかった。「団則」に「本団の目的は皇室の尊栄を保護し仏教の勢力を拡張して以て大日本帝国の元気を充実せしむるに在り」とうたっている。主宰者の大内青巒は明治初期デモクラットの一人であるが、他に政治的意図があったからかも知れないが、本期にはその面影がみえない。またキリスト教国生れの破邪家、米人オルコットや英人フォンデスも担ぎだされて活動していた。

しかし明治中期における両者の関係で最も注目されるのは、各地に起った不敬事件と、井上哲次郎によって起された教育と宗教の衝突をめぐる問題であろう。二十四年一月発生した内村鑑三不敬事件は、不敬事件の中でも最も著名なものであった。本件は一月九日の勅語拝載式に、第一高等中学の嘱託教員内村鑑三が、勅語に敬礼しなかったとして与論を沸騰させた事件である。内村の考えによれば、勅語の精神を奉載実行することが勤王愛国者の眼目とすべきことであって、勅語に敬礼するのが肝要なのではない。また拝礼の対象者となるべきものはスピリットがあるものだけで、スピリットのない紙片を拝礼するのは不合理だということであった。まさに日本キリスト教信仰の近代的試練とも称すべき事件であった。

内村の態度に世論が湧き、内村を擁護した植村正久の『福音新報』も発売禁止となった。この内村排撃の急先鋒となったのが仏教であった。攻撃論説を掲げた仏教関係紙誌は『密厳教報』『明教新誌』『能仁新報』『仏教新運動』『教誨』『四明余霞』『浄土教報』『教学論集』『天則』『経世博議』『法之雨』『伝統』『仏教』『令知会雑誌』『国教』『日宗新報』『東北之灯』『金剛評論』等である。特に著名なのは島地黙雷の主宰する『令知会雑誌』で、「不敬事件の顚末」「不敬事件を論ず」等の論説をだしている。明治初年の信教自由論の大立物も、キリスト教に対してはここでは反動化をしているのである。しかし本件をめぐって攻撃した側の仏教徒に、内村ほどの愛国心を持ったものがいたかどうかは疑問としなければならない。

内村事件に続いて、熊本英学校事件、山鹿高等小学校事件、八代高等小学校事件、空知集治監事件、松江第一尋常中学校事件、その他各地でも不敬事件が続いた。そして何等かの形で仏教徒が渦中に加わり、キリスト教を攻撃している。英学校事件は、同校の教育方針が博愛主義に基ずくことを非難したものであり、山鹿、八代事件は教育勅語や天皇の写真に対して不敬であったということから惹き起されたものである。空知の場合も同様に天皇の写真の問題であり、松江事件はキリスト教信者の生徒が神社に礼拝しなかったところから起った問題であった。この外クリスチャンが祭礼の寄附に応じないという問題、ハリストスの神田ニコライ堂が宮城を見下す高台にあるのを不敬とした事件、あるいは外国人の教会設立に土地を売ったことを売国として責めた事件等々数多く、不敬事件は明治中期をにぎわした問題の一つであった。

これら一連の不敬事件の上に「教育と宗教の衝突」事件が起った。二十五年十一月号の『教育時論』に、「宗教と教育との関係につき井上哲次郎氏の談話」がのった、井上はこの中で勅語とキリスト教の相違点を、国家主義と非国家主義、忠孝観の重視の差、現在と未来の重視の相違、差別的博愛と無差別的博愛の四点とした。これに対して本多庸一、横井時雄らのキリスト教者は井上の所論に反駁した。井上はこれに答えて『教育時論』に「教育と宗教の衝突」を連載し、後に一書にまとめた。前記論文は異常な反響を呼び、おもな仏教雑誌はいずれもこれを連載した。井上の所論に最も戦闘的に反駁したキリスト教徒は高橋五郎で、二十六年六月民友社から『排偽哲学論』を刊行した。

この論争の動機は仏教とキリスト教の関係から出発しているのではないが、井上哲次郎擁護の最大の支柱は仏教であった。本件に対する仏教側の井上援護の中心的著書は、井上円了『教育宗教関係論』『忠孝活論』、村上専精『仏教忠孝編』、中西牛郎『宗教教育衝突断案』、藤島了穏『耶蘇教末路』、足立普明『耶蘇教亡国論』、太田教尊編輯『勅語と仏教』、ト里老猿『耶蘇教の危機』等である。また仏教関係の新聞雑誌で本件をとりあげたものは『天則』『仏教』『明教新誌』『浄土教報』『反省雑誌』『密厳教報』『伝灯』『四明余霞』『能仁新報』『法之雨』『仏教公論』『愛国』『伝道新誌』『台之友雑誌』等で、一般新聞雑誌の中でも、仏教紙誌と同じ論調で井上を擁護したものもあった。

これに対してキリスト教擁護の立場をとった新聞雑誌も多く、また久津見息忠『耶蘇教衝突論』以下のキリスト教側を応援する著述も刊行された。

本件をめぐっての仏教のキリスト教攻撃は、高橋五郎らへの感情的反発が主であった。またキリスト教は信教の自由を超え、忠孝に背き、日本の国勢を弱め、日本精神を破壊するという議論、キリスト教の愛は兼愛で、共和制や社会党・共産党にも通じ、他国を植民地化して滅亡させるという議論、あるいは仏教は哲理にたえられるが、キリスト教は道理に合致しないという議論が多く、信仰上の衝突という点がほとんど見えない。

本問題は明治中期思想史の最大問題の一つであるが、キリスト教側からは植村正久、内村鑑三、柏木義円、海老名弾正らの優れた論説が多くだされた。これに対して仏教側が最も活躍したのは井上円了、中西牛郎であったが、後世に残ると思われるのは古河勇の「『教育と宗教の衝突』を読む」位しかない。古河は仏教、キリスト教の両極端に味方をせず、泥仕合的論争を愚とし、感情論を排した。この点キリスト教側の大西祝の「当今の衝突論」にも比すべきものであった。総じていえば仏教側の攻撃論説は、キリスト教の本質にふれる所の少い浅薄なものであったことは否定できない。

三二年の改正条約の実施、治外法権撤廃、あるいは内地雑居が行われる前後から、このような政治情勢を背景として、政治的な観点から両教が衝突することとなった。第一は教誨師問題であり、他は宗教法案の否決である。監獄教誨は五年大谷派の仰明寺対岳が、石川島監獄で開始して以来幾変遷はあったが、大多数の監獄では、真宗両派で教誨を独占していた。ところが三十一年巣鴨監獄典獄であったキリスト教信者の有馬四郎助が、余り成績があがらなかった東本願寺派教誨師四名中の三名に辞職を求め、之に替えてキリスト教の留岡幸助を採用しようとした。これに奮慨した大谷派の石川舜台らが中心となって、遂に全仏教徒が反対に立上る問題にまで発展した。そして事件が政治問題に発展し、監獄費を負担している東京府会の反対決議となり、遂に三十二年の第一三回議会に「監獄教誨師に関する建議案」の上提となった。この結果有馬の転任、留岡の依願免職となって局を結んだ。

内地雑居実施後、宗教法案が議会に提出されるという噂があったので、仏教各宗協会では、寺院制度草案の編成にとりかかった。そして仏教を公認教とする内容の寺制法案草案を脱稿したが、更にこれを改めて仏教法案として内務省に提出した。一方政府は三十二年第一四議会に宗教法案を提出した。この法案は仏教法案が主眼としたところが骨抜きになっていた。本願寺派の赤松連城や大谷派の石川舜台は、宗教法案の修正を政府に求めようとした。また大谷派が主唱して結成した仏教徒国民同盟会は、京都の仏教公認教期成同盟会と共に、仏教の公認教貫徹のために運動を起し、宗教法案反対を叫んだ。仏教界の中には硬軟両論があったが、神道側でも教会を法人とすることに反対したので、政府提出の宗教法案は賛成一〇〇、反対一二一で否決された。教誨師事件や宗教法案否決事件は、二十年代の思想的衝突とは異り、政治化したところに特色があり、特に石川舜台の精力的な政治力がものをいった。しかし総じていえば仏教の横車という感じが否定できず、このころ近代信仰の確立に励みつつあった清沢満之等も、このような仏教界の態度に批判的であった。

3 日清戦争前後の仏教近代化路線

日清戦争は近代思想にとって重大転機であったが、それは近代仏教にとっても同様である。日清戦争に対しては西本願寺をはじめ、各宗は従軍布教や傷病兵・遺族の保護、あるいは戦勝祈念などを行った。特に軍隊に対する慰問布教は注目された。従軍慰問布教をはじめて着手したのは大谷派で、それには平松理英の力があった。彼は宗内僧侶及び火葬人夫を率いて渡満し、金州城外で敵味方の戦死将兵の追悼法要を営んだ。本願寺派も第一、第二軍の戦闘線を巡回して、病院慰問や葬祭等を行った。真宗以外の各宗でも従軍布教をした。

しかしこのような教団仏教の日清戦争に対する活動とは別に、近代仏教形成の動きもはじまった。いわば日清戦争前後というスッルム、ウント、ドゥランクの中からいわゆる既成仏教に対する懐疑が生じ、その懐疑が批判精神にまで生長し、そこから近代仏教が形成されて行く糸口になった。その代表的人物は古河勇である。古河は二八歳の短命に終ったが、本願寺普通教授、国民英学会、明治学院、東京大学選科と特異なコースを歩んだ。そして学者や偽善的宗教者の途を選ばず、評論人として、仏教界の進歩的雑誌である『反省雑誌』や『仏教』に関係した。

古河は「教育と宗教の衝突」事件で良心的発言をしたことは既にふれたが、彼は特にユニテリアンに興味を持ち、その自由討究や伝説排斥の態度を喜こんだ。彼は旧仏教から新仏教への換骨脱体の方法として、ユニテリアンを媒介項の一つとして考えたと思われる。しかしユニテリアンも終局的には仏教にまで発展すべきだとしていた。古河は新仏教主義を天下に宣言した最初の論文は「懐疑時代に入れり」で、二七年一月号の『仏教』誌上に掲載されたものである。彼は教祖を無上の信仰対象としていた独断時代から、仏教の歴史的研究を契機として、大乗非仏説論等が形成され、それらの気運に醸成されて現代は懐疑時代に入ったという問題意識をたてた。そして新思想を斥くべきではないと主張しながら、懐疑時代から新仏教が誕生することを力説した。

本論に対し教団仏教からの非難が集中したが、また一般輿論からも大きく注目されたので、彼は更に「懐疑時代に入れり」に付て」を発表し、重ねて懐疑や自由討究こそ新仏教に至る途だと論じた。古河を中心に西依一六、菊池長風、杉村縦横らは二七年一二月経緯会を設立した。経緯とは「自由討究の義を経とし、進脩不息の念を緯とする」というもので、本会は後に仏教清徒同志会に発展的解消をしていった。経緯会は仏教界が公認教運動や宗教法案反対運動に血の途をあげていることに反発して、自由討究の立場から仏教とキリスト教の平等を主張した。そして宗教に対しての政治上の保護干渉を斥けた。

このような新仏教への胎動と共に、近代信仰樹立への試みも始まった。清沢満之は著名な「回想」で、「明治廿七八年の養痾に、人生に関する思想を一変し略ぼ自力の迷情を翻転し得たりと雖ども、人事の興廃は尚ほ心頭を動かして止まず。乃ち廿八九年に於ける我宗門時事は終に廿九年に及べる教界運動を惹起せしめたり。而して卅年末より、卅一年始に亙りて、四阿含等を読誦し卅一年四月、教界時言の廃刊と共に此運動を一結し、自坊に投じて休養の機会を得るに至りては大に反観自省の幸を得たりと雖ども、修養の不足は尚ほ人情の煩累に対して平然たる能はざるものあり。卅一年秋冬の交、エピクテタス氏教訓書を披展するに及びて、頗る得る所あるを覚え卅二年、東上の勧誘に応じて已来は、更に断へざる機会に接して、修養の道途に進就するを得たるを感ず」とのべている。宗門時事とはいわゆる白川党事件であって、満之を中心とする大谷派教団の近代的改革運動であった。その運動の挫折の中から、彼の近代信仰の樹立がはじまったのである。しかし満之は教団改革に従事しても古河らと異なり、教団仏教を否定はしなかった。むしろ僧道の振粛こそ彼の願望で、この点維新期の福田行誡を受けついでいる。行誡と異るところは、彼には西洋近代哲学の造詣が深く、その上に、近代仏教信仰を樹立しようとしたのであった。

一方キリスト教ではチユービンゲン学派やユニテリアン等の自由神学の渡来によって、神学思想に大きな混迷が起った。しかし他面プロテスタントでは横浜、熊本、札幌バンドを中心に近代信仰樹立の運動が進んでいた。それに比し、教団仏教にはまだ封建遺制が多く残存していた。このような中で、古河を中心とした新仏教への胎動や、満之を中心とした生命力のある近代信仰が形成され始めたことは注目に値する。

日本では日清戦争を契機として産業革命が開始されたといわれる。これに伴い当然社会的諸問題も登場し始めた。仏教の近代的社会活動は、キリスト教の影響を受けて起った。井上円了は『僧弊改良論』の中で、キリスト教と仏教の勝敗は社会的活動によって定まるとすらいっている。慈善活動の新らしい動きとしては、貧児教育や感化教育、あるいは釈放者の保護も二十年代前後から始まった。このころキリスト教の廃娼運動や禁酒運動への挺身が世間の耳目を引いていたが、仏教でも高楠順次郎、桜井義肇らが、一八年禁酒団体反省会を設立し、二十年から『反省会雑誌』を発刊した。『反省会雑誌』は後に『中央公論』に発展した。

二七年四月大日本仏教青年会の発会式が行われた。仏青では夏期講習会をはじめ、各大学において仏教講演会その他を行ったが、爾後の仏教への刺激となった。また婦人会もさかんとなり、雲照を中心とする正法夫人会、育児施設福田会の後援団体である福田会恵愛部、あるいは大谷婦人会等は著名なものであった。婦人会と共に仏教女学校も各地に生れ、布教方法も監獄布教、軍隊布教等の新らしい分野が開拓された。教学の近代化は三十年代を待たなければならなかったが、南条文雄の梵語の業績や、島田蕃根の縮冊大蔵経の刊行、福田行誡による各般の貢献などは著るしいものであった。また二六年に行われたシカゴ世界宗教大会には代表者を送り、仏教を世界に紹介したことも記念さるべきことであった。

第三章　近代仏教の形成

1　仏教近代化の諸運動

日本資本主義は、日露戦争前後から、早くも独占化の傾向を示しはじめた。また日本帝国主義の起点も、幾多の論争はあるにしろ、やはり日露戦争後からである。資本主義国家としては恐ろしく早熟な展開を示したわけである。資本主義と宗教の関係は多くの議論があるところだが、例えばよく引用されるカルビニズムは資本主義精神の揺籃の役割を果したという著名な命題でも、資本主義が独占段階に入り、鬼子の姿を現わしつつ社会問題等を産みだして行くことまで容認しているわけではない。まして出家否定の精神に立脚する仏教は、独占資本以降の資本主義と両立できるわけはない。

日本においてもプロテスタンティズムが産業資本期の精神に大きな寄与をなしたことは、徳富蘇峯らを引用するまでもない。そして既述したように、産業資本期における仏教の厭世否定観や出家の精神はまことにみじめなものであった。明治国家の最高国策である富国強兵策とは、いかにしても両立しがたかったからである。しかし独占資本や帝国主義の段階を迎え、病める良心が問題となるころから事情が異ってくる。本質的な点からいえば、むしろみようによっては資本主義と一応の合理点を持っていたプロテスタントよりも、資本主義の枠外にあって存在してきた仏教の方が、資本主義の鬼子と対決するにふさわしい役割であったといってもよいであろう。それは帝国主義に対しても同様で、東洋各地の欧米帝国主義と仏教の関係が示すところである。しかし国家仏教を建前としてきた日本の歴史的現実は、これと著るしく異った発展をしていたので、まず仏教は帝国主義的国家権力に捉えられたことから、自己分離をすべきことを要求された。そこに近代仏教の形成の前提があったのである。

資本主義の基調である我の容認や我の自覚は、仏教の持つ無我と両立しがたい概念である。そして仏教でいう大我を資本主義の段階にあてはめてみれば、むしろ独占段階以降にその存在を示してくるものである。我から無我ないしは大我へ、小我から社会我へという転換は一九〇〇年以降の日本近代史に興味深い問題を提示している。

日本の歴史情況としては、日露戦争前後から帝国主義的権力に対して、自我の病める魂が問題となってきた。久しい間の臥薪嘗胆的な軍国主義的強制から、ようやく個人的覚醒がはじまり、個人的覚醒は宗教的覚醒を伴った。そしてこの宗教的覚醒は近代仏教を形成せしめる原動力となったのである。無論明治仏教における近代性の獲得は、内部的には原始仏教や鎌倉仏教、外部的にはプロテスタンティズムや近代思想を手がかりとしている。要するにこのような宗教的覚醒期という時代情況と、これらの思想的手がかりによって、近代性が形成されはじめたのである。

しかし以上のべたことは近代的側面を示しはじめる仏教に対して焦点をあてたのであるが、帝国主義形成期における大部分の教団仏教が、御用宗教化をして行ったことは後述する。ここでは近代仏教のメルクマークになる諸運動を例示して、近代仏教の内容について概説してみたい。

第一に新仏教運動である。古河勇によって種子をまかれた新仏教は、三二年一〇月仏教清徒同志会として結成された。境野黄洋、高島米峯、田中治六、安藤弘、杉村縦横、渡辺海旭、加藤玄智らによってである。「清徒」の意味したものは、英国ピュリタンにならって、近代市民道徳を建設しようと企図したものだということである。機関誌『新仏教』は三三年七月に発刊された。そして結城素明、伊藤左千夫らも同人に加った。同志会は三六年会名を新仏教徒同志会と改名し、ユニテリアン協会会堂を借りて、公開講演会も持った。雑誌『新仏教』は、急進的な論説を登載したという理由で、しばしば発禁処分に附されている。本誌は大正四年八月一六巻八号をもって、当局の断圧と、同人達の生活上の変化によって廃刊となった。

仏教清徒同志会の綱領は次の六条からなっている。「我徒は、仏教の健全なる信仰を根本義とす」「我徒は、健全なる信仰、智識、及道義を振作普及して、社会の根本的改善を力む」「我徒は、仏教及び其の他宗教の自由討究を主張す」「我徒は、一切迷信の勦絶を期す」「我徒は、従来の宗教的制度、及儀式を保持するの必要を認めず」「我徒は、総べて政治上の保護干渉を斥く」である。そして運動の対決の相手である旧仏教を、習慣的旧仏教、信仰を失ってもなお宗派の僻見を固執する形式的旧仏教、疾病平癒富貴祈禱等をする迷信的旧仏教、無常観に立って人生活動の真味を教えない厭世的旧仏教、仏教の広遠雄大のみを説く空想的旧仏教の五つに分類し、この旧仏教に絶縁を宣言して新仏教を起したのであった。

新仏教運動は同時代の二つの仏教運動と対決をした。一つは精神主義運動であり、他は雲照を中心として保守の旗じるしを掲げる目白派である。新仏教が厭世的な感情重視だとして排した対象は浩々洞、求道学舎、無我苑、姉崎正治の神秘主義、綱島梁川の『病間録』等々であるが、特に浩々洞の精神主義の持つ主観主義を鋭く批判した。また厳しい戒律の精進につとめていた雲照は『十善法窟』を発刊して、保守的な仏教徒からの尊信を一身に集めていたが、新仏教徒はその時代感覚のない態度を攻撃していた。新仏教はむしろ逆にユニテリアンに深い親近感を持っていた。ユニテリアンも機関誌『六合雑誌』で「ユニテリアンと清徒同志会、此二者は我国に於ける新宗教の萌芽である。吾人は此二者が他日相合して一大団結と為り、我邦の宗教界を刷新するに至らんことを切望しておく」とまでいっている。

新仏教運動は、仏教の近代化や日本近代史に多くの貢献をしている。第一に仏教の国家権力からの分離については綱領の示すところであるが、宗教に対する政治干渉を否定すると共に、単なる軍国主義的愛国心についても疑問を提出した。哲学館事件の批判、「文部省訓令第一号」、即ち社会主義や自然主義の防遏の為に発した訓令に対する批判、大逆事件前後にさかんとなった報徳主義、儒教復活、武士道鼓吹、戊申詔書発布などに伴う道徳主義の批判にそれが現れている。特に大部分の仏教者が進んで参加した三教会同を、政治の宗教干渉としてきびしく指弾した。三教者会同に対しては、論説ばかりでなく具体的運動も展開し、新仏教徒同志会が中心となって仏教主義新聞雑誌記者会を結成し、反対決議を行ったりした。

仏教には不殺生戒があるが、反戦や非戦という社会的運動にまで発展したことはなかった。日露戦争に対しては、反戦論ないしは非戦論とまではいえないとしても、新仏教徒の中に厭戦論をとる者があった。同人林竹次郎（古渓）は、戦争さ中に発表した三七年六月の「煩悶録」に「戦争を謳歌する宗教はあらざるべし。戦争を奨励する宗教家は到る処にあり、戦勝の祈禱は、人類を相手にする宗教のやることとしては、実に矛盾の甚しきものなり、宗教家及び教育家は、戦争に対してよろしく超然たるべきなり」と宗教者に警告をしている。境野黄洋、和田不可得、正富汪洋、中村諦梁、堀田延千代、長剣生も厭戦的な論説や意見を『新仏教』に登載している。

新仏教運動は社会主義をとらなかったが、社会主義者とは親密な関係にあった。新仏教徒のとる汎神論は唯物論に近いという理由から、両者の間に論争も展開された。境野黄洋や高島米峯は警察に尾行されていたし、杉村縦横も社会主義に関心を持っていた。社会主義者で新仏教徒と相許していたものは堺利彦、幸徳秋水、森近運平、木下尚江、石川三四郎等で、特に堺の多くの書物は米峯の経営する鶏声堂（丙午出版社）から刊行されている。また秋水の遺著『基督抹殺論』を、大逆事件直後に刊行したのは米峯の俠気といってよいだろう。尚江と米峯は起居を共にした時期があるし、三四郎と米峯は哲学館の同窓であった。このような関係から社会主義者、特に平民社グループは新仏教徒に対し「竹林の七賢」という愛称を奉ったりした。しかし新仏教運動は社会主義者に同情こそすれ一線を画していたことは、同人中最も社会主義的であった毛利柴庵をとっても例外ではない。

新仏教運動は、社会主義以外の社会運動にもつくすところがあった。足尾銅山鉱毒事件に対しては社説を発表し、鉱毒被害民救済義捐金を募集した。有力な同人伊藤左千夫も「鉱毒被害の民を憐みて詠める歌」を『新仏教』に登載した。しかし新仏教運動は労働運動についてはほとんど発言し得なかった。大正二年の護憲運動に伴う騒擾事件については、鈴木大拙、川村五峯等をはじめ、桂内閣のとった非立憲政策や、警察当局の断圧や人権蹂躪を強く批判した。

また新仏教運動は風教問題や社会事業についても関心を持つた。三三年九月新仏教徒は廃娼運動を提唱した。従来廃娼運動はキリスト教によって進められ、仏教は存娼論をとるかのような印象を世人に与えていた。新仏教徒は大日本廃娼会に加盟した。また禁酒禁煙運動にも従った。禁酒運動には高島米峯、渡辺海旭等が特に熱心であった。また葬弊の改善、茶代廃止等の風俗の改良にもつくし、新仏教徒を中心に風俗あらため会が設立された。三五年広井辰太郎が中心となって設立した動物虐待防止会は、世上評判となったものであったが、新仏教徒はこれを積極的に支援した。

乃木希典の殉死は、美談として国民感情に受けとめられていた。『新仏教』一三巻一〇号は特集をだして夫妻の殉死批判を強く展開したが、高ぶった国民感情の中では勇気のいることであった。特に人情論は別として道理において夫妻の殉死をとることはできないとした境野黄洋に、多くの非難する投書が集った。林古渓は殉死は情死や縊死と異ならないと主張し、井上秀天はこのような野蛮な風習が残っているようでは文明国といえるかと疑問を提出している。社会事業関係としては、大正元年会員長谷川基の好意で実費診療所を開いた。また新仏教徒が中心となって、仏教雑誌社連合会では、印度飢饉救済金募集を行った。同人渡辺海旭によって始められたセツルメント浄土宗労働共済会は、社会事業の模範的施設で、海旭は爾後の仏教社会事業の指導的役割を担って行った。

新仏教運動と対比されるのは精神主義運動である。新仏教運動は積極的に社会的なものに近ずくことによって、近代宗教の資格を獲得しようとしたが、精神主義運動は人間精神の内面に沈潜することによって、近代信仰を打立てんとした。両者のとった姿勢は対極的ではあるが、両者共従来の教団仏教と著るしく異なり、日本帝国主義の出発に自己を対置しつつ、近代仏教として形成されていった。

精神主義とは清沢満之の信仰経験に基いた主張であるが、満之は「精神主義」の中で、それを「吾人の世に在るや、必ず一の完全なる立脚地なかるべからず。若し之なくして、世に処し、事を為さむとするは、恰も浮雲の上に立ちて技芸を演ぜむとするものの如く、其転覆を免るる能はざること言を待たざるなり。然らば、吾人は如何にして処世の完全なる立脚地を獲得すべきや。蓋し絶対無限者によるの外ある能はざるべし。此の如き無限者の吾人精神内にあるか、精神外にあるかは、吾人一偏に之を断言するの要を見ず。何となれば彼の絶対無限者は、之を求むる人の之に接する所にあり、内とも限るべからず、外とも限るべからざればなり。吾人は只此の如き無限者に接せざれば、処世に於ける完全なる立脚地ある能わざることを云ふのみ。而して此の如き立脚地を得たる精神の発達する条路、之を名ずけて精神主義と云ふ」と説明している。そして精神主義は、第一に自家の精神内に充足を求めるものである。第二に自家の確立を先要とするが、外物を排斥せず、利己一偏を目的とせず、協共和合によって社会国家の福祉をねがうものである。第三に精神主義は完全な自由主義であるが、自由に伴う彼我の衝突を意味しない。完全な自由と完全な服従は平行するもので、服従に伴う煩悶憂苦は、他より起るのではなく、自己の妄想から起ると考えるから、精神主義の実行が進歩すれば、苦悩も退散するといっている。そして結びに精神主義は世に処する実行主義だと結論を下している。

満之のこのような思想を中心に同人が集った場所は、いわゆる本郷の浩々洞であった。浩々洞を代表する同人は佐々木月樵、多田鼎、暁烏敏であった。精神主義運動は三四年一月雑誌『精神界』を発刊した。満之は三六年早逝したが、雑誌は大正七年まで継続し、曽我量深や金子大栄のような影響力のある人材を産んだ。

精神主義の近代史的意義は、二十世紀前後からの近代的自我の覚醒が、強力な政治権力に対する玉砕、もしくはそこからの逃避によって救いのない絶望の淵に立たされたことに対し、一つの救済精神として現われていることである。またそれは近代社会の特性である物質文明や資本主義競争相奪の否定を目標としている。無論それは単なる西欧文明の否定でもなく。また井上円了式の護国愛理の思想でもない。西洋哲学を吸収しながら、しかも西欧文明の持つ生存競争に伴う我執性を克服しようとしたものであった。しばしば満之の思想のキリスト教的類似性を指摘されるが、以上のことを抜きにしては、それは考えられない。しかし精神主義のよって立つ社会的基盤は主として知識層で、庶民にまでその信仰が下降したのではなかった。

さらに精神主義の近代仏教史的意義は、二〇年代の井上円了らの啓蒙仏教、哲学仏教、政治仏教、倫理仏教、あるいは祈禱仏教を超えて信仰仏教を樹立したことであった。また教団仏教に対しては、新仏教運動と異なり、教団を否定したのではなく、むしろ宗門を如何に近代化するか、そしていかに信仰仏教を宗門の中に樹立して行くかということに苦しんだのである。しかし「地獄、極楽の有無、霊魂の滅否は無用の論題也」という彼の門から、異安心傾向を持つた思想が産れたのも当然であった。満之の思想は単に宗門内だけに留まらず、西田幾多郎その他のいわゆる日本的な哲学や思想に強い影響を与えた。

精神主義の明治後期社会に持つ意味は、従来仏教教理である俗諦や還相や斯岸の解釈が現世の政治権力との間に妥協がはかられ、堕落をしていたことから、それを近代的純一信仰に組織して行ったことであろう。「ただ如来の奴隷となれ、その他のものの奴隷となる勿れ」という満之の言葉はそれを証明している。満之の信仰は近代的合理主義的人間の持つ市民倫理を超え、明治国家の富国強兵策も超えて、絶対無限である如来の仏国土を礎こうとしたことにあった。満之は東京大学在学中にフェノロサの教えを受けて、ヘーゲルの普遍的理性を知った。しかしそれを止揚したところに二七年から三〇年初頭にかけての彼の回心があるのである。この回心には家庭問題その他をめぐる悲惨な彼の生活者としての体験的契機があり、そのような状況の上に立って、阿含経やエピクテタスの語録を通じて、現代における出家とは何かということを学んだのである。

満之は精神主義的実験を余り試みることなくして早逝した。浩々洞は内村鑑三の無教会主義ほどの発展をみせなかったが、満之は日本近代宗教史上に内村と並ぶものとして記憶される。

伊藤証信は所属の大谷派に対して「真宗大谷派の僧俗に告ぐ」という脱宗宣言を発して、三八年六月無我苑を設立し、同月『無我の愛』第一号を発刊した。無我愛運動はその「確信」を「吾人は仏教なるが故に信ずるに非ず。基督教なるが故に信ずるに非ず。将又儒教なるが故に信ずるに非ず。只、絶対の真理なるが故に、之を信ずる也。何をか絶対の真理と云ふ。曰く言ひ難し。暫らく語を籍って之を無我の愛と名けんか。夫れ、宇宙の真相は無我の愛也。宇宙を組織せる一一の個体は、其真相に於て無我愛の活動也。即ち、一個体が自己の運命を全く他の愛に任せ、同時に全力を献げて他を愛する。之を無我愛の活動といふ。吾人は久しく宇宙と自己との真相を覚らず、猥りに我執と憎悪と以て、自ら煩悩し来りき。而して、今や則ち廓然大悟、遂に絶対的平安の境を得たり」とのべている。またその信念を端的に「一、我々の周囲は、極めて、面白く有難く尊く、さうして可愛いものではあるまいか。一、我々は、つまり、周囲と自己との間に障壁を去って、親しく愛し愛せられんことを要求して居るのではあるまいか。一、我々は、周囲の刺激を受ければ受ける程、益々多く自己の性能が発揮せられ、自己の性能が発揮せらるればせらるる程、益々深く周囲と相愛することが出来るのではあるまいか。一、かくて、我々の生涯は、周囲の刺激と各自の性能とによって、自然に満足の得らるるやうになって行く経路ではあるまいか」と要約している。

真宗大学研究科を退学し、東京郊外巣鴨村の乞食の巣窟大日堂で無我愛を説く、伊藤証信に、徳富蘆花、幸徳秋水、堺利彦、綱島梁川その他から激励の手紙がよせられ、無我愛運動は明治後期思想界にかなり大きな反響を呼んだ。雑誌『無我の愛』もこの種の雑誌としては、異常といってよい発行部数四千を数えたし、無我苑入りを希望する人々も貧窮者、商人、富豪、教師、大学生、無学者等その数も多く、雑多な階層を含んでいた。特に『読売新聞』に好評の内に連載していた「社会主義評論」の筆を折り、各学校の教職を辞して、無我苑入りをした河上肇のことはよく知られている。河上は自我に立脚する経済学を専攻しながらそれについて悩み、没我を求めて無我苑入りをしたのであった。

無我愛も新仏教と同じように社会主義者と深い交りがあったが、伊藤証信は社会主義をとらなかった。彼は堺利彦、同為子、幸徳秋水、石川旭山らと往来し、特に堺夫妻とは親しかった。大逆事件に際しては「大逆事件の啓示」を執筆し、東京監獄で服役した。大逆事件の評論で体刑を受けたものは彼の外には余りない。また無我愛の建前から強い平和論を展開した。第一期無我愛は『無我の愛』一八号を以って解散している。この解散は無我愛自体の自己内省から出発している。爾後の無我愛は幾変転あったが、大正、昭和と継続した。

精神主義に近い立場に近角常観があった。彼ははじめ宗教法案反対等の政治運動に深入りをしていたが、後に求道学舎を設け、『政教時報』(後の『求道』)を刊行し、学生その他に影響力を持つた。清沢満之、伊藤証信、近角常観は共に大谷派の出身であることも、偶然の一致とばかりはいえないだろう。

明治後期に仏教に関係した近代的宗教運動はこの外にもある。一灯園が社会に知れわたるようになったのは、倉田百三が『愛と認識との出発』で、一灯園の生活を紹介してからである。しかし西田天香がトルストイの『我宗教』の影響を受け、「生きんと欲すれば死ね」ということを悟り、自分の為には生きず全く他に献げ切った生活、人の菩提心と光明によって養われる生涯、餓えれば合掌して厨房の傍に立つ生活をはじめたのは三八年四月で、西田が三二歳の時であった。上述した運動は主として親鸞から出発した宗教運動であるが、これに対して日蓮主義をとったのが高山樗牛である。文筆活動を主とした樗牛は、自らを日蓮主義と規定したのではないが、晩年日蓮を熱烈に讃仰し、一代を感動させて後に日蓮主義者に深い影響を与えた。樗牛の信念にはニイチェの影響があることは周知のとおりであるが、それにもかかわらず、模倣翻案の多かった明治思想の中で、自我の覚醒を追求して日蓮に到達したことは注目される。

2　近代仏教学の形成

仏教学が、江戸時代以来の護教的な伝統的仏教学から脱却して、自由にして科学的な近代仏教学の途を歩み始めたのは、明治後半期からであった。これには様々の原因はあるが、第一に時代思想の影響で、やはり日清戦争前後からの自由討究の風潮がその要因をなしている。次にあげられるのは、明治初年以来ヨーロッパへの渡航留学僧達によって、近代的印度学を輸入摂取したことである。それと共にヨーロッパにおける近代仏教学の発展に刺激を受けて、日本でも中央アジアへの大谷探検隊、河口慧海その他によるチベット探検が試みられて、仏教原典等が将来された。また明治後期には仏教雑誌の発刊が多く、研究を掲載できる場が解放されたことも刺激となったであろう。もともと日本の仏教研究者には漢訳仏典に対する深い造詣があったから、サンスクリット、パーリ、チベット語等の語学を身につければ、ヨーロッパ仏教学の水準を抜いて、学界に貢献することも不可能ではなかったのである。

ヨーロッパにおける梵語、パーリ語を中心とする印度原典の研究は目を見張るものがあった。ホヂスン、ビュルヌフ、マクス・ミュラー、ロイマン、オルデンベルヒ、ドイッセン、シルヴァン・レヴイ、プサン等々の業績は、従来漢訳仏典のみに依拠していた中国、日本の学者の及ぶところではなかった。特に梵語研究を大成したマクス・ミュラーによる『東方聖書』(Sacred Books of the East) 四五巻の刊行は、東洋研究にとって不朽の功績であった。パーリ語研究でも『パーリ語字典』や、パーリ聖典協会が設立されることになった。これらの学匠の指導によって、我国の印度学を世界的水準にまで高めたのは、梵語では南条文雄、笠原研寿、高楠順次郎、萩原雲来等であり、パーリ語では高楠順次郎、長井真琴等の功績であった。

しかしこれらアカデミックな研究よりも、近代思想に与えた影響は、原始仏典の研究を手がかりとして、原始仏教の性格が明らかになったことである。例えば清沢満之は『阿含』の研究を通じ、直接釈迦に迫ることによって、彼の近代信仰が形成されて行く一因となったのである。特に姉崎正治の『現身仏と法身仏』に現れた根本仏教の考えは、近代仏教研究に一時期を画した。「人間精神の人文史的発達の開明」を期した姉崎には、当然歴史的手法に研究方法がおかれた。そしてそこには幕藩体制下に成立した宗門教学から根本仏教への転回がはかられているのである。

直接仏教原典を研究することによって、人間釈迦を知ったことは、とりもなおさず護教教学よりの解放ともなった。この事実は単に仏教研究という特殊な学問領域に留る問題だけではなく、ひいては近代思想にも寄与することになった。釈迦や各宗祖の現実の姿が明らかとなり、近代思想家達の研究対象となったのである。

原始仏典の解明と共に、近代仏教学を形成した原因の一つに歴史性の導入ということがある。そこでは思弁的な哲学的仏教より、生きた現実の仏教が問題となり、釈迦、親鸞、道元、日蓮等がとりあげられた。姉崎の根本仏教にも歴史意識が濃厚であるが、この方面に貢献した第一人者は村上専精であった。村上を中心として、最初の仏教史学雑誌『仏教史林』が創刊されたのは二七年であった。そこには理論空論の時代より史実の時代へという意識があった。そして藤井宣正『仏教小史』、村上専精『日本仏教史綱』、鷲尾順敬『日本仏家人名辞書』、境野哲『仏教史要』、望月信亨『仏教大年表』等々の業績が陸続として現れた。

明治仏教教学界を驚かしたものに、村上専精の『仏教統一論』、ひいては大乗非仏説の主張がある。『仏教統一論』は、「大綱論」「原理論」「仏陀論」「教理論」「実践論」の五編から成立し、「大綱論」が出版されたのは三四年七月であった。そして余論として巻末に加えられた「大乗仏説に関する鄙見」「仏身に対する鄙見」等は、仏教界にごうごうたる世論をまきおこし、村上はついに僧籍剝奪ということになった。むろん大乗非仏説の主張は村上以前にも長い歴史がある。しかし村上の意図は「支離滅裂せんとする仏教理想の合同的一致を知らしめんがためなり」という仏教統一の主張があったのである。

三〇年代の教学界の事件として、三五年一二月に起った哲学館事件も見逃せない。本事件は哲学館講師中島徳蔵の倫理説に対して、文部省視学官隈本有尚が圧迫を加え、教育界の大問題へと発展したものである。

3　二十世紀初頭社会と仏教

日露戦争が勃発すると、三七年五月神道・仏教・キリスト教によって、大日本宗教家大会が挙行された。真宗両派をはじめ各宗に臨時部等が設置され、また軍隊布教師を戦地に派遣して、慰問や布教葬祭等に従事させた。軍隊布教は真宗のように戦前から常設的においたところもあるが、三八年度における各宗の設置総数は六〇名である。この他傷病兵慰問、招魂法会等が行われた。大谷光瑞は明治三十七八年の戦役に際し、「先志を紹述して門末一般の奉公を奨励し又汎く従軍僧侶を出征部隊に派遣して士気を鼓舞するに努む。其労尠からず、朕深く之を嘉す」という勅語も受けている。また奥村五百子の率いる愛国婦人会の活動も目ざましいものがあった。

しかし戦争、特に帝国主義戦争と宗教はいかにしても両立できないであろう。日清戦争と日露戦争に対する仏教の態度の差異は一つには、日露戦争に対して厭戦ないし非戦的傾向がみえはじめたことである。たとえば新仏教運動の林古渓は「兵馬倥偬」という詩の中で「馬たらず、馬をせめとり、人足らず、人を召しよせ、車足らず、車めしあげ、銭足らず、みつぎまた取る……罪討つと、まず罪つくり、不義うつと、おのれ不義をす。義戦なき、春秋のみにあらずけり」と厭戦詩をうたいあげている。また大逆事件に連座した大谷派の高木顕明は、各宗寺院の戦捷祈禱等に批判的であったし、戦捷記念碑の建立にも反対したので、各宗寺院の怒りを買っていた。彼が戦争最中の三七年一〇月に書いた「余が社会主義」の中で、「極楽世界には他方之国土を侵害したと云ふ事も聞かねば、義の為に大戦争を起したと云ふ事も一切聞かれた事はない。依而余は非開戦論者である。戦争は極楽の分人の成す事で無いと思ふて居る」とのべている。また厭戦や非戦とまでいえなくとも、戦争の生みだす罪悪感を主体的に受けとめていた仏教者もあった。日露戦争からはじめて仏教の不殺生戒が、戦争対宗教という社会的な場でとりあげられることになったのである。しかし仏教が二十世紀初頭社会と交渉するのはむしろ戦後であった。

まず最初に日本帝国主義の形成と、教団仏教の関係にふれてみたい。明治三七年の統計によれば、仏教諸宗教の教勢は寺院（七二、〇〇二）、住職（男五二、〇一八。女一、〇九二）、管長専務所及支所（九五一）、檀徒（男女合計二八、一三一、六五五）、信徒（男女合計一九、〇三六、五七五）となっている。教団仏教は色々な形で国民生活と結びついているが、日露戦争前後から日本帝国主義の形成に一つの役割を持ちはじめた。

帝国主義形成期において、日本仏教の伝統的思想であった鎮護国家観や王法為本説が、絶対主義的拡大をみたことは無論であるが、一面国家も日本帝国主義体制の支配思想である家族国家観の確立に向いつつあった。この場合檀家という形で国民生活と結びついていた仏教が、政治支配者の注目するところとなったのは当然である。帝国主義形成の障害物である社会主義や自然主義という、社会変革や自己変革の課題を担って登場した思想に対し、仏教の持つ「あきらめ」の思想を通じて、民衆を現状妥協の方向に説得し阻止させようとした。前述のように近代仏教の形成や近代信仰の樹立に当って、生存競争や権力的我執の否定という形で、仏教の否定観や「あきらめ」が働いた場合もあるが、もともと変革の論理に乏しい仏教は、現状妥協によって変革を阻止しながら、政治権力の御用宗教となった面がより大きいのである。幕藩体制下で御用宗教化をした仏教は、廃仏毀釈等の非境の中で若干の覚醒はしたものの、帝国主義の形成という問題に直面して、再び御用宗教化することになった。具体的にいえば、大逆事件前後から仏教は国家権力の教化政策の重要な一翼となったし、また救済事業方面についていうならば、独占資本の形成に伴う階級分裂や貧富の懸隔という社会問題の登場に際し、国家はようやく飴と鞭という政治論理としての救済政策を採用したが、仏教の慈善事業は実にその一翼として編成されるに至ったのである。

帝国主義的軍国主義の形成に対して、日本の近代的自我の覚醒は挫折や屈折もしたが、反面反体制的政治思想として社会主義、特にその無政府主義化があり、また自我が屈曲しがちだったとはいえ、日本自然主義思想が展開した。そしてそれを背景として、明治末の最大事件である大逆事件が起った。政府は四一年戊申詔書を発して以来、報徳主義の流行、武士道の鼓吹、儒教の復活をはかって、このような風潮を阻止しようとした。そしてその一環として仏教の恩の思想に着目した。家族国家観を国民生活に定着させる為には恩の思想は有力なものであった。国王の恩が衆生恩を超えて、再び再編強化されはじめた。その頂点の時期に桂内閣の仏教利用政策が展開されたのである。

第二七国会に「危険思想防止策に関する質問主意書」五条が提出された。その三条に「国民の徳性を涵養するは一面宗教の力に俟たざるべからず然るに従来我が国の人心を支配せし神仏二道の現状は沈衰又は堕落に傾き殆ど教化の目的を達するに足らず政府は行政権の及ぶ範囲内に於て之が作振を図るの意なき乎」との質問があった。これに対し桂首相、平田内相、小松原文相は「神仏二道に対しても之が監督と指導とに依り益々其の振作を促し教化の目的に副はしめんことを期す」と答弁した。このような国家権力による宗教利用の頂点は三教者会同である。西園寺内閣の内務次官床次竹二郎が、大逆事件後の社会情勢に対して打つた政治的方策であった。各宗では積極的に賛意を表して参加した。そして皇運を扶翼して国民道徳の振興を期し、政治および教育の間を融和し、国運の伸張に資すると決議した。しかし政治権力の宗教への介入という観点から高島米峯、安藤正純らは反対運動を起して政・教界の大問題となった。四五年二月におこなわれたこの三教者会同は、明治仏教の閉幕的なできごとであった。

各宗による海外開教は、必ずしも日本帝国主義と歩調を合せて発展したのではなかった。例えば布哇開教やアメリカ開教はそうである。しかし日本帝国主義の圧力の下で、朝鮮、中国、ないしは台湾等の開教が躍進したことも事実である。

しかし明治後期の仏教は、帝国主義権力との妥協ばかりではなかった。近代思想や近代社会運動にも若干は貢献しているのである。日本において階級としての近代知識層の形成は日露戦争前後からであるが、それに伴って我の自覚が大いに発展した。それを背景に日本自然主義が勃興するのである。そして宗教においても社会的なものから離れて、個人の内面を観念的に凝視する傾向も生れてきた。例えば精神主義運動の同人達は、自然主義と精神主義は動機は似ているが、自然主義は如来を認めないから両者の問題解決の方法が異ると、動機面では共通していることを認めている。自然主義の持つ自然や生命に対する神秘的な諦観は仏教的人生観と共通し、また自然主義が育成されていく時期における人生や存在に対する反省、そこに生れる煩悶等は宗教的情緒の中にも漂っており、それがまた日本的自然主義の特性でもあったのである。またトルストイの影響も仏教者に対して大きく、それは前記の伊藤証信や西田天香ばかりに留まらなかった。

この頃から文学と仏教の交渉も漸く深くなった。高山樗牛、福地桜痴、村上浪六、森鷗外、須藤南翠、山田美妙、半井桃水、夏目漱石、泉鏡花、幸田露伴、坪内逍遙の作品にも、仏教が多少の差はあるが、ふれられている。また仏教雑誌『反省雑誌』『宗粋雑誌』『浄土教報』『仏教』『新仏教』『精神界』『無尽灯』『宗教界』『六条学報』等々にも、近代思想がとりあげられることが多くなった。

このようないわば仏教の近代的再認識の結果、第一に釈迦や宗祖の再発見となった。赤裸々なる釈迦の人間性の正視、近代思想による法然、親鸞、日蓮、道元等の再評価である。第二に仏教の汎神論が注目され、一神教の汎神化という傾向も見えはじめた。大西祝、綱島梁川、木下尚江、内村鑑三、植村正久のようなキリスト教陣営の人々も仏教には深い関心をよせていたが、特に綱島梁川の浄土教への接近、木下尚江の『日蓮論』や『法然と親鸞』等がその点で注目される。また唯物論と汎神論の接近も、平民社グループや新仏教グループによって論じられた。明治前期の思想にほとんど発言権をもたなかった仏教も、後期を迎えてようやく近代思想家に注目されはじめたのであった。

仏教にとっては、社会運動は一つの弱点であるが、二十世紀初頭には帝国主義という政治上の課題が大きく登場してきたので、仏教では独占資本対社会問題という社会科学的認識を欠いていても、それなりに、発言ができた。またマルクス主義の理解が充分でなかった時期であるから、汎神論と唯物論の接近もはかられたりしたのである。しかし資本主義の構造及び精神の認識を欠き、また仏教には本質的にも科学的社会主義と結合する歴史的社会的条件もなく、また社会主義運動の中核として、新らしく登場してきた労働階級の把握もできなかった。むしろ仏教のアナーキズム的思想基盤の上に、資本制社会の分析を媒介とせず、一挙に日露戦争後に著るしく拡大された国家権力や社会問題と対決することになった。その頂点に大逆事件がある。

大逆事件の大部分は政府のフレーム・アップによって生じたことは、ほぼ学界の定説であるが、それによって一二名の死刑と、一二名の無期刑（大部分は獄死）、二名の有期刑という近代史に例をみない惨虐な判決が下された。この事件にどう抵抗するかということは、近代的良心のテスト・ケースといってよいものであった。仏教では、死刑一名と無期二名の僧侶及び無期一名の寺院出身者を含み、家宅捜査を受けた者もあった。初期社会運動にはほとんどタッチしなかった仏教が、本件には多くの被告が連座した。死刑囚内山愚童は豪胆を以って鳴ったが、彼は「予は如何にして社会主義となりし乎」の中で、「余は仏教の伝道者にして曰く一切衆生悉有仏性曰く此法平等無高下曰く一切衆生的是吾子これ余が信仰の立脚地とする金言なるが故に余は社会主義の言ふ所の右の金言と全然一致するを発見して遂に社会主義者の信者となりしものなり」とのべている。愚童のような思考方法をとれば、仏教は科学的社会主義でなく、無政府主義と結合することになるのは当然であろう。

愚童は曹洞禅の出身であるが、無期刑の判決により、獄中で歿した峰尾節堂は臨済禅の出である。ここでも禅堂の共同生活、不立文字や平等観、あるいは「釈迦何物ぞ」という禅意識が無政府主義と結びついている。この点同じく無期刑で獄中で縊死した高木顕明は大谷派出身であった。彼は先述の『余が社会主義』を草し、非戦論や平等論をとっていたが、それは同朋同行主義から発している。この外無期刑の佐々木道元は真宗寺院出身であった。家宅捜査を受けた者としては、社会主義的傾向を持つ新聞『牟婁新報』を発刊していた毛利清雅（柴庵）や、神戸の井上秀天その他がある。

この事件に対する仏教界の態度は、「謀叛論」を第一高等学校で講演し、また「天皇陛下に願い奉る」を草した徳富蘆花の指摘によく現れている。彼は内山愚童の死刑後の顔は平和であったとのべながら、「出家僧侶宗教家などには一人位は逆徒の命乞する者があって宜いではない乎然るに管下の末寺から逆徒が出たと云っては大狼狽で破門したり僧籍を剥いだり恐れ入り奉るとは上書しても御慈悲と一句書いたものが無い」と痛烈に非難している。

社会改良としては、仏教は労働運動についてほとんど発言をしていないから、したがって慈善事業と風教関係が主となる。慈善事業には大体二つの方向がみられた。第一に市民的ヒューマニズムがようやく日本慈善事業の内容となり始めたので、仏教でもヒューマニズムを仏教慈善事業の理念としようとする傾向がみえだした。第二にこれと逆に、国家の救済事業の代替として、仏教慈善事業が大逆事件前後から、鞭と飴の一翼を担いはじめたことである。上述の二点の外に特に注目されるのは、仏教慈善事業に新戒律主義とでも称すべき動きが始まり、戒律の現代化ないしは社会化という観点から慈善事業がとりあげられた。その代表的人物としては渡辺海旭があった。

具体的な慈善事業活動としては東京養老院以下の養老事業、足尾鉱毒事件や印度飢饉救済等の災害救助、日露戦争中の軍族軍人の遺児保護、各地の育児院、監獄教誨、釈放者保護、高崎樹徳学校等の子守教育や貧児教育、各地の感化院、本願寺派の東京盲人教育会、医療施設としての浅草寺臨時救護所、本願寺派の看護婦養成所、綱脇竜妙の救癩施設深敬病院、大草慧実による無料宿泊所、渡辺海旭の浄土宗労働共済会、統一助成団体大日本仏教慈善会財団、第一回感化救済事業講習会に出席した仏教徒によって結成された仏教同志会、あるいは宗内の連絡団体である大谷派慈善協会の設立などが著るしいものである。特にセッルメント浄土宗労働共済会は、本格的な社会問題の発生に対し、正面からとりくんだ施設として注目される。

風教方面の活動は相かわらずキリスト教のリードの下にあったが、僅かに新仏教徒の廃娼運動が注目される。ただ人事相談の先駆ともいうべき浅草密蔵院の煩悶引受所が目立つ位のものである。

最後に近代仏教の形成過程を、近代的宗教として渡来したプロテスタントの活動と比較してみたい。プロテスタントは近代市民倫理を身につけ、社会運動や文化運動に先駆的役割を果した。内村鑑三にみえる非戦論でも、片山潜のキングスレー・ホールにみられる市民的社会事業でも、あるいはキリスト教社会主義やキリスト教文学でも、その近代性の点において遥かに仏教を抜んでていた。

しかし近代史としてプロテスタンティズムを扱う場合、その日本的限界にも注目することが必要である。第一に信徒の社会層は上、中流や都市の知識層が主で、新たに勃興してきた勤労階級や、共同体の中に停滞している農民層の中にまで伝道をのばし得なかった。第二に時代的限界として、プロテスタントは産業資本期には誠にヴイヴイドな貢献をしたが、日本の独占資本期以降に対する答案が必ずしも書けなかった。それは社会主義運動方面についてみても、先覚者ではあったが、明治末からは副次的な地位しか与えられていないのでも了解できる。第三に、より重要なことは、幕末の伝道開始以来半世紀を経過した明治末までに、果してどれだけの人にキリスト教の純粋な信仰内容を理解させることができたかという疑問である。確かにプロテスタントは日本の近代化には仏教よりはるかに貢献は大きいが、宗教の本領が何よりも信仰であるとすれば、この点が問題として残るのである。

プロテスタントに比すれば、仏教の近代化は遥かに複雑である。本質的にはいわば封建制の否定と、特に独占資本制や帝国主義体制に対する否定という二重否定を近代史の中で行わなければならなかった。無論現実的には封建制の否定すら充分でなかったし、また仏教の暗い谷間であった原始蓄積期や産業資本期においても、仏教と資本主義が両立できないなら、両立できないものとしてのきびしい対決が必要であった。しかし封建制に対しても産業資本制に対しても、充分な分析克服を欠いたから、資本主義の鬼子である独占資本に伴うもろもろの問題が生じてきても、仏教から答える準備ができなかったのである。にもかかわらず、資本主義の鬼子、あるいは資本主義の赤信号に対するプロテスタントと仏教の対比が興味を引くのである。仏教は充分近代資本主義制を理解できなかったかも知れないが、また資本主義制から受ける傷手も少なかったことも事実である。この点は日本近代史における宗教の持つ反近代論理と重大な関係がある。優れた宗教家の示す反近代性（内村鑑三のような日本的キリスト者の中にもそれがみえる）は、宗教対資本主義の関係でよく問題になるが、仏教もまた有力な問題点を持っているのである。

しかし一括して仏教とはいっても、仏教担架者である教団の仏教と、主思想としての仏教の乖離が著るしい。教団仏教は政治化をし帝国主義権力から利用されたばかりでなく、自らも進んで協力していった場合が多かった。そして教団仏教はまた一方では政治という上部構造と、一方ではこれと対極的な被支配階級である国民の中で、寺檀関係という型で存在していた。これとは別に仏教思想そのものは知識階級から注目されはじめ、確かに近代化をしていった。しかしこの場合も仏教のイデオロギーがエリートの中に停滞してしまって、庶民信仰にまで下降しなかった。特定の思想であっても、実践の原動力としての信仰とはならず、説明材料ではあっても、近代的自己変革のエネルギーにはなりにくかった。まして仏教信仰を社会的な論理にまで止揚することは不可能に近かった。その最も大きな原因は、社会層としては近代的中産層を把握し得なかったことと、信仰とは何かということを近代の場で問いなおしてみる苦しい作業が忘れられていたことである。そこに国民の仏教ではない共同体的な檀家仏教と、中間的な思想仏教の両極分解といういたましい断層が残されていったのである。

本稿を結ぶに際し、二、三の大正・昭和仏教に申送らねばならぬ事項について述べてみたい。普通仏教というと、大部分の日本人のいつわらない気持は、過去の残骸ばかり目に浮ぶことであろう。これは基本的にいえば、近代の論理と仏教が必ずしも両立し得ないところからきているが、両立が不能ならば近代社会と鋭くきり結びながら近代をどう超えるかという努力が必要であった。にもかかわらず近代仏教がそのような本質的な自己のあり場所を探求しようとした事例は二、三に留り、近代と悪しき妥協を続けたのが実情であった。近代仏教は民主性とか社会性とかという近代の最も重要なポイントや、民族的独立や平和という、仏教が比較的得意であるはずの問題にすら目かくしをしてきたのであった。

つぎに国民は、仏教を信仰対象というより、「家の宗旨」という見方をしていたことも、これもまた偽らぬ気持であろう。そこに仏教の国民生活からの乖離が問題となる。近代社会の主人公は労働者や資本家、或いは自作農等の市民であるが、これら近代市民の信仰対象とならない限り国民化はしない。政治権力や知識層等による中間層に捉えられている以上は近代化はしない。仏教信仰が信徒層を通じて近代社会にどう架橋されるかということに、ほとんど答案がだされなかったのである。

日本で仏教といえば、個人の信仰より教団仏教を指すことが常識であろう。しかし教団仏教は徐々に政治化し、純粋信仰の担架者としての役割を期待することが困難になってきた。事実教団仏教自体封建制から自己変革をするだけでも容易なことではないだろう。しかし信仰や仏教思想は将来にも残るものである。この断絶をどううめるかが重要な課題であった。

これらの諸点に明治仏教は余り多くの解答をだし得ず、大正以降の現代仏教にその任務を申送らねばならなかった。しかし一方、一九一八年のロシア革命以降資本制社会に対する疑惑や危機は、近代史をして現代史に衣裳替をすることを迫った。この世界史的変貌は、当然近代仏教の中に、「現代仏教とは何か」という型で問われはじめたのである。充分封建性も払拭せず、近代的にも未熟であった近代仏教に更に一つの重荷が加ったのである。封建制も近代制も充分克服しないうちに、近代を否定して一挙に現代を考えるならば、近代の超克という型でファシズムの途を歩むこととなったのは必然であろう。文字通り近代仏教は、大平洋戦争の敗戦という日本帝国主義の崩壊と共に、みじめな挫折をしたのである。仏教は挫折しないと強弁してみたところで、近代仏教信仰が挫折してしまったら仏教に何が残るのであろうか。敗戦後の仏教にはむしろきびしい敗北感や挫折感の体感がより必要であった。我々は再び真摯に、廃仏毀釈意識に立ち返るべきであろう。

（吉田久一）

第三篇　近代仏教の発展と課題

序　章

この篇でとりあげるのは、大正＝昭和期の仏教である。したがって、「近代仏教」とよぶよりも、「現代仏教」といったほうが適切かもしれない。しかし、歴史的にみるばあいには、「近代」という言葉には、特別の意味がふくまれている。たとえば、近代国家、近代精神、近代文学などといわれるばあいの「近代」の意味を考えてみればあきらかだろう。それは人間中心主義・個人主義・自由主義といった市民生活の規範、あるいは民族の独立による統一国家の成立原理、また合理主義にもとづく懐疑と認識など、すくなくとも一七・八世紀以来の西欧的な市民生活の意識が、個人的にも社会的にもふまえられていることを想起せねばならない。そのような意識には、上昇期の資本主義が基調としてもっていた一種のオプティミズムが共通している。かかる点からみれば、現代の意識には、すでに資本主義が高度な発展をとげ、その体制のなかから、自由のささえとなった放任（レッセ・フェール）の原則、オプティミズムの基礎となったブルジョア階級の指導的自信といったものがきえうせ、ついえさりつつある。人間の貴重さと能力とを新しく発見した資本主義の政治と倫理が、今日では、自己の体内にもつ反人間的要素の発展のために、人間そのものをおしつぶすような「自己疎外」という鬼子になやまねばならなくなっているのである。かかる徴候から「近代の超克」というようなことばが論壇にあらわれてからすでに久しい。しかしなお、「現代」ということばの歴史的意味は「近代」ということばのそれほど明確にされていない。

ところで、わが国では、はたして、超克すべき「近代」が生活のなかに実現されていたか。「近代の超克」がさけばれたのちに、「封建性の清算」がさけばれねばならなかったという事実をわれわれはどう理解したらよいのか。こう考えるだけでもあきらかなように、近代史の発展原則からはみだした矛盾や非清算性が問題となるのである。かかる状況は、古い宗教伝統の世界にことにいちじるしい。前編で指摘されたような、「家の宗旨」からの解放、近代市民生活への架橋、教団封建体制の自己改革などかずかずの近代化に必須な諸問題を、現代という意識の遊弋《ゆうよく》する今日でも解決しえないでいる仏教にとっては、「近代」という問題はいまだに重要な課題である。そういう意味から、この篇の考察も、「近代化」の路線によってさしつかえあるまい。

考察の対象は、一九一〇年代から五〇年代にいたる約半世紀である。ながい歴史からみればわずかの期間だが、日本近代化の過程では、この期間の変動は重要な意味をもっているし、日本の歴史と仏教の歴史のうえでも疾風怒濤《ストルム・ウント・ドランク》の時代である。

この短かい期間に、われわれは二度にわたる大戦、数次におよぶ深刻な経済恐慌、政治的にはデモクラシーの要求と、それをふみにじって制覇したファシズム、さらに敗戦によるその潰滅と外国支配のもとにおけるデモクラシーの復活と、社会主義への傾斜をふくんだ発展、とめまぐるしい経験を重ねてきた。

これらのはげしい変動は複雑な屈折をもって思想界に反映し、個人主義・自由主義・ヒューマニズム・民主主義・社会主義・マルキシズム、さらにまた民族主義・国粋主義・ファシズム・反共主義などの相対立する系列の思想を受容し、再生産するめまぐるしい現象をひきおこしたが、それを歴史的な構造変化のなかでうけとめ、克服し、定着させるという作業はじゅうぶんにはたされてこなかった。丸山真男は、この点で、日本の近代化過程における思想受容の特徴を「座標軸の欠如」と考え、「近代」のユニークな性格を構造的にとらえる努力の不足と、うけいれた近代思想を、精神の内面においておきかえるだけで、「無時間的に併存」させてしまう傾向を指摘する。（「日本の思想」）おなじこの点を亀井勝一郎は、伝統思想と近代化方向とが激しく対立したり、あいまいに妥協したりしながら、つねに「自己解体するかもしれない」という不安、一種の「自己喪失の不安」のために、連続的危機感におちいってきたと指摘する。（「民族の文字」）「日本人はいつになったら、近代ヨーロッパなみの国になれるのか」という知識人にびまんしたコンプレックス的疑問はその端的なあらわれである。

これらの見解には批判も生れるが、事実の問題として、かかる特徴が大正＝昭和期の思想史にみられたことも無視できない。ことに近世以来伝統の世界にひさしくおかれてきた仏教にとっては、近代思想をうけいれる思考の土壌であったにもかかわらず、近代化の方向と契機は、つねに外部から流れこんできた。その外部というのは二重の意味においてかんがえられねばならぬ。ひとつは近代ヨーロッパの東洋研究の成果として結実してきた仏教研究と、もうひとつは日本内部における思想の近代化過程の諸問題である。この二重の外部からの刺戟はもちろん無関係ではないが、よりつよく仏教の世界をゆすぶったものに、日本内部の思想的変化と動揺の影響をあげてよいだろう。しかも、仏教思想は近代化の必要を内部から迫られることが、他の文化や思想の領域に比較して弱かったために、今日における危機感は、文芸にもまして深刻といわねばなるまい。

このような条件のもとで、仏教は思想の面においても教団構造の面においても、近代化の課題をはらんだままである。その胎動はすでに明治仏教にあらわれたが、第一に注目すべき点は、「新仏教」の活動に象徴されてきたところの、教団から自由な立場と姿勢をとる「在家仏教」の提唱である。この運動は前編でのべられたように、セクト主義を脱却して、キリスト教の自由な一派ユニテリアンとの協力のもとに推進され、日露開戦の正否・足尾銅山鉱毒事件・大逆事件などをはじめとして、種々の社会問題に対し、かなり敏感な反応と発言をしめしてきたし、堺利彦・荒畑寒村・木下尚江・幸徳秋水など社会主義あるいは無政府主義思想の開拓者とのあいだにも関連がたもたれてきた。それは仏教が近代思想の環のなかに新しい存在意義を発見するための最初の努力であった。しかも、この近代化への姿勢のなかには、明治初年以来の排仏毀釈に対抗して、文明開化を標榜する体制側からの近代化にのって、政府権力に結びつけた教団の近代化を実現させた本願寺教団の路線とは本質的に矛盾し対立するものをもっていた。それは体制の側からの近代化が絶対主義的政治意識の確立を根幹としており、大逆事件に集約的にあらわれたように、近代化がデモクラシーへと展開していく本来の方途を暴圧的に封じ込もうとする矛盾ともふかく関連しているのである。「新仏教」のとった姿勢のなかには、原初的ではあるが、一種の反体制的・反権力的な性格が基調にみられる。「新仏教」は圧迫を予想しながら、大逆事件に対して同情と理解のいりまじった態度をとったただ一つの仏教系言論であったが、その基調は武田泰淳がとらえたように、ある種の「反俗精神」(「近代思想史講座」3)であった。武田は事件に連坐した禅僧内山愚堂をとりあげ、「幸徳事件において、反政府的な労働者と反教団的な僧侶とが、同一の目的のもとにたたかい、同一の刑罰の下に死んだという事実は、たしかに、わが日本の近代的ならざる近代史を飾るにふさわしく、美しい」ものであったといい、この段階において、労働者的反抗と宗教者的反俗とは、無私、無慾のもとにしかおかれようのない両者が、そのかぎりでは高貴な人間性を共有しているのだという美化、さらにいえば聖化が発想の基底にあったと指摘する。

このような「反俗精神」は、おなじ時点でかかれた木下尚江の「法然と親鸞」(明治四四年一月序文)においてもあらわれてくる。彼はその冒頭に

「宗教改革——此の『宗教』と云ふ文字が一種の厭な感じを起させる。政治・教育・哲学・文芸・宗教・道徳など、能く世間で一列に呼ばれて居る。従って政治家だの、教育家だの、文学者だの、宗教家だのと、他も許し自分も許す人達が道路を彷徨ふて居る。こんな意味で通用して居る『宗教』が、僕の眼中の宗教で無いことは、君の先刻御承知のことだ。

然るに僕は今日の日本、今日の世界を縁として此の宗教改革を論ずる前に、更に一つの準備が入用らしく思ふ。即ち過去に嘗めた僕等の実験を、旧い記憶の底から新たに呼び起して見ることです。特に此の日本に於て我等が経験した宗教改革の事業を味い返して見ることです。此の旧き歴史に遊ぶと云ふことは、決して骨董屋の番頭になることでは無い。当に成すべき我等の事業が、既に成された先祖の事業の裡に一切用意されて居ることを学ぶ為めだ」

とのべて、反俗精神の座から「宗教改革」の実践的論理を探求しようとくわだてているのである。

尚江が日本における宗教改革の源泉としてとらえたのは、法然と親鸞とを中心とする鎌倉仏教であり、そこからくみとる改革の論理は「君よ。考証は歴史じゃ無い。歴史は創作だ」という彼の生命主義的な歴史観のなかで、人間性の解放という実践課題とむすびつくが、他面においてこの課題は直接に教団の改革あるいは否定とい

う見解をもうみだしてくる母胎となる。この両面の指向が、人間性の解放という側面では、仏教においてよりも、むしろ近代文芸の形成過程で、「私小説」の成長方向へ吸収されていくのに対して、教団改革の側面は現実の壁につきあたってはじきかえされ、ただ「祖師にかえれ」という合言葉だけが、叫びつづけられてきたのである。

第二に留意しなければならぬのは、清沢満之を盟主とした浩々洞のひとびとによって提唱された「精神主義」の路線であろう。清沢の成長がしめすように、彼が発見した方向は伝統の精神的世界を西欧精神にぶちあてることによって、その切点に内観の窓口をひらいたものである。内観の焦点に発見されたものは、やはり宗教的人間としての「個」あるいは「自我」であった。その存在の仕方は、たしかに、自然主義文学の眼がとらえたような「個人」や「自我」の姿とは異ってはいるが、「個」と「自我」の意識が問題とされた点では、「近代化」の主要なアイテムたることを否定できない。清沢は「無産すなわち反俗」という社会的視点を展開はしなかったが、一種の反俗精神を出発点にたたえていたといえるであろう。反語的ではあるけれども反俗精神の母胎となった人間性の解放という基調がやはりあるからである。

しかし、この自己省察の道が、外にほとばしって宗教改革へおもむくというのではなく、かえって清沢の教団改革への意慾が壁にぶちあたって絶望を余儀なくされたターニング・ポイントではじまった事実を忘れてはならない。彼の思想は半世紀ののちに教団を動かす現実の力となったが、問題の歴史的意義はすでに変化してきている。

かかる点を別として、清沢の方向が、日本の近代哲学の成立に大きな影響を及ぼしたことを無視することができない。絶対主義体制下の日本の近代哲学を代表する西田哲学は、経験科学と歴史的行為および仏教的東洋思想の論理との拮抗と緊張のなかから成立してきたものといえよう。そのばあい、思索の与料となり、場所となった日本人の社会生活が経験科学と社会科学を消化し、再生産しえない跛行的条件のもとにあったということが問題となる。かかる状況では論理的緊張が展開する道をとざされ、原点につねに回帰することをさけえない。したがって、論理の客観化が困難となり、限定のない一種の「生の哲学」に流出してしまう傾向が生れやすい。倉田百三が西田幾多郎の初期の作品につよく影響されて出発したという、仏教思想の近代化のヒトコマもそのあらわれである。さらに、歴史的限定化の困難性はファシズムに対しても的確な意味を把握することができず、早産的な「近代の超克」論を生みだすこととなる。それは日本の近代哲学の背負った問題たるにとどまらず、仏教思想の近代化にも共通する問題点である。

しかし、ともかくも、一九一〇年代のはじめは、仏教の思想界をもまきこみつつ、近代化の諸条件や方向が頭角をあらわし、最初の矛盾の壁を実感する時代であった。大逆事件を頂点とする前後の状況は、政治史においては大正デモクラシーを台頭させる前提として重要であり、文学史においても、自然主義的自我が社会的な座をもちうるか、否かの関頭であった。それだけにこの事件の衝撃は強烈だった。志賀直哉は事件の「記事をすっかり読む気力さえ」（「日記」）うしない、永井荷風は、「文学者たる以上この思想問題について黙していてはならない」と感じつつも、良心の苦痛をかみしめ「以来わたしは自分の芸術の品位を江戸作者のなした程度にまで引下げるに如くはない」（「花火」）と考えたと述懐している。この壁を突破してどのような道がひらかれるかは、ひとり文学だけでなく、宗教や思想にとっても、共通の重大さをもっていたのである。

精神の近代化にとって、最初の本質的苦悶があらわれたこの時点で、宗教改革の実践的指向をはねかえしてきた教団は現実にどういう矛盾を感じねばならなかったであろうか。これが第三に注意をひく問題であろう。仏教々団の基本構造が近世以来の封建的な家族制度によりかかり、農村の寄生地主制にその経済的基盤をおいてきたことを否定することはできないが、すでに日本の資本主義経済も質的な転化をよびおこすところまで発展していた。したがって教団経済が門末層の主力であった半封建的農村経済から、都市の工業経済に開拓の眼をそそがねば維持しえないところにさしかかっていたと考えてよいであろう。その方向は、農民と町人層を近世以来有力な門徒として把握してきた本願寺教団に典型的にあらわれてくる。第二次大戦後、人権争議としてクローズ・アップされた近江絹糸の布教体制の原型は、国有鉄道法が公布された翌々年の一九〇八年（明治四一）鉄道々友会を結成して着手した職域布教にみられる。民間産業においては農村に労働給源をもとめた繊維産業の労務管理を通して、近代工場のなかへ進出していったのである。その原型は、絶対主義体制のなかに温存されていた半封建的意識を根幹として、プロテスタントの精神が資本主義の倫理と一致するような角度での市民道徳の成長に、根本から対立する方向をふくんでいた。それにもかかわらず、このような新しい分野への進出と、増大する都市労働者層への門徒の転化とは、末寺々院僧侶の生活と役割とをかなり根底からゆすぶり、聖職の世俗化をすすめていく原因となったし、そのうえに構築された教団経済をもはげしくゆすぶりはじめ、宗教改革を必要とする実感の根拠もこの点にあったとみられる。

以上にかかげたような諸条件が、大正＝昭和期の仏教が展開する主要な基礎条件である。

第一章　大正デモクラシーと仏教

1　デモクラシー精神の台頭と危機の一般化

夏目漱石が「天皇にはじまって天皇に終った」（「こころ」）といった明治時代が閉幕すると、最初と最後を二つの護憲運動でかざる大正時代が幕をあける。その時代はわずか一五年にすぎないが、第一次世界大戦、シベリア出兵、中国辛亥革命と対華二十一ヵ条要求、山東出兵、ロシヤ十月革命とソヴェト国家の誕生、日本共産党の結成、原敬を首班とする政党内閣の出現、普通選挙運動の勝利と、政治的・軍事的諸事件があいついでおこり、その基盤には、日本資本主義の構造の変化と帝国主義への発展、独占資本の成長という経済的変化が急速にすすんでいった。かかる変化をよびおこす最大の原因は第一次大戦による軍事産業の発展だった。一九一四年（大正三）八月大戦がぼっぱつすると、さっそく元老の井上馨は、元老の山県有朋、首相の大隈重信に「ヨーロッパの大禍乱は、日本が発展するための『大正新時代の天佑』である。日本はただちに政争をやめ、英・仏・露三国と団結して、『東洋にたいする日本の利権を確立』し、『中国の統一者をまるめこまなければならない』（井上清・鈴木正四「日本近代史」下巻）と申入れ、元老山県も首相大隈も、井上の方針に「しごく賛成」していたのである。

「新時代の天佑」は、まず資本主義体制の帝国主義化を飛躍的におしすすめる好機としてとらえられ、国内的には産業構造の体質をかえ、対外的には、対華二十一ヵ条要求や山東出兵にあらわれた中国大陸への侵出をはらんでいた。四年あまりの大戦中に、日本の総生産は価格にして三倍以上となるが、各産業部門の総生産額に対する比率は、農業が四五・四％から三五・一％へ転落し、工業は四四・四％から五六・八％へと上昇した。日本はもはや農業国ではなくなり、急激な企業の新設拡張で、工場数は三二、〇〇〇から四四、〇〇〇に、工場労働者数も九四万から一六一万へと膨張している。この拡大の焦点は製鉄・造船・機械工業におかれ、それにともなって銀行資本は一〇〇万台から、五、〇〇〇万円、八、〇〇〇万円台にまで一躍増資するような発達をとげている。しかも銀行数においては、二七〇も減少した。かかる現象は資本の独占化がすすめられ、産業資本と金融資本の結合がはじまったことをものがたる。経済的変動は生活面にも反映して、都市人口の急激な増大をうみ、消費的・享楽的な文化を発達させる原因となりはじめた。

その反面、農業においては、五反未満の零細農家が減少し、一町以上の経営農家が増加する、なかでも五〇町以上という巨大地主がこの時期に急増した。農業経営にあたっても脱穀作業などに動力機が用いられ、化学肥料も施用されるようになって、若干の近代化はすすんだが、日本農業における決定的な力をもった寄生地主制はいぜんとして強力で、資本主義的経営はほとんど成長しなかった。工業面における発展と比較すると、格差《シエーレ》もいちじるしくなり、「二重構造」の原型はこの時期にすでにうまれていた。

かかる変化は、文化や宗教にも反映する。ことに封建農村の構造にふかく足をつっこんできた仏教教団は、いきおい存立の基礎をゆすぶられることになり、何らかの体質改善を必要とする不安をいだかねばならなくなった。しかも、国民生活をうかがう資料として、物価指数と賃金指数とを比較してみると、一九一四年（大正三）をともに一〇〇とすれば、大戦のおわる一九一九年（大正八）には、物価指数二四八・〇、賃金指数二一七・八であり、さらに、生計費指数と実質賃金指数を対比すると、一四年に一〇〇であったものが、一九年には生計費指数二一六・九に対して、実質賃金指数は一〇二・三にまで低下している。これらの数字はいずれも「好景気」をうたわれた工鉱業労働者の賃金である。格差のついた農民の収入はより悪化せざるをえない。

したがって都市では労働者層の動揺をふかめたが、一九一八年（大正七）成功しはじめたソヴェト革命を圧殺しようとして、列国に伍してシベリヤ出兵を政府が宣言したゝめ、軍用米の備蓄をみこして、米の投機買いがあふられ、春―夏のあいだに米価は一升二〇銭から五五銭にまで暴騰して、国民生活を暗たんたる不安におとしいれた。大正時代の最大の危機であり、近代史上においても注目すべき危機といわれる「米騒動」は、同年の七月二三日、富山県新川郡魚津町の漁民の女房の蜂起で開始され、約二ヵ月間、一道三府三三県全人口の四分の一をまきこむ暴動にまで発展した。警察力で制圧しきれず軍隊を出動させた個所だけでも一〇六ヵ所に及び、数万の民衆が検挙され、死傷者も続出した。この自然発生的でなんの指導組織をもたなかった飢餓暴動が、後半段階にはいると炭鉱や工場労働者、あるいは小作争議などと合体して、組織的な階級斗争へと発展する兆候をしめしはじめた。その結果、九月下旬寺内内閣は崩壊し、原敬を首班とする最初の政党内閣が出現したのである。

この大騒動は、他年政党政治家や自由主義者が苦心しても成功させえなかった政党政治を一挙にして実現させ、第一次護憲運動や日比谷焼打事件以来、国民のあいだにひろがり、たかまってきた民主化の要求を社会的に自覚させるうえでも画期的な意義をもった。米騒動はそういう意味で、労働運動と農民運動、さらに部落解放運動や普通選挙権獲得運動をうみだしていく重要な質的転換のポイントをなす事件であった。

この騒動にひきつづいて一九二〇年（大正九）から戦後恐慌がおとずれ、海外市場の縮少とあいまって、投機的にぼうちょうした日本の資本主義経済は深刻な不安におちいる。恐慌は工業部門だけでなく、農業部門にも打撃をあたえ、慢性的農業恐慌をひきおこしはじめた。かかる状況のもとで、大正デモクラシーの結実をかたる各種の社会運動や思想運動が、それ以前の人道主義的基調をのりこえて、階級斗争的性格をおびはじめる。日本共産党の結成もその過程でおこなわれるが、他面、伝統的な宗教界にも混乱と新しい動きがあらわれる。大本教を先頭とする新興宗教の台頭、既成教団に対する批判のたかまりと、体質改造に対する困惑とは、それらの動きをものがたる現象であろう。

服部之総は「親鸞ノート」のなかで、大正デモクラシーの時期を「日本のアンシャン・レジームのもった二つの人民的昂揚期の第二期」と評したが、第一の人民的昂揚期とされる明治初期の自由民権運動に比較すれば、たとえ煽動され、利用された面をもつにしても、民衆が政治のなかに登場してきたという点で質的にちがっていた。また戦後のデモクラシーの発展とも、その民衆が指導と同盟の核としての前衛組織をいまだもたないという点で異っている。しかし、そのために民衆の登場も、明治以来の天皇制国家の本質にまで影響をおよぼしはしたが、大資本と大地主の合体による国家体制を転換させる力にはほどとおかった。

近代史のなかでしめる大正デモクラシーの位置からとうぜんのことであろうが、米騒動を経験するまでの思想界は、官僚政府と抗争する進歩的な立場においてさえ、なおこのような宗教的人道主義が基調をなしていたのである。当時みられたトルストイへの異常なほどの傾倒はよくそれをものがたっている。この人道主義的な風潮は、民衆の宗教心を、これまで宗教信仰のドグマ的なワクでしか理解しえなかった壁をうちやぶり、人間の心の奥底にあるものとして解放していくという方向をきりひらいた。それにもっとも直接にこたえたのは文芸である。近代日本人の無宗教性は、無神論的世界観や理論でうらうちされ、確信されたものであるよりも、はるかに漠然としたものであり、その底には逆に宗教的要求をひそめていた。かかる傾向は、前掲の木下尚江の言葉にもあらわれているが、それがさらに広い層まで浸透しはじめ、やがて、文学の世界に吸収されるようになったとみてよいだろう。この点に関するくわしい考察は次節にゆずるとして、かかる傾向にさらに、革命前のロシヤにおける民衆主義がつよい魅力をもっていたが、その魅力はソヴェト革命の成功によって、いっそう強烈なものとなり、思想界の底流に「ヴ・ナロード」（民衆のなかへ）という指向をつよめていった。このときをさかいとして、仏教思想とその教団は国民思想の動向とのあいだにギャップをうみだしたといえるだろう。このギャップを根底として、大正期以後の近代仏教は一種の危機感と苦悶とをふかめてきたといわねばならない。

2　ヒューマニズムの文芸と仏教

近代的視角で、仏教を知識人や民衆に近ずけたものは、ヒューマニズムを基調した近代作家たちの人生観や宗教観であろう。日本の近代文学は明治末期の自然主義によって、新しい人間探求に画期的な道を開いたが、その人間探求の焦点におかれた自我の意識は、大逆事件前後の政治的条件のもとで、社会的な視角を封殺されてしまった。このときから、文壇における自我の追求は、内面的なものへの傾斜をつよめ、やがて心境小説から私小説への道をたどっていくが、近代文学と仏教との新しい切点はこの路線のうえにみいだされる。

大正期の文学運動に主流的な役割をはたしたのは、「白樺派」であるが、その同人のなかには、後年、仏教に傾倒していったひとに武者小路実篤・柳宗悦などがあり、その流れをくむものに倉田百三があった。これらのひとたちの最初の出発点は、トルストイ的な人間観や宗教観であった。武者小路は、回想（「自分の歩いた道」）のなかで、彼の社会や人生に対する考えがトルストイから出発したことをあげ、「僕はトルストイのいい弟子だとは思っていないが、最初の、また最大の恩師だと思っている。僕はトルストイによって自分の生活が、他人の不幸の上に継ぎ木された生活のような気がし、自分の生活が根本的にまちがっていることを教えられた」といっているが、しかしそのトルストイだけでは人間の探求を満足させることができなかった。霊と肉との二元性に悩んで、ついに禁欲主義をとり、芸術の否定にまで達した彼に、それが真理であることを知らされてもついていくことができない。武者小路はその点にふれ、上田敏によってマーテルリンクに出あった興奮をかたり、「トルストイに息苦しい目にあった僕は、マーテルリンクによって、その息苦しいところだけを解除された」と述懐している。このような精神的状況はひとり武者小路だけのものではなかったであろう。ここから、「人間性のあるがままの肯定」という態度も生れてくるが、それはむしろ、理念的なものであった。

このような傾向は、民衆を考えるばあいにもあらわれてくる。当時叫ばれた民衆は現実的な、また社会的な限定を自覚する以前の民衆である。たとえば、加藤一夫が一九一五年(大正四)から一八年(大正七)にかけてかたる民衆は「上流階級でも知識階級でも、ほんたうに自分の位置をさとって、自分の今の生活の不合理を感じて、ほんとの人間にならうとする時に、又なるために生命革命をなした時に、彼は最早貴族ではない。富豪でもない、彼は民衆の一人である」といったような「目ざめた民衆」であった。それは「自己のうちに、自己を育て、自己を愛し、自己を赦し、自己を鞭って呉れるところの神」であった。かかる民衆は本質的にトルストイ的なヒューマニズムを根底にしたものであり、かつまた、キリスト教的ヒューマニズムを根拠とするものであった。

明治末年に、史料史学の疑問から存在さえも否定された親鸞を、近代人のいのちのなかへ蘇みがえらせようとしたのは倉田百三であり、それはみごとに成功した。戯曲「出家とその弟子」が同人雑誌「生命の川」に発表されたのは一九一六年（大正五）一二月で、有楽座で創作劇場によって初演されのが一九一八年（大正七）七月だった。彼の作家としての作品はこの一作につきるといってよい。その後、彼は精神の遍歴を基底においた感想論文「愛と認識との出発」（一九二一年）を世に送り、「出家とその弟子」とともに、清新な人道主義を求める青年層にひろくよみつがれたが、これらの作品がかかれる時期は白樺派の全盛期である。「出家とその弟子」は倉田の代表作というだけではなく、大正期を出発点とした近代の宗教文学、とくに仏教文学の代表作であり、その開幕をつげる記念すべき作品であった。彼の思想的土壌には、清沢満之によってひろく知識人のあいだに紹介され、注目されてきた「歎異抄」があり、マルキシズムに先立って日本に近代思想を輸入したキリスト教のもつヒューマニズムがあった。この二つの主要な要素が、近代的自我追求の挫折とそれによる内面化への路線のうえで、一つの生命主義をうみだし、そこに結実していったものといってよい。当時まだ一文学青年だった彼の作品が雑誌「思想」で阿部次郎の評価によって、ひろく紹介されたといわれるが、創作当時の思想史的な位相は、西田哲学の誕生してくるそれとおなじであり、したがって、西田の哲学的思索にも傾倒していく必然性があった。それと同時に、実践的には一灯園を開設した西田天香の宗教的一如の思想に親近性をもっているのである。この作品をくりかえし上演したのが一灯園の「すわらじ劇団」であったことも当然であろう。

「出家とその弟子」に登場する親鸞について、私は「親鸞・その思想史」のなかで『『太陽の光を浴び、大気を呼吸して生き、悲しむだけ好きになるこの世』に生れ、『平和なヒムリッシュな音楽のうちに、魂は天に返る』セミ・クリスチャンとして登場する」とかいたことがあるが、クリスチャンにまがうばかりの親鸞像を彼が創作したのは、近代思想史のうえで、一つの大きな意味をもっていた。なぜなら、日本思想史の伝統に異質なものとしてむかえられたキリスト教が、仏教と思想的感覚のうえでこれほど融合したのをみなかったからだ。しかし、他面において、その融合には、思想史的な対決を媒介としたものでなく、底ぬけに人のよい「人間性」を舞台とした、新しいシンクレティズムともいえる節がある。たとえば、唯円と文学少女をおもわせる清純な遊女楓とのやりとりにも

「仏様、み心ならば二人を結び給え」との祈りが、仏の耳に入り、心を動かせばお前たちの運命になるのだ。それが祈りがきかれたというのだ。

というような一節がある。ロマン・ロランが仏訳をよみ、一九二四年（大正一三）二月「貴君の仏教的精神が、また遠いキリスト教的息吹から放たれるものをうけたようにみえるとおもっては間違いであろうか」としたため た手紙を送ってきたのは烱眼だが、この二つの精神のあいだには、思想的な質の相違が問われなければならないし、近代における思想的対決で濾過されねばならない重要な問題があるにもかかわらず、それが看却されたまま結合されたところに本質的な危険がふくまれていた。その危険は、さきにのべた自我追求の挫折とも深い関連のあるもので、ひとり倉田だけのつまずきの石ではなかろうが、彼においては、典型的にあらわれる。ここにみいだされるものは、「人間性」という近代神話の原始的宗教性である。

この作品がロランから「現代世界の宗教作品のなかのもっとも純真なものの一つ」という激賞をうけ、英・独・仏・華語訳もあらわれるほど有名になりながら、作者の倉田はむしろこの作品をうみだした清新さが、個人的にも、社会的にも失われてしまうと、ロランとは袂をわかたねばならなくなる。ロランにはもともと、一面に汎神論的・神秘主義的傾向があり、他面、民衆劇場にあらわれるような新しい階級の創造性に対する傾倒がみ

られるが、国際的ファシズムの台頭にあたって、「過去よ、さらば！」と自らに対するきびしい斗いをもふくめて、ヒューマニズムの歴史的前進にふみ切るのである。一九三四年（昭和九）のことだが、彼は「斗争の一五年」のなかで、「西洋の年老いた臆病な社会はそのもっとも力ずよい苗である思想をもブルジョア的秩序の手にゆだねてしまった。それは豊沃なプロレタリア的土壌に移植されて新たな生命によみがえりつつある」とのべ、東洋精神のもっとも美しく、また、はげしい現れとしてのガンジーの抵抗運動に対しても、「英雄的な不服従運動と永久的な屈従者の奴隷的平静との間の距りよりも、非暴力と革命的力との間の距りは少い。永久的な屈従者はあらゆる暴君のためのコンクリートであり、あらゆる反動のためのセメントである」（「若きインド」）とかたっている。そして、彼はコンミュニストとともに敢然と反ファシズム運動の戦列に立ったのである。

ところが、倉田は「かってマルクス主義全盛時代に、仏教徒がわれもわれもと難解な弁証法を振回して、念仏のねの字もいわないような状態だったから、私は慨歎して『念仏申さるゝ』ように生きる生活態度が、マルクス主義よりも深い。自分は『念仏申さるゝやうに』生きる外ないといったところが、『馬鹿の一つ覚えのようなことをいう』とか『耄碌《もうろく》して物が見えなくなったことを知らない』とか嘲笑された。しかし『馬鹿の一つ覚え』のようにして、念仏申すことこそ法然や親鸞の教えた、理想的な浄土信徒の態度ではないか」（「歎異鈔」）とのべ、さらに「親鸞の信仰、その人間の本質はかえって伝統に一層よく現れることもある。あたかも日本民族の『神話』がかえって、日本民族の特色と歴史的使命とを最もよく現わしているようなものである」（同上）というような飛躍にまでおちこんでしまった。時期も同じ一九三四年。そこにはロランが必要とした「ヴォルテールのいきどおりの矢とマルクスの無慈悲な明晳さ」が倉田には発見できなかったし、そのために人間性をふみにじる戦列へ、彼は親鸞を背負いこんだままでかけつけることとなった。彼の親しい友の一人である長与善郎は、「求道心はきわめて強く、世にも無類な善人であった」倉田が「田舎者らしく政治に興味をもち、一時右翼的な日本主義者になった。その倉田が買いかぶった仲間の日本主義者は果して彼の葬式に顔も出さなかった」とかたっている。（長与善郎「倉田を悼む」）

この作品に刺戟されてかずかずの宗教作品が生れたが、そのなかで注目すべきものは、賀川豊彦の「死線をこえて」と吉川英治の「親鸞」などである。賀川の作品のように実践的に重要な役割をはたすか、あるいは吉川の作品のように民衆芸術運動の気運とジャーナリズムの発展を背景として生れてきた「大衆文学」の開拓期の作品をのぞいては、文学史のうえでかくべつな意義のある作品は乏しかった。しかし、一九二一年（大正一〇）から二三年（大正一二）にかけて集中的にあらわれた創作*の主人公には圧倒的に親鸞が多く、法然・日蓮がそれにつづいた。いずれも鎌倉仏教の祖師として、民衆に仏教の救いを高唱し、あえてそのために流罪に処せられたひとびとである。その点で、民衆性と反権力的性格が素材に共通しているが、それは大正デモクラシーの反映であったと考えてよいであろうし、すでに木下尚江が明治末期に着目した「日本の宗教改革」としての鎌倉仏教が、史学者原勝郎らの研究とあいまって、ひろく一般化してきたためでもあり、これらの作品が例外なく、かかる前提をふまえて、教団の改革を示唆していることは特徴的であろう。

ことに親鸞が寵児となったのは、かって歴史的存在までも疑われた彼が、一九二〇年（大正九）にいたって、西本願寺の宝庫から発見された妻恵信尼の手紙一〇通によって、劇的に新しい全貌をあらわしたからである。その手紙があきらかにした素顔の親鸞は、これまで信じられてきたような、教団的護教の金箔でぬりこめられた名僧ではなく、名もなく貧しく美しい人間精神をたたえた「聖《ひじり》」であり、測々たる夫婦愛とひとつになったすばらしい人間像をもつところの「歎異抄」の主人公にふさわしい求道者であった。ひとはたとえヒューマニズムやデモクラシーの政治的意味を認識しなくとも心の奥底にあったその源を知らされるとともに、深刻な現実生活の矛盾に対処し、観念的であってもそれをのりこえる支えをみいだしたからであろう。

* 親鸞に関するもの

一九二二 石丸梧平「人間親鸞」「受難の親鸞」「戯曲人間親鸞」「親鸞の結婚」「山の親鸞」「流人親鸞」 三浦関三「親鸞」(第一、第二部) 村上浪六「親鸞」 茅場道隆「戯曲親鸞」 松田青針「人間苦の親鸞」 江原小弥太「親鸞」 山中峯太郎「戯曲親鸞」

一九二三 吉川英治「親鸞記」

法然に関するもの

一九二二 三井晶史「法然」 寺西聴学「戯曲 法然上人」 有門茂「戯曲 仏の弟子」

一九二三 長尾和彦「戯曲 松虫鈴虫」

その他

一九二一 那珂「提婆達多」 高木久沙弥「戯曲大無量寿経の血」 渡辺霞亭「弘法大師」 倉田百三「布施太子の入山」

一九二二 藤秀翠「阿闍世王」 友松円諦「戯曲地に悩める釈迦」

一九二三 長田秀雄「石山開城記」 本荘可宗「愚痴和尚の遺書」 山中峯太郎「小維摩」 藤井真澄「超人日蓮」 松岡譲「法城を護る人々」 (土屋詮教「明治大正昭和仏教史」)

仏教文学のこのような続出を準備したものはさきにのべた「白樺派」の運動であるので、紙幅は乏しいが、一言しておきたい。白樺派が、臼井吉見などの見解によると、社会にもっともよくうけいれられた時期は一九一五年から一九二〇年までの数年である。この時期に同人たちに共通した「個人を生かすことが、そのまま、人類の意志に直結するというごとき、底ぬけの楽天主義、その『人間万才』思想に基づく運動が、社会から孤立するどころか、文学運動であると同時に、社会運動でもありえた」のである。それは運動といっても、「静かな、おのずからなる隆起といった感じで」（青野季吉「文学五十年」）、教員層や若い世代の知識人たちにしみこんでいったが、そこには、亀井勝一郎が指摘するように、文学も哲学も宗教も、何にもかも、ごっちゃまぜにふくんでいる「未分化の状態が基盤にあった」（「人間教育」）そして、この基底にある未分化の状態が、挫折した自己追求をなんとか救いだせるという、目あてのない希望を鼓舞していたし、まだ人びとは「心境小説」や「私小説」のような領域にはいりこんで、自己をみつめたり、守もったりしなくとも、道はひらけると考えることができた。仏教文学が成立しえたのは、こういう条件のなかではなかったかとおもう。

しかし、日本の私小説がよりどころとした「自我」は、「矛盾した暗い本能や衝動をもつ生物的人間として発見された人間性の現実」が確認されるところになりたつものであった。したがってそれはそのまま「新しい倫理たりうるものでなく、自我はしだいにそうした人間性の現実のバクロという否定のなかで自己の存在感を確かめる」（小田切秀雄「私小説・心境小説」）という人間観が定着していたのである。かかる人間観は「煩悩」の内省と肯定という、親鸞を軸として発見されてきた新しい仏教思想とある種の親近性をもっていたが、それは仏教思想の探求からいっても、深くほりさげられたものではなかった。なぜなら、仏教思想そのものが、近代的な自己としての自然主義的人間観を的確に理解していなかったし、ただ表層的な類似を本質的な一致だと錯覚する危険さえももっていたからである。自然主義的人間観はとうぜん半封建的倫理と和解しがたいものであったが、煩悩の肯定は、封建時代にもそうしてきたように、仏の救いによって、また悪人としての「あきらめ」によって、従順のワクのなかで妥協しうるものであった。仏教文学の盛行にもかかわらず、仏教と近代文学の相互理解は重要な契点を失っていたということができる。

「新仏教」や「精神界」が終刊してしまった仏教界では、一九二四年（大正一三）五月、高楠順次郎を主筆として、姉崎正治・赤松智城・梅原真隆・宇野円空・宇井伯寿・金子大栄・佐々木月樵・境野哲・推尾弁匡・鈴木大拙・友松円諦・真渓涙骨・矢吹慶輝・本多日生・島地大等ら仏教界の学者・思想家に、西田幾多郎・内藤湖南・和辻哲郎・桑木厳翼・松本文三郎・辻善之助・新村出らの哲学者や史学者をくわえ、総勢一三八名という陣容を擁して、仏教総合雑誌「現代仏教」を刊行しはじめた。そのころはちょうど、文壇において私小説の論議がさかんになりはじめたときである。編集同人はかなり広いはばをもっているが、文壇が問題としているような自我の追求過程での挫折を歴史的問題としてうけとめうる人びとはそのなかでもごく少数の、しかも主流でないひとのなかにしか見出せない。創刊号に掲載された高楠順次郎の基調論文は「法の文芸」という題名のもとに、文芸と宗教の関係をつぎのように論じている。

「ひとたび文筆を以て世に立つ時は、学術の地盤も忘却し、思想の源泉も涵養せず、法（宗教）の意識も遂に滅尽するに至るであらう。これが為に浅薄な思想は清新の脳底に浸潤し、一代の人心は挙って軽佻の文学に走り、堕落の人格に対して敬慕の念を手向くるに至るは我が民族将来の為に憂慮すべき状態であらう。この風潮に向って反感を抱き、光明生活を憧憬せる青年の脳裡にも亦一群の疑雲を生ずるにいたった。その疑雲といふのは我々の経験に於ける智情の背反である。法欲と性欲との斗争である。…………人格の向上の秘決は理想を辿って進むに在る。理想の実現、理想の獲得に最も力あるものは文芸である。我々実生活に於ける趣味の中枢は文芸であらねばならぬ。斯く勢力ある文芸を不良性の儘に放任するわけには行かない。何とかして時代の頽廃的気分を挽回して、今少し気高き背景を持ち、深き思想の泉を湛え、我々民族の永遠の誇りとなるべき文芸時代を画出せんことを希望して止まないのである」

ここに、仏教界の指導層の近代文学に対する姿勢が如実に表現されている。文壇がたとえ国民の生活現実から遊離して、私小説や心境小説にみられるような仲間意識のなかで、自我の追求をこころみていたとしても、なおそこに近代的矛盾に対する感覚があったが、この姿勢のなかには頽廃の発生する矛盾の底をきわめようとする意慾がなく、文芸を趣味の問題としてしか理解しえない、近代精神に対する貧困がおくするところなくさらけだされている。その姿勢は、せっかく、文学が近代における自我発見の苦悶を焦点として、仏教もふくめて宗教との接点をもとめたにもかかわらず、みずから身をそらしたものであった。この姿勢のなかには、むしろ前年に清浦内閣が発布した「国民精神作興に関する詔書」への忠実な奉答さえもよみとれるのである。

3　仏教界の参政権獲得と部落解放運動

大正デモクラシーの政治的結実の一つは普通選挙権の獲得である。一九二八年（昭和三）に実施をみた普通選挙権は、もちろん男性だけに制限されていたし、その国会承認にあたっても、天皇制国家の体制をまもるために、共産主義を弾圧し、のちには宗教信仰の自由さえもふみにじる手段に用いられた治安維持法とだきあわされた。普選獲得の運動は、第一次護権運動の前後から、ブルジョア自由主義の立場にたつ政治家や思想家によって提唱されようやく社会問題化してきたが、その思想的基盤はなお天賦人権論にかぎられていた。それが米騒動を転機として、運動の姿勢を一変させ、少数者の思想宣伝的形態から、労働者や農民の日常的利益をまもるための大衆運動の性格をはっきりとあらわしてきたのである。この運動は、内部に、ブルジョア議会主義のワク内に、大衆の要求をくみこんでしまおうとする尾崎行雄や島田三郎らの政党人と、大衆の要求と行動エネルギーのなかに社会主義革命への道をみいだそうとする労働運動の指導者たちとのあいだに、基本的な矛盾と対立をはらみつつ、国民運動にまで成長していったのである。その結果、政府に「人民にせまられてこれに応ぜんよりも、むしろ進んで与うるのやむなきを」痛感させ、「国民思想の善導」と、「階級利害の調和」のうえにも得策だという結論をみいださせた。その意味においては、ブルジョア階級の政治的勝利であったといえる。しかし反面で、この運動に内包されていた基本的な矛盾と対立はいっそう明確なすがたをとって展開されるにいたった。

しかし、この運動はもっともひろく国民各層の関心をよび、人権の自覚をうながしたもので、その過程で、婦人参政権や部落解放を自覚させていく成果をうみだした。かかるはば広い運動は、とうぜん、宗教界、ことに久しく封建的体制のなかに跼蹐してきた仏教界をゆすぶった。僧侶参政権獲得の運動や教団の融和事業や社会事業への開眼はその反映である。

明治維新は、排仏毀釈のクー・デター的政策によって、仏教を政権の側からひきはなしたが、その後の絶対主義体制の宗教政策は、宗教と絶縁したブルジョア民主主義的世俗国家を確立する方向にすすむことができず、神道国教的立場から天皇制を確立して、国家と宗教とのあいだに、はなはだ不明確な混乱を宿してきた。排仏毀釈の克服から、明治憲法の制定にいたる過程では、一面において、宗教を「良心の私事」としてあつかうべきだという近代国家の正統的理解と、他面に、国家神道を造成するような反近代的見解とが相剋していた。しかも伊藤博文が帝国憲法草案審議の席上のべたように、ヨーロッパ諸国においては、憲法政治がながい確立の歴史をもっているにもかかわらず、「宗教ナル者アリテ之ガ機軸ヲ為シ、深ク人心ニ浸潤シテ、人心此ニ帰一」している。「然ルニ我国ニ在テハ宗教ナルモノ其力微弱ニシテ、一モ国家ノ機軸タルヘキモノナシ。仏教ハ一タヒ隆盛ノ勢ヲ張リ、上下ノ人心ヲ繋キタルモ、今日ニ至テハ已ニ衰替ニ傾キタリ。神道ハ祖宗ノ遺訓ニ基キ之ヲ祖述スト雖、宗教トシテ人心ヲ帰向セシムルノ力ニ乏シ」(清水伸「帝国憲法制定会議」)という実情もあって、支配者に、既成宗教にかわって、「独り皇室」を人心の機軸とする国定宗教の造成を必要とさせたのである。国体観念や国民道徳はそのためにつくりだされた「宗教でない宗教」であった。

このような推移と状況のもとで、仏教の出家主義は「普天之下率土之浜王臣に非ざる者なき」絶対主義体制によって否認され、王権の背景をひさしく占めてきた「方外者」の立場はうしなわれた。しかし、それがただちに国民生活の普遍的な座において、新しい聖職者の位置を確立することにはならなかった。それを新しく法的に確認させようとする要求が宗教法の制定と僧侶の参政権獲得である。一九一四年(大正三)に「日本及日本人」にかかげられた土屋詮教の「宗制改革論」は、つぎの三点を主張している。

1　憲法第二八条を基礎として、速に完全なる新宗教法を制定すべし
2　宗教法制定にさきだち、各宗派の僧侶教師をして、一般国民と同等なる参政権を得しむべし
3　各宗派並に寺院を以て、私法人たることを確認し、保護監督すべし

翌一九一五年(大正四)仏教界は各宗管長を西本願寺にあつめ、仏教連合会を組織して、参政権問題と宗教行

政の確立を決議し、ついで、一七年（大正六）「仏教護国団」を結成して実行運動にはいり、二三年（大正一二）には、仏教連合会と護国団が東京増上寺に「僧侶参政権問題仏教大会」を共催して政府にかさねて請願するというように、運動は高潮に達したけれども、目的をはたすことはできなかった。それが実現をみたのは、皮肉ながら普選獲得においてである。

これらの運動が、ブルジョア民主主義の確立への指向に影響されながらも、政府権力に懇請して目的を達成しようという矛盾をはらんでいたために、近代化の正統路線に要求をのせることができなかった。その結果、ただ国家と宗教、政治と宗教とのあいだにある種の関係をふかめるにとどまり、かえって後日それが国家権力による宗教の弾圧と官僚統制を招来する母胎を用意したといえる。教団の立場からみても、この運動が社会に対する眼を開くのに役立ったことは否定できないが、近代化の本質を理解する道を開くにはほどとおく、かえって教団と僧侶の「世俗化」を経済的基礎の変化とあいまって明確にしたにすぎなかった。

教団上層部や指導者のあいだで、かかる運動が展開されているのに対して、下部の先進的な僧侶のあいだには、教団改革の運動が実践的にとりあげられはじめた。ことにそれは、河上肇がいったように「封建の野蛮と資本主義文明の悲惨とをあわせうけて、なかば社会外の社会におかれてきた」部落の寺院からおしすすめられた。教団改革は、日本の宗教改革の重要な一面として、はじめてひろい階級運動との関連をもつ道をひらいたのである。

部落解放運動の成長と仏教との関係については本講座（第五巻）で、藤谷俊雄の「仏教と『部落解放』」がくわしく論述をこころみているので、ここではその経過の概要と問題点をのべておくにとどめたい。従来、部落民の所属宗派は八五%が真宗（うち八〇%は西本願寺派）、のこりの一五%は日蓮宗とその他（真言宗など）といわれてきた。したがって、問題の焦点はつねに本願寺教団におかれる。教団はその底辺に当時で一〇〇万といわれた部落民と部落寺院の大半をかかえつつ、封建体制を維持してきた。明治初年、西本願寺の近代化をはかった法主大谷光尊（明如、その近代化については次節参照）に近侍した三島了忠の「革正秘録光尊上人血涙記」は、「奥（法主の居宅）で上人が廊下を通られるときなど、目見得出来ぬ連中のことを、犬といった。即ち通って終はれるまで後向になって蹲踞《つくは》って居なければならぬのである。殿様の通行の時、下に下にで前向きに蹲踞うどころの騒ぎではない。ピタリと後向になって居なければならなかったものだ」とかいている。もちろんこれは明治初頭のことだが、このような体制のなかでは、部落民の差別はきびしく、「穢多寺の住持は本山に於ては剃刀無之候。右は別種して外交《ほかまじ》はり無之候」（「浄土真宗一派階級之次第」）というありさまで、末寺の法座も峻別されていた。それでいて、解放運動家の一人篠崎蓮乗によれば、部落門徒の法事に住職が自ら出むくことはめったになく「そのくせ出さす時は他よりも多く命令して来る。普請とか土工の様な仕事の出来た時には、必ず私の村の者が引張り出されていた」（「真の解放の希望《のぞ》みて」）という。一九一二年（大正元）の親鸞六五〇回遠忌には、部落寺院で門徒が質素な法要をいとなんだのに、住職が満足せず、莫大な費用を浪して盛大な法要をいとなみ、そのために部落民の生活をいっそう悪化させたこともあった。

　真宗教団が部落解放の立場から、つよい批判をうけるのは、懇志とよばれる本山への上納金と、その上納金の多寡によって末寺住職の僧位を下附する「堂班」とよぶ売官制度であり、部落民のあいだでは、差別から生ずるコンプレックスが作用して、生活を犠牲にしてでも、よろこんでかゝる募財に応じてきたことである。この自縄自縛の状態と、それを利用してきた教団体制に対して、部落の先進僧侶は明治末期から、「大和同志会」を組織し、機関誌（「明治之光」）を発行して、本山改革を提唱し、解放運動の先駆をなした。いっぽう、大江卓は曹洞宗の僧籍をえて「天也」と号し、板垣退助を会長として「帝国公道会」を組織し、差別解消の「融和」事業にのりだした。部落問題が人権にかかわる重要な問題だという社会的認識が生れはじめたころ、ぽっぽつした米騒動における部落民の活動は政府を狼狽させ、一九二〇年（大正九）にいたって部落改善予算（五万円）ははじめて計上され、官民共同の改善事業団体が組織されるようになった。

政府や教団主脳部も「融和」という恩恵的改善に関心をもちはじめたが、半封建的な絶対主義体制のなかで部落民に対する人権無視と救いがたい貧困とはたやすく解消されるようなものではない。解放運動のなかでは自分たちの実力で解放を実現させることが重要だとする認識がたかまり、そのための理論が熱心にもとめられた。新しい運動は自由民権運動の斗争の伝統をもった奈良県の一部落から胎動し、東京・大阪・京都・三重・福岡など活動家を糾合して出発したが、佐野学の「特殊部落民解放論」もすでに発表されており、「アナーキスティックな反逆心、『民族自決』のブルジョア民主主義、共産主義、また宗教的な人道主義、あらゆる種類の革新的あるいは革命的な思想が、部落の労働者、インテリ青年をとらえ」（井上清「部落問題の研究」）はじめたといわれる。それらの数少いインテリのなかに、真宗寺院出身の西光万吉（清原一隆）もいた。彼らは堺利彦・山川均・佐野学・大杉栄らを歴訪して理論を吸収し社会主義同盟にも参加した。かくして成立したのが「水平社」であった。

水平社は一九二二年（大正一一）三月京都市岡崎公園で創立大会をもち、西光の起草にかかる宗教的人道主義の格調たかい宣言を発し、「部落民自身の行動によって絶対の解放を期す」と決議したのである。その宣言の底には「人間が神にかわろうとする時代に遇うのだ」という意識がたかなっていた。つづいて、当面の運動方針が決議されたが、差別に対する徹底的糺弾と団結啓蒙のための機関誌（「水平」）発行とならんで、「部落民の絶対多数を門信徒とする東西本願寺が此際我々の運動に対し包蔵する赤裸々なる意見を聴取し其の回答により機宜の行動をとること」という一項が採択され、本願寺からその主旨に共鳴するという回答がだされた。この回答に接して、水平社は「今後二十年間我等部落寺院門徒に対し如何なる名儀による募財をも中止されたき事」を申入れ、部落門徒を対象につぎのような啓蒙にのりだした。

「部落の門徒衆よ、われわれは今日まで一般世間から軽蔑され、同じ御開山上人の門徒仲間からさへ人間らしい交際をしてもらへなかった。そこでわれわれは今度水平社を組織してこの忌しい差別を除かうといふ運動をおこした。ついでわれわれの実力を養ひ、立派な生活ができるやうにすることが第一だと思ふ。それにはいろいろの方法もあらうが、まず第一に、本願寺にお頼みして向後二十年なんのお取持ちも見合せてもらうことにし、その費用で実力を養ひたいと思ふ。本願寺に莫大な懇志を運ぶことも結構かはしれないが、われわれが早くこの忌しい差別を取りのぞいて、真に御同行・御同朋と仰せられたやうに、どんな人たちとも交際できるやうにする方が、どのくらい御開山様の思召しにかなふ事かもしれない……」

かかる決議や運動方針が重要視されたのは、創立当初において、指導的活動家のなかに西光万吉をはじめ真宗僧侶が多かったことと、部落に真宗信仰がふかくしみこんでいたことに原因するが、井上清は「差別と迫害の社会的・政治的・経済的な原因の追求よりも、差別賤視に身体ごとぶっつけてたたかい、ただもうひたすらオレも人間だぞと絶叫せずにはいられない全部落民の気持が、こうした宗教的な気分をこくしたのであろう」（「部落問題の研究」）といい、その意味で「大衆の要求と一致した、潮のような盛り上りの上に立っている」と評価しつつも、解放運動と教団改革をかかる発想だけでは発展させえないと指摘している。この決議も運動方針も成果はえられず、第三回大会後は姿を消し、これと平行して組織された宗団革新団体「黒衣同盟」（堂班を象徴するきらびやかな色衣に対して、親鸞が生涯身につけた専修念仏者の黒衣をシンボルとした）も宗団改革の具体的成果をあげることができずにおわった。それには、本願寺教団の宗教改革的革新が、国民的スケールでおこなわるべき部落解放の理論と実践にしっかりと結びつくまでに成熟していなかったこと、またかかる理論と実践が当時解放運動じしんにもあきらかでなく、「無組織の組織」にたつ「徹底的差別糺弾」戦術にしぼられていたところに原因があろう。第二次大戦前の解放運動をかえりみると、反封建的人権斗争と前衛的階級斗争との統一になやんできたという点が特徴であり、その克服は戦後にもちこされたのである。

しかし、それにもかかわらず、この水平社運動の誕生と発展は、融和運動の政治的性格に大きな変化をよびおこした。それは解放運動の大衆的激化をふせぎ、分裂させる方向を意識しはじめたからである。この段階になって、一九二五年（大正一四）西本願寺派は「一如会」、東本願寺派は「真身会」を組織して、本格的に融和運動にのりだしたが、それは「社会の安寧」を第一義においたもので、差別発生の一因として、ひさしく伝持してきた教団の自己改造には目をつぶってしまった。

4　教団改革の挫折と新興宗教の台頭

日本において「宗教改革」が意識され、その理論と実践が待望されはじめたのは、明治末期からである。かかる期待にこたえて、提起されたのは、鎌倉仏教＝宗教改革論で、木下尚江らによって主張されたが、それを西洋の宗教改革と比較して、学問的に立論したのは、原勝郎の「東西の宗教改革」（「芸文」一九一一年七月）であろう。いらい、この見解は定説化され、「祖師にかえれ！」という改革の合言葉母胎ともなり、第二次大戦後の服部之総「親鸞ノート」にまでひきつがれてきた。この定説に対して、石母田正が戦後最初の労作「中世的世界の形成」で、この説を否定し、古代ローマ末期におけるキリスト教の成立に比較すべきだという見解を提示したが、歴史学的に有意義であっても、実践運動の指針としては、具体化されえない。それは近代の宗教史がじゅうぶん開拓されていないこととも関連している。

かかる問題の理論的追求はしばらくおくとして、宗教改革論が実践的にもっともたかまりをみせた時期は大正期であった。その有力な突破口として期待された部落解放運動も前述のように教団改革運動へは発展をみなかった。しかし、何らかの改革が必要だという実感だけは、この時代の仏教界にも定着しはじめたのである。かかる実感の根底にはさきにのべたような教団基盤の変化があった。この変化を立証するかのように仏教界には、浄土宗の吏党・民党抗争事件、日蓮宗の紛擾、曹洞宗永平寺の後董問題、総持寺の暗斗、真言宗の派閥争いと、ほとんど各宗揆を一にした紛争を表面化したが、なかでも典型的なものは東西本願寺における法主引退事件である。西本願寺では、一九一四年（大正三）ゆるぎはじめた教団経済の構造に注目した法主大谷光瑞が、財政の建直しと教学振興のため前住光尊の時代から募財してつくった護持財団の基金を投機事業に投じて、急激に膨張する資本主義経済の環にむすびつけようとしたのが失敗に帰し、財政に破綻を生じ、本山首脳部の疑獄事件まで惹起した。その責任を感じて光瑞は法主・管長・戸主の席をしりぞいた。東本願寺では一九二九年（昭和四）法主大谷光演（句仏）が、海外の殖産事業や北海道炭鉱買収に教団資金をつぎこんで財政破綻をひきおこし、スキャンダルまでも暴露されて、ついに僧籍を剝奪されるという事件がおこった。この二つの事件は、まったくおなじ性質の事件であった。引退中の彼は「文芸春秋」（昭和九・六）によせた一文で、「現実の本願寺は如何にして信者から搾取するか。つまり如何にして六百万門徒から募財するか、又その募金を如何にして守るかを考へる外にない」といい、「元来募財が徳川時代における宗門を維持する唯一の方法であったが、しかし募財によって宗門を維持するという事は最早惰力である」と卒直にのべている。しかし、事件は内に改革運動をよびおこし、外には教団の封建制に対するきびしい批判をひきおこした。友松円諦が主宰し雑誌「真理」は、「かかる資本家的経営そのものが、実は民衆の搾取の上に可能なのだといふ、その点まで気付かないのがブルジョア的良心、乃至は宗教心の恵まれた特徴なのだ」と批判した。

法主のブルジョア的良心は、いずれも戯画におわったが、教団の封建性と社会の近代化とのあいだに、深まりつつあったギャップから生れる焦慮は悲痛感をおびていた。「日本帝国主義者としては最大のスケールと政治感覚をもっていた」と評される大谷光瑞は、いわば亡命先の「上海」で出版した「見真大師」（大正一一）の結章で、痛烈な批判を、自分が主宰した教団に投げつけている。しばらくその批判を抄引しよう。彼は「今日の急務は、先づ第一着に、真宗と名づくる、日本政府に登録せられたる教団を消滅せしむるに在り。教団の名称は、政府には浄土真宗と言ふも、実は浄土偽宗なり。偽を滅するに非らざれば真に帰らず」と冒頭し、その原因を利養のため衆人にむかって自己の尊貴・高徳・帰依を強要する聞不具足の「賢善精進」にもとめ、しかも「彼等は其の大多数無学なり、無学なるを以て、異学・異見を恐るゝや猛虎よりも甚だし」というのである。

さらに、その原因を歴史のなかにもとめ、つぎのようにいう。

「三百年の因襲は、徳川氏の政策により他力真宗の軟化を欲し、その生命たる自由簡易にして、在家説法にして非出家なる点を除去せしめ、他の諸宗の如く是れに出家の外貌を装はしめ、而も厳にこの外貌を維持せしめたり。是の政策により真宗は軟化せられ、殆んどその真相を破壊せられ、勇気を挫かれ、三百年猫の如く羊の如く、為政者に従順なりき。然れどもこの従順中、十分に頽廃の分子の発生を捉せり。故に真宗の出家も他宗の出家も、外貌にその区別を見ず。

真宗は大師既に肉食妻帯し、居士の宗教となせり。然るに是れに反し、出家の相をなすを以て、他宗の出家にも非らず、馬にも非らず、鹿にも非らず、東アフリカに於ける Okapi Johnztonii の如き動物となれり。而も出家の外相をなすものを以て、賢善精進の相なりとなし、是れを称讃するを以て、大師の創建せし居士真宗は益々その形貌を変ぜり。……而もその大多数は肉食妻帯せるに拘らず、自からは出家なりと信ぜり。出家とは捨家棄欲の者を云ふ。何の処にか肉食妻帯せる出家あらんや。唯徳川幕府の懐柔政策に乗ぜられ、出家の仮名を付せられたるに過ぎず。而して明治大正の代に至り、猶日本政府に対し出家なりと登録し、是れを改めざるなり。不肖はこの愚昧なる状態と、徳川の懐柔政策に欺瞞せられたる事実を好まず。故に政府に対し仮名の出家の登録を削除し、完全に在家居士となれり。」

頽廃の原因をここに発見した彼は「如是き徒輩を以て組織されたる教団が若し頽廃せざりしならば、世間に於ても恐らくは腐敗するもの非らざるべし。……此の賢善精進と真宗営業者と相依り、相助け、仏誡を忘れ、師に背き、其の頽廃を速かならしめんがため努力せり。是れ不肖の浩嘆に堪えざる所なり」という。ついで、その指弾は教団の体制にむけられ、

「この組織は実に悪組織にして、徳川幕府三百年の因襲を破壊する所なく、現在に来り、是に加ふるに欧洲より輸入せる代議政体を以てせり。固陋の因習と群議の百出と両《ふたつ》ながら相須て、何人も如何ともする能はざるに至れり。唯夫れ無事安寧を望まば拱手して安臥するのみ。……地球を逆転せしむる力ありと雖も、此の教団組織にして頽廃に赴く速力を逆転せしむる能はざるなり。」

といった。大日本帝国のダブル・プリントたる本願寺教団体制への批判は、かくのごとく明快である。ついでその鋭い現実把握は変質しつつある真宗末寺僧におよび

「下位多数は賢善精進の外貌だも顕はす能ず。自己衣食の為め、他力真宗を営業資本となせるものなり。彼等は経典を読誦せり。其の巧なるは一字一句の疎漏なく暗誦せり。然れども其の義趣を問はば、経典の最初に於ける『如是我聞』の文字なら何の義を顕はせるや之を知らず」「如此きは衣食の為の営業を世襲せるを以て、父祖の業を改むるの要なく、其の営業用の一切の器具は父祖伝来の物を使用せるを以て、別に資本投下の必要なく、其の営業状態も稍々優等者はその身を労苦する事なく、酔夢困瞑の間に一生を稍安穏に生活し得べし。其の劣等なるに至らば甚だしく身体を労苦すと雖も、別に非常の智恵も労力も要せざるを以て、他の労働よりも安易なり。加ふるに失業を恐るる事少し」

とのべ、さらに近代の門徒についても、

「任務は寄附金をなすと、死者あらば其の付属せる寺院に葬祭を依頼すると、祖先死者の忌日に読経祭祀を請ふに過ぎず。……需要あるに非らざれば供給なし。阿片密買は国禁なり。犯す者罪あり。然れども猶犯して止まざるは利あるを以てなり。外貌の賢善精進は祖釈の厳禁する処なれども、在家の尊崇の供養の利あるを以

て、遂に犯して止むの期なし。此の罪は寧ろ供給者より需要者に大なりと言ふべし」というのである。「宗教は阿片なり」というマルクスの言葉は法主の教団に対する現実感覚なかではばかるところなく立証されていたようだ。この批判は、近代における、いかなる宗教批判よりもきびしいが、真宗教団だけに適中したものではあるまい。しかも彼はその教団の「神聖にして犯すべからざる」法主の座についさきほどまでついていたのである。そこから、つぎの浩歎がうまれる。

「不肖嘗て、此の頽廃せる大師の滅後の弟子門徒の統率教導の任にあり、是れ不肖の博学高徳なるより来れるに非らず。唯大師の裔孫たるを以てなり。然れども曩祖《のうそ》は英邁なりと雖も裔孫は必ずしも同じからず。不肖の如きは愚昧浅学、放逸無慚、……此の真宗の頽廃を知りて、而も其の勢力を用ひ猶是れが防止をなす能はざりしは、全く不肖一人の罪にして、決して他人と其の責を分つ所に非らず。茲に深く自ら悔責懺悔する所以なり」

問題は、法主の立場においてさえ、かくまで歎ぜねばならなかった点にあろう。それは、頽廃した教団の現実が日本の絶対主義体制の奥底に蟠居した封建体制そのものに根ざしていたからである。法主の側から投ぜられたこの批判と、底辺からあがった改革の叫びが、たがいに呼応する接点をみいだすことができずにおわったのが、大正期における「挫折した宗教改革」の特徴であった。そして本願寺教団は、静かに、丁重に、この痛切な批判をほうむりさったのである。

既成教団がこのような動揺と混迷におちこんでいくかたわら、新しい宗教運動や宗教にかかわる生活運動がうまれてきた。白樺派の理念を実践化した武者小路の「新しい村」、西田天香の「一灯園」の下坐生活は、小市民インテリ層の不安と動揺にこたえる一種の実験であったが、もっと広汎な大衆を対象としたものに、「大本教」と「日蓮崇拝」を基盤にした新興宗教の急激な台頭がある。

日本人が神道や仏教の既成のワク内で満足できなかったのは近世後期いらいのことである。当時すでに仏教批判は国学者や儒学者のあいだにたかまっていたが、最初の「創唱宗教」として、金光教や天理教が成立してきたのは、近代化のおとずれをしめす幕末期の「世直し」を待望する不安と動揺のなかからであった。それらの創唱宗教は明治維新からしばらくのあいだ官憲に弾圧され、荊の道をあゆみながらも成長し、一九二〇年代には新興宗教とよぶにふさわしくないほどの大教団に拡大され脱皮していた。（小口偉一「日本文化史大系」12宗教）ところで、第一次大戦前後の急激な変化は、ふたたび大衆の生活を幕末期のそれにもまして、不安と動揺におとしいれたが、日本人の宗教意識は、近代化をさまたげられ成長していなかった。このような状況のなかでは、新しい宗教がうまれてくるのがとうぜんであろう。佐木秋夫は「新興宗教は一種の組織的な大衆運動なのである。大衆の残酷に追いつめられたすがたと同時に、大衆的な組織と運動の盲点あるいは至らなさを、鏡に映すよう」（「新興宗教」）なものだと、その性格をとらえ、さらに、「天皇制が、日本の宗教の近代化をはばみ、呪術性や奇跡や教団の権威主義を温存して、新興宗教がおこる土台を用意した。新興宗教は天皇制の落し子なのだ。民衆の強い不満と願望を織りこんで、落し子は時には鬼っ子になった」という。このように考えると、米騒動から戦後恐慌へと、浮沈がはげしく、大衆が行動の自由を呼吸し、生活の困難に対して、ともかくも理論的姿勢をもちたいと実感する大正末期は神々のラッシュを現出する最大の好機であった。

当時、政府は宗教行政のうえから、簇生する新宗教を「新興宗教」とはよばず、「類似宗教」とよび、「警視総監又ハ地方長官ハ神仏道又ハ基督教ノ諸宗派ニ属セズシテ宗教類似ノ行為ヲ為ス者アラバ調査ノ上其都度文部大臣ニ通報セシムベシ」と規定して、公認しない態度をとった。いつなんどき「大衆運動化」して、「安寧秩序を妨げる」かもしれぬ「鬼っ子」を、旧憲法のワクからはずしておきたかったからである。当時台頭した新興宗教は、一九二四年（大正一三）団体数九八（神道系六五、仏教系二八、その他四）、信者数三一、九九五かぞえる。それが一九三〇年（昭和五）には、四一四団体、二八一、二五九人に伸長し、五年後には倍以上にふくれあがった。このような趨勢は既成教団をおびやかすにじゅうぶんであった。

これらの新興宗教には二つの大きな流れがある。一つは大本教の系統と、法華信仰の系統である。大本教は天理、金光の両教から神話・信仰・教団ずくりの原型をうけついだが、この時期に、真宗教団の庶民組織方式とキリスト教の近代主義、「民族自決」と「デモクラシー」の息吹きと国家主義的民族主義、そのうえ平和的国際主義とマルキシズム、マス・コミと心霊術というように、ふつうならば、たがいに矛盾し、衝突する思想的要素を、大衆が欲するかぎり、かまわずに摂取し、大衆的熱量のなかへ投げこんだ。この思い切ったやり方はみごとに成功して新興宗教の性格をかえ、のちに世界救世教・三五教《あなない》・惟神会・神道天行居などかずかずの新興宗教をうみだす母胎となった。いっぽう、法華経信仰の流れは、明治いらい国柱会のようなせまい国家主義の一派と、シャマン的な行者の派にわかれてすすんだが、後者の系統から霊友会をうみだしたのもこの時期である。これを母胎として一九三八年（昭和一三）には妙道会・思親会・立正佼正会が派生している。これらの諸派以外にも、一時は大本教に関係し、やがて近代的な心霊術・仏教哲学・クリスチャン・サイエンスをつきまぜたインテリ向きの新興宗教「生長の家」が発足し、当時哲学界に流行した新カント学派の価値論と紹介されはじめたアメリカ哲学の主流プラグマティシズムを摂取して、教育批判にのりだした創価教育学会（のち、「創価学会」）も、日蓮正宗と結びついて新興宗教化しはじめた。そのほか、神仏習合と心学的伝統を基盤として発生してきた徳光教は、教育勅語を看板として勢力をきずき、「ひとのみち」（戦後「ＰＬ教」）をつくりあげてくる。このようにみてくると、現代活動的な新興宗教のほとんどすべてがこの時期に誕生しているのである。

この趨勢に対して、既成教団では、新興宗教に共通する低劣な呪術主義を「インチキ」あるいは「邪教」として非難するだけで、なぜこのような宗教が大衆に待望されるのか、その底にたぎる要求はなにかを探索して、自己の前近代性を脱却する道をきりひらこうと努力しなかった。しかも、そのまま大衆の不満と不安は昭和の世界大恐慌をむかえてますます深刻化し、マルキシズムによる反宗教斗争とあいまって、いっそう困難な状況を招来したのである。ただ類似宗教・インチキ宗教・邪教というラベルをおすためには、「正しい宗教」はなにかを解明する理論的課題がうまれてきた。それにこたえうるものは宗教学である。かかる点から、姉崎正治を主脳として東京大学に開設された宗教学講座は、やがてその他の国立大学や、仏教系大学にも開設されるようになり、一九三〇年（昭和五）には、研究者の全国的組織「日本宗教学会」が設立されるにいたった。最後にもう一つ忘れてはならない事件がある。それは、隆盛におもむきはじめた大本教が一九二一年（大正一〇）に、不敬罪と新聞紙法違反の容疑で、教団幹部が検挙され、弾圧をこうむったことであった。この事件は新興宗教を非公認宗教として取扱ってきた天皇制政府の態度を明瞭にしめすものであったが、既成教団は、当然のこととして傍観した。それが治安維持法の成立によって、共産主義だけでなく信教の自由までを、公認・非公認の区別なく圧迫してくるものだという点に思いおよばなかったのである。

第二章　マルキシズム、およびファシズムと仏教

1　危機の深化と戦争生活

大正デモクラシーは、政治的には、護憲三派内閣をうみ、犬養内閣が五・一五事件で崩壊するまで八年間の政党内閣時代を出現させた。この変化は、政治権力を、地主・ブルジョア的天皇制からブルジョア・地主的天皇制へ転化させたといわれる。このあいだに、経済的には、戦後恐慌につづいておそった世界大恐慌、それをきっかけにひきおこされてきた農村恐慌とその慢性化という深刻な状態がうまれ、資本の独占化は恐慌によって急速に発展し、三井・三菱・住友などの財閥を中心としたカルテル（企業連合）やコンツェルン（企業合同）をうみだし、その支配のもとに日本経済の構造を強力に変化させていった。恐慌を切りぬけるためには、国内対策だけでなく、対華二一ヵ条いらいすすめてきた中国大陸への進出をさらに強行して、中国を独占的に植民地化し、英米などの資本主義国に対抗しようという侵略政策がとられたが、辛亥革命以後たかまってきた民族的反帝国主義の抵抗に当面して、一九三一年（昭和五）満洲事変をひきおこし、第二次世界戦への原因の一半をつくったのである。

政治や経済のこのような動向が国民生活に深刻な影響と、変化をあたえずにはいなかった。その変化の基盤となったものは工業労働者数の増大と、労働組合の発達である。一九二二年（大正一一）三八九組合、一三万七千人であったのが、一九三一年（昭和六）には八一八組合、三六万八千人にまで増加した。これに対して、農村では、耕地面積は六、〇〇〇町歩で停滞し、農家数は二〇万戸を増して五六四万二〇〇〇戸に達した。このような

状況のなかで、一九三〇年(昭和五)から世界恐慌の荒波をうけたわが国では、工業生産指数も、一九二六年(昭和一)を一〇〇とすれば、三一年(昭和六)には七四・四に低下し、翌三二年(昭和七)には五〇六万をかぞえる失業者をうみだした。いっぽう、農村では、一九三〇年から三一年にかけて米価が石三〇円台から一七円台へと、四二%も急落し、養蚕の悪化とともに「豊作飢饉」とよばれる苦境におちいった。しかも、独占資本の生産する工業製品や化学肥料の価格と米価とのあいだには大きなシェーレ(価格差)を生じ、農家経済を破綻においこんでいった。ところが政府は膨大な失業者お「人間の力で防ぐことはできない」(井上蔵相)と放置し、「家族制度のお陰げ」にたよるという無政策のために、旅費ももたずにとぼとぼと家郷へむかった帰農者の群れで農村はみたされた。ことに凶作のくわわった東北地方の惨状はきびしく、「娘の身売り」がさかんとなり、「窮乏の象徴として」注目をあつめるにいたった。この状況はその後も基本的には改善されず、日本農村が近代化から脱落してしまう構造的な弱点を露呈し、「慢性化」といわれるにいたった。このような状況のなかで、農民組合も、一九三二年(昭和七)には、四、六五〇組合約三〇万を組織するようになった。

かかる社会の変化は、大正末期のデモクラチックな風潮を、質的に発展させる結果をうみだしてきた。まえにのべたように、ソヴェト革命の成功、「民族自決」を米大統領に叫ばせる植民地解放斗争の成長、国際的反戦世論のたかまりを背景として、「ブルジョア民主革命を完成し、それをプロレタリア革命の直接の序曲」とする条件が内外に生れてきたと判断した社会主義陣営のひとびとによって、一九二二年(大正一一)、秘密裡に日本共産党が結成されたが、翌年にははやくも検挙され、再建をめぐって前衛党を大衆と結合させていきうるか、少数の尖鋭分子にかぎるべきかという問題に直面し、後者の方途をとるべきだとする福本イズムが支配的となった。

それには天皇制支配の権力が、他国に比して異常に強力だからである。そのことは普選の承認とともに「国体と政体の変革、私有財産制の否認」をふくむ思想と運動を禁圧する「治安維持法」を通過させ、一九二八年（昭和三）第一回総選挙で、大山郁夫を応援した長谷川如是閑に「これで当選するなら、だまって突立っている石灯籠でも当選するだろう」といわせたほどひどい妨害を断行した政治の姿勢にあらわれていた。それでも無産政党は全投票数の五%、約四九万票をかくとくし、八名の議員を議会におくった。ちなみに、はじめて参政権をえた僧侶からは一名（椎尾弁匡）が当選した。

かかる無産政党進出の背景には、労働争議と小作争議が飛躍的に増大し、その規模もひろがり、戦術もたかまったという状況や、分裂になやみながらも、日本労働総同盟・日本労働組合評議会・日本農民組合などの組織が発展してきたこと、さらに「二七年テーゼ」によって、福本イズムを克服し、大衆要求もとりいれて、非合法ながら公然と活動する道をひらいた共産党が勢力的な再建と選挙斗争にのりだしたというような状勢がつくられたからである。これに対して、政府は三・一五と四・一五の二回にわたる共産党員及びシンパの根こそぎ検挙や影響のある労組、政党の結社禁止、治安維持法を改悪し、ブルジョア民主々義の原則をふみにじる暴力的な弾圧によって対処するという新しい支配体制をうちだした。この間のうごきは、美濃部達吉が、護憲三派内閣の成立期に「長い梅雨に晴れ間を見たようだ」と述懐しながら、三・一五事件を眼前にして「近頃の日本の政治の有様を見ると、我々はただ政治上の暗黒時代が来たという感じを禁じえない」（「現代憲政評論」）と歎じた短い言葉のうちによくあらわれている。じじつ、それはまもなく到来する「暗い谷間」のしのびよる影でもあった。

政治・経済面でのかかる動向は、文化や思想の世界をも大きく変動させた。大正デモクラシーの土壌でつちかわれた自我の探求を個人的な主知主義でささえてきた芥川竜之介の自殺は、訪れた新しい時代のきびしさを象徴するものだった。文学の世界にも、争議を創作の素材とし、一度たち切った政治とのつながりを、階級斗争の座標において再発見したプロレタリア文学が続々とうまれ、政治とのつながりを切断したまま個人的座標にとじこもった作家からは私小説か、あるいは、急激に変貌する社会風俗を描いた作品がうまれたが、いずれも、近代社会の構造面における成熟を反映して、出版とマス・コミの舞台の飛躍的拡大によって広い読者をもつにいたった。いっぽう評論においても、左翼理論が台頭し、マルクス主義文献の紹介はソヴェト・ドイツについでさかんとなった。かかる状況のなかで、マルクス主義をめぐる研究団体や機関誌が、続々と出現した。「新興科学の旗のもとに」（二八—二九、三木清・羽仁五郎ら）「プロレタリア科学」（二九—三四）などは代表的なものだが、そのなかから「日本戦斗的無神論者同盟」や「日本反宗教同盟」がうまれ、歴史上はじめての「反宗教斗争」が一九三一年（昭和六）に展開されはじめたことは注目に価する。この運動の内容は次節でとりあげるが、仏教を中心とする宗教界の動きはこの運動をいかにうけとめるかを軸として展開していった。

反宗教運動はかずかずの問題と教訓を、宗教界にも階級運動の側にも、のこして一九三四年（昭和九）、その苦難の幕をいちおうとじたが、そのときには、すでに満洲事変についで、青年将校による五・一五のクー・デターがおこり、政党政治を終幕させていたし、翌三三年（昭和八）には、自由主義思想に対する軍部ファシズムの圧力が京大滝川事件をひきおこしていた。日本の民族主義は明治いらい、神秘的な天皇崇拝につよく結びつき、近代国家を成長させる推進力となるよりも、かえってそれを妨げる偏狭な国家主義に堕し、反社会的な独善的傾向をもっていたが、大戦後の恐慌段階には、農村の荒廃、社会改革をもとめる没落中産階級の声に刺戟されて、その性格を変化させ、農本主義や大アジア主義を抱括した一種の国家社会主義的傾向をもつようになった。この動きにつよい影響力を与えた北一輝や井上日昭らがともに日蓮主義に傾倒していたことは注目される。日本の国家主義・民族主義がファシズムとして成長してくる変化の背景には、世界大恐慌であきらかなように資本主義社会そのものの深刻な危機があった。したがって、日本だけの現象でなく、パーム・ダットの「ファシズム論」によれば、一九二〇年代にはその脅威が西欧諸国に共通してひそんでいたといわれる。そのなかからまずイタリヤでムッソリーニがファショ政権の樹立に成功し、ついで三三年ドイツでヒトラーがナチス独裁制を樹立した。かかる世界状勢の動向は軍部を天皇制政治権力の中核に進出させる絶好の条件となった。ファシズムには二〇世紀の神話が必要とされるが、日本の神話ははるかに古代的である。それを現代に再生産するため国内では「国体明徴」、対外的には侵略戦争をさけぶとともに、軍が改革の主体となる幻想をふりまいて、ひろく国民がいだいていた現状打破の待望にこたえ、共産主義から自由主義までの思想と運動を圧殺していった。この状勢をうけて、社会大衆党は三二年（昭和七）国体尊重をうたい、満洲侵略を支持し、矛盾をさらけだした「反資本主義・反ファシズム・反共産主義」のスローガンをかかげて労働階級を混乱させ、ファシズムの制覇をたすけたのである。

いまや問題の焦点はファシズム化する天皇制にうつった。もともと天皇制は明治いらいの支配体制であったが、基本的な分析や解明はおこなわれてこなかった。それには「学問の自由」や「信教の自由」とよばれるブルジョア民主主義の基本原則を認めない強力な政治条件によるものだったが、非合法の共産党でさえ的確な認識と把握をもたなかった。しかし運動方針を確立するためにも天皇制の分析は絶対に必要となっていた。一九三二年（昭和七）コンミンテルンで決定した「日本に関するテーゼ」（「三二年テーゼ」）では、地主的土地所有・独占資本とともに「天皇制」をもっとも重要な構造要因としてとらえ、その解明と打倒の必要性を強調したのである。しかし、このテーゼは重なるきびしい弾圧のため実践的に展開される条件を失っており、天皇と天皇制の区別さえ明かにすることもできかねた状態だったが、理論的指針としてはマルクス主義的研究に定着し、「講座派」理論となって展開され、「労農派」とのあいだに資本主義発達に関する長年の論争をまきおこした。この問題提起は日本の必要とする変革が、ブルジョア民主主義革命完成のための反ファシズム・反帝国主義斗争を、自由主義者をもふくめたひろい国民の戦線創造を出発点にせねばならぬ方向をふくんでおり、そのかぎりにおいて反宗教運動にも重大な影響をおよぼすものだったが、成果をみる余裕もなく圧殺されてしまった。

このような状況のなかで、佐野学らが獄中から天皇制をみとめる「転向声明書」を発表し、つづいて獄中にあった党員やシンパのあいだに転向者が続出して、思想界にも重大な影響をあたえた。その動機には、親鸞をはじめとする仏教思想や宗教情緒が、民族感情や家庭的愛情とならんで、大きな役割を演じていたが、このことは反宗教運動で、批判の嵐にさらされてきた仏教教団に反批判の新しい視点と自信とをあたえるものとなった。いっぽうジャーナリズムでは、自由主義思想がマルキシズムにかわって登場してきたが、知識階級や労働階級の信頼をつかむことができず、現実の危機は精神の危機をふかめ、キェルケゴールの流れをくむ危機神学や「不安の哲学」がこのんでかたられるようになった。かかる状況をむかえて友松円諦らの主唱する「真理運動」が既成教団に欠落していた文化性と社会性をもって急速に伸長し、拡大されてきたマス・コミにむかえられ、他方庶民層の精神生活を舞台としては、一週間に一つは誕生するとまでいわれた新興宗教の繁栄をみるようになった。かかる現象は「宗教復興」「仏教復興」とよばれたが、それはファシズムと軍国主義が制覇する前夜の一時的なものであって、仏教の近代化を日本社会の構造的近代化のなかで推進していくものにはならなかった。しかし、反宗教運動からこの宗教復興への、宗教にとっては教訓にみちた疾風怒濤のなかで、労農運動と提携しつつ、仏教の真理性を理論的・実践的に実証しようとした「新興仏教青年同盟」が生れてきたことは、それが少数者の集団であり、批判すべき点をもっていたにかかわらず、仏教近代化の本格的進路をしめすものとして注目しなければならない。

一九三五＝六年（昭和一〇＝一一）の危機は、日本をふくめて世界的な危機であった。わが国では、未遂におわったが神兵隊事件・一一月事件とファショ・クー・デターが続発し、財閥は三井を先頭として「方向転換」を宣言して、「国防国家」の経済計画のなかから多大の利潤をうる姿勢をととのえた。ヴァルガの調査によると、日本の工業生産指数は一九一三年（大正二）を一〇〇とすれば、三六年には四五〇（米一五〇 英一一五）に達したが、これにみあう軍事費は七〇六・二（米三二五 英三七四）にまで膨張している。かかる軍備拡張を背景に、植民地帝国「満州国」をつくりあげ、「焦土外交」にふさわしく、国際連盟を脱退、軍縮条約を廃棄して、ファシズム陣営に投じ、日独防共協定から日独伊三国条約の締結にまでつきすすんだが、ナチス・ドイツを中心とした侵略に対して、三二年（昭和七）からフランスに結成された人民戦線はスペイン内乱を通じて国際的反ファシズムの抵抗戦線を組織し、日本の侵略に対しても中国共産党は「救国抗日」を宣言して民族解放斗争の核心勢力となっていった。この間に国内体制は、二・二六事件によって完全に立憲体制を圧倒し、一九三七年（昭和一二）ついに日中戦争を全面的にひきおこし、「戦いは創造の父・文化の母」（陸軍省パンフレット「国防の本義とその強化」）と叫ぶ戦争国家体制を強行していった。それとともに、いくども対ソ戦を計画、挑発したが失敗し、米英両国との対決をめざして「東亜新秩序」をかかげて東南アジアへの侵出を策し、ついに四一年（昭和一六）太平洋戦争に突入して、悲劇的破局をまねいたのである。この戦争国家体制は、「国民精神総動員」のスローガンをかかげて、あらゆる政党の解散、「新体制運動」の提唱により、「大政翼賛会」と「翼賛議会」をつくり、完全なファシズム独裁制を樹立するにいたった。

この間における日本の思想界と国民生活の激変は近代化の錯誤が、いかに重大な結果をひきおこすかということを痛感させる。ファシズムがヨーロッパの一角にもまだその姿を明確にはあらわしていなかった一九二五年（大正一四）に、蓑田胸喜・三井甲之らが政府官僚・検察官・軍部・貴族院の国粋的右翼分子と結んで活動をはじめた「原理日本」運動は、かかる動向とともに激化し、治安維持法と不敬罪をテコとして自由主義思想家をも圧迫しはじめた。三五年（昭和一〇）美濃部達吉の「天皇機関説」を「反国体的」学説として攻撃し、軍部ファシズムとともに、大正いらいブルジョア天皇制国家の議会主義をささえてきた基礎理論を弾圧し、つづいて理想主義的自由主義者河合栄二郎を代表とする大学の圧迫にのりだした。最後には、神話にもとずく「紀元二六〇〇年」（一九四〇 昭一五）を機に、日本古代史の実証主義的研究を開始してきた津田左右吉の学説までもとりあげて、「大逆思想」として攻撃しその社会的生命をたった。もちろんこの間に、「唯物論研究」の解散・廃刊、二度にわたる人民戦線グループの検挙によって、講座派・労農派の別をとわず社会主義的関心をもつ知識人や実践運動家はほとんど弾圧されたのである。かかる状況のもとで、「ヒューマニズムの追放」が論ぜられ、四二年（昭和一七）になると、京都学派からは「世界史的立場と日本」（「中公」座談会）によって、太平洋戦争を「道義的生命力」にもとずく「正義の戦争」とする論理がとなえられ、さらに「文学界」（小林秀雄ら編集）同人らと、京都学派のひとびとが合同して、「近代の超克」を主張した。これらの提唱の背景には、近衛が反軍的重臣感覚から抱懐し、三木清らが構想した「昭和研究会」の理論的潮流が軍部ファシズムの圧力にやぶれ、その挫折があきらかになるとともに、「歴史的形成の論理」にまで発展してきた西田哲学を戦争正統化の論理としようとする指向がうまれた。西田幾多郎は「言語同断」の精神的崩壊をくいとめたい念願から、軍・特高・右翼の注視のもとに大東亜宣言の起草をひきうけ、「世界新秩序の原理」をかきあげたが、客観的には「知的協力」という名における「思想の屈服」としてしか作用しなかった。しかもなお「原理日本」の右翼主義者からは攻撃されつづけたのである。この辺を最後に、いかなる立場からも思想らしいものの生産的活動はみられなくなり、崩れいく現実に、死の訪れをまつだけの独裁制がごうぜんとのこったのである。

かかる趨勢は、もちろん思想界だけではなかった。文化の各領域で、戦争のための文化しか存在することをゆるさぬ方向へおしやられ、それに対する抵抗の組織は弾圧され、かつまた、自発的に迎合していった歴史であった。それらの仕方は、尾崎秀実が獄中通信でかいたように「常識の通用しない時代」にふさわしい非常識なものであった。宗教界もまたその例外ではない。

新興宗教とキリスト教に対する弾圧がもっともはげしかった。「大本教」が、一九三五年（昭和一〇）に徹底的な第二次弾圧をこうむったのが最初であった。ダイナマイトを使って本部の建築から神像まで破壊し、教祖の墓をあばき、教主はじめ多数の幹部を検挙投獄し、支部の施設も破壊した。それは「文字どおり大本教をまっ殺することがねらいだった」（佐木「新興宗教」）つづいて、翌年、教育勅語を看板とした「ひとのみち」が解散を命ぜられ、三九年（昭和一四）には「天理ほんみち」が解散され、教団幹部は敗戦まで投獄された。このような弾圧は、すべて治安維持法と不敬罪によってなされた蛮行であるが、天皇制信仰とことなり、庶民の間に古くから伝統されてきた異系神話の圧殺であり、勅語や国民道徳の官製解釈からはずれた庶民的理解を「冒瀆」として排除する宗教統制であった。この国家統制は一九四一年（昭和一六）「宗教団体法」の施行によって「国家皇室を中心とした臣民道」に融合し、その昂揚に役立つ宗教のほかは、存在をみとめないという方針をあきらかにしている。ここに強調された臣民道は、天皇を現人神とし、その現人神の権威の源泉である伊勢神宮と、その権威につらなる国家神道の神社を「国民道徳」として尊信させる以外のものではなかった。（中濃教篤・鈴木徹衆「宗教法による統制と弾圧」）この法の実施は、公認的立場にあった仏教・キリスト教にも統制と抑圧を容易にし、教団合同、国家神道への隷従、臣道と矛盾する教義や経典の修正などを強行する道をひらいたのである。そして、かかる強要に応じないものを弾圧し、投獄して悔いなかった。ことにキリスト教は敵国との伝道関係を歴史的にもっており、「教理《ドグマ》形成のシンボル体系が、『国体観念』を構成するシンボル体系」と相似しているところから、いっそうきびしいものになり、「〃アカ〃がほぼ完全に弾圧しつくされた状況で、天皇を大御親とする家族主義国家からは、意識のうえで、ややはみ出した〃ヤソ〃を、村八分的な悪意の対象として」（鶴見俊輔「転向」）抑圧がすすめられたのである。その場合、天皇と神宮の大麻は逆の意味で踏絵として利用され、棄教か隷従かを強いたのである。一九四二年（昭和一七）にホーリネス系三派の牧師たちに加えられた弾圧は代表的なものだった。

仏教は、かかる状況のなかで、一九四一年（昭和一六）「大日本仏教会」「仏教徒銃後奉公会」を組織し、宗教報国を唱えて、戦時体制をととのえたが、そのころには、仏教復興の風潮とともに、文化性と社会性をおびて伸長してきた「真理」運動も戦争協力をうちだしながら窒息し、自発的な性格をもった活動は姿を消してしまった。それにかわって、各教団はたとえば「皇恩ノ辱キヲ感戴シ、皇謨翼賛ノ重任ヲ荷負シ、敬信崇祖、報本反始ノ誠意ヲ抽ヅベキコト」（「西本願寺戦時宗制」）というような条項をかかげ、仏教思想と教理を、いかにファシズムの理論と一致させうるかという点に、各派それぞれの立場から努力を傾けた。ことに仏教は「死後の宗教」であり、「アキラメ」の宗教であって、現実の力にはならないという見方が近代化の過程ではやくから定着しており、それを打破できなかったコンプレックスも手伝って戦争協力の論理化には異常な努力を払ったのである。しかし、かかる努力は、「カイゼルのものはカイゼルへ、神のものは神へ」という鎌倉仏教成立の原理を抹消し、ファシズムに対してなされるべき信仰者の抵抗を抑圧してしまい、ヨーロッパ諸国民にみられたような「神を信じる者も信じない者も」打って一丸とした人間的抵抗の発生を不可能にしたのである。そこには、天皇制の類似宗教的性格にもとずく近代的世俗国家の挫折が、外部的要因として働いており、内部的要因としては、仏教思想の根底にある相即不二の論理的性格が、シンクレティズムの宗教心理的伝統とともにわざわいしたといわねばならない。もちろん一面に、真宗にみられたように、神宮大麻の強制奉祀に対するわずかの抵抗、あるいは「守護の善神は悪政のためすでに去った」とする日蓮宗系の抵抗もみられなかったわけではないが、それが社会的な展開をもちうる条件はことごとくつぶされていた。日蓮正宗はこの時期に抑圧され、その一講社であった創価教育学会も弾圧されて牧口会長は獄死した。これが帝国憲法の「信教の自由」がたどりついた終着点であった。

かくて、「子供をつれし女乞食が戸口に来り、五十銭札二三枚出し、残飯が御座いましたら売って下さい。何処の芥箱をさがしても、食べるものが有りません」と荷風が「日記」にかきつける国民生活の荒廃のなかで、死臭たちこめる空襲の業火をみつめながら、敗戦をむかえるが、その地獄絵が、「我が国には真に大所高所から国家のことを考える人なく、ありても力なく、致方なきことと存じます。どうも今の処、行く処まで到って見なければ、分らぬという……」と鈴木大拙にあてた西田幾多郎の述懐のわずか四年後の「ありさま」であった。

2　反宗教運動と仏教

教団宗教、とくに仏教の封建性と新興宗教の非科学性に対しては、大正末期になると批判が急激にたかまってきたが、それに、これまでの歴史にはみられない批判理論を提供したものはマルキシズムであった。それは教団のあり方や宗教思想の性格を批判の対象とするのではなく、イデオロギーとしての宗教そのものを批判し、否定するものであったからである。共産党が組織され、マルキシズムも理論的に成長しはじめると、一九二七年(昭和二)、佐野学は「マルクス主義と無神論」を公にして、「宗教は民衆の阿片である」というレーニンの宗教論を紹介し、その観念的存在や階級的性格をあきらかにするとともに、政治的にも社会的にももっとも急を要する適切な斗争課題であるという評価をあたえた。なぜなら、そこには、宗教を良心の私事としてあつかうブルジョア民主主義的要求がふくまれており、それによって「専制絶対主義的遺制に対抗」しうるとともに、「宗教を以て労働大衆を欺瞞しようとする帝国主義ブルジョアジーに対する社会主義的要求」をもっているからである。

すでに革命に成功したソヴェトには「戦斗的無神論者同盟」が一九二五年(大正一四)いらい結成されており、それを中心として「国際プロレタリヤ無神論者同盟」(IPF)も組織されていた。かかる状況のなかで、日本では一九三一年三月「反宗教斗争同盟準備会」をプロレタリア科学研究所の秋田雨雀らが中心となって結成し、「日本においてプロレタリアートの手によって反宗教斗争が実行にうつされたのは日本歴史の上で初めてのことである」と宣言する実践運動を展開し、「反宗教斗争」を発刊しはじめたが、まもなく、「日本戦斗的無神論者同盟」(「戦無」)に改組し、機関誌を「戦斗的無神論者」と改題して本格的活動にはいり、前記国際同盟の日本支部とした。運動は「宗教の批判は一切の批判の前提である」というマルクスの見解にたって、「革命的プロレタリアートによって指導される労働者農民自身の運動である」と規定し、「一般的戦略の線に沿いつつ、後れたる労働者農民大衆を宗教の束縛より切りはなし、階級斗争の各々の部署につかしめることを目的と」し、そのために宗教にかわって「マルクス＝レーニン主義世界観を注入する」(「反宗教運動の旗の下に」)ことを運動方針とし、つぎのようなスローガンをかかげて出発した。

1　帝国主義戦争反対　2　工場布教絶対反対　3　寺院・教会・説教所を労働者農民の集会に使用する自由　4　宗教的募財、寄附に関する拒否運動を開始せよ　5　反宗教斗争を階級斗争の一翼とせよ

しかし、この斗争は「政治斗争に従属され、密接に協力するとき最も効果的」と考えられ、大衆のなかからもりあがってくるものとはなっていなかった。そのため尖鋭化したが、はば広い大衆斗争に成長することは困難だった。この「戦無」のほかに、反宗教運動の一翼として、真宗寺院出身の高津正道に指導された「日本反宗教同盟」が別個の組織として三一年(昭和六)に結成され、理論斗争、批判と暴露を中心として、合法的立場にたって斗争することを目標とした。この運動は、「宗教は支配階級の特権維持の精神的用具であり、労農大衆の解放の進路を晦ます毒瓦斯である」(スローガン)という認識にたって「あらゆる形態の宗教打倒」をさけび、つぎのようなスローガンをかかげて開始された。

1　宗教的募財、寄附の徹底的拒否　2　加持祈禱及び一切の宗教的医療反対　3　宗教的修養団・教化団体の撲滅　4　工場布教及び工場内の一切の宗教的行事反対　5　反宗教葬の挙行普及

そして、啓蒙、宣伝のために機関誌「反宗教」を発刊した。二つの反宗教運動団体は、ともに「花祭反対斗争」などをはじめとして活潑に展開されたが、「反宗教同盟」は政治的斗争よりも、宗教現象に対するアナーキスティクな批判運動におわり、「戦無」は政治斗争を主体として「大衆化」をはかり、「建国祭反対」をうちだしたが、限界をおのずから自覚せねばならなかった。三二年テーゼをとりいれてからは、「天皇制の打倒とこの政治体制の宗教的支柱に対する斗争こそ、吾々の無神論運動の戦略的目標である。すなわち、吾々は天皇制の最も強力な宗教的支柱として封建的宗教へ攻撃を集中しなければならぬ。このことは中心的綱領、すなわち、国家と宗教、宗教と教育の分離、神社・寺院の所有地、その全財産の没収という基本的立場に拠って実現されねばならぬ」と規定する新しい運動方針を確立し、この斗争をすでに開始されている帝国主義戦争反対、反動文化、国際ファシズム、社会ファシズム打倒の運動とむすびつけて発展させようとした。

この三二年方針は、中心に「信教の自由」「政教分離」というブルジョア民主主義の基本要求をおき、巾広くすすめうる道をひらいたが、反面に、社寺・教会財産の没収というようなブランキー主義的においをのこし、労農大衆がすべて戦斗的無神論者でなければならぬような偏狭さからも脱しえなかったので、「階級斗争の邪魔をする結果」（一同盟員の自己批判）をもうみだした。また、「近年若い人達によって反宗教運動なるものは、兎角一方に偏して、謂わゆる宗教なるものの中に含まれている宗教上の内観的真理——宗教的真理とでも云うべきものをマルクス主義的に揚棄し得る立場に立っていない」（河上肇「自叙伝」）という内在的な批判を特殊な場合ではあるが、マルクス主義者のなかにもいだかせた。かくて運動は「宗教批判に対する科学的な正しい方法をうちだしたにもかかわらず、文化運動の域を脱したもの」（本間唯一「反宗教運動」日本宗教史講座）にかたむき、ついに一九三四年（昭和九）弾圧のために幕を閉じたのである。しかし、三二年方針は理論的研究に定着し、弁証法的唯物論の立場からする宗教学説を日本において成長させる成果をのこしている。

この運動は仏教界に「最近のジャーナリズムが放った一つの巨砲で、社会全般にわたってセンセーショナルな動揺を起した」（今戒光「歪める反宗教運動」現代仏教昭六の七）といわれ、その「左翼理論にひとたまりもなく、たたきのめされてだまっている寺院仏教に歯ぎしりをかまされた」（友松円諦「仏教改革の第一歩」真理、昭一一の五）と感じられもしたが、注目すべきは宗教擁護を一致した目的とする性格の異った種々の姿勢であろう。

第一は、非科学的な反共観念からすすめられた宗教の日本主義への編成である。一九二八年（昭和三）に神・仏・基各教派をあつめて開かれた「日本宗教平和会議」は「国体に背反する共産主義等の絶滅を期す」と決議し、翌年に政府は「教化総動員」という項目を政策として採用し、じらい敗戦の日まで、この方針をくりかえし、ますます強化して、思想国防の主要政策に編成していったが、仏教にとっては近代化を阻害され、ファシズム政治への従属を強いられる結果をのこしたのである。第二は、宗教の本質を科学的に研究して、弁証法的唯物論の立場からとらえた「阿片性」に対して、宗教の本質的機能を社会的な見地からみとめていこうとする実証主義科学の推進である。ここに「科学」としての宗教学、あるいは宗教社会学、宗教民族学、比較宗教・宗教史などの研究に期待がよせられ、それにこたえて、神観念や宗教は社会そのものの機能的象徴であるとみるフランス社会学派（主唱者、E・デュルケーム）の学説を先頭として、欧米の研究が、哲学・社会学・心理学などと連関して活潑に紹介され、日本の宗教研究をゆたかにしていった。もちろん、これらの研究は宗教是認から擁護の理論を、新しい高度の次元で提起するとともに、前近代的教団宗教に対する批判の理論的感覚をすすめる方向をふくんでいた。古野清人・浅野研真らはかかる活動の開拓者だったが、宇野円空のつぎの発言、「仏教は個人的・主観的改造を重んじるが、それと共に社会的・客観的・集団的改革が必要である。現代は社会的・客観的・集団的問題が重要である以上、現代の仏徒は過去の教義を現代的に展開し、改革する必要がある。社会改造の仏教的理想とその方法は次の時代に課せられた最大の任務である」（「社会改造の宗教的理想と方法」日本仏教学協会公開講演要旨 昭七）という見解などは当時の問題意識を端的にかたっている。かかる立場には、ブルジョア民主主義の要求が基盤としてふくまれており、自由主義から社会民主主義にいたるはばひろい政治信条も包懐されていたのである。しかし、人民戦線前の反宗教運動は、これらの理論に新しい護教主義として強く反撥し、近代化にまず必要なブルジョア民主主義的要求の実現のため、協力する柔軟性をもつことができなかった。第三に、仏教をキリスト教と比較して、哲学的立場から再検討し、「無神論」であるとする見解である。すでにかかる見解は、一九二六年（大正一五）に「現代仏教」が紹介したネオ・ブディズム（印度のハラ・ダャール「仏教の将来」ヤング・イースト、一九二六・五）にもあらわれている見解で、「仏教は霊魂をみとめず、創造神をも必要としない。呪術や祈禱もとうぜん否定されるべきだ。」この観点にたって、古代的戒律を排棄し、在家主義の近代的＝合理的宗教として蘇生すべきであるという主張である。かかるいわば主知主義的理想主義の立場からの提案は当時の改革待望ムードにうけいれられやすく、新しい仏教観の根底に「無神論」をおく方向をひらいた。しかし、マルキシズムの「無神論」との関係が理論的に探求される努力と成果はじゅうぶんではなかった。そのために「仏教マルキシズム」とか、あるいは逆に「マルキシズムも一種の宗教だ」と考える混乱をもひきおこし、思想の近代的把握の未熟さをあらわしていたのである。

すべて、これらの見解は反宗教理論もふくめて、多種多様の政治的・理論的・実践的要求を反映していたが、そしてその大部分が教理と教団のあり方に共通した批判をもっていたにもかかわらず、日本人の宗教生活と意識をほりさげ、それを近代化させる努力にも、また教理と教団の自己改造をせまる現実的力にも結集することができなかった。それは、民族学や民俗学的研究が常民の生活と心を探求しはじめたにもかかわらず、その必要性を確認しえなかった点などにもあらわれるが、これら種々の要求をうけとめる改革理論の硬直性と、それに対応する天皇制絶対主義の政治的圧力とがあいまって、有効な成果をうみだすことができなかったところにあるといえよう。

しかし、最後に、反宗教運動が教訓となって生れた前進的な仏教運動として「新興仏教青年同盟」の活動についてのべよう。反宗教運動の宗教否定に対して、マルキシストや同伴者のなかに批判が生れてきたことはすでに一言したが、一九三〇年（昭和五）に三木清が「中外日報」に発表した「如何に宗教を批判するか」という一文は一つの典型的理論として論争をまきおこした。彼は「宗教は将来の社会にも生かされえないか」という問題を提起して、資本主義社会は人間の疎外をよびおこす社会であり、かつ非宗教的性質の社会である。したがってそういう社会で宗教は真実に生きることができない。プロレタリアートは全人類を解放する歴史的使命をになう階級であり、人間疎外をも克服する階級である。したがって宗教はこの階級の運動と結合して、はじめて「矛盾なき存在とし発展し得る可能性を獲得するであろう」というのである。これに対して服部之総の反論をはじめ賛否の議論が応酬されたが、かかる見解はマルキシストのなかにも共感をよぶ一面が存在した。のちに尾崎秀実が獄中でしたためた書簡にも一脈通じる基調をもっているが、ここではこのような角度を実践運動にまで展開した「新興仏青」をみてみよう。

「新興仏青」は、指導者だった妹尾義郎が日蓮主義青年運動のなかで、小作争議や労働問題を通じて、現代社会の非人間的な状況と仏教の理想とのあいだに大きな矛盾を感じ、河上肇の「貧乏物語」などに啓発されて、社会主義的思想と実践に近ずき、一九三一年(昭和六)委員長となって結成した活動団体で、綱領につぎの三ヵ条をかかげた。

一 我等は、人類の有する最高人格、釈迦牟尼仏を讃仰し、同胞信愛の教綱に則って仏国土建設の実現を期す。

一 我等は、全既成宗団は仏教精神を冒瀆したる残骸的存在なりと認め、之を排撃して仏教の新時代的宣揚を期す。

一 我等は、現資本主義経済組織は仏教精神に背反して大衆生活の福利を阻害するものと認め、之を攻撃して当来社会の実現を期す。

運動は日蓮主義のせまいワクをのりこえて、社会改造をめざし、合法的な無産階級運動を支援する仏教社会主義者の団体として発足した。同盟は機関誌「新興仏教の旗のもとに」(のち「新興仏教新聞」)を発行し、壬生照順・林霊法らを中執委員として指導部を構成、本部を東京におき、二〇に近い支部と二〇〇〇人をこえる同盟員を獲得して、かっぱつな活動を展開した。(林霊法「現代思想と仏教の立場」)

同盟は、実践スローガンに「国際主義仏教の高調」「仏国土の建設」「ファショ粉砕」「資本主義打倒」「戒律の現代的実践」をかかげて、「御用化された国家主義仏教」とその教団にきびしい批判を展開し、文化斗争による進歩的仏教者の結集をよびかけ、欠食児童の救援、農民学校の設立、寺院のセツルメント化、仏教労働組合の設立、禁酒・禁煙運動、廃娼運動などの具体的プログラムを決定した。同盟はかかる活動体制をととのえると、既成仏教に対する斗争として「全日本仏教青年会連盟」に加盟し、一九三三年（昭和八）その第三回大会に代表を送り、「指導原理の確立」と「排外的国家主義思想及び運動防止」「資本主義改造促進の声明」を提案し、「ヒトラーの反人類的・反文化的行動に対する抗議の発送」を緊急動議として要求したが、否決され、脱退せざるをえなかった。

同盟は実践の場を労働運動・農民運動・水平社運動のなかにもとめ、東京市電争議に参加し、城北勤労市民クラブを設立し、東北冷害の救援には、物資をあつめて、東交・全評・社会大衆党・日本農民組合の代表らと長期にわたる現地活動をおこなっている。とくに注意したいのは、国際主義的な反戦平和活動に進出したことである。同盟は、階級的立場をこえて、反ファシ ョ人民戦線運動を、「平和と自由と幸福とを欣求する人格的良心の抗議」としてとりあげ、「進歩的仏教徒よ！ 展開する反ファシ ョ人民戦線へ勇敢に参加せよ」（「新興仏教新聞」）とよびかけ、帝国主義戦争反対のために「極東平和の友の会」に参加し、国内でも軍用機献納反対運動を開始したが、一九三九年（昭和一一）、妹尾義郎が小岩井浄・杉山元治郎・加藤勘十らとともに発起人となって発刊した「労働雑誌」の責任者となったことから、治安維持法でまず検挙され、翌四〇年二回にわたって同盟員は大量検挙され、「自由平等の理想郷、仏国土の建設を夢想し、国家統治を否定する不逞の団体」として結社を禁止された。しかし、この同盟の反戦平和の活動が、日本の仏教界が第二次大戦前には、平和運動といっても、一九三二年（昭和七）ワシントンで開かれた「世界宗教平和会議」に参加したときの日本委員会の態度にみられるように、「宗教の立場より真正なる平和思想及び運動」を主張し、諸宗教の交歓におわるような無力なものであったのに対し、また、その平和運動にさえ通り一変の関心しかはらわず「植民地（満洲）または将来の植民地（中国本土）に出張して、帝国主義的発展の地均」をし、戦争がせまれば挙国一致の戦争熱を造りあげ、戦場を求めて布教使を派し、士気を鼓舞する軍国主義の忠実な奴隷であった」（高津正道「戦争の不可避性と宗教家」現代仏教、昭六・五）なかで、敢然と、平和が日本もふくめて各国の人民の心底からの念願であることを把握し、そのために仏教徒は反ファシズム・反帝国主義戦争のために結集しなければならぬとさけんだのは、ほとんどただ一つの良心的ケースとして忘れられてはならない。

3　仏教復興と転向の論理

五・一五事件を契機とするファシズムへの急速な傾斜のなかで、マルキシズムは思想の表舞台から退場を強いられ潜流化するとともに、「宗教復興」あるいは「仏教復興」とよばれる現象があらわれてきたことはすでにのべた。また、佐野・鍋山ら首脳党員が獄中から「転向」を表明し、弾圧下のマルクス主義者のあいだに、のちには自由主義者のあいだにもひろがっていった、いわゆる「転向時代」の出発点もこの時期にあったが、この二つの現象は、マルキシズムの退潮後ファシズムの強圧下に、日本人が思想放棄をせまられるまでの精神状況をもっともよく表現している。

「仏教復興」がさけばれた一九三四＝五年（昭和九＝一〇）に台頭し、「真理運動」は三〇年（昭和五）にヨーロッパから帰朝した友松円諦が、浅野研真・細川亀市らと開設した「仏教政治経済研究所」のアカデミズムのワクを破って啓蒙と実践をこころざし、江部鴨村・高神覚昇・松岡譲・真野正順・増谷文雄らを同人として出発した仏教現代化運動であった。この運動ははばの広い総合雑誌スタイルの機関誌「真理」を発行するまでに二〇

○余の支部と五〇〇〇をこえる会員を獲得していたといわれるが、その基調と目標について「創刊の本願」（昭和一〇・一）にはつぎのようにかたられている。

真理運動は「全日本を仏教的立場に於て、全面的に作興・奮起せしめようとする宗教的運動である」とまず宣言し、当時の社会的精神状況を「一人だけの祈禱や瞑想でも、無自覚な大衆の妄動でも、今日の社会は決してすくわれはしない」と指摘し、

「日本社会において今上下ひとしく期待されてゐるものは対立斗争の哲学でも、温情懐柔の戦術でもありません。日本人がたがいに退ひて、今日までの行きがかりを清算して、よき日本社会を作るために、強きもの、有《も》てるもの、先づ、その利己的精神を清算して、双互の現実生活を向上させることが急務だと思ひます。この意味に於て、私達はいかなる階級的利己社会をも支持しようとは思ひません。そうした『階級的』態度をこそ反省せしめようとするものです。階級は存在ではなくして、意識の所産です。利己的な一切を空じてゆかうとするのが、私たちの態度です。次から次に出来てくるさうした階級的態度をうちのめしてゆかうとするものです」

ときびしく、階級運動を否定し、「苦しんでゐる、農村と都市」を実践の「道場」とする。その農村は「地主も自作農も小作人もひとしく反省と自覚をもって、現代的な『老農』『聖農』になることによって更生させる」ことができ、都市は「毎日の職務に人生の意味を忘れきった人々に」その意味を思いおこさせることで救われるというのである。したがって、「世間の一隅に高塀をめぐらせた『理想郷』を建立しようとするものでも、直接行動によって制度の変革を企てようとするものでもなく」「全日本の各市町村の至るところに、五人の『真理道

場』をつくろうとするの」だとのべている。ついで、具体的な実践項目には「仏典の現代語訳」「新しい勤行・仏教音楽・絵画の普及」「仏教哲学の近代化」などをかかげ、最後に「現世祈禱・迷信的宗教、偏狭なる排外的思想、極端なる唯物論、小児病的な科学主義、そうしたものをば、仏教的叡智によって正しい中道的見解にまでいたらしめたい」とむすんでいる。

　この運動が思想と生活のうえで、不安と混迷を実感していた中間層を対象として急速にのび、拡大されてきたマス・コミにのって、仏教思想をポピュラーなものにする道をひらくことができたのは、ファシズムに対してもっとも強い人間的な抵抗を仏教信仰を座として組織しはじめた「新興仏青」運動さえも正当に評価し、それと提携することができなかった「反宗教運動」の硬直した理論的潔癖性のなかにある、「人間不在」の盲点をついたからである。しかし、その人間の発見も、政治的には、社会大衆党が三反主義をかかげて、ムードのなかだけに足場をみいだし、政治現実においてはぶざまな混乱をかさねたとおなじく、客観的根拠をもたぬ観念的な中間主義におちこみ、それを「中道」的立脚点と錯覚したところに、不在実感にうったえるだけでそれを自覚させ、人間性の暴圧に対して抵抗体をつくることには役立たなかった根本的理由があった。その点では、昭和初期の階級運動とその新しい文化に対して共通するこのような欠陥に対して、感性的な反感をいだいて自我の探求を痛ましい孤独のなかでつきつめていった私小説作家のほうが、抵抗体の基底にはかえて有縁だったかもしれない。文学史の上で、私小説の終着をつげる嘉村礒多の作品が、近角常観を縁として、内面的な精神土壌を真宗信仰にもとめていることは、同時点の問題であるだけに興味をそそられる。

　人間発見——それが文芸復興《ルネサンス》になぞらえて、当時のジャーナリズムが「仏教復興」ととなえた実感理由であろうが——そのもののなかに、歴史的・社会的限定性をみうしなったというのが、この運動の基本的な特徴であろう。妹尾義郎が「友松円諦氏らのいうごとく階級は存在でなくて意識だから我利的意識を無我的意識におきかえる運動で、仏国土が実現できるものなら、とうの昔にこの世は極楽になっておっただろう」(「新興仏教新聞」)といった批判は端的に問題点をついていた。

それにもかかわらず、この運動が仏教近代化に一つの道をひらいたのである。それは「仏典の現代語訳」をはじめ、伝道方法の大衆化の道であった。すでに一九二三年(大正一二)から高楠順次郎によって発願され、多大の努力を傾注してきた「大正新修大蔵経」一〇〇巻が、三、四九三部、一三、五二〇巻の経典を、歴史的に系統化して編集され、公刊を完了したのは三四年(昭和九)であったが、それは専門的には記念すべき大事業であったけれども、大衆の生活に結びつくものではなかった。しかし、友松や高神がラジオにのせ、ベスト・セラーの活字にした「話し言葉」による「法句経」「観音経」「般若心経」などの講義は、超宗派的な近代感覚で、庶民生活のなかへ、当の著者も予想しなかったほどの反響をもって普及していったのである。勤行法式についての新しい着想もおなじ性質のことがらである。しかし、これらの実験は、その普及に比較して定着性は弱かった。それは本来教派《セクト》としてしか伝統してこなかった仏教に、通仏教を座標とするものであっただけに、教団の抵抗は比較的少なかったが、結局は、中間的インテリ層の教養にとどまったからである。しかし、それは仏教界における「近代主義」の萌芽にふさわしいだけの意義と欠陥とをもっていた。

雑誌「真理」は、やがてその本来の使命をも自由にかたれぬ嵐のなかにまきこまれ、「日中開戦までは、国家主義を「大我」として希望を托するが、三九年(昭和一四)には、「精神生活は『自分ひとり』の問題である。」

しかるに「統制主義はうっかりすると、『全体』の大風に一人一人の『個』をふきとばしてしまう」といい、「今日ほど個が不人気な時代はない。これは国民思想上、実にうれうべき現象である。私は全国の宗教者と共に、全国民の『個』をゆりうごかすことが、刻下の急務だと信じている」（友松円諦「米の問題とその宗教的解決」昭一四・一二）という批判を吐露するが、もはや、それをうけとめる条件はついえさっていた。かくして、思想放棄を迫られる重苦しい空気のなかで雑誌は廃刊され、運動も解消していった。

「転向」は、この真理運動がひとたび成功する状況のなかにひそむ原因と深いつながりのある現象である。その研究は最近になってようやく開拓され、「思想の科学」研究会の共同研究（「転向」三部）のような成果をうみだしたが、ここでは仏教との関係について一言しておこう。

転向は、権力の外的強制力を無視してはもちろん考えられないが、他方、個人の思想の主体的状況を見のがすこともできない。きびしい経験をもった「新興仏青」の書記長林霊法は「政治的な転向ならばともかくとして、世界観的な転向などというものは、元来あり得ないものである。世界観的な転向として、唯物論から仏教への道が多くあげられているのだが、それは転向ではなく、マルクス主義の哲学的部分における空白を自覚したまでである」（「現代思想と仏教の立場」）とかたっている。この「マルクス主義の哲学的部分における空白」というものが、そのまま、あらゆる場合にあてはまるとは考えられないが、少くとも「反宗教斗争」にあらわれたような、日本の初期マルキシズムの理解には、かなり顕著にあらわれた現象であろう。転向にあたって、もっともはばの広い精神的姿勢をもったグループ「日本浪曼派」は、日本の思想的近代化について、今日にいたるまで数々の問題を提起している。それは、「民族の問題」であり、「文学における倫理の問題」であり、「思想における感性の問題」であり、「西洋に対する東洋の問題」である。（鶴見俊輔「転向」、山領健二担当稿）すべてこれらは、「空白」の内容をみたすべき重要な項目にちがいない。さきにあげた人間不在の問題もおなじである。これらの諸問題がマルキシズムの発展のうえに、きわめて重要なものであるにもかかわらず、かかる方向においてではなく、マルキシズムからの絶縁、あるいは後退、ないしはそれへの裏切りという方向において提起されたところに、権力によって設定された状況の特殊性があった。

三・一五事件で検挙され、もっとも早い二九年（昭和四）に転向した小林杜人（小野陽一）は、「現代仏教」（昭和七・二）にもその手記をよせているが、動機の主因は父母兄弟の惻々たる愛情への申訳のなさであり、その実感と結びついた他力念仏の真宗信仰である。彼の「清算と方向転換」の過程に教誨師が大きな役割を演じたことは偽装演出でなく、手記（「共産党を脱するまで」）にかたられている。転向者のあいだで、宗教の再発見が「空白」をうめるものとして作用している場合には、真宗信仰が圧倒的に多く、禅宗などは田中清玄ぐらいでほとんどみあたらない。それには教誨師の大半が真宗僧侶でしめられていたという外的理由と、もう一つの内的理由は、親鸞の思想の人間的な特殊性によるものであり、それを感情的論理としてとりあつかってきた真宗教学にもとめられるであろう。小林はその後、転向促進と転向者の思想的・社会的「救済」を目的とする「帝国更新会」の主事として献身的（党につくしたと同じように）にはたらくが、小林のとった転向後のこのコースは、仏教々団、とくに真宗教団がとった思想教化対策と軌を一にするものだった。このいわば定型のなかでの仏教については、ここでは省略しておこう。その理由は、かかる宗教への回帰が多く「反宗教運動」以前の感性の世界でおこなわれており、それだけに仏教の近代化に寄与する示唆が乏しいからである。それと比較して、権力の強制力をはねかえした非転向か、転向形態としてはきびしい抵抗のなかで、マルキシストとしての信条を貫いた政治的転向、あるいは偽装転向といわれるケースにみられる「仏教の再発見」のほうが、はるかに重大な示唆をふくんでいる。かかる数少い例として、河上肇・尾崎秀実・林田茂雄、それにコンミュニストの獄中思索ではないが三木清のばあいも逸しがたいであろう。

河上肇は、獄中でマルキシズムの真理性を否定することなしに、宗教の真理性を科学的真理性とともに「車の両輪のごとく」認めた、近代思想史上特異な存在である。彼が「反宗教運動」に内在的な批判を表明したことはまえにのべたが、その批判を説明してつぎのようにいう。

「凡そ人間の頭脳の中に生まれた思想は、どんなものであるにしろ、それはどこかに認識上の根拠を有っており、地盤を有っている。レーニンが言っているように、『坊主主義は疑いもなく、一つのむだ花である。』しかしどんなむだ花にも根はある。『それは生き生きとした、実り多き、力に充ちた、客観的な、人間の認識の生きた樹に咲き出た一つのむだ花なのである。』今までの反宗教論には、こうした点の説明が欠けている。——宗教にあっては、科学と違って、九年面壁がその本領であり、真理把握の方法である。それは人間を現実の物質世界——外界から引離して其の内的世界に沈潜せしむることを、本来の職分としている。科学的な研究なら、刑務所のような所では先ず不可能だが、宗教的な思索なら、刑務所は修道院に次いで適当な場所だと云へるだろう」（「自叙伝」Ⅳ）

この宗教的真理の把握方法について、別の個所で、それが「主客の対立を超越して……意識作用を直接に、意識自体の上に跳ね返す」「回光返照」によるものであることをあきらかにしているが、この思索論理は大乗仏教の基本論理であり、それが獄中でマルクス主義者であることを逆にダイナミックに支えたのである。刑務所を修道院につぐよき場所と考えるのは、まさに権力の強制力に対して、「随所作主」立場を発見することである。かかる仏教はもはや教団的存在としてのそれではなく、もっとも自由な相においてある「離言」的真理といわねばならない。否定さるべきイデオロギーの宗教とは別に存在するところの宗教的真理である。彼はこの真理を確認して「私は……一定の真理が既成宗教の中核に――之に粘着するところの種々雑多な挾雑物によって十重二十重に覆はれながら――存在することを主張するマルクス主義者として、自己を規定する。私はこれが思想方面における私の特殊性であると自負している」(『自叙伝』V)といった。

河上肇はマルクス主義者として自覚するまえに、明治の社会主義者の多くがそうであったように、聖書をたずね、さらに伊藤証信の「無我愛運動」に、無類の真摯さと全力傾注主義の生き方で投じ、かつ、それを飛び出たことは周知の事実である。したがって彼の宗教、とくに仏教の認識は獄中にはじまったのではなく、すでに古く彼の思想と人格の基底に存在していた。「貧乏物語」の書評で櫛田民蔵が「鬼言魔語の之れ無き代りに禅話道話は書中に充つ」と記したのはかかる点を指したものであろうが、その意味で彼の思想は、反宗教運動とイデオロギーとしての宗教との両面をのりこえて、「日本人の思想的肉体の中身を生かしながら深いレベルで近代化する態度」(藤田省三、前掲「転向」)をうちだした。

河上のかかる立場につらなるいま一つのケースは、ゾルゲ事件に連座して一九四四年(昭和一九)一一月七日朝、処刑台に消えた尾崎秀実である。尾崎は中国についてのすぐれた深い造詣と知識で、近衛首相のブレーンとなり、その立場で得た日本政治の路線に関する情報をゾルゲに通じ処刑されたが、彼がコンミュニストであったことは、日本共産党に属しなかったことと、比類ない彼の柔軟性によって、取調べのすすむまでだれにも知られなかったといわれる。その彼は自由に活動していたときも、下獄してからも、彼のとった行動については「ひとりの人間として、非難するにたるおこないは、ちっともない。そればかりか、ただいちずに、おのが信ずるところに、殉ぜんとする気はくには、いにしえの志士仁人もかくやとしのばれて、ただ、あたまがさがるおもいであった」という裁判長（高田正）の言葉で推察することができる。彼も河上とおなじように、マルクス主義者となる以前、学生時代には参禅し、臨済の白隠禅の流れをくんだ。下獄してからの彼は、古今東西の読書に没頭するが、そのなかには仏書も多く、「碧巌録」は毎日一則づつ心読していた。彼は妻子にあてた獄中書翰のなかで、「僕はかえりみて、何故あの一高の時、禅門の扉を叩きながら内に没入しなかったのかと今更残念に思う。僕はその後ここに来るまで、唯物論者ともあろうものが、宗教など口にするのも恥ずべきだなどと考えていた。だがこれは間違いだった。民衆のための阿片の作用をする宗教とは別に、信念の浄化と、精神・意志の鍛煉の道としての宗教が存したのである」（昭一九・一〇・二〇）と述懐し、彼の宗教観をつぎのようにのべている。

「現実の人生を溌剌として生きつつ、しかも悠久なる宇宙の生命の裡に確乎たる生命を生きることが出来て始めて人生を完全に生きることが出来るといえるのです。有限の身をもって無限の中に生きんと欲する。その努力と欣求――熱情となって発するところ「宗教」が存するのです。私はかかる意味で宗教を尚びます。ここに私の宗教観があります。だから私は決して無宗教、無信仰人ではないのです。「宗教は阿片なり」ということはたしかに一面の真理です、如何に多くの善良な人々が宗教の名によって哀れにも毒され苦しめられていることか。だがしかしこれは宗教が無智と結びついた場合にのみ現われる現象に過ぎないので、罪は宗教にあるよりもむしろ無智の方にあるのです。僕のいう宗教はあらゆる叡智の上に立ち、更にそれに即してそれを超えたところにあるのです。——有限の世界に確乎として生きるものが、同時にまた無限の世界にも生きんとする場合の跳躍板の働きをなすものです。」（昭一九・七一七「愛情はふる星の如く」）

彼は、感性的にも、理性的にも、たしかに把握しうる死と直面して獄中に生き、処刑の年の夏にも、悠然たる最後を得るために、胃腸病の克服に努力した。しかも、「転向手記など書く気持は少しもありません」と報じている。彼は死をもって迫る権力の理不尽な強制に対しても、人間として最大の柔軟で強靱な抵抗を堅持したが、自分の生き方を「心は万境に随いて転ず、転ずる処実に能く幽なり。流れに随いて性を認得すれば、喜びもなく、亦憂いもなし」という禅語に見出していた。

彼はマルキシズムと宗教とが、ともにおちいりやすい教条主義を根底から否定し、もっとも自由な立場をかくとくして、東洋的な人間の基本精神を、現代の合理精神のなかへ跳躍させ、よみがえらせたといえるだろう。

非転向のマルクス主義者として、獄中で深く親鸞に傾倒したケースに林田茂雄がある。本講座（巻五）の「仏教と『転向の問題』」で、彼は、「君ぐらいによく仏教を研究し、親鸞聖人についてもそれだけの理解を得たものが、どうして転向できないのかねえ……」といった教誨師の言葉に対して「よく理解しているからこそ転向できないのだ」と答えたことを回想して、親鸞をどう読むかによって、転向するか、しないかが分れたのではなく「転向したかしなかったかの違いが、親鸞の読み方を分れさせたのである」とかいている。彼は、かつて親鸞が念仏の古典から、独自の他力信心の論理を、まったく自由な立場でひきだした事実—それはマルクスがヘーゲル哲学やスミスの経済理論から唯物史観を逆転的にひきだしたのとおなじように—を探求して、彼自身の親鸞に対する心読をひきだしてきたのである。宗教的真理が、実証的であるよりも、すぐれて体験的であるとすれば、林田の場合は河上の場合とはことなって、二重真理的把握ではなく、科学的真理と矛盾しない体験のなかで、一重の真理として把握しようとした。その意味で、林田の宗教的真理は親鸞に限定され、歎異抄の唯円の立場をもしりぞける。彼のかかる追求は獄中で強靱におこなわれ、戦後になって「親鸞」「親鸞をけがす歎異鈔」など一連の労作として発表され、三木―服部を通じる親鸞観とともに、人民の座からとらえられた、もう一つの新しい親鸞観を提出したが、それらの労作は宗教とマルキシズム、およびマルキシズムにおける人間の問題に、新しい次元で鍬をいれる道をひらいたものといえるであろう。

親鸞についての、また親鸞をすぐれた媒介とする仏教の真理についての、近代精神からのアプローチは、三木清において多産な要素をふくんで大戦末期の荒廃した精神状況で用意される。彼の「親鸞」は絶筆として戦後早々（一九四六・一）に発表された「未定稿」である。唐木順三によると、拘置所では執筆禁止だから疎開先でかかれたとおもわれるもので、「体験的なものを多分に含んだ貴重な記録」である。彼は生涯において治安維持法による二度の受難を経験した。一九三〇年（昭和五）と四五年（昭和二〇）であるが、二度目の受難は、脱獄のタカクラ・テルをかくまったことが直接の動機となって三月二八日検挙、敗戦直後の九月二六日混迷とどん底の牢獄が彼の生命をうばってしまった。彼はマルクス主義の誠実な理解者として、観念論哲学の基礎のうえに、日本人の思考を近代化しようと努力したはば広いすぐれた思想家であった。彼の政治に対する姿勢はつねに柔軟で、絶望の段階にも、それをのりこえる構想力を、またその論理を発掘しようとした。新体制段階における近衛文麿を象徴的主軸とした「昭和研究会」での活動、「東亜協同体」理論はその好例だったが、現実を転換させる力としては挫折した。「主体的という言葉はいつのまにか我が国の哲学の通常の語彙のうちに入ってしまった。……しかるに主体的という言葉が普遍化した今日、果して我々は実際に主体的な哲学に出会うだろうか。」（「哲学ノート」）と問うているが、このような出合いをもとめる姿勢の基盤には、マルキシズムとは別に彼の宗教への傾斜が、幼いときから培われていた。彼の告白的な記録によると、真宗の家に育ち、いつの間にか「正信偈」や「御文章」をきき覚え、青年時代にもっとも心を惹かれたのは「歎異鈔」であった。この一書は後までも彼の「枕頭の書」になっており、「最近（昭一七ごろ）の禅の流行にも拘らず、私にはやはりこの平民的な浄土真宗がありがたい。恐らく私はその信仰によって死んでいくのではないかと思う」（「我が青春」）と述懐している。

彼はかかる一面の基調をもって反宗教運動に対面し、社会的原因に由来する宗教問題が社会的に解決されることを指摘した「マルクス主義の偉大な功績」を認めたうえで「私は芸術がそうであると見られているように、階級なき社会にあっては、宗教もそれに応じて全く新しい形態をとるであろう。しかしそのときにも宗教はある」（「宗教斗争と階級斗争」中外、昭和五・一一・二三）といい、論争をひきおこしたことはすでに一言したが、じらい十数年、左派リベラリストであった彼にとって、ひときわはげしい疾風と怒濤のなかでこの宗教観は変化しなかった。言論報国会にも加らず、ファシズムの暴流に柔軟な抵抗をくりかえした彼も、一九四三年（昭和一八）には、魚津郁夫が「転向」研究でいったようにマニラへ従軍をしいられ、心にもない「踏絵」の論稿（「比島人の東洋的性格」）をかかされたが、その時分には「戦争の成り行きに絶望して、ペンを折る」（久野収「足跡」）覚悟もきめていたらしい。このような状況のなかで、強制力からも自由で、発表舞台からも遠ざかった「親鸞」が、彼みずからを内省する姿勢をこめて起筆されたのである。

三木は「親鸞の思想は深い体験によって滲透されている」と冒頭し、彼の心をうつものが、親鸞の体験からあふれでた「抒情の不思議な魅力であり」「内面性の深さ」であるとかたったうえで、「機の自覚」をとおして、生涯彼が探求の基底においた「人間」、それも「全体的な我れ」を追求する。したがってその視点は「機の歴史性」へ展開し、親鸞の末法体験を軸として「正像末の教説は、単に時代に対する批判であるのみではなく、むしろ何よりも自己自身に対する厳しい批判を意味した。批判されているのは自己の外部、自己の周囲ではなく、却って自己自身である。……すなわち彼（親鸞）は時代において自己を自覚し、自己において時代を自覚したのである」といった。かかる姿勢は、戦前のマルキシズムにとくに多く指摘された人間不在の盲点を克服しようとするものであった。彼の「親鸞」はさらに、兕術性の否定から、真俗二諦の関係を、新しい角度で追求し、「仏法があるによって世間の道も出てくるのである」と結ばれたが、その世間の道が、かつて「獄中手記」（第一回検挙のとき）にかいたように「宗教はすべて現実を逃避して彼岸の世界を求めるのではない。むしろ現実に対する熱烈な斗争をも宗教は要求しているのである」という現実的転換を可能とした歴史の現実をみることとなくして、彼の思索も行動も中絶されたのであった。三木のこの未定稿からは、護国思想の存否を再検して、服部之総の「親鸞ノート」が、ブルジョア民主主義のおとずれのなかでやがてうみだされる。その服部は三木の哲学的思索のコースにあらわれた「夏至から冬至への旅」に注目し、夏至点にマルキシズムを、冬至点に親鸞をおいたが、この比喩が意味したはげしい季節のうつりかわりのなかで、日本人の仏教は近代精神との出会いを深めたのである。

4　信仰と思想への圧迫

国体明徴と日本精神を象徴とした軍国主義＝ファシズムは、天皇崇拝を精神的機軸とした国家神道にうらずけられて、独占資本の支配形態として必要以上に、類似宗教的な性格を濃厚にもっていた。したがってその発達の初期から、日本民族の伝統に異質のキリスト教に対してはもちろん、国民生活に体化されてきた仏教に対しても彼岸主義で、隠遁的だ、したがって民族の発展にもはや何の寄与もなしえない葬式仏教にすぎないという非難をつよくもっていた。かかる批判はファシズムの理論から生れたというよりは、むしろ、それ以前に近代化の立場から広くさけばれてきたものである。ファシズムはその点を有効に利用しつつ、偏狭な宗教的性格のイデオロギーをつくりあげ、仏教もその他の宗教も、それに従属させるという強行方針をいだいていた。ことに日本の天皇崇拝と、神道が呪術的性格を伝統的にもつところから、それとあいいれぬ非呪術的性格をもった真宗や、独自の世俗批判を教義の根底にたたえた日蓮宗に対してとくに圧迫的に作用したが、一般に、聖俗の領域を分別する宗教の基本原理を否認し、「天皇か、キリストか」「天皇か阿弥陀仏か」「天皇か、日蓮か」といったような、非宗教的発想に強圧され、抵抗すれば棄教を迫られるという状況におちいったのである。

真宗においては、宗祖親鸞の信仰と思想が弥陀一仏以外には諸神諸仏の宗教的存在を必要とせず、かつ、呪術一般に対してもつよく否定的であったために、伝統的教義も神祇不拝の態度をのこしていた。したがって、軍国主義的ファシズムが神宮大麻を全国民に強制する方針をとるにおよんで、矛盾は明白なものとなった。一九三四年（昭和九）ころには、真宗教学の立場からこの圧力に対して、「神社は国の経営なり。国は宗教を直営するを得ず、故に神社は宗教に亙るを得ず。国若し宗教を直営せば、他宗教の圧迫となる。宗教圧迫は憲法の蹂躙なればなり。神社は国民一般の崇敬の対象たるを要す。宗教味を帯ぶれば崇敬の普遍性を失う。故に神社の尊厳は非宗教たるを要す。」（「現在の神社問題」）という、明治憲法の原則にのっとった反論があらわれ、緊張が深まった。一〇派は連合して「神社調査会」を設け、対策を討議した結果、「時節柄非国民よばわりされる」ことをおそれ、「大麻を受けざるを本義とす」という宗憲をあらためて、「大麻の受否は各人の随意たるべし」という結論に達した。（玉置韶晃「大麻受否の問題」現代仏教、昭和九・二）この決定は、信仰の本質をまもるという共通のひろばにたった抵抗をよびさます以前に、その核心を解体するものであった。かくして四〇年代には、本願寺も大麻の奉祀をしいられ、さらに親鸞の主著であり、立宗開教の聖典といわれる「教行信証」後序の一文から「主上臣下背法違義」という一文の「主上」の二字を抹消するにいたった。日蓮宗においても、一九四一年（昭和一六）には、日蓮遺文から「僅かの小島の王」とか「腹あしき王」という、崇峻天皇を評した部分を削除することと、本尊曼荼羅中の「天照皇太神」を題目の下に書く形式を不敬として改正をせまられている。これに対して日蓮宗の諸教団は屈服し、抵抗したのはわずかに法華宗だけだった。もちろん教団幹部は一斉に検挙され、日蓮の法難をしのんで「公場対決」を叫び、大審院まで法廷斗争をつづけた（中濃教篤・壬生照順「信仰者の抵抗」）が、かかる事例は仏教界においては例外的な現象であった。このような抵抗が信徒の生活のなかでうけとめられ、ヨーロッパ諸国における反ファショ・レジスタンスのように成長しなかった理由の主体的な一半は、仏教とその教団が絶対主義権力と癒着し、そのために近代化を疎外され、国民生活とかなり長期にわたって遊離してきた点にもとめるほかはないであろう。

かかる本質をもっとも明確にしたものは太平洋戦争であった。その開幕をつげる四一年（昭和一六）には、多分に禅的な仏教用語をおりまぜて「戦陣訓」が公布され、仏教界は「日本人の信と行とは、国体への仰信と、それに伴う実践にある。矢はすでに弦を離れた」という認識にたってコンプレックス的な自己防衛意識から、はげしい戦争礼讃と平和恐怖にずりおちていった。とくに禅宗は、西田幾多郎が「禅の流行と共に、奇々怪々のもの多く」(久松真一宛書簡、四・一八)と評したように、「十二月八日の釈尊成道の日に、布哇の大勝があり、釈尊涅槃会の二月十五日には新嘉坡の陥落があった。このように月日があうだけでも大東亜戦争と禅の関係がある。大東亜戦争を勝ち抜くためには、どうしてもこの禅を活用せねばならぬ」(石黒法竜「大東亜戦争と禅」)という新興宗教そこのけの効用説から、「敢斗精神は禅である。『八風吹けども動ぜず天辺の月』これは禅的境地を明示した句であるが、思想謀略も跳ねかえす必勝の信念は、禅によるのが最も捷径であり又確実である」(峯尾宗悦「必勝の信念」と禅)という思想的懐疑を防遏しようとする効用説にいたるまで枚挙にいとまなく、杉本中佐の遺著「大義」や善波周の「弾巣」といった戦死者の戦争の本質にせまらぬ体験記が、提唱の講本とされ宣伝されたのである。もちろんかかる思索放棄の傾向は各宗に共通していた。ことに明治の精神主義運動の若い担い手であった暁烏敏の「十二月八日に米英に対し宣戦が布告され……俄かに日本中が明るくなった……戦争が始まったと云うて、浮き浮きして喜んでいられるのは、不思議な位です」という述懐、この戦争に対する人間的姿勢の崩壊から、浄土教の本質を無視した「西方の浄土がそのまま日本のお国」という混乱、したがって「仏になられた釈尊のすがたの上に、英米に対して戦を宣して立ちあがった日本帝国の雄姿を発見し、合掌恭敬の念を禁ずることが出来ない」(「臣民の道」)という感激は、倉田百三が「日本民族の神話への尊崇と愛護の感情を、持って居ないものがあるとすれば、それは転向者と云うに価しない」と前おきして、三木清が「八紘一宇とか祭政一致とか云う理念は……思想と云うに価しない。思想の名に価するのは、如何にしてこの根本思想を達成すべきかの具体的理論である」と批判したのに対し、「神話的理念を神棚の上にかたずけて置いて、いわゆる思想の名に価いする理論的研究をされてはたまらない」(「日本神話への帰依」）と糺弾する姿とともに、仏教的叡智とよんできたものの跪さが、あまりにも痛々しく暴露されたといわねばならない。そこには知性の崩壊と思想の放棄だけではなく、人間的感情の摩痺と疎外をもみないわけにはいかぬ。

かかる状況のなかでも、「自らを真実に解放し幸福にする戦いは、厳粛な意味において、敵をも解放し幸福にするような戦いでなくてはならぬ」その意味で「防衛と懺悔と解放とが、一戦につらなるような戦いこそ、聖戦の名に値する」（市川白弦「戦争・科学・禅」）という反省的思索や「仏徒が仏徒たる気魄を、全然喪失したのでは、大法の護持は思いも寄らぬこと」だ「時の流れや、社会の推移に眩惑し……きよときよとして居る醜態は何事なるぞ、日蓮の立正安国論、栄西の興禅護国、それは世間の解する意味とは雲泥の差である」と批判し、「仏教は自分の仏法であり、私一人で喜ぶ仏法である」（教学新聞、昭一八・八角張月峰）といったプロテストも、例外的にみられるが、それらの勇を鼓した言論も、社会的な反響をうむような条件をはるか以前にうばわれていた。それはプロレタリア文学が「生活の探求」（島木健作）のような私小説の方向に埋没していったよりも、力のないものにおわらざるをえなかった。

ファシズムは、皇国意識にめざめ戦争を謳歌することで、民衆の現実生活に密着したという錯覚を仏教者におこさせ、それが興起する以前よりも、はるかに仏教を民衆の生活とその心底の願いから背離させ、背法の極にまでおいやったのである。このような帰結は、近代化の課題を大正いらい自らの本質的な問題としてうけとめえなかった仏教自身の姿勢のなかに約束されていたといってよいであろう。

結章

第二次世界大戦は、世界人口の八〇%を戦争にまきこみ、二、二〇〇〇万の戦死者をだして、一九四五年（昭和二〇）八月一五日、日本の敗戦を最後に幕をとじた。わが国民の被害も、戦死者三〇〇万、戦火で家を失ったもの一、五〇〇万にのぼり、命をつないだひとびともほとんど栄養失調におちいった。「全体戦争《トータル・ワア》」とよばれた大戦の特徴は、規模のうえだけでなく、広島・長崎に対する原爆使用、都市の無差別空襲、ファッショ軍隊による被占領民族の大量虐殺（南京・アウシュヴィッツなど）のために、無数の非戦闘員が、史上比類をみない非人間的なテロリズムにたおれたことにもあった。

被害と惨虐さにおいて第二次大戦は、これまでの戦争概念を絶していただけでなく、その性格の複雑さにおいても類いをみないものであった。枢軸国と反枢軸国との間の帝国主義戦争として勃発したこの大戦が、ファシズム軍隊の占領地域で民族防衛のレジスタンス闘争をよびおこし、さらにソヴェトの参戦と植民地における独立闘争の発展によって、「生命・自由・独立・宗教的自由を擁護し、自国のみならず他国においても人権および正義を保持する」（一九四二、連合国共同宣言）ための防衛＝解放戦争という矛盾する性格をもうみだした。この事実は、戦後復興と平和維持にも大きな影響をのこし、中国革命の成功、東欧諸国の社会主義的建設、アジヤ・アフリカ諸民族の独立、さらに原水爆の発達による人類全滅の危険とあいまって、世界政治の条件を根底から変化させ、恒久平和と人間の自由を最終的に確立しようとする現実性をもった理想をうみだしてくる。「軍備全廃」と「平和共存」の提案はこの理想と現実のダイナミックな交点にたつ、歴史的に未曽有の世界政策ということができるであろう。

しかし、その反面では、国際的発達をとげた巨大な独占資本は軍事＝産業複合体制（military-industrial complex）をおしすすめ、敗戦国を前哨基地とする、対社会主義国家群への包囲戦略をとり、ソ連・中国はこれに対抗する体制を樹立し、そのため核戦争の脅威は解消せず、従属地帯における諸国民の自由と独立は確立しているとはいえない。いっぽう、植民地では戦前の支配力は後退して多数の独立国家を誕生させ、中立勢力をつくりだした。これらの諸国民に共通する課題は、後進性の克服とブルジョア民主主義の実現であり、強力なナショナリズムがその支柱となっている。

このような歴史的変化は、現代の精神状況に複雑な問題をよびおこしてきた。その一つは、国家権威の失墜と民族主義の台頭である。前者は資本主義の先進地域に共通してたかまり、後者は近代化に邁進している後進地域で強力にみられる。この国家と民族の問題は、深刻な矛盾として資本主義社会にあらわれているが、もう一つの問題は、発達したその経済機構から生みだされる人間の「自己疎外」の問題である。疎外については、マルキシズムや実存主義の立場から論じられているので、ここでは省略するほかはないが、ただ、かかる問題が理論的問題にとどまらず、現代人の生活の問題として、広い層のひとびとに実感的に提起されてきているということであり、道徳・教育・宗教の領域で基本的な問題となってきたことは指摘せねばならない。しかも、「疎外」を拡大生産する社会構造のなかで疎外の克服は果して可能か、という基本的課題をふくんでいる。以上にのべた諸問題は、古い軍国主義から解放されたとはいえ、ブルジョア民主主義確立の後進的課題と、独占化した資本主義体制がうみだす矛盾の解決、完全な民族独立の獲得といった課題を、戦後に重畳して背負った日本国民にとっても、深刻かつ重大なものとなった。戦後の宗教と仏教について考える場合、これらの諸条件と諸問題は見忘れられてはならないものであろう。

敗戦によってポツダム宣言を受諾した日本は民主化の道をとることとなった。戦前・戦中にかけ、天皇制ファシズムによって強圧され、破壊されてきたブルジョア民主主義の基本的自由は、より進んだ形態において復活、促進されねばならなかった。それは「蹶起せる世界の自由なる人民」（ポツダム宣言）によってささえられた解放的性格の要請であり、外部強制という条件がつよく働いていたことは否定できない。国民の大多数は、戦争の恐怖と苦難から解放されたことを心底ではよろこびながらも、「相当の時間を経て、はじめて霧の晴れるような感じ」でしかうけとることができなかった。敗戦直後の指導者たちはこの精神状況を利用して「一億総懺悔」を叫び、旧態依然たる天皇制の護持に専念したが、占領軍は、日本軍隊の解体をはじめ、四五年（昭和二〇）一〇月から民主化の基本措置をあいついで指令し、翌四六年一一月、「新憲法」が公布された。この間の変動は激しく、半封建的・絶対主義的天皇制の基本体制を、ブルジョア民主主義の原則にたつ象徴的天皇制に変更するものであった。戦前・戦中の指導層は自信を喪失しながらも、かかる変化に抵抗を感じ、その実行をしぶる態度をみせ、政界はじめ各界における戦犯と戦時指導者の責任が追求され、公職からの追放が指令された。他方、一九四五年一〇月には、非転向共産主義者をはじめ、政治犯・思想犯が治安維持法の廃止とともに釈放され、民主主義人民戦線の結成も提唱されはじめたし、労働組合の結成も急激に拡大されて、わずか一年足らずの間に一二、六〇〇組合、三六八万を組織するにいたった。それは軍国主義的ファシズムがいかに無暴な圧政を強いていたかを逆説的にものがたるものである。かかる状況のなかで、新しい政党結成もその活動がはじまり、政治的理念はかっぱつに論じられたが、経済面では軍国主義体制を利用して国民の批判を封じ、無制限な利潤の搾取をほしいままにできた軍事生産の破局と財閥解体指令によって、独占資本をはじめ資本家の間に復興生産サボタージュがつよまり、全般的な生産意欲の動揺とあいまって、国民生活は深刻な物資不足とはげしいインフレーションになやみ、道徳的退廃をもよびおこすにいたった。

民主化の施策をいそぐ反面には、もう一つ別個の戦略的意図がはたらいていた。すでにヨーロッパ戦線が連合国側の勝利に帰したとき、平和の回復を祝福して歓呼したモスクワ市民の姿をみた駐ソ米大使ケナンが「かれらは戦争が終ったと思っている。古い戦争はたしかに終った。しかし新しい戦争が今日から始まるのだ」とつぶやいたというエピソードはこの間の消息を端的にかたっている。日本に対する原爆攻撃に秘せられた真の意図は四六年（昭和二一）ビキニ環礁の原爆実験であらわなものとなり、チャーチルの「鉄のカーテン」演説、翌四七年トルーマンの「封じ込み作戦」宣言によって、「新しい戦争」は「冷い戦争」として、深刻な開幕を告げはじめたのである。この時点から、対日占領政策は極東委員会の一致をえられぬまま、「アメリカの政策にしたがって」、初期の民主化方針は急角度に転換し、民主化そのものに矛盾する諸政策が、二・一スト中止指令を発端に展開されはじめたが、この転換は日本国民のあいだにようやく自覚され、定着しはじめた民主化の理念および実践と深い撞着を生じ、従属化からかもしだされる民族的反撥感情とあいまって、「解放」の感覚は急激に喪失しはじめた。この方向は、四九年（昭和二四）にいたって、中華人民共和国の成立に刺戟され、翌五〇年朝鮮戦争の開始によって、再軍備が実施にうつされ、さらに追放解除、労働運動に対するレッド・パージーなどによって民主化の道は大巾に抑圧された。五二年（昭和二七）にはソ連はもちろん、中立主義に立つインドも参加を拒んだサンフランシスコ平和条約が米国および西欧諸国とのあいだに締結され、占領軍政は終りをつげた。しかし、日米安全保障条約は日本の軍事基地化を恒久化し、中・ソ両国への包囲体制を強化したので、社会主義諸国も中・ソ同盟をもって対抗し、水爆実験の成功とあいまって再び平和の脅威は増大してきたのである。五四年（昭和二九）結成された「原水爆禁止協議会」をはじめとする日本の平和運動が、民主＝解放の理想を内面に吸収しながら、国民の広い層にひろがり、さらに海外にまで拡大していった必然性と基盤とはかかる歴史的状況のなかにみいだされるのである。

このような戦後状勢の推移を背景として、宗教界と仏教界の変化を概観し、問題点と課題を指摘して、予定の紙幅をはるかにこえた拙稿をとじたい。

戦後の変革にあたって、宗教界、とくに仏教界は、対応の方途を見失った典型的な領域の一つであろう。それは戦前のあり方が政治権力と抱合することで維持されてきた宗派教団を骨格としていたからであるが、宗教界全般にわたって、反応はおそろしく鈍いものであった。それには日本近代史における宗教の役割が浮きあがっていたことに基本的原因があるだろう。敗戦の翌年におこなわれた世論調査では、信仰をもつもの、三九・四％、信じないもの、三二・四％、批判的なもの、二八・三％をしめしており、絶対主義体制下に強調されてきた精神主義の鼓吹をふりかえるならば、意外に低いといわねばならない。（佐木秋夫、「戦後宗教変動と問題の進展」日本宗教史講座）しかも、それらの信仰層は圧倒的に農村と都市の中間市民層に多いが、それは小所有者意識がつよく、家族制度が比較的に安定していた階層である。これらの状況をまず考慮にいれて、戦後民主化の措置が宗教界と仏教界に、どのような影響と変化をもたらしたかをふりかえってみよう。

民主化措置のうち、宗教界に直接的関係をもつものをあげれば、「神道指令」、「天皇の人間宣言」、憲法の「政教分離」「信教自由」の完全保障、および封建的家族制度の否認と「農地改革」の指令である。「神道指令」は、神道が「戦争犯罪・敗北・苦悩・困窮及び現在の悲惨の状態を招来せるイデオロギー」をもち、「日本国民を欺き侵略戦争へ誘導するために意図された軍国主義的並びに過激なる国家主義的宣伝に利用」されたことを指摘して、かかる点を教義・祭式から削除し、国家と特殊な関係をもたぬ一宗教として存在すべきことを命じたものので、必然的に「天皇の人間宣言」(四六・一)を必要とするものであった。宣言は「朕と爾等国民との間の紐帯は終始相互の信頼と敬愛に依りて結ばれ、単なる神話と伝説とに依りて生ぜるものに非ず。天皇を以て現御神とし、且日本国民を以て他の民族に優越せる民族にして、延て世界を支配すべき運命を有するとの架空なる観念に基くものにも非ず」とのべ、擬制宗教の象徴から世俗的象徴へ転化する姿勢をうちだしていた。これは日本人の宗教=道徳的感情を根底からゆすぶるものであったが、国民のあいだにも自覚されはじめると同時に、海外では中・ソ両国はもちろん欧米諸国民のあいだにもたかまっていた天皇に対する戦争責任の追求を回避し、何らかのかたちで天皇制を存続させるための措置として、総司令部が強硬に要求したものであった。この方向は新憲法において、象徴としての天皇と主権在民の規定によって法制化された。

かくて、近代国家の基本原則の一つである「政教分離」と「信教自由」の完全な保障は、憲法・教育基本法・宗教法人法の原則として採用されたが、それは絶対主義体制下で、政府の公認を有力な支柱としてきた仏教々団に、大きな不安と困惑とを与えた。それと同時に実施された「農地改革」は、「日本農民を数世紀におよぶ封建的抑圧のもとにおいてきた経済的束縛を破壊する」ことと、「過度の農業人口をかかえた日本農業の零細性を打破」することを目的とするところから、とうぜん仏教々団の経済的基盤にも深刻な影響をあたえたものである。このような目的をかかげたにもかかわらず、改革は対象が山林・原野におよぼされなかったこと、地主層の抵抗によって完全な解放が実現されなかったこと、解放された小作農も小所有者意識のつよい自作農へ転化するだけで、日本農業の構造的欠陥を克服するような姿勢をうみださせなかったことなど、数々の点において批判されるが、しかし、明治以来、近代化の防波堤として作用してきた「寄生地主制」が崩壊したことはたしかであり、そのかぎりにおいて、仏教々団は、直接的には寄生地主としての特権を失い、間接的には農村の意識変化によって、根深い打撃をこうむったと考えなくてはならない。しかも、復興経済の進展にともなう工業と農業の跛行性は、農村経済の困難を加重させ、「農業基本法」をうみださねばならぬ体質改造の要請のもとで、農村寺院は半数以上が、兼業寺院化する状況となり、古い仏教々団の経済的生命力をいちじるしく弱化させる原因となった。さらにこの傾向を助長したものは、憲法・民法に規定された封建的家族関係の否認である。封建的家族制度は、とくに仏教信仰の基盤となっていた農村及び都市中間層に比較的つよく維持されていただけに影響は甚大であった。絶対主義体制のもとで、神道が「国」の宗教であったとすれば、仏教は「家」の宗教として自任してきた。その「家」が制度的にも崩壊しはじめたからである。「信教の自由」が個人を単位とした市民的基本人権に属するかぎり、宗教は「個人の良心の私事」である。したがって信じる自由も、信じない自由も、いずれも個人の良心の確認をへたものでなければならない。仏教はこの点において、「制度的宗教」(iustitutional religion)から「個人的宗教」(personal religion)への転換を迫られることになったが、かかる体質改造の準備は体制もたれの姿勢のために大正時代から叫ばれてきたにも拘らず、放置されてきたといわなければならない。

土台からの客観的なかかる変化は、仏教の主体的条件をきわめて困難なものとしたし、それをつきやぶるためには、自己の体質改造を日程に上し、教団機構と組織とを根底から再検討することが必要であった。少くとも、その点は教団の青年層を中心として、一部では強力な「改革運動」が「民主化運動」として、一九四七年(昭和二〇）ごろから提起され、たかまりもみせたが、宗団外の民主化運動と国民生活の共通の場で結合することにじゅうぶん成功しなかった。そのために重要な課題を提起したにとどまって、一般的には占領政策の転換、「逆コース」の風潮のなかで、ふたたび、体制もたれの幻覚のうちに教団を埋没させてしまった。改革派はむしろ教団外の自由な立場をつくりあげて、新しい宗教の姿勢を、平和と民主主義をまもる国民的運動のなかで検証する方向をとったが、それは民主化運動そのものにもふくまれていた盲点でもあったことを指摘しておきたい。しかし、この体制もたれの保守性を根底からゆすぶったのは自由なる条件をえた新興宗教であった。

戦後の新しい条件は、宗教界では、国際的背景をもったキリスト教の進出（とくにカトリックは反共的政治意図とつよく結びついて進出した）、新興宗教の簇生と復活をよびおこし、戦時統制下に統合された教団の分立をも促進した。一九四五年の抱括団体数四四であったが、四九年には四二七（うち分派一九五、新設一九五）をかぞえ、「神々のラッシュ・アワー」とよばれる状況を現出したのである。しかし、その多くは大正末期から昭和初期にかけて誕生した新興宗教の復活・分派であった。仏教もこの趨勢のなかで、一三宗五六派（戦中二八派）から一六二派（一九五〇年宗教年鑑）にまで分派した。この分派が、新興宗教のそれに比較して、生産的性格を欠如していたことも忘れてはならない。新興宗教の台頭は、それをうながすだけの矛盾と不安が、一九二〇年代にもまして深刻化し、スケールも拡大したことをものがたるが、他面において、大本教に典型的にみられるように、権力に対する抵抗の姿勢を基盤にもっていたことと、個人の生き方における不安と動揺と絶望を直接の媒介としたこと、それに共通して呪術的ではあったが現実性をつよくもったことなどをあげねばならない。さらに戦後の著しい特徴として指摘したいのは、国民の生活組織が崩壊し、新しいものを生みださねばならぬ過程において、労働組合などの組織は、広く職場に誕生したが、家族は深刻な動揺のうちに放置され、農村や都市中間層、とくに中小企業自営者は、大資本の圧迫のなかで、存否の不安にかられたまま、協同化が容易に成功していかないという「無組織状態」におちいり、ここにいわば無組織の「真空地帯」が広汎に出現してきたである。これらの地帯の住民は大半が古い仏教の檀信徒であった。したがって仏教系から成立した新興宗教、「立正佼正会」「創価学会」などはこの伝統的基盤に、「折伏」などの個人的回心を媒介として、勢力的な布教をおしすすめ、数十万から数百万世帯と呼号する信徒を獲得したが、その成長の原因は「法座」などの形式による生活の組織化に重点をおいたからであった。もちろんかかる組織化が、現代の深刻な疎外と不安の条件を克服しうるか、否かははなはだ疑問であるが、新興宗教に共通する比較的柔軟な姿勢と抵抗的感覚とは今後においてもなお前進の余地をのこしているであろう。ことにこれらの組織待望感に民主的・平和的思想と団体が有力にこたええない場合、新しいファシズムの温床となることは第一次大戦後のドイツや日本においてじゅうぶんに経験された事実である。

今日の社会において宗教的要求は、このような新興宗教を台頭させる層だけにとどまらず、もっと広い層にまで存在していることはたしかである。既成教団がこの要求にこたえうるという期待は、戦前においてすでにすてさられていた。しかし、「宗教的なもの」あるいは「真の宗教」という表現をとって、かかる要求が深く近代人の心の底にたもたれているという考えは、かって反宗教闘争によってはげしく批判され否定されたが、そののちに良心的マルキシストによって深刻な体験のなかで再発見されたことはすでにのべた。そのばあい、二重の真理説として、あるいは人間の自由をささえるものとして矛盾するところなく確認するという立場でかたられたが、日本においては民衆の生活から隔離された囹圄のなかで思索されたにすぎなかった。ところが、ヨーロッパにおいては事情が異っていた。ファシズムに対する抵抗《レジスタンス》の行動のなかでは、かかる見解と確信は、「神を信じる者」と「信じない者」の協力しあえる社会的・民族的広場をみいだし、人間の自由と尊厳と平和をまもり、うみだすための決意と行動のなかで検証されたのである。この貴重な経験は戦後社会において、宗教と政治との関係をはるかに異った高い次元にうつしたといえる。

しかし、「宗教的なもの」が、たとえば「宗教情操」として、教育の世界で強調され、「政教分離」の原則をふたたびあいまいなものにする政治的意図と結びつく危険も濃厚に存在するし、逆コース的な風潮をあおって、神道の失権回復、仏教々団の体制もたれの錯覚に利用され、「宗教を信じない自由」を無視し、否認する危険もまたつねに存在する。その意味で、現代は宗教的良心が人間の自由と民族の独立、世界の平和を確立する側にたつか、それを失うにいたるかの実践的試煉に当面しているといってよいであろう。大本教や日本山妙法寺のひとびとが、また自由な立場にたった宗教人が、戦中体験を反省してファシズムの復活とたたかい、平和運動のなかで宗教の近代化を確認する道をもとめている事実はその実例である。

仏教は今日、その体制においてなお近代化の課題を解決していない。宗教としての仏教が、宗教であることにふさわしい共同体をもつとするならば、それは何らかのかたちの教団としてあらわれるであろう。そうすれば、歴史的教団そのものの自己改造は何にもまして緊急の問題と考えられねばならない。しかし、その姿勢は、たんに現代社会の表相的特徴に適応するだけでじゅうぶんではない。もっとも大切なことは、人間社会の文化と文明に責任のある態度をとることでなければならぬ。ところが、日本の近代仏教史は、かかる責任性が喪失していたことを数々の事実でもって教えてくれるのである。現代文明の自己疎外的特質が、仏教に、とくに禅に多くの期待をよせ、世界的に注目されているといっても、かかる無責任性の克服なくしては、その期待にこたえることもできないであろう。

（森竜吉）

附記　結章は、紙幅をはるかにこえたために、きわめて簡単な叙述にとどまった。再治の機会にめぐまれるならば、重要な部分として詳論したいと考えている。

二十世紀の漢訳仏教圏

——日本とシナの仏教——

塚本善隆

一 日本仏教

シナ仏教は、自国の語文に飜訳せられた漢訳仏典の上に成立し、日本はその仏典とその仏教教学を日本語に訳さずに漢文のままで受用し成立した。そして共に「漢訳仏典の上に成立した大乗仏教」である所に共通点と誇とをもっている。が、同時に日本仏教の弱点もここに存する。特に西洋的知識と論理の中に生きなければならなくなった日本仏教の苦悩がここに存する。この二つの漢訳仏教が二十世紀にどのように対処したかを概観するのがこの稿である。

さて最近百年のアジア諸国は、ヨーロッパ（アメリカをも含めて）の経済力・軍事力の進攻をうけて苦しみ、目をさまされ、否応なしに、あるいは自ら進んでヨーロッパの思想とその文明を導入して、ヨーロッパ化すなわち近代化を急速に進めた時代であり、近代化のおくれた諸地域では、現下の緊急事として内からも外からも近代化が要請せられて、先進諸国を協力者或は指導者としてその推進が強力に行われている。日本はアジア諸国の間にあっては、近代化の先進国となった。極東の海岸に浸攻してきたヨーロッパ勢力が、日本の徳川封建制を動揺せしめ、復古国粋主義の思想感情を激発せしめ、両者相重って明治維新を導き、その明治維新の指導者となった人々が、断然ヨーロッパ化の新政策にふみきり、驚異すべき速度で近代化を推進して、アジアの先進強国となったことについては、今更ここに説明する必要はあるまい。そしてこのような急速な近代化の進行の中で、東洋的或は日本的伝統の旧いものが無用視せられたり、邪魔物あつかいをうけたりして、破壊されることが多いのもやむを得ぬことであろう。特に徳川幕府の封建制の組織の中に組入れられて、全国民の家々を何れかの寺院の檀家とし、各寺が檀家の上に君臨するかの如き檀那寺として封建制維持の為に片棒をかついで繁栄と安泰とを（同時にその内部に純真至烈な宗教的実践を稀薄にして行き、遊蕩や頽廃の風を僧界に吹きこんでいた。）つづけてきた仏教教団が、復古国粋主義の幕末明治維新の指導者層からにらまれ、更に彼等の急速な西洋化運動の高まりの中でいよいよ無用視・邪魔物視せられ、嫌悪すべき旧物の尤なるものとして破壊にまで進んだこともやむを得ぬ情勢であった。

いらぬもの　弓矢大小茶器の類、坊主山伏さてはお役者

という狂歌の読まれた社会に巻き起った廃仏毀釈の嵐――一〇六六の仏寺を廃し、二九六四人の僧を還俗せしめる法令（明治二年、一八六九）になった。比叡山下の坂本で、仏像・仏典・仏具の類を山とつんで破壊焼却して快哉を叫ぶ役人、神官、金を採取しようと紺紙金泥経をつみあげて焼くもの、山門前に大鳥居を立て、本堂のアミダ仏像を片づけて天御中主尊などの神を祭って海の幸をそなえて祭典をする東京増上寺の僧徒、なつかしい日本人の心のふるさとというべき五重塔を十五両で売りはらおうとする奈良の興福寺等々、今から顧れば常軌を逸したような混乱が到る所にまき起っていた。しかしこのような余りにも急激な廃仏毀釈には必ずしも人民がついて

行かなかった。従って廃仏毀釈は、長つづきしなかったし、逆にヨーロッパから学び伝えられてきた宗教尊重の風習や文化や、特に個人の信教自由の思想と制度によって鎮定せられた。

竜頭蛇尾に終った明治初期の廃仏毀釈は、眠ってきた仏教教団にとってこの上ないありがたい仏陀の大悲の恩寵であった。短期間にきびしく経験した受難は、心ある仏教徒を奮起せしめたし、西洋の科学的研究方法の導入によってかえって、神秘の雲上におしあげられがちであった仏教の教祖を始め宗祖となった人々の人間としての偉大さが明かにされてきたし、仏教哲学の深い意義や仏教が展開した各方面にわたる文化財の価値を知識人に再認識せしめた。国立大学に開設せられた印度哲学の講座は、少数ではあっても有力な新しい仏教人を養成したし、やがて各宗団が欧米におくり、あるいは国立大学に学ばしめた若い僧も、科学的知性にめざめた新しい仏教学徒となって、各宗団の指導者となり、各宗団も仏教専門の大学を設置し科学的研究方法をとり入れて宗門子弟を教育するようになった。

このようにして二〇世紀の初期、明治後期から大正・昭和にかけて、日本仏教宗団は新しい興隆期を迎えることができた。

徳川封建制の中に安定し固定してきた伝統的仏教諸宗が、明治維新前後の激動する社会にもまれ、かつきびしい排仏の受難時代を経過した後に、日本各方面の近代化に即応する体制を整えようと努力もし、脱皮もした点は少くなかった。しかしそれでも宗教に於ける伝統の力は極めて強い。宗団が復興し興隆することは、近代化する面よりも、伝統宗学の権力や形式が強化せられその拘束力が強くなる面の方が多いものである。二〇世紀仏教教団は、一応近代的外衣をつけながら、実質に於ては、依然として多くの前世紀の、もっと古い中世的なものを温存し、封建的な制度や慣習に拘束されながら存続しているのである。

いったい日本仏教は漢訳仏典とその上に成立したシナ仏教を伝えながら、これを日本人民の宗教として展開せしめたが、特に鎌倉時代に開創せられた法然・親鸞・日蓮等々の諸宗は、もはやインドやシナの仏教とは著しく実践も教義も変革した日本的仏教になっていた。それでもなお漢訳仏典を日本訳せずにそのまま聖典として用いたし、シナの祖師たちの著述が権威あるものとして論理的理性をこえて証拠として用いられていて、この点では依然として漢訳仏教圏内の仏教であり、日本語でよみかき語る日本人の宗教になりきれないものといってもよかろう。伝来以来一千四百年にもわたって、外国語の仏典をそのままで用いて日本語訳せず、意味がわからなくなってもシナ語仏典の日本式中古音読をつづけてきている日本仏教は、はたして真実に日本人の宗教になりきったかどうか疑問である。すっかり日本的宗教となって開創され普及したと自任する鎌倉以来の諸宗さえもが、シナ文の聖典や勤行式を日々音読しつづけ、これほど社会が変化して漢文が国民生活から離れてきている時代になっても、まだつづけているのは、第三者からは理解し難いことかも知れぬ。僧侶仏教から市民農民の仏教に開放せられたはずの法然・親鸞の仏教も日蓮の仏教も、その聖典は専門僧侶の手に握られたままで、日本語で語る一般人民に開放されずにきているのであって、いわば僧の独専独善の仏教がつづいているといってもよいのである。

本年、昭和三十六年は、法然上人七百五十年、親鸞上人七百年の遠忌とて、その本山のある京都は空前の大法要に参集した僧俗でごったがえす盛況を見た。誰しもこの法要を見ては、日本仏教はなお盛であると感じたに相違ない。しかしその盛大な儀式がほとんど漢文聖典を音読するものであって、一般参詣者にはまるで意味のわからぬもの、僧さえもが意味を解せずに声をそろえて暗誦し、うなっている体のものであった。（もっとも法要の一部に日本語化や近代音楽化の努力も行われていたが、それは全体としては細い流れであったにすぎない。それにしてもこれこそ現代に処し明日への進みをめざして自覚した教団人の尊い苦悩と努力の現われであると解してよいのだが。）もとより、徳川時代以来の大遠忌という厳粛な儀式であるから、漢文仏典による法要であってよいのだということもできるであろう。それにしても、同じく外来宗教であるが、キリスト教が日本語になった聖書と讃美歌と祈りとで行う宗教儀礼――従って日本人であるならば読みながら、歌いながら、聞きながら、多少でも理解を伴いうるキリスト教儀礼と甚しく異っているものである。言語は生きており成長し変化する。それに応じてキリスト教が日本語聖書の改訳現代訳に巨費を投じておしまぬ努力とあまりにも大きな相違である。あまりにも伝統の上に安坐している仏教――いな僧侶生活である。この大遠忌法要の莫大な費用の出資者の主流となった寺院檀家の家長（おおむね五十歳前後以上であろう）の人々、地方から集ってきた「善男善女」とよばれる檀信徒（これにも四十五十以上の人々が多い）の人々に、無上の荘厳な有難い法儀と感激し受容せられたのであるから、既成教団としての法要の目的は十分に達せられたに相違ないが、それにしても青壮年の近づかない、列席してもたいくつの中にしびれのきれる儀式であったことも否み難いであろう。いわんや未信者を新しく宗祖の教に導き入れるような魅力のあるものではなく、逆に傍観者・見物人として、更に冷やかな批判者とならしめたものも少くなかったことは、戦後に自由解放を満喫している現代人としては寧ろ当然でもあったであろう。

シナ語を、現代日本人がつかわぬ呉音でよむ仏教語は、どんどん現代人の言語生活の外に脱落して行って死語になったり、仏教本来の意味とは異った意味に転じていったりしている。特に終戦後は、漢字制限の政策がとられその教育が行われて来ているので、現代の若い世代はいよいよ仏典の漢字語彙からは縁遠いものとなっている。六千巻あるいは万巻をこえるような大蔵経や続蔵経の出版は、実に世界に誇るべき日本仏教界の大事業であり、その貢献も至大であった。しかしその漢文の大蔵経は、極めて少数の世界の東洋学研究者に仏教資料を公開したものであるが、現実の日本人、その僧侶さえもが、座右において日常に味読して精神生活のかてにせられる出版物ではない。それは大多数の日本人が読む力をもっていないシナ語漢字のぎっしりつまった読めない頁の連続している聖典である。恐らく現代日本人にとっては、英語よりもはるかに難読の、寧ろ全々読めない外国語の聖典であるといってもよいものである。仏教専門の各宗立大学に学ぶ若い僧侶學徒にも読み難い外国語仏典である。仏典を少数学者の研究用品にしたり、僧の中の少数者の専用品にしておくのならばそれでよいが、もし仏典を少くとも日本人民の宗教聖典とするには、今日では現代日本語で、したがって制限漢字内で書かれなければ用に立たないのである。

また徳川時代の大名がそれぞれの城におさまって、その領下の人民に絶対権を示して来たように、徳川時代の各宗はそれぞれの宗義《ドグマ》の城に籠り、その宗内にのみ絶対権威をもつけれども、他宗には通用せず、いわんや広く一般社会には通用せぬ用語や論理で固めた宗義に独善をきめて、いわゆる宗乗の精細をほこり、他宗に対しては宗論という第三者が笑う自己よがりの論戦をやってきていた。明治以来の西洋学の洗礼をうけた一部求道的学者の間には、すべての人々の知性に妥当する合理的な方法で、すべての人々に通用し得る仏教学、宗義学の組織をめざして、旧い宗学の改革や脱皮に真剣にとりくんだ人も続出していたが、それも十分に成果をあげずに、宗団の復興に伴う教権の確立によって、しばしば弾圧せられ追放せられて、逆に徳川時代の宗学の権威が復興してきていた。けれども徳川宗学の用語や論理で語られる宗学は、一般人に理解もされないのは勿論のこと、宗門の明日を荷うようにと宗門大学で教育せられている若い寺門子弟ですら、近代理性にめざめている限りは、受け入れられ難い、むしろビン笑したくなるものになってきている。浄土門で説いてきていた法蔵菩薩の五劫の思惟も、四十八願を成就する修行も、七宝荘厳の西方極楽浄土の建設も、そこへの死後の往生も、そのままでは、ロケットで宇宙を探るようになった時代の知性的な人々はもちろんのこと、テレビやラジオや映画や新聞・週刊誌などで、大量に、安易に、急速に近代化へ啓蒙せられている農村大衆をも納得せしめることは不可能になってきつつある。

大遠忌を契機として浄土門の諸宗が、その聖典や宗学の現代化にふみ出す努力を示しているし、浄土門以外の諸宗も、今やようやく真剣にこの問題に取組むようになってきた。しかしそれは可能であろうか。極めて困難であり、もしかすると不可能かも知れぬ。

いったい現在の日本仏教諸宗は、徳川時代に寺檀の関係で結ばれた寺（僧）と檀家との集合体である。長い徳川時代の間に、僧は何よりも檀家の死者の儀礼をつかさどることによって寺を運営して来たし、寺はその檀家の構成員の信教の自由を拘束して、寺檀関係をつづけさせてさえ来た。それぞれの時代の現に生きている人々の為に教を説いてきた各宗の宗祖たちは、その教を継承した門流が、死者の儀礼執行を主なる職業として寺の経営に苦慮するようになるとは、思いも及ばなかったであろう。しかし現実は、宗団を構成する寺の経営は死者の儀礼執行の上に主として行われている。檀家も自家の死者の儀礼を引うけてくれる所として寺と僧を考え、その意味で寺の維持経営に出資する慣習をつづけてきている。死者に読む経は日本語でなくてもよい。寧ろ咒術的神秘力を感じ得るシナ語仏典の音読の方が適当であるともいえよう。久しくこのような慣習の持続の上に成立してきている寺を、死者への儀礼の場から、生ける人々へ宗教を説く場に改変し、僧の生活を死者への奉仕者、せいぜい遺族への慰問者であることから、現代社会を生きぬく人々の為に生活力の根源を説いて共々に現代生活を明るく楽しく享受し行く方向に、いわば後ろ向きから前向きの仏教者に改変することは、なまやさしいことではない。否、不可能に近いことかも知れない。寺院経済が根底からゆすぶられるからである。けれども日本の現代人の多数が、仏教否定ではないが既成仏教諸宗へ、特に寺と僧への無関心を示し、あるいはもっと、寺、仏教、僧に対してしめっぽい、うす暗い陰気な亡魂にとりまかれているような嫌悪・軽蔑感・不快感を、漠然とではあるが、普ねくもつに至っている由来の一つが、「亡霊の住家、亡霊の慰安所、亡霊の為のわからぬシナ語仏典による儀礼場、そして現在の言語生活から脱落してしまっている言語や構想で現代人に納得できない仏教が説かれる寺院」にあることは、忘れてはならないことである。仏教教団が社会から落伍へ、そして衰滅へ、の道をふみ出していることになるからである。欧米文明にたたかれ目をさまされてうみ出した文明開化の明治日本の急速な発展が、戦争・敗北・降伏・荒廃に転落してから、新な国づくりをしのぎをけずる共産圏と自由圏の間に伍して、驚異の科学進歩の中で遂げなければならぬのと併行して、明治の廃仏毀釈のおかげて文明開化の進みの中にめざめて国力の発展と共に新しい盛況をとりもどした既成仏教教団も、多数国民の無関心や漠然とした不信感、嫌悪感を背おいながら、大きなまがり角に立たされていることはまちがいない。二十一世紀へのまがり角を力強くまわり進む為に既成仏教教団のとげねばならぬ革新やはらわねばならぬ犠牲は極めて大きいであろう。そのことを反省し決心する為に、隣りの漢訳仏教の本国、日本仏教の源流地の最近五十年間、清朝→中華民国→中華人民共和国の仏教の変遷を知っておくことは、決して無駄ではない。シナを吹き渡る風は日本の村にも市にも吹いてくるし、黄海の波は日本の岸にも波及せずにはおらぬのだから。

二　シナ仏教

日本仏教諸宗の親でもあり師でもあった仏教の行われてきたシナでは、近代化においては日本よりも少くとも五〇年は立ちおくれた。その上にこの広大な国に久しく、貧乏と無学のままに放任せられてきた数億の人民の近代化は、狭い日本におけるそれよりも比較にならぬ困難さを伴っていたのではあるけれども、大正元年には老帝国清朝をたおして中華民国が成立し、第二次世界戦争日本敗退後には、明治のシナ学者も想像もしなかったようなマルクス・レーニン主義が強固な伝統をもつ二千年の周公・孔子・孟子の教学をおし流して、いわゆる赤い中華人民共和国に革命せられて、而も驚くべき速度で近代化が躍進をつづけつつある。その国の旧物である仏教が、この国家社会の激変の中で、むかしのままでありえようはずがない。シナの仏教も否応なしに激変されて来た。

わたくしはこの稿では、最近五〇年間に、近代化の立ちおくれから立ち上って、驚くべき急速度で政治革命をやりとげ、強大な近代国家へ躍進をつづけるようになった最近の中華民国↓中華人民共和国の仏教――漢訳仏教圏本家の宗教の変革のあとを、ありのままに記述して読者の判断にまかせたい。

一九〇〇年、日本では明治三十三年、シナでは清朝の光緒二十六年、日本までも仲間に入れた欧米列強の軍隊が天津・北京を占領した。引つづく欧米勢力の威圧と侵略の為に国の政治も経済も極度に疲弊した上に、満州朝廷打倒の革命運動も各地に渦まきを起していて、大清帝国も末期の苦悩を露呈していたとはいえ、なお久しい儒教主義の倫理や政治理念に養われてきた忠良な漢人臣民を擁護者として、皇帝権を維持していた。この大清皇帝が崩れおちて、中華民国元年を迎えたのが、日本の大正元年、一九一二年である。いわば極東の最大の国シナは、日本よりも近代化においてこれだけ立ちおくれたのである。

ところで、シナ仏教界は、二〇世紀を迎えるまでの五十年に、二つの大きな受難の中にもまれてきた。その一は一八五一年—六四にわたったキリスト教信仰を標榜した（拝）上帝（エホバ）会の反清運動——いわゆる太平天国天王、洪秀全によって加えられた破壊である。彼は上帝エホバから破邪剣を授けられたと称し、キリストの弟エホバの次子であるとも称し、キリスト教信仰に立ってその軍隊をはげまし団結した。男女の平等、纏足の禁止、土地公有、耕作地は十六歳以上の男女に均等に給する、等々の革新的政令を発して、近代化への旗をあげると共に宗教面に於ては、上帝以外のあらゆる神々の信仰を排除し、諸神像破壊の運動を進めた。寺院とその仏菩薩像の破壊も徹底的に実行せられた。この「清朝を打倒し社会を改革する」ことを標榜して起った熱狂的な太平天国軍は、南京に都して占領した楊子江流域の仏寺僧尼の多い各地方に徹底的な仏寺破壊を行った。その打撃は、太平天国軍が、西洋の武力の援助をうけてやっと平定せられた後も、容易に復興し得るものではなかった。破壊せられた仏教も復興しようとする仏教も、既に西洋的近代の威力がどんどん実力と実効を見せて侵入している所では、あまりにも魅力を欠いた中世的旧物であったという外はない。

第二の打撃は、一八九八年（明治三一）に緊急救国の方策の一方法として朝廷に呈出せられた張之洞の著「勧学篇」三巻によって、前者以上に深く長く加えられた。いよいよ急ピッチで進出してくるヨーロッパの科学に基礎づけられた実力の前に無力に近い弱体の老帝国の現実を見てきた清朝の治者階層も、実力の基礎となる教育の改革普及を緊急になしとげねばならぬことを認めてあせっていたが、国の窮乏した財政ではどうにもならなかった。この時に提唱せられたものが勧学篇の「廟産興学」案である。

中学（儒学）を体とし、西（洋）学を用とする教育制度を緊急に全国に施設せねばならぬ。その財源は全国にあまねく存在している仏・道二教の寺を転用すればよいというのである。曰く、

今天下の寺は数万に止らない。都会には百余、大県に数十、小県にも十余もあって、皆田産をもっている。その物たるや元来、施されたものである。もし改めて学校とすれば、建物も田産も悉く具っている。これこそ時宜に適した簡易の策である。

(1)寺の十分の七を校舎にし、余を僧侶・道士の居住所とする。

(2)寺田等の財産の十分の七を学校の用に供し、余を僧侶たちの生活の用に供する。

(3)寺廟財産を学校に提供使用せしめた僧たちには旌奨方法を講ずる。

(4)地方の指導層がその郷土に学校を興そうとすれば、その県の寺廟の適当なものを調査申請せしめて、おおむねこれを許可する。

このような具体案の実施によって「万学一朝にして起るべし」というのである。諸政改新を標榜した当時の政府はこれに賛成し、直ちに各省に「勧学篇」を頒布した。間もなく清朝政府は政変があって保守派が政権をとったが、廟産興学は各地で非常な共鳴を得て直ちに実行に移された。数十万の寺、百万をこえる僧尼がありながら、このような廟産興学がどんどん実行せられたのは、時代の流

れに抗し得ぬ旧時代のものの弱さを示しているのではあるが、シナ知識人＝治者階層によって易々として廟産興学が共鳴実施せられるのは、儒教主義の彼等に普通になっていた朱子学派流の仏教観が長くつづいており、而も僧がそれに甘んじて知識層から仏教を遊離せしめたままにしていたことにもよるのである。

明・清の治者層は一般に韓退之・欧陽脩の文に親しみ、朱子学で教育せられて外来仏教を夷狄の教として中華の教化から排除すべきものとするのを普通としていた。清朝の政治方策を固めた英主乾隆帝も、仏教については「僧は山林寺院にこもって修行するもので、こうして居れば政治の邪魔にもならぬから存在を許容しておいてもよい。中華の人民、特に官吏は仏教を奉ずべきものではないが、ただ中華に於て久しい歴史をもつ仏教を、直ちに全廃すれば擾乱も生じ易い。かつ僧も畢竟愚民の一生活方法であるから、社会に害を及ぼさぬように山林寺院に孤立せしめて存在を許すのも天子の仁政の一である。但し僧や寺はできるだけ増加せぬようにし、激減することが望ましく、終にはなくすることが理想的である」と官吏に教えているのである。清朝官吏はこの乾隆帝の仏教観を継承せしめられ、自らを、一般知識人を、また一般庶民をも、仏教から遊離せしめることをもって、忠良な臣の政治と考えてきた。かくて一般社会から遊離せしめられた孤立僧団が、社会的力を弱くして行ったのは当然であった。「勧学篇」の著者が「仏教はその勢、既に久存する能はざる頽勢に陥っているもの」と片づけ、その主張が容易に実行にうつされたのも当然であった。

「勧学篇」は十万部を刊行したといわれ、三年後には英訳もせられる程に清末の名著となり、その「廟産興学」運動は民国時代にも引つがれて、一層はげしく主張せられ拡大せられ実行せられて行くことになった。

中華民国の成立は一九一二年（大正元）である。伝統儒教の拘束から開放せられた民国人民は、信教の自由を保証せられた。しかし康有為らは、民族の伝統文化に誇りをもち孔子教を国教とすべしと主張した。けれども国家の主権を皇帝から人民へと革命することに成功した狂喜の中で、一挙に伝統的拘束力の一切をおし流して、デモクラシーと科学との旗の下、人民の自由を享受する近代国家へ、換言すれば全面西洋化の新シナを一挙に実現しようとするはげしい運動が時流にのった。陳独秀はその第一線の戦闘的指導者であった。一九一五年（民国四年）創刊した機関誌「新青年」に、孔子尊崇・儒教国教を真向から反対し、かくの如き伝統思想こそ久しくシナの近代化を妨げ、現にまだ妨げつづけているものとし、あらゆるシナ的伝統文物を一掃し去って、科学と民主主義の新シナ建設の唯一の道を邁進せよと、特に青年によびかけた。「新青年」の第一巻巻頭にかかげた陳独秀の「敬告青年」の一文は「固有の倫理・法律・学術・礼俗、一として封建制度の遺物に非ざるはなし」とか、「忠孝節義は奴隷の道徳なり。軽刑薄賦は奴隷の幸福なり。称頌功徳は奴隷の文章なり。拝爵賜第は奴隷の光栄なり。豊碑高墓は奴隷の紀念物なり。」などというはげしい語気で感激し易い青年の心をゆさぶったものである。

このような急進的な思想革命の運動の高まりの中から胡適らの文学革命――口語文の運動も起り、一九一九年（民国八年）五四運動によって情熱的な大衆運動へと進んだ。

外からは隣国ロシアの共産党革命の成功が新シナ青年の心を激発し、唯物論・社会主義に共鳴するものが多くなった。仏道二教などは、もはや社会の片すみにおしやられていたが、民国十二年には北京の学生界に「反宗教同盟」もでき、「宗教は人間の智力をまひせしめ自由を束縛し、人生の進歩を阻害する」ときめつける宗教打倒運動も起ってきた。

民国十四年三月十二日、民権・民生(社会主義)・民族の三民主義をかかげて闘いつづけてきた民国革命の父、孫文が、「革命尚未だ成功せず、同志なお努力せよ」の遺嘱をのこして北京で客死したが、国民党員の闘志はもりあがった。民国十六年、蔣介右の国民党政府成立、翌年北伐軍事行動完了、ここに三民主義を強力に実施し得る国民党統一国家が成立して、理想にもえる青年党員を狂喜せしめた。

蓄婢禁止令(民国十七年)、婦女纏足禁止条令(同年)、辮髪禁止条令(同年)などの陋習打破の法令につづいて、廃除卜筮星相巫覡堪輿弁法(同年)などの民間迷信営業を一掃する法令が出で、また打倒迷信運動が実行にうつされて「神祠存廃標準」(同年十一月)が示された。この政府の出した宗教対象の存廃標準で、「迷信は進化の障害であり、神権は愚民政策である。孫中山総理は、民権主義の講述に際して、民権進化の経過を説き、神権から君権へ、君権から民権へ進んだのであり、神権時代は遠い過去のことであると説かれた。今や党をもって革命政治を実現せんとするに際しては、民族、民権の発展を障礙するものは、悉く廓清すべきである」と述べ、「宗教には、一神教と多神教とがある。国民党の党綱では、人民は信仰上の絶対自由を有すと規定してあるから、宗教に属する神祠は一律に保存すべきである。多神教は仏教と道教である。仏教の主要神である釈迦牟尼、地蔵王、弥勒、文殊、観世音、達磨等は皆仏経に載せる所である。但し世俗で人の死後に僧に読経してもらって解脱したなどというのは迷信である。」と示している。右のような仏教の礼拝対象は保存される部に入っているが、地方の国民党員が指揮し、軍隊や警察まで動員して各地で実行した気狂じみた物々しい打倒迷信運動は、わたくしも二三経験したが、こんな嵐の中へ、仏寺がまきこまれ僧が追われる例も続出した。さすがに民間信者も激怒し反抗するものも出た。また知識人社会の各方面から打倒迷信の行きすぎを警告し反対するものも出でたので、民国十八年二月には政府も向う三箇月間、神祠破毀を中止せよと通達したほどであった。しかし国民党の青年指導者の頭では、僧も寺も無用の長物であり、三民主義実現上の邪魔物となっていたのであって、現に民国十六年（昭和二）五月出版の前期小学校常識読本第六冊には、宗教の一課を設け、現在盛に行われている仏教・キリスト教・回教の三宗教を概説し、「これらの宗教も、未開時代には人心を統馭し得たが、近世科学が発達し真理が明かになると、その作用を漸次消失してしまう」と義務教育で教えているのである。

こんな中で寺院はどんどん公共事業——民衆博物館、役所、農事試験所、学校、兵営、監獄にまで転用せられたし、官僚や軍閥や土豪が混乱に乗じて公共事業に名をかりて寺有財産を没収して私腹をこやしたものも少くなかった。

民国十七年、革命政府が南京に都をさだめてから、寺から僧を逐い寺院財産を接収しようとする指導層の言論が公然と盛行し、同年南京で開かれた第一次全国教育大会中には、「寺産を没収して教育基金に充てる」という大学教授らの提案も出て、廟産興学の風潮がまたもり上った。

民国十八年一月、寺廟管理条例が公布せられて、寺院財産はその所管の市県政府と地方公共団体と及び寺僧（但しその数は全員の半をこゆることを得ず）により、廟産保管委員会を組織し、寺僧による寺産の使用を制限し、各寺はその所有財産の多寡に応じて、学校、図書館、公共体育場、救済施設、貧民医院、貧民工場、地方需要に適した合作社などを経営すべきこと、寺の清規を破り、党治に違反し、及び善良風俗を害する者は、所管市県政府から上申してその寺を廃止或は解散せしめ、寺産は市県政府或は地方公共団体の保管にうつして公益事業の資にあてる、等を規定した。

僧の一部識者はその不利な条例に憤激し、動揺する全国仏教界に激をとばして一致団結してかかる条令の改廃につとめ、また新時代に適応する僧風への刷新につとめるようになった。しかし「寺院財産を教育事業へ」との運動の波は静まらなかった。

民国十九年（一九三〇）十一月、南京の国立中央大学で廟産興学運動促進会が結成せられて

㈠廟産興学により党国の基礎を鞏固になし得べし。

㈡廟産興学によりて教育の負担を平均にし得べし。

㈢廟産興学によりて本党の主張を実現し得べし。

㈣廟産興学には久遠の歴史あり。

㈤廟産興学は全国教育会の公意より出づ。

と五理由を説いてこれが実行を官民に強く要請した。

清末の仏教教団は寺も僧もぼう大であったが、団結する組織をもたないバラバラの砂の集りであり、また奔流し来る近代に応じて活動し得る気力ももたなかった。十九世紀の後半以来、寺を毀され没収せられても、「没法子《メイファーズ》」と追われ行く僧が多かった。いったい既成教団の病巣は教団内部で自らの手で切解除去されることは、まず不可能である。教団の外へ出た人によって別に革新運動が起されるか、もしくは教団外の非宗教界からの、もしくは他の宗教からの圧迫破壊が加えられることを機縁として、教団内部に改革運動が起る（不徹底に終るのが普通ではあるが）ものである。中華民国の僧界にも、少数ではあっても、屈辱的抑圧や迫害の嵐の中に処して「近代」に反省し、みなぎる信仰の情熱をもって「社会から遊離した孤立寺院の修道者」から、近代社会の教化者へ挺身

するものもあった。教団への不利益処置をはねかへして死を堵して為政者に抗去する僧も出た。仏教界の僧俗の有識者は、まず何よりも全国仏教徒を団結し組織化することの緊急なことを痛感した。この運動は「中国仏教会」の結成となってみのった。

僧界からは教団を世界の情勢に応じた近代化をする為に、僧教育を改革する運動に大膽に挺身した太虚が出た。日本仏教を視察し、ヨーロッパ諸国にも遊び、チベット・インド・日本等の仏教圏に留学僧を派遣し、また世界の仏教徒或は仏教学者とも連携をもとめて、武昌仏学院を中心に世界仏学苑運動を進め、内は中国仏教を僧制・寺産・教理の各方面にわたって革新して、現代社会の教化者たることに自覚をもった僧を育成しようとつとめた。保守性の強い仏教徒は、必ずしもすべてが太虚の新運動に協力一致したわけではないが、それでも中華民国の仏教界は著しく教化活動に積極性をもつように変ってきていた。民国二十四年（昭和十年一九三五）に「海潮音」（太虚の新仏教運動の機関紙）に出た「十五年来の中国仏教の動向」に「最近中国仏教の最もよい現象は在家信者が躍進的に増加したことである。従来寺の中の出家者仏教を専有品としていて、仏教不振の因をなしていたが、今や寺門は大に社会に開かれている」と喜んでいる。

しかしやがて日支の不幸な戦争が、シナ内地を破壊しまわった。寺は破壊され僧は追われ、或は日本軍の指揮下に働かされたりしたが、しかし既に全国的組織をもっていた中国仏教者の太虚をはじめ有力者たちは、抗日戦争に団結を固める愛国運動に進んだ。日本の完敗に終った世界戦争の後に、国民党軍と共産党軍の戦争がつづき、後者の勝利によって新中国が生れた。唯物論に立つ共産党の勝利のために、各地で宗教教団の廃せられたものもあったようであるが、殺しあう戦争の勝利者、殊に革命軍の勝利者が一時昂奮の中に旧物破壊をするのはあり勝ちのことである。中華人民共和国が政権を確立すると、一九四九年の憲法で宗教信仰の自由が明かにされ、仏教文化財の保護が布告され、仏教界も地方・中央の政治機関に代表者を出し、新中国の建設を平等に担う人民となった。中国仏教協会がチベット・蒙古などのラマ教徒をも含めた組織となって、政府と連絡し仏教徒としての活動をするようになった。寺の農地は解放せられたが、在寺の僧数に必要な農地はのこされ、僧は仏教活動と共に、生産にも参加することになった。新中国の仏教徒は大乗菩薩の「荘㆓厳シ国土ヲ㆒、成㆓就スル衆生ヲ㆒」という理想をもって自らの理想を掲げて、新国家建設に参加するようになった。ただ唯物論に立つ共産主義に対する仏教が、如何にして存続し宣教されるかは今後の関心深い問題である。それはただ中国仏教の問題であるだけではなく、最も近く、而も同じ漢訳仏典の上に成立している日本大乗仏教にとっても無関係ではない問題である。

本稿の読者には、拙稿「明・清政治の仏教去勢」（仏教文化研究二、知恩院仏教文化研究所刊）及び「中華民国の仏教」（東洋学論叢・仏教大学刊）を参照せられることを希望する。

南方仏教の現況

佐々木教悟

南方の仏教

セイロン、ビルマ、タイ、カンボジア、ラオスなどの、いわゆる南方仏教圏の諸国において、もっともよく普及している仏教は、一般によく知られているテーラワーダ（Theravāda）の仏教すなわちセイロン上座部系の仏教である。それはセイロンという言葉が示しているように、紀元前三世紀にアショーカ王時代の仏教がインドからセイロンにつたえられ、それより以後セイロンにおいてつちかわれた仏教がもとになっているものである。

ところで、セイロン以外の前記の諸国にしても、長い歴史のあいだには、一般インド文化とともに、インドから直接にうけいれた仏教、たとえばグプタ時代における有部や正量部のごとき部派の仏教もあり、またセイロンにおけると同様に大乗の密教もあったが、そのような仏教は土地に相応しなかったためであろうか、ふかい根をおろすこともなしにすたれるか、あるいは土地の信仰に吸収されるかして、そののちに伝来したセイロン上座部系の仏教によってとってかわられて、現在にいたっている。

僧伽の交流

過去の歴史を眺めてみると、これらの諸国においては、自国の仏教が衰微した場合には、その当時栄えていた他国の生命のある清浄な僧伽をむかえいれて、その復興をはかってきたことが知られる。すなわち、僧伽の交流がたびたび行なわれていることに気がつく。これは風土、民族、習慣その他の相違により、たとい自国においてそれぞれ特色のある仏教をつちかったとしても、元来が同じテーラワーダの仏教であったということ、そして同じインド文化圏として、文化的にはもちろんのこと、交通、通商その他あらゆる面においてふかい関係を相互に維持していたということが、その原因であるとかんがえられる。しかしながら、その根本に、こころある仏教徒の敬虔なねがい、すなわち、正等覚者の正しい法を護持するために清浄な僧伽を樹立しようという熱意のあったことを見おとしてはならぬであろう。

現今においても、僧伽の交流交歓は想像以上にさかんで、なにか特別の仏教行事の行なわれる際の長老の招請はいうまでもなく、留学僧の交換、一般僧侶の往来もまた頻繁である。とくに最近は空路の利用によって交通がきわめて容易になったため、往来する僧侶の数もいちじるしく増加している。ちなみにタイ航空は黄衣の僧侶に対しては、列車と同じく特別に運賃の割引を行なっている。

そこで、僧侶の往来についてかんがえてみるに、ニカーヤ（Nikāya 宗派）の関係からいえば、きわめて自然なことであるが、セイロンのシャム派の僧院へはタイから、アマラプラ派およびラーマンニャ派の僧院へはビルマから、たえず比丘や沙弥がきており、その反対の場合も多い。ビルマやタイにあっては、とくにツダンマ派（ビルマ）やマハーニカーイ派（タイ）所属の僧院にカンボジアやラオスの僧侶が掛錫していることに気がつく。カンボジアとラオスの仏教は、タイのマハーニカーイ派によってほとんどその大勢が占められているが、これらの三国は、国境地域においては、たがいにその民族がいりまじっていて、親縁関係もいちだんとふかいものがある。

留学僧の相互の受け入れは、同じ戒律生活をなす三衣一鉢の僧であるために、きわめてスムーズに行なわれているが、留学の実績をあげさせるための有効な措置として、近年留学僧を収容する施設がセイロンにもビルマにも設けられた。一九五七年にコロンボのシュリー・ウイックラマ通りに建てられた International Buddhist Centre の会館とラングーン郊外のカバ・アエに一九五六年に設置せられた Dhammadūta College と大きな四つのホステルがそれである。後者は第六回結集が行なわれた際の宿舎等の施設をそのまま利用したもので、政府の費用によってまかなわれているということである。

禅定の普及

テーラワーダの仏教は、いうまでもなく戒律仏教であるが、戒律仏教が止 samatha と観 vipassanā を重んずることは、修道のたてまえからいって当然のことである。したがっていずれの僧院にあっても、カンマターナ(kammaṭṭhāna 業処)の修習に意が用いられている。しかるに従来ややもすれば、その meditation もかたちばかりに終始して、形式化されている面がないでもなかった。そこでサマーディ(samādhi 三昧・定)の重要さを強調し、これを普及徹底せしめようとする運動が在俗の有力な仏教徒のあいだにおこってきた。この運動は仏紀二五〇〇年を契機として、各地に一つのもりあがりをみせ、一九五八年にバンコックで開かれた第五回世界仏教徒会議においても、そのことが決議事項として採択せられた。そののちもこの運動はある程度の成果をおさめつつあるものとおもわれる。

タイにおいてカンマターナの修習で名のあらわれている僧院のうち、ワット・マハータート(マハーニカーイ派に属する。厳密にはマハーニカーイ・プレェーン――これはマハーニカーイ派でありながら、衣の着用法その他においてタンマユット派のものを採用しているものを指す――）やワット・パクナム（マハーニカーイ派所属）が有名であるが、これらの僧院には常時三〇〇名ないし四〇〇名の僧侶が止住している。禅定に専心しようとおもう比丘は、このような僧院に移り住んで、とくに指導をうけるのである。ワット・パクナムのプラモンコン・サッチャムニー長老はタイにおける禅の大家として名のあらわれた人であったが、三年ほど前に逝去した。ワット・マハータートにはプラタンマコーサーチャーン長老をはじめ、若手のすぐれた指導者が現在も多くいる。この寺ではラビエング（回廊）のようなところまでも、くまなく仕切って一名宛の独居房をつくり、そこでカンマターナの修習を行なっており、それには多数の在家の信者も参加して、ひじょうな活況を呈している。

ビルマのサーサナ・エーサも禅院として名高いところで、広大な境内に幾棟もの房舎が散在的に建てられていて、比丘たちはそこにこもって禅定に専心している。ここには女子専用の道場もあって、アメリカやカナダや西ドイツの女性がビルマの尼僧たちと一緒に坐っている。

もっとも注目すべきものは、近年コロンボのマッカシー通りにできた Lankā Vipassanā Bhavanā Samithiya である。これは優に聴衆千名を収容できる近代的な装いをもった会館で、内部の正面に蓮の上に坐した禅定仏が安置されてあり、清潔な雰囲気のなかで、常時仏教の講演と坐禅の指導が一般市民に対して行なわれている。筆者はビルマにおける禅定の大家といわれる前述のサーサナ・エーサのマハーシー・サヤドウ長老が招かれて、三日間連続の講演と指導が行なわれたときに参会したが、聴衆の敬虔な態度や熱心な姿には心打たれるものがあった。講演の終った直後、五百名近い参会者の全員が一斉に十数分間の坐禅を行なったのは印象的であった。

あらたなる胎動

セイロンのシャム派、ビルマのツダンマ派、タイ、カンボジア、ラオスのマハーニカーイ派は、いずれかといえば寛容派であるが、セイロンのラーマンニャ派、ビルマのスエジン派、タイのタンマユット派は厳格派で、僧侶の威儀はよく保持されている。タイにおけるマハーニカーイ派とタンマユット派とモーン派（きわめて少数）とは、勤行の作法、着衣法など細部においては種々の差異があるが、それぞれの派が特色をもちつつ、また同時にタイ全体の一つの僧伽として、もっとも統一のとれた組織を誇っている。各派間の対立の比較的顕著な様相はビルマにおいて多く見られるようである。スエジン派の比丘はツダンマ派の比丘と一緒に食事をすることをこのまない。それに似たことは他の国にもあるが、ドゥアラ派の比丘は、他派の僧侶はみな堕落しているとみなして、共住することを欲せず、自派のもののみが山にこもって、孤立的に厳重な戒律生活を送っている。またゲー派と称する一派は、他派とは全く行動を共にせず、仏像に対しても、花、香、水、仏飯等を供える必要なしとして、ただ礼拝を行なうのみである。ソンロン派はツダンマ派に属する小派であるが、かれらはもっぱら数息観を主として修するたてまえをとっている。

さていずれの国にあっても、僧伽の当事者は各派の協調ということを呼びかけているが、仲々うまくゆかぬ面もあるようである。とくに進歩的なかんがえをもつ青年比丘を、宗派の垣をこえてどのように指導してゆくかが問題となっている。

一九五九年の初頭、ツダンマ派の比丘およそ三千人がマンダレーで行なったデモは、ビルマ以外の国では想像もできない事件といわなければならない。そのデモは僧侶にも仕事をあたえよという要求をかかげたものであったといわれる。それは、僧侶が無為徒食のごとき生活をしているとみる社会に対する一種の反撥的な動きとかんがえられる。かれらはみずからはたらきつつ、たがやしつつ道を求める生活をしたいのであるという。もしもかれらが真にそのように思っているというのであれば、中国の僧侶はすでに早くから行なっていることではあるが、上座部仏教としては劃期的な事柄であろう。しかし一般大衆の支持がどれだけえられたかは疑問である。なお筆者はラングーンの市中で、二名の比丘が黄衣のままで鶴嘴《つるはし》と鉄棒を肩にかついで歩いている姿を見つけ、たとい、経営事比丘の存在が文献に示されているとしても、ありうべからざることと眼をみはったことがあった。同行のビルマ人にたずねると、かれは返答をしぶったあげく、目下ラングーン市の区劃整理が行なわれており、その区域内にある自分の実家や親戚の家の立ちのきのため、家屋取りこわしの手伝いにゆくのであると告げた。おそらくそれはきわめて数すくない特殊な事例であろうし、これをもってただちに全体をおしはかることはできないが、ビルマの僧侶の中には、極端な小乗僧と国家国民の福祉のためには、小戒は棄捨して挺身するという、いわゆる菩薩比丘の僧がいることもたしかである。このような進歩的な人たちが、テーラワーダの仏教の框のなかで、今後いかなる比重をもつにいたるかは、すこぶる注意をひく問題であるといってよかろう。

教育施設の充実

他方セイロンにおいても、タイにおいても進歩的なインテリー比丘は、戒律仏教のもつ矛盾性について相当な悩みをもっている。そして一般の青年たちのあいだに、僧侶の知性のないこと、教養の低いことをとりあげて、僧侶を軽蔑し、出家生活に入ることを忌避する傾向もあらわれている。このままで推移すれば仏教は衰微するよりほかはないであろう。僧伽の教育機関の近代的な充実拡大が叫ばれだしたゆえんがそこにある。

タイにおいては戦後、従来の Mahāmakuta rājavidyālaya なる仏教大学の他に Mahāchula-lonkorn rājavidyālaya という仏教大学が誕生し、その理事である長老たちは卒先して各国の大学を視察し、目下その充実につとめている。ビルマにおいては、前述の Dhammadūta College、および The Institute for Advanced Buddhistic Studies が近年発足した。前者はきわめて小規模のものにすぎないが、後者は遠大な理想のもとに、着々とその基礎的な組織をととのえており、その The Research and Trainnig Division には、最近わが国からも二名の研究員が招かれて、パーリ語や仏教の研究に従事している。セイロンにおいては Vidyodaya と Vidyālaṅkāra なる二つの学問寺が、三年ほど前に仏教大学に昇格した。またその他僧侶のためにパーリ語や仏教学を教授する学舎をもつ寺院、たとえば Kothena の Dīpaduttharāma のように図書館を新設するなど、施設の充実整備に力を注ぐところも増してきている。

以上述べたところの僧伽の交流、禅定の普及をはじめ教育施設の充実などの顕著な事実は、一九五六年に仏紀二五〇〇年を祝って、南方の諸国がそれぞれ Buddhajayanti の行事を催したことが一つの契機となっていることが知られる。そのブッタジャンティは、いずこの僧伽も盛大に行なったのであるが、とくにビルマのモーン族に属する比丘たちがモールメンの Mainder Mandat において一九五六年四月二日に、Monmahāsaṅghasā-maggī と称するモーン派の大集会をもったことが注目せられる。ビルマにおいて、最初に仏教を受容したのは、かれらモーン人の祖先であり、ビルマ仏教徒の崇拝の的であるシュエーダゴン・パコダを護持してきたのは、われわれであるという誇りを、かれらはもっている。筆者はかのパコダの東参道下、向って左側の Kiak-se Mon Monastry において、モーン派の僧侶の意見を聞く機会をもったことがあるが、かれらは古びた僧院の中で、地味な存在をかこちながらも、かがやかしい伝統を護り抜く決意を示していた。ビルマに滞在することすでに三年になるウ・ナンダ比丘（池田正隆師）も、このモーンの僧院においてタイ語が通ずることにおどろいていた。ビルマには生粋のモーン人が三〇万はいるといわれており、かれらはすべて堅実な仏教徒である。かれらはその昔、タイにも移住し、すぐれた文化をタイにもたらした。タイにおけるモーンの部落は、現在わずかしか残っていないが、仏教にあたえたモーン文化のあとかたは、寺院の建築彫刻の様式とか、僧侶の読経作法とか僧伽の行事の上にいまもなおのこされている。現在ラングーンには、モーン出身のラングーン大学の教授や学生を中心にモーン文化の復活運動が行なわれているということであるが、仏教界においても、前述のようにモーン僧の communion がもたれたということは、ビルマからタイにわたるモーン全体の動きの上から把握せらるべき性質のものであろう。

今日東南アジアには民族主義昂揚の波が高まっているが、その中にあって、仏教は、真にその民族のものとなってこそ、末長く栄えてゆくことにもなるであろう。たんなる誇りや決意のみでは、いまの時勢を生きぬいてゆくことは、おそらくむつかしいことであろうが、それにしても民族のたましいをゆり動かすものがなければ、いかなる施策も効果はないものとおもわれる。この意味においてたとい少数民族であるとしても、ビルマにおけるモーンのリバイバルは注意にあたいする現象とみられるのである。

（一九六一年七月）

海外における仏教研究の動向

イギリス・アメリカ

藤吉慈海

英国における仏教の研究は、この国がインドやセイロン・ビルマ等を支配したことからはじまる。はじめは植民地政策上あるいはクリスト教伝道の上からはじめられた現地文化の研究が、パーリ語の研究を促し、第十九世紀以後パーリ語仏教経典の研究がめざましくなった。セイロン総督の秘書官であったチルダース Robert Caesar Childers は一八七五年に学問的な最初のパーリ語辞典 Dictionary of the Pāli Language を完成した。その後一八八二年に、有名なリス・デヴィッツ Rhys Davids がロンドンに Pāli Text Society（パーリ聖典協会）を設立して、パーリ語原典の校訂本やその英訳を出版し、パーリ仏典の大部分の出版と英訳を完了し、最近はその再版が出はじめている。その会報は Journal of P. T. S. として有名で、それには多くの学術的に重要な論文が掲載されている。パーリ原典の校訂出版は欧州の諸学者によってつづけられ、英訳のほかにフランス訳、ドイツ訳も行われた。特に英国においてはそれらの原典に基く学問的研究が多く、リス・デヴィッツの Buddhism, 1878（仏教）、Lectures on the Origin and Growth of Religion

1881（宗教の起原と発達に関する講義）、Buddhism; its History and Literature, 1893（仏教、その歴史と文献）、Buddhist India, 1903（仏教徒のインド）、Early Buddhism 1908,（初期仏教）や、リス・デヴィッツ夫人の Buddhism, a Sketch of the Life and Teaching of Gotama, the Buddha, 1912（仏教、ゴータマ仏陀の生涯と教説の概観）、Buddhist Psychology, 1914（仏教心理学）、Gotama the man, 1928（人間ゴータマ）、A Manual of Buddhism, 1932（仏教便覧）やキース A. B. Keith の Buddhist Philosophy in India and Ceylon, 1923（インドおよびセイロンにおける仏教哲学）等をあげることができる。パーリ語辞典にしてもチルダースの他に、リス・デヴィッツとステード W. Stede の共著である Pāli-English Dictionary, 1921–5（巴英辞典）や、アンダーソン Anderson、ディンズ Dinnes、スミス Smith 等の A Critical Pāli Dictionary, 1929–48（批判パーリ語辞典）が出版されている。

このほか梵語仏典の研究に関しては、英国のネパール駐在公使をしていたホッジソン Brian Houghton Hodgson がネパール滞在中、サンスクリット仏典写本約四百部を蒐集してインドおよびヨーロッパに送り、自らもまた、梵語仏典欧州語訳の嚆矢となった Vajra-sūcī, 1828（金剛針論）を発表した。その後ライト Daniel Wright やフランスのシルバン・レヴィ Sylvain Lévi 等がネパールで梵語仏典写本を発見し、ヨーロッパの学界を賑わした。フランスのビュルヌーフ Eugèn Burnouf はホッジソンの資料に基いて、Introduction a l'histoire de Buddhisme Indièn, 1845（インド仏教史序説）を著し、金剛針論はその後ドイツのウェーバー Albrecht Weber が、ドイツ訳と註を附して一八六〇年に校訂出版している。その頃、英国にはドイツ人マックス・ミューラー Max Müller がいて、留学中の南条文雄等を介して日本にあった梵文仏典を集め、また Sacred Books of the East, 50 vols, 1879–1910 の大叢書を刊行し、その中に彼自身の阿弥陀経・無量寿経・般若心経とケルン H. Kern の法華経、カウエル Edward Byles Cowell の仏所行讃の各梵文英訳を収め、別に Anecdota Oxoniensia（オックスフォード逸書集）には梵文を校訂した阿弥陀経・無量寿経・般若心経・仏所行讃・法集名数経 Dharmasaṃgraha を収録した。このマックス・ミューラーの仕事には南条文雄、高楠順次郎が協力したが、これらの努力によって大乗仏教が広く欧州に紹介されるようになった。さらに、これは直接英国に関することではないがロシアではオルデンブルグ Sarg d'Oldenbourg 等がロシア学士院の事業として一八九七年から Bibliotheca Buddhica（仏教文庫）の名で多くのサンスクリット仏典の校訂出版をなし、この叢書には英国のベンドール Bendall の Śikṣā-samuccaya, 1897（大乗集菩薩学論）や、フランスのプサン L. de la Vallée Poussin の Prasanna-padā 1903–13（月称の中論釈）や、ケルンと南条文雄の法華経（1908～12）やロシアのシチェルバッスキイ Th. Stcherbatsky の Madhyānta-vibhanga, 1936（弁中辺論および安慧釈）等が含まれている。これらの梵本の出版によって大乗仏教への関心もたかまり、オックスフォードから梵英辞典を出版したモニエル・ウィリアムズ Sir Monier Williams は Buddhism, 1889（仏教）を著した。

一八九一年バワー Bower が庫車 Kucha で梵文孔雀王経等の樺皮古写本を発見してから、西域地方に仏教資料のあることがわかり、ロシアのペトロヴスキー Petrowsky や英国のスタイン Sir A. Stein をはじめ、ドイツのグリュンウェーデル A. Grünwedel とル・コック Le Coq、ロシアのクレメンツ Kremenz、フランスのペリヨ Paul Pelliot 等の西域探検が相つ いで前世紀末から今世紀のはじめにかけて行われた。その結果、仏教を主とする尨大な資料が発見され、その中には梵語の外にも、中国語・西蔵語・亀茲《キジ》語・ウテン語・ソグド語・古代トルコ語・西夏語等の仏典が含まれており、その探検報告書や目録類の出版のほか西域に関する研究が大いになされたが、そのうちスタインの蒐集した文献は大英博物館等に保存されており、その複写写真による詳細な研究が最近わが国の学界をもにぎわしている。

なお中国仏教の研究においても、ヨーロッパの学者は早くより中国僧の旅行記に注目し、法顕や玄奘の旅行記がフランスに紹介されたのが一八三六年から一八五八年頃であるが、ビール S. Beal は Si-yu-ki, the Records of the Western World, 2 vols, 1884（大唐西域記の英訳。再版には法顕伝および恵生使西域記の英訳を含む）や The Life of Hiuen Thsang, 1888（慈恩伝の英訳）を出版し、またワッタース Thomas Watters は On Yuan Chwang's Travels in India, 2 vols, 1904-05,（大唐西域記の考証）を出版した。またエドキンス Joseph Edkins（一八二三―一九〇五）は一八四八年から宣教師として上海や天津や北京で開教に従事したが、税関通訳を兼任して各地を巡り、キリスト教の立場から仏教を批判した。その宗教関係の著書としては The religious Condition of China, 1859（支那人の宗教事情）、Religion in China, 1877（支那の宗教）、Chinese Buddhism, 1880,（支那の仏教）、The Nirvana of the Nothern Buddhists, 1881,（北方仏教徒の涅槃）、Notice of the Chinese Buddhism, 1885（支那仏教の紹介）の外、同治五年に漢文で出版した釈教正謬がある。この釈教正謬に対しては西本願派の南渓や浄土宗の鵜飼徹定、福田行誡、大谷派の南条神興等がこれを評破した。そのほか支那仏教に関してはアイテル E. J. Eitel の Three Lectures on Buddhism 1871（仏教三講録）や Buddhism, 1871（仏教）やホダウス Lawis Hodous の Buddhism and Buddhist in China, 1924（支那の仏教および仏教徒）等やビールの The Buddhist Tripitaka, 1876,（仏教の三蔵）、On Buddhist Literature in China, 1882（支那仏教文献）等の如き基礎的研究もある。なお日本仏教の研究に関してはエリオット Sir Charles Eliot の Japanese Buddhism, 1935（日本仏教）が有名である。なお英国人の仏教研究としてはインドにおける遺蹟の研究を忘れてはならない。すなわちプリンセップ James Prinsep はアショカ王の碑文をはじめて解読し、一八三七年 Jounal of Royal Asiatic Society of Bengal（ベンガル王室アジア協会雑誌）に公表した。その後カニンガム Sir Alexander Cunningham がこれを訂正したのをはじめとして、スミス Vincent Smith 等によるアショカ王の研究がさかんとなり、これらによって釈迦の歴史的研究がさかんとなった。カンニンガムはさらにサーンチやバルフートやブダガヤ等の仏教遺蹟の発掘に大きな功績をのこした。その他の仏蹟やアジャンタの石窟や壁画の研究等多く英国人の手になるものである。

以上は主として英国人のなした仏教研究の概要にすぎないが、第十九世紀末から二十世紀にかけて、仏教が学問研究からはなれて実生活に結びつくようになって来た。その意味で忘れてならないのは詩人アーノルド Sir Edwin Arnold の The Light of Asia, 1880（アジアの光）という仏伝詩である。これは非常に多くの人々に読まれ、多大の感銘を与えた。さらにオルコット大佐 H. S. Olcott によって一八七五年ニューヨークに設立された神智協会 The Theosophical Society やセイロンのダンマパーラ Dhammapāla の創立した大菩提会 Mahā Bodhi Society は欧米にも仏教運動をおこす原動力となり、一九二六年にはロンドンに大菩提会の支部ができて機関誌 British Buddhism（英国仏教）を刊行し、一九二八年には会堂 vihara が建てられた。また神智協会もロンドンに仏教徒集会所 Buddhist Lodge をつくり、機関誌 Buddhism in England を刊行した。なお一九〇六年にはジャクソン R. J. Jackson とペイン J. R. Pain が仏教徒となりハイドパーク・コーナーで仏教の伝道をはじめ、二人の力で The Buddhist Society of England（英国仏教協会）が誕生した。またアーナンダメッティヤ Ānandametteya やシーラーチャーラ Silācāra は英国人の出家者で多くの著作がある。なおペインとジャクソンは英国仏教協会を大英仏教協会 The Buddhist Society of Great Britain and England と改めリス・デヴィッツを会長に戴き仏教評論 Buddhist Review を発行し仏教の宣伝をはじめた。現在はハンフレイズ Christmas Humphreys を会長とするロンドン仏教協会が最も有力で、雑誌 The Middle Way（中道）をはじめ鈴木大拙博士の著作等を刊行している。その他ラント夫人 Mrs. A. Rant の主宰するヴィハラ・ソサイエティ Vihara Society や The Western Buddhist を刊行しているジャック・オースチン Jack Austin 等の仏教運動がある。なお最近はケンブリッジ大学の東洋研究所にいたトーマス Edward J. Thomas の The Life of Buddha as Legend and History, 1927（伝説および歴史的仏陀の生涯）や The History of Buddhist Thought, 1933（仏教思想史）をはじめとして同大学のベイリイ教授 H. W. Bailey の Khotanese Buddhist Texts, 1951（コータン語仏教原典）が出版されたが、一般に読まれているものとしてはコンズ Edward Conze の Buddhism, 1951（仏教）や Buddhist Meditation, 1956（仏教的瞑想）やハンフレーズのペリカン本の Buddhism, 1951（仏教）等である。

このような英国のアカデミックな研究や仏教の実践的方面に関する出版活動に比してアメリカの仏教研究はその歴史も浅く、その成果もあまり見られないが、ハーバード大学では Harvard Oriental Series にブッダゴーサの Visuddhimagga (1950) が刊行されたが、この清浄道論の出版完成までには五十年余かかって Warren や Kosambi やクラーク教授が手を入れている。ハーバード大学にある Yen-ching Institute の所長をしていたライシュアワー教授 Edwin O. Reischauer は現駐日米大使であるが、Ennin's Diary, 1955（円仁の入唐求法巡礼行記の英訳）を出版している。ハーバード大学ではインゴールス教授 Daniel H. Ingalls の下に京大印哲出身の二世永富正俊氏が最近ここで学位をとり、これを助けている。ここの神学部では支那人二世のケネス・チエン Kenneth K. S. Ch'en や久松真一博士が招かれて仏教や禅文化を講じたが、チエン教授は最近プリンストン大学に転じた。エール大学には Buddhist Hybrid Sanskrit Dictionary, 1953, 1954 や Buddhist Hybrid Sanskrit Grammer and Dictionary, 1953 で有名なエジャートン教授 Franklin Edgerton がいたが、今は引退している。その後任にはオランダのラーデル Johanes Rahder やフランス人のミュス Paul Mus がいるが、最近ここで学位を得た羽毛田成章氏がそのスタッフに入った。なおこれまでスタンフォード大学にいた東洋史のアーサー・ライト教授 Arthur F. Wright がここに移って来た。彼は有名な学術雑誌 The Far Eastern Quarterly の編集者であるが、京都の塚本善隆博士やフランスのドミエビル教授の影響の下、最近 Buddhism in Chinese History, 1959（中国史における仏教）を出版した。彼はさきに仏図澄伝の訳註を Harvard Journal of Asiatic Studies（1948, 2巻3, 4号）に発表しているが、最近は社会史に移りつつある。なおエール大学には日本にもいたカナダ人のガード氏が仏教を講じている。

コロンビヤ大学ではヤロー教授 Yarrow が一九五二年からインド学を担当していたが、最近マイアミ大学のアドミニストレーターになった。ここには有名な角田柳作教授が長く日本仏教の講義をしていた。また鈴木大拙博士も数年ここで禅の講義をしていられたことがある。なおニューヨークには西本願派の関法善氏が主宰する Buddhist Academy（仏教大学と称している）があって、常に仏教に関する講座を開いている。

ミシガン大学には日本研究センターがあり、ここの英文学のハントレー教授 Frank L. Huntley は京都の相国寺で参禅したこともあるが、Zen and the Imagist; Poets of Japan という論文を発表した。英国人であるが主としてアメリカで活躍しているワッツ

Alan W. Watts は多くの禅の書物を出版している。禅は鈴木大拙博士等の著書や禅者の往来によって、たしかにこの国に流行しはじめているが、本当の禅が理解されるには今すこし時間がかかるであろう。

カリフォルニヤ大学には有名なエメノー教授 M. B. Emeneau がサンスクリットを教え、ドイツ人のレッシング教授がチベット語を担当し多田等観氏と共に勝鬘経の英訳に従事した。サンフランシスコにある The American Academy of Asian Studies はスタンフォード大学のシピーゲルベルグ教授 Frederic Spiegelberg が主宰している。この人はドイツから来たスイス人であるが、“The Bible of the world” “The Religion of No-religion” 等の著書がある。かつて久松真一博士やアラン・ワッツ氏と共に同教授の私宅を訪ね禅や日本文化について会談したことがあるが、幅の広い思想家であると思った。この研究所には多田等観氏やワッツ氏等も参加していたことがある。シヤトルのワシントン大学には日本にも居て「天台大師伝の研究」で学位を得たハーヴィッツ氏やアゲハナンダ氏らがいて将来を期待されている。

全般的に言って古代よりも近代に興味をもつアメリカでは仏教の言語学的な研究はあまり進んでおらず、有名な大学以外では仏教の継続的な学問研究を期待することは困難だと思われる。しかし仏教の哲学的な研究は次第にさかんになっている。シカゴ大学の哲学教授モリス Charles Morris は一九五一年 Comments on Mysticism and its Language という論文をエトセトラという雑誌に発表して注目された。この雑誌は二世の S. I. Hayakawa 教授が編集者であることでも有名である。これは禅の語録における矛盾した表現を彼独特の記号論の立場から解釈を施したもので、仏教思想特に禅に対する諸分野からの関心は非常にたかまっている。ハワイ大学から出版されている Philosophy-East and West という哲学雑誌にも東洋哲学特に仏教に関する論文が多く見られるようになったのも、アメリカ人の仏教に対する関心の高揚を示すものと思われる。しかしその背後に西本願寺派をはじめ日本の仏教の各宗の開教師や鈴木大拙・角田柳作・京極逸蔵・千崎如幻・佐々木指月氏等の不断の努力のあったことも忘れてはならないであろう。

ドイツ

佐々木現順

一　ドイツのインド研究の特色

先ずインド学研究について語るならば先ず英国、ドイツから初めねばなるまい。ドイツはインド学並びに仏教学研究に於ては依然としてヨーロッパに於ける最高峰に位置している。而して、その特色は他の諸国と同じく文献研究であることは言うまでもないが、それのみでなく更に、他の諸国と著しく相違した特色はインドの精神史的発展が注目せられているということである。

一七九七年にゲーテがファウストのプロローグを書いた時、インドのシャクンタラ物語が強い影響を及ぼしたことは余りに有名である。インドのラーマーヤナのシュレーゲルに対する影響或はナラとか、ダマヤンテイのリッケルトに与えたそれ（一八二八年）、将又、シューマンやシューベルト、ホルツマン乃至リユッケルトなどもインドの物語を愛読した。特に、ワグナーへの仏教の影響も看過出来ない。これらのことは、インドの思想がドイツ文芸に対する強い影響を示すと共に、ドイツ人がインド思想を如何に主体的に取り入れようとしたかという事実を証して余りあることである。

即ち、ドイツ程にインドをその精神（Geist）から把へてこれをゲルマニスティークの中に溶解せしめようとした民族を知らない。これはゲルマン民族の持っているエールンスト(Ernst)な性格の然らしめるところであって、外国文化研究者たる我々をして心のたかまりを覚えしめるものの一つである。

文芸の上のみではない。哲学思想の上にもインド思想はひろまっていった。即ち、ショーペンハウエルは東方よりの新しい光を哲学に投げ入れて、一八一五―一八一八年の間に Die Welt als Wille und Vorstellung を書いた。又、ニーチエはインド学者ドイッセンの学友であったと言われる。ニーチエは一八八八年三月三十一日ペータ・ガイストに書簡を与えて言う「エジプトの法律を始めそれまでに知られていた法律の多くはインドのマヌー法典の模倣であるように思われる」と。

このような文芸・哲学へのインド思想の影響は現代ドイツの思潮に対してもかなりの深い根柢となっている。晩年をプレガサーノの峰の見える美しいルガーノ湖畔で余生を送っていたヘルマン・ヘッセはその著『悉達多』に於て仏陀の精神を歌い上げた。彼は『さすらひの記』の『樹木』の章で、re-incanation（再生）の仏教的思想を静かな調子で物語っている。又、哲学の面で現代ドイツの仏教思想家がうけている思想的系譜はショーペンハウエル・ニーチエ・グリム・ダールケの体系である。

かくて現代ドイツに於て、たとえ文献学に専念する若き学徒といえども、インド学に入らんとする者は絶えず深い思想的探究への情熱をたたえている。哲学を最も愛するゲルマン民族は仏教研究に於ても、この伝統的精神を前進せしめている。

二　サンスクリット研究の歴史

ドイツのサンスクリット研究は世界で最初であり、三百年の歴史を持っている。サンスクリット研究をヨーロッパで最初に始めた学者は Heinrich Roth だといわれている。ババリヤのデイリンゲン出身であった彼は一六五三年―一六六八年にわたる十五年間にインド全土を旅した。又、アグラで六カ年間、サンスクリットを研究し、Exactissimun opus totius grammaticae Brahmanicae（未出版）を仕上げた。その他、一六六七年に Kircher が出版した China Illustrata はインド神話に関するノートで、別にデヴナガリーによる五種のテーブルが与えられている。これはヨーロッパに於けるデヴナガリー・スクリップトの最初の出版として歴史的価値を持っている。Franz Bopp はフランス人 Chezy と共にパリーでサンスクリットの研究をなしたが、これはドイツの国際的進出の最初であったとも見られる。

又、シュレーゲルの高弟ラッソンの Encyclopedia, Indian Archaelogy 等が此れに続いた。現代インド学会誌として最高峰をゆく一つたる Zeitschrift für die Kunde des Morgenlandes が初めて出版されたのも（一八三七年）この時期であった。一八五五―一八七五年にわたるペテルスブルグの Sanskrit-Deutsch Wörterbuch 七巻九千五百頁の大著は今なお斯界の宝蔵とせられている。ベートリンクとロートのヴェーダ研究も良く人の知るところであり、更に Weber, Aufrecht, Stenzler, Schiefner の協同者としての学勲も余りに有名である。哲学方面のみでなく、その歴史研究の上に於ても諸種の貢献がなされた。一八五一―一八五二年にわたり Albrecht Weber が大衆に対して初めて、インド文学史を講じ、後の Winternitz の有名なインド史研究出版の有力な動機となった。Winternitz が未知のプラクリット文学に進み更にジャイナ研究の新分野を切り開いたことは周知の如くである。このジャイナ研究の伝統が現在シュブリング及びアルスドルフを中心とするハンブルグ大学のジャイナ研究に伝持せられ、斯界に於ける世界の中心となっていることもドイツの偉観を今なお示すに余りあることである。

これらの十九世紀初頭に於けるサンスクリット研究

は中葉に入って、マックス・ミユーラの文献学上の貢献となって現れ、又、フンボルトのギータ研究並びに彼によるドイツとインドの文化的交流の研究となって現れ出でた。

更に、十九世紀末葉になれば、Philologie（言語学）の研究が盛大になり、ビユーラー・ルユーダース・キールホルン・ヴッカーナーゲル等と続く諸大家の出現がある。ドイツのインド研究は単なる哲学だけでなく、それが常にかかる言語学的基礎の上に構築せられていることは注目に価する。現代ドイツに於て、言語学という概念は哲学思想をもふくむ広い意味で用いられ、且つ研究される分野であって、狭い単なる言葉の分析に終っているものでないことは注意すべきである。何らの思想も見出せない言語学自体の研究は殆んど無益に近い。このことは仏教に於ける言語学研究についても特に注意する必要がある。

更に、神話研究に於て、シュレーダーは On Aryan Religion (2 volumes, Leipzig. 1914) を出版し、ヨーロッパ・インドの神々の信仰をギリシャに遡って研究している。これに刺激されたライプチッヒの哲学者 Rudolf Seidel が仏教とキリスト教の比較研究をなし、新訳聖書に於ける仏教の影響として聖書の三十頁にわたる部分を引用し、この方面の研究の端緒を開いた。

サンキヤ・ヨーガ研究の方面では、ガルベがあり、彼の Die Sāmkhya Philosophie の如きは、その後、現在までこれを越す研究書がないとさえ言われるほどの不朽の業蹟としてたたえられている。

以上に於て示されたインド研究の若干はわずかにその一部に過ぎない。これだけでもドイツのように哲学思想・文芸・神話・言語学・文化史等での研究領域においても世界的業績を世に出している国は他に類例を見ないと言わねばならない。

三　仏教研究の歴史

以上に述べた如きインド思想研究一般という広範囲の地盤の上で、仏教研究が築き上げられていった。十九世紀後半にその端を発している。フランスのビュルヌフを初め英・オランダ・ドイツに於ける仏教研究のピオニールの続出が見られたのも十九世紀後半であった。英国のリス・デーヴィズ或はケルンの著作がドイツの K. Pfungst と H. Jacobi によって独訳せられ、それがやがて H. Oldenberg の不朽の名著 Buddha, sein Leben, seine Lehre, Gemeinde となって現れた。英国と同じく、ドイツもまたパーリ仏教を基盤として研究が進められた。Geory Grimm の Die Lehre des Buddha は Paul Dahlke と違って、仏教哲学の中へ西洋論理を導入し、仏教思想を広い領域から取扱った。インド研究を基礎として発達した仏教研究は Dahlmann の Nirvāṇa に於て、数論と仏教の比較研究となって現れ又、Deussen の諸著作ともなって展開した。かかる時期に現れ、今もなお価値を失っていない諸労作の若干をあげて見る。

即ち H. Beck, Buddhismus 1928 (3. Aufl.), H. Kern, Der Buddhismus und seine Geschichte in ndien 1882–1884；更に二十世紀初頭に入って次のものがある。

Max Walleser の一連の労作即ち Die philosophische Grundlage des älteren Buddhismus 1904；Die Mittlere Lehre des Nāgājuna nach der Tibetischen Version, übersetzt 1912；Die Sekten des alten Buddhismus；Die Streitlosigkeit des Subhūti 1917；Aparimitāyur-jñāna-nāma-mahāyāna-sūtram, 1916；又、Magdalene Schott の Sein als Bewusstsein 1935；Rosenberg, Die Probleme der buddhistischen Philosophie, 1924；H. Lüders, Bharhut und die buddhistische Literature, 1941；Max Ladner の Gotamo Buddha, Sein Werden, seine Lehre, seine Gemeinde, dargestellt an Hand des Pāli-Kanons, 1948 等である。

これらの諸著作によって、パーリ仏教を基礎とした研究が更に大乗仏教研究に進められていった歴史が示されている。

又、パーリ仏教経典からするドイツ Anthologie の研究は Kurt Schmidt (Buddhas Lehre. Eine Einfühlung, 2, 1946) によって成しとげられた。パーリ経典の翻訳・研究について O. Franke, K. Seidenstücker, M. Winternitz, H. Oldenberg の業蹟は余りにも知れわたっていることだから、ここでは割愛する。ただ W. Geiger の Pali-Dhamma をあげておこう。これはパーリ経典に現れた法の概念の文献を哲学的内容によって分析整理した研究であり、原始仏教研究のために不可欠の資料である。

　これらの単行本の外に辞典、シリーズ等に現れている業績も仏教を以上と違った角度から取り扱ったものとして忘れてはならない資料を提供している。即ち、Die Religion in Geschichte und Gegenwart に於て Winternitz と H. W. Schomerus が、又、Lexikon f. Theologie u. Kirche に於て G. Schulemann が各々仏教を宗教史的並びに神学的立場から取り上げ、又、Chantepie de la Saussaye の Lehrbuch der Religionsgeschichte (1. 2. 1925) に於て仏教が広く宗教的立場から論究せられている。又、Hackmann が各国の仏教の類型を叙述すれば (Hackmann, Der Buddhismus, 2, Auflage, 1917)、Beckh は仏教とヨーガ哲学との比較研究を与えて仏教の類型を歴史的に叙述する (Beckh, Buddhismus, 3 Aufl. 1928)。

　ドイツの生んだ巨匠 Leumann, Neumann 両教授の業績は周知の如くであって述べるまでもない。これらの多方面にわたる各個研究にもかかわらず、全体に通じたバック・ボーンが見られる。それは仏教研究もまたインド思想一般の研究がそうであったと同じく、単なる文献学的興味本位のみでなく、ゲルマン民族の精神史の上でこれを根深く精神から受けとろうとしているということである。即ち、そのためには思想的に、H. Günther の Das Seelenproblem im älteren Buddhismus, 1949、又、文芸の面で A. Grünwedel の Buddhistische Kunst in Indien, 1932 をあげておけば充分であろう。

四　仏教研究の現状

仏教研究はインド学と別出せられた独立した講座を持っていない。それはインドの言語学講座の中に他のインド哲学一般と共に加えられている。従って、仏教研究はインド研究一般との連関に於て行われていることはヨーロッパの他の諸国と同じである。

ところで、現在ドイツでインド学講座（インド言語学）を持っている大学は十八種であり、ヨーロッパで最も多く且つ充実した威揚を呈している。即ち、十八大学はハンブルグ・キール・ゲッチンゲン・マールブルグ・ボン・ミュンヘン・ハッレ・マインツ・ミュンスター・ハイデルベルグ・エルランゲン・フランクフルト・ザール・ライプチッヒ・イェーナ・ベルリン自由大学・フンボルト・フライブルクの諸大学である。

これ等の諸大学の各々について述べることはここでは割愛するが、その重なるものを選ぼう。先ず、ハンブルグでは Gabain, Schubring などが中央アジアの仏教、パーリ仏教、Hamm はチベット律典を講義している。又、ベンル教授は日本学に属するが、宗教的観点から文学をあつかい、特に仏教では禅の思想史的研究に専念している。ゲッチンゲン大学の Waldschmidt は主にベルリンのオスト・トルキスタン発見の資料研究と出版に於て著しい労作を出している。即ち、Das Mahāparinirvāṇasūtra, 3 Bande, 1950, Die Überlieferung vom Lebensende des Buddha, 1944 等である。チュービンゲンの Glasenapp は哲学・文学・宗教という広範囲にわたる多くの著作を出しているが、ドイツでは文献学派に対する仏教思想面を代表する巨匠と言われている。古くは Buddhismus in Indien, und Fernen Osten, 1936; Buddhistische Mysterien, 1940 からその近著 Vedanta und Buddhismus, 1950; Der Pfad zur Beleuchtung, 1956 に至るまで、その活躍は Oldenberg をはるかにしのぐものがある。

彼の初期の労作は主として、ヒンヅー教とジャイナ教に関するものであったが、後にそれと大乗仏教との比較研究という新分野に向って進められている。マールブルクには文献学を主とする有名なノーベルがいた(一九五七年)。博士の専門はカーヴィヤと大乗仏教である。そのライフ・ワークとしてSuvarnaprabhāsottamasūtraの梵文テクスト校訂、独訳、索引は三巻まで出た。又、ハックマンとの協同作たるBuddhistische Wörterbuch (1–4 Lieferung, 1951–1952) は漢訳仏教研究の重要資料であり、又、最近 König von Raruka, 2 Bde, 1955 を出した。彼は仏教以外に講義として Divyāvadāna, Kāthaka-Upaniṣad なども講じ、仏教の Vinayavastu の研究に没頭していた。ミュンヘンの H. Hoffmann は蒙古・西蔵仏教の権威であり、Greater India では、インド・古代イランの哲学をまとめ、特にチベットの地誌学に新しい分野を開いた。近著の Bon Religion, Religionen in Tibet 等はその一端を上梓したものである。ゲッチンゲンのヴルドシュミット博士と同じく、オスト・トルキスタンの研究資料ともとりくんでいる。ハイデルベルクには往年の M. Walleser の輝しい業蹟の後をうけて、H. Kopp 博士が仏教研究所を主宰し、パーリ仏教研究と Walleser の研究資料を出版している。彼は最近、パーリ協会からパーリ仏典 Manorathapūranī, V (1956) を校訂出版した。ライプチッヒには有名な仏教学者 F. Weller がいる。彼はマールブルグのノーベル、チュービンゲンのグラーゼナップ等と共にドイツでは斯界の大御所といったところである。彼の仏教、蒙古学に関する業績の一端は Zum Mongolischen Tanjur; Über den Quellenzug einer Mongolischen Tanjurtexten に現れている。今は、ウイーンに移っているドイツ人 Frauwallner は仏教論理学、律、チベット学に於て著しい業績を世に送っている。彼はドイツの Weller, Nobel と共に全ヨーロッパに於けるチベット学者として第一人者に数えられている。インド哲学に関する著作の外に Die Philosophie des Buddhismus, 1956, The Earliest Vinaya and the Beginnings of

Buddhist Literature, 1956 等の哲学的並びに文献学的研究を出している。彼の On the Date of the Buddhist Master of Law Vasubandhu (Rome Oriental Series, III) は世親の新しい年代論研究としてつとに学界に問題を投げた労作である。彼の仏教論理学研究はチベット資料から梵文を推定論証しつつ確かな歩みに従ってなされている。又、彼は Wiener Zeitschrift für die Kunde Süd-und-Ostasiens, Wien の編集を主宰し、そこにも他の諸学術雑誌と同じく多くの論作を発表している。

以上、大学について若干を述べたに過ぎないが、仏教研究は必ずしも大学のインド学講座にのみ所属しているものではない。支那学と総称されるカテゴリーの分野に於て、その大きな部分が仏教研究にあてられている。このようなシステムの下で二、三の業績だけ上げてみる。ベルリン自由大学の W. Fuchs の Zur technischən Organisation der Übersetzungen buddhistischer Schriften ins Chinesische (Asia Major 6. 1930) 等である。

これらの文献的並びに哲学的研究の外にヨーロッパ全体に於てさえ未踏の領域の存在がある。それは仏教の伝記の研究（buddhistische Biographie）である。然るに、ドイツの Kurt Schmidt はこの方面に全く新機軸を投げかけた。それは Buddhistische Heilige, 1947 の労作である。この著は彼の Buddhas Lehre, 1946; Worte des Erwachten, 1951 に続くものであり、彼の Buddhistisches Wörterbuch, 1948 と共に斯界の重要な且つ新しい分野を切り開いた。即ち、彼は Buddhistische Heilige に於て、パーリ経典に現れる仏弟子乃至諸聖者の人格・哲学・性格などを克明に調査した。この研究によって、単なる抽象的把握による仏教理念も、具体的人格の光を通して正しく理解しなおされねばならない結果となった。例えば、彼によれば、仏教に於ける聖者が誰であるかということは自己自身で知らねばならないものである。この考え方はキリスト教に於て見出されないと主張するなど文献研究を通じキリスト教との比較に及び、興味深い。

近来、よくヨーロッパに於ける禅の研究或は日本仏教の研究が云々せられているようであるが、これらの宗教としての仏教は学問としてとりあげられているのではないということを注意しておこう。即ち、以上あげた諸大学・研究所並びに学者達は仏教に対して、その思想並びに文献を通して文化を求めようとしているのであって、宗教性への欲求ではないということである。従って、禅は大学の講座にもなく、凡そ学界の対象となっていないといってよい。これらの日本仏教は学問的よりも宗教性という点で極少数の愛好者の話題になるだけのものであって、全ヨーロッパの学界から見れば殆んど問題となっていないようである。その宗教性を通した仏教の把握という問題は今の問題と別個に論じなければならないから、ここでは閑説しない。

最後に、仏教は人間の精神史を明らかにする上に果して宗教であるか将又、非宗教的なものが宗教となったものであるかという問題が注意せられている。而して、この問題に対して仏教美術を以て答えようとする傾向のあることが注目せられねばならない。即ち、E. Waldschmidt は Budhistische Kunst in Indien に於て仏教学者に知られなかった美術上の諸概念をインド文学にまでさかのぼってその源流を明らかにし、H. Lüders は Bharhut und die buddhistische Literature, 1941 に於て仏教美術を美術史的に整理した。更に注目すべきは Dietrich Seckel の Grundzügen der Buddhistischen Malerei, 1945 である。本書は終戦時の出版で余り注意されていないが方法論的にその意味は大きい。即ち、単なる美術史でなく、美術に於ける精神の歴史である。文化と三昧、仏教絵画の取扱い方、技術等について斬新な方法論が考究せられている。仏教芸術家達の課題であった抽象・象徴・荘厳・幻想という問題が美術史的に又、精神史的に取上げられ、それがラディカルな究極 (letzte Konsequenz) として点と線の形なき白紙の空観 (das leere weisse Blatt) に到達するまでの過程を多くの実例を以て掘り下げている。曽つて C. G. Jung, Richard は仏教美術に於けるマンダラに注意を向けたのであったが、彼もまた日本のマンダラの形式に論及している。併し、丁度 G. Tucci の著 Tibetan Painted Scrolls, 1949 以来、有名になったチベットのタンカ (Tanka) について述べていないのは残念である。とまれ Schmidt は仏教美術を単に表面的な形象だけの論究に終らしめず、更に深く仏教教義・宗教的感覚にまで入って論究し、新しい実証を与えんとしたことは注目すべき方向を代表している。

以上、ドイツの仏教学界について、その歴史・文献学・哲学・支那学・美学等を極めて簡単に素描した。そこからして、我々は次の様な展望を持つことが出来るであろう。

即ち、第一に世界の学界という立場から見た場合、ドイツの仏教学は如何なる動向に向っているか。ドイツの過去が示しているように、言語学及び実証的原典の研究という文献的研究が主なる潮流である。而も、パーリ経典研究を土台にした梵語・チベット・漢訳・特にウイーグル文献の研究がこれの傾向に属する。その次には仏教の哲学思想の研究である。これはパーリ原典を主としている。パーリ原典をインド哲学一般との比較に於て展開せしめ、それを仏教の中心思想と見ようとする。大乗仏教思想は仏教学者以外の哲学者の若干によってとりあげられるだけであって、専門の仏教学者は現在、大乗文献の克明な分析解明に尽力している。多くの大学に仏教学の講義を開いていることは一つの偉観である。曽つて大乗仏教に於てはフランスの少数な学者が勝れた学界を創設したことがあったが、今では、それは過去の歴史に過ぎない。現在フランスでは大乗仏教学として開講されている大学は見あたらない。却って大乗は学者以外のグループの間に、生きた宗教として受けとられているという傾向に移しかえられているようであった。

第二にドイツの学界を日本仏教との関係に於て見た場合、次のように考えられる。即ち、外国で盛んであると伝えられている禅にしても、ヨーロッパのような精神史的伝統を持った所では決してそうではない。禅を初め日本仏教の本質はヨーロッパ的解釈とは全く異質的なものであるから、ヨーロッパの仏教学が学として未だ曽つてこれらを大学で取上げたことはなく、現在もなく、又、今後もないであろう。そのことは既に述べた如くである。ただ仏教学者以外の人々によって、分析心理学の方法による研究の対象或は神秘主義との比較といった仕方で心理学者、哲学者の関心事の一つとなっていることは確かである。将来、もし日本仏教がヨーロッパの仏教学講座に於て講義されるようになるためには、ヨーロッパの仏教学を支えている基礎学に通ずる観点を持たねば育たない。仏教学でさえ、独立したものでなく、インド哲学の講座としてその一部に属しているに過ぎない。インド的背景に於てなされている現状であるから、インドと日本仏教とは余りにかけ離れている。故に現在のインド学・仏教学の中へは日本仏教は入りえない。もし入るとすれば、支那学と日本学の中であり、而も、文化史としてしか入りえまい。仏教がパーリ経典・古代のウパニシャッドと関連せしめられ、又、心理学諸概念が言語思想史的研究によって展開せしめられるのでなければ、インド学所属の仏教として存立することは出来ない。この実状から見て、日本仏教の思想内容までも取り扱うという日本仏教学講座はヨーロッパでは将来も開かれないであろう。しかし、日本仏教の中では、密教と禅が注意されたといっても、それはただ一番早く、ヨーロッパ人に注目せられたということに過ぎない。而も、これとても、学者がとりあつかう場合、密教も禅も共にインド的乃至チベット的伝統に従ったヨーロッパ的研究過程の上に浮び上って来たからに外ならない。尤も、精神的宗教的欲求から取り上げることもありうるが、それはヨーロッパの仏教学研究とは別の問題であって、学界のものではない。要するに、過去のドイツの仏教学の動向は文献学的と同時に精神的研究に向っていたが、今後も同じ方向をとりつつ、更に極東文化への歩みよりが、支那学・日本学の名に於てとり上げられて来るであろう。ドイツではインド学・仏教学に関連ある学術雑誌だけで二十一種という多数が刊行され、斯界最大の偉観を呈している。現代のドイツは他の国の追随を許さないヨーロッパに於ける最も進歩したインド学・仏教学の中心である。独・英を頂点としてこれにアメリカ・フランス・イタリーと続くであろう。

（本稿は主に筆者の外遊中（一九五四—五七及び一九六〇—六一年）に得た資料をもとにし、アメリカの仏教との相違を念頭において書いた。詳論は拙稿「ドイツ印度学界の現状」（印度学仏教学研究第七巻第一号）、「ドイツを中心としたヨーロッパ印度学界の方向」（大谷学報第三十七巻第四号）、「ドイツ印度学界の現状」（古代学第六巻、第二号）、拙著『人と人』（一九六〇年、京都、学而堂、一—三一頁、一一五—一二九頁）、並びに Meier, Neuerscheinungen zur buddhistischenGeistesgeschichte. Saeculum III, Heft 2「アメリカに於ける現代思想と宗教研究」上下（大谷学報四十二・一・二参照）。

フランス

渡辺照宏

ヨーロッパにおける仏教の研究はもともと東洋学の一部門であって、インド、中国、日本、またはセーロン、ビルマ、インドシナ等の研究に関連しているもので、東洋政策に重大な関心を持ったイギリスとロシアをはじめ、フランス、ドイツ、オランダ、ポーランド、イタリア、米国その他の諸国の学者の参加により、十九世紀はじめから現在まで一世紀あまりの間に発展した共同作業であり、後には日本、インドその他の東洋諸国の学者も参加している。これは国際的協力によって事実上可能となったものであるから、この中の特定の国のみを別に論ずるわけにはゆかないが、一世紀あまりの成果を顧みると、フランスにはやはりフランスらしい風格が見出されるように思う。大ざっぱにいうとドイツではインド研究が先行し、仏教研究はそのあとを進んだ。ゲーテやショーペンハウェルに刺激され、シュレーゲル兄弟たちのロマンティケルに促進されて、ヴェーダやウパニシャド等の古代宗教や哲学などの研究がまず発達した。ウェーバー編集「インド研究」、ビューラー創始の「インド・アーリア言語学・古代研究大成」は十九世紀のドイツの学風を示す綜合的労作である。仏教の書物として現在まで各国に大きな影響を与えたものはオルデンベルクの「仏陀」（一八八一年初版）であり、彼はこれよりさき、ヴェーダについて重要な研究を発表していたが、さらにパーリ語仏典の原典出版、翻訳等にも貢献するところが多かった。

英国はインドに対する政治的地位により、早くからその文化について学び、文献を集める便宜があって、ドイツ、フランスの学者にも機会を提供していたが、ドイツ出身のマクス・ミュラーがオクスフォード大学のインド学を担当して以来、「東方聖書」を完成してインド等の聖典の英訳を提供し、そのヴェーダ学はマクドネルによって継承されたが、またその傍ら日本の南条、高楠を指導して大乗仏教研究を推進させた。また、一八八三年以来リスデヴィズによって創始されたパーリ聖典協会の活動によって南伝仏教の原典および英訳、辞典等の刊行という大事業が英国でなしとげられた。

ドイツ、英国に比較すると、フランスは始めからインド文化の中でも特に仏教—特に大乗仏教—に重点を置いたということに特色があると思う。この点はロシアの学界が帝政時代から現在まで仏教研究を重んじたこと（例えば一九〇一年以来の「仏教文庫」）と似た点もなくはない。しかし、フランスの仏教学はその事実上の創設者というべきビュルヌフとスナールとの両巨匠の学風によって性格がきめられたと考えてもよいと思う。この二人は広い視野を持ちながらも、特に仏教、しかもその中でも大乗仏教に重大な関心を示したのであった。

ユージェヌ・ビュルヌフ（一八〇一―一八五二）は少年時代に父から梵語を習ったというが、一八二六年にドイツ人の学者ラッセンと共同でパーリ語に関する研究を発表し、三十二歳でコレジ・ド・フランスの梵語学講座を担当したが、その代表的著作は「インド仏教史序論」（一八四四年）で、主としてネパール系梵語写本を資料として、仏教研究の基本的方針を示したのであった。この貴重な写本は英国人ホジソンが集めて所有していたもので、ビュルヌフの研究のために提供したのだった。ビュルヌフはまたハンガリア人のチョーマおよびロシア人のシュミットの労作によってチベット語の仏教文献を利用することもできた。漢訳大蔵経を手にする機会はなかったが、フランスのシナ学者によって、漢訳の大乗経典のことを聞かされていた。こういう事情であるから、大乗聖典を研究するために梵本にもとづき、チベット語訳と漢訳とを参照して本文を批判的に決定するという方法はビュルヌフ以来の学風であるということができるし、この線に沿ってその後フランス学界で立派な労作が次々に現われたというのも決して偶然ではないのである。

ビュルヌフの業績としてはその没年に遺稿として出版された「法華経」のフランス語訳は東洋で有名なこの経典の内容をはじめて西洋に紹介したもので、その後も何回となく版を重ねている。

ビュルヌフが五十一歳で逝去したのに対して、彼と並んで称せられるエミール・スナール（一八四七―一九二八年）は八十歳の高齢を保ち、フランスの東洋学界において永く指導的地位を占め、国内の学術機関の運営にすぐれた技倆を示したのみではなく、ヨーロッパ主要諸国の学士会員に推され、名声を博したが、その学術的業績はビュルヌフの傾向に近いものであった。

スナールはまずヨーロッパ古典研究の基本的訓練を

受けたのち、ドイツに留学してはじめはゲルマン語に興味を持ち、比較文法学者ベンファイの影響を受けてインドを専攻することになった。最初、パーリ語文典の出版によって学界に認められたが、大乗系（梵語原典）の仏教の研究に主力を注いだ。「仏陀伝説論」（一八八二年）はきわめて独自な労作で、主として梵文の大乗経典にもとづいて、仏陀（釈尊）の伝記は太陽神話を基盤とする創作に他ならないという大胆な仮説を提唱したもので、多くの学者から強く批判された。もちろん、仏陀伝説というものが、現代人の考えるような客観的な歴史観によって形成されたものではないという意味において、スナールの考え方にも採るべき点がまったくないというわけではないけれども、仏陀伝説の歴史的根拠を全面的に否定するかのような態度は十分に批判されてよい。スナールがこのような奇をてらう説をあえて提出した一つの理由として、当時英国にあって、インド学のみではなく、比較神話学によって輝しい名声を博していたマクス・ミュラーを対抗的に意識していたことも考えられるが、スナールの「太陽神話説」もマクス・ミュラーの「比較神話学」と同様に久しく学界に生命を保つことはできなかった。スナールの場合には当時特にフランスにおいて優勢であった実証主義的な傾向が影響し、東洋において宗教的「事実」であるものを、強いて「神話」であると言わねばならなかったということも十分理解できる。こういう態度は後に述べる他のフランス系学者の一部についても言えることである。

しかしスナールの本領はむしろ精密な言語学的研究において発揮された。その一つはアショーカ王碑文の解読である。インド古代史としても、仏教の初期の歴史から見てもきわめて重要なアショーカ王の碑文はインドで久しく忘却されていたが、十九世紀になってヨーロッパの学者によって注目され、英国人プリンセプが一八三七年に手がけて以来その解読には多くの学者の協力と年月を要したが、スナールもこれを手がけた一人であって、その成果は一八八一―一八八六年に出版され、現在においても参照される。ただしアショーカ碑文の言語のインド言語史上の地位についてのスナールの見解は当時すでにドイツの学者——たとえばピシェルなど——から批判があった。

仏教学者としてのスナールの功績は何と言っても『大事』（マハーヴァストゥ）梵本の出版（一八八二—一八九七年）である。これはネパールの写本数種を校合し、序論、内容解説、索引等を加えた緻密な労作である。現在から見れば写本の異同の取捨選択に批評すべき点が少なくないが、これは時代の進歩に伴ないやむを得ないことであろう。この梵本は漢訳『仏本行集経』などにいうところの「摩訶僧祇師の大事」に相当し、仏伝文学として重要であるのみではなく、いわゆる仏教混種梵語の代表的作品としてインド言語学的に見ても貴重な資料である。

スナールの才智に富む作品はその他にも少なくないが「インドのカースト制度」（一九〇二年）は英訳としても広く読まれ、彼の社会学的関心の程もうかがわれる。

ビュルヌフ、スナールの後、フランスの仏教学界には人を欠かなかったが、この二人に匹敵する大物といえば何と言ってもシルヴァン・レヴィ（一八六三—一九三五年）であろう。前に述べたように、ビュルヌフに始まるフランス仏教学の特徴は梵語原典を中心として、これにチベット語訳、漢訳の資料を参照することにあると言えるが、この方法を具体的に実現し、不朽の功績を残したのがレヴィである。レヴィはネパール王室に信頼厚く、そのために他の人では近づき難い宝庫に入って貴重な写本を世に紹介することができたのみでなく、それらの貴重な資料の出版にあたっては門下生や外国学者の協力を求め、かつまた国際的視野に立って仏教研究の推進に努め、殊に日本の伝統的な仏教の学問を高く評価したなど、その功績はきわめて大きい。

レヴィが手がけた梵本としては無著の「大乗荘厳経

論」の原典とフランス語訳（一九〇七年）が最初で、これによって唯識学の研究に貴重な資料が提供されたわけであるが、当時としてはまだこれが学界で十分活用されるに至らなかった。一九二二年にネパールで発見し、一九二五年に出版した世親の「唯識二十論」、安慧の「唯識三十論釈」梵本（そのフランス語訳と研究は一九三二年に刊行された。）は殊に日本の仏教学界に大きな刺激を与えた。安慧の教学は中国、日本ではは古来多く名のみ伝えられてその内容について知ることが少なかったのである。高楠、荻原、宇井等の諸博士またはチベット学の寺本教授等はそれぞれレヴィ本の修正意見や和訳を発表して、この刊本にはかなり大きな欠陥のあることが明らかにされたが、実際にこの本を理解するためにはインドの註釈、調伏天のもの（チベット語訳現存）によって筋道を立てなおさなければ意味をなさないことに気がついたのは別の人たちであった。後年レヴィに師事した山口益博士はこれより前（一九二三年）師佐々木月樵教授とともに「唯識二十論」の蔵漢対照本を刊行したが、この中ではすでに調伏天の釈を依用している。

レヴィは一九二八年日本から帰国の途中、ネパールで安慧の「中辺分別論釈疏」梵本写本を発見したが、その校訂出版の仕事は山口博士に一任された。前回の経験から見ても自分よりも山口博士の方が適任者だと判断したためであろうか。こういう点はたしかにレヴィのよいところで、先に（一九一八年）ロシアのシチェルバッキーと協同で第一巻界品のみを出版したままになっていた称友「倶舎論釈」梵本は結局功を荻原博士に譲ることになり、日本で完成された。また、荻原博士が日本で出版した弥勒の「現観荘厳論」と師子賢の註との梵本もレヴィ発見の写本に依っている。その他、レヴィ発見の梵文写本で未だに整理されていないものもいくつかあるらしい。

レヴィはまたその語学的才能を生かして中央アジア古語特にクッチャ語の研究でも貢献するところがあったが、第一次大戦の後にドイツからフランスに割譲されたシュトラスブルクの大学に赴任して、敗戦で逐われたロイマン教授の研究室を利用した点については道義的に云々する風評もあったが真相は明らかではない。またベルリンのリューダースとの論争も有名なので、明らかに後者の黒星と見なされるものもあるけれども、全体としてドイツ学界の中央アジア古語研究はすばらしい業績であり、この研究はノルウェーのステン・コノウ、英国のベイリーによって継続された。

レヴィの論文集として「インドと世界」「インド文化史」の二篇がいずれも日本語に訳されているが、インドないしアジアにおける仏教の重要性を強調している。ここにレヴィが生涯を仏教研究に打ちこんだ理由がうかがえるのであって、アジアを理解するための仏教研究という意図がはっきりしている。何のためにアジアを理解するかということは別問題としても、仏教の信仰にはまったく無関係なユダヤ人であるレヴィがあれほどの熱意をもって仏教ととりくんだ態度には感嘆しなければならない。高楠博士を説いてフランス文仏教辞典「法宝義林」を企画させたのも同じ意図であろう。

レヴィの数ある門下生のうちでもおそらく最大の業績を残したのはベルギーのルイ・ド・ラ・ヴァレ・プサン（一八六九―一九三八年）であろう。レヴィの大乗仏教哲学に対する理解がある程度暗中模索の感があるのに対して、プサンは梵語、チベット語から後には漢文まで独力で読破するだけの力を持ち、中観、倶舎、唯識等の原典研究と翻訳に偉大な足跡を残した。初期にはまず月称の「中観釈論」梵本（一九〇三―一九一三年）および同じ人の「入中観論」チベット語訳本（一九一二年）の出版があり、ともにロシアの「仏教文庫」の中で刊行され、そのうち後者の一部分のフランス語訳（一九〇七―一七年）も発表されているが、この両本はインド中観派の研究のために劃期的な資料を提供した。前者の梵本校訂のやり方を見ると、先に進むにしたがって技術的の冴えが見られ苦心の程がうかがわれるが、一九二七年のシュチェルバッキー、一九三一年のシャイヤー、のちに山口益博士のそれぞれ英、独、日本語の、いずれも部分訳において、かなりの修正意見が提出されている。「入中観論」はその後目立った研究が出ていないがきわめて重要な書物である。なおこの頃、調伏天の「正理一滴論釈」チベット語訳本を「インド文庫」の中で校訂出版しているが、これもプサンの見識の豊かさを示すものである。

しかしプサンの生涯を貫ぬく仕事としては倶舎と唯識とに関する労作が確実なる歩みをもって続けられて行ったことが特に著るしい。梵本の発見される前に「唯識二十論」のチベット語訳とそれのフランス語訳（一九一二年）を出版し、当時としては批判的な仕事ではあるが、佐々木、山口本はその上を越した。「倶舎論」世間品関係の研究をまとめた「世親と称友」（一九一四—一八年）は同論研究の範例として功績を残した。だがチベット語訳を底本とし、玄奘訳を参照し、真諦訳まで比較してフランス語訳「倶舎論」（一九二三—三一年）を完成したことは確かに驚嘆すべき偉業であった。梵漢パーリその他の豊富な資料にもとづいて詳しい註もついている。

「倶舎論」に続いて漢訳「成唯識論」十巻のフランス語訳が完成された（一九二八—二九年）。前者はとにかくチベット語訳本という底本があり、その漢訳本も大体からいえば合致する部分が多いのであるが、後者の場合には底本は漢訳のみであり、梵語やチベット語の資料と比較できる部分はあまり多くはない。したがってこの場合には漢訳を正面から相手にしなければならない。中年になって始めて漢文を学んだ白人の仕事としてわれわれの期待を遥かにうわまわっている。しかし、「倶舎論」にせよ「成唯識論」にせよ、決して簡単な書物ではない。殊に後者については訳者玄奘とその周辺の複雑な背景を考慮しなければならないのであるから、プサンの翻訳はいわば一つの仕事の完成というよりも一つの新しい出発点と見るべきであろう。また、一々の術語の解釈についても議論の余地は多いであろう。しかし中国やわが国の一千三百年のいわゆる法相学の歴史を顧みるとき、このプサンの仕事の前に反省すべき点が多いことは否定できない。

その他さまざまの原典研究があるが、「仏教」を主題とする三つの著述「仏教―研究と資料」（一八九八年）、「仏教―教理史論」（一九〇九年、一九二五年再版）、「仏教の教理と哲学」（一九三〇年）は著者自身の成長を示すのみではなく、ある意味ではヨーロッパの仏教研究の推移の尺度にもなる。殊に第二の著書において著者の面目躍如たるものがあるが、それ以前のオルデンベルク、リスデヴィズ等のようにパーリ語資料に基づく小乗的、アラカン的仏教とはまったく異なり、仏教における宗教的要素を詳しく述べ、大乗や密教についても重要な叙述をしている。この点はカトリック信者としての著者の着眼点のよさを示すものでもあろうが、読めば読むほど明瞭になってくるのは著者が心の底ではどこまでも仏教を軽蔑していることである。仏教の宗教性を明示するのも、仏教は理性を本質とするものではないという結論を出すために他ならない。それならば何故あれ程の努力をして仏教の原典を読破したかというと、それも、仏教よりも一段と高い立場に立って仏教を見くだすためである。しかもプサンは仏教に対する軽蔑を隠そうともしない。

しかしプサンのこの姿勢に対する批判は、仏教信仰の伝統を持つアジア人の側からではなく、帝政ロシアからソヴィエットになってもロシア仏教学界の大御所であったシュチェルバッキーから来た。一九二七年に出た「仏教の涅槃の概念」の本文はプサンに対する攻撃を主眼とし、その附録は同じくプサンの出版した月称「中観論釈」の一部の英訳である。しかしこのロシア人はむしろ合理主義を強調することによってプサンを批判したのである。

以上、ビュルヌフ、セナール、レヴィ、プサンと数えあげてみると、この四人の業績がなくては現在のフランス仏教学というものは考えられないのであるが、それにしても、四人ともすでに過去の亡霊に属するとしか考えられない。植民競争、白色人種の有色人種に対する優越意識、そう言ったものと全く無関係とは言いきれない十九世紀的なフランス東洋学の女王、仏教学も、二十世紀の三分の一をすぎるころから明るい朗らかな装いを帯びて来た。というのはあらゆる意味で世界的文化の交流がさかんになってくると、学問の上でも独善主義は通用しなくなり、国境を越え、人種を超越した本当の協力が可能になった。現在フランスの仏教学界に活躍しているのはレヴィやプサンに学恩のある人が多いが、仏教の本格的研究はこの現役の人々によってここ三十年以来に急激な進歩をとげたと考えられる。

はなはだ興味あることではあるが、フランス仏教学界の新しい空気はポーランド系のフランス人ピチルスキー（一八八五―一九四四年）によってもたらされた。彼は青年時代（一九〇七―一三年）ハノイにあって学び、多年パリの学界の要職にあった。そのまとまった著書としてはあまり大きくない「仏教」（一九三二年）ぐらいなものであるが、実はこの中には劃期的な考察が含まれている。個々の問題を扱った著書、論文は実に多数あり、その方面もきわめて広いが、仏教学を研究するものにとって見逃すことのできないものの中に「アショーカ大帝伝説」（一九二三年）、「王舎城の結集」（一九二八年）等比較的初期の歴史研究から「仏教とウパニシャド」（一九三二年）、「経量部と譬喩師」（一九三二年）、「宗教学は存在するか」（一九三六年）、「ウパニシャドおよび原始仏教における死後の解脱、発展した仏教における生前解脱者」（一九三八年）、「蘊論――古仏教の歴史研究」（一九三八年）等があり、この最後のものは僅か八頁の小論文でありながら、仏教研究史上に重大な意味を持つのである。

ピチルスキーの所説はそのきわめて広く深い学識と鋭い観察力のために、必ずしも理解し易くはないが、彼が常に協力して来たポーランドの仏教学グループ、特にシャイヤー（第二次大戦中死亡）、レガメイ（現在スイスの大学教授）たちの仕事との関連において考察すると、ここに仏教研究史上の劃期的な偉業がなされつつあることが明白になるのである。即ち、十九世紀末にドイツのオルデンベルク、英国のリスデヴィズたちはパーリ語聖典が仏教の最古の姿を伝えるものであり、その中に仏陀自身の真説が含まれるものであるとして、「原始仏教」を唱えたのであるが、ピチルスキーたちによると、パーリ語聖典もまた、他の多くの所伝と同じく仏教の一派の説を伝えているに他ならないのであるから、パーリ語聖典のみを原始仏教の資料として無条件で承認するわけには行かない、というのである。

すでにプサンにもそのような考え方があったし、また、たまたま同じ時期に英国のキースが「聖典成立以前の仏教」（一九三六年）を発表して、ほぼ同じ趣意を論じ、リスデヴィズ夫人も一九三二年以後には幾分従前の主張を修正して新傾向に同調する様子を示したが、ドイツのヴィンテルニッツは新傾向に反対して以前からの「原始仏教」の説を擁護した。

しかしパーリ語聖典一本槍で仏教の最古の姿を再現することが不可能であることはすでに論争の余地がないと見てよいであろう。このことはこのピチルスキーが創刊した「仏教文献」（仏教の主要な単行本、論文の標題と解題を含む）によっても十分うかがうことができる。これはピチルスキーの死後その弟子ラルーが編集主任となり、広く国際的協力を求め、わが国からも友松、岡本、吉水、久野の諸氏が参加した。現在までに一九二八―一九四七年に発表された研究の分が刊行されている。

ピチルスキーの弟子、ラルーはチベット語の方面から師に協力し、または独力で仏教の宗教面に重大な貢献をしている他、パーリにある敦煌のチベット写本目録の編集もした。

ベルギーではプサンの弟子ラモートが「解深密経」のフランス語訳（一九三五年）をはじめ世親の「成業

論」、無著の「摂大乗論」から、ついに竜樹の「大智度論」のフランス語訳（第一巻一九四四年、第二巻一九四九年）を発表した。これは本文の理解、訳註の用意等あらゆる点においてプサンの時代とは隔世の観がある本格的な偉業である。ここに至って漢文仏教資料を駆使する能力が中国や日本の最高水準と優に比較されることになった。

漢文といえば、シナ学そのものはフランスではインド学よりもおそらく歴史が古く、優秀な学者も多いが、仏教に関してはドミェヴィルが漢文も日本語も自由に読み、本格的な立派な仕事をしている。中国仏教に関する個々の労作の他、前に触れた「法宝義林」の編集（一九二九年以降）をしたが、ルヌー達の「古典時代のインド」第二巻（一九五三年）の中国仏教の部を執筆した。この後者では「大正新修大蔵経」によって内容を解説し、仏典漢訳の史料でも重要な記述をし、日本で出版された資料、望月、織田の両仏教辞典を比較論評し「国訳一切経」の解題の善い例、悪い例を示すなどきわめて達者かつ親切である。

この「古典時代のインド」でルヌーの共同編集者であるフィリオザはドミェヴィルの担当した以外の仏教の部を執筆し、穏健で信頼できる叙述をし、しかも最近までの成果を豊かにとりいれている。ただし、この書物は第三巻に文献と、インド以外の地域の仏教の説明とを収めることになっているので、詳しいことはその刊行を待たねばならない。

フィリオザはこの他にも個々の問題について論文を発表しているが、なお、ブロシュ、ルヌーとパーリ語仏教聖典の原典とフランス語訳との刊行を企画し、その第一巻が一九四九年に出版された。

このルヌーはレヴィの門下で、仏教に関係のある論文もあるが、その本領はインド学プロパーで、前記の「古典時代のインド」の主要部分を執筆し、「梵語文法入門」（一九四六年）、「梵文学名文選」（一九四七年）、「ヴェーダ語文典」（一九五二年）等の他、インドの言語学、宗教、哲学、文学、歴史等に関する名著を次々に発表している。本格的なインド学者としてフランスでは最初の人ではなかろうか。そういえばルヌーは最初の「梵語フランス語辞典」の編集者でもある。ドイツ語や英語のものは十九世紀以上、数種類もあったのにフランス語のものは一つもなかったのである。

語学といえばやはりレヴィ門下のバコーはチベット語についての基本的研究を発表した後「チベット文語文典」（一九四六年）を出版した。従来の文典が口語と文語とを並べて説明しているのに対して、バコーは文語に限定し、しかも用例を特定の書物に絞ってあげているために、科学的信頼性があり、小冊ながら絶対の教科書である。なお彼の「仏陀」（一九四七年）は穏健であり、資料の扱い方から見ても注目される好著である。

なおフランスの仏教学と言えば視野も広く筆も達者なマッソン・ウルセル、オルトラマイル、グルッセの名を逸するわけに行かぬだろうし、また、宗教学者として独自な領域を開拓したエリヤーデ（現在シカゴにいる）も仏教についてすぐれた論文を書いている。またチベット探検家として有名で、学術的というよりも現地報告という意味で著述の多いアレキサンドラ・ダヴィド・ネール女史も健在の様子で「仏教友の会」（一九二九年創立、機関誌「仏教思想」）の会員の一人で、この会はソルボンヌに同好者を持つ。またベルギーには「仏教研究センター」（一九五〇年創立）があり会員百人という。

なお、シナ学関係や美術考古学部門には触れる余裕がなくなった。

この不完全な叙述をおわるにあたり、山口益氏「フランス仏教学の五十年」（一九五四年平楽寺書店）を推薦したい。著者自身がフランス仏教学の中の立て役者の一人であるこの好著はわれわれ学徒のはげみにもなるのである。なお詳細については“Bibliographie Buddhique”（特にIX-XX, 1936-1947; 刊行の分、1949年）および、Regamey “Buddhishische Philosophne 1950” 山田竜城氏「梵語仏典の文献学序説」（昭和三十二年東北大学文学部研究年報）等を手がかりとして直接元の文献にさかのぼることをおすすめする。（一九六一年秋彼岸中日、富士見高原療養所で）

イタリア

稲葉正就

I　仏教研究の過去の概要

イタリア人の手になる仏教の記述は、かの有名な第一三世紀後半のマルコ・ポーロ Marco Polo の旅行記まで溯らねばならない。その後、東洋へ布教に来たイタリア人宣教師の数は多いが、特に第一六世紀後半のマッテオ・リッチ Matteo Ricci から、第一八世紀前半のイポリト・デシデリ Ippolito Desideri の頃には最も多数の宣教師が派遣せられ、かれらがアジアで見聞したことを記した中に、仏教に関する記述が相当見うけられる。一七〇四——一八〇七年の約百年間にイタリアからカプチン僧が三〇回に亘って派遣せられ、インドを経てネパール・チベットへ行った者が七一名——イタリア出身でない者もあろうが——の多きにのぼっている。これらの人々が書いた報告書や手紙や旅行記などを悉く集めて、それを整理し詳しい註釈を附けて、ペテック L. Petech 教授が『新ラムーシオ・第二巻——チベットとネパールとにおけるイタリアの宣教師たち』(Il Nuovo Ramusio. II.——I missionari italiani nel Tibet e nel Nepal.) 第一——四部として一九五二——三年に出版した。また、同第五——七部としてジェスイット派の前述のイポリト・デシデリが残した数多い文献を、一九五四—六年に収録刊行した。キリスト教宣教師たちの東洋に関するこれらの尨大な文献類は、イタリアの誇りとするところである。そのためペテック教授のこの全七冊に及ぶ出版は豪華なものであるが、そのわりに安価（各冊四〇〇〇リレ・約二五〇〇円）で買えるように補助出版されている。近年、イタリアの東洋学研究の出版本はたいてい英語で書かれているにもかかわらず、この出版は殆んどイタリア文であるのも、――読解に非常に不便を覚えるが――イタリアの誇りを特に強調するためであろう。とにかく、これらの文献は、それぞれの手紙や報告書に日附場所が明記されているから学問上に貴重な資料であることはいうまでもないが、布教のために神に身体を捧げて辛苦を嘗めた多数の宣教師たちの熱意には、現代仏教徒に対してよき教訓を与えるものでもある。

　第一九世紀に入ると、英独仏の諸国における東洋学がそうであるように、イタリアも仏教そのものの研究時代に入ることになる。そして仏教に関する書物の出版が次第にその数を増し、第一九世紀後半から今世紀にかけて、一つ一つそれらを枚挙するにいとまがないほどである。そこで特に主要なもののみをあげよう。

　先ず、プイニ C. Puini が、一八七八年に『仏陀と孔子と老子』（Il Buddha, Confucio e Lao Tse. Firenze.）を出版し、また、花山信勝教授還暦記念『Bibliography on Buddhism. Tokyo, 1961』（以下、花山目録と略称）六〇九頁に記載せられていないが、かれは、『東洋研究雑誌』（Rivista degli studi Orientali. 1916, VII. pp. 235–251）に『シナの道教の古いテキストの仏教の解釈』（Interpretazione buddhista di vecchi testi taoisti cinesi.）という論文を発表して、儒教道教と併行して仏教研究を行っている。仏教そのものの研究として、法華経や大般涅槃経などの研究があるが、漢訳としてのそれらを扱ったものであって、要するに、かれは中国研究の一分野として仏教研究を行ったと見るべきであろう。（花山目録六〇九頁参照）

　次に、ロレンツォ G. de Lorenzo は、一八九六年に『インドと古代仏教』（India e Buddhismo antico,

Bari.) を発表した。これは後に数回増訂出版せられた有名な書物である。かれはノイマン K. E. Neumann とともに一九〇七年に『マジマニカーヤにおけるゴータマ仏陀の説法』(I discorsi di Gotamo Buddho nel Majjhimanikāyo. Bari.) という書名で、パーリ文の中阿含経のイタリア語全訳を出版した。この頃からイタリア仏教学研究は学問的に本格的な段階に入ったといえるであろう。(花山目録四五四—五頁参照)

また、殆んど時を同じくして、パヴォリーニ P. E. Pavolini は、一八九八年に『仏教』(Buddhismo. Milano) を上梓し、一九〇八年に法句経のイタリア語訳 Il Dhammapada を発表した(花山目録五六七—八頁参照)。一九一二年に法句経と如是語(Itivuttaka)とを併せて『仏教倫理のテキスト』(Testi di morale buddhistica. Lanciano) として出版した(花山目録に記載なし)。

このように純学問的な研究段階に入ったが、もちろん平易に説くことを目的とするものは、むしろ早くより公刊せられ、一九〇三年にコスタ A. Costa によって出版せられた『仏陀とその教義』(Il Buddha e la sua dottrina. Torino) (花山目録一四〇頁) がその目的を達成した書物である。

さて、フォルミキ C. Formichi の時代になってイタリアの仏教研究は活況を呈して来た。かれは一九二三年に『仏教の弁護』(Apologia del Buddhismo. Roma) を上梓した。これは一九二六年に、フランス語とスペイン語に翻訳出版せられている。かれは多くの論文を発表したが、その中で『仏教の科学的精神』(Lo spirito scientifico del Buddhismo. Biblychnis, 8-9 月号 1923) は注意すべきものであろう。(花山目録二三八頁参照)

この頃、スアリ L. Suali は『覚者—仏伝』(L'illuminato. La storia del Buddha. Milano.) を一九二五年に出版した。これも、一九二八年にドイツ語に、一九三三年にフランス語に翻訳出版せられている(花山目録七二五頁)。その後かれは一九三五年に『ゴータマ仏陀』(Gotama Buddha. Bologna.) を刊行している（花山目録に記載なし)。

また、ベッローニ・フィリッピ F. Belloni-Filippi は、一九二七年に『ゴータマ仏陀の教義』(La Dottrina di Gotama Buddha. Lanciano) を上梓した（花山目録に記載なし)。

以上、概観すると、イタリアにおける仏教研究の先駆者は、主としてキリスト教宣教師たちであった。ローマ法王が君臨する国柄からして当然のことであって、イタリア仏教研究の一特色である。したがって第一九世紀に近代的な研究時代に入っても、その研究は極めて客観的であり批判的である。仏教信仰上よりの研究は先ず見られない。このことは、ヨーロッパ諸国においても大体そうであるが、特にイタリアではその特色が強いといえる。

Ⅱ　大学や研究所における現状

イタリアの諸大学の中で、何といっても一三〇三年に創立せられたローマ大学をあげねばならない。仏教学研究は、文哲学部の中の東洋学講座の中で行われていて、もちろん特別に講座があるのではない。文哲学部は白大理石の新しい殿堂の中にあって快適であるが、東洋学の蔵書は案外貧弱である。しかし現在、偉大なトゥッチ G. Tucci 教授の努力によって、まさに興隆への意気に燃えつつある。トゥッチ教授が仏教に関する講読を行い、ガルガーノ A. Gargano 教授がインド学を、トゥッチ門下のペテック教授が東亜の歴史地理を、ブッサーリ M. Bussagli 教授が東洋美術史を講義している。そのほか東洋各国の言語やオリエントに関するものなどが講ぜられている。

イタリアの他の大学で仏教学研究は殆んど行われていない。ミラノ大学のピサニ V. Pisani、ミラノ聖心カトリック大学のボルサーニ S. Borsani、トリノ大学のボット O. Botto、ボローニャ大学のヘッレマン L. Hellemann、バリ大学のパッパチェーナ E. Pappacena などの諸教授がサンスクリットを中心とするインド学を研究している。ナポリ大学のムッチョリM. Muccioli教授は日本文学・日本史を研究している。これらの人たちは、仏教のみを研究しているのではないが、多少仏教研究を包めて行っている。

さて、注目すべきは中亜極東研究所Istituto Italiano per il Medio ed Estremo Oriente（略称・イズメオIsMEO.）である。この研究所は一九三三年に創立せられ、哲学者ジオヴァンニ・ジェンティーレGiovanni Gentileが初代所長となった。創立の目的は、イタリアとアジアとの間の協力にあったが、一九四七年に、それに加えるに文化事業を行い、また教育機関でもある法人組織となり、その翌一九四八年からトゥッチ教授の主宰のもとにあることになり現在に至っている。ローマ駅から西南へほど遠からぬところにあるブランカッチオBrancaccio公の立派な邸宅の二階を借りて、図書室・事務室・博物館室・催物会場など多くの部室を設けている。研究員の研究はもちろん、文化的な展観などの催しから、研究成果の出版に至るまで種々の事業を行っている。教育機関としての面は、この邸宅の最上階を借りて、そこに夜間の学校を開いて一般市民に開放している。この学校は東洋の七ヵ国語を教えることに重点をおいて、それに加えて東洋各国の歴史・地理・宗教・美術などの講義を行っているが、特に仏教の講義はなく、それらの中に含めて教えている。ローマ大学の諸教授がここでも教鞭をとっている。この研究所の図書室の事務を担当しているランチオッティL. Lanciotti氏もここで教鞭をとりシナ文学を講義している。かれはシナ学の有望な学者で将来を期待せられる人である。大学は学問研究だけであるのに比して、この研究所は諸種の事業を行い、世界と文化交流を行って、活潑に実動している。

Ⅲ　仏教研究の近年の成果

現代イタリア仏教学研究の大立者は、何といってもトゥッチ教授である。かれの著書と論文について、花山目録（七五九―七六一頁）に一九二一―一九三三年に亘る間のもの二九種が掲げられている。それらは、中観・唯識・因明など広範囲に及び、その博学さを知ることができるのであるが、ここには割愛することにして戦後の教授の業績だけを眺めると、仏教研究としては、教授がチベットやネパールで発見した梵文テキストを収録した『仏教小テキスト類』(Minor Buddhist Texts. Roma. Part I 1956, Part II 1958) が最も重要なものである。第一部には、無着の Triśatikāyāḥ Prajñāpāramitāyāḥ Kārikāsaptatiḥ の梵文並びに金剛般若経論頌の漢蔵訳とその英訳を附加し、ついで能断金剛経の分析とそのギルギット Gilgit 本が収められ、次に竜樹の大乗二十頌論の梵文、カシバラパーダ Kambalapāda の Navaślokī、アムリターカラ Amṛitākara の Catuḥstavasamāsārtha、ジターリ Jitāri の Hetutattvopadeśa、ヴィドヤーカラシャーンティ Vidyākaraśānti の Tarkasopāna とそれらの研究が収録されている。第二部には、教授がチベットのプカン寺で発見した修習次第 (Bhāvanākrama) の初次第（漢訳・広釈菩提心論に当る）の梵文とそのチベット訳と、それに対する序文をつけている。序文の1はサムエの法論を中心としたもので一五〇頁に及び第八世紀後半頃のチベット仏教史の一大論文ともいえるものであり、その2は初次第の英文の摘要である。これらの新資料は仏教研究に貢献するところ大きい。しかしながら、戦後の教授の業績の大半はむしろチベット学研究にある。かれは、一九四九年に『チベットの絵巻軸』(Tibetan Painted Scrolls. 3 vols. Roma.) を出版し、まさしくチベット学研究の一エポックを画した。この書物は、主としてタンカ（絵巻軸）の研究であって、第三巻はタンカ類を集めたものであり、前二巻はそれの序説及び解説である。しかし特に第一巻は中世以降のチベット仏教史研究に有益な論文であり、第二巻の後半の歴史資料類は得がたい貴重なものである。

なお、チベット学研究においては、トゥッチ門下の俊才ペテック教授が活躍している。かれが、宣教師たちの文献を収録して『新ラムーシオ』七冊を出版したことは前述の通りである。そのほか、かれの傑作として『第一八世紀前半の中国とチベット』(China and Tibet in the Early 18th Century. Leiden, 1950.) がある。これは第六・七代ダライを中心とする種々の事件に対して清朝が次第にチベットを自己の領土下に併合してゆく過程を述べたものである。第七代ダライと第二・三代タシラマの伝記類やミワントクジエ Mi-dbaṅ rtogs brjod というようなチベット資料と、清朝実録をはじめとする中国資料と、前述の宣教師たちの同時代文献とを駆使した立派な成果である。また、ペテック教授は、一九五四年に三七歳の若さで世を去ったフェラーリ A. Ferrari 女史の遺稿を整理完成し、英国のリチャードソン H. Richardson 氏の協力を得て、一九五八年に『ケンツェの中央チベット霊場案内記』(Mk'yen-brtse's Guide to the Holy Places of Central Tibet. Roma.) を出版した。これは、ケンツェ(一八二〇—一八九二) のチベット原文とその英訳と詳細な註記を附して出版した非常に有益な成果であって、一種のチベット仏教史地名辞典の役割を果してくれるものである。

次に、ネパール研究においては、トゥッチ教授が一九五六年に『ネパールにおける二回の科学的探検についての予備報告』(Preliminary Report on two Scientific Expeditions in Nepal. Roma.) を刊行した。チベットとの国境附近の奥地に残るボンポ教の有様や、ネパールと西チベットとの歴史的関係など有益な研究である。その探検の際に得たグプタ文字の碑文などの八五葉の写真を附してニョーリ R. Gnoli 助教授が一九五六年に『グプタ文字のネパール碑文』(Nepa-ese inscriptions in Gupta characters. Roma.) を刊行し、ペテック教授がそれらの資料などを利用して一九五八年に『ネパール中世史』(Mediaeval History of Nepal. Roma.) を出版した。このようにネパール研究にも深く鍬を入れつつある。

なお現状に関して詳しくは、中村元『海外学界の歩み』(印度学仏教学研究第九巻一号三三九—三四一頁) 及び拙稿『イタリアの東洋学研究の現状』（日本仏教学年報第二四号）参照。

Ⅳ 最近の研究の特色と動向

以上のように、イタリアの仏教研究はマルコポーロに始まって、ヨーロッパで最も先駆をなすものであった。しかし、第一九世紀からこの戦争までの仏教研究は、英独仏のそれに比べると概して遜色を蔽うべくもなく、いわばそれら諸国の研究の衛星的なあり方であったといえるであろう。ところが、戦後は決してそうではない。特にチベット学・ネパール学研究は、いまやイタリアは世界の先端を直進しつつある。全く驚異といわねばならない。それは偏に偉大なトゥッチ教授の活躍の賜にほかならない。いま戦後のイタリアの仏教研究の特色を要約すると、前述の研究資料が殆んど新発見のものであるという点である。従来既に学界に登場して研究されている資料では、よほど緻密であって名人芸とでもいうべき研究の仕方を以てしても、なお人を驚歎せしめることは容易なことではない。ところが前人未知の新資料を得た場合は比較的容易に驚くべき成果をあげうることが多い。トゥッチ教授は、チベット・ネパール方面へ数回の科学的探検を行い、相当な数量にのぼる新資料を入手した。したがって、それらに対する前述の最近の成果は、一躍世界の学界において先端をきることになったのである。

更に詳細に述べると、それら新資料は、仏教学に関するものも前述の如く数種あるが、大部分は、チベット仏教史書・ネパールにおける碑文で、その他チベットにおける碑文・文書などである。これらの諸資料は歴史研究――もちろん仏教史研究を含む――にとって貴重なものである。トゥッチ教授の『チベットの絵巻軸』なる大著作が、一エポックを画したものと前述したのは、これが世界のチベット学をしてチベットの歴史部門の研究へ躍進せしめる役目を果したからである。戦前までのチベット学は、インド仏教学研究のための補助的なあり方といった傾向が濃厚であったが、トゥッチ教授によって純チベット学へと発展的転回が実現せられるに至ったのである。事実、世界の東洋学界にチベット歴史研究ブームがまきおこりつつある。

さて、なおここに注目しなければならないのは、トゥッチ教授が西パキスタンのスワットで行っている大規模な発掘である。その成果として、既にイズメオの機関誌『東と西』(East and West. New Series, vol. 9, No. 4, 1958) に『スワットにおけるイタリアの発掘についての予備的報告と研究』(Preliminary Reports and Studies on the Italian Excavations in Swat) という七〇頁に及ぶ報告が発表せられている。しかし詳細な研究はこれからであって、遠からず考古学的な面からまた世界の学界を驚ろかすのではなかろうか。

要するに、戦後のイタリアは、チベット学・ネパール学の歴史研究への先導を果し、いままたインド及び中央アジアの考古学を研究しつつある。何年か将来に、これらの研究が一応済めば、こんどはどの方向に進むであろうか。チベット学だけを専攻する学識の狭いわたくしには知る由もないが、チベット学について推測すると、次期はチベット資料によるインドとチベットとの仏教聖者たちの伝記の研究に入るのではなかろうか。現存する多くのチベット文の伝記類は、或る程度チベット史の研究が進まないと取扱っても立派な成果を期することが困難であるが、最近のチベット史研究のめざましい進展は遠からずその研究を可能ならしめるであろう。またそれに伴って、チベット仏教学すなわちラマ教教理研究が勃興してくると思われる。チベットの聖者たちが残した驚くべき尨大な諸全書は、ヒマラヤの山が聳えるから登らずにおけない如く、いつかはこれらを手がけねばならない。目下の状況では、やはりイタリアがまっ先にこれらの新分野に挑むのではなかろうか。わが国の学者も奮起せられんことを切に念願する次第である。

この稿を草するに当って、Lanciotti 氏の御協力を得たことに対して心より謝意を表する。

インド・セイロン

高崎直道

I　インド・セイロンの仏教研究の特色

先年、仏滅二千五百年を祝う祭典、ブッダ・ジャヤンティが世界的に行われた際（一九五六―五八）、インド政府は『仏教二千五百年（2500 Years of Buddhism, 1956)』を出版したが、その序文で、副大統領ラダクリシュナン博士は「仏陀はヒンドゥーとして生れ、育ち、そして、ヒンドゥーとして死んだ」と述べたことが仏教徒の間に物議をかもし、セイロンの僧侶・学者がこれを非難したことがあった。

事の是非はともかく、このラダクリシュナン博士の考えは、インド人一般に共通の、仏教に対する見方を示している。インド人にとって、釈尊はインドの生んだ第一級の偉人であり、仏教はインドの偉大な文化遺産である。その意味で、彼等は仏陀とその教えを尊敬し、誇りとしている。しかし、彼等は仏教徒ではない。仏教は、シヴァ崇拝やヴィシュヌ崇拝とならんで、一つの宗教であり、それらすべてを包括して、ヒンドゥイズム、すなわち、「インド的伝統」の名で呼んでいる。宗派的宗教としての仏教は、インドでは千年も昔に滅び、教学的伝統はそこで絶えてしまっている。これに対し、セイロンはパーリ聖典を伝持し、長老仏教を今日に伝える国として、仏教が現に生きて活動しており、仏陀は教祖として崇拝され、仏教はヒンドゥイズムとははっきりと対立する宗教として自覚されている。

よかれあしかれ、この両国の仏教に対する見方の差異が、そのまま近代仏教学の成果にも示されているように思われる。伝統を背景にもつセイロンの仏教学は、教理に対する深い理解を示す一方、長老派仏教（パーリ仏教、南方仏教）に対象が局限される傾きがある。広大な地域に多数の学者を輩出して、インドの仏教学は、その研究対象も広範であるが、その割に教理的・思想的研究が少い。インドの仏教研究は、サンスクリットやパーリの言語学的・文献学的研究が主で、その他、哲学・考古学・歴史学・美術の各分野、あるいはそれらを包括するインド文化圏の研究（Greater Indian Studies）の一環として行われている。パーリ語学科以外には、仏教学を専攻する独立の学科・大学・研究所は、ごく最近まで存在しなかった。

これはインドの仏教研究をして、その方法論を学んだ西洋人に近い、客観的・批判的な態度をとらせている一原因である。欠点といえば、仏教をあまりにヒンドゥイズムの枠内で考え過ぎ、それがインド国外に広まりえた力を見おとし、ヒンドゥイズム正統派との差異を過少評価する点に見出されるであろう。

学問的業績において、質量ともに遙かに劣るセイロンは、しかし、インドの仏教研究に大きな影響と刺激を与えている。それは近代の仏教復興運動の先駆者ダンマパーラ（Dhammapāla, 1864–1933）と、その創設した大菩提会の、インドにおける啓蒙運動である。また、ヴィドヤーブーシャン、コーサンビーをはじめとして、多くのインド人学者はセイロンでパーリ研究の基礎を学んでいる。

こうしたそれぞれの特色にかかわらず、両者に共通していることは、イギリスをはじめとする西洋のインド学者によって、自国のもつ宝庫の近代的研究の端初をひらかれたということである。われわれは、近代的仏教研究の歴史を、西洋人から学んだ方法論をどのように身につけて研究を進めていったかという観点から、考察していかなければならない。

Ⅱ　近代仏教研究の先駆者たち

インド人の手による仏教の研究は一九世紀後半にはじまる。われわれはそのエポックを、カルカッタにおける仏教聖典協会（Buddhist Text Society）の創立（一八九二年）[註]に求めることが出来よう。それはウィリアム・ジョーンズによるベンガル・アジア協会（Royal Asiatic Society of Bengal）の設立（一七八四年）以来、一世紀あまり後のことであった。この一世紀は、インド人が英語に習熟し、イギリス人から近代的学問を学び、それによって自国の伝統文化をふりかえってみるための、修行時代であった。

ジョーンズやコールブック等のイギリス人インド学者による啓蒙、それに続く、ラッセン、プリツセップ、カニンガム等の考古学的発掘や調査は、古代インドについてインド人を大いに啓発し、忘れられていた偉大な宗教家釈尊の生涯や、仏教の歴史についての記憶をよみがえらせた。

インド人による研究の草分けの栄誉は、ラージェーンドラ・ラル・ミトラ（Rājendra Lāla Mitra, 1824–1891）、ハラプラサード・シャーストリ（Hara Prasāda Śāstri, 1853–1931）およびサラト・チャンドラ・ダース（Sarat Chandra Das, 一九一七歿）の三人に帰せられる。ミトラは早くからベンガル・アジア協会の仕事に従事していたが、ホジソンの業績にもとづいて、ネパールの仏教目録を著わし（Sanskrit Buddhist Literature of Nepal, 1882）、『ラリタヴィスタラ』（一八七七）や『八千頌般若』（一八八八）の校訂版を出し、考古学的研究成果として『ブッダガヤー』（一八七四）を公刊した。ハラプラサード・シャーストリはネパールの文献整理でミトラを助けたが、後年、自ら二回もネパールに入って写本を探し、また『アドヴァヤヴァジラ集』（Advayavajra-samgraha, G. O. S., 1927）の校訂その他の業績を遺した。一方、チベット仏教研究の先駆となったのがダースである。彼はチベットに入って仏典やラマ教の調査を行い、その報告を発表する（Indian Pandits in the Land of Snow, 1893 その他）と共に、『アヴァダーナカルパラター』（一八八八）やチベット語の仏教史『如意法善樹《パクサムジョンサン》』（一九〇八）を校訂し、蔵英辞典（一九〇二）を著わした。

仏教聖典協会の設立は、これら先駆者たちの労苦と、そのインド人知識階級への反響のむすびつきの結果に他ならない。初代の会長となったダースは、創立式典において、「今まで仏教研究が西洋人の手にゆだねられていたのは、東洋人たるわれわれにとって、決して名誉なことではない。しかし、この協会の活躍が、名誉挽回の基礎となることを確信する」旨を宣言した。協会は以後、年報の刊行や、原典の校訂・翻訳の出版等を通じて、アジア協会とならんで、仏教研究の拠点となった。

註　仏教聖典協会は、他の資料によれば、The Buddhist Text and Anthropological Society of India とよばれ、設立も一八九三年とされる。ここは『仏教二千五百年』の記事（pp. 389, 414）によった。両者同一なのか、九二年設立後、翌年改称されたものか、確かめることが出来なかった。現在どうなっているかも筆者には不明である。

III　カルカッタ学派

ダースを助けて仏教聖典協会の事務を担当したのが、彼の弟子S・C・ヴィドヤーブーシャン（Satis Chandra Vidyābhūṣaṇa, 一九二〇歿）である。彼はカルカッタ大学に学び、後、セイロンでパーリ仏教を研究、帰国後カルカッタのサンスクリット・カレッジの学長となった。パーリ語に関しては、カッチャーヤナの文法のテキストと英訳を出した（一九〇五）ほか、啓蒙的仕事を多く遺したが、彼の専門領域はむしろインド論理学で、『ニャーヤビンドゥ』の索引（一九一七）、『インド論理学史』（History of Indian Logic, 1922）等を著わして、因明研究の基礎を作った。

ヴィドヤーブーシャンの後継者が、バルア（Beni Madhab Barua, 一九四八歿）である。長らくカルカッタ大学パーリ語科の主任教授の地位にあって、彼は主に仏教成立の背景の究明につとめ、『仏教以前のインド哲学史』(History of Pre-Buddhist Indian Philosophy, 1921)、アージーヴィカ（邪命外道）の研究書を著わし、碑文研究を行い、また『プラクリット法句経』を校訂した。

同じカルカッタ大学の門から、現存インド仏教学界の長老、ヴィドシェーカラ・バッターチャリヤ（Vidhushekara Bhattacharya）とB・C・ロー（Bimal Churn Law）の二教授が出た。前者はサンスクリット、チベット文献の研究を主とし、後者はパーリ文献の碩学であるが、共に博学で有名である。バッターチャリヤはカルカッタ大学で教鞭をとるかたわら、サンチニケータンの大学における仏教研究の開発に尽力した。その間、竜樹の『大乗二十論』（一九三一）、提婆の『四百論』（一九三一）等の還元本や『因明入正理論』（一九二七）のチベット文テキスト、チベット語入門書『ボータプラカーシャ』(Bhoṭa-Prakāśa, 1934)、『仏教の基本概念』(The Basic Conception of Buddhism, 1932）等を著わし、また、ヴェーダーンタ学派のガウダパーダの思想のうちに仏教の影響を追及した（The Āgamaśāstra of Gauḍapāda, 1943)。現在、この高齢の碩学は、なお『瑜伽師地論』の梵本を校訂中である。（第一巻、一九五七刊）

ロー教授は研究領域からいって、バルアの後継者である。教理の他に仏教史・社会学・地理・民族学・ジャイナ教等の研究を手がけ、著書は現在五〇冊に及び、その量においてインド人学者中最高である。パーリ聖典の校訂（Thūpavaṃsa, 1935; Cariyāpiṭaka, 1949 その他）、英訳（Buddhavaṃsa その他）、ブッダゴーサやアシュヴァゴーシャの伝記、『パーリ文献史』(History of Pāli Literature, 1933)『古代インドの種族』(Tribes in Ancient India, 1643)『インド古代地誌』(Historical Geography of Ancient India, Paris, 1954) 等を主著とする。

バルアの弟子にN・ダット教授(Narinaksha Dutt)が出た。彼の最初の業績は『大乗仏教の諸相と、その小乗との関係』(Aspects of Mahāyāna Buddhism and its Relation to Hinayāna, 1930）で、大乗仏教教理の研究書として、インドでは画期的である。また『初期の仏教教団』Early Buddhist Monachism, 1941-45）は一般性を備えた好著とされる。彼の主な関心は仏教梵語にあり、『二万五千頌般若』（一九三四）『法華経』（一九五二）を校訂出版、現在、『ギルギット写本集』の校訂を継続中である。この写本集の中には『根本説一切有部毘奈耶』『三昧王経』等が含まれている。カルカッタ大学隠退後、彼はベンガル・アジア協会会長となり、更にビルマ・ラングーンの仏教研究所長をかねて活躍中である。

　このような碩学たちの指導の下に、カルカッタ大学は多くの仏教学者を輩出して、カルカッタ学派ともいうべき伝統をつくりあげた。その中では、現ナーランダー・パーリ研究所長サトカリ・ムッケルジー（Satkari Mukherjee, "Buddhist Philosophy of Universal Flux, 1936 の著者、論理学）、先年物故したサンチニケータンのバクチ（P. C. Bagchi, 一九五六歿）、中央アジアの考古学的研究を主とするゴーシャル（U. N. Ghosal）、東南アジアの仏教史を手がけるマジュムダール（R. C. Majumdar）、仏教梵語の研究者セーン（Sukumar Sen）等の諸教授が著名である。

　なお、日本人として誇りを感ずるのは、カルカッタ大学に学び、教鞭をとった二人の日本人学者、故山上曹源教授と木村日紀教授の著書が、今なお大学の教科書として用いられていることである。（S. Yamakami: System of Buddhistic Thought, 1912; R. Kimura: The Original and Developed Doctrines of Indian Buddhism, 1939）

Ⅳ　サンチニケータン

　カルカッタ大学とならんで、仏教研究の中心となったのは、タゴールのたてた、サンチニケータンのヴィシュヴァ・バラティ大学（Viśva Bharati）である。その推進力となったはV・バッターチャリヤ教授や故バグチ教授をはじめとする、カルカッタ大学出身者たちである。研究はサンスクリット文献を主とするヴィドヤー・バヴァンと、中国文献を主とするチーナ・バヴァンで行われているが、ここの特色は何といっても、後者の漢訳仏教研究であろう。バグチ教授は長らくその学院長をつとめ、更に副学長（学長はインド首相）となったが、在職中になくなって、その死を惜しまれた。彼が若年の頃出版した『二種の梵漢語彙』（Deux lexiques sanskrit-chinois, 1927, 1937）や『中国の仏教聖典』（Le Canon bouddhique en Chine, 1927, 1938）はインド人による漢訳仏教研究の草分けである。彼にはその他『タントラ研究』（Studies in the Tantras, 1939）等の著書がある。

漢訳やチベット訳を重視する傾向は、サンスクリット・テキストの出版にも利用され、更に漢訳やチベット訳からサンスクリットへの還元が盛んに行われている。（春日井真也教授の報告、「印度学仏教学研究Ⅴ—1、二八六頁以下参照）バッターチャリヤ教授の前述二書の他、アイヤスヴァーミー・シャーストリ（N. Aiyaswami Śastri）教授の『観所縁論』『稲芋経』『大乗掌珍論』『十二門論』等の復元、シャーンティビクシュ・シャーストリ（Śānti Bhikṣu Śastri）の『発菩提心経』『発智論』等の復元、S・K・ムケルジー（Sujit Kumar Mukhopadhyaya）教授の『三無性論』『金剛針論』等の校訂があり、オリッサのプラダン（Prahlad Pradhan）教授も、ここから『阿毘達磨集論』の還元を加えた校訂版を出した（一九五〇）。その他、正量部を研究するヴェンカタラマナン（K. Venkataramanan）教授の名も逸することは出来ない。これらの業績は多く、大学の機関誌類（Visva Bharati Series, Visva Bharati Studies, Visva Bharati Annals, Sino-Indian Studies）に発表されている。なお、最近、仏教大学の春日井真也教授が赴任されて、日本学研究の基礎づくりをしておられる。

Ⅳ　仏教の故地を中心として

インドにおける仏教復興をめざしてダンマパーラが

創設した大菩提会《マハーボーディソサイティ》は、サールナートに出版局をおいて、パーリ聖典やそのヒンディー語訳の出版を通して仏教の啓蒙につとめ、インド人の間に仏教への関心を高めるのに貢献した。この会に入会して僧侶となった多くのインド人やヨーロッパ人がその仕事に従事したが、その中からラーフラ・サーンクリトヤーナ（Rāhula Sāṃkṛtyāna）、カシャップ（Kashyap）、アーナンダ・カウサルヤーヤナ（Ānanda Kausalyāyana）等の学者、文筆家が出た。バーラーナシー（ベナレス）やビハール州における仏教研究は、多かれ少かれ、この大菩提会の活動とむびついていると思われる。

現在、この仏教の故郷における研究の中心地としては、パトナのジャヤスワル研究所（Kashi Prasad Jayaswal Research Institute）、ナーランダーのパーリ研究所（Nālandā Pali Institute）および、バナーラス・ヒンドゥー大学等をあげることが出来る。

パトナの研究所はサーンクリトヤーナ師がチベットに入って撮影して来た仏教関係の写本の収集と、その校訂出版で有名である。サーンクリトヤーナ師は大菩提会から『倶舎論』の梵文自註その他パーリ聖典のヒンディー訳等で多くの貢献をしているが、一九三四年チベット探検によって名を挙げ、将来した写本類の目録や校訂をパトナ研究所の雑誌（Journal of the Bihar〔and Orissa〕Research Society）や叢書中で発表した。ダルマキールティの『量評釈』およびその註釈類（Pramāṇavārtikavṛtti of Manoratanandin, JBORS; Pramāṇavārtika-bhāṣya or Vārtikālaṅkāra, 1955）や、『ヴァーダニヤーヤ』（Vādanyāya, 1936）の校訂は、その主な業績である。彼はその後ロシヤに入ったりしたが、現在はセイロンのヴィドヨーダヤ大学の教授をしている。なお、彼の集めた写本類は、彼自身によるほか、インド内外の学者によって校訂出版されつつある。（E. H. Johnston, Ratnagotravibhāga Mahāyānottaratantraśāstra, 1950; Mala-vania: Dharmottarapradīna of dutveka, 1953; 似下未刊、P. Pradhan: Abhidharmakośabhāṣya; P. Jaini:

Abhidharmapradipa: A. D. Altekar: Bhikṣuprakirṇaka, Bhikṣuṇīprakīrṇaka; etc.)

大菩提会についで仏教への関心の高まりを興したのは独立インド政府の積極的動きである。その第一のあらわれがナーランダーの研究所である。これはビハール州政府が旧僧院の傍に立てた、インド唯一の仏教専門の研究所である。初代カシャップ師についで、現在はムケルジー教授が所長となっているが、南方諸国やチベットの留学僧も加え、パーリ研究の他、チベット仏教や漢訳仏教の研究まで手がけている。ブツダ・ジャヤンティを記念して、現在、デーヴァナーガリー文学（梵字）によるパーリ聖典の校訂本を刊行中である。

同じジャヤンティ記念に、デリー大学には、これもインドではじめての、独立の仏教学科が設けられ、プーナのバパット（P. V. Bapat）教授が主任となり、ついでゴーカレー（V. V. Gokhale）教授にその地位をゆずった。インド政府はこの学科の育成に本腰を入れているから、将来インドにおける仏教研究の一中心となることと思われる。なお、インド政府は、冒頭にのべた『仏教二千五百年』の他に、サンスクリット仏典二〇種の出版を計画し、後者はビハール州のミティラ研究所から刊行中である。

必しも仏教研究のみを主とするのではないが、やはり独立インドの方針をうけているのが、同じデリーにある国際インド文化学院（International Academy of Indian Culture）である。ここの主管者はヴェーダ学者ラグヴィーラ（Raghu Vira）教授とその子ローケーシュチャンドラ（Lokesh Chandra）博士で、大インド研究の一環として、叢書『シャタピタカ』を刊行しているが、その中にはチベット訳、蒙古訳の仏典、『蔵梵辞典』等も含まれている。最近はギルギット写本の写真版の刊行を開始した。なお、この研究所はもとナグプールに建てられたが、ブツダ・ジャヤンティを機会に、デリーに移された。

こうした新らしい研究の動きの他に、北インドにおける仏教研究の成果として注目すべきものに、バナーラス・ヒンドゥー大学の哲学科主任ムルティ教授（T. R. V. Murti）の『仏教の中心哲学』（Central Philosophy of Buddhism, 1955）がある。彼はラダクリシュナン博士の後任であるが、この書は思想的研究の少いインドで出色の業績である。

V 西・南インド

バパット、ゴーカレー両教授を生んだプーナは、カルカッタと並ぶ仏教研究の発祥地である。パイオニアの名はコーサンビー（Dharmānanda Kosambi, 1871-1947）。彼は一九〇二年セイロンに渡って沙弥となり、スマンガラ長老についてパーリ語を習い、ついでビルマに渡って修行の後、一時カルカッタ大学で教えてからプーナに帰り、ファーガッソン・カレッヂでパーリ語科主任となった（一九一二）。これはデカン地方における仏教研究のはじめである。彼の主著はパーリ『清浄道論』（Visuddhimagga）の校訂出版（ボンベイ版 1940、ハーバード版 1950）であるが、プーナ、バローダ、ボンベイを中心に、マラーティー語やグジャラーティー語による著述を通して仏教普及につとめた功績は大きく、その弟子にラジワデー（C. V. Rajwade）、ジョーシ（C. P. Joshi）、バパット、ヴァデーカル（R. D. Vadekar）、ヴァイドヤ（P. L. Vaidya）等のパーリ学者が輩出した。

ファーガッソン・カレッヂでコーサンビーの後を継いだのがバパット教授である。彼はハーバード大学留学中の研究を『解脱道論と清浄道論』（Vimuttimagga and Visuddhimagga: A Comparative Study, 1939）にまとめ、またヴァデーカル教授と共著で『アッタサーリニー』（一九四二）『ダンマサンガニー』（一九四〇）の校訂本をバンダルカル研究所から出し、戦後サンチニケータンで、漢訳義足経を基礎として『アルタパダスートラ』を復元出版した（一九五〇）。ヴデーカル教授には他にパーリ文『波羅提木叉』（一九三九）や『ミリンダ王問経』の校訂がある。

現デリー大学教授ゴーカレーは大乗仏教の研究者

で、ワレーザーの下で漢訳『大乗縁生論』の研究を行い、さらにサンチニケータンで、チベット語の研究をした。『倶舎論頌』（一九四六）『阿毘達磨集論』の断片（一九四七）を校訂し、また一九五〇年チベットのラサにインド政府代表部の仕事で出張中発見した、竜樹の『因縁心論頌』（Pratītyasamutpādahṛdaya, Kirfel Comm. Vol., 1955）を公表、最近は故コーサンビの子息D・D・コーサンビー教授と共著で『善説宝蔵』（Subhāsitaratnakośa）をハーバード大学から出版した（一九五八）。コーサンビー教授は数学者であるが、父の薫陶をうけてサンスクリット文献学、仏教、歴史、考古学に造詣が深く、マルキシズムの立場から多くの特異な研究を発表している。ヴァイドヤ教授は提婆『四百論』の研究で有名である。（Études sur Āryadeva et son Catuḥśataka, 1923）

西インドの大学、研究所で、とくに仏教研究に功績のあったのは、バローダの東洋研究所である。ここの東洋叢書（Gaekward's Oriental Series）の中には、『真理綱要』（Tattvasaṃgraha）その他、多くの仏典の校訂出版が含まれているが、編集長のB・バッターチャリヤ（Benoytosh Bhattacharyya）教授は、ハラプラサード・シャーストリの子で、父のあとを承けて密教文献の研究に従事し、『成就法鬘』『秘密大教王経』等を校訂し（Sādhanamālā, 1925, 1928; Two Vajrayāna Works, 1929; Śrī-guhyasamājatantra, 1931, 何れもG. O. S. 所収）、『密教研究序説』（An Introduction to Buddhist Esoterism, London, 1932）を書き、またインド仏像学の研究書を公刊した（The Indian Buddhist Iconography, 1924, 1958）。

この他、近くのアーメダバードにはジャイナ教僧侶ジャンブーヴィジャヤ師（Muni Jambuvijaya）がいて、ダルマキールティの論理学書等を研究し、ボンベイ大学ではバグワット教授（N. K. Bhagwat）がパーリ研究に従事している。

南インドは仏教研究の最も手薄なところである。特筆すべきものとしては、ケーララの地で発見された

『文殊師利根本儀軌経』の校訂（T. Gaṇapati Shāstrī: The Ārya-Mañjuśrīmūlakalpa, 3 vols, 1920–25）やケーララ仏教研究（P. C. Alexander: Buddhism in Kerala, 1949）、マイソールのアイヤンガル教授（H. R. R Aiyangar）による陳那の『集量論』第一章の校訂（一九三〇）がある。マドラスの郊外アディヤールにある神智協会は、その性格上仏教研究も重視しており、サンチニケータンのアイヤスヴァーミー・シャーストリ教授（南インド出身）の『稲芋経』その他を出版している。マドラス大学のラガヴァン教授（V.Raghavan）は現在全インドの写本の目録を編纂中であるが、これは将来にのこされた未刊の仏典写本の研究にも大きな光明となるであろう。

VII　セイロン

セイロンの仏教は、ヨーロッパ人の来島後、キリスト教徒との対立がはげしく、一時は伝統が断絶して、ビルマから僧侶を招いたりする（一八世紀）ほどであったが、一八一五年イギリス領となって以後、学校の建設や啓蒙運動を通して、次第に復活した。僧侶の修行を目的として、ヴィドヨーダヤ（一八七二）とヴィドヤーランカーラ（一八七三）の両カレッヂが相次いで設立され、伝統的な仏教学に基づきながらも、パーリ聖典の研究が仏教僧侶の手によってはじめられることになった。

初期の仏教研究の功労者は、こうして、多く僧侶の中から現われたが、中でもヴィドヨーダヤの初代校長スマンガラ長老（Sumangala, 一九一一歿）やスブーティ（Subhūti）長老、ヴィドヤーランカーラのダンマーラーマ（Dhammārāma）長老等の業績は、パーリ聖典の校訂やシンハリー語翻訳に数多く示された。この伝統をうけつつ、しかも近代的なすぐれた研究成果をあげている学者として名声高いのが、ブッダダッタ長老（A. P. Buddhadatta）である。彼はパーリ聖典協会の叢書中にもいくつかの校訂本を出し、種々のパーリ語入門書を書き、最近は『英巴辞典』を出版した

（一九五五）。

一般人の間での仏教への関心は、しかし、神智協会の設立者オールコット大佐の来島と仏教への帰依（一八八〇）、それに影響されたダンマパーラの大菩提会の創設（一八九一）による。この新らしい形式の布教運動は、その後セイロンが世界的な仏教運動の旗頭となる機縁をつくった。

さすがにパーリ聖典の宝庫だけあって、セイロンは学術的、信仰的、新旧とりまぜて、聖典や註釈類の叢書刊行は種類が多いが、ダンマパーラの末弟シモン・ヘーワヴイタラネーの遺産による叢書（Simon Hewavitarane Series）や、ヴィドヨーダヤ大学の叢書（Vidyodaya-ṭīkā Publication Series）が著名であり、最近はセイロン大学のマララセーケラ教授の編集で、新たにテキストとシンハリー語対訳の仏典叢書が計画されている。

マララセーケラ（G. P. Malalasekera）教授は、セイロンの生んだ近代仏教研究の第一人者である。彼は早くから『セイロンのパーリ文献』（Pali Literature in Ceylon, London, 1928）や『パーリ固有名詞辞典』（A Dictionary of Pali Proper Names, 2 vols., 1937–38）を著わして有名となったが、セイロン大学の設立以来、その仏教学研究の推進力となって活躍している。彼の指導下に、セイロン大学における近代的仏教研究は、独立後とくに盛となったが、その業績中の白眉は、アディカラム博士（Adikaram）の『初期のセイロン仏教史』（Early History of Buddhism in Ceylon, 1946）である。

世界仏教徒会議の設立（一九五〇）を機会に、その議長となったマララセーケラ教授を主任として、『仏教百科辞典』の編集が、世界中の学者の協力を求めて開始されたが、これはセイロンの仏教研究の真価を世に問うものとなるであろう。（一九六一・五）

註記　以上の報告は主として『仏教二千五百年』の記事（Chap. XIV. Buddhist Studies in Recent Times）に負うている。

講　座
近代仏教

第2巻　歴　史

法　蔵　館

目次

講座

近代仏教

歴史編

日本の近代化と仏教

家永三郎

古代および封建社会において成立した伝統的日本文化が、近代社会においてどのような役割を果したか、あるいはどのような歴史的意義をもつかという問題は、きわめて重大で、しかも容易に解答しがたい困難な問題というべきであるが、日本の近代化と仏教との関係という問題も、実はそうした広汎な課題の一環を成すものにほかならないのである。ことに、明治以後のいわゆる近代期の基礎的研究がかなりよく進んでいる芸術部門の場合と異なり、近代日本の仏教に関する基礎的研究は非常におくれており、本格的な研究業績としてわずかに吉田久一氏『日本近代仏教史研究』等僅少の労作を数えうるにすぎない学界の現状では、日本の近代化と仏教との連関について学問的に十分裏づけられた概観を行なう時期はまだ来ていない、といっても言いすぎではないのであるまいか。その上筆者は近代仏教史を専攻するものでなく、今日このような主題で執筆する資格はまったくないのであるけれど、ただ日本仏教史と近代思想史との両領域に関心をいだくものとして、日本の近代化と仏教との連関について、若干の印象をもっていないわけでもないので、学問的にははなはだ粗雑なものであるが、平素感じているままを卒直に述べて叱正を仰ぐこととした。おそらく本講座の他の項目でも、当然この問題について論及されるところが多いにちがいなく、学問的に十分準備された論述はそれらのほうでなされるであろうから、ここでは厳密な論証よりも、基礎的研究の不足を承知の上で、あえて大胆に卑見をぶちまけてみる次第である。あらかじめ読者の御諒恕を仰ぎたい。

一　封建社会における仏教

日本の近代化とは、近代という概念の学問的定義をどう下すかによって、いろいろ見解の分れるところであろうが、ここでは常識的な用法に従い、明治維新前後以来、西洋の先進資本主義国家の影響下に日本が資本主義社会として成熟をとげて行く過程である、としておきたい。そういう意味での近代化は、先進資本主義社会の「外圧」を直接受けることとなった開国以後の約一世紀間の日本史の基本的趨勢とみてよいのであるが、先進資本主義社会との接触以前からすでに日本社会の内部で近代化の傾向が自生的に形成されており、そのような内部条件が先行していたからこそ、先進社会の「外圧」を受けとめて近代化を本格的に遂行できたのであるということも、今日ほぼ異論のないところであるから、近代化の現象は、すでに明治維新に先立つ、古典的封建社会と見られる江戸時代において先駆的にあらわれていた、と考えられるのである。

事実、江戸時代は、社会構造において身分的秩序に基づく農民よりの経済外的収取を基本体制とする封建社会の古典的形態を示しており、これに対応して、この身分秩序を絶対化して農民を支配階級である武士に対し無条件に隷従させる封建的イデオロギーが思想界に君臨していたのであるが、それにもかかわらず、生産力の発展に伴なう流通経済の進展は、封建的体制に深刻な矛盾を生ぜしめ、古典的な封建体制は徐々に変質しつつあったのであり、同時に封建的イデオロギーに全面的または局部的に反抗する異端的思想も少からず生れ出ていたのであって、それらのうちには、近代的な物の考え方の萌芽を示すものが豊にふくまれていたのであった。封建的正統道徳の主流を成す儒学の内部にあってさえ、古学のような革新的学派を生じ、その鬼子として、儒教的理論に培われながらそれを脱却して独自の論理を樹立した富永仲基《とみながなかもと》の学、安藤昌益《あんどうしょうえき》の学、国学、平賀源内《ひらがげんない》・三浦梅園《みうらばいえん》・本《ほん》多《だ》利明《としあき》・海保青陵《かいぼせいりょう》らの経世学等の新しい思想がぞくぞく誕生していったのである。それらが明治維新以後の近代思想の直接の源流となったとはいえないにしても、そのような思想傾向がある程度まで前提条件として準備されていたことが、開国以後西洋近代思想を受容して近代思想を展開させることを可能ならしめた有力な歴史的条件としてはたらいたのは、否定しがたいところであり、近代化という観点から江戸時代の新しい思想動向には注目すべき内容がふくまれているのであるが、仏教ははたしてその中でどういう役割を演じたか、明治以後の本格的な近代化と仏教との連関を考えるためには、そこまで遡って考えてみる必要があろう。

仏教がこの時期において、完全に封建支配のためのイデオロギー化していたことは、その後における仏教の運命にとって決定的であったといってよい。仏教はその原始的形態において決して政治権力のしもべたるべき性格のものでなく、むしろ身分秩序を原理的に否定し、万民平等の立場を強く主張するものであったのはもとより、概して支配階級に従属してきた日本仏教にあっても、権力と絶縁して恵まれない民衆のために福音を説く反権力的信仰としての伝統が厳存し、行基《ぎょうき》や平安朝の沙弥《しゃみ》・聖《ひじり》や親鸞などにおいてその特色がよく発揮されていたのであるが、封建組織の確立とともに仏教界は完全に俗権の前に屈伏し、封建秩序擁護の使命に甘んずるほか、ほとんど社会的機能の見るべきものを失ってしまったのである。

江戸幕府がキリシタン禁制を徹底させるために宗門人別改《しゅうもんにんべつあらため》の制度を設け、全人民に必ずどこかの寺の檀徒となるよう強制したのは、ある意味では仏教を国教化したものとみることができよう（七、八世紀に天皇政府が国家の公の行事として仏教信仰を興隆したのも、一種の国教政策のように見えるが、当時はまだ全人民を仏教と結びつけることはできなかったから、仏教は江戸幕府により、はじめて国教化されたといえる）。その結果、仏教の社会的位置は安定したが、それはかえって僧侶の安逸と堕落とを誘う原因となった。加うるに、万事にわたり新儀の創唱を禁圧した幕府の政策は、因襲の上にあぐらをかいて坐食することの可能となった仏教界をいよいよ停滞の域に追いこみ、新しい思想・信仰の展開が迹を絶ったのはもとより、古代以来の呪術的ではあっても熱烈をきわめた信仰さえ影をひそめて、葬式・追善・盂蘭盆等の儀式の催行が、寺院のほとんど唯一の社会的機能であるかのごとき状態に転落してしまったのである。教団は、一方で封建的支配者に隷従しつつその保護を受け、他方では村落共同体の因襲的儀礼を催行することによってその存在意義をみたすのであるから、封建的社会機構は教団の維持のためにもぜひ存続されねばならないことになるわけで、江戸時代の仏教が進んで封建秩序維持のために協力したのは当然といわなければならない。

試みに、この時代の仏教思想家として著名な一二の人物の説くところを瞥見しても、当時の仏教の社会的な役割をよみとることは容易である。例えば、鉄眼《てつげん》の仮名法語に「世上のおろかなるもの、ぬすみをして王法のいましめにあひ、今生にてはぢをさらし、来生はながく地獄におつるも、物をむさぼる一念の妄想なり。また人むほんなどをたくみて、天下国家をくつがへさんとはからひて、その身もふかき罪にいり、妻子兄弟眷属までにたえがたきくるしみを見するも、ただ一念の妄想なり。その最初の一念のとき、やれ妄想よとあきらめしりてむねの内にてけさん事は、何よりもつてやすき事なり」と説いて、支配体制への反抗に厳重な警告を与えていること、白隠《はくいん》の俗謡類に「帰崇三宝、先祖を敬ひ、両親舅姑に孝行第一、夫婦愛敬別義を守て、分限相応、家業を排いで、国王領主の掟に順ひ」（おたふく女郎粉引歌）「下たるもののつつしみは、御上の噂をいはずして、常に御恩をわすれずに、士農工商それぞれの、家業を大事に勤るが、即ち御上へ忠義也」（善悪種蒔鏡和讃）など封建道徳の鼓吹につとめていることのごとき、その顕著な例といえよう。

真宗の信仰の極致に達した実例とされる妙好人の行状を読むと、摂州治郎左衛門のように、「貧富苦楽は前世の業因よりあらはるゝゆゑ、貴方のごとく富裕なるも前業なり、我ことに貧賤なるも宿業なり、業力は聖者も免れたまふあたはず」（妙好人伝巻上）と階級的差別を絶対化してこれに甘んずるものとか、石州長蔵のように、「凶作の年村内のもの御年貢を御地頭に御無体申あげんと申合せしを聞て、是迄年々御年貢の余をもちて数多の子供まで養ひしを、たまたま御年貢不足するとて御無体申上るは恐入ることなり、当年こそ御恩を報べきとしと存じ候」（同五編巻下）と封建的収取を積極的に擁護して人民の反抗を抑える側に廻るものとか、播州卯右衛門のように、「領主関東へ御参覲の節は、道の三里許も見送たてまつりて、私ゆゑの御苦労ぞといひて力なくして我家にかへり、亦御国入の節も外護の御知識が御帰りといひて喜び〳〵出迎仕たてまつりしと也」（同二編巻下）とあるごとく、封建秩序を甘受してこれに忠実に隷従した人々の多数見出されるのは、この時期の仏教の社会的な在り方を端的に代表しているのではなかろうか。また、仏教がそうしたものと変じていたからこそ、幕府は、封建秩序を動揺させる危険のあるキリシタン防止のために仏教を国教としたのであり、仏教側も亦よくその期待に応じたわけであったのであろう。少くとも、仏教が上記のような基本的態度を持するかぎり、そこから封建社会ないし封建思想を克服して近代的なものを模索しようとする動きの生じてくる可能性はまったくないわけであった。

もっとも、封建社会の仏教には、封建支配者の政治的要求に随順する公的使命ばかりでなく、民衆の家業繁昌その他の私的祈願を充足させる他の一面のあったことを忘れてならないが、そういう呪術的な機能が近代的なものから隔絶していることはいうまでもないところで、いずれにしても江戸時代の仏教がこのような徹底した前近代的形態を維持したまま、明治維新を迎えるにいたったことは、重要な意味をもっている。

封建教学の正統的地位を占めながらも、その鬼子として種々の反封建思想を生み落してきた儒教が、明治維新以後、近代的啓蒙思想やキリスト教等の西洋思想を接木する台木ともなり得たのに対し、仏教がほとんど全面的に西洋舶載の近代思想と対立する立場に立たされるにいたったのは、江戸時代の思想界における両者の役割の相違がほぼ決定的な条件となったのではあるまいか。

二　明治維新と仏教

明治維新は、欧米先進資本主義文明を積極的に摂取して本格的な近代化を意識的に遂行する端緒となるのであるが、明治維新自体が明確な近代化を目標として行なわれた民主主義改革ではなく、内部では強烈な変革意欲に支えられながら、表面上は尊皇攘夷論という倒錯したイデオロギーをふりかざす雄藩出身の下級武士に指導され、現実的にも古代国家の君主であった天皇の権力を復活する「王政復古」の形をとって実現されたため、維新政府の政策は、一方で封建秩序の消滅をめざす変革を遂行すると同時に、他方では古代国家の典例の復活という時代錯誤的な試みも少からず行なわれたのである。

「王政復古」をかかげた維新政府には、復古神道を奉ずる平田《ひらた》篤胤《あつたね》派の国学者が多数参加しており、古代国家の典例の復活も、もっぱらかれらの献策に基いて行なわれたが、その一つとして、従来神仏混淆の形で神社祭祀の中に深く入りこみ、かつまた単独で中央政府の公の行事にも大幅に取り入れられていた仏教儀礼が、神仏分離によって神社から切断されるとともに、公的領域からことごとく追放される処置がとられたのであった。それだけでも公権力に寄生してきた仏教にとって甚大な打撃であったが、復古派はさらに廃仏毀釈という追いうちをかけ、仏教教団のいたではさらに深刻をきわめるにいたったのである。

日本の仏教がこれほどまでに甚大な打撃を受けたことは、歴史上その例がなかった。六世紀の仏教渡来直後の廃仏については、私は客観的事実ではないと思うので、仏教界が全面的な迫害を受けるという事態は、おそらくこの廃仏毀釈が最初であったろう。公権力からみて望ましからぬ動きを示した行基や専修念仏や一向宗や不受不《ふじゅふ》施《せ》派など、一宗一派で迫害を受けた例はいくらもあるが、それらはむしろ仏教界の少数派であったのであり、仏教界の主流は終始権力と結合してその保護を受けてきたのであるが、明治維新により、仏教教団ははじめて国家権力から意識的に疎外される経験を閲したのであった。

もし仏教が、この際国家と宗教との関係についてまじめな反省を行ない、権力の保護を離れた宗教独自の道を求めようとしたならば、江戸幕府の保護下に安逸と堕落との淵に沈んでいた仏教界も、あるいは起死回生の転機をつかむことができたかもしれない。しかし、仏教はこの千載一遇の「逆縁」をたよりとして立直ろうとはしなかった。

かつて専修念仏の徒は、迫害を受けることによってますますその信仰を固くしたが、それはかれらが、国家権力と自ら絶縁し、宗教独自の境地を掘り下げていく自覚のもとに行動していたためである。ところが廃仏毀釈は、仏教側にべつだん反国家的な傾向があったためでも何でもなく、復古神道家の攻撃によって予想もしなかった攻撃にまったく受け身の立場で直面したわけであるから、仏僧側の反応もおのずから消極的とならざるをえなかった。後に述べるように、維新政府の神道国教化の政策にプロテストする政教分離の要望が仏教側からあらわれてきたのは、唯一のすじの通った反応といえるであろうが、それも大きな運動とはならなかったし、これまで江戸幕府から国教として公認されてきた仏教が、その地位を神道に奪われた結果、これに対処する窮余の策という感じもないでなく、はたして仏教徒の間にどこまで政教分離の原理が自覚されてのことであつたかは疑わしいともいえよう。もし政教分離が仏教徒によって十分に自覚されてのことであったならば、その後の仏教があれほど安易に権力に迎合してしまうはずはなかったからである。

廃仏毀釈による打撃が、多年安逸・惰眠をむさぼってきた仏教に覚醒の機会を与えたことは事実であり、さまざまの自覚が教団内に発生したことも事実であるが、同時に、仏教界が仏教の今後のあり方について根本的な反省を加え、近代日本に新しい活力をもって復活・発展していくほどの思いきった脱皮をあえてしようとしなかったことも、否定できないであろう。

三　国家権力への迎合による勢力挽回の努力

新しい時代に生きのびていくための仏教教団の基本的な動向は、一言にしていえば、新しい国家権力およびこれを支える支配階級に進んで迎合することによって、廃仏毀釈による打撃を回復するにあった、ということができる。

第一に仏教は、まずキリスト教排斥の先頭に立った。多年「邪宗門」として禁止されてきたカトリック教は、維新当初には、浦上《うらがみ》村宗徒迫害事件でもわかるように、依然として弾圧されてきたし、新来のプロテスタンティズムにしても、同じキリスト教として、上下から白眼視されつつ伝道することを余儀なくされていた。いかに廃仏毀釈の嵐をくったとはいえ、千年以上にわたり支配階級から全人民層にまで浸透してきた仏教とは、全然条件が違っていたのである。しかも、仏教が、「文明開化」の新しい歴史の動向を積極的に推進するものをまったく提供できなかったのと異なり、「文明開化」の目標とされた先進西洋諸国の宗教であるキリスト教は、近代文明と必ずしも精神的中核を同じうするものでないにもかかわらず、これを促進するはたらきを多かれ少かれもっていたから、仏教がキリスト教排斥の先頭に立ったことは、おのずから仏教を近代化阻止の側に立たせる結果を招かざるをえなかったのである。

しかも、最初「文明開化」政策が政府の指導のもとに力強く推進されていた時期がすぎ、自由民権運動の勃興を契機として、近代化の方向について、朝野の分裂が大きく露呈してくる時期になると、政府側では天皇制絶対主義の確立のためにむしろ儒教等の伝統的東洋倫理を国民に注入する政策を強化しはじめ、これに対し下からの民主主義を実現しようとする民間勢力は、キリスト教に帰依するのでないまでもこれと提携を辞さないものが多かったので、キリスト教を排斥する仏教は、必然的に政府側陣営に投じて民間の民主主義勢力と対抗する姿勢をとることとなるのであった。明治十年代の末から二十年のはじめにかけ、全国で仏教徒とキリスト教徒とのはげしい論戦が行なわれるのであるが、それは単なる両宗教の「宗論」にとどまるものではなく、客観的には右のような意義を帯びていたことを看過してはなるまい。明治二十二年にキリスト教徒を中心とする有志が一夫一婦の建白を行なったときに、仏教徒がこれに非難を加えているのは、下からの近代化運動に対する仏教徒の反応を端的に示す事例といえる。

カイザーのものはカイザーへと説くキリスト教が、国家権力にとり常に危険な宗教でなかったのはいうまでもないが、神代説話に観念上の根拠をおく天皇の神聖な権威を強調し、これを絶対主義権力の精神的支柱としようとする明治憲法‐教育勅語体制にとっては、地上の君主よりも高い精神的権威としての神を説くキリスト教は、何かにつけて目ざわりに感ぜられたにちがいない。たまたま明治二十四年、キリスト教徒内村鑑三《うちむらかんぞう》の有名な不敬事件、天皇親署の教育勅語礼拝拒否がきっかけとなって、ここにキリスト教に対するはげしい攻撃の火ぶたが切って落されたが、この場合にも、「密厳新報」「明教新誌」「浄土教報」等の仏教側言論機関が「不敬の徒を憎む」といったような煽動的な文章を連続的に発表して内村迫害に大きな役割を演じたばかりでなく、井上哲次郎《いのうえてつじろう》がこれをきっかけとして「教育と宗教の衝突」を公表し、キリスト教をもって日本の教育方針と相容れない宗教であるとの非難を加え、高橋五郎《たかはしごろう》らキリスト教徒と論争を始めると、仏教側はこぞって井上に与みしてキリスト教攻撃の論陣を展開し、キリスト教をいちじるしく不利な状態に追いこんだのであった。それは必ずしも絶対主義権力自らが意図した演出ではなかったけれど、教育勅語が道徳的な訓令としてだけでなく、「御真影」と同様に、無条件にその前に叩頭しなければならぬ絶対的権威の象徴として機能することの確定したのは、内村の「不敬事件」の結果であったともみられるから、仏教は、絶対主義に迎合することによって、はからずも明治憲法‐

教育勅語的国家体制確立のために少からぬ翼賛の功をたてた始末となったわけなのである。

下からの民主主義的動向に対抗して上からの国権主義的国家体制確立の動きを支持した仏教教団の姿勢は、その後根本的な転換を行なう機会なく、国家権力の基本的政策に常に追随して行く以外に新しい道を開拓することができなかったのである。民権運動をおしつぶして内の憂いを除いた国家権力は、資本主義経済の発展に伴なって次第に外に対する軍事的進出に全力を注ぐようになり、隣邦朝鮮を支配するための日清・日露の両戦役となるのであるが、仏教は進んで軍国主義を支持し、国民を戦争にかりたてることに協力した。もっとも、このころになると、キリスト教の側でも初期に見られたような自由独立の精神が薄弱化し、仏教・キリスト教が相たずさえて従軍布教や慰問に活動するという光景が展開したのであるが、後に西本願寺の大谷光瑞《おおたにこうずい》に「明治三十七八年ノ戦役ニ際シ、先志ヲ紹述シテ門末一般ノ奉公ヲ奨励シ、又汎ク従軍僧侶ヲ出征部隊ニ派遣シテ士気ヲ鼓舞スルニ努ム。其労尠カラズ、朕深ク之ヲ嘉ス」という御沙汰書が与えられたのは、仏教の戦争協力を端的に物語る証拠といえよう。日露戦争勃発後まもない明治三十七年五月には、黒田真洞《くろだしんごう》・前田慧雲《まえだえうん》の両仏僧が、キリスト教の本多庸一《ほんだよういち》・小崎弘道《こざきひろみち》、神道の柴田礼一《しばたれいいち》とともに発起人となって宗教家大会を東京に開き、「日露の交戦は日本帝国の安全と東洋永遠の平和とを劃り、世界の文明、人道の為に起れるものにして、云々」という宣言を決議し宗教家の立場からする戦争のジャスティフィケイションを行なっているほどである。対外戦争への協力はその後太平洋戦争にいたるまで、一貫して維持された。

日本が東アジアの隣邦への軍事的進出のできるまでに強力な軍国主義国家として発展した時期は、同時に国内における資本主義機構の矛盾がようやく激化し始めてきた時期でもあり、日露戦争の少しく前ごろから、労働運動・社会主義運動など、プロレタリアートをにない手とする新しい反体制運動が展開してくるのであるが、自由民権をおしつぶして以来すべての反体制運動を強権で弾圧する習性を身につけた国家権力は、これに対してもまた徹底的な弾圧の方針をとったばかりでなく、教育その他のコミュニケイションを通じてこれらの反体制運動への思想的攻撃と体制への随順の勧奨をつづけてきたのであった。そして、ここでも仏教が「思想善導」の有力な一翼をになってきたことは、敗戦後にいたるまで、近江絹糸の社長が工員に仏壇への礼拝を強いることにより、人権無視の雇傭条件を甘受させつづけてきた一例をみただけでも明白であろう。類似の例は枚挙にいとまのないほど多いけれど、ここでは法隆寺の僧侶が大正初年の小作料減免をめぐる地主・小作間の紛争の激化した時期に、法隆寺村民に対する説教で聖徳太子の「和ヲ以テ尊シトス」を強調し、小作人たちの地主に対する不満を抑制するにつとめてきた、という興味ある一例を追加するにとどめておきたい。

もちろん、以上のような傾向が明治以後の仏教界のすべてを覆うものでないことは、以下に述べるとおりであるが、少くともそれが教団の基本的動向であった事実は否定しがたいところである。七世紀中ごろ以来、「鎮護国家」の宗教として支配体制の護持を使命としてきた日本仏教教団の歴史的特質は、鎌倉新仏教の若干を例外として、大体においてゆるぎがなく、その大勢が明治以後の仏教界にも貫徹しているのだといえばいえるのかもしれない。ただ、反体制的思想がまだ思想運動としてはっきりした形をとっていない古代・封建の時代とちがい、自由民権とか社会主義とか反戦運動とかの反体制運動が有力な伝統をきずきつつあった近代社会において、仏教がことさらこれらの下からの近代化運動に敵対するポーズを強くうち出しているところに、近代日本仏教の反動的性格が強くにじみ出ていると言わざるをえないのである。

明治以後の仏教界には学僧がすこぶる多いが、純粋の仏教徒といえない井上哲次郎を別にすると、井上円了《いのうええんりょう》くらい、上述のような仏教の基本的動向を典型的に代表するイデオローグはいないであろう。井上が明治十八年から二十三年にわたって順次世に送った『真理金針』三冊『仏教活論』三冊は、仏教の近代日本社会の宗教としての適格性を論証しようとした重要な業績であるが、これらにおいて井上が、仏教と近代自然科学との一致を論証するに全力を用いると同時に、キリスト教がこれに反して近代自然科学の真理に耐ええない迷信にみちみちている旨力説し、キリスト教を論破することによって仏教の優位を宣伝するのを眼目としているのは、当時仏教側が失地回復の手段として全力を傾けていたキリスト教排斥運動に理論的基礎を与えることに著作の目的があったためにほかならない。西洋の哲学および科学に通暁する井上の著作であるだけに、自然科学を媒介とする仏教キリスト教の教義の比較論は、哲学史的に興味深い問題を多く提起しているにもかかわらず、その現実的動機が右のごときものであったところから、結局全体としてはキリスト教への誹謗による護教論という以上のものではありえなかったのであった。

しかし、明治憲法-教育勅語体制がなお確立せず、自由民権の余焔のなお消えやらぬ明治十年代末期から起筆された前記の諸著述では、まだ権力への迎合はそれほど表面に出ておらず、むしろ自然科学的真理との一致不一致という主知的基準からキリスト教との勝劣を判断しているあたり、明治初年の啓蒙精神の伝統の上に立っている趣が見られるが、体制確立後の時期にはいると、彼の理論は、もっぱら体制イデオロギーの代弁に集中されてくるのである。明治二十六年刊行の『日本倫理学案』『忠孝活論』は、そうした動向をもっともはっきり表現した例として挙げてよい。井上は、これらにおいて、「皇室ありて後人民あり、人民ありて後皇室あるにあらざる所以を」主張し、君主に対する絶対服従の道徳を強調すると同時に、「一国は大家族なりと謂ふも不可なることなし。故に親戚に対する情義を一歩進むれば、社会国家に対する徳義となるべし」という論理のもとに「忠孝の一致」を導き出し、前近代的家族制度の温存に理論的基礎づけを行ないつつ、封建時代の主従道徳を讃美し、「今日にありても、一家中、主僕間の忠実の感情を養ひて、集めてこれを皇室に致さざるべからず。其の他、地主と小作との関係も、これに準じて知るべし」と言い、絶対主義的天皇制とその基盤をなす寄生地主制への道徳的随順を力説したのであった。資本主義経済がなお本格的に成熟するにいたらない時期の著作であるため、まだ労働者の資本家に対する隷従を説くまでにいたっていないが、小作人の地主への隷従を明らかに勧奨している点で、社会問題に対する支配層の要求をきわめて鋭敏に代弁している点がみのがされてならないであろう。

つづいて井上は、日清戦争の起った翌二十七年、『戦争哲学一斑』を公刊し、「社会自然の性として」戦争は、人類歴史に免る能わざる現象であると強調した上、「我が国民たるものは、益々戦争に注目し、全国民挙げて軍人の志気を以て精神とし、国家の独立を以て目的とし、一死全力を尽さんことを努めざるべからず」と論じ、まず「家庭の際より、純然たる軍国の教育を子弟に授け、忠孝一致の大道を本として大に国民の元気を涵養せ」よ、と叫んでいる。

哲学館主としての井上は、もはや単なる仏教徒と称すべきでなく、むしろ哲学者を本領とするようになっていたとみるべきかもしれない。事実、右の著作ではほとんど仏教教義の展開は見られず、もっぱら世俗道徳のみが説かれているのであるけれども、とにかく真宗の僧籍をもち、護教運動から思想界に乗り出して行った井上が、このような思想活動をくりひろげていったこと、そしてそれが明治の仏教教団の基本的動向をきわめてあざやかに理論化していることを、私たちは意味深くかえりみないわけにいかないのである。

四　仏教の近代化のこころみ

明治政府による上からの改革が、日本を資本主義から帝国主義の段階にまで誘導する力を発揮しえたかぎり、それも一つの近代化のこころみであったといえるし、そのこころみに忠実に随順した仏教界の動きも、一種の近代化であったと言えないこともあるまい。しかし、上からの「近代化」が、絶対主義天皇制すなわち家父長制的家族国家体制の基盤の上で行なわれたかぎり、それが一方で高度の資本主義化をめざしながら、同時に前近代的な社会構造——例えば中小企業や過小農のごとき生産力の低い前近代的な零細経営とか、過重な現物小作料を伴なう地主制とか——を維持・再生産することを免れず、したがって上からの「近代化」には、徹底した近代化の阻止要因を本質的に内在させるという矛盾がふくまれており、これに奉仕する仏教もまた、近代化の方向に徹底できなかったのは当然であった。思うに、幕藩体制下の国教時代から農村共同体の前近代的社会関係の中に根を下ろした仏教教団は、資本主義経済の進展にもかかわらず近代化の恩恵に浴しなかった農村に地盤をすえていたが故に、明治憲法体制の資本主義的な側面よりも前近代的な側面のほうに深く結びつくことを余儀なくされ、それがますます仏教教団の近代的脱皮を困難ならしめる結果となったのではなかろうか。

とはいうものの、日本の社会が、絶対主義政権の下においてであるにせよ、世界史の渦の中にまきこまれて急速な変質をとげつつある中で、ひとり仏教のみがその大勢にまったく無関心でいられるはずはない。事実、仏教界にも、いろいろな角度からの近代化のこころみがかなりの程度まで進められていたのである。

その第一は、島地黙雷《しまじもくらい》の政教分離運動である。島地が明治五年国家権力の指揮下に神道仏教が国民教化の活動を行なう大教宣布に反対の建白書を起草し、その後数年にわたり仏教の国家権力からの分離のための努力をつづけ、やがて十一年の教部省の廃止から二十二年の憲法による信教の自由にいたるまでの、宗教自由の原則の段階的獲得に成功したのは、まだ絶対主義体制の確立しない、西洋近代思想が比較的ナマの形で輸入されることに大きな抵抗のなかった啓蒙期の特殊な条件下であったればこそであるが、前向きの活動にとぼしかった仏教界では、ほとんど唯一の近代化運動だったといえよう。しかし、それは、たとい西洋近代の政教分離思想に触発されたものであったにもせよ、神道への隷属から脱却するための護教的意向から出た色彩が強く、そのころにはかなり自由主義的な考えをもっていたように見えた島地も、キリスト教排斥運動がひろがったころには、迫害の尻馬に乗る一人に化してしまい、国家権力に対する宗教の独立を貫き通そうという決意は、いつしか仏教界の主流から消失してしまったのであった。こうして、一応信教の自由をうたいながらも、「安寧秩序ヲ妨ケス及臣民タルノ義務ニ背カサル限ニ於テ」という副文章をつけ加えることにより、あべこべに神社神道崇敬を「臣民タルノ義務」として国教化する道を法的に制度化した明治憲法下の仏教界では、宗教の独立の要求などはありえず、教会の大勢としては仏教と大同小異の状態におちいったとはいえ、柏木義円《かしわぎぎえん》その他の少数にもせよ、宗教を権力の膝下にひざまづかせる政策に終始抵抗しつづけた人物をもつキリスト教に比べて、仏教は明らかにこれと肩比する事蹟を生むことなしに終ったのである。

仏教の近代化の第二として、信仰の内面化のこころみがあげられよう。前述井上円了の『真理金針』のように、近代自然科学を基準として仏教の非迷信的性格を強調することも、きわめて浅薄ではあるが一種の近代化といえるかもしれない。けれども、それは仏教を「哲学」としてみたかぎりのことであって、実践的な宗教としての仏教の本質とはかかわりの少いことであった。むしろそれよりも、西洋近代文明との関係などを完全に無視し、宗教家というにはあまりに腐敗堕落した教団人の生活を粛正することを念願して、復古主義を唱え、戒律の励行を強調した福田行誡《ふくだぎょうかい》や釈雲照《しゃくうんしょう》の動向のほうが、仏教の生命を振起させるためにはさらに適切な道であったといわなければならない。もともと古代社会の産物であり、特定の歴史的・階級的条件を超脱することによって時代を超えた思想的伝統たりうるものを見出すことに成功した世界的宗教には、復古が同時に新しい前進たるべき契機ともなる可能性を包蔵しているのである。ただ復古が前進の契機を欠く場合には、保守反動に堕落する危険を免れない。行誡らの復古主義も、結局古い体制と結びついた仏教への復古に終り、そこから前近代的制約を脱皮した新時代の仏教を生み出すことには成功しないで終った。

仏教信仰の新しい内面的展開に成功した稀有の例は、明治三十年代に清沢満之《きよざわまんし》が唱導した精神主義であろう。本願寺の僧侶である清沢は、浄土真宗教団にまつわる封建イデオロギー的附加物を切りすてることにより、祖師親鸞の悪人正機信仰を純粋な形で再生させ、明治の新知識人にも障害なく受容できるような形で真宗教義の内面化をはかったのである。その個人主義的・精神主義的特色は、ひとたび個人的自我のめざめを経ながらも、自由民権運動の敗北によってその社会的実現の望みを失なった明治中期の知識人の内的要求をみたすものがあったところから、知識層に一時大きな魅力を投げかけて、思想界に重要な足迹をのこした。清沢が僧籍のある革新宗教家という二重性格をもっていたことは、彼を近代思想家として論理的に徹底させえない制約として作用したのではないかと推測されるが、彼がヘーゲルやエピクテタスなどの西洋哲学から思索の手がかりを得ている事実に徴しても、また彼がキリスト教の原罪の思想をモデルとして悪人正機説を新しく編成したのでないかと疑われるほどに、キリスト教的な人間観に接近していることから考えても、精神主義がこれまでの真宗教義と明らかに一線を画する新時代の特色を帯びるものであることは疑いない。それが、近代的民主主義の縁と断絶しているところに、北村透谷《きたむらとうこく》の精神的自由の要求と等質の、敗北者の思想としての消極面の存することも否定できないけれど、政界での敗北の代償として精神的独立と自由とを内面的に深化していった透谷らの立場を、宗教の世界で継承するものこそ、清沢の精神主義であったのであり、仏教が仏教プロパーの立場を純粋化しつつ、絶対主義コースから独立した世界を開拓した点において、それは仏教の近代化の、はかないがすぐれた実験例であったことを重視すべきである。

精神主義が精神世界へ沈潜していくことによって、前近代的なものとの袂別にある程度成功したのと反対に、現実社会の動きを正視し、しかも井上円了に代表されるような絶対主義権力の政策に便乗するのでなく、資本主義‐帝国主義日本の矛盾をすなおに認め、下からの近代化運動に豊かな同情を示すことにより、日本近代化の人民的コースにかなり接近する姿勢をとった『新仏教』同人の動向も、また仏教の近代化のみのがすことのできない一つのこころみであろう。境野黄洋《さかいのこうよう》・渡辺海旭《わたなべかいきょく》・高島米峰《たかしまべいほう》らが明治三十二年仏教清徒同志会を結成し、翌年雑誌『新仏教』を創刊したのが、そのはじまりであり、同志会の綱領にもあるように、既成教団の制度的固定化や迷信化をしりぞけ、政府と教団とによる仏教研究への干渉から独立し、自由な立場に立って仏教の原理を追求し、さらに社会の改革に力を致そうとするかれらの意図は、信仰の内面的な深さにおいては劣るにもせよ、清沢の精神主義よりも、近代思想としてはいっそう前進していたといえる。精神主義と違い、新仏教同人が日露戦争に対し批判的な態度を示したり、社会主義に反対しながらもこれに同情を寄せ、幸徳秋水《こうとくしゅうすい》・堺利彦《さかいとしひこ》らの社会主義者とも親密な関係を保っていたりしたことは、官権の意にさからわないよう戦々兢々これつとめていた仏教界の大勢と対比するとき、『新仏教』のいかに異色に富むものであるかをよくうかがわさせるに足りる事実ではあるまいか。ただ前の精神主義もそうであったが、『新仏教』の革新的活動も永つづきせず、やがてそれぞれ思想界の第一線から没落して行き、かれらが革新しようとした教団の前近代的教権がゆるぎなく存続する結果となったのは、教団のほうは、前述のように社会の底辺を占めるおくれた農民層の中に深く根を下ろしていたのにひきかえ、精神主義や『新仏教』を支えていたのは、都会の少数の知識人だけであり、かつ知識社会では仏教よりももっと時代の関心に直接こたえる新しい思想がめまぐるしく出没していたから、仏教がその中で不抜の席を占めるためにはよほど代換できぬ独自の魅力ある思想を提供しなければならなかったのに、精神主義も『新仏教』もそれほどの思想的独自性をもっていなかったと思われるのである。精神主義は、近代日本仏教の中ではもっとも深い境地に達していたとしても、そのモデルとなったキリスト教のほうがもっと近代人には適切だったであろうし、『新仏教』の中途半端な戦争批判や社会思想よりは、反戦と資本主義否定とに徹した社会主義のほうが、反体制イデオロギーとしてははるかに筋がとおっていたから、精神主義や『新仏教』がそれらを凌駕する思想的進展を示さないかぎり、その競争に破れたのは免れがたい運命といわねばならぬであろう。

こうして、仏教の近代化の上述三つのこころみは、いずれも近代化の成績を今日までのこすことなくして消滅に帰したが、ただ一つ曲りなりにも不可逆的な近代化の路線を確立して今日におよんでいるのは、仏教学の近代科学化であった。

仏教は、経典をもたないのが原形であった民族信仰と違い、インド・中国・朝鮮において尨大な教理体系の成立した後に日本に舶来したのであって、仏教教団が教義を理解するためには学問的努力を必要としたことはいうまでもなかったが、その努力はもっぱら教団の儀礼・伝道・宗義確立等の宗派的目的に従属するものであったから、学問としての自律性を欠き、独創的な客観的真理の追求という態度を欠き、わずかに新宗派独立の際にその祖師の教義書に稍独創的な哲学的思索があらわれるにすぎなかった。同じように宗教的権威に従属する神学としての共通性をもつ儒学のほうでは、現実世界にかかわりのある領域にふれているだけに、まだしも客観的真理の追求に相当の成果をおさめているのに比べても、仏教学の非科学性は覆うべくもなかったのである。幕藩体制期までの仏教学のこうした状態への膠著を打破する動機となったのは、西洋近代科学の影響であった。仏教渡来以来千数百年を経ながらも、漢訳経典に依存してインド仏教と直接の交渉をほとんどもたなかった日本では、僅少の悉曇《しったん》研究以外にインド仏教についてまったく無知であったのに対し、インドを現実に支配したヨーロッパ諸国の学界では、直接インドの思想を研究する便宜を十二分にそなえていたところから、インド仏教の研究が長足の進歩をとげていた。明治初年の日本仏教界でも、この事実を無視することができず、学者をヨーロッパに送ってインド学の研究を行なわせることを発意、明治九年南条文雄《なんじょうぶんゆう》・笠原研寿《かさはらけんじゅ》がイギリスに赴き、マックスミューラーについてサンスクリットを学んだのを始めとし、学者の海外留学するものあい次ぎ、インド哲学が新しい学問的地位を日本の学界に占めるにいたった。仏教が天竺に淵源するということを文字上の知識として知るだけで、インドについてなんら知るところもなく仏教を論じて憚らなかった従来の日本人の仏教観は、今や根本的にうち破られるにいたったのをみのがしてはならない。インド学を学んで直接インド仏教を知ることに成功した日本の学者たちは、単に日本人の仏教知識を変革しただけではなく、進んで世界の学界にも大きな寄与をつづけた。南条の梵文阿弥陀経・貝葉《はいよう》金剛般若経・仏頂尊勝陀羅尼等の紹介および英訳の刊行、英訳明蔵目録の刊行等をはじめとし、高楠順次郎《たかくすじゅんじろう》の観無量寿経・南海寄帰伝の英訳刊行、善見律毘婆沙《びはしゃ》の原典紹介等、姉崎正治《あねざきまさはる》の巴利五部尼柯耶と漢訳四阿含との比較対照等は、その代表的な例としてあげられよう。インド哲学の日本における発達はその後長足の進歩をとげ、姉崎・高楠をはじめ、木村泰賢《きむらたいけん》・宇井伯寿《ういはくじゅ》・中村元《なかむらはじめ》等の巨大な学績があいついで送り出されつつ今日にいたっているのである。

インド学の発達とならんで注目されねばならないのは仏教の歴史的研究の発達であろう。宗教的権威を大前提とする仏教の世界では、仏教の教義に歴史的変遷ある事実が承認されておらず、経典間の思想的変化を教相判釈という非歴史的価値判断におきかえて解決することで満足していたから、仏教の歴史といっても、事実の羅列以上のものを考えることがむつかしかった。日本における仏教の歴史的研究の名に値するものは、十八世紀末の儒学者富永仲基によってはじめて着手されたともいえるのであるが、仏教側はこれを一種の排仏思想とみなして、その歴史的発想を学びとろうとしなかった。明治にはいり、インド学の研究が進むにつれ、まずインド仏教について歴史的発展の認識が不可避となり、富永が創唱した際には同意を拒んだ仏教界も、大乗仏教がシャカ以後の歴史的発展の産物であるという命題（所謂大乗非仏説論）を拒否することができなくなったのである。さらに歴史的研究は、中国・日本の仏教についても加えられるようになり、明治二十七年には、境野黄洋・鷲尾順敬らの雑誌『仏教史林』の刊行を見、宗派的偏見に立ち、宗史以外に客観的な歴史を考えることのできなかった日本仏教について、科学的な歴史が考えられるようになった。もっとも、これは、仏教界に歴史的なセンスがひろまった結果というよりは、歴史学者が仏教に対しても活潑な研究を進めるにいたった結果というほうが重要なので、インド学の場合のように、仏教界の近代化といえるかどうかは疑わしいけれど、とにかく仏門出身の仏教史家が多くあらわれたこと、神話に埋められてきた教団の歴史や祖師の伝記についても、ある程度まで忌憚のない歴史的解明が進められるようになった点に著目すれば、やはり近代化の進行は否定すべくもない。

このように仏教の科学的研究の進展してきたことは、科学的色彩の皆無にちかかった幕藩期以前の日本仏教と明治以後のそれとを判然と区画する大きなメルクマールといえるが、それにもかかわらず仏教学者の大部分が僧籍をもつ教団人であることや、教団の協力なくして研究の自由な進展のむつかしいことなどの事情が、仏教学の近代科学としての徹底をいちじるしく妨げているのも、みのがせないと思う。実証的な研究の前提に超学問的な宗教的（実は教団的）権威が厳として横たわり、それが意識的無意識的に真理のための真理の追求に大きな限界を画しているのである。そのことは、前述のように、学問的発達の顕著な成果がもっぱらインド学と歴史との二領域に集中し、教団の宗義をゆり動かすおそれのある哲学的研究に独創的業績の見るべきものがとぼしいという事実に端的に示されているのではなかろうか。教団の沈滞がここでも仏教の近代化のための決定的なガンとなっていることを、私たちは重視しなければならないのである。

五　近代文化と仏教

仏教側から日本の近代化という歴史的大勢に対してとった態度は、前章までの記述によって大略明らかにされたと思うが、それでは、近代化の道を進みつつあった一般社会の側では仏教に対し、どういう態度をとったであろうか、これが次に考えられるべき問題である。

既述のように、仏教教団の主流は、支配権力に迎合これつとめることによって天皇制下の資本主義体制下での仏教の地位の確保に成功してきたから、自然、上からの絶対主義化・資本主義化に対抗し、下からの近代化を推進しようとする近代的革新運動とは敵対関係に立つことを免れなかった。自由民権運動の指導者の間では、片岡《かたおか》健吉《けんきち》がキリスト教の洗礼を受けるとか、中江兆民《なかえちょうみん》が無神論を唱えるとかいった例からも察知されるように、仏教と敵対的な宗教思想に結びつくことが多かった。社会主義運動の発生後も、初期の社会主義者には安部磯雄《あべいそお》や石川三四郎《いしかわさんしろう》のようなキリスト教信者はいても、仏教徒はきわめて少く、マルクス主義が社会主義運動の中心を占めるようになってからは、仏教をふくむすべての宗教がアヘンとして否定されたので、もちろん仏教との積極的な結合を生ずる余地はなかった。しかも仏教教団の支配階級への迎合は、宗教はアヘンであるという命題をさながらに裏書する結果となり、仏教と革新思想との間の溝はいよいよ大きくなるばかりであったのである。

けれども、仏教と下からの近代的革新思想とをまったく敵対関係にのみあるものと簡単に割り切ってしまうわけにもいかない。たとい大勢は右のとおりであったとしても、自由民権論者の中にもはじめはプロテスタントに傾倒しながら、やがて仏教とキリスト教との教義の比較を通じて仏教の思想的優越を確認するにいたった植木枝盛《うえきえもり》のような人物がいたし、社会主義陣営の中からも、内山愚童《うちやまぐどう》のように、仏僧であって、もっともラディカルな革命運動にとびこんでいった人物もいたことは注意されてよいであろう。これらの実例は、思想界の大勢を制する現象ではなかったけれど、下からの近代化運動の側に仏教と積極的に結びつきうる条件が十分に存在したことを実証するに足りるものである。

福沢諭吉《ふくざわゆきち》を下からの近代化を企てた革新主義の側に入れてよいかどうかはなはだ問題であろうが、西洋近代文明の全面的摂取と封建的習俗の徹底的打破とを終生主張してやまなかった点では、近代思想の鼓吹者として、おそらく明治の日本の第一人者と呼ばれる資格をもっている。その福沢が近代化の主張の根底に、「人生は見る影もなき蛆蟲に等しく、朝の露の乾く間もなき五十年か七十年の間を戯れて過ぎ逝くまでのことなれば」という、きわめて仏教的な諦念を秘めていたという事実は重要である。それが仏教思想であるかどうかはまだ研究の余地があるにしても、晩年の福沢が篠原順明《しのはらじゅんみょう》・七里恒順《しちりごうじゅん》等の仏僧と交際を結んでいたことなどから考えて、仏教思想に示唆を受けていることだけは認めてよいであろう。しかもそのような諦念が、たいていは消極的退却を導き出しているのと違い、「浮世を軽く視」てこそかえって「能く活潑なるを得」るという積極主義を支える役割を演じていることがたいせつであって、大乗仏教精神の極致を表現するものと見られないこともない。いずれにしても、仏教と近代的革新主義とが矛盾なく結合しうることが、福沢においてみごとに立証されたのではなかろうか。

ただ、一般的にいうと、福沢の場合のような革新主義と仏教との積極的結合は比較的に少く、どちらかといえば、仏教の革新主義に対する影響は、革新性を消極化させる方向にはたらいている場合が多いようだ。木下尚江《きのしたなおえ》は、死にいたるまで革命への志向を内心失うことがなかったと考えられるから、社会運動の第一線で活動していた時期にキリスト教を信じていて、実践活動を放棄して隠遁した頃から仏教に目を注ぎ始めたという外的現象だけを根拠として、木下における仏教の役割を判断するのは早計であるにしても、キリスト教と仏教との木下の精神生活における入れかわりが、右のような生涯の時期的関係にある事実は、やはり一つの意味をもっているようである。しかし、仏教と近代的革新主義との具体的関係は、微妙な問題を多くふくんでいるので、今後もっとつっこんだ考察を進めた上でないと、断定的な結論は出せないのではあるまいか。

政治的な革新主義から目を一般文化界に転ずると、明治以後の芸術家その他の文化人のうちには、仏教から積極的に魂の糧を摂取した人々が少くない。夏目《なつめ》漱石《そうせき》が晩年に到達した「則天去私」の境地は、彼の人生体験から導き出されたものであろうけれど、同時に早くから深い関心を示してきた禅の悟りの境地に示唆せられて成立したものであることも、否定できないところである。独創的な「西田哲学」の体系を大成した西田《にしだ》幾《き》多《た》郎《ろう》が、青年時代から禅と交渉をもち、やがて西洋の対象論理とはまったく異質な、「場所」の論理という、仏教的ともいうべき東洋的哲学を創造することによって、独自の境地を開拓していったことは、人のよく知るとおりであった。漱石にせよ、西田にせよ、もともと西洋の学問を専門とした近代的知識人であったが、その思索の展開過程の中で仏教的世界観に西洋近代文明からは求められない別箇の意義を見出し、西洋的教養のみに基づく思想の行きづまりをそれによって打開しようとしたのである。かれらにおける仏教の影響は、はたしてプラスにはたらいたかマイナスにはたらいたか考えねばならない大きな問題がのこっているけれど、とにかく近代文化界の巨峰というべき人々が、仏教を学ぶことによってその業績を大成しているのは、特筆に値するところといえよう。

文化遺産としての仏教を考える場合、単に信仰や教理のような無形の精神面ばかりでなく、形而下的な仏教文化をもあわせ考える必要があるが、仏教文化のうちとりわけ大きな比重を占める仏教美術が、明治以後ふたたび高く評価されるにいたったことも、看過されてならない。江戸時代には仏教美術に見るべき新しい展開のなかったこと、維新直後における廃仏毀釈や旧物打破の空気のために古美術否定の風潮の強かったことなどの事情で、明治初年には仏教美術を顧みるものはほとんどなかったが、明治二十年代以後、国粋主義の勃興に伴ない、伝統的美術の再認識が進み、ことにフェノロサと岡倉天心とによって、飛鳥・白鳳・天平の寺院建築や仏像の芸術的価値が高く評価されて以来、仏教美術に対する関心がにわかに高まったのである。現代の私たちの常識となっている、法隆寺や薬師寺や東大寺法華堂等の文化史的位置は、このような再評価のこころみによってはじめて成立したのであった（封建社会では、穂井田《ほいだ》忠友《ただとも》ら少数の好事家が考古学的見地からわずかに研究の手を染めていたにすぎず、一般に仏教文化の意義は理解されていなかった）。こうした再評価は、創作界にも新しい刺戟を与え、例えば下村観山《しもむらかんざん》が法隆寺金堂壁画の様式を学んだ「仏誕」を画くといったように、日本美術に新しい範型を与えることにもなった。ただし、仏教美術の再評価が、もっぱら美術的価値の再認識として行なわれたことは、本来信仰の対象として宗教的意義において把握さるべき仏教美術を、単なる美術品としてのみ理解する方向に導く結果を招き、宗教としての仏教の近代社会における復活を助長する役割を全然果さなかった。だから、仏教美術に対する学問的研究は活潑となったにもかかわらず、仏教美術の新しい創作は振わなかった。素材として仏教に関係あるものが用いられても、仏画や仏像彫刻に魅力のある作品はとぼしかった。大船や前橋に作られた巨大な観音像が芸術的に拙劣をきわめているのは、かつて高度の仏教美術の生み出された時代に見られたごとき宗教的情熱が欠けている事情と無関係ではない。その点、仏教史の研究が長足の進歩をとげながら、創造的な仏教思想がいっこう形成されなかったのと、共通の歴史的事情が考えられるのである。

　このように、さまざまの問題をふくんではいるものの、とにかく近代日本の思想界・文化界が多かれ少なかれ仏教との関係をもっていたことは事実であり、日本歴史を通しての、長い仏教の伝統を考えれば当然ともいえよう。しかし、私たちは右に述べたような仏教との結びつきが、過去の文化的伝統に理解の深い少数の文化人にかぎって見られた現象であり、日本社会の全般に目を向けるとき、そこにはまったく別の現象が展開していることを重視しなければならないのではあるまいか。

仏教は、廃仏毀釈による打撃にもかかわらず、日本社会の底辺に根強く生きのびた。近代化された日本の社会の中に、江戸時代以来の共同体的儀礼としての仏教教団の機能はあいかわらずつづいているのである。農村はもとより都会においても、彼岸や盂蘭盆の年中行事は僧侶の手でくり返えされているし、葬祭もまだ仏式によって営まれるものが多数を占めている。老人はとにかく、若い世代の日本人が内心どれくらい仏教を信じているかはすこぶる疑わしく、その多数はほとんど宗教などを信じていないのではないかとさえ推測されるが、たとい本心は無信仰であろうとも、葬式のときだけ因襲的に僧侶を招いてお経をあげてもらうことに別だん矛盾を感じない人々が少くないために、仏教教団は惰性による存続を保っていられるのであろう。原子力研究所の建築に当り民族信仰による地鎮祭の行われる日本では、テレビ、ジェット機、電子計算機といった近代科学文明の高度の利用と、仏僧による呪術的儀礼（それは実は仏教の本来の思想でさえない）の催行とが、さしてふしぎなこととも疑われないで並存しているのである。仏教教団が明治以後の社会に存続できたのは、このような社会心理を背景としてはじめて可能だったのであり、決して仏教が近代社会に適応する近代化をとげたためでなかったことを理解しなければならない。

思うに、明治以後の日本は近代化の道を進みながらも、社会の底辺に常に広汎な前近代的社会構造・生活様式を温存・再生産させながら進んできたのであった。農村の近代化のほとんど行なわれなかったところにその根源があったのであろうが、ひとり農村だけでなく、都市の小中商工業等においても同様であり、したがってそこには前近代的な物の考え方や慣習があいかわらず生きつづけてきたのである。仏教が封建社会におけると同様の社会的機能をくり返すことによって昔ながらの教団の勢力を保ってくることができたのは、実に近代日本にこうした反面が広汎に存続していた事情にもとづくものであった。

このことは、今後における日本仏教の運命を予測するための重要な前提となるのではなかろうか。すなわち、今後日本社会の近代化が徹底的に推進され、前近代的な反面が逐次消滅していくならば、仏教教団は少くとも今日のような形態で惰性的にその勢力を保持していくことは困難となるにちがいない。今日でも、すでに仏壇をおかず、寺詣りなどもちろんしない家庭が激増しているのに、将来近代化がいっそう徹底した暁にも、多くの人々があいかわらずわけのわからぬ読経の声を心にもなく神妙に首をたれてきく忍耐をもち合わせているだろうと想像することは困難だからである。文化遺産として仏教の思想や附属文化から新文化創造の素材をくみとる試みは、あるいは今日よりもっと活潑化するかもしれないけれど、それは図書館や博物館の中に保存される文化財としての仏教についてのことであって、社会的勢力としての教団に関しては事情が違うであろう。

それでは生きた宗教としての仏教は、日本の近代化の進行とはついにあい容れず、近代化の貫徹とともに仏教は滅亡に向かうべく運命づけられているのか。上記の私の考察からは、必ずしもそういう結論は出てこないのである。近代化の進行とともに存続の困難となると予測されるのは、今日のごとき、呪術的葬祭儀礼をほとんど唯一の社会的任務とする仏教教団のあり方である。もし仏教がそのような前近代的形態を一擲して新しい活路をきりひらくならば、近代化の進行は仏教の将来の生命を決して脅やかすことはないであろう。

私は日本山妙法寺の歴史についても現状についてもくわしい知識をもたないので、妙法寺教団の正確な評価を下す力はないけれど、砂川のアメリカ空軍基地拡張によってひき起される重大な結果を憂い、日本の平和と安全とを守るために、多数の町民・労働者・学生等がスクラムをくんで拡張工事に反対したとき、進んでかれらと力をあわせ、警官隊のふりおろす警棒のために白衣を血に染めてもひるまなかった妙法寺の僧侶たちの姿にこそ、今後の日本仏教教団の行くべき一つの道が示されたのではなかったろうか。そこには、不正なる弾圧に耐え、東国に流浪しながら貧しい下層民衆のために福音を説くことをやめなかった親鸞を生んだ日本仏教のもっとも高貴な伝統が再現されていた。日本仏教が博物館に陳列される石器や土器と同性質の過去の文化財としてのみ残ることに甘んじないならば、その進むべき道はおのずから明らかとなるのではあるまいか。

社会変革と仏教

堀　一郎

一　宗教史に於けるエリート（Elite）とマッス（Mass）の問題

この小論は宗教社会史の立場から、日本仏教のになって来た社会機能を考え、仏教が日本の社会に於て、どのような過程をたどって、その幾く変転した歴史に適応して来たかを極めて概括的にトレースしてみたい。

私は昨年、新潮社の『日本文化研究』第六輯に『日本宗教の社会的役割』を論じた際、私の立場を規定して、「日本人が発想感得し、あるいは他から受容しつつ展開せしめた宗教の形態と、これらの宗教を通して表白している信仰もしくは宗教意識の形態を、日本の文化、社会との歴史的関係に於てとらえることを目的とする」とした。この立場は、特定宗教をふまえて宗教一般を論じ、あるいは仏教の Ought to be を導き出そうとする意図を有していない。言わば社会史的な論評とでも称すべきものである。護教的神学的態度は、教祖や高僧の側に立って宗教的意識や信仰形態のあり方を考察しようとする。あるいは哲学者は自己の自内証や理想型宗教者を教祖や高僧のうちに見出し、自己の理想的イメージを以て彼等を荘厳しようとする。しかし社会史的立場はつねに宗教を集団現象として、社会や文化との連関に於けるムーブメントとしてとらえようとする。従って宗教的エリートはつねにマッスとの連関に於て考察されねばならない。ここに宗教と哲学、思想史などとの大きな差異があるように思う。哲学や思想史に於ては、言わばエリートとしての個人の思想の展開に大きな意義がある。哲学者は他人の歯痛を癒す必要もなく、一人の共鳴者が得られなくても、自ら哲学者と名乗ることが出来る。しかし宗教者はエリートの世界に高踏して自慰することは許されない。一人の精神的慰安をも与え得ないような宗教者は宗教者ではあり得ない。一人の信者なき宗教は宗教と名乗ることは出来ぬ。

ところで宗教史の従来の大きな欠陥は、エリートを追求するに急であって、マッスの存在を甚だしく軽んじ、且つ侮って来たことにある。軽んじ侮どるというよりは無視したといった方がよい。ここからエリートとマッスの混用という誤謬が往々犯される。嘗ての日本精神論もそうであったように、理想的エリートとエリート的理想が日本精神、日本宗教のすべてであって、それがあたかも日本人全体の姿であるかの如き錯覚に陥るのである。例えば日本のエリートたちの共通の性格として、よく静寂主義（Quietism）がとりあげられる。宗教的神秘主義に裏打ちされた東洋的静寂主義の理想は、たしかにわが国のエリートたちの心をとらえ、この土壌にすぐれた哲学、思想、芸術の華を咲かせたことは事実である。これのみを強調するならば、日本人の精神の特性は静寂主義にあるとも説かれよう。ところで現実の日本に果して静寂主義なるものが存在するのか。朝夕の国電ラッシュ、繁華街の人の波、怒号する政治指導者の群れ、国会デモ、泥沼スト、そして人々はせかせかと道をあるき、他人の噂さに興味を持ち、口うるさく批判し、社会は人々の行動に監視と圧力をかけている。この現象は単に近代資本主義とマス・メディア（Mass Media）の責任ないし罪悪に帰すべきものとは思われない。東洋的静寂主義を吹き込まれ、静寂な日本に多少のあこがれを持って日本に来て大いにとまどっている外人を、私は何人か知っている。彼等はどこかに Quietism はないかと永平寺に、南禅寺に、伊勢神宮に、桂離宮へと出かけてゆく。たしかにある種の Quietism はあった、と彼等は言う。しかしあれはエリート的静寂でしかない。大衆は伊勢神宮の神域にまで携帯ラジオを持ち込んでいる。エリートと大衆の離反は殊更らに甚しい。この責任は一体宗教者にあるのか、大衆にあるのか。

凡そ社会の文化はつねにこの二つの極の間のギャップを免れることの出来ないのは、何も日本だけの現象ではない。即ちエリート的理想型または理想的エリート型文化とマッスによる現実型文化で、この二つの型は或る点で相剋し、或る点で相つらなる。エリート型は言わばマッスのアンチテーゼ、もしくはマッスに於ける相剋のジンテーゼとして出発する。従って一面では現実型文化を欲しない、もしくは現実型文化を是認し得ない人々の、言わば反社会的、マイノリティ（Minority）として存在し、そこに存在意義を持つ。ところがエリートはエリートによって発見支持されている限り、その初期の理想型を維持し得るが、エリートが次第に膨脹してマッスとかかわり合うことになると、そこに一つのディレンマ的現象を起すのである。エリートによって創唱された宗教は実にこの二つの文化型のかね合いに於て存在しなければならない宿命をになっている。宗教がエリート型をのみ目標とし、ここに定住するならば、それは宗教の貴族化高踏化であり、知性人の愛玩品に堕す。逆に宗教が現実型マッス文化にのみ耽溺するならば、それは民衆をいよいよ愚昧の淵に陥しいれ、阿片化する。宗教がマッスから遊離高踏することを許されぬ運命を持つこと、いかなる宗教も衆生済度の使命を有することは、宗教の社会に於けるあり方として他の分野に比して極めて困難な立場にあることを示している。教団はエリートを包摂しこれによって高揚されつつも、大衆に連繋し、これに支持されなければならないからだ。そこで一般的に文化内に存在するエリートとマッスのギャップ、反社会性と世俗性のギャップが、どのように乗り越えられるかが、宗教の場に於ては極めて深刻な、また興味ある問題となる。そしてそこに宗教教理よりも宗教運営者、ないし宗教者そのものの責任が社会史的に追求されなければならないのである。

二　社会的危機に於ける宗教の発現

いったい宗教は社会制度や文化価値体系の安定力として働くか、それとも破壊力、分裂力、あるいは再建力として働くか、という問題は、宗教社会学者や文化人類学者の間で議論されている。太古の小集団社会、あるいはいわゆる未開社会のあるものについて、デュルケームたちの言うように社会そのものが一つの宗教集団と見なし得るものは嘗て存在した。そこでは宗教は例外なくその社会の最も強力な統合的役割を演じている。しかしその社会が拡大し、文化が複雑となり、外来文化や宗教の伝播受容が始まると、同一社会内に二つ以上の宗教集団員が併存し、あるいはその社会を越えた特殊宗教集団が成立し、ある場合には社会を分裂に導くのである。

但し、高度で複雑な文化を持つ社会でも、その社会と宗教のかかわり合いの度によって、あるいはその社会の性格によって必ずしも一様ではない。例えばインドのように、社会の安定度と伝承的性格の強い社会では、宗教と僧侶階級は、その社会に君臨し、従って制度維持的な保守的な力として作用する。同様に偉大な文化を創造したギリシャ社会では、伝統的僧侶階級はインドに比して著しく社会的勢力が弱かった。これがインド文明とギリシャ文明の展開の上にも大きな影響力を与えている（例えば、マックス・ウェーバー「宗教社会学概論」）。

ヒンドゥ教、ユダヤ教、神道といった民族宗教と、仏教、キリスト教、回教といった普遍的宗教もしくは創唱的宗教を、その社会史的展開の上からごく大雑把に捉えてみるならば、民族的宗教は元来その発生した社会の制度や文化価値の維持を建前とし、その社会の統合的役割を果すが、その社会が外方権力や外方権威との接触、侵入によって緊張関係に入ったときは、ネティヴィスティック（Nativistic）な愛国運動、メシアニック（Messianic）な宗教運動として展開復活する動向を持つ。これに対して普遍的宗教とよばれるものは、その発生に於いてはエリート的な反社会的マイノリティとして出発し、当時の社会の世俗的宗教的権力や権威に反抗もしくは逃避する傾向を有し、現世的地上的なものを懐疑否定する性格が濃い。ところがその伝道がその社会で逐次成功し、さらにその社会外にあふれ出るにつれて、教会や僧侶は地上的権威を獲得するようになり、支配者と結托し、或はその地位にとって代って地上的権威や権力、社会の制度と文化価値の維持に重要な挺子の役を演ずるに至る。そして歴史の過程に於いて内部から再びマイノリティのエリートたちの反制度的宗教の運動が宗教改革の形をとってあらわれ、これがその時代の社会変革の指導的役割もしくは新時代社会の精神的バックボーンの役割を果す。前者の例には神道やペイヨティズム（Peyotism）、もしくはアフリカや米国黒人間に於けるネティヴィズム運動などがあり、後者の例としてはカトリシズムや仏教が挙げられよう。本稿では前者の例については触れない。後者に於ける二大宗教の社会史的な比較は極めて興味がふかい。

一体、宗教は人間あるいは社会集団の危機と緊張の場に於て、しかも従来の政治、経済倫理などの規範によって処理し得られない窮極的不安を解消すべく強く要求されるのであって、従ってその反応は伝承的な場に於けるよりも、むしろ創造的な、再生的契機となる面が重要である。それゆえ宗教に於ける創造性は必然的にその現実に於ける混乱、不安、規範喪失などと混り合う。すなわち宗教の発展の最も創造的な時期は、安定した平和な時代よりもむしろ、不幸なる社会の不安混乱期である。マックス・ウェーバー、ウェールズを始め多くの学者の指摘しているように、西紀前第七世紀から第五世紀にわたる人間精神の異常な飛躍期、即ちそののちの二〇〇〇年にわたる偉大な文明の流れを基礎づけた創造的宗教運動は、いずれも急速な社会と文化の動揺期、変革期であったことは注意すべきことである。

シナに儒教の起ったのは、相争う封建諸侯が春秋戦国の動乱期を経て次第に秦・漢帝国の統一へと進む過程のなかに於いてであった。インドに仏教、ジャイナ教、ウパニシャッド哲学などの興起したのは、幾多のインド社会の内部抗争の時代、即ちアーリヤン人と土着人との間の複雑な問題、小国に分立した封建的諸国家間の争闘、バラモン階級に対するクシャトリヤ（武士）階級の社会的優位を目指す争い、といった動揺期であった。のちのキリスト教、さらにおくれて出現したイスラム教の源泉をなすユダヤの予言者たちの新しい動きは、イスラエル王国がすでに全盛をすぎ、メソポタミアの新興勢力によって深刻な脅威にさらされていた時に始まっている。ギリシャに於ける古典文明の発端もまた、小都市国家間の関係に於いて、さらには東方からするペルシアの強大な圧力によって、不安定な社会状態のなかに芽生えた。即ちひろく宗教的源泉から、以後の文明を指導した偉大なる文化体系が形成されたのは、実にかかる全古代文明社会を通じての混乱期であったのは偶然ではない。儒教、仏教、ヒンドゥ教は東洋の巨大な精神文明の主要なフレームワークを形成し、他方ヘブライの予言者たちは世界で最初の普遍的倫理的一神教を創造し、ギリシャ人は西欧文明の分析的思弁的知性を建設した。これより数世紀後にあらわれたキリスト教は、言わばヘブライ的とギリシャ的伝統の総合体として取扱うことが出来る。予言者的ユダヤ教の背景なしに普遍的倫理的一神教はあり得なかったろうし、ギリシャ哲学の背景なしにキリスト教的な合理的神学はあり得なかったに違いない。そしてキリスト教そのものがまた社会と人間価値のいちじるしく動揺していた状況のもとに生れた。当時、ユダヤ人はいくたの外国支配の長く苦しい経験ののち、ローマ帝国に吸収され、新しい状態への適応への苦しい試練に耐えつつあった。この適応が極めて困難なものであったことはイエスの十字架から僅か一世紀にしてユダヤ戦争が勃発した事実からも知られる。キリスト教徒の運動がユダヤ人社会に吸収されず、聖パウロによってローマに伝えられたことは、西欧文明史の最も決定的な出来事であった。このキリスト教の西欧文明に対する偉大な定礎事業は、その歴史を通して流れている二つの基本的プリンシプル、即ち「普遍主義」(Universalism)と「能動主義」(Activism)とに帰すべきであり、これがまた東洋文明と異なる文明発達の途をあゆましめた所以と見られる。即ち西欧文明の基調をなすところの、ギリシャ精神による能動主義的探究態度は、科学と宗教の闘争の顕著な事実にもかかわらず、科学者は、神のわざを探究することによって神を知るとする立場に於いて、西欧にのみ高度に発展した科学を生み、またローマ精神に根ざす法の普遍性精神を教会法として生かし、それに基く中世ヨーロッパを支配した普遍主義的宗教が、中世文明の大きな発達に根幹的な役割を果した。また普遍的個人主義は各人が不滅の霊魂を持ち、すべて同等の宗教上の価値を担うとする点で、また近代ヨーロッパ文明の平等主義の主張に深く寄与したことは疑いを容れない。個人の尊厳と独立の観念もまたキリスト教精神から派生した特製物と見られる。

三　仏教の東洋文明に対する定礎的役割

ところで、東洋文明の礎石となった仏教は、インドの民族宗教としてのバラモン教（ヒンドウ）の伝統とその社会の文化を継承しつつも、三法印、もしくは四諦・八正道・十二縁起に象徴される「法の普遍性」と「合理主義」的態度を強調し、根強いカースト制社会のなかに四姓平等の教団、即ち和合衆（Saṃgha）の結成によって法の前に個人の平等性、独立性を主張した。和合衆は「法」の前に平等な個人によって結成された、世俗社会を離れた共同体であり、出世間とか出家の語に象徴されるように世俗のもろもろの繫縛を捨て去ること、即ち入信入団のイニシエーションによって新しい人間関係と価値体系の社会へ入るのである。従って初期の仏教教団の主要なる目的は、あくまで個人の解脱であり、解脱の場としての教団であって、それは直接に社会改革を目指すものでなかったことはキリスト教とも等しかった。

仏教の主張した普遍主義、平等主義は、個別的分離と階級的差別のうちに存在した多くの古代東洋社会のなかに、深刻な影響を与えている。東洋社会は西欧社会のようなまとまりのある文化的宗教的共同体を形成し得なかったから、仏教の及した影響もそのうけ取り方も一律ではないし、仏教はユダヤ的一神教といちじるしく異なる教理を持ち、異なる寛容度、習合度を以て異民族の異教徒に対したのであって、その変化の様相は極めて複雑である。しかし少くとも東洋的ヒューマニズムの根底に仏教精神の存在を否定することは出来ないし、哲学・文学・芸術から人間の思考、感情の全域にわたって、仏教受容の以前と以後に於ける截然たる差異は、東洋の高文化民族社会には例外なく認められる。この意味で仏教は、古代との絶縁、近代への開幕の契機をなしたと言うも過言ではないであろう。

シナに於ける秦・漢の大帝国の出現が、ふかく儒教の持つ宗教倫理的プリンシプルに思想的バックボーンを負うと認め得るならば、インドに於ける史上空前の大王国を建設したアソカ王の仏教帰依と仏教国教化の事実は、コンスタンチヌス帝によるキリスト教国教化の史実とともに、新しい国家社会の建設に対する宗教的倫理的基盤として、創造的建設の役割を果したものと言えるであろう。シナに於ける隋・唐帝国の興起には、しかく明確なる先行的宗教や思想運動を指摘し得ないかの如くであるが、世界の文明史上にも比類のない初唐の活気に溢れた国際的文化と政治の高揚の背景には、西域の東トルキスタンを越え、南海の波濤を凌いでインドにのびた二大東洋文明国の連繫に負うところが多いし、唐帝国の西方文明への異常な熱意は、玄奘や義浄に象徴される仏法求法の積極的意欲と、これをバックアップする政策にも強くあらわれている。そして長安の京は多くの西域、インドの高僧が止住し、西域の胡楽胡服が流行し、さながら国際的文化の中心たるの観があった中唐以後には朝廷は時にいちじるしく道教に傾斜し、武宗廃仏のことなどもあったが、ここに登場した道教は、老荘の哲学に根基するとは言え、すでにして不老長生的な呪術宗教に顚落しており、衰亡しゆく老帝国を再生せしめる動力となり得ず、むしろ老衰の苦悩を象徴するに過ぎなかった。

日本の仏教は、その時間的、地域的、従ってその質的変化を経て、シナ、朝鮮を経由して渡来し、受容されたのであるが、しかしそのになう創造的革新性は、古代日本社会に於ても顕著なものがある。それは仏教の持つ革新的理想が日本社会の変革を誘発したというよりは、変革しゆく社会不安と動揺のなかに、仏教がその収拾的役割をになって登場し、期待されたということになるのかも知れぬ。もちろん朝鮮仏教を受容した最初期の仏教なるものは、個々的には恣意的な形で信仰され始めたものにちがいない。しかしその受容過程が古墳末期の氏族制度社会の崩壊期であったことは重要である。仏教導入の直接の契機は隋帝国の圧力による朝鮮半島南端の任那日本府の滅亡という国際的危機の場に於てであるが、国内的な社会不安はすでに雄略朝に胚胎している。雄略帝は、「天皇心を以て師となす」と評されるほどの個性の強い独裁君主であったらしく、秦《はた》氏、漢《あや》氏などの応神朝以来の帰化韓人部族を優遇して族長を側近に侍らせ、しきりに使を大陸に派遣して先進技術の吸収、技術部族の帰化に積極的政策を遂行したと伝えられている。かくて、のちに起った種々の政争をも利用して、蕃別《はんべつ》と呼ばれる帰化人部族は古代社会の指導的階層へと漸次進出して行った。彼等の持つ知識と経済力は政治の領域にも発言力を増大して来ている。そして古代社会はこの新興勢力の異常な膨脹によって、社会構造及びこれを支えている宗教的倫理的文化的規範が次第に維持され難くなって行くのは当然の経路である。新興勢力の必然の過程として、彼等は実力を有しつつも社会的神話的ないし宗教的権威の前につねに劣者としての立場に立たされざるを得なかった。当時の古代社会には、神々の子孫という神話的権威を誇る諸豪族群に対して、皇子たちを祖先とする皇別氏族が天皇氏の統一主権の樹立過程に発生し、さらには国際関係の国内政治に対する比重の増加にともなって、仲哀・応神朝の新しい政策転換の指導者と伝える武内宿禰の子孫家、平群・紀・巨勢・蘇我の諸氏が政治上に擡頭した。そしてやがてその職能上、帰化部族との連合の最も緊密であった蘇我氏の上に最後の覇権が落ちた。こうした国内に於ける力のバランスの破綻、社会構造と文化や価値体系の大きな変動、新技術の導入による経済や産業の変化、そして外方からの新興隋帝国の積極外征政策による国際間の力の均衡の破綻という情勢のなかで、仏教が雄略朝渡来の新漢《いまきのあや》と呼ばれた新帰化部族のなかに先ず受容され、ついでその主導力によって逐次蘇我氏及び蘇我氏関係の宮廷貴族の間に浸透していったことは偶然ではない。この場合の仏教は、言わば古い社会体制を分裂させ、新しく興るべき社会に対する精神的文化的価値の賦与者としての役割をになっていた、と見られよう。

四　分裂と調和、反俗と世俗化
―宗教の運命的ディレンマ―

こうした社会変革期に於ける非伝統的な進歩的部族の役割と、その精神的基盤となりつつある仏教の役割とを、よくみつめていたのは聖徳太子であった。日本の歴史上の人物で、古来太子ほど毀誉の差のはなはだしい人はない。歴史はやり直しのきかぬ貴重な実験場であり、逆回転を許さぬものであるが、これほど大きな評価の差は太子が同時に政治家であり宗教導入者であったという悲劇的運命に負うところが大きいと思われるし、それが爾後の日本の歴史の重要な転回点に立ったという事実を物語るものであろう。

「帰心聖徳宮、師教令無窮」とする最澄的認識や、「和国の教主聖徳皇」の親鸞的認識は、儒者国学者神道家の執拗な太子の政治的宗教的責任追及の論評とともに、日本宗教史のなかに太子が長い尾を引いていることを示す。純粋の宗教者でなく、困難な政治情勢のなかに立ってその政治的責任と権力の中心にあった聖徳太子によって仏教が日本に根づかせられたことは、他方で日本社会が古くから垂直的な政治的体系につらぬかれ、政治的価値の優位性を持ち、上下の身分、間柄の社会構造を持つ点とあわせて、日本に於ける社会と仏教のかかわり合いを決定する一つの鍵となろう。即ち日本仏教は社会の最もめだたぬ、とるにたらぬ反俗的マイノリティから出発したのではなく、すでにアソカ王以後の、政治的権力と結びついた仏教であり、為政者によって上から下へ流された仏教であった。

聖徳太子は「和を以て貴し」とする一個の理想社会の実現を要請し、その宗教的バックボーンとして四姓の終帰、万国の極宗たる仏教を篤く敬うことを命ずる。それは「人皆党《たむら》あ」るによって分裂抗争する社会の、「枉《まが》れるを直く」する役割を期待するものであり、儒教の「礼」の倫理とともに、理想社会の秩序の源泉と信じられた。太子の三経義疏にみられる「一大乗」、「常住一体の三宝」、「万善同帰」といった思想は、仏教がその成長過程を一貫した普遍主義的統一理念であり、これを個別的日本社会に於ける革新的な、高次的統合のプリンシプルとして採り上げ、且つ共鳴したものと見られよう。即ち太子が調和的統一の理念を仏教と儒教に求めつつ、そこに「詔を承りては必ず謹め」とする天皇の最高権威の強い主張がなされていることは注意してよい。太子は純粋な、自由なカリスマ的、メシア的存在ではなく、自ら世俗的権威の象徴たるの地位にあって、その権威体制のもとに調和的平和社会へと改造せられることを念願する。

この点で初期の日本仏教は、キリスト教やインドに於ける初期仏教の形態と著るしく異なる。比較は当を得ないことかも知れないが、太子が「和」を強調し、「詔を承りては必ず謹め」と要請するのに対して、イエスは、「あなた方は、わたしが平和をこの地上にもたらすために来たと思っているのか、あなた方に言っておく、そうではない、むしろ分裂である」といい、「カイザーのものはカイザーに、神のものは神に返しなさい」とのべたこととといちじるしい対照をなすものであろう。そしてたしかに初期のキリスト教団は、世俗の世界からは極めて目立たぬ、取るに足らぬ人々の集りにすぎなかった。しかし彼等は少くとも自己の信ずる宗教以外の宗教的倫理的体系に対して、またカイザーに象徴されるローマ帝国の制度や組織に対して、つねに相離反する立場をとるマイノリティとして発足したのである。当時のキリスト者の運動は主として差しせまったキリストの再臨への期待にあって、その社会との連関性の問題はほとんど念頭には浮んで来なかったようである。キリスト者と俗社会とのつながりは、悪なる世界からの汚れを防ぎ、主の福音をひろめるという関心に止っている。しかし幾多の迂余曲節を経て、コンスタンチヌス帝がキリスト教をローマの国教として受けいれた時、キリスト教自身に根本的な変化が起った。一つはキリスト者の社会の統合体としての制度的教会の観念が芽生え発達したこと、第二は「わが王国は地上のものではない」という成句に象徴される地上のものに対する冷淡さ、あるいは嫌悪の態度であり、制度的教会やキリスト教王国の制度にも強く反撥しようとする立場との相剋が始まる。

アソカ王以前の初期仏教がどのような対世俗社会の態度をとったか、どの点でまじわり、つながっていたかを、私はつまびらかにしないが、少くともアソカが仏教を国教とし、王の命令によって僧侶が四方に派遣され、仏教精神に立つ法勅語文が各地に建てられたとき、仏教教団のなかにも根本的な変化が起ったろうことは想像に難くない。釈迦自身がすでにいくつかの有力な小領主や富豪の外護や喜捨によって精舎を建て教団を維持拡大して行ったのであるから、理念的にはとにかく、実際的に反社会的な要素は稀薄であったかと思われるが、しかし少くともその理想は地上の栄華ではなく、出世間の語に標榜されるように反世俗的な性格を強く持っていたにちがいない。しかしここに新しく開けて来た環境に対して、聖俗合弁の制度的教団が国家権力との結合の上に芽生え、発達したことはあきらかである。

こうした推移はタルコット・パースンズも論じているように、何も宗教の堕落、変質と呼ぶべきものではない。宗教の発達過程に於いて、いかなる宗教も、その社会とまじわり合うことなしに、具体的な社会の制度的宗教たり得ないことは明らかである。キリスト教にせよ、仏教にせよ、それが漸次その社会の精神界に君臨し、高い地位をその社会内に築いてゆくにつれて、精神界に於ける優越性と、日常的世俗的生活面に於ける行動の優越性とが判然と区別されなくなってくる。精神界を支配することは、同時に世俗的権力を持つことになる。かくして権威（Authority）と権力（Power）との二重のからみ合いのうちに、教団は成長し発展してゆく。いかなる宗教もその歴史的展開の過程に於て、この深刻なディレンマをまぬがれる方法はないのである。単に権力の問題だけではない。富の問題もまた同様のディレンマ的様相を示している。観念的理想論は別として、教団と権力、富との関係は、それを獲得し結合することの当否よりも、それがいかに行使されコントロールされるかに社会史的な問題がある。

要するに宗教の制度化の問題は、二重のあり方で俗社会の構造にまきこまれるということになる。即ち初期の段階に於ける宗教運動は、その時代の社会の制度化された価値に対して否定、離反、拒否の態度で出発する。人人のこの世に於ける生活上の不如意、不満を捉え、その人間関係や慣行的倫理行為に於ける不適合、不調和を処理するものとして人々にアッピールする。しかしその宗教がその社会で優越した地位を占める直接の結果として、宗教運動とともにラディカルな政治活動という二足の草鞋をはくようになり、しかもその活動が、教団の優越する地位をさらに強化し、社会的地位を安定させようとする場合には、既存の秩序や権威を維持する保守的な安定勢力として働くことになる。ここに於て宗教は人人を現世から救済することを念願しつつ、みずから地上にその権威を樹立し、且つそれを継続せしめてゆくことにより、それ自身一つの地上的存在と化する。従って人人は宗教を通して窮極的な安らぎや永遠の生命を求めようとするのだが、一度び人間界の制度となった宗教そのものは、もはや窮極的な安定は保ち得ず、つねにその社会とともに流転してゆく運命を辿るのである。

五　日本仏教に於ける反世俗と世俗性のディレンマ

聖徳太子によって受容された仏教が、アソカ王やカニシカ王による国教化の洗礼をうけた仏教であったこと、そして太子がすでにのべたように俗社会の政治的権力の象徴の座にあったことは、これを宗教社会史に見るならば――他の立場からは多くの異論はあろうが――、日本仏教は反世俗と世俗という対立のプロセスを通すことなしに、地上的な存在として発足したことになるのである。これについてはさらに別の角度から、すなわち日本社会の特殊構造にも負うところが大きいと思われる。すでに多くの学者の指摘しているように、インド社会が横にホリゾンタールに切られたカースト制社会であり、シナ社会が、古来「孝」の倫理が「忠」に優先するファミリー社会であるのに対して、日本は前にものべたように縦にハイアラーキカルに上下の間柄に於て連続した社会である。従ってインドやシナのように「出家」ということがそのまま非世俗世界に入ることを意味しない。なぜなら「家」は日本では世俗世界の象徴的単位ではないからだ。家は政治体系の外にある独立体ではなく、家長は家族員に対して政治的優位を占めるとともに、更に広汎な家集団の長の政治的下位者として服従の義務を負う。日本では指導者はつねに上位に対する服従者の負い目を持っている。家の存続と名誉が家長や嫡子そのものより優先する。個人の背後にはつねに家につながる社会の政治的義務がつきまとっている。従って「出家」は社会の世俗的義務から全く解放されるというわけにはいかなかった。もちろん寺院にはアジール的性格がつよく保持されたし、仏門に入ることが政治的責任を免がれる唯一の逃避の門であったことも事実であるが、他方では出家した皇太子が天皇方を打倒して政権の座に上り、出家した上皇が事実上の政治を執り、「氏寺」の形態が氏人の出家によって運営され、家のため主君や天皇のために出家し、すぐれた僧侶の褒賞がその家に及ぶといった事実は、別段に突発的異常な状態とは考えられないのである。

聖徳太子の天皇主権の神話的権威の樹立を前提とする新しい国家体制の意図は、大化改新に於て一応の展開を見せた。大化改新の指導理念が儒教に裏打ちされた中央集権的神聖王朝の樹立であり、唐制による国家制度の変革にあったのは事実であるが、その実際の立案施行者のなかに、蕃別出身の留学僧のあったことは、見のがすことの出来ない点であり、大化新政府の仏教政策が天皇の発願として、「凡そ天皇より伴造《とものみやつこ》に至るまで造るところの寺、造る能わざるは朕皆助け造らん」との宣言の発せられるところにも、寺院が反社会的な出世間的修行の道場たる性格は、始めから持たれていなかったことを示す。これは推古二年、日本仏教の公的開幕をつげる三宝興隆の詔を発せる際、「臣連おのおの君と親との恩《めぐみ》のために競いて仏舎を造っ」たとする記録とも照応するものであり、天武朝以後に於ける金光明(最勝王)経、仁王(護国般若波羅蜜)経の尊重とともに、部族的仏教からいわゆる国家仏教への進展とも呼応するものである。千葉一千仏の大釈迦世界の統合的報身として顕現する大盧《る》舎那《しゃな》仏に象徴される奈良朝仏教は、聖武帝がその東大寺の寺額に「金光明四天王護国之寺」と親書し、「この寺衰亡せば国家も衰亡せん」との誓願を籠めたように、仏法は国家即ち王法と融合不可分の運命共同を強調するものであり、これは他方に於ける神仏習合思想やその実際上の神宮寺や寺院鎮守神の発生とともに、仏教が社会の安定力として期待されたことを物語るものである。

天武帝によって確立された仏教の帝権との結合は、「三宝の奴」と自覚した沙弥勝満、即ち聖武帝によって強いソリダリティ意識にもたらされたが、そののち僧侶の政権意欲は法王道鏡の出現によって宗教的権威が地上的権力を併呑するかの観を呈した。しかしこれは必ずしも宗教的価値が政治的価値に取って代ったというものではなく、極めて個人的閨房的なつながりに由来するものであり、それゆえ称徳帝の崩御にまつわるクーデターによって一挙にして覆滅し去った。そして桓武帝による平安遷都と、政教分離をめざす僧尼寺院に対する手きびしい統制によって、教権は完全に帝権のもとに屈服してしまった。平安新政府の宗教政策のよき協力者として、旧仏教に対抗するエースとして抜擢された最澄（伝教大師）と空海（弘法大師）は、奈良初期の法相宗の船載者道昭、中期の三論の巨匠道慈、法相の義淵、後期の民衆仏教者行基とならんで、その真摯な求道精神、すぐれた仏教理解、またその社会的実践に於て、真に日本仏教史上の白眉と目し得る。けれども最澄が自ら伝受将来した天台法華宗をつねに先帝（桓武）の御願としてジャスティファイし、空海が真言密教を伝えて事相の面で鎮護国家、攘災招福の斬新な呪術祈禱の形態を提供し、その文学芸術的才能のゆえに嵯峨・淳和の二帝と親交を重ねた点で、いずれも仏法をして地上的権力と結合させ、その社会組織と価値体系の維持強化の役割をになわせるに至ったことは否定さるべくもない。しかも各宗祖の歿後には、天台・真言の二宗はその社会に於ける精神的優位性の確立にともなって、教団自身は却っていちじるしく世俗化し、膨大な寺領荘園を擁し、武装軍団化する大衆を備えるに至った。三善清行をして天下の富の大半は寺院に集り、人民の三分の二はこれ禿首、と嘆息させ、白河法皇をして朕が意の如くならざるの嘆を発せしめた事態は、単に後継者の「過渡の逸脱」の責任だけではない。

六 世俗から反世俗へ、安定力から分裂へ

このような日本仏教の性格は、つぎに来るべき社会変革に於て、どのような形態へと変転して行ったであろうか。第一〇世紀中葉から徐々に破綻のきざしを見せて来た平安朝政権と、その社会、文化の価値体系と密接にからみ合い、その安定勢力として、自らの地上的教権の樹立に向った仏教に対して、幾つかの新しい動きが、特に政治の中心である京都を根拠地とする天台宗僧侶の間から起って来たことは興味がある。恐らく彼等が最も敏感に社会の推移を見つめ、これとからみ合って没落しゆく政権と結びつき、その制度と価値体系の維持安定の勢力として世俗化しゆく宗教の運命を、直覚的に感じ取る地位にあったからではなかろうか。私はここで抬頭して来た新しい宗教運動ないしは思想動向として、次の三点を指摘したい。これらはいずれも別個の動きである如くであって、結局に於て社会に「劒を投げ」、分裂の重要な役割を果したもののように思われるのである。

その第一は「御霊信仰」の流行である。この信仰は要約すれば仏教とシャマニズムの合弁による一種の俗信と見てもよい。しかし怨恨の念は凝って死後に報復し得るとする信仰は、勝利者優越者をしてつねに敗者劣弱者の影におびえ、その勝利と優位を永遠不動のものとなし得ない恐怖感に陥しいれ、逆に敗者劣者に有力な精神的慰安を与えることになり、逆説的にヒューマニズムの高揚に大きな役割を果しただけでなく、霊魂の自在な活躍が約束された結果、身分階層を越えた人間意志力と霊魂平等化の自覚を人人に与え植えた。理論ではなくて俗信であったゆえに、この信仰は多くの顰蹙すべき弊害を及したが、権力の座を不可視の力によって脅かし、不安を醸成せしめた点で、見のがすことの出来ない現象と言えよう。

第二は、空也、源信、寂心、寂昭、増賀、性空などを中心とする反制度的教団のヒジリ・グループの運動である。この反教団的態度は二つの方向に流れ、一つの流れは「再出家」というべき形で教団を脱出し、真の宗教的求道の生活を完了しようとする道心型と、第二の流れは反教団即ち制度的宗教に反撥し、離反し、拒否することによって却って自らの信仰を民衆のなかに樹立しようとする民衆型とに分けられる。前者には狂気をよそおって叡山を脱出して多武峰にかくれた増賀が代表し、後者には「山中物さわがし」として市井にかくれて念仏をすすめた市聖《いちのひじり》空也に代表されよう。これらは一見して恣意的、隠遁的な外見をとりつつ、強いレジスタンス精神を秘めており、その反骨性と、宗教を特権者の自慰的独占から広く民衆の救済のために開放しようとする意図とは、後世に大きな感化を及したことは否定出来ないのである。人々は鎌倉の新仏教の祖師たちの、後世からする護教的神学に粉飾され、且つ神話化された影像に眩惑されて、その形態や思想の独創性を重く視る傾きがあるが、しかし源空（法然上人）にせよ、親鸞（見真大師）にせよ、智真（一遍上人）にせよ、日蓮（立正大師）にせよ、あるいは道元（承陽大師）にせよ、その生活態度や信仰形式、実践方法などを仔細に検討してゆけば、初期的な未熟さや不徹底さは免れ得ないにしても、彼等の先駆的な運動がなかったら、鎌倉の新仏教が、あのような形で展開したかどうかは疑わしい。

以上の二つの運動については、私は以前かなり詳細に論考したことがあり、今はこれ以上はふれまい。

第三の点は、「末法思想」の浸透があげられよう。この問題についてもすでに多くの専門家の研究があるから、その内容を詳しくのべる必要もあるまい。この思想の日本に於ける源流の一つといわれる『末法灯明記』は、古来最澄の親撰偽撰の論議が盛んであり、今日では偽撰の疑いが濃いようであるが、このような詮議は今の私にはどうでもよいことである。またこの思想がいつごろ成立し、シナ仏教史の上でどのように受け取られ、処理されたか、また宗派によって正像末の算定の仕方がどうあり、またどのように変化したかといった点も、今は問題にする必要はあるまい。寺崎、田村、井上氏らの考証によれば、一般に永承七年（一〇五二）を以て末法第一年とする説がひろく流布されたらしいが、鎌倉新仏教の祖師たち、源空、栄西、親鸞、日蓮などが、『末法灯明記』にふかく影響されて、末世濁悪の世に頑愚にして罪業深重の衆生を済度する最良の仏法を探究し、新しい宗教形態を樹立しただけでなく、この思想が平安末期の貴族をはじめ地方民衆の間にも浸透し、深刻な不安を醸成して行ったということは、すこぶる重要な意義を有するように思われる。末法思想は貴族と貴族社会に寄生して来た仏教者にとっては、言わば救いなき不安と恐怖を生み、それが現実の政治体制の不安動揺、社会不安と相俟って、一層肉体的にまで浸みとおった点で、キリスト教に於ける終末観 Eschatology とは全く同じではないが、前にのべた御霊信仰やヒジリの運動とともに、新しい社会体系と価値体系の成立への大きな跳躍台の役割を果したことは否定出来ない。

かくてこれらの運動と思想動向をうけて、王朝的支配体系から封建制社会へと移行する社会変革の不安動乱の決定的時期に、浄土、禅、日蓮の諸宗が、単なる宗教改革の歴史的意義をになうだけでなく、来るべき新時代の精神的支柱の役割をになって登場して来る。日蓮のメシア的リヴァイバル運動は、一見して深い政治的関心を示しつつ、既成教団を批判し、法華経の釈迦に復って仏教を統一し、従って精神界の統合を意図したものであり、「それ国は法によって栄え、法は人によって貴し」として、最澄以来の国家と仏法の関連性を意識しつつも、

「僅かの小島の主」といった法の普遍的権威を高しとする意識は強い。しかもかかる主張が却って民衆や地方の下級武士の間に次第に受容されて行ったことは興味がある。法然や親鸞、智真の浄土教運動は、深い人間自覚に立ちつつ、阿弥陀一仏への純一無雑の信仰こそ、末法の世の混迷せる不安絶望の社会の罪業の衆生を救済する道として、シャマニズムと結合してすこぶる民間信仰的様相を呈するに至った民間念仏の行を純化し体系化しようと試みつつ、「あとを一廟にしむれば遺法あまねからず」（法然）としていわゆる制度的寺院形態を否定し、「親鸞は弟子一人も持ちて候わず」とし、「愚禿」として教団師資の形態、戒律形態を否定し、俗聖的形態を実践している。智真もまた「法師のあとは跡なきを跡とす」としてその半生を一所不住の勧進遊行に送り、熊野信仰との結合、踊躍念仏の再興等、多くの民間信仰的要素を合揉しつつ、主として庶民教化の第一線に活躍した。道元は浄土教系の祖師たちに比すれば甚しい精鋭主義をとり、厳重な清規《しんぎ》による新しい宗教的共同体の樹立をはかり、天童如浄を媒介として釈迦・迦葉直伝の禅を伝えんとしたが、自ら貴族の出身でありながら、エリートを権勢の間に求めず、遠く永平の山にかくれて孤高の宗教生活を全うしようとした。

　彼等はいずれも、既成の世俗的宗教的権力や権威に対して離反、拒否の態度をとり、新しい秩序と価値体系を提唱している点で、またそれが当時の社会に於て、名もなき取るに足らぬ人々によるマイノリティとして出発した点で、キリストの言う「分裂」ないしは「劔を投げ」に来たものと言えるであろう。鎌倉の祖師たちは言わばキリストに於けるパウロ的役割をになったのであり、それは宗教改革というよりは実質上の日本仏教の開幕といってよい。

七　マイノリティよりマジョリティへ、反権威主義から権威主義へ

鎌倉の新仏教運動は封建社会の機構のなかに、次第にアダプトしつつ拡大し発展して行った。マイノリティに出発した反俗的反権威主義的主張は、自らがマジョリティとなり、精神的権威化するにつれて、それぞれの特色は残しつつも、かつて祖師たちによって強く否定された制度的教団化への道をたどり、既成の世俗的権力や権威と結合し、自らもまた地上的権力と富の蓄積過程をたどるに至った。

封建社会から近代社会への大きな社会変革の場に、多くの倫理宗教的な思想運動が起り、幕末に至っては、その異常な社会不安のなかにいわゆる民衆的宗教運動が、やはり反俗的、反権威主義的な主張を持つ、社会のとるに足らぬマイノリティとして芽生えて来た。こうした状況の下で仏教がどのような役割を果したかについては、も早与えられた枚数を大幅に超過しているので詳しくは論じられない。浄土真宗、禅宗、日蓮宗などの具体的な民衆教化活動のなかに、江戸中期以後の国学、水戸学、心学、報徳運動などの倫理宗教的運動に立ちまじって、来るべき近代日本の開幕への基礎工事に重要な役割を演じて来たことは、例えばベラの『徳川の宗教』や拙稿「日本宗教の社会的役割」に譲りたい。しかし全般的に見て、江戸時代の仏教が徳川の幕府体制とその価値体系の維持のために果した役割は一層顕著であり、それはやがて国学や水戸学の社会変革の指導理念のもとに、尊皇倒幕とならべて廃仏毀釈の運動をもり上らせる原因ともなっている。廃仏毀釈はもとより一種の暴挙であり、時の勢とも見るべきであるが、しかしこれに対して民衆の間から、また僧侶の間からいちじるしい反撃や防禦の動きが見られなかったことは、注目すべき事実と言わなければならない。単に防禦反撃の動きだけでなく、仏教内から

の革進的分派活動も反教団的反権威的運動もほとんど結実せずに終った。そしてむしろ新政府への協力協定の上に請願による教団維持の動きが強く見られる。明治仏教の復興なるものは、宗教的であるよりは哲学的、思想的ないし歴史研究的なものであり、西欧に於けるインド研究の趨勢に追随するところから出発した。エリートの学問的知性の満足感に終始した姿は、あたかも社会と民衆の存在を無視して、エリート的貴族の知性のなかに根づいた南都六宗の宗教形態に逆転している。それゆえ僧侶がサンスクリット、パーリ、チベットの原典を読解し、東西哲学の思考表現を以て教理を解説し、多くの文献やモニュメンツを駆使して詳細精緻な歴史的考証を行い、その広汎な知識を身につけた点では教祖、宗祖の何人をも凌駕するに至ったにかかわらず、一文不知の愚鈍の身になした源空以上の新しい宗教運動は展開しなかった。むしろ一方に於て急速に近代工業化に驀進した資本主義体制と、天皇主権の名の下に擡頭した全体主義的体制と、反資本主義的共産体制との挾撃のなかに、その権力の行方を追って押し流されて来たとも見られよう。仏教が心ならずも第二次世界大戦に於ける日本敗北の道義的責任を負わねばならなかったのは、明治以後の仏教が社会に対する権威を失い、民衆と絶縁した指導者にも一端の責任がある。

明治維新の社会変革に於て、大正末の資本主義体制確立への経済機構の変革期に於て、また終戦直後の虚脱的アノミーの状態に於て、民衆の間からは多くのメシア的カリスマ的人格があらわれて、新しい宗教運動を展開し、多くの知性の低い層の混迷した民衆に、精神的救済の役割を果し、ある種の希望をそれぞれに与えて来た。こうした新宗教運動は、いくたの批判すべき問題を残してはいるが、その教祖たちの教理、信仰対象には仏教の要素を借用し、あるいは換骨奪胎したものも少くはない。旧くて長い伝統を誇り、深遠な教理体系、信仰対象をいよいよ複雑、神秘、難解なものに築き上げて来た仏教が、こんにち葬式仏教などと罵られる儀礼的機能にのみ跼蹐し、すぐれた学僧たちが眉をひそめて慨嘆し、或は軽侮する新興宗教が生きた信者を急ピッチで獲得し、近代的な殿堂や教団組織を築きつつあるということは、考えさせられる問題である。これを民衆の教養度の低さとして片附けることは出来ない。なぜなら一四〇〇年以上にわたって衆生済度を念願として来た仏教者自身も、またその責任を分担しなければならないからである。（一九六〇・九・一〇）

参考文献

Max Weber : Gesammelte Aufsätze zur Religionssoziologie, Tübingen, 1920.
Talcott Parsons : Religious Perspectives of College Teaching in Sociology and Social Psychology, New Haven, 1952.
Joachim Wach : Sociology of Religion, Chicago, 1944.
J. M. Yinger : Religion, Society and the Individual, New York, 1957.
Emile Durkheim : Les formes élémentaires de la vie religieuse, Paris, 1912.
Robert N. Bellah : Tokugawa Religion, Glencoe, 1957.
拙稿『我が国民間信仰史の研究』序編—宗教史編、東京、一九五三年、五五年。「日本宗教の社会的役割」（新潮社日本文化研究第六輯）一九五九年。「諸宗教のうけとられ方」（日本民俗学大系、第八巻）一九五九年
小口・家永・佐木・川崎編『日本宗教史講座』東京、一九五九年
辻善之助『日本仏教史』上世編、中世編、近世編、東京、一九四四—五五年
井上光貞『日本浄土教成立史の研究』東京、一九五六年

廃仏毀釈と護法一揆

宮崎円遵

一　国家権力と仏教

明治維新政府は政治革命を行うと共に新しい宗教政策を実施した。それは神道国教政策を中核とし、仏教排撃、キリスト教弾圧を両翼とするものであった。その排仏政策に伴って起った現象が一般に廃仏毀釈とよばれている。

廃仏毀釈という事態の起った理由については、一般に幕末における排仏思想の盛行、特に明治維新政府の思想的背景となった復古国学のそれがまずあげられる。それにつづいて僧侶の腐敗堕落、神道者の不満などがかぞえられ、直接的には維新政府の神道国教主義があげられる。廃仏毀釈に対する歴史的評価も右に応じて革新的動向の一断面、仏教の社会的地位の転換、国教主義と自由主義との対抗等という視点からなされている。

これらにはそれぞれ根拠があって肯定せられるところがあるが、廃仏毀釈という事態はさらに日本の国家権力と宗教との関係、また日本宗教社会史の展開という視点からあらためて評価されなければなるまい。

一般に考えられているところでは、日本に仏教が渡来した六世紀以来、国家はつねに仏教を支持したが、そのいわゆる国家仏教の伝統が断絶したのが明治維新であったとせられる。しかし日本の国家権力と仏教との関係を通観すると、その根底にはつねに民族宗教としての神祇崇拝という地盤があった。仏教はそれと同質のものとして支持せられたにすぎない。民族宗教的立場は権力中心という性格をもって平等な人間観を持たず、支配秩序の支柱となり、人格社会を発展させる原理とはならない。この地盤にうけとられた仏教は、その本質としての自我否定、人格平等（悉有仏性）、利他的人間関係の指示においてではなく、民族宗教的な自我充足の祈願法としてであった。従って国家権力と仏教との関係は、一貫して非仏教的であったといい得るので、本質的には民族宗教的立場、神祇崇拝の伝統が一貫している。明治維新政府の排仏政策は、本来非仏教的であった国家権力の伝統が、仏教信奉というヴェールをすてて、本来の民族宗教的本質をあらわにしたものであると見ることができる。国家の立場は常に仏教利用という点にあって、仏教の本質に立つということではなかった。このことを考えておかないと排仏政策を断行し、廃仏毀釈の現象をひきおこした政府が、神道国教主義のもとに仏教々団を利用統制するにいたることの正当な評価はできないであろう。国家権力と仏教との関係は廃仏毀釈という事態を通じて本質をかえるものではなかったのである。廃仏毀釈は、政府の権力確立の過程にあらわれた一現象であって、徳川幕府のもとに編成された御用組織としての仏教々団を、新政府が利用し得るものへ編成がえをするための動揺現象という面を有する。

日本の宗教社会史からみると、それは民族宗教社会の復興現象である。仏教の本質的な伝統は、日本の民族宗教社会とは異る宗教社会を形成したが、真宗をはじめとするそれらの宗団が漸次民族宗教社会に沈降する過程に一つのしめくくりを与えるものが、明治政府の宗教政策であり、廃仏毀釈であった。日本における神仏関係についてみれば、神仏並立、仏本神跡、神本仏跡から、神祇絶対に推移したのであるが、神祇不拝の伝統は、ここにいたって圧殺せられるかにみえる。それに対する抵抗が真宗を中心としてそこはかとなくあらわれるが、仏教の本質に立つ自覚的な面ははなはだ弱いようにみえる。護法一揆といわれるものも、その点から考察せられる必要があろう。

明治維新とよばれる革命期に行われた排仏とそれへの抵抗は、国家権力と宗教との関係に多くの興味深い問題を提起する。次にそれらの経過をたどってみよう。

二　神仏分離・廃寺合寺

一八六八年（明治元）三月、維新政府は神仏分離令を発した。それは廃仏毀釈の発端をなすものであった。

今般王政復古、旧弊御一洗被レ為レ在候に付、諸国大小の神社に於て、僧形にて別当或は社僧抔と相唱へ候輩は、復飾被二仰出一候、若し復飾の儀無二余儀一差支有之之分は、可二申出一候、仍て此段可二相心得一候事、（下略）

といい

一、中古以来、某権現或は牛頭天王之類、其外仏語を以神号に相称候神社不レ少候、何れも其神社之由緒委細に書付、早々可二申出一候事、

一、仏像を以神体と致候神社は、以来相改可レ申候事、

附　本地抔と唱へ、仏像を社前に掛、或は鰐口、梵鐘、仏具等之類差置候分は、早々取除き可レ申事

というものがそれである。これは神仏判然の令とよばれ、表面上神仏の区別を明らかにするにすぎないといっているが、同時に用意された布告案には次のようにいう。

　方今王政復古、神祇道御興起被㆓仰出㆒候に付而者、天下人民弥奉㆑尊㆓敬神社㆒、皇国之教令堅相守、邪法に於ては益厳禁之旨被㆓仰出㆒候、仍㆑之以来諸国産土之神社に誓はせ候て邪法相糺、且人数改致候而人員神祇局へ相届可㆑申候、右に付而者、向後神州之古典に基き、葬祭改革之儀勝手次第被免候事、

　皇国内宗門復古神道に御定被㆓仰出㆒候事

　　但仏道帰依之輩者、私に取用候儀者不㆑苦候事

これは明確に神道国教主義を表示したものであり、封建制下の仏教にとってかわろうとするものであった。政府は、一八六八年（明治元）まず七科の制を立てて神祇科を置き、二月神祇事務局とあらため、三月神祇官再興を宣し、「天下之諸社神主禰宜祝神部に至迄」神祇官に附属せしめ、右の神仏分離令を発した。翌年二月、神祇官を太政官から分離し、その上に班して神道興隆の態勢をととのえ、自ら「祭政一致」を宣言し、教導局を設けた。五月には

　天運循環今自維新の時に及べり、然れども紀綱未だ恢張せず、治教未だ浹洽ならず、是皇道の昭々ならざるに由ところ……

といい、九月には宣教使の職制を定めて、神道による国民教化運動をはじめた。

政府の神道興隆が、排仏、排キリスト教の意図をもつものであることは、直ちに廃仏行動をよびおこすことと

なった。一八六八年（明治元）三月に分離令を発した政府は四月には次のようにいっている。

> 諸国大小の神社中、仏像を以て神体と致し、又は本地抔と唱へ仏像を社前に掛、或は鰐口梵鐘仏具等差置候分は早々取除相改可申旨、過日被仰出候、然る処、旧来社人僧侶不相善氷炭の如く候に付、今日に至り社人共俄に威権を得、陽に御趣意と称し、実は私憤を霽し候様の所業出来候ては、御政道の妨を生じ候而已ならず、紛擾を引起可申は必然に候、左様相成候ては、実に不相済儀に付、厚く令顧慮緩急宜を考へ（下略）

これによってもいわゆる廃仏毀釈の現象が迅速に波及したことがわかる。具体的な事実については『神仏分離史料』が広く史料をあつめているが、それによると、仏像経巻の破棄をはじめとする破壊行為が盛行している。多くは児戯に類するものであるが、一、二の例をあげると次のようなものがある。

比叡山のふもと坂本の日吉社においては、神官樹下茂国が分離令の発布をみて、直ちに比叡山延暦寺に対して、七社神殿の鍵の引渡しを要求して紛議を重ねたが、容易にはかどらなかった。ついに暴力団を組織し兵器を以て山王七社におし入り、仏像・経巻・仏具を破棄し焼却した。

信濃諏訪神社では、神祇官の役人が出張して諸仏堂の破棄をはじめた。破壊のために集めた人夫は百姓におどされて逃げ去り、社人等が強行した。これらに類似した事例が全国各地に頻発したことが報告されている。

神仏分離令によるこれらの破壊行為をはじめとする紛糾のほかに、廃仏毀釈の事態として注目せられるのは、諸藩における廃寺合寺の強行である。

幕末においてすでに廃仏の具体策を用意していた薩摩藩では、一八六九年（明治二）十一月、知政所の名をもって御領内寺院被レ廃候条、御仏餉米祠堂銀迄も引取被ニ仰付一、諸仏の儀悉く被レ廃候旨被ニ仰達一候条、此旨神社奉行へ申渡、向々へ可ニ申渡一候

という廃仏令を公布した。これより先六月には、盂蘭盆を禁じた。寺院を廃し僧侶を還俗させ、仏像・仏具・経巻の破却を強行した。

隠岐島においては、一八六八年（明治元）六月廃仏の破壊行為が全島にわたって行われ、一八六九年（同二）には四十六寺を廃した。一八七一年（同四）には、島民に強制して仏教を止めさせて神道にあらため、僧侶は還俗せしめ、還俗しないものを追放した。

富山藩においては、一八七〇年（明治三）十月民政局の名を以て

朝廷より御布告之趣有レ之候に付、藩士卒郡市に至迄、神葬祭可レ為ニ勝手次第一候

といい、さらに

此度朝廷より万機厳律御布告も有レ之、追々時勢転変之秋、郡市蘭若渾而一派一寺に御改正有レ之候条、迅速合寺可レ有レ之候、尤寺号之儀は是迄の通可ニ相唱一候、若及ニ違背一候はゞ規正厳科に可レ被レ処候也

閏十月二十七日　藩庁

という合寺令を発した。二十八日には一日のうちに一宗寺院を一寺に合併した。真宗寺院の報告には

二十八日朝藩庁より被レ仰候に付、拙寺罷出候処、此度一向宗門東西一派常楽寺通院可レ致ニ合寺一様被ニ仰付一候間、此段相心得可レ申、聞ニ朝廷より御沙汰一即答御請仕候而直様帰坊仕候処、富山市中組内法中追々来坊、其日之中に当藩庁支配拾万石に東西寺院寺中を入れて三百ヶ寺余有レ之候分不残相集り、実に混雑言語に絶し申候

という。三百余寺の寺族が一寺に集って難渋した。真宗寺院の外浄土・天台・真言・臨済・曹洞・日蓮等それぞれ一寺に合併した。寺院の梵鐘金仏等をとりあげて鉄砲鋳造を企て、武力をもっておどしつつ廃仏を強行するというういさましいものであった。これらに対しては真宗の抗議が中央政府に向けられ、太政官は富山藩に対して

先般於二其藩一各宗之寺院及二合併一候に就ては、頗る下情怨屈之趣相聞へ、不都合之事に付、更に穏当之所置方取調可二伺出一候

と達した。

日向延岡藩は一八七一年(明治四)美々津県となったが、左の布告を発した。

仏法は異国之教にて、既に千年前より皇国に渡り、地獄極楽杯之道を唱へ、愚人を引導するも、畢竟は勧善懲悪之訳に候得共、世移り時代り、僧侶之輩仏道に附会之説を以後世之愚人を欺き、愚人は知らず〳〵仏に欺れ、終に悪人を改め善事に移る事なく、却て国家之大害と成れり。一体皇国に生し者は、上下の別ちなく、各神々様之御霊に資りて生れ、今日衣食住之道も神の恵み、君之恩を受け、家内康らかなる産業せし事にて、神恩国恩之難有を感戴し、皇国之教に遵奉し、神に仕へまつり、祖先を祭る、素より当前の理なり。加之、御一新御政体、上古之善政に復し、かかる難レ有事故、各其理を弁へ、釈法を廃し、神葬祭に改度所存之者、早速願出可レ申候事

これは、国学流の排仏思想をまる出しにしたものであるが、廃仏にふみきった美々津県は、寺院・僧侶に対して次の如く令した。

今般廃寺被二仰付一候付而者、堂内へ安置致候位牌は各旦家へ引渡可レ申仏体仏具類は取払勝手に所分可レ致候事

今般廃寺被仰出候に付、住職差免帰俗申付候条、農商望之方江入籍可二願出一候事

この廃寺還俗の強行は、全寺院全僧侶に及ぶものではなかったようであるが、かなり苛酷なものであった。檀家から寺へ物を施入することを禁じ、寺々へ施物したことが露顕したならば、銭百文に対しては壱貫文、米壱升に対しては壱斗等、十倍の科銀米を申しつけたという。佐渡においては一八六八年（明治元）十一月、役所へ諸宗寺院住職を集め、自国に本寺を有するものは本寺へ、他国に本寺を有するものは最寄りの本寺へ合併せよといい、十二月十日を期限とした。真宗にはなお十日の延期を与えて合寺を強行した。五百余の寺院は八十ヶ寺に合寺せられた。廃寺の梵鐘仏具を集めて大砲、天保銭を鋳造した。

土佐においても六百十五寺のうち四百三十九寺を廃した。伊勢山田における廃寺還俗の強制、信州松本藩の廃仏廃寺等も著名である。三河大浜の一揆は、合寺問題に端を発した。これらのほか合寺廃寺の企図あるいは実行が各地におこった。

以上のような破壊行為、廃寺合寺、強制還俗などの廃仏毀釈は一八七一年（明治四）頃を最盛期として漸次おとろえるので、廃仏毀釈は終ったように一般に考えられている。しかし果してそうであったか。廃仏毀釈はもともと明治革命政府の排仏政策に端を発している。政府の排仏政策はまだ終ったわけではない。廃仏毀釈の最も徹底した形が次の教導職制度の実施にあらわれる。次に教導職による排仏をみよう。

三　教導職による排仏

一八七〇年（明治三）政府は「今や天運循環、百度維新、よろしく治教を明らかにし、以て惟神の大道を宣揚すべきなり。よってあらたに宣教使を命じ、天下に布教す」（宣布大教詔）といい、

大教の旨要は、神明を敬し、人倫を明にし、億兆をして其心を正しくし、其職を効し、以て朝廷に奉事せしむるに在り。

といった。この宣教使制度は仏僧を排除して神道者を中心としたことはいうまでもないが、宣教使の布教は、政府が期待するほどの効能がなかった。一方僧侶は、排仏におそれをなしてしきりに政府に迎合しようとしたので、政府は僧侶利用策を考えた。それは廃仏策でもあった。

一八七二年（明治五）政府は神祇省を廃して教部省を置き、教導職制を定めた。教導職は教正六級（正権大中小）講義六級（正権大中小）訓導二級（正権）の十四級であるが、この教導職に神道者の外僧侶を任命した。廃仏をまぬがれたと考えた僧徒は大いに喜んでこれをむかえたが、政府の考えでは、僧侶は「無用消穀の民」であるので三条の大綱を設けて之が範囲を越えしめず、肉食妻帯の禁戒を解き、蓄髪俗衣の許可を下し、神官と同じく宇内に布教せしめ「聖化を翼讃し、倫理を正明にするの用に充」てるというものであった。三条の大綱とは、

一、敬神愛国の旨を体すべき事

一、天理人道を明かにすべき事

一、皇上を奉戴し朝旨を遵守せしむべき事

である。右にかかげた「大教の旨要」をいいかえたにすぎない。神官宣教使にやらせた神道説教による皇威宣布がはかばかしくないので、説教のうまい穀つぶしの僧侶を使って神道と政府の宣伝をしようというものであっ

た。仏教は無用であるから三条の範囲をこえしめず、仏教僧侶の出家形式などは廃棄して、肉食妻帯、蓄髪俗衣勝手たるべしと令した（一八七二年四月）。これは明らかに廃仏の意図をみせるものであるが、三条の範囲をこえさせないというのであるから、仏教独自の説教や、仏教による政治批判などはもってのほかであった。政府は各宗管長に対して、

僧侶の中説教には公席にて三条を略し解き、私席に於て説法法談と唱へて、専ら宗意のみを弁じ、三条に悖戻する不レ少哉の趣き、以ての外の事に候、方今三条に悖戻する宗意は絶て不レ可レ用儀に付、如レ此表裏有レ之ては庶民疑惑を生じ候、向後表裏無レ之様可レ有レ之事

という甚だしい説諭を与えている。土足で頭をふみつけて笑顔をみせよというようなものであるが、政府の意図は仏教説教の禁止くらいで止まるのではなく、教団組織の変革をもくろむものであって、仏教々化組織をそのままに存続せしめて、僧侶の一部をとって教導職に任命するというものではなかったのである。一八七三年（明治六）、

従前法談等の名目自今廃停し、総て説教と可ニ相唱一候事、但其管長より許可無レ之者等自儘に説教致候儀は禁止可レ致候事

と説教法談を禁じ、教導職管長の許可がなければ説教は禁じられる。次いで説教の資格を教導職試補以上とし、それ以外のものの説教を禁じた。従って教導職にあらざる僧侶は説教出来ず、説教できても仏教説教は禁止された。さらに寺院住職を教導職試補以上とし（一八七四）寺院住職であって無職のものは試補を申しつけ、試補申しつけ難いものには退院せしめることとした。これによって仏教寺院は仏教道場であることを止めて、三条教

化、つまり神道政策の宣布機関ということとなった。この骨抜きされた教団の統裁者は教導職管長という役人僧侶であったが、この管長は住職の任免権を持たなかった。

このような政府の施策をみると、これは明らかに仏教々団組織を神道・政策宣伝組織へと移行せしめようとしたもののようであって、かなり徹底した廃仏政策であり、最も大規模な廃仏毀釈であったということができよう。これを最もよく示したものが大教院であった。

大教院はもともと仏教各宗代表者たちが、教導職に任ぜられたことを

今般教部省被レ令レ置、社寺へ人民教導之義を命ぜらるゝの御趣意を体認するに、従来神仏教導の門戸に迷ひ徒らに偏執して大道を害し、所謂聖人の法久しく弊を生ずるの旧習を一洗せしめ、国家の民に巨益有らしめんとなり。

と心得、

因て案ずるに神社仏殿互に通じ神職緇流同心協力して教を布く時は能く御趣意に称ひ、神仏同く大道に通じ、民に実益有るに庶幾らん歟。

と称して、教部省に出願して設立したものであった。はじめ東京紀尾井町紀州藩邸に大教院を設け、次いで一八七三年(明治六)二月芝増上寺に移転した。増上寺門前に鳥居を立て、本尊弥陀如来像をとりのけて、神鏡にかえ、天之御中主神、高皇産霊神、神皇産霊神、天照大神を祭った。ここで各宗大教正たちは、法衣を着て神前に魚鳥をささげ、神官に従って拍手して神を拝することとなった。仏教説教を禁じられた各宗高僧の面々、三条の教則をそれぞれ説教することになったという。いわゆる「教部の排仏」の事態をよくものがたるものであるが、

一八七五年（明治八）この事態は真宗の反撃をうけて解消し、政府は信教自由を口にしはじめる。廃仏毀釈は一段落をつげることとなったのである。

四　民衆の抵抗

以上廃仏毀釈の時期を一八六八年から一八七五年（明治元―八）にいたる八年間として、神仏分離による破壊行為、廃寺合寺、強制還俗、教導職制による排仏等の事実を廃仏毀釈の内実とした。一般に明治四年までを廃仏毀釈の時期とするのとやや見解を異にするが、それらは政府の排仏政策を背景とする一貫した廃仏の性格を有するものであった。これらのほか、廃仏の事実として寺院上地などの問題があるが、それは割愛して、仏教徒の廃仏に対する抵抗をみよう。

一八六八年（明治元）三月、維新政府は「皇国内宗門復古神道に御定」という威勢のよい意気込をもって排仏をはじめたが、四月には、北越の仏教徒は次の如く檄をとばした。

このたび関東へ軍勢発向いたし候事、是より天下のみだれと相成、仏法すいびいたすべく哉と悲歎かぎりなく候。其訳は今度天子を掠め奸邪むほんを企、徳川家をうばひとるけいりやくにて、実にゆゝしき大事に候。もとより彼等は仏法に信仰これなく、ことさら浄土真宗をひほういたし、異国人よりきりしたん邪法をうけつぎ候仏敵にまぎれこれなく候、

これは官兵をみたならば二念なく討ちとれというものであった。右にみられるように、これは真宗門徒によるものであったので、政府はこれを知ると、六月東西本願寺に対して「賊徒訛言を以朝廷排仏毀釈是つとむなど申触

し、下民を煽惑動揺せる由」「教旨説諭便宜を以て民心安堵方向相立作業相励可申様門末教育可致」と沙汰した。景気よくあげた排仏のあげ足を北陸門徒にすくわれて腰くだけとなった政府は、排仏と同時にはじめたキリスト教弾圧においても反撃されることとなる。政府は宣教使をおいて神道説教をはじめてみたが、何の効果もみえなかった。それは、人民の排仏に対する消極的抵抗とみることができよう。

信濃諏訪神社に神祇官の役人が出向いて諸仏堂の破壊をはじめた時、近所の百姓が、破壊人足をおどして逃散せしめたという。このような例は諸所にみられるようである。越前大野郡石徹白《いしとしろ》社の社人は、真宗信者であったが、これを神道に転向させ神葬祭に改めさせようとしたが、抗議して従わず、社人を止めて帰農した。政府は、一八七〇年（明治三）「大小神社氏子取調」の規則を発し「臣民一般出生の児あらば其由を戸長に届け、必ず神社に参らしめ、其の守札を受け所持可致事」「他の管轄に移転する時は其管轄地神社の守札を別に申受併て所持すべし」「死亡せしものは戸長に届け其守札を戸長より神官に戻すべし、但葬祭を行ふ時は其守札の裏に死亡の年月日と其霊位とを記し、更に神官より是を受けて神霊主となすべし、尤別に神霊主を作るも可為勝手事」といった。人民を神社の氏子とし神道化しようとしたのであったが、仏教信徒を神道にくらがえさせることはできなかった（もっとも人民を神社の氏子とするということはかなり浸透したが、廃仏という効果はなかった）。人民の仏教徒としての消極的な抵抗はいろいろな形であらわれるが、教導職の神道説教の盛行した当時の模様を「東京新繁昌記」は次のようにえがいている。本社の正面に白幣を、左に神木、右に錦旗を立て、山海の珍を献じ、皷をならして神官が説教をはじめた。多数の人民堂にみちて、「天祖大神は則ち我国の始祖にして、而して乃ち汝蒼生の産神なり、故に其神を敬し其国を愛するを以て、人民の本分と為す。汝が父母は則ち大神の苗裔、汝若し其父母に孝ならざれば、是れ神を敬せざる也。汝の宗家は則ち我国の一分、汝若し朝眠素餐して、苟くも其業を懈らば、是我国を愛せざる也」「汝身に神国の敬意を服膺し、口に天祖大神の四字を唱ふれば、千魔万災必ず禳除せん。造次にも必ず祖神を唱へ、顚沛にも必ず祖神を称し、苟も一遍の念仏を唱ふること勿れ」と説くを聞いた聴衆のうちに、たちまち珠数をならして南無阿弥陀仏という声があがり、南無妙法蓮華経と唱えるものがあった。神官が「何ぞ祖神を唱えざる」と問うと「霊験真妙の教を聴くを得るも、全く如来祖始の冥徳に係る」とこたえた。

これら排仏に対する人民の消極的抵抗は、明治政府の排仏が徹底し得なかった最も大きな理由にかぞえることができる。排仏に対する積極的な抵抗としては、はじめにかかげた北陸真宗門徒の飛檄にはじまる真宗の抵抗がある。一八七一年（明治四）の三河大浜の暴動、一八七三年（明治六）の越前の暴動は著名であり、護法一揆ともよばれる。

三河大浜の暴動に関しては、平松理英の「廻瀾治末」をはじめとして辻善之助の「明治仏教史」など諸書にそれを記述するが、この暴動の端緒をなしたものは、平田篤胤の門人服部純が、菊間藩出張所（沼津城主水野出羽守所領、三河碧海郡大浜）の長として赴任し、排仏をはじめたことであった。彼は、一八七一年二月寺院住持の出頭を命じ、寺院の合併、僧尼の還俗帰農等を下問し、抗議をおしきって三月廿日を期して寺院廃合を行うこととした。真宗僧侶は鳩首合議をかさね、蓮泉寺台嶺・専修坊法沢を指導者として、三月八日額田郡暮戸の会所に集合した。

一、宗風に有間敷神前の咒文天拝日拝等浄土真宗門徒の者へは御禁止之事

一、寺院廃合之儀は御見合に相成候様御歎願可被下候事

一、宗判之義は在来の通りの事

等の歎願のことをきめ、台嶺は同志と共に大浜に向って出発した。これに対して真宗門徒の追随するものが多く、竹藪をきりはらって竹槍とした。鷲塚村に一行が入った頃は群衆はいよいよ数を増し、村内三ケ寺の鐘をつきならした。台嶺・法沢は、鷲塚村の庄屋宅に出張した杉山小属に対して願意をのべたが、もとより何の解決ももたらすものではなかった。夜に入って暴動となり杉山小属の随員は竹槍で殺されるにいたった。僧侶とそれに従う群衆は、大浜に向う途中藩兵に狙撃されて四散した。つづいて数百の人々がとらえられ、十二月、台嶺は斬罪、法沢は准流十年、以下懲役三年乃至一年等に処せられた。榊原喜与七の絞罪以下俗人九名が罪せられた。暴動はあっけなく鎮圧されたが、服部小参事は、

一、朝日を拝する事は固り無レ之事に候也

一、神前の呪文は祝詞の文なり、此の儀宗教に背く儀ならば、相止め可レ申候事、

一、廃寺合寺の儀は、致し申間敷候事

右の件々の外、最勝寺法琳寺併に当藩迄を耶蘇と申触し候故、此の儀を凡俗之御諭し被レ下候様之御願に候事

という書附を東本願寺使僧に提示、門徒の鎮撫を請うたという。

一八六九年（明治二）肥前平戸藩において寺院廃合を実行しようとした時、長崎にあった本願寺派僧唯宝寺良厳はその不可を説いて、真宗廃寺を止めたことがあった。この良厳は、後帰俗して石丸八郎と称し、教部省出仕と

なって郷里越前に帰った。彼の寺院廃合、神道興隆論は真宗教徒を刺戟した。その頃（一八七三年一月）教導職に関して東西両部の名号を廃し、神道教導職と称すべきことを布告した。東西を東西本願寺、名号を南無阿弥陀仏の名号と誤解した人々は、憤慨し動揺した。最勝寺専楽・金森顕順、門徒竹尾五右衛門等協議して、石丸の破仏を阻止することをきめ、石丸が来たならば鐘をうって信徒につげることとした。このことは、今立坂井二郡にひろがり、捕縛者を出した時は実力を行使することとした。事あらわれて顕順・五右衛門がとらえられたが、五右衛門はのがれて鐘をもって急を知らせた。竹槍蓆旗をもって蜂起した民衆は顕順をうばい、つづいて破壊行動をはじめ大規模な一揆となった。県庁は、彼等の願意をきき、耶蘇教を越前に入れないこと、法談を許すこと、学校で洋学を教えないこと等をききとどけると称して抑え、つづいて起った暴動を名古屋鎮台の出兵によって鎮圧した。

この外排仏に関する反抗として一八七二年の信越地方の暴動が知られている。讃岐多度藩においては廃寺合寺案があったが、領民僧侶の暴動のうごきがあって廃棄となった。

これらを護法一揆とよぶことが適当かどうか問題があると思われるが、排仏に対する抵抗の例として、その性格や立場が考えられなければなるまい。廃仏毀釈という事態に当って最も抵抗したのは真宗門徒であって、平時威勢のよい禅宗、日蓮宗の徒が廃仏に閉口していたのと較べて興味深い。広く知られているように教導職による「教部の排仏」に最も抵抗したのは真宗四派であり、大教院解散にいたらしめたのであった。

しかしこれらの過程を通じて仏教徒の政府の排仏に対する態度には一定の限界があった。それは、明治政権自体に対しては決して批判抵抗しないということであり、それに対する服従という前提の上に若干の抵抗があったのであった。このことは真宗をはじめとする仏教教団が、明治政府のよって立つ宗教的基礎に何等の批判をなし得ず、それと仏教との異質を自覚し、自らの社会的立場を考えることがなかったことと相応ずるものである。このことは政府にとっては、甚だ好都合であって恫愒・懐柔・支配の確立という順調な経過をもって専制政府の宗教政策を完成することとなったのであった。

元来維新政府が排仏を意図したかどうかという議論もあるようであるが、窮極における政府の仏教に対する態度は仏教無視であって、その点に関するかぎり排仏的であり、以後その性格はかわることはなかった。国家権力はその宗教的基礎を民族宗教に置き、それにもとづく絶対権力に抵触しないかぎり信教の自由・仏教信奉の自由を許したのであった。

政府の宗教政策は、表面上神道国教主義の崩壊、キリスト教弾圧の失敗、排仏政策の消滅という過程をとり、信教自由に到達するように考えられているが、本質においては、民族宗教に基礎を置いた権力的宗教統制策をみごとに実現したのであった。廃仏毀釈はその手段であって、その支配を完成したならば廃仏毀釈という外貌の必要はなくなったので、信教自由と称して、政府に対する忠誠を獲得したのであった。このことを見ぬくことができなかった抵抗運動も護法一揆も、仏法擁護という点ではきわめて不完全であったということになるようである。

「信教自由」の問題

小沢三郎

はしがき

本稿執筆の目的は、近代日本における「信教自由」を、史料にもとづいて、簡単に紹介するにある。「信教の自由」 Freedom of Religion とは、宗教を信ずること及び信じないことさらに宗教を信ずる場合に自由にそれを決定することの自由、をいう。また「宗教の自由」と「信教の自由」は同義語である。

つぎに、衆知の如く、民主的精神の基礎をなすものが、基本的人権であり、この基本的人権の有力な根幹が「信教の自由」や「思想及び良心の自由」その他である。従って「信教の自由」は、民主的精神にとっては、不可欠の条件である。

近代日本において、「信教の自由」のために、もっとも敢斗した一グループは、キリスト教徒であろう。そこで本稿では、キリスト教関係史料を数多く引用する。またスペースの関係上、残念ながら主題の一面を紹介するにすぎない。

近代日本にキリスト教が伝道されると、神道、仏教、儒教、およびその他の既成宗教、さらに風俗習慣等と衝突する。この点欧米の信教の自由とは、内容的にかなり相違がある。本稿執筆に際し、東京大学法学部明治新聞雑誌文庫の西田長寿氏及び東京女子大学比較文化研究所の笹淵友一教授にお世話になった。

第一章　政府の宗教政策の変遷

おことわり　衆知の如く、徳川幕府は仏教を政治に利用し、宗門改、寺請制度、宗門人別帳などをつくり、一寺一家の制や離壇禁止などを確立した。そこで神職まで、仏葬を強制され、このため神職の間から「神葬祭」運動が活発に展開された。また徳川幕府のもとにおいては、キリスト教は邪教とされ、厳禁されていた。明治新政府は進歩と保守の両面を持っていた。一面において祭政一致、王政復古、神祇崇拝を唱え、神道と堅く結びついていた。このため仏教は甚しく冷遇され、廃仏棄釈などの厳しいむちをうけたのである。いま明治政府がとった宗教政策の変遷を簡単に概説してみよう。

第一期　神道国教的政策　一八六八（明治元）――一八七二（明治五）

この第一期において、明治新政府は「神道国教的政策」を採用し、祭政一致、王政復古を右手にかゝげ、左手で神仏分離、廃仏棄釈、切支丹禁制を断行した。そして「惟神の道」をもって、国民教化にあたらんとした。この第一期においては、神道が絶対的地位をしめ、仏教徒は苦難をなめ、キリスト教徒は邪教徒としてきびしくとりあつかわれ、投獄された人々がかなりあり、欧米人の注目をあつめた。

第二期　国民教化的政策　一八七二（明治五）――一八八四（明治一七）

この第二期において明治政府の宗教政策が、神道国教的政策から、国民教化的政策に転向する。即ち、強制から教化への転進である。この期に、仏教徒が再び浮びあがり、神職と共に、教導職に任用され、皇道主義に基く国民教化にあたらせられた。この第二期の一八七三年（明治六）二月二四日（陽暦）に、内外からの圧力によって、切支丹禁制高札が撤廃される。これは対外政策上、キリスト教に対し、宥和政策を採用せざるを得なかったためであって、「信教の自由」を理解してこの挙に出たのではない。

第三期　政教分離的政策、一八八四（明治一七）——一八八九（明治二二）

明治政府は、やがて教導職を廃止し、「国民教化的政策」をとりやめ、「政教分離的政策」を採用した。当局側に言わせると、政治と宗教を分離するというのである。然し第二次世界大戦で日本が敗北するまで、日本に正しい意味の、「政教分離」や「信教の自由」などがあったろうか。天皇と神道とのかたい結びつきが、それを特殊な形にゆがめていなかったろうか。ともあれ、一八八四年（明治一七）に「政教分離政策」でなく「政教分離的政策」が採用された。このため、一八八四年（明治一七）一〇月に、「葬儀の自由」が認められた。従来は神仏以外の宗教で葬儀を執行することが出来なかったが、それが解除され、その結果、キリスト教徒も、信仰にもとづいて、合法的にキリスト教式葬儀を執行し得ることになった。然しキリスト教は、一九世紀末期になっても相変らず「公認」されず、「黙許」という、前近代的取扱いであった。

第四期　外見的信教自由政策　一八八九年（明治二二）以後

一八八九年（明治二二）二月に、「大日本帝国憲法」—欽定憲法—が発布される。明治政府は、これ以来「外見的信教自由政策」を採用したのである。同憲法第二八条に「日本臣民ハ安寧秩序ヲ妨ケス及臣民タルノ義務ニ背カサル限ニ於テ信教ノ自由ヲ有ス」とあった。

憲法発布の前年、一八八八年（明治二一）六月二七日の枢密院会議で、大日本帝国憲法草案中の第二八条が審議された。この時、次の如き、注目すべきやりとりがあった。（「近代社会」、拙稿、朝倉書店、三五〇頁以下）顧問官佐々木高行（一八三〇—一九一〇）は、「国体と外来宗教とのむじゆん」に関し、「臣民は安寧秩序を妨げず、臣民の義務に背かざる時は、如何なる宗教を信ずるも、また信ぜざるも自由なりとするならば、官吏が宮中の宗教的御儀式に従わざるを得る結果になるであろう。この不都合は本条の主旨よりして何う見るべきか」と質問した。また顧問官鳥尾小弥太は、「この自由は、引いては外来宗教の自由を公認する結果となり、こと頗る重大なるを指摘し、且つ佐々木と同様、朝廷に於ける祭祀上の不都合をも挙げて論難の調子を強めた」という。当日の出席者は、明治天皇以下合計二六名、欠席者九名、賛成起立者一八名で、第二八条は、無修正で通過した。（清水伸著、「帝国憲法制定会議」、岩波書店）

「天皇と神道とのかたい結びつき」、これが日本に於ける「信教の自由」にとって根本的障害であった。欽定憲法による「外見的立憲制度」の下においては、宗教に関し「外見的信教自由」しか許されていなかった。また帝国憲法の「安寧秩序ヲ妨ケス」、「臣民タルノ義務ニ背カサル限ニ於テ」という二条件は、正しい意味の「信教の自由」をふみにじる恐れが十分あった。そして後年におよんで、その実例が続発した。

一八九九年（明治三二）に内務省令第四一号（神仏道以外の宗教宣布竝堂宇会堂等に関する規定）が発布された。明治六年に切支丹禁制高札が撤廃されてから、この内務省令が出るまでは、「基督教を禁止はせぬが、左ればとて、国法上宗教としての取扱をなさず、其の為すところを黙認して唯之を監視するに止まって居」たと当局はいう。然るにこの内務省令第四一号発布によって「基督教を宗教としては認めるが、是に冠するに神仏道以外の宗教の名を以てし、我国在来の宗教たる神道仏教とは全然異別の取扱をなし」ていたという。（文部省宗教局編、「維新以後に於ける基督教に対する取扱の変遷を叙し基督教除外論を駁す」、東京女子大学所蔵。）

第二章　信教の故に受難した人々

おことわり　近代日本に於て「信教の自由」はどうなっていたのか。それを紹介するために、本章では明治初年以来、信教の故に受難した人々を史料にもとづいて、紹介してみよう。古い話は簡単に圧縮し、昭和の受難者により多くライトを当てゝみよう。これらの受難者の苦闘が―なかには殉教した人々もある―やがて前近代的な「信教による差別」の鎖を打ちくだくのである。日本のキリスト者は「迫害」の山路を越えて、やがて「自由」の平野に到着する。

第一節　切支丹禁制高札撤廃まで　―一八七三（明治六）

この時期に、カトリックの人々が、信仰の故に流配された事は、衆知の事実である。プロテスタントで捕縛された代表的人物を紹介してみよう。一八六九年（明治二）に小島一騰《こじまいっとう》（二川《ふたがわ》）は、長崎で聖公会のGエンソル **George Ensor**（1911歿）から受洗し、信教の故に、明治三年に捕縛され、在獄足かけ三年、明治五年に釈放された。つぎに一八六八年（明治元）にフルベッキ Guido Herman Fridolim Verbeck 1830―98. から受洗した清《し》水宮内《みずみやうち》は、明治二年に捕縛され、明治五年に釈放された。つぎに、明治四年五月、兵庫県で市川栄之助《いちかわえいのすけ》が捕縛された。市川は受洗していなかったが、「国禁の耶蘇書を学」んだ事等のため不当にも投獄され、明治五年に獄死した。また夫とともに捕われたその妻まつは、やがて釈放され、東京の霊南坂教会に所属していた。

第二節　切支丹禁制高札撤廃から、大日本帝国憲法発布まで。一八七三（明治六）——一八八九（明治二二）

1　埋葬による受難　一八七五（明治八）　宮城県下のギリシャ教徒アレキセイ樋渡は、父（スピリントン）の遺言により、父をギリシャ教式葬式で埋葬し、太政官布告一九二号に違反し、禁錮三〇日に処せられた。（日本正教伝道誌）

2　営業による受難　一八七八（明治一一）　七一雑報に次の如き記事がある。「常総エピスコパルメソヂスト教会の渋谷某氏は某家酒造業なるにより聖教に帰依せし以来は居常心中快々として我が業の正業ならざるを慨嘆せしが遂に親父の怒を起し妻子諸共に家を放逐されし由」（七一雑報、明治一一年）

3　民俗的な面からの受難　一八八一（明治一四）　東京の日枝神社のお祭りの時、神輿を、キリスト者の「家内へかつぎ込み軒さき等を破損せしかば、信者らは大に怒りてかゝる乱暴ありては迷惑なれば以後は神輿巡行を差止めありたき旨其筋へ出願せんとて目下協議するものもあるよし」（東京曙新聞、明治一四年）

4　耶蘇教演説を妨害　一八八四（明治一七）　岡山県高梁町の劇場で、耶蘇教演説会を開催すると、聴衆約八百人、盛会であった。「此時突然聴衆中より演説者に対し土瓶を抛ちたるに土瓶の微塵に破砕すると共に蛇蛙が飛出すやら人糞が撒けるやら演者の身体は渾《まる》で糞だらけとなりたるより臨場の警官は直に乱暴者を捉へて取調べ其連類者十五人を所轄警察署へ拘引の上目下取調中なりとぞ」（時事新報、明治一七年）

5　小学校教員解職　一八八六（明治一九）　磐城国小学校教員山田保禄が、キリスト者になると、主長に改宗を迫られた。「足下は基督教を信ずる由若し基督教を信ずるならば、此の小学校に教員たらしむること能はず」（基督教新聞、明治一九年）と言はれ、拒否したので解職された。

6 キリスト教徒ボイコット 一八八七（明治二〇） 敬神家の米屋が、キリスト者に米を売らないという記事がある。即ち「お宗旨は何でござりますかと問ふより此方は変な尋ねと思ひながら拙者は基督教信者でござると答ふると左様なら私し方は基督信者へは売りませぬからとて商売を断りしと」（土陽新聞、明治二〇年）とある。

第三節 帝国憲法発布以後 一八八九（明治二二）以後

1 おことわり 一八八九年（明治二二）二月に「大日本帝国憲法」―欽定憲法―が喚発され、翌年一〇月に教育勅語が発布され、また一一月に第一回帝国議会が召集され、これで日本に「外見的立憲制度」が確立された。神道とかたく結びついている「神権的な天皇」、それに「外見的立憲制度」、この二条件内における「外見的信教自由政策」が行われた。それはどこまでも「外見的信教自由政策」にすぎなかった。この憲法発布以後、信教の故に受難した人々を紹介してみよう。

2 教会で乱暴浪藉 一八八九（明治二二） 筑後柳川の美以教会で演説会（夜間）を開催すると、大変なさわぎになった。即ち「或は瓦礫を雨霰の如く飛ばすものあり遂に戸障子を破壊し或は之に打ち当てられし人もあり」（基督教新聞、明治二三年）という。

3 総選挙と信教の自由 一八九〇（明治二三） 七月一日に行なわれた衆議院の第一回総選挙の際、キリスト教徒の候補者は、信教の故にまことに不当不利な攻撃をうけた。一例としてつぎに毎日新聞の社説を引用してみよう。「然るに吾輩近頃地方を巡遊して実際の景況を目撃するに、政党の競争漸やく盛んなるに従ひ、宗教の事を以て政治の争に混同せんとする者あるが如し、否な宗教を以て反対党の候補者を排斥するの利器と為さんとする者の如し、其言ふ所を聞くに、曰く、彼れは基督教信者なり、基督教は仏教の敵なり、故に基督教を信ずるの候

補者を議員に選挙するは、仏教の不利益なりと」（毎日新聞、明治二三年五月）

4 天皇礼拝 一八九一（明治二四） 所謂「内村鑑三不敬事件」が、一八九一年（明治二四）一月に勃発する。東京の第一高等中学校で行われた教育勅語奉読式において内村がその信仰の故に、教育勅語にある明治天皇の「宸署」に礼拝（最敬礼）をなさず、ちょっと頭を下げたのが不敬であるという。このため内村は全国的規模で国賊、非国民という痛烈な非難攻撃を受け、一高を追われた。内村にとっては礼拝の対象は唯一神のみであった（本稿、第三章、9、参照）（鈴木俊郎編「回想の内村鑑三」。拙稿参照）

この天皇及び神社問題について、当時の基督者はかなり苦しんだようである。一例を引用すれば、一八九〇年（明治二五）三月、基督教新聞社に、宮崎県尋常師範学校の生徒から、次のような質問があったという。その質問とは、「（前略）本校にては天長節及び卒業式等に全校生徒をして天子皇后両陛下の真影を拝せしむるの慣例これあり（中略）先日天長節紀元節拝賀式と称ふる規則を設け両陛下の真影を拝すること に加へて、紀元節には宮崎宮（神武天皇をまつる官幣大社）に参詣することに致候（中略）右につき私共疑惑の個条は、第一学校が此の如き規則を設くることは憲法廿八条と少しの抵触をもなさゞるや、第二両陛下の真影及び官幣大社を規則を設けて拝せしむべしとせば、生徒たる者は如何なる神社をも拝せざるを得ざるか、第三単に尊敬の志を表するとして両陛下の真影及び神武天皇の社を拝すること は聖書の許す所なるや、第四日本に住する信徒は聖書の命ずる所と雖も、其法律に反せざることは神の御旨に適ふや。」（基督教新聞、明治二三年三月）これが当時の尋常師範学校に在学するキリスト者生徒の信仰上の切実な的な問題であったという。

5 キリスト教主義学校弾圧 一八九九年（明治三二）に「文部省訓令第一二号」が布告された。これはキリスト教主義学校弾圧を目的としたものである。第二次山県内閣（明治三一—三三年）の時、さきに諸外国と締結した新条約が一八九九年（明治三二）七月に実施され、日本は一応国権を回復し、まず外国人の治外法権が廃止されることになった。日本政府は外国人の内地雑居により、宣教師が日本の「内地」に住むようになり、キリスト教徒の大活躍、キリスト教主義学校の大発展などを予想し、明治三二年八月三日に「文部省訓令第一二号」を発布した。その全文は次の通りである。

「一般ノ教育ヲシテ宗教ノ外ニ特立セシムルハ学政上最必要トス依テ官立公立学校及学科課程ニ関シ法令ノ規定アル学校ニ於テハ課程外タリトモ宗教上ノ教育ヲ施シ又ハ宗教上ノ儀式ヲ行フコトヲ許サザルヘシ」（官報、明治三二年八月八）

この訓令を拒否し、宗教々育を続行すれば、キリスト教主義学校の在校生は上級学校進学資格其他を失うことになる。逆にこの訓令に従えば、その生命とするキリスト教々育を放棄せねばならない。明治学院尋常中学部、青山学院中学部、東北学院、同志社中学などは、断乎としてそのキリスト教的立場を守り、キリスト教々育を続行した。そして各校は、高等学校及び専門学校入学資格、判任官任用資格、徴兵猶予資格などを放棄した。すると退学者が続出し、クラスの残留者わずかに一名という学校もあらわれた。このキリスト教主義学校の生命を守る戦いは、足かけ五年の星霜を経て、ついにキリスト教主義学校側の勝利に終った。

6 信仰による戦争反対

会津若松出身で、琵琶湖附近の伝道で有名な、矢部喜好《やべきよし》牧師は、「良心的参戦拒否者」Conscientious Objectar であった。彼は一九〇二年（明治三五）の暮、会津の若松警察署横の大道で「戦争は神の御旨に叛く罪悪なり」と演説し、売国奴、非国民と罵られ、石や瓦を投げられ、泥に塗れ、血に滲んで宿へ引上げることが度々あった。彼は徹底した戦争罪悪論者であった。この矢部に一九〇五年（明治三八）旧正月、召集令がくだった。彼は「入営の前夜、単身聯隊長を訪問して正直に自からの所信を述べ、（中略）自分は国民として決して徴兵を忌避する者ではない。然し自分は神の僕として絶対に神の律法を厳守するものであるから、如何に敵兵と雖もこれを殺すことは出来ない（中略）銃を持って戦場に出づるよりも、寧ろ軍紀のためならばこの場で死を賜らんことを望む」と述べたらしい。矢部は明治三八年二月に会津の若松区裁判所で、徴兵忌避として軽禁錮二カ月の判決を受けた。かくて若松監獄に投ぜられ、明治三八年五月一日に刑期満ちて出獄した。矢部はその後再び召集され、看護卒補充兵として、しばらく在営したが、平和回復と共に間もなく除隊になった。（田村貞一著「矢部喜好伝」）

7 教会焼打事件　一九〇五（明治三八）　米国のポーツマスで、一九〇五年（明治三八）九月に、日露全権が講和条約 Portsmouth Treaty に調印した。然るにこの条約は国辱条約であるとして、はげしく反対する人々があった。この人々は調印の日に、日比谷公園で、国民大会を開き、講和条約反対を決議した。この大会がキッカケになり。数日にわたり東京に騒擾が突発した。そして、内務大臣官邸、交番、市内電車、国民新聞社、キリスト教会、その他が襲撃された。この悲しむべき「教会焼打事件」が勃発した原因は、「キリスト者は露探なり」という誤解、その他いくつかを、数えることが出来る。いま「福音同盟会」代表の調査報告にある被害教会を、二つだけ紹介してみよう。「下谷区徒士町三丁目日本基督教会は内部尽く破壊せられ、造作什器等皆な道路に持ち出して焼き払はれ、唯其の附属館のみ出征軍人宅の故を以て禍を免るるを得たり。」、「浅草区芝崎町美以（註、メソヂスト）教会は全く焼去せられ、負傷せる兄弟もあり、牧師三浦泰一郎氏は近傍信徒の家に移られたり」（拙稿、教会焼打事件、「福音と世界」、一四巻、七号）以上の如く、何の罪もない教会が、暴徒に焼打されたのである。

第四節　昭和時代における受難者、聖教会の人々

1　おことわり　昭和時代におけるキリスト教徒迫害関係史料は数多い。一例を示せば、団体では、聖教会（日本基督教団第六部）、きよめ教会（同第九部）、セブンス・デー・アドベンチェストSeventh Day Adventists 救世軍、等がそれである。また個人では、札幌の浅見《あさみ》仙作《せんさく》（浅見仙作著、「小十字架」、待晨堂発行）同じく札幌の小《お》野《の》村林蔵《むらりんぞう》牧師（月刊誌「泉」札幌市琴似町西山手一三三発行）、東京の小田《おだ》信人《のぶんど》氏（村田百可編、「女子聖学院五十年史」）等のことが、筆者の頭に浮ぶ。これらは一例にすぎない。本節ではスペースの関係上次の史料（註、一―六）によって日本基督教団第六部（旧日本聖教会）の人々の受難を簡単に紹介しよう。

註一　長井喜三郎著、「キリスト教と民主主義」、待晨堂、一九五一年四月発行。
註二　高山慶喜、「ホーリネス弾圧の記録」、雑誌「福音」、第三号、栄和社、昭和三三年一〇月発行。
註三　米田勇、「大東亜戦争下における基督教の弾圧」、雑誌、「思想」、第四一六号、岩波書店、一九五九年二月発行。
註四　米田勇、「聖書に生きた人々、昭和の殉教者たち」、雑誌「百万人の福音」、一九五九年一二月、いのちのことば社発行。
註五　米田勇編、「聖書と宣教」、第一号、謄写版印刷、聖書と宣教社、昭和二七年一〇月発行。（座談会記録、「弾圧の思い出」米田勇　）。
註六　米田勇編著、「百人百語」、東京都世ヶ谷区若林町、新約社、昭和三四年七月発行。

2　小山宗祐《こやまそうすけ》事件　一九四一―四二（昭和一六―七）　日本基督教団が成立したのは一九四一年（昭和一六）六月であり同年一二月に大東亜戦争が勃発した。その翌年一九四二年（昭和一七）三月に函館の聖教会系牧師補小山宗祐が未決監房で自殺する事件が突発した。小山宗祐は護国神社参拝拒否、その他の件で起訴され未決監房に送られた。彼は判決前に、当局の発表によると自殺（?）したという。長井氏は「死体は首になわを巻きつけた状態で

払下げられ、イ死が原因だと申し渡されたが全身に打撲傷が発見されて死因には疑問が持たれた」という。この小山事件のために、ホーリネス系教会（聖教会、きよめ教会）が当局にマークされた。当局はこれ等の教会の教義や組織を全国的に調査し始めた。

3　検挙　一九四二（昭和一七）六月　当局は一九四二年（昭和一七）六月二六日に日本基督教団の第六部（旧聖教会）、同第九部（旧きよめ教会）の人々を全国一斉に検挙した。即ち第六部（旧聖教会）では小原十三司、車田秋次、米田豊氏以下五〇有余名、同じく第九部（旧きよめ教会）では斎藤源八、森五郎、工藤政三以下五〇有余名であり、その後も検挙が行われた。

4　検挙の理由　第六部の人々を検挙した際、拘引状に「治安維持法違反被疑による」とあった。また平信徒を警察署にあつめ、キリストの再臨が国体に合わぬ、と言ったという。また第六部の竹入高《たけいりたかし》氏検挙の際、「個人的の事でなく団体の事だから心配するな」と刑事が言ったという。

5　取調の要点　係官が「伊勢大神宮を偶像としてみるか」「天皇に罪があるか」、「天皇は裁かれるか」、また「千年王国はもう近いんだろう」、「千年王国では基督が王様になって君も王様になるのだろう」といったという。また高山氏によれば、「当局は最初検挙にあたっては、検挙本部の方針として、国体変革容疑、スパイ容疑（ユダヤ人問題）で取調べ、更に神社問題、再臨問題で調べた上、何も出なかった時は再臨問題で起訴すると云う段取りであった」という。

6　留置所、拘置所、刑務所生活　取調べの際、暴行された者、長期間留置された者などがあった。またしらみの攻撃、空腹、狭い留置場、被留置者の淫猥な話、用便回数制限、入浴禁止等、苦難は多かった。また多くの被告が皮膚病に苦しみ、札幌の伊藤氏は凍傷にかゝり幾度か死を覚悟したという。

7 起訴、裁判、判決　元日本聖教会および元きよめ教会は、一九四三年（昭和一八）四月七日付で、宗教団体法第一六条、および治安警察法第八条第二項の規定により、教会設立認可の取消および結社禁止の処分を受けた。これで当局の事件に対する見解が明瞭になった。起訴理由の一例―国体を否定し又は神宮若しくは皇室の尊厳を冒瀆すべき事項を流布する事を目的として結社を組織した―という類であった。なかには予審も行われず、しかも一回の公判で決審という不当（？）なものもあった。大体、昭和一八年から一九年にかけて裁判が行われ、幹部級で四年から二年、その他は大体二年以下で執行猶予の宣告を受けた。

8 受難者、殉教者　高山氏によれば、検挙された聖教会教師総数五六名、起訴された者四九名である。また高山氏は精密な裁判一覧表（四二名）を発表しているから参照されたい。（「福音」第三号）聖教会系の人々で、殉教者といわれている者は、次の四人である。小出朋治《こいでほうじ》（堺刑務所で昭和二〇年九月死去、死体の頭部に傷痕あり、殉教）、菅野《すげの》鋭《とし》（横浜拘置所で昭和一八年一二月獄死、殉教）、竹入高《たけいりたかし》（京都、重病のため保釈中に昭和一八年一一月死去、殉教）、池田長十郎《いけだちょうじゅうろう》（名古屋、保釈中に昭和一九年一月死去、殉教）等である。

9 つけたし　当局はある信者達に「聖書をとり上げ、絶対信仰はせぬ、竹入（竹入高）とも個人的にさえも交際してはならぬと禁じ、いちいち書き付けを取ったとの事でした」という。また「各牧師の入獄中全国の信徒が特高警察の戸別訪問に日夜悩まされ脅迫的に改宗を強いられ故なく定職を追われた」者もあるという。

やがて米軍による空襲が激化し、被告によると裁判関係文書が焼失してしまった者もあった。かゝる場合は、「不審理」で、事件が有耶無耶になり、終戦を迎えた。やがて連合軍が日本本土に上陸し、治安維持法、宗教団体法等は撤廃され、同法関係受難者は全部釈放された。日本人にはじめて近代的な「信教の自由」（日本国憲法、第二〇条参照）が与えられたのである。

この聖教会の事件に際し、日本基督教団は如何なる態度をとったか。高山氏は「教団本部は此の団体の為に迷惑を蒙られ、救済の為に乗気になって下さる事の出来なかった感が有るのは余儀ないことであった。（中略）此の不当の弾圧に対し、日本基督教団が弁護と救済に温い手を差しのべて欲しかったことは一般の要望でもありました」（「福音」第三号）という。この事件のために、身を挺してたち上り、断乎として当局と闘った教団や教会、または団体、或いは教師や平信徒さらにその他の人々があったのであろうか。もしそれがあったなら、貴重な戦闘の記録であるから、一日も早く世に紹介されることを望んでやまない。

第三章　「信教自由」を求める戦い

1　おことわり

前章で、信教の故に迫害された人々を紹介したが、本章ではその逆に、「信教自由」獲得のために、勇敢に戦ったものを紹介しよう。但しスペースの関係上、重点的に点描するにすぎない。まず第一に、幕末明治初期に、生命をかけて信仰を守り抜き、「信教自由」の突破口をつくったのは純朴なカトリック教徒である。また当時カトリック教徒釈放のために尽力した人々の中に、在日外国人外交官や、岩倉大使等に圧力をかけた欧米の人々があった。また日本人のうちにも、当時「信教の自由」を主張した人々が居った。このカトリック教徒の件については優秀な斯学専門家に一任したい。

2　森有礼著、「日本に於ける信教の自由」

一八七二年（明治五）一一月に英文で森有礼がこのパンフレットを

出版した。これは三条公に奉るの書に擬して書き、「法律上充分に国民の信仰の自由を保護しなければならない」と近代的な信仰自由論の原則を論じている。その後明治七年の「明六雑誌」に森は「各人自己ノ所好ニ任セテ宗教ヲ選フハ実ニ緊要且自然ニ得ル所ノ自由ニシテ、他人ノ命令ノ及フ所ニ非ス」と信教の自由を論じている。

3 「葬儀の自由」 一八七四年（明治七）一二月に、櫛部漸、押川方義、吉田信好、北原義道等が、東京府知事大久保一翁に「葬儀の自由」を願い出ている。当時キリスト教で葬儀を執行することは太政官布告第一九二号違反であった。

4 新聞の社説 一八七五—八一（明治八—一四） 一八七五年（明治八）の東京日日新聞に「信仰の自由と出版の自由との二者は人世交際の開明に赴むくに従がひ是非ともに無くて叶はぬ訳のもの也」とある。一八七八年（明治一一）二月の大坂日報はその社説に於て「信仰ノ自由ヲ明許スル差支ヘナキ」を論じている。また一八七九年（明治一二）一二月の山形新聞はその社説に於て「宗教ハ信者ノ意ニ任スベシ」と論じている。一八八一年（明治一四）九月の東京日日新聞は「外教ヲ禦グノ非ナルヲ論ズ」をかゝげ仏教徒を戒しめている。これらはひとしく「信教の自由」を主張しているのである。

5 「奉教自由願」 一八七八（明治一一） キリスト教迫害で苦難をなめた原胤昭らが、内務卿大久保利通宛に、奉教自由願を差出した。

「以書付奉願上候私共儀是迄耶蘇新教を信仰罷在候得共御国制により当時奉教の自由を得難く教旨を相守り候得は御国制に背き背かされは教旨に反し一身安心の地位を得す自然御制法に相触れ候ては甚た以て恐入り候間何卒奉教自由公許を蒙り度此段奉願候也」（「新旧時代」、大正一五年八月）

6　「私擬憲法」　所謂る「私擬《しぎ》憲法《けんぽう》」などに於て信教の自由が如何にとりあつかわれていたか、簡単に紹介してみよう。特殊の例外はあるが、私擬憲法においては、皆一様に信教の自由を主張している。東京日日新聞は、「国憲意見」を掲載し「日本国民ハ自由ニ其帰依スル所ノ宗教ヲ信仰シ各宗同一ノ保護ヲ受クベキコト宗教ノ自由ハ自由中最要ノ自由ナリ神道ニセヨ仏教ニセヨ外教ニセヨ苟モ其教法ノ法律ニ違犯シ世道ヲ害セザル間ハ人民各自ノ帰依スル所ヲ奉セシメ政治ハ敢テ之ニ干渉スベカラズ又甲宗ニハ特別ノ保護ヲ与ヘ乙宗ニハ之ヲ奪フ等ノコトハ一時ノ政略ニ利アリトモ其人身ノ自由ニ害アルヲ以テ之ヲ許サヾルナリ是レ各宗同一ノ保護ヲ要スル所以ナリ（中略）我国ニテハ国教ヲ定メザルコソ幸ナレバ早ク憲法ヲ以テ各宗同一ノ保護ヲ制定シ如何ナル事アリトモ国教ヲ定ムベカラザル也」（東京日日新聞、明治一四年四月）と述べている。

7　植村正久の主張　一八八二（明治一五）　若き植村正久は信教自由に関し次の如く論じている。「抑政府ハ人民奉教ノ自由ヲ妨害シテ教事ニ干渉ス可ラズ且ツ仮令ヒ之ニ干渉スルモ到底其功ヲ奏スル能ハザルハ理ノ最モ見易キモノ」（「六合雑誌」明治一五年）　植村正久は、政府は宗教に干渉すべからず、と主張したものである。

8　キリスト教公許の建白　一八八八（明治二一）　一八七三年（明治六）に切支丹禁制高札が撤廃されたが、それ以来、キリスト教は公認されず、黙認にすぎなかった。そこで一八八八年（明治二一）に、「キリスト教公許の運動」が活発に展開された。新島襄、小崎弘道、徳富猪一郎、竹越与三郎その他の人々が、明治二一年に「基督教公許の建白」を元老院に提出した。毎日新聞はいう。

「試に思へ政府にして基督教を公許するの実あらば何故に兵士が携帯せる軍隊手帳中宗教の部に基督教信者を記載せしむることを許さゞるや何故に監獄署内に聖書の差入を故障なく許可せざるや何故に小学校教員にして基

督教を信ずる者あらば之れが職を免ずるや何故に基督教の会堂は之を教会の共有と為すことを許さゞるや何故に神社及び寺院には地方税を特免して基督教の会堂には之を免せざるや諸々斯の如く政府及び社会が基督教に対し他の宗教と其の取扱を異にするの実例目前に横はれるにも拘はらず一種の論者は心に宗教自由の説を可認しながら筆には基督教が不幸の地位に立つの事実なきが如きことを記し」と論じている。（毎日新聞、明治二一年一〇月）

9 御真影礼拝、勅語礼拝 一八九一（明治二四） この問題については、第二章第三節でかんたんに紹介した所謂「内村鑑三不敬事件」が最もよく世に知られている。内村鑑三不敬事件に際し、富士見町教会牧師植村正久は、「福音週報」に次の如き大論文を掲載し信教の自由のために闘った。

「（前略）吾人は新教徒として、万王の王なる基督の肖像にすら礼拝することを好まず。何故に人類の影像を拝すべきの道理ありや。吾人は上帝の啓示せる聖書に対して、低頭礼拝することを不可とす、また之を屑とせず。何故に今上陛下の勅語にのみ礼拝をなすべきや。人間の儀礼には、道理の判然せざるもの尠からずと雖も、吾人は今日の小学中学等に於て、行はるゝ影像の敬礼、勅語の拝礼を以て、殆んど児戯に類することなりといはずんばあらず。（後略）」（「福音週報」、明治二四年二月）

10 神社問題、一九三〇（昭和五） 「神社問題」は昭和の大問題であった。この件につき、一九三〇年（昭和五）一月に、本願寺派執行長後藤環爾氏以下計一〇名連名で次の如き「神社問題に就て真宗各派の声明書」を当局に提出している。

「凡そ真宗教義の立場としては 一、正神には参拝し邪神には参拝せず 二、国民道徳的意義に於て崇敬し宗教的意義に於ては崇敬する能はず 三、神社に向って吉凶禍福祈念をせず 四、此の意義を含める神札護札を拝

受する能はず」（福音新報、昭和五年一月）

この神社問題については、—宣教研究所編、「今日の神社問題」一九五九年発行—、をもみて戴きたい。

むすび

あたえられた主題の一面を、筆者なりの角度と方法によって、許されたスペース内で、本稿をまとめるべく努力した。主題の時間的はばを「近代日本」に限定し、ついで手許にある数多くの史料の中から、関係史料を、ほんのすこしばかり選び出して紹介した。史料が年代的に偏らないように、心がけて執筆したが、結果は予期に反してしまった。

まず第一章で「政府の宗教政策の変遷」を紹介し、第二章で「信教の故に受難した人々」即ち「信教の自由」が無視されていた実例を紹介し、最後に第三章で「信教自由を求める戦い」を書き、迫害をはねかえし、信教自由の大道を切り開いていった人々を紹介した。

筆者は本稿に不備不足の点がある事を、十分承知している。しかし全面的に最初から書き改める条件を与えられていない。お気付の点がありましたら、御高教を戴きたい。（昭和三五年七月二九日脱稿）

追記　本稿を出版社に郵送してから三ヶ月後、畏友米田勇氏が——『昭和の殉教者』、昭和三五年一〇月、キリスト新聞社発行——を出版された。本稿と合せみて戴ければ幸福である。（昭和三五年一一月二一日記す）。

絶対主義の宗教政策

梅原隆章

はしがき

封建国家から資本主義国家へ発展する過程に出現する絶対主義国家という形は、日本においては明治維新によってスタートした。それは世界史的に見ると欧米の諸列強国が殆んどすでに経過してしまって近代資本主義国家のよそおいをとっている時に、おくればせながら列強の足あとを追う姿であった。極東の一隅にあって、世界の進運に窓をとざして鎖国政策の温室の中で、徳川封建幕府の安泰がまもられていたが、やがて窓を開き、世界をながめる開国の日が到来したのである。地球上に住む有色人種の土地は、殆んど植民地として分割が終ってしまっていた。地理的に最も離れた位置にあった日本は、列強の侵略の最後の目標にはなったが、幸いにも彼等の相互牽制《けんせい》のバランスの上に乗って、遂に独立国となることができた。この幸運なる独立をつづけるためにも、日本としては徳川幕府と異った強力な政体を産む必要があった。それが天皇制絶対主義国家とよばれる形態である。これは第二次世界大戦の終る日までつづいたが、古代天皇制への復古をスローガンとして進められた絶対主義天皇制は、その背景に当然「復古神道」を宗教政策的にとりいれる結果となった。それは遂には「国家神道」という国教的地位にまで成長し、終戦によってその地位を去るのである。

一 宗教の並存

仏教伝来までの日本には呪術的な古神道があったと考えられている。そこに教義や儀礼を完備した仏教が伝来して、護国仏教という形で古代日本に繁栄した。神道と仏教はともに二大宗教として並存したが、次第に本地垂迹説などが発生して神道は仏教の統制下に入り、諸仏を守護し讃嘆する仏教的諸神として従属的地位に甘んずることになった。徳川時代には朱子学を主とする儒教が封建道徳の規範として、優位を占めたが、従来よりの仏教も並存し、主として対キリシタン政策という面に利用され、封建社会のきずなを強化するために宗門人別帳を保管し、農民を土地にしばりつける仕事を行う結果となった。檀家制度、本寺末寺制度などは封建社会の仏教が形式化し、型にはまってしまい、しかもその平穏な安定性のために寺院僧侶が惰眠をむさぼるようなことになった原因でもある。

新しい社会にふさわしい近代的な宗教として、キリスト教が明治維新以後の思想的主流となるようにも思われたが、言語風俗習慣の相異と、邪宗門的先入観によって初期の伝道は必ずしもスムースにはいかなかった。また天皇制ヒエラルキーの樹立の精神的背景には平田篤胤流の「復古神道」が登用されたことは、仏基二教の伸長をゆるさないことにもなった。

日本文化の特徴として、文化の重畳性があげられる、宗教においても神道、仏教、儒教、基教というように世界のあらゆる宗教が混然として並存している。一時代、一社会の主潮をなす宗教はあるが、それでも他の宗教は相変らず生きつづけている。そこに宗教政策のむずかしさと困難さとがある。

二　祭政一致の方針

尊王攘夷の旗じるしによって、維新の中心勢力となる人々の精神的支柱がうちたてられ、それに平田篤胤の復古神道的な理念が指導的な役割を果しているということは、周知のことであるが、尊王攘夷に対して佐幕開国という標榜が行われたが、最後には尊王開国ということに変っていった。このことは尊王論が国粋的倒幕運動に進展したことであり、攘夷や開国は付随的な時事問題であったと見られる。尊王開国の場合の開国は、攘夷を内包した開国であったことになる。本質的には攘夷であるが、緊急の尊王倒幕に焦点を合致させて、攘夷を一時的に保留したものであって、機会を把握すれば直ちに攘夷に旋回しようとする開国であったと解釈しなければならない。

また、西欧における絶対主義の成立には、宗教的権威から政治権力が分離独立するという特徴が見られるが、日本では天皇制が古神道の権威を背景に成立し、徳川将軍に代って政治的経済的権力を確立することになった。天皇は伊勢神道の活躍によって全国的に崇拝の中心となっていた天照皇大神の、神聖なる伝統をになう子孫であり、それは天皇が信仰の対象と転化され宗教的存在とされる性格を持っていた。これを強化したのが徳川家の政策でもあった。禁中並公家諸法度によって、天皇の行動を定め、民衆との直接交渉を断ち、宗教的権威として、政権を幕府に与える根源としてまつりあげ、徳川幕府の政治的権威を獲得した。徳川末期の尊王論、国学者の復古思想などの発生する源泉は、徳川氏みずからが作ったものである。そして、遂に宗教的権威である天皇に、政治的権力を返却するという結果になった。一八六七年(慶応三)十月十四日、将軍慶喜は大政奉還の上表をたてまつることになる。十二月九日王政復古の大号令を発したが、平田篤胤の門弟、矢野玄道が一八六七年(慶応三)献芹詹語を新政府にさし出し、これが明治維新の祭政一致方策に影響を与えたといわれ、大国隆正の門弟玉松操は、明治新政を神武創業にのっとらしめるように働き、岩倉具視に建言して採用されたともいわれている。一八六七年(慶応三)十月に将軍及各藩へ新政に関する意見を徴した時に、「神祇官ヲ始、太政官夫々旧儀御再興」とあるように、政治の王政復古は、指導理念としては神祇官の再現を意味するものとなった。一八六八年(慶応四)正月十七日に太政官の職制を定めた時、神祇、内国、外国、海陸軍、会計、刑法、制度の七科を置き、太政官神祇科が置かれたことは、従来の復古神道を奉ずる人々によって最初の成功となった。さらに翌二月官制を改め、事務科を事務局としたので神祇科は神祇事務局となった。督は熾仁親王、輔は白川資訓、吉田良義、判事は植松雅言、亀井茲監、平田鉄胤である。のちに、人事移動のあるたびに平田派の復古神道の国学者によって定員が満たされることになった。三月十三日祭政一致の根本方針を示し、「このたび王政復古、神武創業の始に基かせられ諸事御一新、祭政一致の制度に御回復あそばされ候」と記されている。また、「祭政一致」の語は、一八六八年氷川神社御親拝の詔に「将に先ず祀典を興し綱紀を張り、以て祭政一致之道に復さんとす」とあり、一八七〇年の神殿鎮祭の際の詔に「大祖創業、神明を崇敬し蒼生を愛撫す、祭政一致は由来する所遠し」とあり、同年の大教宣布の詔にも、「列皇相承、これを継ぎ、これを述ぶ、祭政一致、億兆同心」とあって、維新政府の指導原理となった祭政一致の語は、詔勅の随所に見られるのである。一八六九年(明治二)七月八日の官制改定のさい、二官六省制がとられ、それまで太政官の一部であった神祇官は遂に二官六省の首位を占めることになり、これによって、祭政一致の具体的表現が完成したともいえるのである。

この精神は、五箇条の御誓文にも現われている。もと、この草案では福岡孝悌が、「会盟」と題して、天皇が諸侯とともに会盟するという形式をとった、のちに公卿側より反対意見が出て、「会盟」は「盟約」と訂正され、更に「誓」と訂正され、天皇が、公卿、諸侯、官僚をひきいて、神明に誓うという形式に改められた。御誓文中に「天地神明ニ誓ヒ」とあることは、絶対主義天皇制の成立上見すごすことの出来ない点である。会盟は、未だ諸侯の勢力がおとろえず、天皇の権威も一般大名と相似たものであった時の草案であり、最終改訂文の成立した時には、皇祖天照大神の子孫として、現人神としての権威を持つまでに成長してきたことを示すものである。

三　切支丹禁制政策

五箇条の御誓文は一八六八年（慶応四）三月十四日に誓われたが、同日、「五榜の標示」が民衆に対して発表された。その内容は、

第一榜　一　五倫ノ道ヲ正フスヘシ

二　鰥寡《かんか》孤独廃疾ノ者ヲ憫《あわれ》ムヘシ

三　人ヲ殺シ家ヲ焼キ財ヲ盗ム等ノ事ヲ為ス勿レ

第二榜　党ヲ樹テ強訴《ごうそ》シ或ハ相率テ田量ヲ去ル事勿レ

第三榜　切支丹邪宗門ハ旧ニ仍リテ之ヲ厳禁ス

以上三榜、永世の定法とす。

第四榜　外国人ニ対シテ暴行ヲ為スヲ禁ス。

第五榜　逋逃ヲ禁ス。

以上二榜、一時の掲示とす。

というものであった。これは旧幕府の高札を撤去して、あらためて掲示したものである。そして、従来徳川幕府が建てていた切支丹禁制の制札を撤去したが、太政官の高札として新設されたものは、もとの通りであった。

定

一、切支丹邪宗門ノ儀ハ堅ク御制禁タリ若不審ナル者有之ハ其筋之役所ヘ可申出御褒美可被下事

慶応四年三月

太政官

この全文が太政官日誌第六号に掲載されたので、英国公使パークスが強く抗議した。キリストを邪宗門とは何事かという主旨であった。木戸孝允は「日本政府も最初は切支丹と邪宗門とは別の積りであったが、一行に書いたため、切支丹が邪宗門と響いては良くないことに心付き居り、現に兵庫大阪辺は未だ掲示して無いので、近々改める積りである」と答弁して、高札を改めることとして了解を得たのであった。閏四月四日に、

先般御布令有之候、切支丹宗門ハ年来固ク御制禁ニ有之候処、其外邪宗門之儀モ総テ固ク被禁候ニ付テハ混淆イタシ心得違有之候テハ不宜候ニ付此度別紙之通被相改候条早々制札調替可有掲示候事

（別紙）

一、切支丹宗門之儀ハ是迄御制禁之通固ク可相守事
一、邪宗門之儀ハ固ク禁止候事

慶応四年三月

太政官

と、詭弁によって当座をのがれたのである。封建的徳川政権から絶対主義天皇制に移行しても、あらゆることは為政者の強圧によって断行しうるものという考え方は依然として踏習されていたし、宗教の面に於てもそれは例外でないとする誤算があった。切支丹を邪宗門として鎖国以来の重要施策としてきたことは、「東照宮殿御定めの通り」という先規踏習の徳川時代には、無批判に伝承されたが、今やこれを厳粛に反省せねばならなくなった。切支丹禁制ということは単純な理由では計画され実施されたわけではないが、日本人が本能的に国家侵略の野望ありと判断したことは、ある意味においては当っているとせねばならない。それは西欧諸国が植民地獲得の尖兵として基教の宣教使を利用したことが明白であるからである。結果的にみて宣教使が侵略の尖兵と誤解されたと云いかえてもよい。岩倉大使の一行が欧米を巡歴したさいに、日本のとっている切支丹禁制の方針は、非常に不評であったため、この使節の勧告によって、一八七三年（明治六）二月二十一日、遂に、この高札はすでに周知の事であるから掲げておく必要もないと国内に体裁をつくろって撤去することにしたのである。諸外国との交際をするためには、キリスト教を禁止することは不利であった。信教の自由を認めない野蛮国とは、対等の交際を認められないという、明治政府にとっては思いがけない伏兵があらわれたことになる。維新後に於ても、浦上や長崎の潜伏キリシタンが発見されるや、神道主義政府はこれを捕縛し、三千七百余人を諸藩に割当てて軟禁

し、改宗を強制したのである。しかし改宗者は絶無であって、フランス公使等の抗議によって遂に釈放した、一八七〇年(明治三)のことである。しかしキリスト教徒に対する弾圧は依然としてつづけられ、一八七一年(明治四)十月八日、特命全権大使岩倉具視等が条約改正の下交渉のために欧米諸国を巡った時に、各国でキリシタン迫害の件について攻撃され、はじめて信教自由の近代思想を吸収したのである。また海外留学より帰朝した人々や、文明開化、自由民権をとなえる者によって信教自由、政教分離が唱えられるようになった。切支丹禁制の高札が一八七三年(明治六)に撤去されたことは、維新政府の宗教政策について重要な一時期を劃することになった。これに続いて、明治七八年頃より自由主義思想が擡頭し、信教の自由が言論結社の自由とともに民衆の声となり、政府の宗教統制に対する批難の声ともなったのである。

四　神仏分離

天皇を神格化することによって、維新政府が天皇制絶対主義の確立を計ったことは、神道を国教的な地位に保護成長させる傾向となった。

徳川時代を通じて、従来これを思想的に、あるいは制度的に支えていた儒教道徳や仏教信仰を否定するために、新しい近代的市民道徳が成長すべきであったが、当時の民衆にそれを望むことは不可能であった。ここに新政府が採用したものは神道を基盤とする国民道徳の樹立であった。しかも諸事御一新のスローガンに神道を保護育成するときには、古い封建道徳の基盤となっていた仏教を弾圧することが必要であり、仏教の本地垂迹説によってその下風に立っていた神道を優位に置く施策が要請されねばならなかった。

一八九八年（慶応四）四月十日、太政官日誌第九に、神仏混合厳禁の布告があった。

同月十日神祇の事に付被仰出書之写

諸国大小の神社中仏像を以て神体と致し、又は本地抔と唱へ仏像を社前に掛け、或は鰐口梵鐘仏具等差置候分は早々取除相改可申旨過日被仰出候、然る処、旧来社人僧侶不相善、氷炭の如く候に付、今日に至り社人共儀に威権を得候は、御趣意と称し実は私憤を霽し候様の所業出来候ては、御政道の妨を生じ候而已ならず、紛擾を引起可申は必然に候、左様相成候ては実に不相済儀に付、厚く令顧慮、緩急宜きを考へ、穏に可取扱は勿論、僧侶共に至り候ても、生業を不失益々国家の御用相立候様、精々可心掛候、且神社中ニ有之候、仏像仏具等取除き候分たりとも、一々取計向伺出御差図可受候、若以来違心得致し粗暴の振舞等於有之は屹度曲事に可被仰付候事。

但、勅祭之神社、御宸翰、勅額等有之候向は、伺出候上、御沙汰可有之、其余の社は裁判所鎮台領主地頭等へ委細可申出候事。

と記され、三月十七日には神祇事務局達を出し「今般王政復古、旧弊御一洗あらせられ候につき、諸国大小の神社に於いて、僧形にて別当或ひは社僧などと相唱へ候輩は、復飾（髪をのばすこと）仰せ出され候」と指示し、更に二十八日には「中古以来、某権現《ごんげん》、或ひは牛頭《ごず》天王の類、その外仏語をもって神号に相称へ候神社少からず候。いづれも、その神社の由緒、委細に書付け早々申出づべく候こと」「仏像を以て、神体と致し候神社は、以来相改め申すべく候こと。付、本地などと唱え、仏像を社前に掛け、或ひは鰐口梵鐘仏具等の類差置き候分は、早々取除き申すべきこと」等と達したのである。これらの法令によって、神仏分離の政策が開始されるのであるが、その他細則としての法令を出している。例えば八幡大菩薩と称していたものは八幡明神と改めよ、別当・社僧などは還俗して神主・社人などと改称せよ、曼荼羅に天照皇大神とか八幡大菩薩という神号を書加えるのは禁止する等の細々とした指示法令が布告されたのである。この政策が「神仏分離史料」に収載されているような全国各地の廃仏毀釈の運動に成長してゆくのである。徳川政策の中に服属していた仏教が排除された時、天皇制絶対主義が強調されるにふさわしい神祇崇拝が登場するのであるが、前者が政治的意図によって保護されたと同様に、神道もその意図によって保護伸長せしめられたのである。日本における宗教が国家や国権に奉仕させられる宿命を、この時も脱することが出来なかったのである。

一八六七年(慶応三)平田鉄胤が建言した時務策に、討・破・攘の三事を論じ、討幕、破仏、攘夷を実践運動の目標としている。このような思想によって指導された神祇官の政策が、破仏運動を究局の目標としたことは当然のことである。このため仏教は大打撃をうけ、排仏の波の中に還俗したり神官に転じたりした者も現われ、寺領を失った寺院経済の窮乏によって、住居の修覆も出来ず廃寺になったものもあった。けれどもこの試錬の中から護法運動という仏教側の覚醒が生じ、禍を転じて福となす機運が発生したのである。

神仏分離を実施するに当っては、僧侶に従属していた社人が、私憤をはらすために無用の紛争の起ることを予想して、政府は穏当な行動をとるようにと布告しているが、時勢のおもむくところ廃仏毀釈、排仏棄釈の形をとったところが多く、一八六八年(慶応四)三月二十八日太政官布告によって神仏分離を令せられたのち、神社より仏像及び仏具の類を取除けよという方針は、廃寺、合寺、僧侶の還俗にまで進んでいったのである。これは伝統的な仏教保護の余光の中に安逸をむさぼっていた仏教界の現実的なあり方に対する批判でもあった。宗教についても絶対主義政策では命令や指示どおりになるものと軽く判断しすぎたきらいがある。東北征伐の起ろうとした時、会津地方では新政府は仏敵である、仏恩報謝のために、身命を抛ち、門徒全部が心をあわせて仏敵をうちとれと檄文をとばしたので、両本願寺、興正寺、仏光寺へ太政官達をもって民心安堵をはかるようにと命じた。また、合寺や嘆願愁訴が多くなったので、島地黙雷の建議などもあって、一八七〇年（明治三）八月九日、民部省内に社寺掛が置かれ、閏十月二十日、社寺掛を改めて寺院寮を置くことになった。松本・多度津・富山等の廃仏がはげしく、政府としてもようやく態度を変更する必要を感じたからである。

五　大教宣布

一八七〇年（明治三）正月三日、天神地祇八神及び皇霊を神祇官に鎮祭し、且つ宣教使を置いて大教を宣布せしむる詔がでた。これが宣教の基本となるもので、宣教使は惟神の大道を国民に教化するもので、一八六九年（明治二）十月に神祇官として誕生し、翌年三月には、各府藩県宣教使を設け、知事参事に兼任させた。十一月には官員以外からも任用することに定め祭政教一致の実をあげることに努力が傾注されたのである。また宗門人別帳を寺院よりとりあげるためには、氏子取調という新政策がうち出され、神道国教化の具体案として採用された。一八七〇年（明治三）六月、熊本、佐賀、久留米等の九州十藩に氏子調仮規則が施行され、九月には一般諸藩に寺請証文に代って産土《うぶすな》神社に名簿を登録し、その印証をうけるように通達したのである。翌四年七月四日には諸国大小神社氏子取調規則七ヶ条となって、強制的に神道を信ぜさせることに踏切ったわけである。これよりさき四月四日には戸籍法を改正して、宗門人別帳をやめ、寺請制度を廃止したから、神祇官として、宗門人別帳にかわる氏子調を計画していたことが明かである。最初に九州十藩にそれを試みたのは、浦上村切支丹の弾圧によって、邪宗門取しまりの必要性を痛感していた諸藩に適用して、その効果をみたものであろう。宗門改めは維新当初には全く廃止する意図はなく、仏教にかわって神道を国教的地位に高めようとした時、キリスト教禁止の役割は当然神道に引きつがれるべきものであって、それが氏子調べという形に移行する理由であった。まさに時代逆行的な政策ではあったが、断乎として宗門改めを廃止するという決心のつかなかったところに、神祇官構成者の頭の古さがあったことを指摘せねばならない。これは結局、一八七三年（明治六）五月二十九日に「氏子調ノ儀、御沙汰アルマデ不及施行」という達示となって終止符をうつことになるのである。開国、外国交際の波に逆行した宗門改めの精神は、ここで転換を要請されたわけである。純粋に宗教的信仰としての神道宣布の方針であるならば、神祇官の優位も保持できたであろうが、政治的に神道を国教的地位におし上げようと試みたことは、遂には太政官の統制下に入ることになり、神祇省と改められ、更にこれは教部省となって、政治に奉仕する神道のあり方が強化される結果となったのである。このことは将来文部省に従属する一部課となり、学校教育における神道教育の途へと走る原因にもなっている。政治に奉仕する仏教に代って、政治に奉仕する神道がその地位を占めたのにすぎない。そして、このような宗教軽視が起ったことは、宗教として未発達で教義さえも充分に成熟していなかった神道が明治の宗教の首座を占めたことにも因っている。文化発達の上からみて、最も古代的な神道、封建的に発達した仏教、近代的に形成されたキリスト教を、明治の宗教政策では、復古思想という尺度に規正して、切支丹禁制、廃仏毀釈という形で神道の優位を政治的要請に基いておしすすめるという時代錯誤的な政策をとることになったのである。無宗教をもってインテリの栄誉と考えるような風潮は、ここに原因しており、官僚は宗教を支配するものであるという統制意識を強くし、宗教に対する軽視感を深めることになった。そして支配者の与えた国民道徳の宗教的基盤としての神道というよりは、その国民道徳そのものを教義とする忠君愛国的道徳教が、神道、国家神道という形で成立することになった。

六　皇道宣布運動

宗教が政治的に統制支配できるものという安易な考え方で出発した神道政策は、仏教側よりする護法運動、諸外国よりのキリスト教禁令に対する批難、人心の動揺というような思わざる不測の反撃をみることになり、その政策転換が必要となった。一八七二年（明治五）三月、神祇省を廃止して教部省を置き、祀典関係の仕事はすべて式部寮に移り、神祇省のもっていた宣教関係の仕事のみが教部省に引つがれることになり、天皇、宮中に直接交渉を持っていた祭政一致の最も重要な部分が、神道政策を行うものの手より取上げられてしまったのである。しかも、宣教の実務については、僧侶が永年にわたって布教教化を実践研究していたために、一日の長があり、仏教側の護国扶宗の運動が功を奏して教部省には全国の神官僧侶が無給の教導職として任命されることになった。そして、諸宗合同の宣教機関としての大教院が設置され、更に各県に中教院を一箇所宛おくことになった。そして教導職の教化任務は、さきに一八七〇年（明治三）正月の大教宣布の詔勅と、旧神祇省制定の三条教則とである。特に三条の教則は全国各社寺で説教することを布達されたので、これは皇道宣布運動の眼目となった。

第一条　敬神愛国ノ旨ヲ体スヘキコト。

第二条　天理人道ヲ明ニスヘキコト。

第三条　皇上ヲ奉戴シ、朝旨ヲ遵守セシムヘキコト。

右の三条が、三条教則、三条大憲等といわれるもので、絶対主義天皇制の精神的基盤である。しかもこの文意は漠然としていたので、多数の註釈書が出版され、明治六年には最も多かった。また、三条教則につづいて教部省より十一兼題、十七兼題という合計二十八の教科要綱が発布された。

○十一兼題

神徳皇恩、人魂不死、天神造化、顕幽分界、愛国、神祭、鎮魂、君臣、父子、夫婦、大祓

○十七兼題

皇国国体、皇政一新、道不可変、制可随時、人異禽獣、不可不教、不可不学、外国交際、権利義務、役心役形、政体各種、文明開化、律法沿革、国治民法、富国強兵、租税賦役、産物制物、

このような教導目標が制定されたが、前者は神道の教義を深めることと、倫理道徳の講究を意味し、三条教則の敷衍である。後者は明治政府の絶対主義確立のための政策を示しているものである。そして仏教、キリスト教、教派神道のいずれにおいても、各宗教独自の教義を説くことを禁じて、御一新の政策の宣教に専念することを要求したのである。このような神道国教政策の中に、仏教中で最大の教団であった真宗の中から大教院分離運動がはじまった。特に海外視察より帰った西本願寺の島地黙雷や東本願寺の石川舜台というような政僧が活躍してその主唱者となり、一八七五年(明治八)四月三十日、神仏各宗合併布教差止めを教部省より達示することになり、六月には真宗は他宗に先立って大教院を離脱することになった。同様に同年三月、神道側でも大教院に代る布教機関の設置を教部省に出願して、二十八日神道事務局が発足し、各地にこの分局が設けられた。この頃に

は、天皇制絶対主義は、神道の力を借りずとも権威を確立しており、かえって政治にとっては足手まといの感さえあったのであるまいか。この年十一月二十七日に口達書を発して、将来において、信教の自由を完全に認める意志のあることを公表した。そして政府は宗教政策を転換して自由放任の方針をとり、一八七七年（明治一〇）正月十一日教部省を廃止して、その事務を内務省社寺局に移した。

七　憲法廿八条

信教自由の政策に転じたのは、主として条約改正を重要案件として政府が真剣にとりあげるようになって、諸外国（英、仏、伊等）より勧告された結果であって、外圧のためにやむを得ずこの形をとったものである。自由民権運動の盛んとなったピークは一八八一―一八八二年（明治一四・五）であるが、それにつづいて猛烈な政府の弾圧が始った。自由民権運動もミル、スペンサー、ルソーなどの思想を背景に持っているため、「信教の自由」なども、西欧人によって知ったものとしなくてはならない。西哲夢物語に収める日本憲法原規には「第五十六条信教ノ自由ハ之ヲ保証ス。但此レニ由テ公ケノ秩序又ハ公共ノ安寧ヲ妨害シ、又ハ国家ニ対スル義務ノ履行ヲ妨グルモノハ此限リニアラズ」としており、又スタイン氏講義筆記には、第七回に、

神道ハ御国ニテ国体ヲ維持スルニ必要ナルヲ以テ、之ヲ宗教ニ代用シテ自ラ宗教ノ外ニ立テ、国家精神ノ帰嚮スル所ヲ指示シ、儒仏及西洋諸教等ハ、人民自由ノ思想ニ任セ、法律ノ範囲内ニ於テ之ヲ保護シ、教義上固ヨリ之ニ干渉スベカラズ。（中略）智識発達ノ今日ニ於テ、道徳ハ勿論安心立命モ宗教ニ依ラズシテ哲理ニ帰スベキ気運ニ際会セルヲ以テ、神道ハ宗教ノ外ナル国家ノ礼トシテ人民ニ之ヲ執行セシメ、宗教ハ之ヲ各自ノ自由

ニ任放スベキナリ。

とあって神道は「宗教ノ外ナル国家ノ礼典」として国教に代用する道徳と見なすという考え方を講義している。大日本帝国憲法第廿八条は「日本臣民ハ安寧秩序ヲ妨ケス及臣民タルノ義務ニ背カサル限ニ於テ信教ノ自由ヲ有ス」と定められ、この条件の中に神道は臣民たるの義務として信奉すべきものであるという意味を含めることにして、神道国教論はベールをかぶって存続したのである。

八　国家神道

絶対主義が精神的基盤とした神道は、国家意識の高まり、忠君愛国思想の鼓吹とともに成長して、神社神道という形で宗教の外に位置していよいよその権威を高め、一八九〇年(明治二三)十月三十日教育勅語が発布されて、国家神道の典範となった。これは一八八二年(明治一五)十二月の幼学綱要の精神を継承するものであって、絶対主義の国家教育の根幹となるものである。

信教の自由も、神道の権威を損じない限りにおいて、また天皇の尊厳を冒さない限りにおいて認容された権利であった。国家権力の強化の前には、その庇護の下にのみ自由が認められ、宗教の従属が強化されたにすぎない。

このことを明白に示す一つの事件は、東大教授であった久米邦武《くめくにたけ》の免職事件である。一八九二年(明治二五)史学会雑誌に「神道は祭天の古俗也」という論文を発表した久米教授の研究は、田口卯吉の共感をよんで、それが「史海」に転載され、これを読んだ神道関係者の怒りを買ったのが原因であり、遂に文部省は久米邦武を大学より追放した。この論文は、神道というものが特別の宗教ではなくて、世界古代宗教の持つ祭天の通俗であるとするもので、日本特有の性格のものではなくて、中国にもあるし、キリスト教でも祭天の古俗より発達してきたものであると説き、「釈迦モ孔子モ耶蘇モ祭天ノ俗ヨリ生ジ出タレバ我国体ニ戻《もど》ル事ナシ、神道ニモ戻ルナシ」と、多くの文献を検討して、宗教の普遍的な本質に神道を位置づけ、国学者たちが構成した神道の絶対主義的性格を否定したものであった。このことは、これ以後の日本古代史研究に暗い禁圧感を与え、津田《つだ》左右吉《さうきち》の古代史研究を発禁し、美濃部《みのべ》達吉《たつきち》を天皇機関説の故をもって排撃し、南北朝時代の南朝正統論を支持し、キリスト者の御真影不拝をとがめるというような絶対主義的政策の出発点となり、日本における学問の科学的研究にブレーキをかけ、占領地域に大東亜神社を建設して、帝国主義的侵略戦争の思想的背景に神社神道、国家神道という国教的神道が成立することを暗示しているものである。一九四五年（昭和二〇）十二月十五日、マックァーサーは、日本政府に、国家神道の政府による援助、支持、存続、統制及び普及の廃止に関する命令を出した。絶対主義の宗教政策に終止符が打たれたのである。宗教は国家統制の枠より放たれたが、その自由の場において各宗教が如何に近代化するかが注目すべき重大な課題である。

（参考文献）

圭室諦成著　資本主義時代の宗教（新日本史講座）　服部之総著作集第四巻　絶対主義論　理論社

豊田　武著　日本宗教制度史の研究　厚生閣　新日本史大系　第五巻　明治維新　朝倉書店

明治仏教全集　第八巻　護法篇　春陽堂　明治文化全集　第十巻　宗教篇　日本評論社

史学会編　明治維新史研究　富山房

明治仏教と社会主義思想

船山信一

一　明治仏教の護教主義

王朝時代において貴族的な「鎮護国家の思想」として確立され、鎌倉時代において武士的、さらに国民的宗教となった日本仏教は、徳川時代において支配者の思想ではなくて被支配者のなかに広く浸透していた思想であった。即ち当時は仏教は社会の上流にではなく下流に行われていたのである。

然るに仏教は明治時代においては批判的思想となることがなく護教主義で貫いた。仏教は一旦廃仏毀釈によって失った勢力を仏教復興によって回復した。然し仏教は明治時代において支配的思想とならなかった。むしろ仏教は明治時代において支配者に従属する思想であった。明治の官僚主義・国権主義・絶対主義に対して戦ったものには（自由）民権主義があり、キリスト教があり、社会主義がある。もちろん（自由）民権主義はそれ自身国権主義を含んでおり、また国権主義へ移行して、民権主義に徹底しておらず、また最後まで民権主義を貫かなかった。キリスト教も、あるいは（自由）民権主義と少くとも一部分または一面結びつき、あるいは「宗教と教育との衝突」に関する論争（明治二十六年）において国権主義者からその非国家主義を批判された際にそれに抵抗した。もちろんキリスト教は国権主義者、絶対主義者から非国家主義として批判を受けた際、国権主義そのもの、絶対主義そのものを積極的に批判せず、ただ消極的に自分が非国家主義でないといって自分を弁護しただけであり、国権主義、絶対主義に対して徹底的に批判的であり得ず、明治末年においては神道や仏教と一緒になって絶対主義に屈服協力した。然しとにかくキリスト教は国権主義、絶対主義に対して戦った。またキリスト教は、小《こ》崎弘道《さきこうどう》の『政教新論』（明治十九年）に見られるように、儒教の封建的な忠孝道徳に対して戦い、（自由）民権主義の政治主義、非道徳主義は之を批判しつつも、（自由）民権主義そのものには対立せず、むしろそれを補う役目をはたした。またキリスト教が、たとえ小崎の『近世社会党の原因を論ず』（明治十四年）に見られるように社会主義に対立したことはあっても、（自由）民権主義と並んで、また（自由）民権主義以上に、社会主義の源流、潮流となったことは歴史的事実である。

　然るに仏教は明治絶対主義に対して一度も戦ったことはなかった。日本仏教は古くは農民の味方となった親らんの輝かしい先例をもち、また近くは百姓一揆の旗印となった輝かしい先例をもっているにもかかわらず、明治時代においては（自由）民権主義のために戦わず、社会主義の源流とならず、宗教の自由、自らの自由のために戦わず、キリスト教が非国家主義として絶対主義者、国権主義者から批判された際に、キリスト教を擁護せず、逆に絶対主義者、国権主義者の尻馬にのってキリスト教を批判した。絶対主義者、国権主義者がキリスト教徒に向けた非国家主義という非難、仏教徒が絶対主義者、国権主義者の尻馬に乗ってキリスト教に向けた非国家主義という非難は、実は仏教自身にも向けられるべき非難であったのにかかわらず、彼らはそれを知ってか知らずにか、自分にも向けられたものとは見なさず、自分自身もそれをキリスト教に向けた。

我々は高山樗牛《たかやまちよぎゆう》が『明治思想の変遷』（明年三十一年）のなかで「教育と宗教との衝突」に関する論争に関連して仏教徒に加えた左の批判はまことに正こう且つ痛烈なものであったと考えるのである。

「そを如何にと云ふに、抑々先に掲げたる井上《いのうえ》（哲次郎《てつじろう》――引用者註）氏が、拠りて以て基督教に大打撃を加へたる四箇条の何れか移して以て仏教攻撃の好利器とならざるべき。井上氏は耶蘇教を攻撃して曰く、『国家の差別を認めず、純然たる出世間の道徳を以て唯一の道徳とする宗教は、忠君愛国の上に立つ勅語と両立すべからず』と。而して仏教は実に是の如き宗教にあらずや。井上氏は耶蘇教を攻撃して曰く、『重きを出世間に置き、現在世を以て未来世の門戸と為す如き宗教は、勅語の現世的精神と相容れず』と。而して仏教は即ち是の如き宗教にあらずや。井上氏又曰く、『平等無差別の博愛を説く宗教は、差別的博愛を説く所の勅語と正に相反せり。又忠孝を以て道徳の基礎となさざる宗教は、即ち勅語の敵なり』と。是れ亦やがて仏教の性質と正に相適合す。是れによりて見れば、井上氏は特に耶蘇教に就て言へりと雖も、其実は仏耶両教に対して均しく打撃を加へたるなり。畢竟、氏が挙げたる四箇条の如きは、仏耶両教の通性たると同時に、一切宗教の本旨なればなり。故に仏教徒たるものは、基督教徒と共に氏の説に対して駁撃せざるべからざる位地にありしなり。然るに事是に出でず、却て井上氏に従って基督教を攻撃し、敢て怪まざりしは実に奇怪千万なりと謂はざるべからず。是れ仏教徒は、其の多年仇敵視し来りたる基督教が、偶々攻撃の対象となりたるを見、欣喜の余り、一も二もなく己れの敵とする基督教を攻撃するものは即ち己れの味方なりと夙断し、そが却て仏耶両教の共同の敵なることに心附かず、其の浅慮短見真に憫笑するに余りあり。所詮は基督教攻撃の一語に眩惑して、其の攻撃の趣旨の如きは、一々精細に吟味するの遑なかりしに依るとは云へ、却々又教育勅語が国民道徳の原理たる所の国家主義の性質を明にせず、随ってそれと宗教との関係等の諸問題は未だ解了するに及ばざりしなり。想ふに是の仏教の援助を受けたる井上氏は、中心意外の思ありたるべく、又早晩仏教徒が、基督教徒に対したると同一の攻撃は即ち自家に対するの攻撃なることを知覚するの秋あるべきを思ひて、彼等が自己の浅見に慚愧するを気の毒に思ひしならむ。而して当時は知らざる為して、仏教徒の来援に任せしが如きは、氏も亦策士の術数を有せりと謂ふべし。」（『樗牛全集』――増補縮刷――第四巻『時論及思索』二四六―八頁）

高山はまた『日本主義』（明治三十年）において、

「吾等は我が日本主義によりて現今我邦に於ける一切の宗教を排撃するものなり。即ち宗教を以て、我国民の性情に反対し、我が建国の精神に背戻し、我国家の発達を阻害するものとなすものなり。」（同上書二八四頁）

といっているのであるが、仏教徒が当時の高山と思想的に全く同じ立場に立っていた井上のキリスト教批判に同じく宗教の立場から何らかの反駁を行うどころか、井上の批判と全く同じ批判を、しかもむしろそれをいい機会にして、キリスト教に向けたということは、愚か狂か、余りに奇怪といわれなければならない。関皐《せきい》作《さく》編の『井上博士と基督教徒』の正・続・収結三編（明治二十六年）を見るならば仏教徒がいかに多くキリスト教の非国家主義を非難しているかが明らかになるであろう。

藤島胆岳《ふじしまたんがく》は『耶蘇教末路』（明治二十六年）において「基督教の日本に熾ならさる理由」をのべる際に、

「基督教の我国に嶄然頭角を顕はしてより、殆んど茲に三十年、而て其基礎未た鞏固ならさることは、彼れの経典に所謂、沙上に建てられたる愚人の家屋の如く、風雨の為に、顚覆傾倒を免れ難き状ある所以のものは、独り国民全体に感化を与へる必要を欠きたるのみにあらす、抑又皇室及政府の保護なきに由らすはあらさるなり」（藤島胆岳『耶蘇教末路』九三頁）

といっているのであるが、このような立場から国権主義、絶対主義に対する批判を期待するということは全く不可能といわれなければならない。

社会主義の先駆者たちが自らの思想形成について語っているところによっても、伝統的思想のうちで儒教、さらには神道についてさえのべられていても、仏教は何らの役割も示していない。例えば、堺利彦《さかいとしひこ》は『堺利彦伝』（大正十五年）において

「斯様な私は、一方には仏山塾の名残、一方にはホヤホヤな青年理学士と云った風に、新旧両面の感化を受けて育って来た。そして思想の系統としては儒教と、神道と、自由民権主義とを注入されてゐた。」（『現代日本文学全集』――改造社――第三十九巻『社会文学集』二七二頁）

といっている。ただ河上肇《かわかみはじめ》の「無我愛」だけが仏教に関係があるといわれよう。

二　明治時代における社会主義思想と宗教

日本では社会主義は近代思想史の当初から紹介されている。

加藤弘之《かとうひろゆき》はすでに『真政大意』（明治三年）において社会主義、共産主義に言及し、『人権新説』（明治十五年）においては社会主義、共産主義及び虚無党を強く批判しており、西周《にしあまね》もすでに『百学連環』（明治三年）において社会主義、共産主義を紹介し、『社会党論の説』（明治五年）において社会主義、共産主義及び虚無党（烏有党）につ

いて可成り詳しく論じ、外山《とやま》正一《しょういち》も『社会学の原理に題す』（明治十五年）という新体詩のなかで社会党、虚無党のことを歌っている。さらに明治二十年代になれば和田《わだ》垣謙三《がきけんぞう》は明治二十一年に『講壇社会党論』、明治二十二年に『社会主義』を発表し、岡田《おかだ》良平《りょうへい》は明治二十一年に『社会主義の正否』を発表している。然しこれらの人々は社会主義者ではなく、かえって社会主義の批判者であり、社会主義に一面の真理を認めているものも岡田、そして和田垣位のものである。

　ところが明治二十年代も半になると社会主義者の社会主義論が出て来る。明治十五年の樽井《たるい》藤吉《とうきち》らの『東洋社会党綱領』がすでにそのようなものと見られるのであるが、明確に社会主義者として社会主義を論じたものの始めは石谷《いわや》斎蔵《さいぞう》の『社会党瑣聞』（明治二十四年）、斯波《しば》貞吉《ていきち》の『国家的社会論』（明治二十五年）、民友社の『現時之社会主義』、桜井《さくらい》吉松《よしまつ》の『草茅危言日本之社会』（明治二十七年）であろう。明治三十年代になると田《た》島錦治《じまきんじ》の『現時之社会問題附近世社会主義論』（明治三十年）、村井《むらい》知至《ちし》の『社会主義』（明治三十二年、安部《あべ》磯雄《いそお》の『社会問題解釈法』（明治三十四年）、金井《かない》延《えん》の『社会経済学』（明治三十五年）、幸徳《こうとく》秋水《しゅうすい》の『社会主義神髄』（明治三十六年）、片山《かたやま》潜《せん》の『我社会主義』（明治三十六年）、田《た》添鉄二《ぞえてつじ》の『経済進化論』（明治三十七年）、河上肇の『社会主義評論』（明治三十九年）、北輝次《きたてるじ》郎《ろう》の『国体論及び純正社会主義』（明治三十九年）等々の日本社会主義の古典が続々と現われ、さらに日本社会主義の歴史及び代表者について論じた石川《いしかわ》旭山《きょくざん》の『日本社会主義史』（明治四十年）及び山路《やまじ》愛山《あいざん》の『現時の社会問題及び社会主義者』（明治四十一年）が現われたほどである。

　これらの社会主義者のなかにはたしかに宗教家がおる。例えば村井知至、安部磯雄がそれである。然しとくに安部磯雄の場合『社会問題解釈法』には彼の宗教——キリスト教——が直接頭を出していない。ただ村井知至の

『社会主義』の場合だけは彼の宗教——キリスト教——がかなり強く現われている。明治二十年代の半以降社会主義について書いた人々には哲学者、宗教家が少く、たとえ著者は宗教家であっても書かれた書物そのものは哲学書ではない。それに対し、明治初年から明治二十年代の始めまで社会主義について書いた人々は哲学者、もしくは哲学的思想家であり、書かれた書物も哲学的思想書であるということは注目されるべき点であろう。しかも、明治初年から明治二十年代の始めにかけて社会主義について書いたものは、岡田などを例外として——なお彼においても結局理解、同情よりも批判が主である——社会主義の批判者であって社会主義者ではなく、それに対し明治二十年代の半から明治三十年代にかけて社会主義について書いた人は大部分社会主義者であってその批判者ではない。もっともこの頃の社会主義者には国家社会主義者が少くなく、むしろこの頃は社会（民主）主義と国家社会主義とは分化していない。

　ところで宗教家はこの頃社会主義に対してどのような態度をとったであろうか。キリスト教徒である村井知至、安部磯雄についてはすでにのべられたが、キリスト教徒として社会主義について始めてのべたものは『近世社会党の原因について論ず』における小崎弘道である。彼のこの論文は日本において始めてマルクスについて論じたものとして歴史的意義をもっているのであるが、彼はこの論文において、社会主義の原因は宗教の衰頽にあり、従って社会主義を防止するためには宗教——キリスト教——を振興しなければならないと考えて、「社会説の原因果して宗教の衰頽に在る時は之を防止する法唯人心を満足せしめ得べき真正の宗教を皇張するに在るなり」（『六合雑誌』第七号一〇五頁）といっている。

　小崎と反対に、キリスト教の立場から宗教と社会主義との一致を主張した始めての人は、『社会主義の必要』

（明治二十九年）における大西祝《おおにしはじめ》である。大西祝のこの論文はこういう意味において日本のキリスト教史上及び社会主義史上画期的な意義をもっているものであろう。安部磯雄、村井知至らのキリスト教社会主義は大西の立場の延長であり純化であり社会主義の方から見れば体系化であり（社会）科学的基礎づけである。内村鑑三《うちむらかんぞう》は『基督教と社会主義』（明治三十六年）において、「第一に基督教は天国の教へでありまして社会主義は此世を改良するための主義であります」、「第二に基督教は必しも財産の共有又は国有を唱へません」、「第三に基督教と社会主義とは其働らきの方法を異にします」（『内村鑑三著作集』第二巻二三三―五頁）といって、キリスト教と社会主義とを区別しつつ、しかも両者を敵対的なものと考えず、かえって「基督教と社会主義とは両々能く相似たる所があるの一事」（同上書二三二頁）を認め、キリスト教は内・心の問題、社会主義は外の問題として、両者が一致し得ること、常に必ずしも一致するものではないが、一致すべきこと――ただし内村はキリスト教が帝国主義とも一致し得ることを認めている――を主張している。

日本の社会主義史においてキリスト教が重要な役割を占めていること、日本のキリスト教社会主義は（自由）民権主義の発展としての社会主義と並んで日本社会主義の二大源流または二大潮流であり、むしろキリスト教社会主義が（自由）民権主義の発展としての社会主義よりも大きい意義をもっていることが一般に認められている。

然るに同じ宗教であっても日本では仏教は社会主義史上において顕著な役割をはたしておらず、少くとも明治時代においてはむしろ常に反社会主義の線で動いている。仏教社会主義が現われるのは昭和になってからのことである。もっともキリスト教も明治十年代においては小崎弘道の例に見られるように反社会主義的であり、明治二十年代においては最後の線においては妥協したにかかわらず絶対主義と強く戦い、明治三十年代においては多くのキリスト教社会主義者が現われたにかかわらず、日露戦争には内村などごく少数を除いて積極的に協力し、明治末年においては仏教及び神道と一緒になって絶対主義に積極的に協力し、社会主義・無政府主義の弾圧に一役を買った。

(自由)民権主義、社会主義に対して終始一貫戦い、絶対主義、国権主義に協力した明治仏教の中にあって、自由主義的な態度を取り、社会主義にも同情的であったほとんどただ一人の例外は、清沢満之《きよざわまんし》である。彼は『転迷開悟録』(明治三十二年―同三十三年)の中で、『社会主義』、『無我主義は公共主義なり』、『国家主義と個人主義との調和』という短文によって、仏教の立場から一面社会主義を批判しつつ、一面社会主義を積極的に肯定しており、これらは明治時代における仏教と社会主義との関係について論ずる際に注目されるべき最大の、またはむしろほとんど唯一の文献であろう。また大西祝の『社会主義の必要』はキリスト教の立場からではあるが、仏教もまた本来社会主義と一致すべきことを指摘し、それにもかかわらず現実の仏教徒が社会主義に敵対していることを批判したものとして、明治時代における仏教と社会主義との関係について論ずる際に我々が逸してはならないものである。

三　清沢満之における仏教と社会主義

清沢満之は「仏教は一種の社会主義を包有す。真正の宗教は皆な一種の社会主義を欠くべからざるなり。」(『清沢満之全集』――法蔵館――第七巻一〇三頁)といって、宗教が社会主義と一致する面を有すること、有すべきこと、従って仏教もまた社会主義と結びついていること、結びつくべきことを認めている。我々はここに、キリスト教徒としての大西祝における自由主義、進歩主義に匹敵するものを仏教徒としての清沢の許に見出すことができるであろう。ただし、清沢は明治時代において社会主義に同情と理解とを示しているほとんど唯一の仏教徒（または仏教的哲学者）であるに対して、大西祝は社会主義に対して同情と理解とを示している多くのキリスト教徒のなかの一人である。ただしキリスト教的哲学者のなかでは大西も社会主義に同情と理解とを示しているほとんど唯一の人である。それほど、明治の哲学者は、少くとも後半においては、社会主義に同情と理解とを示していない、少くとも無関心であったのである。

もっとも清沢は、自由や平等と共に、分や秩序を重んじて、社会主義に限界を設け、さらに社会主義そのものも分と秩序とを重んじなければならないと考えている。かくて彼は「然れども彼の徒に平等を叫び、猥りに自由を叫びて、以て君臣上下の分を滅し、国家社会の秩序を壊乱するが如きは、決して宗教的の社会主義にあらざるべし。」（同上書一〇三―一〇四頁）といっている。彼が宗教・仏教に含まれていると考える社会主義はどこまでも一種の社会主義であり、彼が認める社会主義はあくまでも宗教的社会主義なのである。

然らば彼が仏教が端的に社会主義であるといえず、また彼が端的に社会主義の立場に得ない根拠はどこにあるか。それは、仏教、従って彼自身の立場が、差別や不自由、分、従って全体を重んずることによる。即ち清沢は「仏教は平等と共に差別を立て、自由と共に不自由を認む。而して其の状態は、分業者の各々其の分を守りて、以て全体の幸福に資するを要とす。」（同上書一〇四頁）といっているのである。

清沢によれば仏教が認める社会主義、清沢の社会主義はかくてひっきょう、個人主義の全くの否定ではなく、それを含んではいるが、しかしまたそれを無条件に認めるものではなく、むしろ個人主義と国家主義との調和である。かくて彼は「個人主義と国家主義とを調和して、以て些かの衝突を認めざらしむるが仏教の正鵠なり。」（同上書一〇四頁）といっている。

然し清沢は社会主義は決して国家主義と個人主義とを調和するものではなくて、国家主義と個人主義との調和は公共主義といわれるべきものであり、しかもその「公共主義」はとくに秩序的公共主義といわれるべきものであると考えて、「秩序的公共主義は、国家主義と個人主義を調和するものなり。」（同上書三七頁）といっている。

清沢は「其の公の為にするは、国家の為にするなり。」（同上書三七頁）といって、公共主義が国家主義であることを認めている。然らば清沢は何故に端的に国家主義といわずして公共主義といっているか。それは即ち彼が公共主義に国家主義の面と共に個人主義の面を認め、そしてそれを重視していることによる。然し清沢が認めている個人主義は、独立なもの、全く平等なもの、それ自身において完全なもの、自己目的としての個人ではなく、上下の関係においてあるもの、全体のなかにあるものとしての個人である。そして清沢はかかる個人、即ち上下の関係においてあり、全体の部分である個人こそかえって自己の目的を達することができ、独立、平等、自己目的、ただそれだけで完全なものとしての個人はかえって自己の目的を達することができないと考えるのである。かくて彼は「而して其の間に秩序（上下貴賤等）を認持するは、個人の為にすることを包括するなり。」（同上書三七頁）といっている。即ち清沢は、国家を否定する個人主義に反対するはもちろんのこと、単なる国家主義の立場において個人を否定することにも反対するが、しかし個人の尊重は個人を独立、平等、完全、自己目的とする立場においては実現されず、かえって個人を全体の部分として考え、個人と個人との関係を上下貴賤の立場において考えてこそ、個人が活かされると主張するのである。個人が全体のなかにあり、且つ個人と個人とが上下貴賤の関係にあることによってこそ、個人が活かされるというのが清沢の考えである。

清沢の公共主義、秩序的公共主義がかくて有機体説であることは明らかである。

清沢によれば公共主義に対立するものは主我主義である。清沢は主我主義を「主我的利害を以て趣帰とす」るものであり、公共主義を「公共的利害を以て趣帰とする」ものであると考える。（同上書七一頁）そして、清沢によれば、公共主義に入るものには儒教、スパルタ教育があり、共和主義は主我主義であり、強者伏レ弱迭相呑噬や生存競争優勝劣敗も主我主義の結果であり、それらに対し王政は両面をもち、王道としては公共主義であり、専制暴政としては主我主義である。清沢はこのようにして、一方資本主義的な自由競争に反対し、他方封建的専制主義にも反対している。

ところで清沢によれば公共主義にもいろいろな段階がある。彼は儒教の公共主義は「天下国家の利害を趣帰とす」るものであり、スパルタ教育は「市府国家の利害を趣帰とす」るものである、即ち前者は「天下国家」の公共主義であり、後者は「市府国家」の公共主義であると考える。

然し「蓋し公共主義には無量の階級あり。」（同上書七一頁）といっている清沢は、その「階級」のうちとくに主なものとして国家、社会、宇宙の三つをあげて、公共主義の三つの主な形態を国家主義、社会主義、宇宙主義としている。清沢においては社会主義は国家主義よりも広く宇宙主義よりも狭いものとして、両者の中間に考えられているのであるが、そのような社会主義は具体的にはいかなるものであろうか。彼は「社会」を「国家」よりも広いものと考えているのであるから「社会」の下に国家内の「階級」を考えているのではなかろうし、また「国家」

よりも、そして「社会」よりも広い「宇宙」を考えているのであるから、「社会」の下に「人類」を考えているのであろうか。

清沢はまた無我主義ということをいっている。この「無我主義」が主我主義に対立することは明らかである。然し無我主義は公共主義にも対立するものであろうか、それとも公共主義のなかにあってそのうちで最も広いものであろうか。清沢は「無我主義は公共主義なり」（同上書七〇頁）といい、また「仏教の根基は最大の公共主義を趣帰とし、又其の理論的説明を確立するにあり。是れ無我論の説ある所以なり。」（同上書七二頁）といっているのであるから、彼の無我主義は公共主義にも対立するものではなくて、公共主義のなかにあって、しかもそのうちで最も広いものと見られるべきであろう。

然し清沢は無我主義は公共主義であるといいつつ、また公共主義は個人主義と国家主義との調和であるといっているのであるが、その個人主義とは主我主義といかなる関係にあるのであろうか。彼は社会主義、国家主義に対して、独立のもの、完全なもの、平等なもの、自己目的としてではないが、個人主義の役割を認めている。然したとえそのようなものとしてであろうと、個人主義を含む公共主義はどうして無我主義であり得ようか。

清沢は「仏教の根基は最大の公共主義を趣帰とし、又其の理論的説明を確立するにあり。」といい、また「是れ無我論の説ある所以なり。」といっている。（同上書七二頁）然しそれと「仏教は一種の社会主義を包有す。真正の宗教は皆な一種の社会主義を欠くべからざるなり。」という主張とはどう調和するであろうか。清沢は主我主義を否定しつつ、個人主義は全面的には否定しない。彼が公共主義を「個人主義と国家主義との調和」といい、また社会主義の平等、自由を認めつつ、また差別、不自由をも認めているところにもそれが現われている。従って彼が主張する無我主義とそれを最高の段階として含む公共主義の一段階としての社会主義とは、国家主義に対してはそれより広いものと考えられている限り、人類主義に近いものであろうが、しかし主我主義には対立するものでありつつ、個人主義とは調和し得るものであるとすれば、国家主義よりも狭い階級主義と全く無関係なものでもないであろう。然し清沢が仏教、宗教に含まれていると見なす一種の社会主義は、一方個人主義に対立し、他方国家主義に対立する社会主義、即ち「個人主義と国家主義との調和」ではない社会主義とは異るものであろう。

清沢においても社会主義は国家主義と明確に区別されていない。従って彼においては無我主義がいかにして「国家主義と個人主義との調和」としての公共主義の最も広いものであるかが明らかにされていない。ただ清沢が個人主義にも国家主義にも社会主義にも一定の役割を与えようとしたことはたしかである。然しそれはいかにして無我主義であり得ようか、また無我主義はいかにしてそのようなものであり得ようか。

清沢は『六花飜々』（明治三十年）のなかで、自分の社会主義または仏教の社会主義を明確に国家社会主義としてとらえている。そして清沢は国家的社会主義の本質について「国家的社会主義とは、国家を以て一段の社会の範囲として、其の社会の間に、飢渇に苦しむの民なからしむるの方法を実行にするにあり。」（『清沢満之全集』――法蔵館――第五巻九二頁）と説明し、また「現世の果報は、業因の定むる所たるを確信せば、其の減するものは必ず反りて補足するを知らん。然らば則ち、余裕を以て乏者に浴する、豈に難事ならんや。而も社会の変遷は、将に虚無共産の党人を産ぜんとす。夫之れが警戒を要する今日の急務は、富者の先んじて、国家的社会主義を宣揚するにあるか。」（同上書九二頁）といっている。清沢が「富者の先んじて国家的社会主義を宣揚するにあるか」（傍点引用者）といっていることは、彼の「社会主義」の階級的性格を明らかにして余りあるものであろう。また西村見暁《にしむらけんぎょう》氏は『清沢満之の俗諦的意義』において、清沢の社会主義、清沢が仏教に認めた社会主義について、『これはあくまで、宗教的社会主義であって、所謂政治的社会主義ではない。政治的社会主義は物質的平等を目的とするのに対して、宗教的社会主義は精神的平等を目的とする。」（教化研究所編『清沢満之の研究』—教化研究所・昭和三十二年—一五七頁）といっておられる。然し政治的でない社会主義ははたして社会主義といわれるであろうか。

清沢が明治二十五年頃マルクスの『資本論』の英訳文を購入していることが明らかになっている。（『清沢満之全集』—法蔵館—第三巻六七二頁）なお暁烏敏《あけがらすはや》は「マルクスの『資本論』がその頃（明治二十五年頃？—引用者註）、始めて東京の丸善に二十部来た。その一部を先生（清沢先生—引用者註）が買って読んでおられる。日本で共産主義のマルクスの本を最初に読んだのが清沢先生です。」といっている。（同上書六四九頁）

四　大西祝の見たる仏教と社会主義

哲学者であって社会主義に対して最も早く全面的な理解と同情とを示したのは大西祝であろうが、彼は明治二十九年に『社会主義の必要』という論文を発表して、そのなかで社会主義の必然性、さらに必要性及び社会主義と宗教との一致を強調している。大西は、社会主義の目的を社会の不公平、不平等（差別）を除き、社会に公平、平等をもたらすことに認め、そしてそのことは正に宗教の精神と一致すると考えるのである。彼はかくて

「予輩は現社会に社会主義を唱ふるの必要あることに眼を覆ふ能はず而して宗教は由来社会主義と親しかるべきの筈のものなりと考ふ予輩は宗教を説く者が今一層大胆に平等主義を主張せむことを希はずばあらず」（『大西博士全集』—昭和二年改版—第六巻『思潮評論』五一四頁）

といっている。

社会主義と宗教との関係を論じたものとしてはすでに『近世社会党の原因を論ず』（明治十四年）における小崎弘道があるのであるが、彼は宗教――キリスト教――の立場から社会主義を批判し、社会主義を防止するためにキリスト教が必要有効なことを主張したのであって、日本のキリスト教社会主義の先駆者代表者といわれるべき村井知至が『社会主義』によってキリスト教の立場から社会主義を主張したのは明治三十二年のことであるから、大西がすでに明治二十九年に社会主義の必然性、必要性、キリスト教――宗教――と社会主義との一致を主張したということは全く先駆的な仕事といわれなければならない。

大西は

「誰れか現社会に壊つべきの不平等は存在せずと云ふか其の不平等を去らんとする社会主義の精神は何の世に於いてか不必要なる」（同上書五一一頁）

といって、現在の社会に不平等が存在すること、そしてその不平等を廃止することが必要なことを認め、且つ不平等を廃止することが社会主義の精神であることを指摘した後に、宗教家の精神が社会主義の精神と一致することを強調して、次のようにいっている。

「かかる社会にありて宗教といふものが世間的差別に媚ぶることをせば是れ宗教の精神を失ひたるものなり斯かかる不平等に向って医薬を投ずるが是れ宗教の一大目的にあらずや然るに動もすれば宗教家は世間に従うて世間を利すと称へて貧富貴賤の差別に媚びんとする今日に於いて予輩は尚一層声を高めて平等の福音を唱ふるの必要を認む弱肉強食富勝貧敗が世上の一大事実なればこそ宗教が弱者貧者の友たるを要するにあらずや何

故に今の宗教家は富者を咀ふの勇気なきか」（同上書五一一頁）

ここには、平等の精神がはげしく説かれ、そしてそれが宗教の生命であることが主張されているのである。然るに大西の見るところによれば現実の宗教家は全く平等の精神を失っているのである。ところで差別に媚びることは宗教の死を意味すると大西は考えている。「何故に今の宗教家は富者を咀ふの勇気なきか」の一言、まことに正義家、改革家の叫びといわれるべきであろう。

大西は平等、正義、公正のために戦うべき宗教家が、国家の不義に黙し、社会の不平等、不公平を顧みず、かえって財産や権勢に媚びている実情を批判して、次のようにいっている。

「国家が神聖なる名目の下に多くの不義を働きつつある時に若し宗教家が之を叱責するの勇なくば何人か之を能くせん社会の不平等のために苦しめらるる幾多不幸の人々に平等の楽地を与ふる是れ宗教の本務にあらずや然るに宗教家は己が宗旨の一時の虚勢を張るに便なる の故を以て動もす れば種々の階級的、血統的、財産的、権勢的、国家的、世間的差別に媚びんとするは何事ぞ」（同上書五一一—二頁）

大西はキリスト教徒である。従って彼が、宗教の精神は社会主義の精神に一致するにかかわらず、宗教家がかえって自己の精神に背いて、社会主義に反対しているというとき、彼はとくにキリスト教及びキリスト教徒を眼中においている。然し彼は、やはり仏教も社会主義と一致することを強調し、且つ仏教徒が社会主義に背いていることを指摘している。

即ち大西は、前者については、

「釈迦が階級的制度を打破せんとしたる如きは平等を空理に止めずして世間に実にせんとしたるもの、是れ

明に社会主義の精神に動きたるものにあらずや」（同上書五一三頁）

といい、後者については理論的批判と実践的批判とを加えている。

まず理論的批判としては彼は第一に、

「仏教の如きは世間の不平等に対して平等観を厳取するが其特色なるべきに其の平等を言ふや多くは沈思冥想の上に於けるの哲理に止めて之を世間に実行するの勇気を欠く」（同上書五一二頁）

といって、仏教の平等思想が単に観想的なものであって、実践的なものでないことを指摘し、第二に、

「差別即平等といふ言は頗る美なれども動もすれば俗世間の差別に仮すの微温的調和に出でんとす真俗両諦の区別妙は則ち妙なれども是れ亦俗に媚ぶるの好遁辞とならんとす」（同上書五一二頁）

といって、仏教の差別即平等、真俗両諦という考え方について、前者が差別を実際に廃止して平等を現実に実現するのではなく、現実の差別がそのまま平等であると解釈して差別を合理化する態度であり、後者が俗諦の差別がそのまま真諦の平等であるといって、差別は単に現象に過ぎないとして現実の差別をそのまま認め、実在の平等を観念的なものたらしめる態度であるといっている。ここで彼は二重真理説、現実と理想、現象と実在の二元論を彼は痛烈に批判しているのである。仏教の深えんな即の論理、無、中、空の論理の現実的な内容がここに余すところなく暴露されている。

大西はさらに、

「世に門地的差別はあり余れり自ら設けし爵位を自ら帯び自ら定めし年金を自ら分配して傲然世に臨み無智の民をして其の虚栄を崇拝せしめんとするものは有り余れり而して其虚栄を張るの費用はこれを民の膏血に得

るに外ならず此の如き虚栄を以て糞土と見做し衆庶をして其の如き世間の不平等を冷眼視せしむるの平等地を開くことをせず却って自らが其の如き虚栄中の一人たらんとするが如きは何たる怪事ぞ仏弟子たる高徳の具はれるか否かに拘らず世襲的門地を踏んで愚なる門徒に生仏と崇められ其の門徒の粒粒卒苦に成れるの財を集めて大厦高楼に栄華を極むる如きは宗教家としては沙汰の限りと謂はざる可からず此の如きを以て衆生に安心を与ふるの方便と為すに至っては宗教も亦一の悪戯に過ぎざるなり」（同上書五一二－一三頁）

といって、仏教徒の実践的欺瞞を暴露している。

社会主義のための仏教に対する大西の理論的実践的批判は単に歴史的に正こう且つ痛烈であるばかりでなく、現代においてもなお深い意味をもっていよう。そしてその批判は、単に仏教についてあてはまるだけでなく、キリスト教にもあてはまり、さらに哲学、とくに近代日本の支配的な哲学にあてはまる。

（一九六〇・八・一三）

近代日本における仏教とキリスト教との交渉

宮崎彰

序

近代日本における宗教は、近世の「神儒仏」鼎立から「神仏基」鼎立に変った。それは一六世紀に、日本にもたらされ、拒絶された「基」が一九世紀中葉以後、再び日本を訪れて、二〇世紀、遂に、その市民権を獲得したことを意味している。この場合、「儒」は消滅したのではなく、「神」の一部と結合して「天皇制」いう新興宗教を形成、三教鼎立の大前提、又、その公分母となったのである。仏教とキリスト教との交渉は以上の動きの中で行われたから、単に両者のみの交渉を跡ずけていてはその真の意味を見失なう。何故なら、その関係は、「神」、「儒」、そして「天皇制」によって規定されたからである。近世、徳川体制下においては、「基」排撃のために、「仏」が徹底的に保護、強化された。やがて反体制運動が起るや、その中核となった「神」は「儒」と結んで「仏」を攻撃した。運動が成功して「神」が権力の座にすわるや、「基」の再進出は勿論、「仏」の生存も危うくなった。「仏」は自己保存のために「基」を叩き、それによって、自己の価値を認めさせようとした。神儒連合の「天皇制」は世俗の宗教として一九四五年の敗戦まで、日本全土とその知性とを強力に支配し、仏基を統制したが、その礎は明治新政府の樹立後、間もなく、おかれた。即ち以下三つの法令である。

一、祭政一致、神祇官復興の布告　一八六八年(明治元)三月一三日

二、切支丹邪宗門禁止の高札掲示　同年同月一五日

三、神仏判然令　同年同月二八日

(一)と(二)に基いて、新政府は同年四月二五日御前会議で、又、五月二二日は会議所で切支丹処断を決定した。特に第一の方針は一八六〇年(明治三)一月三日、鎮祭及び大教宣布の詔が発布されて再確認された。これら矢継早な布告と、それに伴なう処置は大きな混乱を惹起した。特に、仏教の動揺は全国的であった。諸外国が(二)に対して抗議すると、新政府は文面を巧妙に分けて「切支丹」「邪宗門」と書き替えさせたが、仏教界には方針(三)の故に、義導のようにこの「邪宗門」が自分たちを意味すると受取ったものもいたし、三河大浜では廃仏棄釈に憤慨、新政府を「切支丹」なりとして護法の一揆を起した。

以下、われわれは、一八五八年(安政五)日米通商条約によって日本が開国に決して以来、ポッダム宣言受諾によって天皇制が一応打倒されるまでを近代とみなし、その間における仏教とキリスト教との交渉を叙述する。日本思想史学開拓の第一人者と目される村岡典嗣は一九四二年(昭和一七)一月刊行の「カトリック研究」誌上に「基督教と日本思想」という一文を発表、両者の交渉を「反撥」と「内面的交渉」の二つにわけて論述した。われわれは、村岡の指摘した〔反撥=その二〕以降を扱うわけである。村岡の例にならって、われわれもその論述を(I)外面的交渉、(II)内面的交渉、の二つにわけるが、(I)においては、社会的、形而下級な両者の接触、反

撥を述べ、（Ⅱ）においては、思想的な交流や問題を論じたい。布教教育（日曜学校）や社会事業（救世軍など）における交渉は当然前者に含まれるわけであるが、紙面の都合上割愛して他の論者に委ねた。尚、前者をAとBにわけたのは、帝国憲法によって「信教の自由」が一応確保されたが、教育勅語によって、その実質が大いに害なわれたという理解に拠る。Aは「護法愛国」の時代、Bは「護国愛理」、「尊皇奉仏」の時代にあたるわけである。

Ⅰ　外面的交渉

A　帝国憲法以前

1　キリスト教の布教

幕末になると宣教師たちは中国、朝鮮、琉球に待機して開国をまった。これに対して南渓、超然、自性、霊道などが警告を発していた。条約締結後、宣教師は陸続と来日、ある者は仏教寺院に止宿した。

琉　球　聖現寺　フォルカート、ルチュルド、ジラール、フューレ、メルメ

琉　球　護国寺　ベッテルハイム

神奈川　成仏寺　ヘボン、ブラウン

長　崎　大徳寺　フルベッキ、エンソール

かれらは日本語を習得する傍ら、日曜日には礼拝を守っていた。列席する日本人があれば、聖書を渡した。又一八〇七年のモリソン渡来以来八百種にものぼる中国語キリスト教文書の中から「天道溯原」「真理易知」「釈教正謬」「全体新論」などを移入、配布した。そのため一八六三年（文久三）には二百余種、一八六八年（明治元）

には数百種にのぼるキリスト教文書が流布されていた。これらは仏僧たちによって積極的に購入、研究され、数多くの反キリスト教文書が刊行された。その著者は徹定、介石、竜温、得鳳、得聞、霊遊、超然、安慧、道契、針水、宗興、淡雲、義導、晃曜などであり、このほか、良厳の崎陽茶話、長岡謙吉の閑愁録等がある。（詳しくは、徳重浅吉、小沢三郎、海老沢有道、及び信楽《しがらき》峻麿などの諸著諸論文及び明治仏教全集第八巻などを参照されたい。）

キリスト教の布教は次の順序で行われた。(イ)カトリックはまず会堂を建築して、それを中心に信者を再発見、布教に従事した。(ロ)プロテスタントは洗礼を施し、これら信者の群れに拠って教会を建設した。(ハ)オーソドックスも、まず、信者を養成した。

イ、一八六二年一月一二日（文久元年一一月）横浜天主堂落成（竜温、晃曜ら見学）

一八六五年（慶応元）二月一九日　大浦天主堂落成

長崎においては三月一七日以後、隠れ切支丹が信仰を公表、仏教との絶縁を声明した。当局は七月になって信徒たちの天主堂訪問を禁止した。カトリックが第一回の総会を開いたのは一八九〇年（明治二三）である。

ロ、プロテスタントの最初の受洗者、教会、及び諸会議は次の如くである。

一八六四年（元治元）一一月四日　矢野元隆バラより受洗

一八七二年（明治五）三月一〇日　小川義綏ら日本基督公会設立

同　年　九月一—三日　第一回宣教師会議

一八七八年（明治一一）七月　第一回日本基督教信徒大親睦会

ハ、オーソドックスはニコライの努力によって次の成果を得た。（彼は増上寺で仏教の講義をきいた。）

一八六八年（明治元）四月、沢辺琢磨、酒井篤礼、及び浦野大蔵、函館ロシヤ領事館内において受洗。

一八七四年（明治七）五月二三日、東京において第一回布教会議開催。

一八七三年（明治六）二月一九日、高札の撤去によってキリスト教は黙認されたが、それは条約改正のために日本が近代国家となることが必要であり、その為には信教の自由が認められなければならないという国際関係に起因していた。

2 仏教の対策

キリスト教の進出に対して仏教は、イ、各宗本山独自の対策をたて、とりあえず、ロ、諜者を派遣、ハ、学校を再編制、やがて、ニ、各宗合同の対策に進んだのであった。

イ、真宗大谷派では一八六二年（文久二）に竜温を耶蘇教防御懸に任命し、一八六七年（慶応三）には耶蘇教取締掛を設けた。真宗本派も、この年四月一日、百叡にキリスト教防御策研究を命じ、学林の規則改正が計画された。

ロ、真宗本派は一八六七年（慶応三）の一一月から翌六八年一月にかけて、良厳、玄雄ら二〇名を各地に派遣して宣教師たちに接触させたが、その主力は長崎におかれた。（フルベッキに接触したこれらの僧の中から一道、浄栄が受洗）。大谷派も一年遅れて、翌六九年（明治二）一月、猶竜、慈影及び千厳を長崎に出向させた。これら破邪僧たちのうち七名は、三月二〇日、長崎で「誓定」をかわし、後年、降魔窟社を形成した。これら同志のうち六人が上野写真館で写真を撮っている。即ち、高橋衡平、小栗堅一、井沢道吉、柳川則善、正木護（隆瑞、桃江正吉とも称した）、石丸八郎（良巌）たちである。かれらの活動の結果、前年夏、フルベッキから受洗した肥後の真宗僧侶清水一道が捕縛された。この為か猶竜（関信三、安藤劉太郎とも称した）は、秋になると大阪に転じて、ベキロに接触し、翌七〇年（明治三）九月には闡彰院の命で慈影と共に横浜に潜入、弾正台諜者として渡辺昇の指揮下に入った。これら政府直属の諜者は次のように配置されていた。

長崎　山口礼三、有江彰信、野上二郎（以上対カトリック）、　石丸八郎、山村三郎（以上対プロテスタント）
大阪　河内宗一、築地橘造
横浜　安藤劉太郎、伊沢道一
東京　豊田道二、正木護
函館　奈良芳正巳

　このうち、安藤と正木は七二年（明治五）三月一〇日の日本基督公会設立前後、即ち、二月二日と三月二一日に、上司の承諾を得て各自洗礼を受けている。かれらの活躍も、高札の撤去とともに意義を失ない、七三年（明治六）一〇月には解散を余儀なくされた。

ハ、真宗本派の学林は一八六八年（明治元）八月、外学科を、真宗大谷派は同月、学寮の分校を高倉におき、護法場と命名、洋学科を設置した。これらの学校では、「出埃及記《しゅつえじぷとき》」「創世紀《そうせいき》」「天主教十条誡」「釈教正謬《しゃくきょうせいびょう》」などの研究が護法の観点から行なわれた。ところが護法場で新知識を与えられた学生たちが一八七〇年（明治三）四月、宗門の革新を叫んで本山と対立するにいたったので、本山では学制を再検討、翌七一年（明治四）六月、まず学林が外学科を廃止、大谷派も、一〇月、闡彰院嗣講が暗殺されたのを契機に護法場を閉鎖してしまった。新知識と本山との対立というケースは、その後も、大乗非仏説、異安心問題等で幾度か繰返されることとなった。

ニ、神仏判然とキリスト教という二つの困難を腹背に受けて、各宗の協同となり、遂に諸宗道徳会盟の成立をみた。即ち、同年一二月、京都興正寺で初会合が開かれ、翌年三月には仁和寺で再会、誓約を交わし、キリスト教防止の歎願書を政府に出した。四月になると舞台が東京に移され、増上寺の会合では問題八カ条、規則一三カ条が制定され、毎月、破邪研究会が催おされた。徹定、増隆等の献言書、池上学寮建言、浄土宗内願など、各種の請願が政府に提出された。浦上教徒の説得に当りたいという願いも再三出された。この間、覚宝が行方不明となるなどの事件が起きたが、回向院での一〇カ条清規、八カ条申合せなどに続いて、総黌が設けられ、やがて大教院設置の歎願書が出されるに到った。

3　葬　儀

仏教とキリスト教との交渉が最も具体的な形式をとったのは葬儀である。幕末の神葬祭運動が、そのイデオロギーを最も鮮明に象徴していたように葬儀は単なる儀礼以上のものであった。隠れ切支丹が仏式葬儀の排除という形式をとっていることでも判る。信教自由の声に、大教宣布運動が失敗し、神仏合同布教が廃止されるとともに、キリスト教の伝道路線は地方に伸びたが、それにつれて、埋葬拒否による妨害が増えた。葬儀に関する新政府の方針は次のような経過をしめした。

一、一八六八年（明治元）閏四月一九日　神職及びその家内の者に神葬祭を命じた。

二、一八七二年（明治五）六月二八日　太政官布告一九二号をもって、自葬を禁じ、葬儀は神官僧侶に依頼すべき旨を達した。

三、一八七四年（明治七）一月二九日　太政官布告一三号は、前記(二)の太政官布告一九二号を修正して、葬儀の依頼を教導職一般とした。

四、一八八二年（明治一五）一月二四日　内務省達第七号によって、神官の葬儀関与が禁じられた。
五、一八八四年（明治一七）一〇月　内務卿口達をもって自葬の禁を解いた。

これに対してキリスト教側はいろいろと対策を協議してきた。各藩御預けから、一八七三年（明治六）、帰村した切支丹たちは、人外のものとして自葬を黙認されていたが、プロテスタントは、前記太政官布告一九二号には困惑した。プロテスタントの対策は次のように展開した。

イ、一八七二年（明治五）九月三日、横浜で開かれた第一回宣教師会議は葬儀に関して協議、この事は課者を経て当局に報告された。日本における最初の公共墓地として青山墓地が設けられたのは、この年の一一月である。
ロ、一八七四年（明治七）一二月一七日、日本基督公会は東京府知事大久保一翁に対して「葬儀の自由」に関して請願をしたが、これが太政官布告一三号に対してなされたのは明白である。
ハ、一八八三年（明治一六）五月九日から一一日まで第三回基督信徒大会が開かれたが、二日目の一〇日、「自由埋葬」の件で代表者会議が開かれ、陳情を決議している。内村鑑三の報告によれば、彼はどちらでもよい立場であったが、大勢は自由埋葬を強く主張した（余は如何にして基督信徒となりしか　岩波文庫、一二四―五頁）。

一般の信者は勇敢にキリスト教式が自葬を行ない、始末書を書き、罰金を払い、或いは獄に下ったが、やむを得ず、キリスト教以外の儀礼、特に仏式を用いた場合が多い。鹿鳴館ムードに乗ったキリスト教も農業の不況と経済改正の挫折によって第一回の試練期を迎えることになるが、それを決定的にしたのが他ならぬ教育勅語であった。

B　教育勅語以後

1　教育と宗教の問題

内村鑑三の事件を契機として起きた教育と宗教の衝突が、近代日本における最も白熱的な論争の一つであったことはよく知られている。その詳細な叙述は吉田久一著「日本近代仏教史研究」（吉川弘文館・昭和三四年刊）に譲ろう。この論争を通じて問題とされた教育は、「天皇制教育」「皇道教育」に他ならなかった。これが、明治初期の近代教育を圧殺、自由民権論を根絶して、敗戦までの日本を指導、訓育したのであった。この間仏教は政府に密着、国家を背景に「尊王奉仏」を唱えてキリスト教を攻撃、各地の迫害を積極的に指導した。明治初期の「護法」の時代とは変って、キリスト教に対する論難は学問や国民道徳の名をもってされ、仏教そのものは、傍役となった。その一つの典型として円了（一八五八―一九一九）をあげることができるが、彼については家永三郎の「我が国に於ける仏基両論争の哲学史的考察」（中世仏教思想史研究・法蔵館・昭和二五年）を参照されたい。これら外部からする迫害と新神学による内部からの危機は、キリスト教会を鍛えて「進歩的福音主義」を確立させ、やがて「無教会主義」や「日本的基督教」を受胎させた。各地におきた事件の中に、所謂、教誨師事件がある。

イ、一八八一年（明治二四）の七月、空知集治監典獄に就任した大井上輝前のキリスト者教誨師採用に対して仏教徒が不敬事件を捏造した。

ロ、一八九八年（明治三一）八月、巣鴨監獄典獄に就任した有馬四郎助、及び、新任教誨師留岡幸助、両人に対する仏教徒の反対運動が内村事件の年、条約改正、民法典施行を目前にして起された。

これら事件の続出する中から、宗教本来の面目に関する反省が生れ、やがて精神主義運動を生み出したといえようか。明治三〇年頃のことを「現身仏と法身仏」の著者姉崎正治はこう述べている。

「自分としては、如何なる研究にしても、又汎く一般に宗教に亙るにしても、基本又は中心の鞏固なるもの要すると考へ（此には大西君の勧説が与って力ある）、一般の注意と共に中心に仏教を置き、その仏身観にキリスト教のキリスト論を参照するに努め、而して一般には宗教という観念のつかまへ処の変遷に注意して進むだ。」（宗教学紀要・昭和六年八月刊・姉崎正治「宗教学講座二十五年の想出」）

ここには学問を媒介とした、仏教とキリスト教との理解が漸く生れ出ようとしている。これが、十年経っと、次のような表現となってくる。

「小生は二箇の基督を有し候、一は歴史上の事実的基督にして、他はロゴス化身としての報身的、哲学的基督に候。（明治四十年八月）」（綱島梁川集、岩波書店・一七九頁　傍点筆者）

このような理解は、やがて木下尚江の「法然と親鸞」などを生みだし、ユニテリアンを媒介に、仏教とキリスト教とを近ずけた。教会内における仏教への接近を、小崎弘道は「更に一つの新神学」と呼んでいる（小崎全集第一巻「基督教の本質」二〇一頁）。又、「新仏教」と呼ばれる仏教界の新風は、やがて、従来なかったものを生み出すにいたった。われわれは、曽我量深の文章にそれを見出す。一九一六年（大正五）一一月、彼は上京して、「精神界」に関係したが、そこに収められた「我」や「汝」に関する発言がそれである（曽我量深論集第一巻「救済と自証」丁子屋書店・大正一一年）。ここに、仏教とキリスト教との接触点があるといってよいだろう。又、両者の接近を、容易ならしめたものとしてヒューマニズムをあげることができよう。日露戦争に際してトルストイは非戦論を唱えて両陣営に多くの共鳴者をだし、その感銘はやがて「新らしい村」や「一灯園」となって開花した。又、「出家とその弟子」は仏教とキリスト教との接触を明示している。この著者がヘブライズムとヘレニズムの調和を考えたことの中に、明治中葉以後の、仏教とギリシヤ精神との同一視がうかがわれる。百三における仏教とキリスト教との交渉は他の論者に譲って、キリスト教国同志の戦争、「西欧の没落」などと称せられた第一次大戦が終ったころの論調を内村の文章からうかがってみよう。彼は仏陀を母、又、キリストを父と評し、キリストを愛することの中に仏陀への愛が含まれ、キリストを愛するものは仏陀をも愛するのであって、キリスト教と仏教が本質的に敵対関係にある筈はないとしている（内村鑑三著作集第七巻三一三―五頁）。内村は、神学、教義、教団及び儀式の差違を超えて両者の間に根本的類似点を見出そうとしている。その第一の点は、両宗教がアジアに起源を有するということである。

「アジヤの宗教としての基督教は、戦争を憎むもの、戦争を詛ふもの、戦争を廃棄するものである。……基督教は仏教の敵であるか、否、である！　基督教は好戦的な西洋人の不倶戴天の敵であるが、仏陀及び其平和愛好の弟子達の敵ではない。イエス・キリストと釈迦牟尼、此両者は、互に敵たり得るであろうか、明らかに否である。……彼らは共に西洋人の敵である。……我等アジヤの基督者と仏教徒は共に、我等各々の教師の教に忠実に、平和の結合に於て一致し、好戦的西洋の侵略を阻止し、アジヤが其創造者より受けし相続財産たる愛によって其侵略者を征服しようではないか。」（同書一七九―一八三頁）

排日法案に対する国民意識の新しい高まりは、内村が、不敬事件の時に、仏教からうけた攻撃を忘れさせた。彼が満州事変前に死んだのは幸福であった。彼が、このように攻撃した西洋帝国主義に、勝るとも劣らない侵略が、愛すべき仏教国によって起されたのだから。両宗教の類似点は、「東洋」以外に求められるべきであった。人類共同体の理念からすると、「東洋」意識もまた、ティリッヒの言葉を借りるなら、克服されるべきプロビンシャリズムに他ならないのだから。

2　宗教法案をめぐって

宗教法案をめぐる仏教とキリスト教との交渉は神社問題の抬頭とともに変化した。法案が大きな論議を呼んだ時期が二つあった。即ち、(イ)一八九九年(明治三二)、と、(ロ)一九二六年(大正一五)である。(イ)は一九二二―二三年(大正一一―一二)ローマ法皇庁使節問題で仏教が大反対運動を展開したころまで続く。(ロ)を契機として仏基の関係は穏やかとなる。共同の敵が眼前に現れたからである。

(イ)の背景は民法典施行、条約改正に伴なう、外国人の内地雑居である。その具体的な発端は同年七月二七日に公布された内務省令第四一号「神仏道以外の宗教宣布、堂宇会堂等設立に関する規定」であった。これによってキリスト教は黙許の段階から公許へ昇格した。一方、仏教は、国教とはいわない迄も、公認教たることを期待していたから、キリスト教と対等の取扱いを受けることを重大な侮辱と感じた。従って、第一四議会に提出された宗教法案に仏教が断固反対し、キリスト教がこれを歓迎したのは当然の成行であろう。一九〇〇年(明治三三)二月一八日、この法案は葬りさられたが、政府は三月一〇日治安警察法を公布、四月二六日社寺局を神社局と宗教局に分け、八月三日、文部省をして訓令第一二号を出さしめ、宗教学校の有名無実化を計った。社寺局の分離こそ、政府の宗教政策の方向を暗示していた。一九一二年(明治四五)夏、天皇が病気になった時、真宗は宗風に従って平癒祈願を行わなかった。又、一九一五年(大正四)大典の前後、神棚設置や大麻購入にも同調しなかった。このため、各地で不祥事件が起きた。神社局長は大麻配布について地方長官に通達し、政府は幾度か神社制度の調査会を設置、拡大していった。これら神社政策が次の法案の背景となったのである。

(ロ)は一月三〇日、若槻内閣の成立によって具体化した。政府は五月一三日、宗教制度調査官制を公布、一四日には四五名の委員を任命、二八日には百二十五条からなる原案を発表した。調査会は一〇月一六日、若干の修正を加えて原案を承認したが、これには「一、政府は次期議会に神社法を制定すべし」という附帯事項があった。これに対しては仏教もキリスト教も反対運動を展開した。一九二八年（昭和三）には大典が、一九二九年（昭和四）には神宮式年遷宮が行われた。神職たちは大正三年同様、神棚の設置や大麻奉戴を強制、各地に問題を生じた。政府は同年末、一二月一〇日神社制度調査会官制を設け、一七日その第一回総会を開いた。これに対して真宗十派の共和会は一九三〇年（昭和五）一月、五項目の「卑見」を発表した。二月、東京都神職会総代一六名は、これを反駁、五月には、キリスト教界五五団体が「神社問題に関スル進言」を発表して、神社調査会に五項目の要望を提出した。

これらの抗議も一九三一年（昭和六）九月一八日、関東軍の謀略によって満州事変が起きると、霧散してしまった。一〇月、上智大学の学生が靖国神社参拝を拒否すると、軍部と神道の圧力で、神社参拝は、愛国心の表明、団体行動の訓練ということになり、学生が参拝を強要され、やがて国民全般に及んだ。一九三九年（昭和一四）の宗教団体法はその当然の帰結だった。

Ⅱ　内面的交渉

A　日本仏教と日本的基督教

近代日本においてキリスト教が直面した最大の問題は天皇の問題であり、それが日本的基督教の眼目とされた。的という字が入っているのは、それが日本儒教や日本仏教のように真に日本のものになっていないと外部から判断されたし、自らも信じた故であろう。（太平洋戦争になってから、特に日本基督教団が成立してからは、「的」を省いて使用していた。）そして日本仏教が日本的基督教の模範とみなされた。日本仏教とは皇道仏教であり、仏と天皇とを同一視した天皇道であった（椎尾弁匡著 国体と仏教、東文堂・昭和一六年 九、五五頁）。即ち、一寺一堂があれば、天皇が中心にこもっているというのが、仏教の教えであり、「陛下と本尊とは一体であるといふ事が根本の問題」であった（同書一 八二頁）。それ故寿牌が中心に来るべきであって、仏より下位であってはならないのである。椎尾は大本教を例にひいて、この点を警めている。日本仏教は、天皇崇拝という点で、印度仏教や支那仏教と異うのである。この変化がキリスト教にも要求され、仏教と同様の日本化、土着化が要望されるのである。

「ギリシヤ以来二千数百年の西洋の哲学、及びクリスト教がそれと結びついた過去の神学が不完全であっただけの事で、今日は其の神学を改めて日本的の神学にならなければ、本当のクリストの信仰、或は人間の信仰として成立たない。……日本はクリスト教を包容する。クリスト教が偉いから日本と容れたのではない。クリスト教が低いから日本に依って改められるといふ事になるのであります。」（同書七巻 一一頁）問題点は神観であり、キリストである。皇道仏教の例からすれば、天皇こそ神であり、生きた、キリストの本地ということになるのであろう。キリスト教は、天皇とキリストとの二者選一をせまられたのである。（こうした空気の中で石橋智信などは、支那事変下「天皇基督教」を唱導した。）一八九二年（明治二五）横井時雄と原田助《たすく》は「日本の道徳と基督教」において「若しそれ基督教信徒にして日本国民たることを忘るる者あらば是れ独り我帝国の賊なるのみならず、抑々又基督教の賊なりと言わざるべからず」といい、一八九四年（明治二七）横井は「我邦における基督教問題」で「教会の基督教を説かずして基督自身の基督教を説くべし。」と述べているが、この二つの文章が日本的基督教の性格であるといってよいだろう。ここから、「日本化」のために二つの方法が出てくる。即ち㈠日本人が信ずれば、それがそのまま日本的基督教であるという主張と、㈡欧米教会の伝統を破棄することによって日本的基督教を樹立しようとする主張とである。㈠の場合も、日本人というのは忠君愛国的人間の謂であり、㈡は排外主義と通じていたから、日本的基督教の終点は、教会史の否定、天皇信仰を意味していた。太平洋戦争下、迫害を受けた牧師たちは「キリストの再臨」によって捕えられたのであり、戦争の終結が更におそければ、「復活」問題でより広範囲の受難をみる筈であった。このカイザルとキリストとの対決は「神の国」という概念を廻って争われた。日本在来の「神国思想」と対決するに到ったからである。一九二九年（昭和四）賀川豊彦の提唱によって、「神の国運動」が実施された。それは、前年、エルサレムで開かれた国際宣教会議を背景とし、「社会的福音」の理念ともつながっていたから、所謂、日本的基督教の主張者がこれに反対したのは当然であった。高倉徳太郎や森明の弟子であった今泉源吉は一九三四年（昭和九）、「みくに」運動を起してこれに対抗した。「みくに」とは神国であり、皇国であった。この年、ソビエットの五カ年計画の成功に脅威を感じた陸軍省が、パンフレットを配布して「高度国防」の理念をとき、百三は「大乗精神の政治的展開」を、証信は「宗教日本の大自覚」を著わして、各自、日本主義に転向したのだった。日本的基督教の中で、仏教から示唆を得たものとしては佐藤定吉の「即身成神」（皇国日本の信仰、イエスの僕会・昭和一二年）と、橋本鑑の「福音的称名インマヌエル・アーメン」（福音的称名序説、長崎書店・昭和一七年）をあげることができる。興味深いのは三井甲之（一八八三—一九五三）と河村幹雄（一八八六—一九三一）との関係であろう。三井は徳風会、求道学舎を通し近角常観の影響を受け、親鸞に傾倒、一九一五年（大正四）「宗教的原理としての阿弥陀仏」を発表した。翌一六年（大正五）、彼は、第一次大戦によって祖国に開眼、「阿弥陀仏から祖国日本へ」を発表、二〇年（大正九）には「原理祖国日本」を出して自己の立場を確立した。（後年、天皇機関説や、河合栄治郎事件で名を挙げた「原理日本」社の起源である）。三井は一八年（大正七）から「親鸞とルッテル」「親鸞とトルストイ」「親鸞と基督」などを書いていた。一方河村は「イエスの信仰は祖国イスラエルへの愛であり、『原理イスラエル』と名付くべきものである」（名もなき民のこころ、岩波書店・昭和七年）と主張していた。三井と河村の周囲には、蓑田胸喜《みのだきょうき》、鹿子木《かのこぎ》員信《かずのぶ》、小泉信三、安岡正篤、藤沢親雄、佐藤通次、麻生多賀吉といった国士たちがいた。河村の弟子、岩越元一郎は「みくに」運動の有力な協力者となった。敗戦によって、日本的基督教は空中分解をとげた。このような信仰についは四位《よんみ》一体《いったい》の信仰と評されよう。これは、三位一体の神に、天皇が加えられたからである。（D・C・ホルトム　日本と天皇と神道・深沢長太郎訳、逍遥書院・昭和二五年）

B　我　と　汝

一九二三年、マルティン・ブーベルが Ich und Du を刊行してから、西欧の思想界がいかに大きな影響を受けたかは、今日、周ねく知られている。（Halverson and Cohen : A Handbook of Christian Theology Meridian Books. 1958. 及び、Tillich : Theology of Culture. Oxford. 1959. をみよ）。そして、西欧における展開は、弁証法神学などを通してわが国に紹介されたが、それ以前に、前述の曽我や、賀川豊彦（一八八八―一九六〇）が、「我と汝」に関して発言しているのが注目される。例えば、賀川は一九二〇年（大正九）「地殻を破って」の中で、「『汝』の誕生」について語っている。（「光明遍照」などをよむと、仏教との交流が感じられるが、曽我との交渉はまだ明らかではない。アメリカ留学後、第一次大戦を契機として発言されたことが興味深い。曽我の発言は、特に継承者をもつことなく、埋れたようである）。しかし、賀川は、「愛の科学」（大正一三年刊）以後、この発想を充分に展開することなく終った。（SCM運動の指導者たち、即ち中島重（社会的基督概論、同志社労働者ミッション・昭和三年、四八頁）や菅円吉（基督教の転向とその原理・基督者学生運動出版部・昭和五年、五三頁））が、一応継承したかに見えるが、弾圧や転向と共に、その線は中絶した。キリスト教界における、第二の有力な発言者は高倉徳太郎（一八八五―一九三四）であった。「恩寵と召命」（大正一五年刊）や「福音的基督教」（昭和二年刊）は随処に「汝」を語り、この線は熊野義孝や桑田秀延といった弁証法神学の紹介者たちに引きつがれた。当時、西田幾多郎（一八七〇―一九四五）は、一九三一年（昭和六）二月二日から、バルトのロマ書を読み始め、三月一九日、「永遠の今の自己限定」の稿を起した。この中に、「汝として我に対するものは、唯、神である。」という言葉がみえる。以後、西田は、「自由意志」、「私と汝」等によって、その思索を展開していった。この昭和六年には、読売新聞紙上で、「人格神」をめぐる論戦が行われ、高楠順次郎、尾嶋真治、井上哲次郎、平塚八郎、及び、田中治吾平といった人々が論戦に参加したが、平塚八郎が「私」や「汝」について発言している（六月四日）。当時、読売新聞の宗教欄を担当していたのは、高倉徳太郎と四高で同窓であった牧師逢坂元吉郎《おうさかもときちろう》であった。彼の肝入りで、恩師「西田博士に聴く座談会」が一九三七年（昭和七）鎌倉扇ケ谷で催された。三木清、宮本正尊、本荘可宗、桑田秀延、熊野義孝、村田四郎、石原純たちがこの座談会に出席し、土田杏村や伊藤証信の批評と共に、その報道が六月から七月にかけて紙上に連載された。西田は座談会の中で、自分の立場を「有神論」と規定し、ゴーガルテンの Ich glaube an den dreieinigen Gott. 1926 に拠って、「汝」の語りかけによる「私」の応答、創造、アガペー、などについて語っている。以後、「我と汝」は高山岩男などの京都学派の中で、又、一般の思想界で問題とされ始めた。たとえば、波多野精一の「宗教哲学」（昭和一〇年刊）、京大生弘津《ひろつ》正二《しょうじ》の日記「若き哲学徒の手記」（昭和一七年刊）などをあげることができよう。とくに注目すべきは、これが、所謂、日本精神学派と、「東亜協同体」理念に及ぼした影響である。文部省の国民精神文化研究所に勤務した紀平正美《きひらまさみ》(一八七四―一九四九)は座談会の直後から「我と汝」に関して発言を開始、特に、「国体の本義」の解説書「我が国体に於ける和」(昭和一三年・文部省教学局刊)の中でこれに触れているのは注目してよかろう。彼の影響下に、佐藤道次、田中晃、磯部忠正、斎藤晌たちは「皇道哲学」を展開、天皇と臣民との間柄を規定して「汝と我」であるとし、日本人にとっては、天皇のみが「汝」であると唱えた。(朝倉書店「現代哲学叢書」参照)

支那事変が惹起されて、中国における民族抵抗の問題が真劔に考えられた頃、三木清(一八九七―一九四五)は、「我と汝」を自己の哲学「構想力の論理」に組み入れる一方、それを彼の所属していた昭和研究会に導入して、一九三九年(昭和一四)、「新日本の思想原理」と「協同主義の哲学的基礎」を刊行、「我と汝」を母胎とする「東亜協同体」の理念を打ち出した。この、西欧的発想は、三井甲之たちの原理日本社一統、及び、「国体」経済学論者難波田春夫によって、手酷く、その米英的、個人主義的偏向を非難された。

仏教では、前述のように、紀平が曽我とは違った意識をもって強力な発言をしているが、彼の特徴は、「我と汝」を「汝と我」に変えたところにある。彼の主張によれば、日本では、万事、欧米と反対でなければいけないのである。かって、円了や哲次郎は、進化論やカント哲学を援用して、仏教哲学を補強したが、紀平はヘーゲル弁証法を利用して、仏教と日本精神を強化した。ヘーゲル哲学を正しく理解するのは、ヘーゲルその人よりも、日本人であると豪語した紀平にとっては、日本人こそが、「我と汝」を正しく理解し、且つ、実践しているのであった。彼は、第一次大戦中、デューイの German Philosophy and Politics. 1915. を読んで、デモクラシーの原理である試行錯誤法を知った。ところが、彼は、聖徳太子を引用して、日本では錯誤試行法と順序が逆になる筈だと考えたのである。一九三四年（昭和九）、和辻哲郎の「人間の学としての倫理学」を背景に、福原武が、「私」「われわれ」「汝と私」などを語っている（新興日本と仏教精神、仏教年鑑社・仏教大講座）。一九三七年（昭和一二）には、柳田謙十郎が「弁証法的世界の論理」をかき、爾来、西田哲学の影響下に、トポロギー神学を語り、共産党に転向するまで凡ゆる場所で「我と汝」を語った。又、久松真一は「東洋的無」（弘文堂、昭和一四年）の中で、弁証法神学の主張を反駁している。弁証法神学は絶対他者を主張するが、「仏はむしろ絶対自者的であるともいへる」（二六頁）と、ブーベルと同様な言葉を用いている。（ブーベルが「我と汝」を語ったのに対して弁証法神学は「我か汝か」を主張したことを想起してもらいたい）。久松は弁証法哲学が語る『凡ては汝のものである』といわれるような汝」も、「全く『無』であるような吾」も禅にはないと主張するが（七一頁）、これはブーベルも共感するところであろう。久松によれば、私とか汝とかいうのは有の世界を出ていない証拠であって（二七頁）、東洋的無我は汝と我とを区別しない所に成立つのである（三一頁）。この点、久松は西田と異なっている。皇道哲学が一般化した一九四二年（昭和一七）、唐沢富太郎は、「同朋同行は自己肯定的なる私と汝との対立的なる関係を基調とせる組織社会とその趣きを異にしている」（親鸞の人間観教育観第一書房、一六〇頁）と、述べている。彼は仏教的社会とキリスト教的社会とを鋭どく対決させているのだ。彼によると、日本、即ち、仏教の世界にあっては、平面的に考えられる私と汝の対立の世界はあり得ないのであって、「そこには私と汝との対立以前にそれを蔽ふ一如の世界、絶対的なる円融の世界が考えられるのである。」（同書二八二頁）

また一九〇三年（昭和六）には「……まことにわれにあらず、なんぢにあらず」という言葉をめぐって田中忠雄はこう述べている。

「我と汝、師と資との対峙、即ち我々が自他の対峙と呼んだものは、残すところなく払拭されて、我は自にあらず、汝も他にあらずという親切にして間隙なき世界が現成する。……而もそれは吾と汝との『分』や『別』の解消を意味しない。……分は……『身』の分、すなわち日本語の『自分』である。吾と汝との身分、すなわち今の場合の師と資とは、吾亦・汝亦の世界によって、はじめてその全き働きを現はす。」(威儀の論理、白馬書房、四五―六頁)

「汝亦吾亦として汝と吾との対峙が払拭されるといふことは、汝と吾との別が曖昧になるいふのではない。却って君臣、親子、師資の別あるところに於てのみ、和といふことが成立するのである。そして、このやうな『別』を我々は身分と言ひ慣はしてゐる。」(文化感覚論、朝倉書店、一〇一―二頁)

田中は西田の弟子となるわけだが、西田や佐藤たちと同様、天皇制の秩序を厳然と認めて、西欧的な、個人主義的な世界に対立させている。

以上のような「我と汝」の運命に対して、キリスト教はどのように弁証したかというと、桑田秀延は西田を批判して、そこには人格神が要請されてはいるが、キリストは出てこないと述べている(弁証法神学、基督教思想叢書刊行会、昭和八年)。熊野の弟子である清水義樹は、キリスト者にとっては、キリストこそ「汝」であると述べた(基督教と哲学、新生堂、昭和一二年)。しかし、支那事変以降、天皇＝汝派の発言が強化されるにつれて、キリスト＝汝派の発言は杜絶えてしまい、実りある対話は戦後の課題として残された。

結

われわれは最初、「天皇制」宗教が、近代日本宗教の大前提であることを指摘した。敗戦とともにそれは消滅したかに見えるが、大元師が「象徴」に代ったように、天皇制は密教的形態の中で温存されている。火山は、一時、活動を停止しても、再び牧歌的な生活を脅やかす。「皇道哲学」は生きており、追放解除後、大学に戻って沈黙を守っている人もいるが、その主張を公けにしている人もある。山口大学の田中晃は一九四七年（昭和二二）「文化国家の本質」を出してその主張を繰返し、亜細亜大学の佐藤通次は一九五五年（昭和三〇）「二つの道」を出して「皇道哲学」を青年に訴えている。日本大学の高山岩男は「所の論理」（弘文堂、昭和二二年）、「場所的論理と呼応の原理」（弘文堂、昭和二六年）「協同社会の精神」（協同組合懇談会、昭和三〇年）等で「哲学的人間学」の戦後版を出しており、大学の同僚藤沢親雄もこの陣営に参加、マルセルを借用して、「東洋政治哲学と新しき世界平和原理」（新生社、昭和三二年）を書き、天皇を中心とする協同社会を謳歌している。このグループは、現行日本国憲法の改正を企て、「象徴」を「元首」に変えようと策しているが、これは一九四五年の他律的民主革命に対する反革命であり、戦時体制への復帰に他ならない。それは過去百年の日本近代史の否定を意味している。神宮国営論などに示されている彼らの一九世紀的宗教政策を、われらは、自らの生命の根元、自らの智慧の源泉に帰ることによって打破しなければならない。

戦後、「我と汝」が一般化して、教育界はもとより、高橋義孝や唐木順三など、文芸者の発言をみるに到っている。キリスト教界では、太平洋戦争中の沈黙には触れずに、「我と汝」があたかも昔からの、キリスト教的発想であるかのように語っている。ブルガコフに加えてベルジャエフが紹介され、カトリックではダーシーやマルセルの来日を機に、松本正夫などが発言して、今やエキュメニカルな話題となっている。

仏教では、久松が従来の立場を維持して「無神論」を発表しているが、「我と汝」を否定する立場は更に、鈴木大拙によって強調されている。(たとえば、「世界的観点よりみた仏教の立場」「現代世界思潮と仏教」「東洋文化の根底にあるもの」など。)鈴木によれば、西欧的な、分析的判断が「我と汝」という対立抗争を生み、帝国主義をキリスト教の産物としている。これに反して、仏教は主客未分以前を重んじ、綜合的判断に秀れ、平和的でキリスト教より優位に立つと主張している。鑑三と同様、キリスト教を父、仏教を母になぞらえているが、日本帝国主義と仏教との関係は不問にふされている。唐沢富太郎は「中世仏教教育思想の研究」(東洋書館昭和二九年)で、戦時中の言葉(前出)を再録している。我に対して無我を説く仏教にとって、「我と汝」はそれ程異質的なのであろうか。われらが「人間」を問題とする限り両者の対話は更に続けられねばならないのであろう。既に、久松に対しては滝沢克己が答え(仏教とキリスト教、法蔵館、昭和二五年)、鈴木に対しては北森嘉蔵が疑問を呈している(現代人とキリスト教、弘文堂、昭和三四年)。そしてこれらの対話に際してはネオ皇道哲学に対する批判が必須なのではあるまいか。田辺元が、一九四七年(昭和二三年)、マルキシズムを媒介とした両者の対話、即ち第二次宗教改革について語ったことが想い出される。仏教が日本仏教を、キリスト教が日本的基督教の風土病的偏向を是正して再出発してこそ、実り多き対話が可能なのではあるまいか。われらが手を携えて、天皇制の呪縛を破る時、又、「日本人」という部族意識を「人間」性に目覚めしめる時、近代日本における仏教とキリスト教との交渉はおくればせではあるが、始めて、その「近代的意義」を持つものとなるであろう。

石川舜台と東本願寺

多屋頼俊

一　明治維新と東本願寺

石川舜台が一九三一年（昭和六）一二月三一日に九一歳で亡くなった時、東本願寺前法主は次のように遺族に言い送った。

……舜台御坊、遂に逝去せられ候由、六字城の忠臣を失ひ、殊に小生は心淋しく、惜みても猶惜まるゝ事に候……老僧は本願寺維新史を物語る唯一の人物なりし故、昨秋、金沢下向之時、面会の上、種々承置度存候処、時既に遅く、何事も聞き不得して別れ申候……

一月三日　　光演（註一）

現順御房

○

六字城の忠臣の舜台老僧の逝去を哭す　句仏

噫亜父亡矣我に枯野のおもひかな（註二）

東本願寺は一七八八年（天明八）から一八六四年（元治元）までに四回も火災にあい、六八年（慶応四 明治元）には多額の軍資金を朝廷に献納し、七〇年（明治三）には、新法主光瑩《こうえい》を中心に家老、堂衆その他百八十余名を蝦夷地（北海道）へ派遣して開拓に努めた。（註三）このような事が重なって、明治初年には財政的に極度に窮迫して、従来の坊官（家老、家司、用人）制度では運営しにくくなった。一方、王政復古と同時に勃発した廃仏毀釈の運動は、怒濤の如き勢で全国的に荒れ狂い、その怒濤の彼方に、端倪すべからざる基督教の攻勢が隠見していた。本願寺は当然根本的に体制を改めて新時代に処する道を見出さなければならなかった。当時、高倉の学寮では得住、竜温、東瀛《とうえい》などが講義をしていたが、東瀛が最も急進的であり実行力もあって、高倉学寮の外に護法場を開いて耶蘇教及び神道の講義をしていたので、進歩的な青年僧侶は多くその傘下に集まっていた。

さて一八六九年（明治二）、東本願寺は「衆議所」を開いて門末の要望を聞くことにしたが、坊官の反対で画餅に帰した。次いで七一年（明治四）八月、東瀛が菊間藩事件の一応の始末をして帰京したところで「仮寺務所」を開き、同年十月一日、正式に坊官制度を廃して「寺務所」を開き、法因寺契縁《かいえん》、永順寺舜台、養泉寺随空が「議事」という最高の職についたが、十月三日の夜、革新派の指導者東瀛が暗殺せられたために、寺務所の改革はまた失敗に終った。がこの暗殺事件が契機になって、契縁と舜台は京都府権大参事植村正直の援助を受ける事になった。植村は長洲の人で、明治新政府に知人が多く、政治的な手腕もすぐれていた。府知事には堂上公卿が任命せられていたが、府政は植村が切り廻わしていたのであった。植村にとって、政府が廃藩置県を行い、公議政体に移ろうとしている時、本願寺教団の体制を改めることは、一つの重要な任務であったのである。因に云う。契縁は伊勢の亀山の人。東瀛門下の秀才で、時に三三歳。後に一八八〇小松の本覚寺に入り渥美契縁という。舜台は石川舜台。三二歳。当時はまだ氏を称しなかった。さて植村は法主（厳如光勝）に本願寺の体制を改めるように公文書を以て勧告したので、（註四）七二年（明治五）三月、契縁、舜台等五名を「改正掛」に命じたが、（註五）京都府からも「東本願寺改正掛申付候事」という辞令を出し、更にこの改正掛の者は「官員同様ニ候間、不心得無之様、相達候也」と通達して来た。（註六）この時代は官員（政府の役人）が

非常にはばをきかせたので、舜台らは「我々は官員同様の身分だ」といって反対派を抑えて改革を断行したのであった。（註七）

その頃七一年一二月本願寺等の宗名を「一向宗」とするという通達が京都府庁から来たので、舜台等は植村と交渉し、西本願寺側は東京で運動をして、七二年（明治五）三月、太政官から「真宗」と公称することに布達が来て、江戸時代以来の難問題を解決することができたのであった。（註八）

二　外遊

廃仏毀釈の原動力になった平田派の神道は、実は基督教神学を焼き直したものであって、復古の神道ではなくて翻訳神道であった。（註九）従って神祇官を二官八省の首位に置いて天下に号令しても神官の大多数はその趣旨を理解することができず、一般民衆には通用しないものであった。さて政府当路者は、神道を立てて仏教を打倒する事は耶蘇教に絶好の条件を作ることになる、耶蘇教が流布すれば、国民が信仰的に欧米化し、それは日本の国家的存立を危くする事に気がついた。七一年に神祇官を格下げして神祇省にしたが、七二年（明治五）神祇省を廃止して、教部省を設け、教導職養成機関として大教院を設けた。仏教側は教部省・大教院の新設に大きな期待をかけていたが、神道側の勢力はなお甚だ強く、仏教側は利用せられただけであった。

舜台は契縁とともに、教部省の開設に当って東京へ出張していたが、舜台はここで新法主光瑩と極秘裡に会談する機会を得、一処に洋行する事に決めた。尤も外遊について新法主は、伏見宮邦家親王、新法主の伯父（註一〇）や東伏見宮依仁親王、新法主の従兄弟三条実美太政大臣からも勧められて居り、西本願寺は前年の暮に連枝梅上沢融に島地黙雷を添えて欧州へ送り、（註一一）続いて赤松連城、堀川教阿等を英独へ派遣しているので、東本願寺としても洋行せずに居られない立場であった。舜台は成島柳北と松本白華、関信三を語らい、都合五人で、本山等へは一切秘密にして、九月十三日、横浜からフランス船に乗って出発した費用は太政大臣三条実美、大蔵省事務総裁大隈重信の口添えで小野組から借りた一行は途中つつがなく十一月一日に巴里に入り、爾後六ケ月、巴里を中心に伯林《ベルリン》、倫敦《ロンドン》、羅馬《ローマ》等を視察したが、この間、西本願寺の一行、政府代表として渡欧していた岩倉具視、大久保利道、木戸孝允、伊藤博文等としばしば会談する機会があった。海波万里を隔てた異域では、故国に於ける身分や派閥を忘れて、世界の大勢、日本の進路を論じ、基督教の世界政策を観察して仏教の前途を議したが、政府の主脳部と知り合ったことは舜台等にとって予定外の収獲であった。舜台と柳北は米国を廻って、新法主と白華は印度洋を通って、ともに七三年(明治六)七月末に帰朝した。

三　第一次の舜台時代

帰朝した舜台は、新法主を表に立てて、いわゆる世界的識見を以て、東本願寺を雙肩に荷うことになったのであるが、舜台という人は元来三面六臂であったのか、重要問題をいくつも並行的に進めているので、彼の施策を年月の順に記ることは、狭少な紙面ではできないから箇条書にしよう。

(1)寺務所の改革　新法主光瑩は七三年(明治六)八月八日に、門末に対して帰朝の挨拶をしたが、同十四日総務職(東本願寺事務総裁)に就任し、職制を改めた。舜台は「改正掛兼議事翻訳用掛」ということになっている。松本白華は執事補、谷了然は少視察、笠原研寿、南条文雄が肩を並べて掌儀に任ぜられた。

(2)学寮　はっきりと総務職の統轄下に置く事にし、講師、嗣講等を一等学師、二等学師等と改めた(同年同月二五日付)。

(3)翻訳局を新設し、成島柳北を局長にすえ横文字のものを訳出することにした。柳北は長くは居なかったようであるが、阪上元兵衛、舟橋振、前田時敏、栗原重冬、黒田麹盧等の人々が此処で仕事をした。今残っているものは次の如くである。

散斯克《サンスクリット》単語篇木版二冊、明治九刊　散斯克小文典木版三冊、明治十刊

散斯克字典現存木版三冊 Benfey の梵英辞典を訳した梵和辞典　榜葛利《ベンガリ》

文典稿本一二冊 W. Yates のものの訳 利慶辟陀《リグベダ》 稿本一三冊現存、H. W. Wilson の英訳に依る。仏陀史稿本十二冊現存 波斯経稿本八冊。古印度史稿本八冊タルボイス・ホイレルのものの訳 耶蘇伝 稿本二冊エルンストオ・ロナンのものの訳羅馬加特力《カトリック》教沿革 稿本第二巻のみ現存 耶蘇教諸派沿革史稿本一冊 耶蘇教諸派大意集 稿本二冊現存 莫《モ》爾門《ルモン》史 稿本六冊 （以下略）

(4)編集局を設置し、樋口竜温、南条神興以下の学者を係りにして、御本書、三部経、七祖聖教、三帖和讃、御文等の略解と論題、天台宗大意、禅宗大意、西山派大意、鎮西派大意、日蓮宗大意、波羅門教大意、猶太教大意、天主教大意、朱子学大意、陽明学大意、吉田神道大意、伊勢両部神道大意等の梗概書の編集を計画した。これは従来の安居による修学法を改めて短時日に多数の僧侶を養成するためである。

(5)学校の開設　安居には学科課程がなく進級もなく卒業もないが、七五年（明治八）欧米の学校制度を参考にして、大教校、中教校、小教校及び中小教校の教師を養成する教師教校、優秀抜群の子弟に秀才教育を施す育英教校と五種類の学校を開設するにことした。このうち教師教校、育英教校は給費制で育英教校生には月額五円を給与することにした当時の舜台の月給も五円であったという育英教校第一回入学生の中に稲葉昌丸が居る（七五年一二月入学）。七七年の入学生の中に徳永満之助が居り、同年の教師教校の入学生に井上円了が居る。徳永満之助は医学校を中退して来たのであるが、これが後の清沢満之である。井上円了は東洋大学の開設者であることは言うまでもない。小教校は七七年に京都の貫練場内に設けたのが第一で、翌年には大阪、東京、参河、尾張、岐阜、滋賀、石川（金沢）、能登、越中、越前、播磨、長崎、筑後、大分及び山形に開設した。中教校は次に記るす寺務出張所の所在地に設ける予定、大教校は貫練場高倉学寮を当てることにした。なお七六年に教導練習場を開設して、短期の教師養成に努めた。

(6)大教院は仏教側の到底承知できないものであったので島地黙雷はフランス滞在中に反対運動を初めたが、舜台はこれに協力し、七五年（明治八）二月、東西本願寺、専修寺、錦織寺の真宗四派が大教院から脱退した。ために大教院は同年五月に崩壊し、各宗は自由に布教することになった（教部省も七七年に廃止された）。

⑺教団機構の整備　従来、本山と末寺との機構は自然発生的なものであったのを改めて、地方に寺務出張所を設けて管轄範囲を定め、その下に地域的に寺院の団体これを組というを作り、組長、副組長を置くことにし、七三年（明治六）に東京寺務出張所を設け、七五年に大阪、金沢に、七六年に博多、広島、名古屋、仙台に寺務出張所を設けた。これによって、本山——寺務出張所——組—寺院住職という教団の縦の機構が備わった。

⑻開教（国内）　(イ)薩摩は島津氏が領有してから真宗を固く禁制していた。尤も地下水のようにその流れはあったが、明治になって、西本願寺は七三年頃から布教の準備をしていたが、東本願寺は遅れて七六年（明治九）布教の自由を得てから着手し、同年末、鹿児島に「東本願寺仮掛所《かりかけじょ》」を設けた。しかるに翌年二月、西南戦争が起って熊本城が包囲せられ、多数の住民が戦災を蒙った。東本願寺は事局の重大さに鑑み、六十一歳の法主（光勝）が廿余名の者を率いて、先ず長崎に上陸し（六月廿日）、熊本へ進んで、傷病兵を慰問し、戦死者を追弔し、熊本に診療所を開いて、六ケ月間、無料で診療、施薬を行うことにし、戦災民に対して授産事業を起した。法主が二十余日の巡化中に帰敬式《おかみそり》を受けた者は二万五千名以上に及んだという。鹿児島へは連枝勝縁を派遣し、八月三一日に上陸したが、その夜から鹿児島は戦場になって、一行中の白川慈弁等七名は戦乱にまきこまれて命を失った。乱後、布教に努めて鹿児島別院を設立した。当時、渥美契縁は博多の寺務出張所長であったが、契縁はその自伝に「明治十年、西南ノ乱起リ、舜台、契縁、国事ニ与ル」と記る(註一二)しているのは、法主の巡化を中心とする施策を指すものである。

(ロ)琉球も島津氏の政策で、真宗は厳禁せられていた。七九年（明治九）田原法水が東本願寺の援助を受けて那覇に上陸したが、琉球藩庁は布教を許さなかったので、舜台は政府に交渉し、内務卿伊藤博文から琉球藩に指令を出してもらって、布教を始めた（田原はやがて琉球別院を設立した）。(註一三)

(ハ)隠岐は廃仏毀釈の最も徹底的に行われた所であったが、七四年（明治七）に布教を再開しようとしたところ、島根県庁は大教院の意を受けて拒否したので、舜台は大教院に強く抗議し、七七年（明治一〇）河崎顕成らを遣して布教を始めた（その説教場が今の蓮光寺である）。(註一四)

(9)開教（海外）　(イ)中国。舜台は洋行した時、香港、シンガポール、セイロン等で、東洋人が白人のために家畜以下に扱われているのを見て、仏教に依って東洋諸国が団結して、西洋に対抗しなければならぬと、深く心に銘じたのであった(註一五)が、ここにシナで布教したいと願い出た人があった。小栗栖香頂である。香頂は豊後の人、早く広瀬澹窓の門で漢籍を学び、次いで京都に出て、倶舎・唯識・天台・真言・華厳等を各宗の碩学に学び、六九年に擬講になったが、耶蘇教に対抗するためには、日本・支那・印度が同盟しなければならない、先ずシナへ渡ってシナ仏教界と提携しようと考えて、長崎でシナ語を学んだ。舜台より十歳の年長で堂々たる学僧であった。香頂は七三年に上海に上陸し、次いで北京に進み、シナ宗教界の中心である喇嘛教を研究して、翌年八月一旦帰国した。舜台は香頂に喇嘛教の概要とシナ語学習の教科書の編輯を依嘱し、シナ開教の準備を進めたが、シナ人を相手に布教するのには、日本でシナ語の学習などさせるよりも、シナに学校を設けて、日本から優秀な青少年を送って現地で教育する方がよい、ということになり、七六年（明治九）五月にその実行に着手した。即ち舜台が股肱とたのむ谷了然を中心に小栗栖香頂、河崎顕成、倉谷哲僧の四名を上海へ派遣した。一行は七月上海に着き、翌月、英国租界に借家して「真宗東派本山本願寺別院」の門額を掲げて布教を始め、十月に学校を開いた。江蘇教校という。本山からは教師として神守空観、岡崎正純その他を送り、翌年には十二歳乃至廿歳の学生十一人を送り、更に医師を送って別院内に医院を開き、別院の方へは松本白華、北方蒙等を送った。(註一六)以て上海の開教に如何に力を入れていたかを知るべきである。谷了然は上海に滞在すること一年余、別院及び学校の基礎が一応できたので、七七年（明治一〇）一〇月、学生等五名を率いて北京に入り、嘗て香頂の居たことのある法源寺の一院を借りて、ここに北京布教所と学校を開いた。「直隷教校」という。授業は七祖聖教、教行信証六要鈔、皇朝史略、詩文、習字、語学という事にし、上海からつれて来た遠藤秀言、栗山寛及びシナ人李祖禄が授業を担当した。勿論、漸次充実してゆく予定であった。当時北京に居た日本人は大使館に森有礼以下六人、陸軍省外務省の留学生が各三人であったという。そこへ本願寺が学校を設けたのである。

(ロ)朝鮮と日本との関係は、明治初年には甚だ冷たく、そのために征韓論も起ったのであるが、江華島事件の結果、七七年（明治一〇）一月、釜山他二港を開いて、日本と通商することになり、日本人を居住させることになった。内務卿大久保利通、外務卿寺島宗則は、東本願寺に朝鮮への布教を勧め、且つ依頼して来たので、舜台は直に肥前の奥村円心及び越中の平野恵粋を派遣することにした。円心の先祖は一五四四（天文一三）に釜山で一寺を建てて居たと伝え、円心も早くから朝鮮の開教を願っていたので、身命を賭して鶏林八道を教化しようと決心し、七七年九月、平野とともに釜山に上陸し、一一月八日から布教を始め、次いで江蘇教校と同じ性質の学校を開いた。ここへ日本から学生を送って、朝鮮語を学びつつ仏教を学ばしめて、朝鮮開教使を養成する事になり、七八年に谷覚立、楓玄哲、蓮元憲城の三名を第一回朝鮮留学生として派遣した。(註一七)

(10)「見真大師」　七六年（明治九）一一月二八日付で、宗祖親鸞に「見真大師」と大師号が宣下せられたが、これについてとかくの説をなす人もあるが、ここに当の責任者である舜台の追憶談を引用しておきたい。

（シナ開教などの事を朝廷で）御嘉賞になって、大師号を下さる事になったのぢや。大師号は、願ひも何もせんのに御下しになったのぢや。三条さんがわしを呼んで、大師号を下さる事になったが、何といふ名がよからう、といふ話ぢや。然し、すぐに返事をする訳にもいかんので、一応引き下って、御門跡さんに相談して「見真」といふ事にして願うたんぢや。それで、大師号の事は、西の奴等は何も知らなんだ。それで西の奴等はわしを大変に憎んだぢや……」(註一八)

(11)笠原研寿・南条文雄の海外留学　舜台等は欧洲へ行った時に梵語研究の実際を見てその必要を知ったのであるが、翻訳局の仕事が進むにつれて、いよいよその必要を痛感し、七六年舜台の秘蔵弟子笠原研寿と、舜台の下で仕事をしていた南条文雄の二人を英国へ派遣した。二人は梵語学の第一人者マックス・ミューラー Max Müller 1823-1900 について学習した。笠原は不幸にして短命に終ったが、南条は九〇年(明治二三)日本最初の文学博士になり、仏教学界の第一人者になったことは多言を要しない。

(12)失脚　七八年(明治一一)一月、舜台は正式に寺務総長に就任し、いよいよその政策を積極的に進めようとした時、全く予想外の事件が発生し、一切の職務を失って野に下った内局成立の祝賀の宴に、反対派の者が入りこんで舜台を罵ったので、舜台は怒ってこれを殴打し負傷させたが、これが又反対派に利用せられて、訴訟せられ、舜台は禁錮三十日の刑に処せられたのである(註一九)

四　渥美契縁と両堂建立

東本願寺は一八六四(元治元)の戦災で本堂その他を失って後、再建もできずにいたが、廃仏毀釈の騒ぎも落ちついた頃から再建の要望が高まって来た。然し舜台はそれを抑えて、専ら教学の振興に努めていたので、一旦舜台が失脚すると反対派は急に強くなり、東本願寺の方向は大きく転回した。大陸に対する開教は殆ど止めてしまい、育英教授、教師教校も廃止し(優秀な学生数名は東京の学校へ入れた)、翻訳局などは勿論廃棄してしまった。先の「見真大師」の号に続いて「見真」の勅額が、明治一二年九月に下賜せられることになったので、その日を以て本堂再建に着手し、教学等の費用はできる限り節約して、建築を唯一の目的にして進むことになった。然し舜台派との攻防は容易におさまらず、財政は一層窮迫したが、八五年（明治一八）に始めた相続講によって、ようやく立ちなおる事ができ、八九年（明治二二）に大師堂の上棟式、九二年（明治二五）に阿弥陀堂の上棟式、九五年四月に両堂の遷仏式遷座式を行うことができた。この事業を遂行した中心人物は言うまでもなく渥美契縁である。さて契縁は次に教学基金を募集し、これを蓄積して、その利子に依って教学を振興しようと計画したが、その頃から契縁に対する反対が表面に現われて来た。思うに莫大な負債を整理し、木造建築として世界一の大殿堂を完成した功は高く評価すべきものであるけれども、この成功の反面には宗門として大きな損失があった事も忘れることはできない。「功成り名遂げて身退くは天の道なり」と言われる理由はここにあるのであろう。然し契縁は退かないばかりでなく、功に誇って専断が多くなった。九五年（明治二八）七月、清沢満之（当時は徳永と言うていた）南条文雄、稲葉昌丸等十二名は渥美契縁に宛てて寺務革新に対する建言書を提出した。契縁は理財家としては舜台以上の手腕を有っていたようであるが、惜むらくは、教学に対する認識には欠けるものがあった。従って清沢等が幾度交渉しても満足できる答は得られなかった。ここに於て清沢等は遂に意を決して、九六年（明治二九）一〇月三〇日「教界時言」と題する小冊子を刊行して一山の寺務革新を全国門末に訴えた（この運動の事務所が洛北白川にあったので、この人々を白川党という）清沢、稲葉の如き誠実な、政治的野心のない人々が立ち上ったのであるから、その反響は大きく、契縁は同年一二月二九日を以て職を辞した。（註二〇）（清沢、稲葉等主唱者六名は除名処分を受けた）

五　第二次の舜台時代

契縁の辞した後、連枝大谷勝縁が総務に就任したが、翌九七年（明治三〇）二月一一日、忽如として舜台が本山に現われて、首席参務に就任した。これは白川党にとっても予想しない事であった。契縁の厳華自伝には、舜台を招いたのは法主であろうと推測している。ここにいう法主は、先の新法主光瑩で、八九年に法灯を嗣いでいた。舜台は明治一一年一月に職を退いてから丁度二十年目、時に五十七歳であった。東本願寺の方向は又大きく転回するのであろうと、一面には期待せられ、一面には危懼せられたが、格別の事もなく、翌年四月には蓮如上人の四百回の法要がつとめられた。

(1)御壮図　九八年（明治三一）八月二三日、新法主光演二四歳慧日院勝信。新法主の叔父。二一歳能浄院瑩誠。新法主の弟。二一歳浄暁院瑩亮。新法主の弟。一九歳の四人が納涼といって琵琶湖畔の膳所へ行き、そのまま、家出の形で、新法主と浄暁院は東京へ行き、慧日院と能浄院は長崎を経て上海へ渡り、能浄院は更に台湾の台北へ渡った。舜台は、新法主及び若い連枝達を、因習に固まった本山の奥から引出して、見聞を広め体験を深めてもらわなければならないと考え、(註二一)また これに依って大陸の開教を復活しようと考え、これを誰からも反対せられない方法で着手したのである。同年九月、法主は「新門以下三名の連枝、愛国護法ノ精神ヨリ、夫々期スル所ヲ決行セシハ、予ニ於テ深ク嘉賞スル所ニシテ、衷情寧ロ欣躍ニ堪ヘザ」るところである。門末一同これを援助してもらいたい、と言い、議制局今の宗議会は新法主以下三連枝の行為を「御壮図」と称して大いに推賞し、それぞれ「協賛」を決議している。(註二二)舜台は嘗て小栗栖香頂の喇嘛教沿革史明治一二刊三冊の序文に、喇嘛僧を真宗に転向させ、これと協力してシナ民族を教化し、上海から北上してシナ本土を貫き、一部は満洲からシベリヤへ進み、一部は西進して西蔵を教化し、南下して印度へ進み、更に欧羅巴、亜米利加を真宗の教徒にしよう(取意)と記るしている。失脚して野に下っていた頃にも「夢魂尚繞る天山の路」と詠じていた。仏教による世界政策は舜台が生涯抱いていた夢であり、理想であったのである。

(2)シナの開教　慧日院・能浄院の後を追いかけるようにして上海に上陸した教学部長兼開教事務部長の谷了然は、直に北京に趣いたが、北京は政情険悪であったので義和団事件の起る直前であった南支に重点を置く事にして、上海別院の基礎を固め、抗州と蘇州に布教所と学校を設けて帰国、代って北方蒙が南京に布教場、学校を設け、更に重慶に進んで布教場、学校を設けた。北方に代って翌年六月赴任した清国開教監督心得　襱《ながたに》経丸は開教について、いわゆる百年の大計を建て、慧日院は満州北支を視察した。

(3)台湾の開教　能浄院は九八年一一月、石川馨以下三名を率いて台北に着き、直ちに総督児玉源太郎大将の援助を得て開教に着手した。一九〇〇年六月には台南を経て彰化に至り、布教場と学校(註二四)彰化学堂という。校長能浄院、教師武宮環　次いで後藤新平等の助言によって、シナ本土福建省に布教所、学校を設けた厦門、漳州、泉州を中心に広く手を延したが義和団事件の影響等でこれは失敗に帰した

(4)朝鮮の開教は政府からの要望もあって、七八年後も細々ながら継続せられ、奥村円心は釜山から元山に進んだ。八二年円心に代って太田祐慶が仁川から京城に進み、九七年仁川及び京城の別院の建築に着手し、翌年光州に奥村五百子が中心になって実業学校を創立した。さて舜台が局に立ったので、円心は再度朝鮮開教に着手することになった。(註二五)

(5)西蔵へ　一八九〇年以来、英国は西蔵を鉄のカーテンに包んでいたが、その西蔵へ侵入しようという青年僧が現われた。能海寛と寺本婉雅である。能海は南条文雄の推薦によって九八年北方蒙について上海に航し、楊子江を遡って西蔵へ入ろうとし、打箭爐に着いたが、ここで寺本に遇った。寺本は北の方から青海を経て西蔵へ入る予定であったが、それは困難であったので能美の後を追いかけて来たのである。二人は九九年八月巴塘に着いたが、それ以上進むことは不可能であったので、十月一日、西蔵の山々を眼前に見ながら引き返えした。二人は行動を共にする事は却って不利であろうと考え、打箭爐で袂を別った。能海はさまざまの苦労の末、一九〇一年四月、雲南の大理へ着いたが、その後の事は今日まで不明である。寺本は後に擁和宮の喇嘛教貫主(後記参照)に従って西蔵へ入ることができた(註二六)(寺本は後に大谷大学教授になって西蔵仏教学を拓いたことは周知の通りである)。

(6)新法主の修学　「御壮図」によって東京へ出た新法

主光演と浄暁院瑩亮は浅草別院に落ち着いた。南条文雄、村上専精の両名を新法主の侍読に任じ、翌九九年（明治三二）六月、清沢満之を新法主の補導係として東京に駐在させた（またこの年二月、教導講習院を京都から浅草別院へ移し、斎藤唯信、本多辰次郎等をその教授に任命した）。

(7)真宗大学　清沢が東京へ出て来ると、舜台は、真宗大学を東京へ移転する、費用はいくらでも出す、人事は一任するから、理想的に運営してくれと交渉した。早速、東京市外巣鴨村に敷地を求め、校舎を新築し、南条博士を用いずに、文学士清沢を学長（学監と言った）にして一九〇一年（明治三四）十月十三日に開校式を挙げた。清沢は三九歳、主幹関根仁応は三四歳であった。舜台は教学の中心を東京に置いて、清新溌刺たる活動を期待したのである。前記、教導講習院を東京へ移したのも同じ目的であった。

(8)三連枝の外遊　能浄院、慧日院は宗門の最前線に立って二年有余教化の体験を積んだので、方向を変えて、一九〇一年二月、能浄院は英国へ留学し、同四月東京に居た浄暁院瑩亮は独乙へ、続いて慧日院も渡欧した。

(9)巣鴨監獄教誨師事件　わが国に於ける監獄教誨は一八七二年（明治五）九月、仰明寺対岳（嚢輪氏）が教部省の許可を得て東京の石川島監獄で説教をしたのが最初で、爾後いろいろ曲折はあったが、監獄教誨は東西本願寺が担当していた。然るに九八年（明治三一）九月、巣鴨監獄の責任者は、東本願寺系の四人の教誨師（巣鴨監獄の教誨師はこの四人だけであった）に突然解雇を申渡し、但しこの中の一人だけは東本願寺と無関係で雇入れる、他の補充は基督教の牧師を以てする、と言った。舜台はこの報告を聞くと直に東上して、巣鴨監獄を相手にせずに、直接、内務大臣自由党々首板垣退助に強硬に抗議し、同時に総理大臣大隈重信を始め政府の高官に手紙を以て、その不当を訴えた。板垣は舜台の抗議に回答ができないので、東本願寺法主に対して、舜台は僧侶の身で政治に容喙した（当時これは禁ぜられていた）痕跡があるから処分せよ、と高飛車に出た。これに対して本願寺は、舜台は大隈首相その他、面識のある知人に私信を出したに過ぎず、違法と認めるべきものはない、と答えたので、板垣も手の下しようがなかった。更に、この問題は衆議院の問題になり、一〇二対九一で政府の負になった。明治維新以来軽視せられていた僧侶が、只一人で板垣内相と渡りあい、あざやかに勝った事は、仏教徒に対する社会の認識を改めさせるためにも大きな効果があった。(註二七)

⑽宗教法案反対　簡単に結果だけを記るせば、九九年(明治三二)十二月、山県内閣が新しい宗教法を提案したが、舜台は仏教各宗に呼びかけて反対運動を起し、翌年二月十七日、貴族院に於て一二一対一〇〇で政府案を否決したのである。反対の趣旨は前の巣鴨監獄教誨師事件に通ずるもので、仏教の既得権を守って、基督教に対抗したものであるが、舜台はこれを機会に日本仏教の大同団結を計ろうとしたのである。即ち宗教法案について、かねて聞いていたので、各宗本山と交渉して、九九年六月、建仁寺で仏教各宗大会議を開き、次いで大日本仏教徒同盟を結んだ。然るに残念なことに、十二月十四日に至って、西本願寺は政府に抱き込まれて、その関係議員をして政府案に賛成させる事にした。西本願寺側はこの事件で全く面目を失ったが、これは日本仏教界のために残念な事であった。(註二八)

⑾仏骨奉迎　宗教法案を否決して六日目、岩本千綱(憂国の熱血漢で、暹羅・安南・交趾を跋渉していた。もと陸軍中尉。舜台は早くから岩本を援助していた)は駐日暹羅《シャム》公使から、一八九八年印度のネパールから、釈尊の遺骨が発掘せられ、その遺骨が暹羅王室に寄贈せられたので、一部分を日本仏教界へ寄贈したい、と告げられた。岩本は直に舜台に報告し、舜台は、日本仏教の大同団結を実行するための仏天の恵みと喜んだ。一方シャムの日本公使稲垣満次郎から各宗管長宛に右記と同じ内容の手紙が来たので、四月、妙心寺で各宗派協議会を開いて、奉迎使派遣のことを議決し、奉迎正使は東本願寺新法主光演(随行、南条文雄以下十一名)西本願寺、妙心寺、曹洞宗から奉迎使を一名ずつ出すことにして(随行も各一名)一行十八名は

五月廿二日に出発し、六月十九日無事に帰って来た。

これより先、五月五日から四日間、各宗派管長会議を開いて、全日本仏教を包含する「日本大菩提会」を結成し、第一期の事業として、この遺骨を奉安する「覚王殿」の建築、第二期事業として、覚王殿を中心に教育、社会事業等の機関を整備する事にした（註二九）舜台は、今の東京駅のある所が、当時は三菱ケ原と云って一面の草原であった。これを買取って覚王殿を造り、その周囲に各宗派の寺勢所を設け寺務の面から先ず各宗派の融合を計り、各宗連合の学校その他を整備する計画であった。そして覚王殿の建築にはシャム王室から木材を寄贈してもらうように既に岩本千綱をして交渉させ王室の内諾を得ていたのである。然し実際問題になると、意見は容易に一致しなかった（後に名古屋に覚王山日暹寺を建てて仏骨が安置せられた）

⑫義和団事件と喇嘛教貫主の招待　仏骨奉迎で大騒をしていた頃、シナでは義和団の暴動が起って、基督教の教会、外国の公使館等を破壊した。六月、清国は列国に宣戦布告したので、日本は英独仏等とともに出兵し、八月には北京へ進んだ。然し舜台の立場から見ると、基督教を手先にして侵略して来る白人の帝国主義に反抗して立った義和団には同感せられるものがあり、喇嘛教と提携しようとして二十余年苦労して来たのに、ラマ教の本山雍和宮（黄寺）が破壊せられる事は堪えがたい。舜台は直に軍部に交渉して、雍和宮及びラマ教徒の保護を依頼し、軍部の求めに応じて、通訳として寺本婉雅を推薦し、超真院（瑩相）連枝を法主代理として、軍隊慰問のために北京に派遣した。超真院には南条文雄、䉤経丸、白尾義天その他の支那通を随行にした。また大日本仏教徒同盟の名で「清国事変に就きて世界宗教者に告ぐる書」という長文の通牒を、和・漢・英文で欧米・シナ・日本各方面へ発送したが、それは基督教の布教に対する重大警告であり、その考え方は巣鴨監獄教誨師事件、宗教法案反対と同一のものである。さてこの事件は十月末に停戦、翌年九月に議定書が調印せられたのであるが、調印の終らない先に、一九〇一年七月に雍和宮の貫主阿嘉呼図克図を中心とする八名の喇嘛僧代表を招待した。衰えたとは言っても清国皇帝の師としてシナ宗教界に最高の地位を有する人であるから、その来朝は朝野の耳目を聳動した。一行は七月十一日に京都に着き、廿一日に東京へ行き、廿七日宮内省を訪い、八月二日に神戸か

ら帰途についた。(註三〇)（寺本はこの貫主一行に通訳として随従して帰朝し、また一処に北京へ行き、次いで西蔵へ行ったのである）舜台はこの貫主との会談によって、喇嘛教との提携を深く約束することができた。ここにシナ本土は勿論、満州、蒙古に自由に進むことができるようになったのである。

⒀財政問題　右に記るしたように舜台の遠大な計画は漸く緒について来た。ところで舜台の計画は東本願寺の仕事としては大き過ぎた。そのために資金が欠乏して運転が困難になってきた。舜台も財政面について は早くから考慮していたので、九九年（明治三二）北海道天塩国で一口六十万坪の炭鉱を三十口開発することにして居り、同じく天塩で別口の五十一口の開発を計画し、北見国でも計画している。然しこのような事業は利益が生れるまでには莫大な資金が必要であり、かつ時間がかかる。また九八年には六条生命保険会社を創立し、六条銀行も経営した（更に東本願寺の寺債を募集した事もあるが、これは失敗した）このような事で財政甚だ窮迫した上に、本山の会計が紊乱して数十万円が行方不明になっていると言いたてられ、遂に一九〇二年（明治三五）四月、辞表を提出した。即日井沢勝詮が寺務総長心得に任ぜられ、渥美契縁が「顧問」という名で内局の実権を握った。然し舜台としては私腹を肥した如く言われたのは心外千万であるので、厳重に交渉し、藤田伝三郎、浜岡光哲の二名が臨時会計調査顧問になって調査した結果、行方不明と言われた金の使途は明白になり、舜台には何の不正もなかった事が立証せられた。(註三一)舜台としては無実の罪で職を追われたのであるから、是非とも復職しようと計り、一九〇四年（明治三七）十一月、三度寺務総長になったが、財政問題のために信望は既に地に落ちていて、施すに策なく、翌年一月末に空しく職を退いた。

六　舜台の面影

与えられた紙面は遙に超えてしまったが、もう一言つけ加えておきたい。改めて言うまでもなく、舜台は金沢の人で、幕末に父の後を嗣いで永順寺の住職になったが、八八年（明治二五）永順寺を長男順誓（時に二三歳）に譲って、自分は次男の現順を伴って、越中石動《いするぎ》の道林寺へ入り、現順は楠氏になった。舜台は道林寺の支坊が金沢に在ったので、其処に住んでいた。

舜台は若い頃に陽明学で頭をきたえた人であるが、その後もよく勉学して実に博学多才であった。著作は五十数部に及んでいるが、「哲学参観仏教引」ほか数部は廿歳代のもの、他はすべて七十歳以後のものである。「蓮如上人と北国」一九二〇刊「仏教社会観序説」同上「真宗大義」一九二三刊「真宗安心之根本義」（同上）等、その眼界の広さ見識の高さは驚くべきものである。八十五歳の時に書いた「教行信証破壊論駁言」は菊版三九八頁の大冊であった。しかも当時、東本願寺前法主（句仏）のために、或は京都に出で或は東京に行って劃作奔走していて、この著作をしたのであった。舜台は政治家としても、学者としても一代の豪傑と言わなければならない。但し、東本願寺という舞台が舜台にとつてせますぎたのは残念であつた。

舜台が最後に嗣子現順、孫の雍に言い残した言葉は次の如くであった。

○

「何事も正直にせい。正直に勝つものはない。最後に勝つものは正直ぢや」

○

「どんなことが起っても、すべて大きく解釈して、大きく解決せい」

○

「外との交渉は、すべて善意を以て解釈せい」

○

「これからの坊主は、檀家に銭をくれと言うてはいかん。銭をくれと言うては、貴い御法を説くことができん」

○

「親鸞聖人という方を十分に研究せい。教行信証を縦横に読みこなせ。仏教は、聖徳太子の仰せられた通り、四生の終帰、万国の極宗ぢや。仏教で全世界を包まねばならん」(註三二)。

本稿を草するに当り、嘗て資料を貸与せられた鹿野久恒氏・藤井草宣氏・宮田利雄氏等に深く感謝の意を表する。

註 一料紙巻紙。六寸五分×四尺六寸。富山県道林寺蔵。 二色紙。道林寺蔵。 三「先帝と東本願寺」「東本願寺北海道開発史」 四・五・六配紙。 七南条文雄「懐旧録」 八配紙。 九村岡典嗣「平田篤胤の神学に於ける耶蘇教の影響」(日本思想史研究) 一〇松本白華の「航海録」 一一「明如上人伝」 一二「厳華自伝」(厳華は契縁の別号) 一三玉代勢法雲「真宗法難史」。配紙。 一四配紙。「先帝と東本願寺」 一五石川舜台自叙伝(「中外日報」大正一二・一二・一二) 一六小栗憲一「小栗栖香頂略伝」。「東本願寺上海開教六十年史」 一七「朝鮮開教五十年史。」不破幹雄「奥村円心」(真宗、昭和一四、五) 一八石川舜台述「明治仏教秘史」(中外日報、大正一一、二) 一九厳華自伝。配紙。 二〇教界事言 二一能浄院直話。「常盤」三三号附録。「宗報」四(明治三二・一・一五) 二二・二三宗報四―十二(明治三二、一―九)。「東本願寺上海開教六十年史」。 二四宗報三―二七(明治三一、一二―三三、一〇) 二五「朝鮮開教五十年史」 二六「能海寛遺稿。」山口益「故寺本婉雅先生と西蔵学」(「大谷学報」二二の一) 二七巣鴨監獄教誨師事件顛末摘録(「宗報」二(明治三一、一二)) 武田慧宏「明治監獄教誨史」(現代仏教十周年紀念号) 二八宗報五―一九。「明如上人伝」「厳華自伝」 二九仏骨奉迎始末(宗報二一―二四) 三〇宗報(明治三四、八)所載「喇嘛教貫主来朝日誌。」 三一藤田、浜岡の法主への復命書(宗報明治三六、四)。舜台の「四十二万円不明事件弁明」 三二楠現順氏、同雍氏直話

明如とそれをめぐる人々

二葉憲香

一

変革期にうごく人間の流転は、はげしく複雑であるが、これをつらぬくものは、単純な自己中心性であるようである。新しい事態を自己に有利に適応せしめようとする思惑がそれを示すが、それは歴史の狡智にうらぎられてしまう。

一八六七年（慶応三年）十月、慶喜は大政奉還と称し上表して

> 従来の旧習を改め政権を朝廷に奉帰、広く天下の公議を尽し聖断を仰ぎ同心協力共に皇国の保護仕候得ば必ず海外万国と可並立候、

といった。しかしその公議を尽す場合の主導権は維持しなくてはならない。

> 政権は全く徳川氏に、如以前将軍にてはなくとも、諸侯頭にても被命候やの心算（逸事史補）

と期待し、幕臣は、

> 天下之大政衆議に出候はば是を主裁する者亦何んぞ、必君上をして大御主裁たらしむべし、（勝義邦）

と考えた。従来の旧習を改めるとはいうが、実は旧習の形式変更による自己の存続のねがいがその本音であった。それがうらぎられたことは、

> 今度臣慶喜へ顛末之御沙汰無之而已ならず、詰合之列藩衆議だにも無之俄に一両藩戎装を以て宮闕に立

入、未曽有之大御変革被仰出候由に而——という通りである。新政府はまた「万機公論に決すべし」といったが、そのねらいは専制政府の樹立にあった。専制政権が軌道にのりはじめると「万機公論」は政府に向って要求せられることとなる。五箇条御誓文の原案に「庶民志を遂げ、人心をして倦まざらしむるを欲す」といったが庶民志をとげると主権在民ということになって天皇絶対制はくずれ去った。思惑はずれが早いかおそいかの相違はあるが、それはいずれの場合にもみられる。宗教教団の人々の場合も例外ではない。

明治維新における神道興隆政策の実施に際して、神道国教の夢をみた人々があった。それほどでなくても政府の態度によって「社人共俄に威権を得、陽に御趣意と称し、実は私憤を霽し候様の所業」におよぶものがあった。キリスト教徒の弾圧や仏教教団の排斥がそれにともなったことは周知の通りである。しかし、キリスト教弾圧は、キリスト教国の抗議にあってあえなく潰滅し、仏教教団を神道教団にかえようというくわだてもうたかたのように消えさり、信教自由ということとなった。神道興隆政策を実施した政府自体が宗教としての神道興隆をねらったのではなく、天皇の絶対性を主張するための手段としたにすぎなかった。天皇の権威が確立せられさえすれば、神道を宗教として興隆しなければならないという理由はきえる。やがて神道は宗教に非ずと称して信教自由と調和させる、あるいは信教自由のうらをかくという工作が必要となった。「廟堂の神道を改変するや七次、その都度神道退歩す」というなげきが神道者のものとなった。神道の権大教正本居豊頴などは、一八八二年(明治十五年)、

維新の始め首として古式に復し神祇官を八省の上におき専ら国教を興隆せられんとす、是れ第一次。然るに其人を得ざるを以て無識の皇学者流旧神官等も廃仏の論を主張し説教の如きは只管御一新の功徳を讃賞するのみ。此の時に当りて神道の功なきを社会に示す是れ第一次の退歩なり。仏教は廃仏の議を聞

き各宗同盟会を開きて其無益有害を要路に迫り、廟堂は之に懲り神祇官を変じて神祇省となすも旧病猶ほ癒へず、神仏合併布教せしむるの旨を以て教部省をおき、神官僧侶を教導職に補し遂に大教院を建て祭典の事は式部寮に属し、判然祭教を分けたる是れ第二次。時に仏者始めて廃仏の患を免れたるを喜こびて神道に依頼するの心あり、而神官教職の不注意なる、猶ほ神祇官の余風を帯びて僧侶を圧制すと雖ども僧侶も亦長く神官の圧制を受くるに甘ぜず、真宗の如きは徒弟をして欧洲に遊学せしめ、其帰朝の日分離論を発し神道各宗為めに教部省に迫り、終に上書するに至り、紛議百出して廟堂之を厭ひ、乃ち神仏合併の布教を止められ、各々分離を幸ひとするの状態あり、是に於て乎神仏全く剖判す、是れ第三次。

等といい、政府は仏教を国教にするのではないかとおそれている。ここでいわれている神道退歩に力をみせた真宗の指導者が光尊、明如上人であった。変革期にうずまく人々のさまざまな思惑にとりまかれ、歴史の狡智のなかで明如は何をめざし、どのように真宗の方向をきめたか。変革期に主導権をにぎる人は果敢に決断する人でなくてはなるまい。明如は強い決断力をもっていたようにみえる。

二

一八五〇年（嘉永三）明如（光尊）は西本願寺第二十世広如の第五男として生まれ、峩君《たかぎみ》と命名された。広如にはすでに四男一女があったが、いずれも早世したので顕証寺摂真の長男をむかえて養嗣とし徳如と称した（一八四七、弘化四）。明如は一八五七年（安政四）徳如の養子となりその法嗣となったが、一八六八年（明治元）徳如の逝去によって新門跡となり、次いで一八七一年（明治四）父広如が歿したので本願寺第二十一世の法灯をつぐこととなった。明如は時に二十二歳であった。幕末変革期に生長し、政治革命の最中、廃仏毀釈の最盛期に宗主となった明如の生涯は、教団の方向性格をよく象徴しているようである。

明如は十一歳で法眼大僧都に任ぜられ、同じ年僧正となり、十四歳の時には大僧正となっている。一八七二年(明治五)には華族に列せられ、この年三月には教導職権少教正に、六月には大教正となり、翌年には真宗四派管長となっている。以後生涯を通じて皇室と密接な関係をもって顕栄の地位をつづけ、一九〇三年(明治三六)五十四歳をもって歿した時は正二位に叙せられ、その葬儀には儀仗兵二中隊が附せられ「緇流に此の事あるは誠に是れ空前の栄典」といわれた。

十一歳で大僧都、十四歳で大僧正に任ぜられたことは、朝廷の与えた栄誉というものであろうが、それはもともと僧官であって政府の意図による僧団統制の機関であった。真宗の開祖とする親鸞の立場からいえば、与えられて喜ぶすじあいのものではない。政府から弾圧せられ僧官たちとは全く異る宗教的立場にあったのが親鸞であった。僧官制度をはじめた古代国家は僧尼の本質的意義を知らず、僧尼を所有支配してその出家性を無視した。僧尼は政府に服属する職業の一形態にすぎぬものと考えられたのであった。日本の国家権力はこのような僧尼観を伝承するが、そのような僧尼観による僧官任命を喜ぶ伝統が真宗にもうまれていた。明治政府も基本的には古代国家の宗教的立場と僧尼観を継承する。明治政府は明如を華族に列し、教導職設置にあたっては大教正に任じた。貴族として待遇し、教導職という「無給の官人」に任じたことは、政府からみればともかく、親鸞の伝統に立って誇り得るようなものではない。教導職は、敬神を説き、政権への服従を説くことを使命とする人民宣撫官であった。それはもともと排仏の意図をもつものであって明如の喜ぶものではなかったが、政府は、大僧正にも相当する最高階を与えたのであった。正二位に叙せられ、儀仗兵がつく「空前の栄典」は、親鸞と全く別の世界の住人という印象を与える。

では明如は、その生涯を通じて変革期を政権との結合のもとにてぎわよくおよぎぬけることを理想としたのであったか。親鸞への伝統は顧慮されることはなかったか。一八七六年（明治九）三月、明如は次のようにいった。

朝政革新百事変更の際に方て、予竜谷の法統を継ぎ、宗風を興起せんと尽力するこゝに五年なり、其間時運の転遷と官省の施設とによりて、教義通塞の艱難に罹り、東奔西走本山在住の日すら尚少し、――然るに去年の夏に至り、漸く分離布教の官令を蒙り、初而継職以来の宿志を満足せり、顧るに信教の自由なる、毫も他の抑圧をうけずといへるは、みづから移らざる猶若金剛の深信に根基するの外なし――所謂祖師聖人御相伝一流の肝要は、たゞこの信心一つに限れり、また弥陀をたのむ外に、当流の法門はなきなりと――既往を改め将来を謹み、生死事大無常迅速に心をとゞめ、聞名信喜の安心に住しつつ、摂取光中に起臥し報恩の称名とゝもに職業を励み、他の権利を妨げず、おのが義務を尽し、朝旨を奉じ国制を守り候はゞ、触光柔輭の誓約空しからず――

ここにいわれているように親鸞への伝統は自明の理とせられるようであるが、歴史的世界のちがいを示して興味深い。親鸞の生涯も変革期と念仏弾圧の中にあたし、明如の生涯も変革期の仏教弾圧の中にあった。親鸞と明如を通ずる同一の宗教的立場があって、それぞれの歴史条件との対決があったということになるであろうか。そこには何か本質的なちがいはなかったのであろうか。親鸞への伝統を自負しながら、それからはずれて行くという印象はぬぐいきれないのではないか。

鎌倉期の念仏弾圧は、自らの立場を仏法によるものと自負した朝廷、幕府によって行われた。明治の仏教弾圧は、惟神の道によることを宣言する政府によるものであった。前者は部分的排仏であり、後者は全面的排仏であるようにみえる。しかし鎌倉期の念仏弾圧の宗教的立場は、民族宗教的であり（神道的）、仏教の本質を示さない。その点では、惟神道をその基調とする明治の仏教弾圧と本質的に異るものではない。日本の国家権力が常に自我肯定的な民族宗教の基礎を有することは、前後一貫している。このような国家権力の仏教弾圧に対してさまざまな態度があらわれるが、妥協して権力に近ずくことを企てるもの、どこまでも自己の宗教的立場を守って弾圧に屈せず民衆の中にその地盤をきずくものがあらわれる。親鸞は後者であった。明治政府の排仏政策は、神仏分離令をもってはじまる。真宗にとって神仏分離令自体は何の痛痒もない。神仏判然はむしろのぞむ所であろう。しかし政府の神仏分離令の内実は仏教排除による神道の国民に対する強制であった。その正体が露骨になるのは一八七二年(明治五)政府が教導職を設置して、その組織の中に仏教教団の組織を解消しようとした時であった。教導職は前にいったように政府のありがたさを国民にときつける人民宣撫官であり、神道説教を行うものであった。この時設置された教部省の出した三条の教則は

一、敬神愛国の旨を体すべき事、

一、天理人道を明にすべき事、

一、皇上を奉戴し、朝旨を遵守せしむべき事、

というものであった。ねらいは第三条にあることは明らかであるが、宗教的には第一条が神道国教の意図を示している。政府の考えるところでは僧侶という「無用消穀の民」をして「三条の大綱を設けてこれが範囲を越えしめず、肉食妻帯の禁戒を解き、蓄髪俗衣の許可を下し神官と同じく宇内に布教せし」め「皇化を翼賛し倫理を正明にするの用に充て」るつもりであった。徳川幕府の政治手段として役立った仏教教団組織を神道宣布組織として新政権の利用し得るものへ移行編成しようというものであった。その為に一八七三年(明治六)説法法談の名称を禁じて説教と称せしめ、ついで説教を教導職以外のものには許さないこととした。従って寺院住職も教導職でなければ説教ができず、教導職となっても仏教専説は相ならんということであった。次いで寺院住職資格を教導職試補以上とし、試補申附難きものは退院させることとした。仏教

宣布組織を神道宣布組織とし政府の御用組織にしようとした徹底した排仏政策に対して明如の果敢な反撃があった。

政府の教導職制度による僧侶の採用は、排仏の気勢におびえた僧侶が蘇生の思いをしてむかえた。大教院設置を政府に歎願して神仏合併の講習布教場とし、全国の寺院を中小教院をすることとなった。寺院に神体を安置して、僧侶が神官の後にしたがって魚鳥をささげて拍手することとなった。大教院では、明如もその奇態を実演しなければならなかった。明如はさきに欧米に視察旅行に派遣した島地黙雷の宗教政策に対する果敢な批判、大教院分離の主張にささえられて、神仏分離、大教院からの脱退、教法自由の運動へとふみきった。この運動に対しては真宗四派の結束があっただけで、諸宗団は、真宗の分離論に反対した。政府の仏教無視を甘受して迎合しようとした仏教僧侶の無気力をそれはものがたっている。

一八七五年（明治八）四月、政府は神仏各宗合併教院による布教をさしとめ、自今各自に布教せよと達し、明如の運動は奏功した。明如が「去年（一八七五）の夏に至り、漸く分離の官令を蒙り、初而継職以来の宿志を満足せり」という所以である。仏教各宗あげて政府の排仏に腰をぬかしていた時、「教部の排仏」に抵抗して教法の自由を得たことは壮とするに足るし、その本懐とするところであったであろう。明治仏教界の重鎮とせられた福田行誡が教導職大教正に補せられて、

ゆきがけの駄賃にはちと高ければ
よのしりうまにのりの教正（狐馬に乗る図の狂歌）

と自嘲するほかのなかったこと、各宗大徳が、その地位の維持の為に迎合を事としていたことを思へば、明治仏教教団の指導者としての貫録があるようにみえる。明如、時に二十六歳、気鋭の青年であった。

しかし、政府の与えた教法の自由とは何か、教法家は宗教の自由を得て行政上の保護を受くる以上は能く朝旨の所在を認め、啻に政治の妨害とならざるに注意するのみならず、務めて此人民を善誘し、治化

を翼賛するに至るべき、是れ教法家の政府に報ずる所以の義務と謂ふべし、（教部省口達）

政権に対する全面的な服従奉仕が信教自由の代償であったことはこれでもわかろう。全仏教界における排仏への最大の抵抗者真宗、その指導者明如は完全に政府の要求をのんだ、その路線は早くから設定せられて王法為本のはたじるしとなっていた。

政府は、信教自由の名目の下に、教導職制度を通じて仏教教団の完全統制を実現して御用組織とし、神社神道を宗教に非ずと称して信教自由の埒外に置いた。信教自由のうらをかいて神道を国民に強制するぬけ道を作り、仏教徒の服従をみとどけてぬけぬけと信教自由と称した明治政府の奸智も相当なものといわなくてはなるまい。このような政府の奸智を見ぬき、国家のよって立つ宗教的立場と、それによる権力主義を批判し、そこに宗教的主体の自由をみいだすたぐいの仏教徒はたえてなかった。親鸞が念仏弾圧のもとに得た「無得の一道」宗教的主体の自由はかえりみられなかったようである。仏教教団の完全服従をみとどけて政府が与えた教法自由のもとで、親鸞への伝統はいよいようすれて行くこととなった。

政府の信教自由は、信教統制の別名にすぎなかったが、明如および全仏教界の信教自由の意識も甚だあいまいなものであった。大教院分離の主張において明如は、分離は「防邪の初志と齟齬す」という攻撃に対して「防邪」（キリスト教排除）の初志と齟齬せず「防邪の意未だ曽て一日も弛まず」といい、逆に分離不可論がキリスト教排除のさまたげとなるといっている。キリスト教排撃は、徳川幕府のながいキリスト教禁制を通じて国民の常識となっていたのであるが、自己の教法の自由を主張しながら一方ではキリスト教の禁圧を歓迎するというところに、信教自由の意識が人間の主体の自由と尊厳という認識に支えられていなかったことを示している。このことは真宗をはじめとする仏教徒がついに信教自由の主体的、社会的な基礎を作りえなかったことの理由となった。親鸞の光芒は、与えられた教法の自由のなかではとらえられなかった。

ともあれ明如は、親鸞への伝統を志して、大教院脱退をやりとげ継職以来の満足を得た。この満足を実現し、明如をめぐって明治仏教界をリードしたものは、島地黙雷、大州鉄然、赤松蓮城などの山口県出身の人たちであった。彼等は維新政権の中核となった防州勢力とつながっていた。木戸孝允とのつながりは最も深かったようである。

政治革命の混乱を防州勢力の一支流としてきりぬけた彼等は、旺盛な行動力をもっていた。幕末には、黙雷、鉄然共にさかんに武技を鍛錬し武力団体を作って活躍した。とりわけ大州鉄然は、海防僧、勤王僧とよばれた月性の教えをうけ金剛隊、南奇隊(第二奇兵隊)などを作り、戦闘に参加している。

(山口県大島郡)

孤島の狂僧志気豪なり

梵誦の余課兵韜を講ず

一身法に殉じ兼ねて国に酬ゆ

笑ふ勿れ方袍亦刀を佩するを

という鉄然の詩が、彼のひととなりを雄弁に示している。明如は彼等によって維新政権と連絡を保持し、排仏に抵抗し、新世界への展望を得たといってもよいであろう。黙雷、蓮城が明如によって欧米視察に出たのも、もともと木戸孝允のすすめによるものであった。木戸は明如の外遊をすすめたが、代って彼等を出したのであった。木戸にあてた明如書簡は、

海外巡視の義は年来之宿志にも有之、責而は門下之僧侶ニ而も差遣度存居候事に候間、於拙衲は異存無御座候得共、門末頑固之民情聊顧慮之儀も有之候間

――

等といっている。権力層の好意と頑固の民情との間に明如は置かれていた。その基盤は、「頑固の民情」の中にあり、その故に真宗は、政府の排仏に微動もしなかったのであるが、政府の恩恵によって教法の自由を与えられたと考え貴顕に接近することをこころよしとするところに明治僧徒の気風があろうか、ただし頑固

の民情もまた、明如を貴族視してやまぬものではあったが。

継職以来の満足を得た明如が次にえたものは何であったか。それは教団改革の挫折という甚だしい失意であった。一八六八年(明治元)明如は、黙雷、蓮城の建白を容れて本山改革にふみきった。変革期にみせた明快な決断は明如におう所が大きいという。その明如が一八七九年には、紀州の武僧北畠道竜に本山改正の委任状を与え、東京に改正事務所を置き道竜を総轄とした。京都の本山の議事、行事両局を止め、その職員を解任した。道竜は、黙雷、蓮城、鉄然等の防州出身者が本山要職にあって公平を失することを攻撃し、その排除を宣言した。この改革は、反撃にあって成功せず、五月にはじまった改革着手は、八月には瓦解した。東上した明如の帰山によって万事終ったのであった。道竜は以後かえりみられるところがない。改革に果断であった明如の心情はとらえ難いが、真宗を背負って立つ貴族的自負があったようである。道竜は、鉄然と同じく武僧であって、日本体育共和軍隊を組織したことがあり、長州征伐に際してはその先鋒として勇名をはせたという。鉄然は長州防衛の武力闘争に勇戦したのであるから宿縁あさからずというところである。黙雷、鉄然、道竜等、明如をめぐる人々がいずれも武力派であったこと、権力によって事を為そうとする人たちであったことは興味深いが、彼等は親鸞の真意を歴史のなかに見通す人々ではなかった。このことが明如を明治教界に雄飛させると共に、明如を親鸞の線から遠ざからせたようでもある。もとよりそれは、数百年にわたる教団王法為本化の結論でもあったが。

行誡と徹定

牧田諦亮

一

幕府政治の崩壊から王政復古へ、この大きな政治的社会的変革の渦のさなかに巻きこまれた封建的な仏教々団は、従来徳川幕府やその随従者たる諸大名らの外護をあつく受けていただけに、廃仏毀釈の風潮にふれて甚だしく動揺した。ことに、直接徳川家の菩提寺として帰依を受けることすこぶるあつかった浄土宗においては、その影響は、当然他宗と比較にならないほど大きかった。この明治初期転換期の浄土宗の中にあって、またひろく仏教界を通じて、時の衆侶の指導者として先ず指を折らなければならぬのは、福田行誡と養鸕《うがい》徹定であることには、何人も異議のさしはさむ余地もないところである。その生平はすこぶる徳行に富み、気品において気慨において一頭地を抜いた感のある行誡上人については、従来すでに「行誡上人全集」も三次にわたって刊行され、結城素明氏に「行誡上人遺墨集」、増谷文雄氏に「行誡上人」の著があって、その行業はもとより世人のよく知るところである。したがって私に課せられた「行誡と徹定」についても、紙数の制限もあるので、従来その行蹟が知られることすくなく、またかりに知られているとしても、甚だしく事実を枉げ、世人に誤解されている徹定上人を中心に述べ、その間まま行誡上人を記述することによって、その責を果したいと思う。

二

養鸕徹定(一八一四—一八九一)は、すでにしばしばロシアの船が北辺をおびやかし、尊皇攘夷の思想がようやく各地の身分の低い有識者の間におこりかけた将軍家斉の治世、一八一四年(文化一一)三月十五日に、久留米藩士鵜飼万五郎政喜の三男として生れた。この時は後年、徹定と並び称される浄土宗の高僧福田行誡(一八〇九—一八八八)が、六歳で伝通院伴頭寛淳について得度した年であり、また同じ久留米藩士で久留米水天宮の祠官の家の出である幕末の志士真木和泉(一八一三—一八六四)もその前年に生れている。久留米宗安寺に今もある徹定の父母兄弟らの墓碑からも知られることであるが、彼の実家は久留米藩にあっては、低い士分の家柄であったことが察せられる。おそらくはそのためであろうか、徹定は六歳で両親の膝下をはなれ、久留米瀬之下町浄土宗西岸寺の光誉禅竜の門に入り剃度している。文政二年三月八日である。この禅竜の薫陶愛育が、精神、物質の両面にわたって後年の徹定をして今日あらしめたものである。十四歳から京都に出て、仏儒の学を修め、十九歳の冬には増上寺順応寮に入って宗学を修め、さらに二十四歳再び京都に至って数年を仏儒の学の攷究に専念した。これらの間の学資はもとより西岸寺禅竜の給するところである。後年、徹定が考証学の上から、多くの古写経類の蒐集に巨額の資を投じ得たのも、専ら禅竜と西岸寺に拠ったのである。

徹定の青年時代については余り伝えられていないが、慈愛深い師の理解のもとに、少年時代すでに西京に遊学し、仏学、漢籍の学につとめたことは、後年の彼の宗内外における活躍の素地をなした。天保十三年四月、二十九歳の若齢をもって、増上寺功誉巨東大僧正の命によって新谷学寮司となり、梵網経・原人論などを講じたことは、当時としては破格の抜擢であった。しかもこの年十月には、増上寺に関係ある高僧たちの詩を集録した「縁山詩叢」二巻を纂輯しているのは、彼の数多くの著作活動の先駆をなしたものである。

ことに、行誡が四十四歳をもって伝通院学頭に進んだ嘉永五年、徹定三十九歳の春に、増上寺第六十六世冠誉慧厳大僧正の命を承けて、京都鹿ケ谷法然院に赴いて、忍澂上人の「麗蔵対校録」を謄写することとなった。忍澂は黄檗版大蔵経の誤脱の多いのを慨いて、当時建仁寺に蔵されていた高麗版大蔵経との校訂を行ったもので、弟子たちの編校した「大蔵対校録」一百巻は、遂に公刊を見るにはいたらなかったが、大蔵経研究に不可欠のものとされていたのである。徹定はこの稿本を謄写しているうちに、なお高麗蔵経本そのものにも誤脱落葉のあることに気づき、版経以前の隋唐古写経に依拠するのでなければ、信憑を期し難いと確信するにいたった。徹定はここにいたって、法然院での書写の事を放擲するとともに、直に大和の古寺に古写経を探ることとなった。

袋中良定（一五四四―一六三九）が中興した奈良漢国町浄土宗念仏寺は、当時はまともな住職もいないような有様であった。袋中が秋篠寺金峰山寺その他の古寺から古写経類を購求し、苦心してその充実を計った経蔵も、まさに散佚せんとする危機にあった。徹定は大金を投じて、この経蔵中の特に貴重な中国の古写経や天平写経などを入手したのである。スタイン、ペリオらの敦煌出土古写経の発見までは、世界最古の紀年のある写経として著名であった西魏大統十六年（五五〇）書写の菩薩処胎経も、この念仏寺の経蔵から出たものであった。この西魏書写菩薩処胎経を得た徹定の喜びは、後に岩槻浄国寺に住した時に認めたその第二巻の跋文に、

大統十六年為我欽明帝十一年庚午。距今凡一千三百一十有二年也。日本書紀曰、欽明帝十三年冬十月、百済聖明王献釈迦仏金銅像一軀幡蓋若干経論若干巻。是為吾朝仏法東漸之権輿矣。由是考之、此経為当時之物亦未可知也。

とあることからも想像される。彼の考古癖が単なる物

好きに出るものでないことは、この頃までに、すでに「諸仏変相図讃輯録」一巻・「大悲変相図讃輯録」一巻・「十六羅漢図讃輯録」二巻・「古今仏画名人小伝」一巻などの著書があることからも推察されるのであるが、この西魏の古写経を得てからは、当初の目的をやや逸脱して、蒐集そのものに頗る興味が集中したかに思われる。神田喜一郎博士の所蔵される「古経捜索録」は、念仏寺より古写経を得た直後に記録されたもので、徹定の考証学における最初の注目すべき労作と言わねばならない。

一八五五年（安政二）十月、徹定は四十二歳で、増上寺学寮において月行事に任ぜられて、毎月交替で学寮大衆統理の重責にあたっている。この月行事は、一山の法会にさいしては、導師と同列して仏壇に向って一文字に坐るところから一文字座とも、また同席とも称される、増上寺においては頗る上席にある身分であり、事実、数年後には、関東十八檀林の一、岩槻浄国寺に晉董しているほどである。そして、この頃彼の古写経類の蒐集は最高潮に達し、しかもその鑑識眼のすぐれていたことは、今日知恩院にのこされている逸品ぞろいの数百点の古写経群によっても知られる。しかも、それが単なる骨董趣味に終らず、「古経題跋」・「訳場列位」などの、今日もなお甚だ珍重すべき好資料を公けにした。また京都了蓮寺文雄の「蓮門経籍録」を文久二年に増補刊行するなど、清朝考証学の影響を受けた狩谷掖斎・伴信友らの外に、仏教界を代表して徹定が我が国考証学の草創期に特筆すべき業績をのこしていることは、永く記憶されなければならない。

三

しかも、徹定は紙魚裡の閑文字をのみ弄んだのではなかった。彼の九州男子としての烈々たる気魄は、幕末の思想政治の混乱期に、儼然たる護教の態度を貫いている。桜田門外に井伊大老が暗殺された万延元年（一八六〇）頃は、オランダ人アメリカ人が浪士によって殺害される事件が続出しているし、各地には漸く尊皇攘夷にからむ廃仏毀釈の風潮がおこり、その上、邪教として禁止されていた耶蘇教は、外国との交渉が頻繁となるにつれて、公然と布教を行わんとさえしていた。徹定が「高僧敬神録」を纂輯して、行基・伝教・智証・法然・親鸞・日蓮ら古来の高僧の敬神の事蹟を諸書から抜萃したのは、澎湃としておこった廃仏棄釈の風潮に対処せんとしたものであった。

この頃、ロンドン伝道協会の中国特派員として活躍していたジョセフ・エドキンス（一八二三―一九〇五）は、一八六一年即ち徹定が檀林浄国寺に住職した文久元年頃に天津地区の開教に専念していた。中国語に通暁していたエドキンスは、布教のかたわら東洋学研究、殊に仏教に注意をむけ、多くの研究成果を出版しており、ことに一八九三年（明治二十六年）に公刊した Chinese Buddhism はその代表的な労作である。このエドキンスの著作になる華文「釈教正謬」が香港の英華書院から出版されたのは一八六六年であり、まもなく、上海の英華書院からも出版された。偶像崇拝の仏教が、上帝の教に背き誤謬を犯していることを、二十章に分って詳細に指摘している。もともとこの書の出版の目的は、中国人伝道者や有識者層を対象としたものであって、必ずしも一般中国民衆を対象としたものではないようである。この「釈教正謬」は当然中国の仏教界から反撃されるべき性質のものであったが、いまだその反駁があったことを知らない。日本には他の耶蘇教の宣伝書とともに、出版後いち早く持ちこまれたようである。徹定の耶蘇教に対する排撃は、四十七歳の時「闢邪管見集」二巻を杞憂道人の名で公刊していることに始まっている。この「釈教正謬」については、明治元年徹定五十五歳の三月に、「釈教正謬初破」「釈教正謬再破」を撰述して、エドキンスの立論は取るに足らぬものではあるが、これを放任せんか、桃虫の誚を招くものとして、憤然として筆を取り、毒焔を一掃せんとしたのであるという。徳川幕府崩壊後の新事態に処して、徹定は「笑耶論」、「耶蘇興廃年表」を著し、或は王政復古の明治元年二月、徳川幕府の罪を太政官に謝することを命ぜられて西上したが、請われて京阪の寺院僧侶に「闢邪集」を講じ、また増上寺で「釈教正謬初破」を講義するなど、徹定のはなばなしい護教活動は、すくなくとも幕末維新頃の日本仏教界における代表的存在の一人であったと言い得る。耶蘇教に対して執った行誡の微温的な態度は後に記すごとくであった。

四

このような真摯なかつ幅のひろい学解と実践を兼ねそなえた徹定は、三百年の恩顧を蒙った徳川幕府の崩壊と、仏教を敵視する明治政府の出現とによって、根本的な改革を実施せざるを得なくなった浄土宗にとっては、その徳行をもって知られた行誡とともに、その危難を拯うになくてならぬ人として、注目されたのである。明治元年、行誡は六十歳、徹定は五十五歳であった。成田の新勝寺では、印度の神仏など祀っているのではなく我国古来の不動尊《うごかずのみこと》を祀っているのであると強弁したり、「いらぬもの、弓矢大小茶器の類、坊主山伏さては御役者」の狂歌まで行われたというような、明治初年の変動期にあって、従来の優柔不断な僧侶生活はきびしい反省を要求された。明治元年十二月京都興正寺で行われた諸宗同徳会盟は、諸宗の高僧憂教の人たちが集って仏教の改革を議したが、徹定ははるばるこれに参加している。ついで東京では徹定が首唱して、翌年四月に増上寺に各宗の巨頭三十余名が会して、キリスト教の排撃のみならず、旧弊を一洗し、学校教育を興して宗侶の素質向上、人材養成に努むべきことを協議している。浄土宗内においても、新時代に即応すべく、従来関東檀林のみに限られていた宗学の道場が、時局重大のため交通も阻礙されて、衆侶の東上も不便であったため、明治三年には山口に浄土宗講学所が設置されることとなり、岸上恢嶺とともにこれに赴いてその開設をたすけている。九月には再び増上寺の命をもって山口に出張して、檀林制度確立以来、始めての檀林外での伝法道場の開設となり、徹定は増上寺明賢に代って、二十四人に付法している。このことは、浄土宗における関東勢、檀林を中心とする増上寺の一宗統制力に微妙な影響をもたらすこととなり、まもなく、知恩院・金戒光明寺・知恩寺・清浄華院などの京都四ケ本山における伝宗伝戒を、徳川三百年の扶知をはなれて窮境にたたされた増上寺の経済的危機を、浄土一宗において負担することを条件として、認めざるを得ないこととなった。このことは、徳川三百年の間、総本山知恩院をもないがしろにして一宗を統轄してきた録所――増上寺――の総本山に対する降伏を意味するものであり、また同時に、浄土宗に東西抗争の種をまくこととなり、遂には明治十一年の東部浄土宗・西部浄土宗の分立をも招来する事態を生むにいたったのである。（戦後に総本山知恩院が浄土宗から独立して浄土宗本派を称するという特異な事態の原因の一つに、敗戦後の特別な環境のほかに、徳川家康以来の幕府の常套的な宗教政策の表現である増上寺の録所の触頭をもつて総本山知恩院を頤使してきたことから由来する、知恩院に対する宗務所の優越性を打破せんとするの反撥があることは、結局は、今日もなお幕府の亡霊に煩わされているとも言えよう）

五

この間に、明治政府の神道中心の宗教政策は着々と進められ、太政官に神祇事務局をおき、宮中安置の仏像仏具等を泉涌寺にうつし、また宗門人別帳、寺請制度などの旧幕府の遺した仏教中心の宗教政策を破毀した。ことに一八七二年（明治五）三月十四日には教部省が設置され、四月二十八日には、一・敬神愛国ノ旨ヲ体スベキ事、二・天理人道ヲ明ニスベキ事、三・皇上ヲ奉戴シ朝旨ヲ遵守セシムベキ事の「三条教憲」が定められ、ついでこの三条の綱領体認の上は宗意の講究が許されるなど、新政府の祭政一致論は神道国教論とともに、一時は全宗教を圧しさるかの観をさえ抱かしめた。また同年四月二十五日発布の太政官布告に見られる「僧侶の肉食妻帯蓄髪勝手たるべし」の条文は、道徳堅固な守旧派の僧侶からは、日本の仏教を根本から敗退せしめるものであるとして、大いに批難された。すくなくても、浄土宗について考えてみれば、宗祖法然上人の「ひじりで申されずば、めをもぅけて申すべし。妻をもぅけて申されずば、ひじりにて申すべし」といぅ法語（念仏問答集、禅勝房不審をたづねけるにつき上人のお返事―勅修御伝四五）は、非僧非俗の親鸞の一向宗をおこさせる重要の素因の一であることは容易に首肯されるし、明治維新後の新時代に対処すべき責任を負わされた福田行誡・養鸕徹定らも、当然ことの根源にたちかえり、人間性の本質にかんがみて、肉食妻帯の真義を考慮すべきであったにかかわらず、旧套を脱しきれず、真向から反対の態度を打ち出したのである。この太政官布告が出されると、直に福田行誡は卒先して各宗管長に檄して、肉食妻帯はこれを実行するといなとは、各宗において独自に決めるべきことであることを、太政官をして確認せしめることとし、再度にわたって、肉食妻帯の許容は宗規には関係なき旨を諭達せしめることになったほどである。

行誡が肉食妻帯に反対して、教部省に建白書を提出したことはよく知られている。その反対の根拠となったものは、肉食妻帯が、仏教の本律を紊す、廃仏の基礎を開く、沙門の節操を傷る。在家と事情を同ぅす、教化の実功を失すの五ヶ条であった。徹定もまた、仏法は外護なきに衰えず、内守なきに衰ぅとの立場から行誡に同調した。たしかに、永い伝統を持った日本仏教徒の禁欲的な戒律厳守の日常生活は、それ自体に一つの意義はあったのであるが、明治の新時代に、王政復古を目標とした神仏分離政策によって表現される為政者の仏教界に対する統制・挑戦以外に、人間生活の本源にたちかえっての必然性が、これらの守旧派の抵抗にもかかわらず、日本仏教を出家仏教から在家仏教へと大きく転換せしめていったことを覚知するまでには、なお若干の時日を要したのである。

六

明治五年（一八七二）、宗教制度の改革から教部省が設置されるに及んで、僧侶神主はともに教導職として、十四級に分たれたが、徹定はこの時十等出仕に補せられ、ついで権少教正、七月には権大教正、九月には小石川伝通院の住職となり、十月十九日には浄土宗管長に任ぜられている。これから後の徹定は、一宗管長の要職にあって、布教や宗政に東奔西走して、全く席の暖まるいとまのない生活を送っている。書画の蒐集も、すでにその絶頂を過ぎたようで、後人が言うごとき、徹定の古玩蒐集が知恩院の財政を破綻に瀕せしめ、数十万円の借財があり、一時は知恩院の三門を競売に付せしめるにいたったとするのは、甚だしい誤解である。

徹定が教部省令をもって知恩院に住職し、入山したのは明治七年六月十三日であった。時に徹定六十一歳。（その前年の十二月三十一日には徳川三百年の栄華をほこった芝増上寺は狂人のために全焼の厄にあっている。）明治二十年四月知恩院を辞して山内福寿院に隠棲するまでの十四年間は、徹定にとっては決して栄誉の座ではなく、浄土宗にとっても東西抗争の渦中に終始した悲むべき時期でもあった。

徹定が知恩院に住職して、最初の問題は、従来増上寺にのみ限られていた伝宗伝戒の道場を知恩院・黒谷・百万遍・清浄華院の四ヶ本山にても設けることで、このことは先にも一言したが、増上寺自身の復興問題もあって容易に解決した。然し、徹定が知恩院に住職して以来、知恩院が着々と祖山興隆宗風宣揚につとめ、その伽藍の整備とともに、徹定の年老いて倦むを知らない熱心な布教とは、増上寺に対する、浄土宗の総本山としての知恩院の地位を確固にするものがあり、このことは同時に増上寺を中心とする関東浄土宗の反撥を招く要因となったことは言うまでもない。

今日の東山高等学校の源流をなした総本山勧学本場が山内入信院に設立されたのは、明治八年八月二十七日で、宗侶人材教育の要所として、諸宗同徳会盟以来の徹定の素懐がここに実現されたのである。また徹定が壮年時代精魂をつくして蒐集した数百点の古写経絵画美術工芸品などのすべてを知恩院宝蔵に納めたのは明治十年九月のことである。宗祖法然の親筆の一点すら残されず、しばしばの法難や火災のため、勅修法然上人絵伝四十八巻などの若干の重宝を除いては殆んど特筆すべきものを持たなかった知恩院が、今日その古写経絵画などに数多くの名品を所有するにいたったのは、実にその功を徹定一人に帰するのである。また、今日も続けられている「おあさじ」―朝まいり―が始められ、参詣人への晨朝説教が行われだしたのは、明治十七年七月である。同じこの十年に徹定が「吉水正統系譜略」を著して、浄土宗伝法の特権はひとり関東のみに限るべきでなく、関西の各本山も法然の正統であるから、各山においても大いに伝法を行うべきことを明かにしたことは、さきに増上寺が京都四ヶ本山において伝法することを認めざるを得なかったことの理論的根拠となるものである。これが明治十七年以来浄土宗の東西抗争をさらに激化せしめることとなり、このため明治十八年三月に五ヶ本山十八檀林が協議して管長は五ヶ本山住職が一年交替とすることをきめ、徹定が四月一日から一年浄土宗管長として在任するなどあって、遂に明治二十年四月には、徹定もまた知恩院を退かざるを得ない窮状にたちいたったのである。

このような区々たる宗内の波瀾は別として、徹定は知恩院在職中も、宗侶に対して耶蘇教の攻勢に対処すべく、自著の「釈教正謬初破・再破」を読ましめ、或は臨済宗の関無学らとともに「三教一致盟約」を作り、肉食妻帯についてしばしば告諭を発して宗侶を誡しめ、また鹿児島・隠岐・北海など全日本各地への巡教など、積極的な護法の活動を怠ることはなかった。

七

徳行の誉一世に高かった行誡は、徹定の積極的な活動に比すれば、その動きは、微温でさえもあった。徹定の高圧的な耶蘇教排撃についても、行誡はその「外教処置法」において、不惜身命の意地に住し、公憤慷慨の心志を発して、外教を毀斥せざるべからず・外道の侵入も止むべからざることを知るべし・大慈悲心を以て外教師の徒を開導して帰仏の心を生ぜしむべしの三ヶ条を強調している。このことは闘争堅固のそしりを招きやすい外教に対する排撃よりも、まず持戒清浄の清僧に帰るべきであるとするのであって、「儒者徹定」に対して、「道心行誡」と評された福田行誡の真骨頂を示すものであろう。

徹定が、外は、新宗則発布をめざす日野霊瑞を主とする関東浄土宗の攻勢、内は知恩院寺務規則改正を主張する山城国改正党有志教学会らに依る内部分裂、山費不納同盟の結成などによって、十数年住みなれた知恩院を下山し、山内にある、久留米藩主の有縁の寺福寿院（現在の華頂短期大学の地）に隠棲したのは、一八八七年（明治二十）四月二日である。これは関東側が知恩院をもって永世浄土宗管長所住の寺となすことを強行して内務大臣山県有朋をして訓令を出さしめることとしたのにもとずくのであって、この時五ヶ本山の住職はすべて同時に辞任し、知恩院には浄土宗管長を命ぜられた福田行誡が四月六日に第七十六代住職として徹定のあとを襲いでいる。従来この徹定の下山が、彼が好古癖から資財をかえりみることなく蒐集につとめた結果は、実に三十三万八千余円にのぼるいわゆる「旧負債」にもとずく債権者の告訴に由来するごとく伝えられているのは、甚しい誤解である。今日知恩院に襲蔵されている徹定蒐集の古写経書画類には、それを入手した時の喜びを窺うことのできる跋文が必ずといってよい程丹念に記されているが、そのほとんどが明治以前の蒐集にかかるものである。しかも、この下山の時、徹定はかって知恩院に寄附した什宝類は全く手をふれていない、頗る恬淡たるものがあった。今日世上に見られる徹定珍蔵・古経堂などの収蔵印のある古写経類は、多くは弟子たちの手から流れたものと思われる。引退後の徹定は福寿院を根拠として、九州四国東海の地に掛錫し、文字通り席の暖まるいとまとてない多忙な日々をおくっていた。遂に明治二十四年三月十五日愛知県下巡錫中、病を得て名古屋の阿弥陀堂（西区千歳町崇徳寺）にて入寂した。時に七十八歳の高齢であった。

八

明治二十年四月八日付（即ち知恩院住職任命後二日）の行誡が某居士に宛てた書状には、「宗門種々変動有之、東西五ケ本山同時退職、其のしりを愚老に持込み、知恩院住職推撰などと申出、扨々断りてもきかず、無拠承諾及候」とあり、この間の消息を物語っている。この明治仏教界希有の高徳の僧を迎えた知恩院では、諸方面に改革を行ったが、左記の常念仏資財募縁序を見ても、行誡に期待するところの大であったことが知られる。

常念仏資財募縁序

我浄土宗ハ一向専念ノ宗風ニシテ、総本山知恩院ハ宗祖大師念仏開闡ノ道場ナリ。是故ニ三十八世万無大和尚御代延宝四年十月十九日ヲ以テ不断念仏ヲ開闢アリシ以降、常ニ称名ノ声ハ山谷ニ響キテ絶ヘズ、拝参ノ道俗ハ自ラ心行ヲ増進セリ。然ルニ星移リ物換テ維新革命ノ運ニ丁リ、大檀那徳川氏政権奉還ナリシ後ハ百事旧慣ヲ維持スル能ハズ。就中常行念仏ノ典モ亦中絶スルノ不幸ヲ来セリ。誰カ心アランモノ之ヲ慨歎セザランヤ。爰ニ明治二十年我宗海大ニ波瀾ヲ起シ、古来未曽有ノ変動アリキ。此時ニ膺リ、其筋ニ於テハ特旨ヲ以テ福田行誡大和尚ニ当山住職ヲ命ゼラル。蓋シ大和尚猊下ハ高齢八旬ニ越ヘ、道徳古今ニ秀デ玉ヘリ。故ヲ以テ上ハ縉紳学士ヨリ下ハ自他宗緇素ニ至ルマデ帰依渇仰スルコト艸ノ風ニ靡クガ如シ。今回各国門末総代七十余名ノ同衆、錫ヲ宗嶺ニ掛テ大ニ真俗二諦ノ良法ヲ議定スルニ、卒先シ廃絶スルノ常行念仏ヲ復興シ、従来萎靡セルノ宗風ヲ振起セントス。実ニ千載ノ奇遇ト謂ツベシ。更ニ庶幾クバ各国門末ノ諸大徳及信徒諸彦、応分不慳ノ浄財ヲ喜捨シテ其費用ヲ翼ケ、倶会一処ノ勝業ヲシテ永遠ニ相続セシメ玉ハンコトヲ至禱ス。

大会議員中

明治二十年 六 月 五 日

しかもこの年十二月には、行誡は病の床につき、徹定のごとき老軀に鞭打って東奔西走するの活躍はみることができなかったが、なお自誡策励怠ることなく、彼が筆を執ったと思われる、巡教規則に対する親諭にも、その深い信念を知ることができる。当時の布教に対する深い省察を知るためにも参考のため次に引用しておく。

知令第五号　門末寺院及信徒中
別紙親諭且本末規約ニ拠リ巡教規則左ノ通リ定ム

親　諭

諸悪莫作衆善奉行ハ諸仏ノ通誡ナリ。国此ヲ得レバ国治リ、人此ヲウレバ人正シ。況ヤ吾本宗浄土ノ法門タルヤ易行ノ称名ヲ修シ、以テ勝因トナシ、順次ノ往生ヲ以テ勝果トス。五乗斉入ノ法門ニシテ万機普益ノ直路ナリ。道俗男女誰カ之ヲ信ゼザラン。貴賤老若誰カ之ヲ行ゼザラン。予老衰ノ身ヲ以テ忝ク総本山ノ綱維ヲオカス。海内本宗ノ道俗男女ニ対シテ吾カ門弟子ヲ以テ視ザルベカラズ。爾レバ則チ吾一人ノ往生ヲ期スベキニ非ズ。普ク同行ノ善男善女ヲヒキイテ、一蓮托生ノ縁ヲ結バント欲ス。涼徳及ブベキコトアタハザルモ、素意専ラ茲ニ在リ。門末ノ弟子幸ニ此ノ旨ヲ体認シテ弘ク此ヲ四方ニ諧ゲヨ。

浄土門主　立行誠敬曰

巡教規則

第一条　本山ハ逐日説教師ヲ派遣シテ全国門末ヲ巡回セシメ洽ク末派檀信ヲ化導セシム

第三条　巡教師ハ恒ニ各地ニ游履シ門末檀信ヲ化導シテ本末間法契ノ親縁ヲ固結セシムルヲ専務トス。貴重ノ時日ヲ余事ニ徒消スルヲ許サス

第四条　巡教使ハ各地宗侶ノ勤惰及寺院ノ盛衰檀徒ノ信否等実際ノ状況ヲ視察シ併テ聞法篤信平素善行アルモノハ其姓名事績ヲ詳記シ本山ニ具情スベシ。但シ褒貶ニ渉ル見込アルモノハ該地方宗侶道俗トモニ三名以上ノ証印ヲ要ス

第五条　巡教使ヘ対シ各寺及檀信ニ於テ法礼報謝物ヲ捧呈スルニ及バザルモノトス。但巡教使ノ甲寺ヨリ乙寺ヘ移ル送迎費ハ甲乙両間協議ヲ以テ経支ヲ為サシムベシ

第六条　巡教師派出中ハ各地出張所又ハ組長等渾テ寺院ニ宿泊ヲ為サシム。其経費ハ地方寺院共同費ニ帰スヘシ。故ニ巡教師ハ如法謙譲ヲ旨トシ毫モ尊大虚飾ノ状態ヲ為スベカラズ。倹素節量以テ衆庶ノ票準タランコトヲ要ス。尚食糧ノ如キモ一汁一菜ノ外堅ク制止スベシ

第七条　略

右普達候事

明治廿一年二月六日

総本山事務所

知恩院のみならず、ひろく浄土一宗の期待を一身にあつめた行誡も、病重く、再び起つ能はず、明治二十一年四月二十五日、八十歳の生涯をとじたのである。

九

行の徹定・徳の行誡とも対比される、明治初期の代表的なこの二高僧の生涯は、従来あまりにも不公平に説かれてきた。たしかに行誡は有徳の僧としてその在世中からその名を知られたが、徹定は絶倫の見識を持ちながらも、九州男子の熱血の故か、よく誤解を招いた。然しながら、もはや今日、我々の前には、行誡も徹定も、ともにひろく明治初期仏教界を代表する傑僧として投映されるのであって、しかも両者ともに、過去を思うに急であって、将に来らんとする新しき時代の仏教については、なお考慮するところのすくなかったことは、当時すでに相当の老齢となった両者の、当然のなりゆきであったかも知れない。一面、従来見逃されてきた徹定の我国考証学の発展に対する絶大な貢献を改めて認識すべきであろう。

雑誌「仏教」第一一八号の口絵にかかげられた天台宗の慧澄和上の肖像の解説中に、「六尺豊肥の一大漢、学識博雅、百般の学芸に該通し、能く勁抜富胆の雄文を行い、宏達の度量廃仏毀釈の当時より、大教院の成立に及びて、ますます其の価値を天下に識られ、次で西都の華頂山を董しては、一時各宗の管長社会を横行したりし養鸕徹定師、(中略)他は即ち痩身骨立、衣に勝えざるがごとく、風丰清奇、温平たる其容、無限の学識を蔵めて、隆然たる徳望、海内を風靡し、大内・河滝等許多の好漢を感化して徳沢尚今に章々たる福田行誡公」と評しているのは、両公歿して七十年、当時を語り得る人もない今日として、また貴重なる文辞と言わねばならない。

明治の禅僧たち

篠原壽雄

はしがき

坐禅を標榜する禅門は、とかく出世間的な傾向が強く、俗事を離れて叢林生活を第一義としてきた。したがって、対社会的な事業や施設、すなわち、説教や講演などによって広く一般の人を教化することは、殆んど見られなかった。禅僧といえば、叢林のうちに打坐し、あるいは貴族的な書画三昧に生活するのみで、一般の民衆とは殆んど何の交渉も持たない、という印象を与えてきた。

　ところが、明治維新によって、仏教界は教団の根本からくつがえされて、禅僧たちも漸くにして、「脚下を照顧」せざるを得ない状勢になった。すなわち、鎮護国家の大法としての仏教々団も、古今未曽有の仏教迫害にあって、昔日の各宗派間相互の争いよりめざめ、仏教防衛のために各宗共同して自己反省せざるをえなくなった。「もし、明治政府がその廃仏毀釈政策をそのまま継続していたならば、仏教は多大の犠牲を払ったであろうが、その反面、全一仏教運動は急速な発展をして、現在は、すでに新たな仏教々団が成されていたかもしれない。」（村野宣忠・仏教界の動向）ところが、この全一仏教教団を組織する絶妙の機会も、政府の廃仏毀釈政策の廃止によって、あたらその機を失し、ふたたび仏教教団は、昔日の相《すがた》に戻っていった。

寺領の復活がこれに拍車したことはいうまでもない。

しかしながら、昔日のすがたはそのままには再現されなかった。新政府の信教の自由の方針は、キリスト教伝道の復活となり、神道の進展を将来したために、「形而上学的観念の遊戯にひとしい宗義・宗論に自己満足を楽しむ既成教団人をおびやかしたと同時に、考古学的・文献学的歴史研究の発達は、かれらが金科玉条としていた宗学の根底をくつがえさんとするにいたった」(同上)のである。加えて、急速に高まってきた国民教育の徹底、西欧文化の影響による各種社会事業の発達、キリスト教の伝播などのために、家族制度に対する批判、祖先崇拝に対する変化などに伴って、これまでの寺院を中心とした文化的使命は、その価値と、その性格を大いに稀薄にした。また、これらの事と関連して、僧風の変遷、社会機構の変化のために、寺院の機構・制度も俗化し宗教的権威に対しても、昔日の盲目的な信仰を否定し、疑問を抱く人々が出るようになったのも、当然な事である。かかる変遷を目のあたりにして、各宗教団ともに宗勢の挽回と権威の回復につとめたことはいうまでもない。

かくして、激変の社会相に対処し、その波浪に洗われながら、堅固な宗教心と不惜身命の志をもって、「法城を守る人」となった少数の僧侶たちの態度の中には、この新生の嵐に堪えぬいて、今にいたるまで伝統を伝える不抜の力がみられる。これこそ、僧侶自身の「本来の面目」に還らんとするいとなみであり、自覚であったのである。しかし、この「いとなみ」や「自覚」は、当時の社会相、特に政治的な勢力に影響され、うちひしがれずにすんだのか。もし影響されたとしたら、どのような影響をこうむったか。いまこれらの点と、日本文化の近代化に果した禅僧の役割などに注目しながら、曹洞宗の穆山《ぼくさん》、素童《そどう》と臨済宗の洪川《こうせん》など、明治の禅僧たちのあゆみを考えてみたい。

一 西《にし》有《あり》穆《ほく》山《ざん》

(一) 穆山のあゆみ

西有穆山《にしありほくざん》（一八二一－一九一〇）は諱を瑾英といい、その号を穆山といった。一八二一年（文政四）十月二十三日に、青森県三戸郡湊村に生れた。父は笹本長次郎といい、母は八戸町の西村家の出で、この両親に生れたのが、万吉、のちの穆山である。

近隣の人は、父を仏の長次郎といい、母を鬼婆といったという。穆山が晩年に生母を追想して、「わしの母親は無学ではあったが、自然に覚えたとみえて便所掃除がやかましかった。もう一つは門《かど》さきに草をはやすものは、その家がつぶれるといって、入り道に草一本はやすことをゆるさなかった」と語っている。きびしいしつけを、母は自らの実践によって穆山に示したのである。母の実家が真宗願栄寺（八戸町）の檀家であったために、穆山は母に連れられてしばしば願栄寺に参詣した。生れつき聡明な少年穆山は、お詣りの度毎に見る御堂の地獄極楽の図が、幼な心にも深く印象に残り、疑問を抱かせる種となった。九歳のおり、彼の図について母に疑念をただした。

地獄は罪の報いの深いものが行くところで、母自身もいたづらな子供の罪のために地獄へおちて行くのだ、と喩されて、子供心にも心配のあまり、さらに母親に訊ねる。

「お母さんも地獄へ行くのでしたら、極楽へは一体だれが行くのですか。」

少年の心は不安におののきながら母の答えをまった。

「お前が立派な和尚さんになったら、お前だけでなく、両親はもちろん親類のもの全部が極楽へ行けるのだよ。」

母のこの教えは、穆山に奇しくも出家の志を抱かせる動機になった。かくして、念願がかなって、十三歳の時、笹本家の菩提寺である長流寺（八戸町）の金竜のもとに、金英とよばれる新弟子となった。（一八三三）

十九歳の折に、師の金竜が病のために退隠されたので、仙台の松音寺悦音について、三年の間修業にはげんだ。

　これより先、金竜が病気になると、稚《おさ》な心にも観音様に願をかけ、師の病の治癒を祈って断食する少年穆山であった。ここには、彼の地獄極楽の図を見たころの純一なすがたがうかがえる。このけがれを知らない純一な心こそ、真の仏道を求める心となって、後年の穆山をして一大竜象たらしめたのである。

　四一年（天保一二）四月、穆山は、かって昌平黌《こう》（東京大学の前身）とならび称せられ、多くの先輩を育てた江戸吉祥寺の栴檀林《せんだんりん》に入って学ぶことになった。松音寺の悦音が、年毎に金一分の学資を与える約束であったが、ほかに何の貯えもない全く赤貧であったから、苦学は覚悟の上とはいえ、実に苦難な明け暮れであった。托鉢《たくはつ》をしてようやく一日を過す学究生活では、必要な書籍を求めることも出来なかった。その頃、下谷の池の端に鴈金屋《かりがねや》という書店があった。穆山はこの店主の破格の好意で、新本までも借りて読むことが出来た。身をけずるようなきびしい勉学のあけくれを終えて、四三年（天保一四）に泰禅（本然）について入室し法を嗣いだ。五〇年（嘉永三）に、その頃、学徳を兼ねそなえ、一世に声望の高い小田原海蔵寺の月潭（一八六五寂）のもとに行き、その後十二年の間『正法眼蔵《しょうぼうげんぞう》』（日本曹洞宗の開祖、永平道元の撰述書で洞門最高の宗典）の研鑽に専心した。

　宗内においても真に『眼蔵』を解する人は、寥々となってきた頃であるから、この期の穆山のあゆみは誠に貴重なことであった。

　かくして、江戸の中期頃からの宗学の伝統は、美事に継承され、やがて『正法眼蔵啓迪《けいてき》』（後述）が生れ出たのである。この一事は決して偶然ではなかった。穆山は栴檀林の学寮時代には、門前の儒者菊地竹庵について漢学を学んで、宗典・仏典以外の教養も充分身につけていたのである。この苦学力行の精華が美事に実を結んだわけである。さらに、この頃の宗教家としての穆山の人間形成に、大きな影響と感化を与えたものは、月潭の命によって、前橋の竜海院諸嶽奕堂《もろがくえきどう》に二年の間参じたことである。

奕堂（一八〇五―一八七五）の家風は、孤危嶮峻《こきけんしゅん》で名高く、明治期にかけての禅門第一の竜象で、この期に活躍した士の大半は、皆奕堂門下より輩出されたといっても、決して過言ではなかった。浄土宗の福田行誡（一八〇六―一八八八）、日蓮宗の新居日薩（一八三〇―一八八八）と、わが諸嶽奕堂は、「教界の三傑」と称され、極めて高く評価された。のちに、曹洞宗管長となっている。（一八七六）

『眼蔵』を月潭に学び、業を綿密着実な奕堂に学んだ穆山の活躍は期してまつべきものがあった。伝統的な宗風を、骨の髄にしみて体得したのである。したがって、穆山の家風は「伝承されたもの」を一歩も出ないと評されるが、この世評も決して当を失したものではない。むしろ穆山の家風をよく言い得ているといえよう。また、この伝統的な家風という意味においては、最後の一人ともいえよう。

奕堂に学んで後、牛込の宗参寺に住した。時に四十二歳、普明（折居光輪）が穆山に参じたのもこの頃（一八六六）で、ついで桐生の鳳仙寺《ほうせんじ》に住した。（一八七一）

当時、維新の革命の風潮のさ中に、仏教界も激しくゆれていた。『護法用心集』、『山陰閑話』などを著して、俗論をしりぞけたのもこの頃であった。時の教部省は各宗本山に対して、碩徳で声望があり事理に通じている者を、一両名召しつれて本省に出頭せよと発令した。穆山は原坦山《たんざん》（一八九二寂、後に東大講師、大学林総監となる）らと共に選ばれて、本山の代理となって宗務を司った。

大本山総持寺の東京出張所監院兼同本山貫首代理の大任を負っていたころ、大教院にて僧侶の法服廃止の議が盛んであったが、天竜寺の滴水（一八二二―一八九九）や、相国寺の独園（一八一八―一八九五）らと毅然としてこれを排した。

やがて、開教の命を受けて北海道に渡り、一寺を札幌に建立し開基となった。ほかならぬこの寺こそ中央寺で、穆山が七三年(明治五)九月の巡教の折のことであった。この頃より穆山の宗門人としての著しい活動が始まった。

当時の北海道は不毛の地が多く、その上に明治新生の恩恵に浴することが薄かったので、この開教は単に曹洞宗の開教伝道史上に意義があるばかりでなく、政治史上においても忘れられない貢献をなしている。しかし、これも元《もと》をただせば、明治の新生が仏教界に与えた影響で、永い国教的な地位より去らなければならなかった、仏教界の自覚のあらわれの一である。

この意味において、曹洞宗が中央寺を開創したことは、曽ては微力であった在家布教に、積極的になった事を意味し、同時にそれは禅門の新生の姿を示すものである。

北海道開拓の任を終えてから、静岡の可睡斎《かすいさい》に転住した(一八七七)。この可睡斎には俗に三尺棒権現《さんじゃくぼうごんげん》といわれる秋葉山があり、火事盗難大漁の守護神がまつられて、霊験はあらたかと伝えられているが、明治元年の神仏分離令の発布以来、種々物議をかもしてきた。いまなお廃仏の余波の生々しい跡をのこす新住地で、穆山は孜々《しし》として宗風を宣揚することにつとめた。東北巡教を終えた(一八七九、九月)穆山は、翌年は神祇省の処分(一八七二)以来神社となり、廃寺となっている秋葉山の再興盟約書を作った。この頃の僧侶には、廃仏の法難にも屈しないで、混乱期を乗り切り、仏教界の再興につとめる気運が力強く感ぜられる。穆山のあゆみも、この事を示している。まっしぐらに法のために純一の努力を傾注した宗教家のあゆみも、ほぼこの頃(一八七七年頃)を契機として、世俗的状勢の変化と共に移り変ってゆくのである。

このような状勢のうちに、いよいよ穆山は宗門を、いな、教界を直視するようになった。多くの宗教家の関心が外にむけられるにいたったのと対照的である。すなわち大いに宗規の廃頽を憂え敲唱会を組織し、憂宗の人々と交わりを重ねた。また、宗学の不振を慨嘆し

（一八八一）、万松学林を創立したのもこの年のことである。この学林において、常に『眼蔵』を揚唱し、時には、二百人常づめの「大眼蔵会《げんぞうえ》」が開催された。ここにて、穆山の教を受けたものには、麻布の大学林（駒沢大学の前身）教頭筒川方外、総持寺貫首秋野孝道、駒沢大学長丘宗潭、小塚仏宗などの逸材が雲集し、天下の大叢林となった。

先にも述べたが、近世以来の伝統的宗学を、明治につたえた、奕堂・月潭の偉大な功績は、命脈を絶つことなく、いま穆山によって継承された。穆山の「眼蔵会」はあまねく天下にこのことを示した。

穆山は宗門の偉材を打出するために、心魂を傾けたのである。この穆山の憂宗護法のまごころは、長松院（静岡）において『正法眼蔵開講備忘』を述べ（一八八四）、また『洞上信徒安心訣（一巻）』を著した（九〇）精神につらなる。

> 仏法を信ずること浅きが故に、宗祖の道に参ずることも亦疎なり。宗祖の道に参ずることの疎なるは何が故ぞ、これ他なし、近世に至りて行解一致真実の正師稀にして、行解相応せざる邪師のみ多きが故に参学随徒のものも亦真実参学の志を起さず、たまたま其行を信ずるも其解を疑ひ、其解を信ずるも其行を疑ふ（安心訣）

とは、誠に至当な言葉「婆心胸に溢れ」（同上）て後生に説く穆山の信念である。

さきに引例した『安心訣』に一貫して述べられていることは

> 身も心もなげすてゝ、三宝を敬い、合掌して南無帰依仏と唱ふる所に仏体具足すと安心決定し、而して、終に仏心を起すべし。

ということである。称名を唱えて「南無帰依仏《なむきえぶつ》」ということは注目に値することである。実際に布教する場合を考えると、仏前に黙して端坐し合掌することよりは、称名を唱える方が信徒には容易で、同時に教えそのものも信徒に滲透し易いと考えたのであろう。筒

伝心院に閑居されてから『元字脚《がんじきゃく》』をよまれた。

川方外、丘宗潭、足立䰗堂、秋野孝道らが、これに参会している。

一九〇〇年（明治三三）の春、穆山は横浜に西有寺《さいゆうじ》を開創した。既に八十歳の高齢であったが、日本の玄関ともいうべき港都横浜にふさわしい宗門寺院がないために、この寺の開創の意義は大きい。

一九〇一年（明治三四）、畔上楳仙《あぜがみばいせん》（一八二五―一九〇一）の後をうけて、総持寺貫首（独住第三世）となり、「直心浄国《じきしんじょうこく》」の禅師号を賜った。この年に、森田悟由《ごゆう》（一八三四―一九一五）らと曹洞宗大会を開催し、教学の拡張・制度の改善を計るなど、誠に発溂とした活動をなす。

一九〇四年（明治三七）、曹洞宗管長となり、よくとし西有寺に退居し（二月二十五日）、一九一〇年（明治四三）十二月四日に、波瀾に富んだ明治期の巨匠穆山は、九十歳を一期に、西有寺にて遷化したのである。

人となり秋霜烈日の如くであったが、よく親情をもって後進を導いた。父母を追慕するの至情があつく、八十歳まで便所掃除をやり「本師と母より先きに死んではすまぬ」という言葉のうちにも穆山を髣髴させるものがある。

㈡　正法の宣布

一宗の管長、大本山貫主となること、たゞそれだけの中にすでに宗教に長じた実践宗乗家としての面目が充分うかゞえる。しかし、穆山はこの宗教的な面で評価するよりも、むしろ眼蔵参究家としての穆山に視点をおいて考えなければならないだろう。九十年の生涯をかけて『眼蔵』に専念した穆山が晩年に

仏法の将来か、ソレはモウ駄目だ、（中略）寺は沢山ある、坊主も大勢居るが、肝腎の道心と云ふが念頭にないのにはこまる。（中略）信仰がどうの宗教が何うのと、理屈はいくらでも云へるけれども、真実の道心にいたりては、全く塵程もないのだから仕方がない。（禅床閑話）

と洞察している。「親しく高祖の道に参じ、深く仏

意を探って、接衆教導に過ちなからんことを望む」（安心訣）という穆山の精神は、さらに具体的に

　虚飾的や言論的の布教では、とても人々が感心するものでないぞ、人々が心の底から感服するは外の事ではいけない。真の仏法を行ふ真僧でなければならん、（中略）真の仏法を行ふ真僧のまねでもしてくれ」（禅床閑話）

という。自己の歩んだきびしい道をふりかえりつつ、且つは自己をむちうってきた鞭をながめながら、後進を励げましさとすのである。穆山のこのような慈意は、奕堂に参じ、月潭に学ぶことによって、最もみのり大きな収獲をかちえたのであった。なかでも月潭に学んで、『眼蔵』に全生命を傾けた十年に余る修業と、その後の長い宗門人としての修業と研鑽《けんさん》は、さきにのべた『啓迪』となって、長く輝しい禅門の指標となっているのである。いま、この『啓迪』について述べよう。

　島田の伝心院に住し、ついで西有寺に移る前後の穆山の爛熟期ともいえる八十歳の頃の提唱を富山祖英が聴書し、のち整理し集大成した（榑林皓堂編）ものである。『啓迪』とは祖英が「穆山の権威ある提唱が後進への光明であるとの感激から名付けたもの」（凡例）である。この書が刊行されてから後は、『眼蔵』を参究するすべての人の座右の書となったことは言うまでもない。この提唱の中にも、単に伝統を継承するのみでなく、伝統のからを破り、自らの思索と参究のあとを提唱しているのである。このことは、高祖道元の将来したといわれる、彼の『一夜碧巌集《いちやへきがんしゅう》』に対する態度を知れば、首肯けよう。ここにこそ穆山が近世以来の眼蔵家であり、巨匠と目される所以も認められているのである。

　加州大乗寺一夜碧巖集ハ古伝ニ云ク吾高祖大師入宋帰朝ノ時ニ臨ンテ天童浄祖ノ命ニ依テ一夜ニ書写セント欲スルニ其分ニ堪ヘズシテ成ルモノナリト。然ルニ能州東嶺寺前住仁鳳和尚語《テ》レ予《ニ》曰《ク》古伝全ク誤レリ、此ノ碧巖集ナルモノハ仏果克勤ノ嗣瞎堂慧遠和

尚ヨリ大乗寺開祖ノ受業師懐鑑師ヘ送ルモノ也。ソノ所以ハ懐鑑師ハ真言宗ニシテ釈宗ヲ帯ビタル人ナリ。（後略）

といい、以下にこの説を考訂しているまた、この書の中に

仏果ノ碧岩集ノ如キハ、浄祖ト云ヒ、一夜ニ苦ンデ以テ書写スル品物ニアラサル可シ。何ヲ以テ其趣ヲ知ルカト云ハバ、高祖一代の著述、且ツ高尚ナル見ハ碧岩集ト霄壊ノ異ナリ。然ルニ建撕記訂補ニ云ク、祖筆神筆ト墨痕分ルナトトハ、全ク想像ナルベシ（後略）

穆山の学問が少くとも当時の多くの宗門の人々と異なることが知られる。すなわち、きびしく真理を追求し、伝統を超克して自説を主張し、さらにこれに考訂をなし、自説に証明を加えていく学問の方法をもっているのである。偉れた近代の禅匠の一端をここにも見出すのである。

二　今北洪川

(一)　仏門に入る

特別に誂へられた環境の間で修業することは植物のむろ育ちと同じい事である。世間のつらい風に当らぬと本当の人格が出来上らぬ。僧堂内の教育だけでは、人生と云ふものの真実体に触れ得ないのである。老師も其後一定の修業を経てからこの事に気付かれたと想われる。」（鈴木大拙著・今北洪川）

激変のさなかに処して、仏法を説く者も、世の識者と同じく厳しい現実の世相を無視することは出来ない。いな、この現実を凝視し、ここに迷う大衆を救うことこそ、法衣を身にまとう者に課せられた唯一無上の道でもある。しかるに、叢林内の教育は、多くはこの現実の世と無関係に行われる場合が多い。したがって、叢林の教育を経ても大衆の実際の指導者となり得ないのみか、時には、世の歩みと逆行する場合があるのも、一に教育のあり方に原因がある。

この点、幼年に出家した多くの禅者とちがって、既に儒家として身を立てていた洪川の場合は特異である。

今北洪川（一八一六―一八九一）は諱を宗温、洪川《こうせん》とはその号で、また別に蒼竜窟《そうりゅうくつ》、虚舟《こしゅう》と号し、案山子《あんざんし》とも号した。今北は俗姓で、兵庫県（摂津国）福島郷に、一八一六年（文化一三）七月十日に生れた。

十四歳の時のこと、大阪の藤沢東畝に学んで、既に五年を経た洪川は「荘子は孔子よりも大である」と述懐したと伝えられる。また、「孟子は浩然を説くが、我は浩然を行ず」といったところからみても、知の人よりは行の人で、自ら体得しなければやまない人であったのである。洪川は、これを行ずる為には、儒学を学ぶことより、「直指人心の法門」がよりふさわしいものに感得されたのであった。

かくて、「我れと汝とは、たとえば、繊糸《いと》を以て土偶人《つちにんぎょう》を繋《つな》ぐが如し、今糸断れて我は山に入る」と、最愛の妻子に離縁状を送った。二十五歳にして禅門への第一歩は踏み出されたのである。念願が果されて、この時、京洛にその名の高い相国寺の大拙老師の下に参ずることが出来た。看話禅の忠実な修行者となった洪川は、相国寺大拙に相見して、「隻手音声」の公案に参じ、二年の間この一事にすべてを傾注しつくした。

大拙に参じた洪川のはげしい修行は続けられる。「道《い》うことは則ち甚だ道う。祇《た》だ是れ徹底の分なし」、と師大拙の言はきびしく、三年を経ても少しの垂語もなかったが、工夫につむ工夫の士、洪川にも純熟の機は訪れ、大悟の時は来た。大拙に心中を吐露して、漸く印可を得た。四二年（天保一三）洪川二十七歳の時であった。

洪川にとっては、精進の目的は純粋に自己の悟道にあるといえよう。その悟道の過程はもちろん詳かに出来ないが、最も苦心したのは、かっての自己の素養―学解を否定することであったのではないか。

禅僧が早歳文字の学を捨てて、叢林に入り、十年二十年とあらゆる艱難辛苦を喫して、一大事因縁を究明するのは、単一に行と解において、純真な性滅《めっ》の

田地に到著しようとするためではないか。（横山夜話中所収・性誠論）

という彼の言葉が、この辺の消息を余すところなく伝えている。

四八年（嘉永元）春、見性寺大震の五祖録会に、徳島県の祥瑞に赴き、鳴戸の嶮を一覧して、非常な感激を覚えた。無字の長歌はこの時に作られたのである。

長歌そのものは稚拙であろう、また用語にも世俗的なものが感ぜられるが、ここに洪川の生命である典型的な看話禅の体験が述べられている。まさしく洪川は、自己の体験的事実を、平易な言葉に綴つて表し得ているのである。そして、真の禅者といわれる士、禅者の資格として具えもつべきものにいたるまで、委曲をつくしている。

紫衣《しえ》や黄衣《こうえ》にだまされな
真の丈夫《じょうぶ》の気概を立てて
枯淡《こたん》　澹泊《たんぱく》　孤危《こき》　嶮峻《けんしゅん》
古人行脚《あんぎゃ》の模様を守り
油断めさるな諸大徳

いまここにいう枯淡・澹泊・孤危・嶮峻こそは、古来、禅者のそなえもつべき内面的要素を端的にいいあらわしたものである。昔日の叢林の風は地を掃い、禅者の真面目のうすれゆくのは、只今の一大事でもある。このような、昔日の真箇大徳の内面的な風貌を継承している洪川も、思想的には「儒流は毎に仏者の害を為し、動もすれば、仏法を滅ぼさんことを論ず。仏者もまた吾が法を尊んで、尋常《つねに》、儒と殊別《ことな》ることを論ず。是に於てか儒仏互に憎み見ること水火の容れざるが如し。此の説は始終同を以て対説す。是れ山僧が説法と天下の仏者と別なる処なり。」（禅海一瀾・編述例言）と、自己の歩みを明確にしている。

㈡　禅海一瀾の著述

学者若《もし》真正の師に撞著《どうじゃく》せば先づ其 懐《ふところ》を虚にし己れを委《い》して師に事《つか》ふべし。然《しか》らざれば折角千載一遇の幸福を以て傑師《けつし》を得るも徒爾《とじ》なるのみ……学道の上士《し》は弥々了《いよいよりょう》すれば弥々参じ、弥々登れば弥々捜《さ》ぐり、深く心の山の奥を尋ぬべし。豪髪《ごうはつ》ばかりも己《こ》見《けん》を存して、鄙見識に滞れば智徳の進むためしなし。仮令《たとい》百年を歴《ふ》るとも霊益《れいえき》あることなし。

と『勧善余論』で学者の守るべき心得を慈愛あふれる言葉で述べている。五八年（安政五）の秋、岩国藩主吉川監物のまねきに応じて、藩主の菩提寺である山口県（防州）岩国の永興寺に入った。時に四十三歳。一八六四年（元治元）、蛤御門《はまぐりごもん》の事変に引き続き、幕府は征長の軍を起こそうとする、緊迫した騒ぎのうちに洪川は岩国に住することになった。

やがて「闔国騒擾、城を挙げて家財を運び逃避す」と年譜に見えるから、征長の軍師の為に、四囲の状勢は、いやましに騒然としてきた。

この永興寺時代における、最も輝やかしい歴史はまさしく『禅海一瀾《ぜんかいいちらん》』の著述である。この書は、かって青少年時代の大半を親しんだ儒学の素養を大いに活用し、儒学の立説を禅家の視点から評論したもので、上巻・下巻（三十則の話）の二巻よりなっている。

この書の編述主旨は「専ら府君の為に撰す。府君は儒に入りて釈に入らず。頗る文学に長ず。故に通編勧めて仏祖の語を用ひず。大抵儒言を以て之を論ぜり」（禅海一瀾・編述例言）といい、また「この編述は山僧又微意有り。蓋し禅門の学者大抵数外別伝・不立文学の説を誤認し、仏義の如何、儒義の如何を問はず」（同上）という。理非曲直の分別心に乏しく、教養の低い禅者を対象とした意味をもつことも、著者の右の言葉によって明らかにされている。

ここにおいて、仏を論じ儒を論じて互に発明するところを期し、相互の健全な発展をねがったのである。

「伏して惟《おもん》みるに、高見正識の士此の書を熟覧し、余の鄙言を察し、言を忘じて道に契せしめば、果して能く仏道と儒道と並び用いられて悖らざることを知る。然る後この篇によって大いに開語すること有らば、便ち再び孔門の真風を扶起すること、決して難きことなからん」（上巻・原漢文）

とは、この辺りの消息である。

また、巻中のいたるところの立説に程顥《ていい》・周惇頤《しゅうとんい》、朱熹《しゅき》など宋代儒学者の言をあげているのも、洪川の学風を充分に示すものである。さらに儒・仏・道に対する洪川の精神を明白にしよう。

洪川は仏教は宗教的意識を持ち、これに徹底しているから、儒家や道家がただ「生民を利する」のみなのに比べて、その立場は大きく衆生に及び、いわゆる、二教とは次元を異にする（緒言）と説くのである。これは洪川の三教に対する立場を遺憾なくのべている。『一瀾』は右の精神が根本になっているのである。

したがって、あくまで仏者―禅者としての見地に立った主張であるために、典拠論証にもしばしば禅書により儒家を評し、儒言を評しているために、儒家の立場より見れば当を失したといわれる点もあろう。

ともあれ、明治の禅風を顧みて、古人の典籍を提唱する士は多いが、真に体験と思索との上に積み重ねられた自己の禅風を鼓吹した士は極めて少い。洪川はこの僅少な中に数えられる一人である。

また、この期に数多くの典籍が刊行されたが、その多くは古人の逸話や通俗的な禅談にわたるものが大半で、新時代の思想になり、新時代の指導原理となる書は極めて少い。洪川の『禅海一瀾』のもつ意義は自ずと明らかであろう。

㈢ 洪川の禅風

青年期に既に禅家として世に立つ素養を示していた洪川は、もともと学者肌の人であった。幼少の頃から、叢林という特殊な環境のうちに育てられた当時の禅者、たとえば独園《ごくおん》、滴水《てきすい》・越渓《えっけい》などに比べると、この点は一層はっきりする。この素養が、『禅海一瀾』の大き著作をなさしめ、法華経・六祖壇経に関する要義を記させ、また『蒼竜窟《そうりゅうくつ》大乗起信論義《ぎ》記講略《きこうりゃく》』などの稿本を遺こさせたのである。

よく読書し、諸種の覚帳《おほえちょう》への書入れものこっており、「布教の手控えとしては当時の新聞からの抜書もある。特に新時代の知識をも吸取に汲々たられた事実は、キリスト教や、哲学に関した刊行書からの引文でわかる。老師はダルウインの進化説にも触れて居られる。理学鉤玄（中江兆民著・明治十九年刊）と云う書物からは余程沢山の抜書をして居られるところを見ると、当時新たに輸入せられた西洋思想をも消化しょうと云う心があったことがわかる。」（鈴木大拙著・今北洪川）このことは、洪川の『勧善余論』によっても、何時も新時代に対処し、新知識におくれまいとする心構えが充分うかがえる。この精神は弟子釈宗演（一八五九―一九一九）に継承され、宗演が新知識を国の内外に求めたことに徴して一層明らかになる。

いわば、この進歩的とも評することが出来る思想をもって、明治十五年頃になると『僧侶国会準備論』を起草した。いうまでもなく、やがて開かれる議会にのぞむ僧侶たちの覚悟について論じたものである。このことは洪川をはじめとして多くの明治の禅僧たちが、時勢に敏感とならないわけにいかなかったことをあらわしている。

これまでは、禅的体験によって生れる禅の自覚を説くのに、論理的・哲学的思索をもってあとづけることをしていなかった。つまり、修禅の体験を直截簡明にそのまま示し、直説してきた。しかし、このことは禅を伝統の枠の中に入れこそすれ、禅が新しい社会に生きて行くきづなとなるためには、少なからず逕庭がある。いま現に大衆は新入の欧化思想に教育され、思索の方法も次第に欧化し、特に古来よりいだいていた日本人の宗教的信念が政治的にも教育的にも、広くは社会生活の面から払拭されようとする形勢にある時に、旧来のままの表現形式をもって救済の宗教となることはあまりにも困難なことであった。

時の禅界の第一人者である洪川は目ざとくも、この点に刮目した。だが洪川は「時局の動きにつれて強き国家主義者となり、此点から吾国の道徳宗教について重大な関心を持たれるやうになった」（大拙著・今北洪川）とあゆみは偏よっていった。極めて注目に値することであるが、この偏向は洪川のみに限らず素童らにも類似した精神のあらわれをみることができよう。

このような禅者の精神の具体的なあらわれは、「植民地の布教」や「従軍僧」(軍隊布教)などのかたちをもって、国勢の進展と共に著しくなってきた。一面には、この禅者のあゆみは、明治初年の社会不安に対して民心の動揺を抑圧するために、仏者の意見を容れて仏教を保護することによって国民精神を統一しようとした政府識者の成功した政策のあらわれでもある。禅者は識らず国策に躍らされたともいえよう。このことは重大なことであり、「折角芽生えた仏教の近代化の機運を民族意識の枠内に閉じ込めることにもなった」(明治文化史所収・明治仏教史)のである。

しかも、これらの傾向は次第に強固なものとなり、やがて「天皇制のプロパガンダの役を引きうけ、二十年代の教育宗教衝突論では、キリスト教排撃の陣列に参加し、反動ナショナリズムを応援するありさまであった」(戸頃重基・日本的モラルの病理)と評され、あるいは水戸学や儒教などの封建制イデオロギーの役割は「近代的な自由・平等を排撃する」(同上)という点において仏教と一致していると評されえよう。

維新の際の志士的な風貌をもって活躍した禅僧の革新的な思想は、かくて中途半端なものに終って了った観が深いのである。

人となり至誠の洪川は、永興寺に十数年住してのち、七五年(明治八)に鎌倉円覚寺の管長となり、臨済宗大教黌長を兼任して、布教に、禅者の育成に、寧日なかったが、九一年(明治二五)一月十六日に世寿七十七歳で遷化した。

その一生は黎明の日本と、仏教の新生の期にふさわしく激変の世に処して、真の禅者として偉彩を放ったのである。

洪川の法を嗣いだ弟子に、洪嶽宗演、函応宗海、奥宮慥斎など多くの竜象がある。居士として洪川に参じた士も多い。宗演の慶応義塾の入学の世話をなし、また渡印の際にも多大の支援をなした鳥居得庵(一八四七—一九〇五)もその一人である。また、洪川によって出家の志を中止された山岡鉄舟(一八三六—一八八八)

も真先に数えあげなければならない。このほかにも、伊達自得、小池靖一、秋月毅堂士などは何れも洪川に参じたものの一人で同時に時の名士でもあった。

三 石川素童

(一) 素童小伝

石川素童(一八四一—一九一九)は諱を素童といい、牧牛と号した。一八四一年（天保一二）十二月一日、愛知県春日井郡大曽根村に生れた。生家の道家氏は、代々農業であり、素童は幼名を寿三郎といった。父祐七は信仰心のあつい人で、豪潮律師、および、その高弟実戒和上に帰依して、早くから八斎戒をうけて、これを護ってきた。この仏法を信ずる心のあつい父は、常に一子の出家を心からのぞんでいた。一八四九年（嘉永二）素童八歳の年に、同村の関貞寺に授戒会《じゅかいえ》があり、母につれられてこの寺に参詣した。この事が機縁となり、生れつき頴脱な素童は出家を願うようになった。この年十二月八日、名古屋市泰増寺にて大潮海雲について出家し、仏門の人となり、その名を素童と改めた。宿善が開き、一子の出家は正しく父の願いにかなったものであった。以来、同寺にて八年の修業をつみ、初めて行脚《あんぎゃ》して（一八五七）山口県大寧寺に分応を訪ねた。分応に「百丈併却咽喉《へいきゃくいんこう》の話《わ》」を示された素童は、参究に寝食を忘れ、師もまたよく導いた。素童の修業中にあって、最も充実した期間といえる。この師の下に三年つとめ、六一年（万延元）二月、大寧寺をあとにし、長野松本の全久院雪巌棟門の門下に入り、さらに激しく道を求め、宗旨を明らめることにつとめた。六二（文久二）年正月、既に棟門に印可された素童は、その年の秋、泰増寺海雲の法を嗣ぎ、その冬十二月師席を継いで泰増寺の住職となった。

六四年（元治元）三月、総持寺に上つて瑞世《ずいせ》転衣《てんえ》をすませた素童は、この夏、佐藤牧山に漢籍を学び、さらに森春濤の門に入って詩を学んだ。素童には漢字の素養があったばかりでなく、非常な趣味をもっていた。十八史略などは暗誦しており、晩年には、漢の高祖の話などを時折り弟子に語った。また詩については、高青邱《こうせいきゅう》（中国、明代の詩人、一三三六―七四）のもつ清新な作風に大いに傾倒して、有名な「梅花十二律」などは暗誦していた。この外、春濤、竹外、山陽の詩を好んで誦した。若い頃の熱烈な研究のほどがしのばれる。また、全昌寺良範が彦根清凉寺に転住されると、これに従い、悟後の修業にも励んだ。

六九年（明治二）夏、良範にかわり、五十余の修業者をひきいて、岐阜県田代村洞雲寺にて後堂職を勤めた。時に二十九歳であった。その後、三河（愛知県）竜拈寺（一八七五、明治八）、名古屋高顕寺（一八七六、明治九）に、さらに再び、泰増寺（一八八〇、明治一三）に転住した。水谷仁海について天台学を修めたのも、この間のことであった。

八三年（明治一六）四月、曹洞宗大学林学監に任ぜられた。素童の中央における活躍は、ほぼこの時よりはじまるのである。

それ以來、三十年の間つねに宗門の要路にあって枢機に参画し、力を宗政の施行に、また教学の振興につくしたのである。

その後、井伊伯爵の懇請によって彦根清凉寺に（一八八六、明治一九）、東京豪徳寺に（一八九六、明治二九年二月）、さらには関東一の名刹といわれる小田原最乗寺に転住した（一九〇一、明治三四）のである。一九〇五（明治三八年三月）西有穆山が退隠した為に、一宗の輿望を負って、総持寺貫首の職につかれ、六月には、大円玄致の禅師号を賜った。時に六十四歳、翌年一月より管長となった。これより先、豪徳寺に転住して間もなく総持寺が火災（一八九八、明治三一年四月）に罹り、この移転再建に畢世の努力を傾注し、これを完全になし遂げた。今にいたっても、宗門の士が素童といえば、必らず総持寺の移転を想い起す程であり、素童の面目が躍如としてくる。

素童の巡化は遠く台湾・朝鮮にまで及んだが、一九年（大正九）一月、八十一歳にて遷化した。素童の帰依者の一人に、元勲伊藤博文がある。

㈡ 総持寺の移転

「日本の仏教は、今に至るも尚歴史的関係より馴致せられた封建的遺臭を脱却することあたはずして、知らず知らず時代と隔離し、其能力を徒に消耗しつつあるの観あり。換言すれば、国家社会は明治中興に際して、王政復古廃藩置県の如き根本的に制度の大革新の行われたるに拘らず、仏教は是に伴うの施設を試みざりしが如く、随って仏教の研究方法もまた矢張割拠的部分的研究のみに没頭して、統一的綜合的研究を等閑に付し、仏教即宗派と云うが如き変体をなしつつあるにあらずやの感なくんばあらず。」（第一義二四の三・犬養毅）とは正しく明治中期以降の日本仏教の最大の欠点を、遺憾なく示す言葉である。

古い因習を打破して、新時代の思想と社会機構に合致するためには、宗門、いな仏教界の制度ならびに研究・布教の根本的改造こそ、最大の急務なのであった。

この急務に目覚めて、百年の大計の上に立つ施設をなしてこそ、はじめて精神的に飢えている、多くの現代人の懊悩《なやみ》を救い、険悪な世道を匡正し、もって、開祖以来の祖風を宣揚し、後崑《のちのよ》に輝きを垂れることが出來るのである。この意味において、九八年（明治三一）四月十三日、六百余年の歴史をもつ能登の総持寺が火災に罹ったことは、禍を転じて、一大進展を期すべき絶好の機会であった。

この一事は、単に一宗の問題に止まらないで、ようやく転換期に立つ日本仏教の等しく注目するところであった。このような一般社会情勢と、宗教界の風潮の中に、能登の僻陬の地から鶴見に移転することが真剣に討究されるようになった。すなわち、一九〇六年（明治三九）七月二十六日、総持寺は神奈川県鶴見に移転を企図して、諮詢会を東京青松寺に開き、永平寺の同意を求むるにいたった。この年（一月一日）、総持寺貫首の素童は曹洞宗の管長に就任している。

この翌年（一九〇七）三月九日、総持寺は鶴見に寺基移転の官許を受けた。石川県民の切なる願いと反対をしりぞけて、偉業は一歩前進したのである。とかく山林隠遁的な仏教が、市中の間に進出すること自体が、日本仏教にとって、大きな進歩といえよう。翌一九〇八年（明治四一）十月十五日に、素童は台湾巡錫の途に就いたが、この年の十一月には、既に鶴見に伽藍造営の工を起している。

かくて、一九一一年（明治四四）十一月五日、総持寺は鶴見に移転し、この日、移転式ならびに仏祖安座の儀を行ったのである。

時の識者は新総持寺の宗教活動に大きな期待を寄せた。「真に恐るべき国家社会の危機に属する秋《とき》なれば、仏教主義の大悲平等真精神を発揮して、多数国民に精神的の帰趨を知らしむると同時に、世界人類を救済して現時の苦悩より脱却せしむる大抱負の下に前途多望なる、新総持寺の健全なる発達を祝禱して止まざるものなり」。（前掲第一義・頭山満）とは、総持寺のみに止まらず、広く宗教界に対する要望でもあったのである。

新総持寺の誕生も、その使命もほぼ明らかにし得た。いま、往時を回想すれば、伝統の枠から一歩外に出ることの極めて困難な仏教界にあって、しかも両本山の確執のさ中に、この一大偉業は完成されたのである。かかる困難な事業は、一宗の管長としての素童の不抜の信念と、卓越した政治力と実行力とが相まって、はじめて遂行しえたのである。

退嬰的な僧侶の中にあって、素童の精神の中には、機を見るに敏な明察力と、これを支える並はずれた、進取の気象があったのである。この間の消息を伝える素童の言葉に耳を傾けてみよう。

この活社会を離れては仏教も禅宗もない、活きた社会を導き、活きた仕事をして行くでこそ仏教の価値がある。若し山の中に在つても、十分にその時代に適ひ、その活きた社会を導いて行くことが出来れば、何も移転するには及ばぬ。（中略）能登の本山の在る所はまだまだ不便で、布教の上にも、事業の上にも一方ならぬ不便であり且つ不利益である。況して一万四千ケ寺、一千万の檀信徒を有する我が曹洞宗の大本山として、時代的発展の中心とするには、甚だ物足らぬことである。然も猶ほ色々な不便を忍び、依然として彼処にゐたならば、本山は自ら衰亡に帰するのみである。（現代と修養）

「参禅には静室が宜しい」というが、現下の急務である教化活動を念頭におけば、僻遠の地よりも大都市ほど好都合である。しかし、都市―政治の府に近いことは、それだけ国家権力を身近かに感ずるために、知らず識らずのうちに、時の国政に影響を受ける率が多くなるのではないか。紫衣を拝辞した高祖の精神も忘れられ、あるいは知らず貴顕の内にまじわるようになった仏者を見るのも、時の政治社会相に影響されるところの大きい結果であろう。

明治期の偉れた禅僧の多くをその門下より輩出した奕堂（一八〇五―一八七九）の綿密着実で、森厳重厚な家風は、この期の曹洞宗の面目を最もよくあらわすものであった。

奕堂は四十歳をすぎて、京都鞍馬の奥の大悲山に隠坐すること三年余、また諸方名刹に拝請されても辞して受けず、のちに無檀無禄の山科の大宅寺に鍬三挺、鎌三柄を購って自ら耕しつつ、なお暁坐夜坐の行事の履行は、大叢林の如くであったと伝えられる、本師の暁林が聖応寺の後席を、奕堂に譲ろうとしたときも固辞して受けず、師に脊き寺をすてても正師の教えを求め、道眼の開発に力められたのである。

かかる大気魄は、全く禅定力の結果であり雲水を接得する際の機鋒の峻烈さは、時に瞋拳熱喝となったが、奕堂によつて代表される明治初期の禅僧のすがたは次第に薄れていった。奕堂らこの期の僧侶の念願は、迫害された仏教をたてなおすことに心魂をくだいたのである、いま正法を振いおこさなければ、正法はこの地上より跡をけす、ぎりぎりの立場において、宗派を越えて力を合わせたのであった。しかるに、清国や露国と戦って勝利をおさめると、かの正法の発揚につとめた僧侶のすがたは影をひそめ、仏法そのものも、もはや真のそれとは遠ざかってきたのである。これが全教界の実状であり、洪川に見るように多くの禅僧たちも例外ではありえなかった。

「正法を挙揚し王化を盛んにしなければならぬ。これが即ち仏祖への報恩謝徳となり、国家に対しては忠君愛国となることである。王法と仏法とは誠に二にして不二である」と説く精神のうちには、所謂「忠君愛国」は国体の精華という考え方が歴然としている。「挙国一致の中心は皇室である」（同上）と説く精神と軌を一にするものであり、したがって、愛国心の昂揚（愛国の真精神）を説く素童の精神のうちには、次第に時勢に敏感となり、わが国民道徳に強い関心を示すものが認められるのである。

しかし、かかる間にも右の主張とは対比的な、未開国の国民が茶話の間に叫びそうな言語（怨敵退散、敵国降伏）を使用するを非として、今後はせめて「平和克復、将士健全」を祈るように注意せられたいものである（明治三十七年五月仏教文芸、来馬琢道―理性の力強き宗教家の日露戦争に対する態度）という良心を吐露した禅僧と、禅風が、国を挙げて興奮のるつぼと化した中にもあったことを歴史の一頁にとどめておきたい。

在家仏教徒の活動

友松円諦

はじめに

こうしたテーマを貫って、さて明治維新以後の仏教界を眺めて見ると、たしかに、目につくのは在家の仏教徒の活動ではある。しかし、在家仏教人の活動ということは、一体、何を意味しているのだろうか。出家仏教徒の指導のよろしきを得てかかる在家仏教者の活動を見たものか、それとも、出家仏教人の無為無能であったために、在家の活動が目についたとでもいうのだろうか。たしかに代表的な仏者の周囲には幾多の在家住者を輩出した。福田行誡《ふくだぎょうかい》には島田《しまだ》蕃根《みつね》、色川一《いろかわいっ》誠《せい》、河瀬《かわせ》秀治《ひでじ》、高崎正風《たかさきしょうふう》、税所敦子《さいしょうあつこ》らが雲集した。雲照律師には山県有朋《やまがたありとも》、伊藤《いとう》博文《ひろぶみ》、大隈重信《おおくましげのぶ》、三浦《みうら》梧《ご》楼《ろう》、井上馨《いのうえかおる》、河野《かわの》広中、西郷従道《さいごうつぐみち》、山岡鉄舟《やまおかてつしゅう》、青木《あおき》貞《てい》三郎《ざぶろう》の如き朝野の名士があつまった。島地《しまじ》黙雷《もくらい》を中心とする白蓮社には鳥尾《とりお》得庵《とくあん》、山県有朋、三浦梧楼などの名前も見える。特に禅門には洪川《こうせん》、独園《どくおん》、坦山《たんざん》など傑出した師家がいたことは否定できない事実である。

しかし、これらは極めて少数の人師であって、私共は明治時代にはたして出家仏教というものが正しい意味に於て存在したか、どうかを疑いたくなるのである。肉食妻帯勝手の政令は明治五年四月に発布されたけれども、大勢は神仏判然以来、全国いたるところに復飾帰俗者を見た。還俗した僧尼の数字を今日に於てつかむことは出来ないがおそらくは何万、何十万に及んだのではないかと思われる。すでに徳川時代から破戒の風潮は顕著であった。京都清水寺成就院日記、文政十三年閏三月廿四日の条に、「僧凡廿三人寺持之分不残遠島弟子所化僧四人有之候分ハ三条大橋東詰にて今日より三日肆《さらし》被仰付」とあるによっても、幕末の京都附近の寺僧の破戒ぶりがわかる。江戸は日本橋詰でさらしていたので東西での女犯の処刑である。明治五年に妻帯勝手の公示をしたのは、必ずしも仏教を弾圧しようとしたものではなくして不干渉自由放任主義をとらざるを得ないほど僧界に破戒の風潮が一般化したものと見るべきではなかろうか、だから、明治期に於ける在家仏教人の活躍といえば、きこえはいいが、それは戒律仏教の敗北という仏教としての根本的反省ともとりくまねばならぬ問題が存在している。又、もう一歩、掘り下げて、そもそも、この日本に本当の戒律仏教、出家仏教というものは存在したろうか、どうかも考えて見なくてはならぬ。上代の文献を見ても妻帯せる僧侶が存在した。それは修験や善光寺の坊中だけではない。由来、日本では閨房の私事にふれることをさける傾向があった。これは中国、朝鮮、東南アジヤの仏教国などには見られぬ不干渉、寛大な態度をとってきた日本仏教の一つの性格でもある、僧尼の生活を支持する民衆も破戒僧の存在を許したようである。その理由は人に問題があるのか、日本の民族性にあるのか、俄かに決しかねるけれども、日本仏教の一つの特徴であると思う。こう考えてみると、在家仏教人の活動が明治以後に顕著であるということは、本当の意味での出家仏教の存在しないこの日本には当然のことであろう。日本仏教そのものが、聖徳太子以来、すでに、在家仏教なのである。「大乗相応」という表現もそこに意味があるのではないかと思う。

この「在家仏教家の活動」というテーマをひきうけたものの、さて、執筆しようとして全六巻に列挙された項目をよんでゆくと、山岡鉄舟あり、居士群像あり、妙好人あり、その他、重複する課題が沢山にある。どうしてこれらとの重複をさけて行くか、すでにこれが、一つの問題である。それに昭和八年の「現代仏教」に加藤咄堂等が「明治時代の在家仏教」と題して手際よくまとめられている。乃ち、出家仏教の排斥の条下で在家仏教進出の理由をのべ、僧侶起用の進言で還俗僧、鴻雪爪をあつかい、在家仏教の擡頭で大内青巒と所謂、外護の居士で鳥居得庵、山岡鉄舟、三浦梧楼の三将軍居士と河瀬秀治、島田蕃根を紹介し、在家仏教の種々相で対キリスト教に活躍した破邪の諸居士と高嶋米峰との新仏教徒同志会の運動をのべ、最後に在家仏教徒の活動を過渡期の変調なりと結論している。はたして、こうした結論を与えていいだろうか、一時的の変調と見ていいだろうか、旧来の出家仏教では新時代に即応しえなかったのである。出家仏教の封建性、非社会性、非実際性、特にその教学が昔ながらの宗義学や性相学では時代の大変革に善処することは出来ないのである。とかく、戒律を昔ながらに堅固に守っているような人物では時代について行けないのである。かくして還俗した人々、全く社会に生活してきた在家仏教者がこの危機に立ち上がってくれたのである。

この在家と一口にいっても、いろいろの種類がある。又、時代によってその活動にも特色がある。従ってここでは一応三四のグループにわけ、その代表的人物をとらえきたってそのグループの傾向をのべてみようと思う。

一　第一のグループ

その第一のグループは復飾還俗者達の活動である。従って、時代は明治維新から明治の初葉にわたる人物である。さきに出た鴻雪爪もその一人である。修験から出ている島田蕃根もその一人かも知れない。天台学にくわしかった神原精二の遊説も忘れてはならない。しかし、こうした還俗者については従来誰も一通りは扱っているが、従来、門跡寺院に住持せられて、後年、皇族として活動した人々を復飾者、在家仏教徒として取扱わなかったことはどういうわけであろうか。皇室中心主義の時代風潮に支配せられて、これら皇族達の信仰をかたることをさしひかえたのではあるまいか。

これには、さきに奈良の一乗院宮、一八五一年(嘉永四)九月十二日に青蓮院に移転された。後年の中川宮、朝彦親王の復飾後の仏教関係の研究もなさるべきである。さきに真言宗の勧修寺門跡であった入道済範、一八六四年(元治元)一月十八日、山階宮晃親王と改称、興正寺摂信の「勤王護法録」によると慶応四年正月五日に東本願寺がまさに佐幕の疑いにより薩摩藩から焼き打ちをうけようとする寸前、山階宮の周旋により事なく済んだことがくわしく記録されているのである。宮は一八九八年(明治三一)二月十七日に八十三歳で逝去されているが、東本願寺事件を通じて見ても、宮の生涯には定めて仏教に関係するところが多かったろうと思う。一八六八年(慶応四)一月廿日に復飾された知恩院門跡、後の華頂宮博経親王、同年一月七日復飾した聖護院宮、さきの輪王寺門跡、後の北白河宮能久親王の復飾後の仏教活動も今後必要な研究テーマではあるまいか。

しかし、ここでは第一グループの代表者として一人の宮門跡をとり上げて見よう。それはさきの仁和寺宮純仁、のちの小松宮彰仁親王(一八四六―一九〇二)のことである。仁和寺宮純仁親王の略伝については仁和寺史編修員であった川崎庸之氏の未刊の小伝が私がかつて代表していた「明治仏教史編纂所」に所蔵しているので、前段は、これに基いてその護法の一端をのべることにする。仁和寺純仁は後に東伏見宮、さらに、小松宮と改称された方で、一八四六年(弘化三)の生れ、伏見宮邦家の第八子、安政五年仁和寺に入室、純仁と称した。学習院講師中河了三らの指導をうけたことが後年国事に奔走するに至った遠因といわねばならない。一八六五(慶応元)年廿歳で国事に専念されたようである。この方面の関心を一層助長したものは前述した、兄の山階宮晃親王からの影響である。大久保利通の日記に由ると、慶応二年九月十七日の条下に「山階宮え仁門公入らせらる、御召にて参殿、段々国事御議論あらせられ候事」とあり、岩倉公実記慶応三年十月六日の条下に、その別荘に於ける会議の模様を記述している。それには中御門経之、大久保一蔵（利通）品川弥二郎らが参画して幕府を討伐する陣容として仁和寺純仁を征討大将軍となさんことを商議したことによつても、当時白面の青年であった純仁に対する輿望のつよかったことがわかる。土佐藩士尾崎三郎の自伝によっても土佐藩士から岩倉に差出した新政府の官制案にも議奏の中に純仁の名が出ている。一八六七年（慶応三）十二月九日還俗、これからが在家者としての活動に入るわけである。これで全く純仁は仁和寺と縁切れになったのではなく、十五日には更めて「仁和寺宮」の称号を与えられ当分の間旧門跡の知行を与えられていたのである。ほどなくして、兵部卿に就任し千石の家禄をうけるに至った。慶応四年正月四日征討大将軍、六月十四日には会津征討のために越後に総督として出馬の命をうけたが、この出陣中、当時神仏判然令の行きすぎに対して憂慮され、七月、とくに出張の先々に高札を立てしめたが、その一条に次の文字のあることを忘れてはならぬ。

一、王政御一新ニ付、仏法抔トステラルヽト申成ノ族モ是アルトモ、聊心ツカヒスベカラズ、弥大事ニスベキコト

勿論、この高札の文字を単純によみ流すことは出来ない。越後口総督としては、その地域は仏法熱心、とくに浄土真宗流行の土地柄であるだけに、佐幕派の中には「朝旨は排仏に在る」旨を逆に宣伝するものもあったろうし、新政府の中にはたしかに排仏の徒が陰然たる勢力をもっていたのである。こうした宣撫の一策に出た一時的、一局部的のものかも知れない。しかし、凡そ、総督が数年前まで仁和寺の門跡であり、多年、仏教の中に生育してきたことを考え合せれば、この高札の文字をもって純仁の一片護法の心に発するところと素直にうけとってもいいと思う。況んや、純仁

の信仰護法はこの一事に終っていない。

明治三年、東伏見宮と改称、明治十五年十二月に小松宮彰仁と改称しているが、明治十六年十二月十九日の東京横浜毎日新聞の報ずるところによると、「小松宮発起の十善会」と題して次の記事がのっている。

「十六日湯島霊雲寺に第一回の教会を開かれ、導師は真言宗の雲照和尚、佐々木工部卿、鳥尾得庵居士、山岡鉄舟にも参会ありし由、又、桜井勉、中村正直の両氏も入会せられたり」

雲照律師は真言僧であって持律堅固第一と称された高徳の人師であったので、小松宮を初め山県有朋、伊藤博文、三浦梧楼、井上馨、大隈重信、西郷従道ら明治政府の元勲名士が帰依するところがあった。この「十善会」とは雲照律師提唱の十善戒の運動であって、葛城の慈雲以来、古義真言宗につらぬく仏教戒律運動である。すでに小松宮が慶応三年に復飾還俗するまで仁和寺に於て、この戒律を自ら守っていられた筈である。純仁が十善会を発起された趣旨は明らかでないが、仏教を護持するためには戒律の大切であること、その意味に於て、雲照律師を中心とした十善戒運動を提唱され、ただに僧尼の持戒のみならず、これをひろく国民道徳として普及しようとされたにちがいない。さすがに小松宮が発起者であるだけに、時の工部卿を初め多くの学者、名士、顕官がその運動に共鳴し賛同したものと思われる。

小松宮は仁和寺に深い因縁があったために自然に、高野真言の雲照に師事されたが、これよりさき、王政復古の大号令と共に討幕の密勅を薩長二藩に降下するとき、岩倉は、兵を高野山にあげ、大阪を制し、紀伊を扼させようとし鷲尾隆聚を高野山の主将に擬したのであるが、この高野挙兵はもと仁和寺宮のすすめによったものであることが慶応四年閏四月に東寺から提出された上申書に見えている。由来、高野山には勤王の僧が多く、月照が高野の良基をたよって怨敵降伏の祈禱を敢行したことでもわかる通りである。純仁はこうした一山の空気を理解した上での進言であつたにちがいない。従って復飾後、在家に戻られてからの純仁の行動はさきにのべた越後口の高札による護法的宣言といい、十善会の発表といい、一貫して仏教徒としての自意識を堅持されたものと思う。はたせるかな、明治卅六年二月十八日逝去されるや、その通夜法話を島地黙雷がひきうけているのである。一方に於て仁和寺の宗旨の故をもって高野山につよい関心をもち、雲照律師に師事すると共に、仁和寺復興についても努力されたこと、宗旨を異にせる島地黙雷とも道交のあったことを思い合せ、宮が決して狭い真言一宗の支持にとどまらずして、ひろく、仏法護持、仏道策励の意志をもっていられたことを想像するのである。こうした小松宮彰仁という一還俗者の護法的生涯は、明治維新後の皇室中心主義、国家至上主義のつよい時代に、わけてすべての特権を失った失意の仏教界にとって、いかに大きい支柱となりえたろうか想像に余りがある。

二　第二のグループ

第二のグループは全然在俗の出身にして仏教の化導をうけた外護の篤信者である。その感化のうけ方、うけとり方にはいろいろあった。僧月性《けっしょう》が松下村塾の童子二三十人に感化を与えたことは吉田松陰《よしだしょういん》が自らいうところであって木戸孝允《きごこういん》、品川弥次郎《しながわやじろう》、山田顕義《やまだあきよし》などもその童子中から立身した人々である。伊藤博文《いとうひろぶみ》、山県狂介《やまがたきょうすけ》などもその仲間である。どの程度に仏教的感化をうけたかは一概にいえないけれども、月性を通じて何らかの影響をうけていると思う。由来防長二州は西本願寺系の信仰のつよいところで、自然長州出身の明治の元勲の中から仏教に好意をもつものを輩出したことは当然であろう。さきの桂小五郎、後の木戸孝允が西本願寺に帰依し、島地黙雷、大洲鉄然、赤松連城たちとの交情のあつかったことは明治初期の仏教にとって大きな外護の役立ちをしたと思う、さきにもふれたように、薩州は東本願寺にながくふくむところがあり、一時焼打ちの計画さえあったほどの排仏派の多いところであったが、小松宮のところで見るように大久保利通、品川弥次郎、高崎正風などは仁和寺宮と交渉があり、仲間の一人、西郷隆盛は清水寺の月照から多くの感化をうけたにちがいない。西郷個人の仏教信仰というほどの材料はないかも知れないが、月照とは安政五年に西海に共に入水するほどの間柄であったことを忘れてはならぬ。高崎正風が仏教に帰依したことは注意していい。土佐には「閑愁録」の著者、海援隊の長岡慎吉がいる。「皇国の仏法」という表現で護法の熱意を示している。こうした薩長土肥、明治政府の要人達が決してそろって排仏の徒でなかったこと、彼らの中から相当に仏心のある連中が出たということは当時、落ち目になっていた仏教にとって大きな外護の役立ちをしたと思う。

ここでは長州出身の鳥尾得庵をその代表として略述する。彼は弘化四年長州萩に生れた。戊辰の役、彼は東北征討の先鋒、明治三年廿三歳で陸軍少将、兵学頭をかねていた。明治元年母の死に逢うや慟哭傷心、かねて親交のあった陸奥宗光の父、伊達自得に接し禅学をすすめられて憂悶を晴らした。伊達自得、宗広の思想については「伊達自得全集」があるので一読してその学解の深いことにおどろいた次第である。仏教界はこうした在俗の仏者をもっと研究せねばならぬと思う、宗広はひろく大小乗の経典を読破し、三国仏教の史実にくわしく、明治初年にはやく印度の四囲陀を論じている。護法の精神がいかにつよかったかは次の一文で察することが出来よう。

「しかるに徳川氏の代にいたり韓欧の偏執に倣いて仏を罵り法を誇る儒流出来り貶剝を以て猛とし、其論尤激烈なれと深く経論を研究したるにもあらす、たた末法儒弱の僧徒を貶して梵城壮麗の熱閙を憎むに過きす、此見執によりて仏法を以て無益無用の長物とす、かくなり行てより古来英雄の活機を知る人なし、今日許多の助益あるを悟る人なし。是しかしなから桑門惰弱にして英傑知識世に出てす大山巨刹の住持といへとも徒に方丈に傲然として多少の沙弥を馭するに過きす。況んや英邁の高官貴職に対しては其叱咤を恐るゝに似て接引開示の力なし唯室内に在て彼輩大道大理をしらす我何をかいはんなといふにすきす」（明治九年八月十八日、一七三ページ）いかにも当時の教界の無気力をいいえて妙である。鳥尾がこうした仏教人、伊達自得の如き人物の指導をうけ、更に洪川、坦山、独園をたずねて、卅七歳にして「仏法は四恩を報ひ、十善道を行ずる外、一事なきこと」をあきらめたといわれている。明治十年陸軍中将、十三年近衛都督、ついで元老院に入り、その言説は中外に重きを置かれた、明治十六年「王法論」を著わし、十七年には「明道協会」を起した。要領五則の中に、「仏法を宗として以て天下の善術を集め、安心立命各々其所に任せ、事みな四恩を報ゆるを以て会員実践の要旨となし、身命財をすてて正法に帰する」といっている。堂々たる仏教の宣言である。彼はさらに幾多の著述をなすほか、明道協会の遊説に全国各地を歩いた。当時顧みる者の少なかった仏教界に対し、彼の如き当代一流の人物が仏法外護の一役をかってくれたことは教界の頽勢をもりかえす一脈の活気となったと思う。明治卅一年四月熱海に死んだ。

こうした外護の仏教者の中には鳥尾と同じく長州出身の三浦梧楼将軍、侍従、宮内少輔になった山岡鉄舟、子爵品川弥次郎、子爵渡辺国武、さきに、武蔵県知事、後に商務局長に任じた河瀬秀治、教部省に出仕した島田蕃根らがいた。

三　大内青巒

第三に大内青巒をあげたい。しかし、彼は一つのグループの代表としてではなく、全く明治仏教界に於ける在家仏教者として代表的の存在である。彼一人だけをとり上げても在家仏教者を網羅することが出来るほどの多面をもった存在である。普通の還俗者でもなく、外護というのではなく、自ら仏教の運命を荷負して当時帰趨に迷っていた沈滞時代の仏教に対してその進むべき方向を示し、且つ大胆にこれを実践した人というべきであろう。弘化二年仙台に生れた。どうして仏教に関心をもつに至ったかは明らかでないが、同じ仙台出身の仏教学者、境野黄洋の話では曹洞宗寺院で出家し、千葉茨城両県下の寺院に育ったというから一種の還俗者ともいえる。こんなことで仏縁があったのだろう。後、本願寺に招かれて法主の講読に侍したので、いよいよ仏縁がふかまり、後、行誡、坦山、日薩に随って仏典を究めたという。彼は自由人だけにひろい交友関係をもっていた。明治七年頃、小野梓、馬場辰緒らと共存同衆というものを組織したり、外山正一、菊地大麓らと尚学会を起し、さらに山尾庸三、中村正直らと楽善会を結び、盲唖教育をはじめ、自ら東京盲唖学校の初代の校長となった。とにかく、目さきのきく人であったらしい。思いきった、自由な着想をもって仏教の展開に尽力した。その事業は上坂倉次氏によると左の十種となっている。一、教育事業、二、慈善事業、三、布教興学、四、活版印刷事業、五、新聞事業、六、図書出版事業、七、曹洞宗扶宗会、八、尊皇奉仏大同団、九、仏耶両教徒懇親会、十、上宮教会といっている。

教育については、さきにのべた東京盲唖学校ばかりでなく、専ら真宗僧徒の教育を志し、僧侶に教員をかねしめるため小学校教員速成伝習所を設置し、更に各宗僧侶に高等普通教育を授けるため各宗を結束せしめ、その補助を仰いで学校を建設した。「仏教の福沢」となって青年を教育するという意気込みであったそうだが、そういえば大内にはどこか福沢に似たところがあったし、当時神原精二は本郷に「共慣義塾」をつくったのである。大内はたしかに当時に於ける全一仏教運動の計画者であったといっていいと想う。しかし、各宗の不一致、内訌のためついに彼の理想を実現しえなかった。

慈善事業としては盲唖者教育のほか、聖徳太子を尊敬した彼は上宮教会の基礎をつくった。第三の布教興学こそは彼の本領であり、神原精二と共に仏教演説の開創者といわれている、布教活動の中心は神原と共に和敬会を全国につくって遊説し明治廿年代の仏教復興につくすところがあった。今日曹洞宗の勤行式にとり入れられている「修証義」も境野黄洋の話によると彼の編集するところで、当時としては仲々手際がいい。今日でも洞門の布教に不可欠の教材となっている。「唯識二十論述記」、「倶舎論頌疏」の校訂や「六離合尺講義」「尺門事物始原」「原人論講義」「遺教経講義」「禅学三要」など、通仏教的な、啓蒙的著作が多い。これをもって大内の思想傾向を察することが出来る。

第四の活版印刷事業については彼の創意と工夫とが大きく働いている。隔日刊行の明教新誌の印刷のため宏仏海と協力して明教社を銀座二の三につくり、ついで、佐久間貞一、宏らと秀英社をつくり、その社長として従事した。第五の新聞事業ではさきにのべた明教新誌の刊行である。この新聞は明治七年二月一日創刊の「官准教会新聞」を明治八年七月十二日に「明教新誌」と改題したもので社長は大内青巒京橋三十間堀の「明教社」から刊行、明治卅四年二月廿八日に「日出国新聞」に合併せられるまで三十年間ちかくも刊行をつづけ、仏教界の木鐸の役をはたしてきたことは大内の功労中の白眉といって過言でなかろう。第六の図書出版は芝に鴻盟社をつくりここから盛んに仏教図書を刊行した。この鴻盟社は今日でも仏教年鑑社がうけついでいる。第七の曹洞宗扶宗会の事業についても雑誌を刊行して努力した。彼は通仏教的の人物であったが、その中心はやはり曹洞宗、少くとも禅系であった。その生家の菩提所が仙台の輪王寺（曹洞宗）であり、若いときの修行が洞門で行われたためであろう。しかし、自由大胆な彼は決してその行動を一宗に局限されることなく、つねに仏教全体を推進し、啓蒙することに全力を傾けた。

第八の尊王奉仏大同団は蘆津実全、前田慧雲、加藤慧証らと共に国会の創設を前にして欧風心酔の時代風潮に対して尊皇奉仏、一乗通途の教義をもって愛国護法の士気を作興しようとし、一時は天下を風靡するかと思われたが、青巒自ら埼玉県に立候補して同志悉く落選し、大同団ももろくくずれてしまった。

教界の長老、来馬琢道師は「居士は仏教界の喇叭手であり、司令官でもあった」と評していられるが、大内の門下生達によってはじまった新仏教徒同志会が生れるまでの日本仏教界はほとんど大内居士の号令によって動いていたともいえよう。前にも後にもこれほどの大型の人物を見出せない。筆者なども親しく晩年の居士の講話をきいたことがあるが、あの東北訛りの仏教演説が今になつかしく思い出される。終りに附言したいのは大内が明教生命火災保険会社を経営したことである。創業は明治廿七年五月、その数年前から計画していたが七月になって初めて商法が制定されたので着手、その翌年一月八日の明教新誌によると、五月十二日から十二月末日までの半カ年間に契約高は百六万円、支払金額は生命は三名で二万円、火災は東京横浜で一件ずつ、保険料収入一万一千円に達したと報じている。宏仏海が明教生命火災の創業者となっているが、勿論、大内が本陣である。この明教保険の影響によってか、つづいて真宗信徒、日宗、仏教、六条、禅徒生命、更におくれて浄土生命、大谷派信徒生命などが雁行したことも在家信者が宗当局と協力してやっているのである。これらはもろくも明治卅年代に他に合併されたり、解消して行ったのである。

四　オルコット大佐

明治仏教について目につく変り種子はフェノロサである。岡倉天心などもそのつよい影響をうけている。しかしそれは仏教美術についてであるが、正面きって外国人で自ら仏教徒たることを表明して来朝、日本仏教界に異常な感激を与えたものは霊智協会の会長たるヘンリー、エス、オルコット大佐である。彼がどうして日本に来訪したかは詳細を知る由もないが、水谷涼然との文通からの話であるらしい。明治廿二年当時、横浜在駐の英国領事ゼームス、ツループが長崎時代に水谷氏から仏教の指導をうけた。そのツループが帰国の途次セイロンに立寄り、霊智協会を訪問せしとき、水谷が海外の仏教信徒と通信を希望している旨を伝えたので、初めてオルコットと水谷との文書上の交渉がはじまった。これは明治十五年頃のことである。その後七年をえて、明治廿二年になってオルコットは、青年の会友、協会の書記ダンマパーラを伴って一月十七日にセイロンを出発して来日した。

今手許にある材料をまとめてみると、彼は三カ月滞在して六十余回の仏教講演をしている。いま手許でわかっているのは三月六日に湯島の麟祥院、七日が芝増上寺、八日が浅草の本願寺別院、九日は一つ橋にあった帝大の講堂、十、十一日の二日間は木挽町の厚生館十三日には小石川伝通院、四月五日に名古屋大谷派別院、七日に岐阜本願寺別院、このときの来会者は七千人を記録されている。八日は岐阜の公園倶楽部館、五月十二、十三日には広島市で六カ所、仏護寺、国泰寺などでやっている。このときには発起人だけで五百人といっているので定めし盛況であったろう。このときに随行のダンマパラのセイロン仏教事情の話が京都の知恩院で行われたというからオルコットも出講しているであろう。とにかく、一八八五年（明治二二）の三、四、五の三カ月間、東京仙台岐阜名古屋京都広島などの各地を六十何回にわたって遊説したものと見える。アメリカ人、外国人の仏教演説、しかも肩書きは大佐である。セイロンのスマンガラ大僧正からの添書をもってきている初めての仏教使節である。朝野が目をむいたのは当然である。岐阜の別院に七千人集まったというが、おそらく他の会場にも聴衆が殺到したものと思われる。欧米文化に心酔し耶蘇教の伝道攻勢に苦しんでいた仏教界がこのアメリカ人仏教徒の熱意あふる、三カ月の全国遊説でどれほど力づけられたことであろう。

オルコットは一八三二年ニューヨークに生れたので明治廿二年来朝したときは、たしか六十二歳であった。信教自由を求めてアメリカに移住したイギリス人の先祖をもっていた。彼は相当の旧家の出である。「仏教を信じて十五年になる」と来日したとき告白しているのでやはり少青年時代はキリスト教の信仰で教育された。法律学や農学を研究、南北戦争に従軍して陸軍大佐に昇進した。キリスト教に疑問をもっていたのでアメリカで書物を通じて印度教を、さらに、仏教を研究するに至った。一八七五年同志と協力して霊智協会を設立し、本部をインド、マドラスに置き、鋭意東洋宗教の研究に尽力し、殊に印度、セイロンが耶蘇教の伝道のために在来の仏教の行事、僧侶信徒の活動を圧迫しているのを目にして仏教復興に力をかした。一八八〇年にオルコットとブラパストキー夫人がセイロンにきて山間僻地に布教伝道し、仏陀の降誕祭を盛大に挙行するようにさせ、仏教の書物や仏教新聞の刊行を助けた。セイロン仏教はオルコット夫妻の努力によって九年間に面目を一新したとダンマパーラは大佐の行動を徳として知恩院でかたっている。独仏二語にも通じていたといっている。オルコットに随行してきた明治廿二年のダンマパーラは一書記であったが、彼は明治廿六年十二月再度、釈興然の尽力により仏蹟再興運動のために来朝している。今度は大菩提協会の主事としてである。十二月十三日滋賀県大津の各宗が連合してダンマパーラ居士を招待し交道館で講演をきいている。オルコット大佐、ダンマパーラ二人の説くところは上座部仏教ではあるが仏教の国際性に日本仏教が目ざめたのはこの時がはじめであろう。

以上、明治の在家仏教について三四の面からのべたつもりだが、尚論ずべきものが沢山ある。井上角五郎、田中舎身、佐々木照山、河野広中の如き政治家が仏教に熱意をもっていたことである。彼らには、多少東亜的、保守的なものを見うけるけれども政治と仏教とをむすびつけたことは注意されていい。福沢諭吉は自由人で啓蒙家であるから、自ら居士を名乗ってはいないが、渥美契縁、赤松連城らと交友があり、彼の遺墨には仏教信仰にふれるものが多く、且つ大内青巒の仕事には陰乍ら援助していたような材料が明教新社誌上に散見している。その他、福地源一郎、北村透谷、三宅雪嶺、幸田露伴、夏目漱石、高山林次郎などの文学者、ジャーナリスト、税所敦子、瓜生岩子、奥村五百子などの女流が仏教につくした功労も忘れてはなるまい。

当人自身の信仰については問題はあるだろうが、高橋五郎、伊藤伴二郎、井上政共、小野藤太、森井国雄、石川成章、中西午郎、渡辺国武などの自由人らの仏教に関する著作の存在したこと、仏教のためにつくした彼らの功労も無視してはならない。

最後に一言、加藤弘之が「仏教改革論」の一文を草して小川文平を「東洋のルーテル」と称揚したことにふれて置こう。新仏教同志会には旧仏教についての批判が見えるが、概して在家仏教者は旧仏教、出家仏教についての批判が弱いようであって追随的である。さきにもふれた伊達自得の批判もあるがそれは具体的のものではない。然るに小川文平は専修念仏を唱えるけれども、自ら在家宗をもって任じ、「小川宗信者は僧侶寺院を必要とせず」とて読経の無意味、葬式の形式化を排し、一種の仏教無教会運動を起したことは注意すべき主張であった。明治卅年頃、小川宗の共鳴者は丹波、但馬、因幡、伯耆、豊前にひろがったが大きい仏教改革運動となることが出来なかった。とはいえ、在家仏教は決して出家仏教の盲目的追随であってはならない。つねに仏教の革新、寺院僧尼の制度についてのきびしい批判、現実に立脚する仏教理解を伴って行わねば大成することはないのであることを、この小川宗の主張は今日の、そして、今後の在家仏教運動に教えるものがあると思う。

明治仏教の再建と居士の活躍

――特に大内青巒居士について――

大久保道舟

一

日本仏教史上最大の苦難といえば、明治維新当時における廃仏棄釈の運動以上のものはない。仏教伝来以後約一千三百年、国家と密接な関係を結びつつ生長してきたものが、維新という政治上の大変革に遭遇して俄然排撃される立場におかれたのであるから、教界としての驚きは当然であって、全く茫然自失の情態であった。その一、二の例をあげるならば、従来宮門跡として寺院の最高位に君臨していた皇族の法体制が停止され、また庶民信仰の対象として崇敬されていた八幡大菩薩・金毘羅大権現等の神号廃止、また神社に奉仕し神主を凌駕していた社僧・別当等の権威の剝奪、さらには従来宗門改めに用いられていた寺請証文などが、神社の氏子調べにとってかわられ、終には僧侶の蓄髪・肉食・縁付・帰俗等まで勝手たるべきことが慫慂せられたのであるから、仏教としては奈落の底につき墜されたといっても過言ではない。今まで極めて順調な推移をたどり、政治・経済・文化の各方面に花々しい活躍をつづけ、すべてに指導的立場を保持してきただけに、その失意は大きかったであろう。しかしその反面、多年仏教を敵視していた神主系統の者は、絶好の機いたれりとして各地で乱妨狼藉をはたらき、神社より仏具を撤去することはもとより、経巻・仏像などを焼却し、甚だしきは弓矢をもって仏眼を射抜くなど、実に眼にあまる行動を敢てした。

政府もまた明治二年官制を改革して神祇・太政の二官を設け、而も神祇官を太政官の上位に置き、惟神の道を宣布する宣教使を地方に派遣するなど、極端に神道擁護の政策をとったから、神主の横行はますます猖獗をきわめた。

こういう悲惨な情態におかれた仏教が、どのようにして立ち直ってきたかといえば、各宗派の教義の宣布を行うことは第二段として、何よりも先ず国制の上に仏教の立場を位置づけることが最大の急務であった。

二

しかしながら思うに、明治維新には二つの矛盾した思想の対立があった。その一つは神道を中心とする王政復古の思想であり、今一つは基督教諸国と交遊しようとする開国進取の思想であった。即ち開国進取のためには基督教諸国と交わらねばならぬが、そのために神道の復古を妨げるようなことがあってはならぬ。つまり開国進取を叫びながら一方では鎖国時代の伝統を保持しようとする考方があった。

ところでこの矛盾を察知して立ちあがったのが有名な鴻雪爪《おおこりせつそう》（一八一四—一九〇四）であった。彼は明治元年、基督教と対抗するものは、当時約十万余の僧侶を擁する仏教以外にはないと確信し、先ずこれを起用することを政府に建言し、併せて当時の仏教排斥の誤っている点を指摘した。いわゆる戊辰の建白である、幸に彼のこの建言は意外の成功を収めた。雪爪はもともと曹洞宗の僧侶で、初め大垣の全昌寺、福井の孝顕寺等に住し、慶応三年彦根井伊直憲の請によって清涼寺の住職となったが、夙くより維新の志士と交遊し、特に松平春嶽・鍋島閑叟等の帰依をうけていた。元来政治家肌の気魄に富んだ傑僧であったから、明治四年七月太政官が改められて正院及び左右両院が置かれた時、政府の強要をうけて還俗し、少議生の職についた。このことは彼にとってはまことに気の毒なことであったが、仏教のためには好都合であった。即ちこのころから漸く仏教徒の進言が政府に用いられるようになり、基督教に対抗するため却って仏教が利用せられることとなった。雪爪はこの後ますます政府の帷幄に参じ、仏教の再建に内面的に努力しているが、若し雪爪のこの活躍がなかったならば、以上のような諸情勢の好転はなかったであろう。仏教をもって政策遂行の具に供したことは、旧幕時代にはしばしば行われたことであるが、今や明治政府もその轍を敢てふまざるをえなくなった。何はともあれ仏教はこれを契機として再び生気をとりもどすことができた。

乃ち明治五年四月、政府は神祇省を廃して教部省を設け、これによって神・仏両道を支配せしめ、神官・僧侶を教導職に補し、いわゆる三条の教憲を宣布せしめたのであるが、これによって仏教は、形式上は一応神道と平等な立場におかれたわけであるし、また逆境より救われたともいえる。しかし実際は敬神愛国を中心とし、各宗の宗意安心を説くことを禁止していたから、仏教は依然として不合理な情態におかれていたわけである。

この時、欧米の宗教事情を視察し、宗教に関する豊富な新知識を得てきた島地默雷・赤松連城等は、この奇しき現象を見て坐視することができず、蹶然立って東西両本願寺を初め真宗各派の同志に呼びかけ、一致結束して国制上における神仏分離を主張し、宗教の独立性を政府に要望した。政府もその意のあるところを諒とし、明治八年四月、「神仏合併布教差止めらるべき事」を通達し、ここに三条の教憲以外に仏教各宗派の教義宣布を許すこととなった。この事は廃仏棄釈の運動で将に滅却せんとした仏教が、真に再生の機会をとらえたのであって、大いに慶賀すべき現象であった。がしかし従来在家化導に重点をおいていた真宗にとっては聊かも困らなかったが、それを等閑にしていた他の宗派は、いずれも大いに当惑した。それというのも今までの仏教が、布教で支えられていたのでなく、国家とのさまざまな結びつきでその勢力を維持していたからである。従って対他的布教の標準といったものは全然もっていなかった。そのことは各宗派の中でも禅宗がもっとも劣っていた。この宗では「門を閉じて上々の機を打す」というのが本来の立前であったから、布教についてはいたって無頓着であった。だから布教の自由を与えられたとはいうものの、廃仏棄釈の一撃によって荒された教田を、もとの姿に回復することは容易ではなかった。ましてや当時滔々として入って来る基督教の攻勢に対処することは猶更困難であったといえよう。

三

ところが当時これらの困難を打開する有力な人々があらわれてきた。それが即ち居士と称する一群であって、いわゆる在家仏教を代表するものである。当時社会一般の、僧侶に対する観方は、僧侶は新時代に即応するだけの知識に欠けており、殊に一宗一流に偏した考えをもっているものとされた。甚だしきは僧侶は不浄の輩であるとさえいわれたのである。こういう場合には、僧侶の言には何等の価値も認められないので、一般には、むしろ仏教門外の人で而も仏教に理解ある人の声の方が遥かに重きをなしていた。この意味で居士の輩出は実に倒れんとする大木を支えるに与かって力があった。特に官尊民卑のわが国民は、曽ては政府の顕職にあった人々が仏教の信仰を語れば、無条件にそれに賛同した。今その重なる居士の二、三をあげるに、山岡鉄舟（一八三六―一八八八）・鳥尾得庵（一八四七―一九〇五）・三浦梧楼（一八四六―一九二六）・品川弥次郎（一八四三―一九〇〇）・渡辺国武（一八四六―一九一九）・河瀬秀治（一八三九―一九二八）・島田蕃根（一八二八―一九〇七）のごときは、いずれも著名な人々である。即ち山岡鉄舟・渡辺国武等は臨済禅に参じ、機鋒の峻烈なることで知られ、三浦梧楼は真言律の雲照律師に、河瀬秀治は浄土の行誡上人に、品川弥次郎は聖徳太子を尊崇したことで知られ、島田蕃根は神・儒・仏の三道に深い造詣があったといわれている。ところがこれ等の人々は、いわゆる居士の部類に属してはいても、直接街頭に立って積極的に布教したということはなかった。ただ河瀬秀治と島田蕃根は、上宮教会を設立して聖徳太子の文化立国の理念の昂揚につとめ、特に島田蕃根は弘経書院を興し、縮刷大蔵経を刊行して仏教の学問的意義を高めることに貢献した。

四

街頭に出て積極的に仏教を説いたものは大内青巒であった。彼の前後には黄檗の林道求、真宗の佐治実然、臨済の東海玄虎、真言の佐伯法雲のごとき半俗半僧の活躍がめぼしかったが、純粋の居士としての大建物は何といっても大内青巒であった。彼は筆舌ともに秀で、それが円満なる風貌と相まって縦横無尽の活躍をした。その最も特筆すべき活動としては次の五つをあげることができる。

第一は明治五年「駁尼去来問答」を著したことである。これは豊後の儒者広瀬林外の書いた「尼去来問答」を反駁したもので、林外の説はわが国体を汚損し露国を称揚したものであるから、国民思想上許すことが出来ないというのである。当時基督教が問題となったほどに外国関係のことについては一般が神経質になっていた際であるから、青巒のこの書は多くの人々に読まれ、彼の名声は一時にたかまったのである。当時彼の文才と見識とをかつて仕官を斡旋した人もあったが、彼は大洲鉄然の招きによって、本派本願寺法主の講読に侍することとなった。彼が仏教の興隆にその全身を捧げるようになった契機は、実にこの本願寺との結びつきにあったと思われる。

第二の運動は火葬廃止に対する解禁の建議である。これは明治六年太政官が火葬禁止令を出したのに抗議したもので、その解禁を左院に建白した。彼の建白は数回にわたって却下されたが毫も屈することなく、木戸孝允を通じて三条・岩倉などの要路に働きかけ、遂に明治八年解禁令が下ることとなった。そもそも火葬は奈良朝の初め元興寺道昭の主唱によって行われたものであるから、もともと仏教徒の始めたものである。神道者流の霊魂観からすれば、身体のすべてを焼却することは承服できないことであったかもしれない。しかし身心火滅の仏教精神からいっても、また環境衛生の点から眺めても、火葬は最も合理的処理方法である。彼のこの建議は理論的に正しかったから、識者の認めるところとなり遂に解禁されることとなった。

第三は「尊王奉仏大同団」の結成である。明治廿一、二年の頃彼は自ら幹事長になって全国に遊説し同志を募ったが、これはもともと日本仏教の特色たる鎮護国家思想の改題であるから、国体中心の神道思想とも相通ずるところがあって一般にも迎えられ、将に死滅せんとする仏教に新生命を賦与することとなった。

第四は教育勅語の普及運動であった。乃ち「教育勅語衍義」を著し、儒仏二教の立場から勅語を分科し図解して、その精神の普及伝達に彼の後半生を捧げた。当時教育勅語に関する著作は他方面から試みられたが、彼のこの書はいつもそれ等のものの憑拠となったほどに傑出していた。彼は前述の尊王奉仏大同団の運動とともに、この教育勅語の精神普及に全力をかたむけ、その足跡は全国の山村僻地にまで及んでいるが、私は今猶彼が羽織袴の姿で演壇に立っていた堂々たる面影を思い浮べ、その影響力の大きかったことに驚いている。

第五は「信行綱領」の著作である。これは明治四年の作で、仏教の要旨を信と行の二面から解説し、入門の要領を平易に示したものである。即ち「信」については、宇宙の体相用の三大を基本にして三箇の信条を立て、「行」については、止悪・作善・済衆の三行を設けて仏教の実践面を明かにしている。当時各宗派が布教の標準に悩んでいた際に、このような綱領を発表したことは、まことに時宜に適した仕事であったといわねばならぬ、従来の仏教が単に伝統的な宗是の殻の中にとじこもり、対他的布教については、あまり関心をもたなかったため、この時代的大変革に遭遇しては全く周章狼狽の外はなかった。されば彼のこの著作は、当時の僧侶の依処を示したものとして著大な価値があった。ところで彼のこれに類した仕事として最も大きな功績を遺したものは「曹洞教会修証義」（明治二十三年）の編輯である。元来曹洞宗は寺院数においては日本仏教中屈指の大宗門であったが、民衆布教という点にいたっては何等見るべきものがなく、いわゆる安心・起行の標準がはっきりしていなかった。恰度その時彼が「曹洞扶宗会」を起していたので、その事業の一つとしてこの書を編纂したのであるが、それが爾後の曹洞宗の安心・起行の軌範となり、仏事における唯一の聖典として読誦されるにいたった。もっともこの書は表面上は曹洞宗両大本山の貫首即ち永平寺の滝谷琢宗、総持寺の畔上楳仙らの共纂ということになってはいるが、それは形式上のことで、原作（初めは洞上在家修証義といった）は青巒の手になったものである。今日曹洞宗の宗旨を扱うものが、殆んどこの書を根拠にして論旨を進めていることを思うと、彼の思想的影響の大きかったことに感激する。

要するに彼の行蹟の重なるものは、以上の五つであるが、尚この外にあげねばならぬものが多々ある。例えば死刑廃止の建議のごとき、盲唖教育の創始のごとき、或は動物愛護運動のごときは、いずれも仏教の救済面を実践したことですぐれている。その他小野梓《おのあずさ》（一八五二―一八八六）・馬場辰猪《ばばたつい》（一八五〇―一八八八）・井上毅《いのうえこわし》（一八四三―一八九五）・尾崎三良《おざきさぶろう》（一八四二―一九一八）等とはかって「共存同衆」なるものを組織し、また外山正一（一八四八―一九〇〇）・菊池大麓《きくちだいろく》（一八五五―一九一七）等と「尚学会」を作り、更に「あけぼの」・「江湖新聞」・「明教新誌」などを創刊して大いに社会啓蒙の面に努力した。特に弁舌に巧みであったから、全国各地を遊説し、その講席に臨むこと二万回といわれている。また詩文の才にも長じ、これに関する多くの作品をのこし、殊に隷書に巧みであったから、その手になる金石文が全国各地に遺存している。

著書にいたっては、難解な仏書を平易に解釈したものが多く、その講話を筆記したものなど、合せて数十巻にも及んでいる。

大正七年十二月十六日、七十四歳をもって示寂したが、その一生は文字通り南船北馬席温まる暇のない情態であった。その出身は、弘化二年四月東北仙台、伊達の家臣に生れたが、本来は、周防大内氏の後裔と称せられ、彼自らその落款に「百済王之裔」と刻していたということである、

山岡鉄舟

海音寺潮五郎

一

気が弱くて、根気がなくて、見栄坊で、いささかニヒルというのが、江戸人の気質である。礼儀正しさも、いきでお洒落なところも、向ういきの強さも、見えを張るところから来る。この気質は、上は旗本から下は裏長屋の八さん熊さんに至るまで共通したものがあるが、元禄ちょいと前頃までと幕末の旗本には、大分毛色のちがっているのが出ている。剛強で、一本気で、誠実で、徹底しなければやまないといった性質の人がよくいる。元禄以前は戦国の習気がまだ濃厚にある時代であるから、三河武士の一本気がのこっていたのであろうし、幕末には旦那の家の屋台骨がゆるぎはじめた不安から、しぜん引きしまったのであろう。ともに時勢がそうさせたのだ。

鉄舟は幕末のそうした旗本の好適例になる人だ。鉄舟は江戸ッ子らしい洒脱でさばけたところも十分あった人だが、その剛強で、一本気で、誠実で、辛抱強いところは、はなはだ都会的でない。彼は剣術と禅によって人間を渾成した人だが、恐らく彼の剣術も禅もそのはじめは器用なものではなかったろう。ゴツゴツと無器用きわまるものであったのを、飽きることを知らない根気と猛烈な荒修業によって、ついに吹ッ切ったのだと思う。

こんな話がある。

鉄舟の実父小野朝右衛門は六百石の旗本で飛弾代官をつとめた人である。鉄舟は十一歳で、父の赴任に従って高山に行ったのであるが、その高山でのこと、朝右衛門は土地の宗猷《そうゆう》寺の和尚さんと親しくなり、よく行き来した。碁敵《がたき》かなんぞになったのであろう。こんなわけだから、鉄舟——鉄太郎もよく寺に遊びに行ったが、ある時、寺の鐘楼の前で大きな鐘をしみじみと凝視していた。和尚さんはこれを見て、

「鉄さん、この鐘がほしいですかえ。ほしければあげますから、持って行きなされ」

とからかった。

「お和尚さん、ほんとにくれる？」

「ああ、あげますわい」

「ありがとう」

鉄太郎は大喜びで走りかえって、呼吸をはずませて、父に言った。

「宗猷寺の鐘をもらいました。和尚さんがくれるといいました」

「ほう、それはよかったな。それなら取って来るがよい」

朝右衛門はこう言った。もちろん、からかってのことだ。和尚がどう出るかと、いたずらもあったのであろう。

鉄太郎は家来共を大勢つれて寺へ行った。家来共は本気にはしなかったろうが、鉄太郎が言いはるので、しかたなしに行ったのだろう。鉄太郎はさしずして、おろしにかかった。

和尚はおどろいて飛び出して来て、

「鉄さん、鉄さん、あんた何しなさる。ありゃ冗談で言ったのですがな」

と言ったが、鉄太郎はきかない。

「ほんとにくれるかと念をおしたら、ほんとにくれると和尚さんは言ったじゃありませんか。坊さんがウソをつくことがありますか」

と食ってかかる。

「冗談を言うて悪かった。かんにんして下され。それに、鐘なんぞもらって、あんたどうしなさる。寺にあってこそ役に立つが、鉄さんが持って行っても、しようがないでしょうに」

「しようがあろうがなかろうが、あたしの勝手じゃ。あれほど念をおしてもくれるといったからは、あたしのものだ。あたしはもらって行く」

と、言いはる。

和尚はこまりはて、代官所に走り、朝右衛門にわびを言って、朝右衛門に来てもらい、鉄太郎を説得してもらって、やっとあきらめさせたというのだ。

子供は正直で一本気なものではあるが、ここまでねばるのは尋常でない。生来、正直で、一本気で剛直・剛情だったのである。

こんな話もある。

彼が二十一の時、ある人の屋敷に朋輩数人と招かれて饗応を受けたことがあるが、その席でその家の主人が健脚を自慢して、

「わたしは明日下駄ばきで成田さんに日帰りでお詣りするんだが、お前さん方のうちに一緒に行こうという人はありませんか」

と言った。

成田へは往復六十キロもある。誰もしりごみして行こうという者がいない。強情な鉄太郎はくやしかったのだろう、

「わたしをお連れ下さい。わたしはまだ遠足したことがありませんから、足試ししたいと思います」

「よろしい。それでは明朝七ツ（四時）に当家にお出なさい。お待ちしているから」

その約束をした時、時刻はもう午前一時になっていた。鉄太郎は家に帰って、机にもたれたまま仮睡したが、間もなくはげしい風雨になった。雨はどしゃ降り、強風が吹きまくって来た。鉄太郎は目をさますと、時刻になると、高足駄をはいて、その家に出かけた。

主人は向う鉢巻で、青い顔をして出て来た。

「えらい天気になりましたな。これではとても行けません。それに、わたしは昨夜大分過ぎたので、頭痛がしましてな」

という。すると、鉄太郎は、

「そうですか。それでは、わたしは一人で行って来ましょう」

と言って、そこを出て、成田に向って歩き出し、風雲の中を参詣をすまして、深夜十一時頃に江戸にかえりついた。その家に行って、

「今かえってまいりました」

と報告した。高足駄の歯はすっかりつぶれ、からだ中泥しぶきが上っていた。主人はあきれたというのだ。この話でも、いかに剛強で一本気であったかがわかるのである。

こんな話もある。

彼は元来酒豪であったが、ある時水戸の家中で第一の大酒家という男と飲みくらべをしたところ、水戸の酒豪は五升でへたばったが、彼は七升飲んで、悠々とわが家に帰ったという。

食べくらべをして阿部川餅を百八個食べたことがあるというし、ゆで玉子を九十七個食べたこともあるという。

負けじ魂がさせたことなのであろう。

こうした馬鹿正直と負けぎらいと一本気と、辛抱強さからくる乱暴とが、身長六尺二寸、体重二十八貫、人一倍頑健な体質をもった彼を胃癌にかからせ、わずかに五十をこえたばかりで死なせたのだが、これがあったればこそ、彼は剣禅共に大成した巨人となり得たのだと、ぼく思う。小技芸でも、当代一といわれるほどになるには、無二無三狂気になるほどの修業の期間が相当長くなければならないようである。要領よく利口にやって効果を上げようというような考えでは、どうにもならないもののように、ぼくには見える。そうした根性は、事前にもう気を呑まれている。大成するはずはなかろう。

二

鉄舟の剣と禅の修業は少年時代からはじまっている。彼は九つの時から剣術を学んでいるが、十三の時、父にこうたずねた。

「武士というものは、戦さに出ねばならぬものでありますが、敵にたいして恐れる心をどうすれば断つことが出来るのでしょうか」

「よいことを問うた。それには心を動かさぬということを体得しなければならない。わしらのご先祖高寛《たかひろ》様は、東照宮におつかえして、なかなか戦功のあったお人であるが、そのさしものには〝吹毛曽《ツテ》不レ動《カ》〟と書いてあった。この文句は禅語だ。ご先祖は禅の修業をなさった方と見える。それでわしも禅道を心がけている。武士たるものは、からだに武芸を身につけるとともに、心に禅理をあきらめるのが、最も大事なことだ」

と父は答えた。このことは、鉄舟遺稿の中にある話で、彼はこれ以後、この二道に心をひそめるに至ったと書いている。

何の道にも機縁ということは大切だが、とりわけ宗教上のことはこれが大事であるという。鉄舟も、父の話を聞いた当座数年は、その気はありながらも、師家も得られないままに、一筋に剣術に邁進しているが、数年後にまた機縁があって、この道にも没入することになったのだが、最初の機縁がなかったら、二度目は機縁にならなかったかも知れない。

鉄舟の剣術修業は狂的なくらい熱心で、起きている間は厠にいても工夫し、寝ていても工夫し、来訪者があると、すぐ稽古道具を出し、

「さあ、一本」

と挑んだという。

ご用ききの商人らをつかまえては、無理に木剣を持たせ、裸かになって、

「さあ、おれのからだ中、どこでもよいから撃て」

と言いつけて打ちこませ、もう一本、もう一本と際

限がなかったので、ついにはご用ききに来なくなったという。

こんな風だから、外を歩いている時、竹刀の音でも聞きつけようものなら、すぐその家に飛びこんで、

「一本お手合せ願いたい」

と申しこんだという。

鉄舟ははじめ久須美閑適斎に剣術の手ほどきをしてもらった後、千葉周作の門に入って北辰一刀流を学んだが、その後一刀流の古法を最もよく伝えている小野派一刀流に転じて、中西子正《たねまさ》の門に入った。この中西道場は毎年春秋二季に午前五時から午後四時まで終日の稽古をつづけることになっていた。彼は欠かさず毎回出たが、終日立ち切りで、面をぬぐことなく、片ッぱしから相手にして稽古したので、人々は、

「鬼鉄《おにてつ》」

とあだ名して恐れたという。

この頃のことだ、彼が講武所の世話役にあげられた時、人々の稽古ぶりがなまぬるいのをいきどおって、道場の破目板に木剣をとって突きをくれると、一寸余のケヤキの厚板にポカリと穴があいてつきぬけたという話のあるのは。

鉄舟遺稿によると、彼がたまたまある禅僧に会って雑談しているうちに武士道の話になったところ、禅僧の話が禅理をふくんでいる。「その義すこぶる感ずるところあり」と彼は書きのこしている。機縁とぼくが前に書いたのはここのことだ。少年の時父から聞いていなかったら、鉄舟もそれほど心を打たれることはなかったであろうが、相当強いショックを受けたのであろう。芝村長徳寺の願翁という和尚さんのところに行って、修業させていただきたいと頼んだ。

「それは殊勝なお志じゃ」

と願翁はよろこんで、「本来無一物」という公案をあたえた。

「お前様はお旗本で、剣術執心《しゅうしん》のお人じゃと言わしゃったが、他流仕合などなさる時、負けはせんかと不安にならしゃる時もないわけではあるまい。それでは

剣術使いとしても、まだまだじゃ。しかしながら、お前さんがこの本来無一物ということがようく合点が行ったら、たとえ真剣勝負であっても、心のゆるぐことはないであろう。しっかり工夫しなされ」

と説明した。

もともと一本気で、狂気的専心になれる性質だ。夜も昼もない。工夫して、何かわかったようであると、竹刀をとって試みてみ、少し疑問が出ると願翁のところへ行ってたずねるという生活を数年つづけた。

こんなところを見ると、彼の禅の修業は剣の修業と一つになっていて、禅で覚悟したところを剣に応用してみて本モノかウソかを鑑別する形になっていることがわかる。彼は剣禅の一致——というより、禅の真理があらゆるものを包括し得る真理であることを真向正直に信じ切って、生涯このやり方で修業しつづけている。

さて、こんな工合にして、いくらかわかって来たので、願翁は見性《けんしょう》をゆるしたが、鉄舟自身はどうもすっきりしないと思うので、

「いやいや、まだですわい」

と辞退して、なお工夫をつづけた。この時のことを、彼はこう書いている。

「あるひは釈然たるがごとくにして暗々たり。あたかも霧中に山を望まんと欲するの形なり。時にあるひはものいぢらしく感ぜられたることなきにしもあらざりし。然れども風雨寒暑といへども、君父の要用を除くのほか、未だかつて怠りたることなし。一進一迷、一退一惑、口これを状すべからざるものあり」

十年ほどこんな状態がつづいて、伊豆の三島在の竜《りゅう》沢《たく》寺の住職星定《せいじょう》和尚に参禅することになった。彼は公私の余暇のある時は必ず三島まで出かけて参禅したと書いている。江戸から三島まで百二三十キロ余、夜明けに江戸を歩いて出て、夜半に箱根を馬で越え、午前二時頃に竜沢寺につくと、星定和尚の方丈に参《さん》して、見解《けんげ》をのべ、教えを受けてから食事したが、大ていの場合、冷えきったぼろぼろの麦飯に水をかけて流しこ

んだという。彼は道中ずっと工夫をしつづけていたらしく、後年、

「竜沢寺に往来した頃に箱根を越えたこともよくあったが、日頃の境涯とはよほどちがった味を経験した。今から考えると、あのようなことが、少しは修業の足しになったように思う」

と言っている。

こうしてつとめることまた十年であった。星定和尚もまた見性をゆるそうとしたが、鉄舟にはまださわるところがあるように感ぜられので、辞退した。この頃の境地を、彼はこう書いている。

「わが誠の厚からざるがために、なお未だ豁然たらざるものあり。然れども未だ嘗て倦色なく、十年一日のごとし。さればにや、これを十年の昔に比すれば、またその上達幾倍なるを知らず」

間もなく、鉄舟は京都嵯峨の天竜寺の滴水和尚に相《しょう》見《けん》することになったので、剣法と禅理とがその根本は一つであるという議論を説いたところ、滴水は、

「いいことを言いなさる。感心しましたわい。しかしやな、わしに遠慮のないところを言わせてもろうなら、あんたはまだ眼鏡かけてものを見てはりまッせ。眼鏡はどんなにすきとおっても、眼のよい人間なら掛けん方がよう見えますわな。その眼鏡をとりなさることやな。ほしたら、あんたののぞんではるギリギリの奥底に行けますわ。あんたは剣禅兼ね至ることの出来るお人や。眼鏡がとれたら、活殺自在、神通遊化《ゆうげ》の境に至らはるやろ。やつぱり無の一字どっせ。しっかりやんなはれ」

と言った。

それからまた十年、鉄舟はまた猛修業したが、どうにも満足の出来るすっきりとしたところに達することが出来ない。

よくわからないが、滴水和尚は京都から時々東京に出て来たらしく、鉄舟はしばしば自分の家で和尚の教えを受けている。この和尚は禅宗でいう悪辣手段の人で、その鉗鎚ぶりはおそろしく激烈乱暴であった。当

時鉄舟は侍従として宮中に奉仕していたので、社会的身分もずいぶん高かったのだが、まるで阿呆あつかいにして、なぐりつけたり、叱り飛ばしたりする。鉄舟の門下生らは室外で聞いて、いつも歯ぎしりしてくやしがったという。もっとも和尚も一生懸命であったのだ。後年滴水は、

「わしが鉄舟に接した時は、一回ごとにいのちがけであった。わしもそのためまた大いに力を得た」

といっている。

三

この頃、鉄舟は剣法の上でも大難関に逢着していた。彼の師匠である中西子正《たねまさ》の次男で、同じ流派の浅利義信のあとをついでいる浅利又七郎義明が名人の名のあることを聞いて、彼は出かけて行って仕合を乞うた。

浅利は快く立合ってくれたが、鉄舟の負けにおわった。

不退転は鉄舟の本領だ。その後猛修業を重ねたが、どうしても勝つべき工夫がつかない。「これより後、昼は諸人と仕合をなし、夜は独り坐して、その呼吸を精考す。眼を閉じて専念呼吸を凝らし、想ひ浅利に対するの念に至れば、彼忽ち余が剣の前に現《げん》じ、あたかも山に対するがごとし。真に当るべからざるものとす」と彼は記している。

鉄舟が滴水に相見するようになって十年ほど立った頃、滴水は鉄舟の無字にたいする見解を二度ほど聞いて、もう少しだと思ったのであろう、こんな公案を授けた。

両刃鋒を交ゆれば避くるを須《もち》ひず
好手還《ま》た火裏の蓮に同じ
宛然自《おのずか》ら衝天の気あり

剣客である鉄舟には、この句が大へん面白く感ぜられた。もちろん滴水はそれを計算に入れてあたえたのであろう。鉄舟はこの句を胸裏にきざみこんで、いつも工夫しつづけていた。

三年ほど立ったある日のこと、ある豪商が山岡家に来て、揮毫を乞うた。

「ああ、書いて上げますぞ」

頼まれればいやと言ったことがなく、もらった礼金は慈善や、友人の尻ぬぐいや、寺院の建立費や、そんなことにつかった人だから、気軽に引受けた。

「今すぐ書いて上げます。遊んでいなさるがいい」

といいながら、鉄舟は紙をのべて書きはじめたが、それを見ていながら、商人が自分の経歴談をはじめた。

「商売というものは不思議なものでございましてねえ。心を動かしては損ばかりするのでございますよ。てまえがまだ若い頃のことでございましたが、どうやら四五百円の金が出来ましてねえ、それである商品を買いこみましたところ、なんとやら物価が下り気味だというわさが立ちはじめましたので、早く売りたいなと思ったわけでございます。するとなかまの者が、こちらが大分抱えこんでいるのを知っていますので、買いたたきにかかったのでございますよ。てまえは一層心がどきどきして来ましてね、さつぱり目がくらんで、世間の相場がわからんようになったのでございます。一層うろたえますわ、そんな時は。とうとう、ヤケになりまして、〝ええい、もう損した時はそれまでのことよ〟と一切かまわないで、ほっといたんでございます。すると、大分立って、前の連中がまた来て、〝仕入れ値の一割増しで買おうじゃないか〟というじゃございませんか。〝それでは売れない〟と答えますと、〝もう五分増しでどうだ〟といいます。その時売ればよかったものを、てまえこんどは欲が出まして、もっとせり上げてやろうと思っているうちに、つい潮時がわからなくなって、二割方以上ひいた値で売りはらいました。てまえはその時はじめて商売のコツがわかったのでございます。心を動すのが一番商売にはいけないもの、損をしはしないかと心をびくつかせ、もうかるぞと胸をときめかすような頼りのない根性では、とても大きな商人にはなれないとこう気がつきましてねえ、それからはどんな大きなしごとにかかるにも、自分の心が静かで澄んでいる時によくよく見込をつけておいて、とりかかったら決して迷わず最初の見込通りにどしどしやることにしましたところ、それからは大体仕事もうまく行くようになりまして、元来貧家に生まれたわたくしが、今日では人がましく言われる身代になれたのでございます」

鉄舟は揮毫しながらこれを聞いて、滴水和尚にもらった「両刃鋒を交ゆれば避くるを須《もち》ひず」の句を思い出し、また自分が剣術の仕合をする時のことと思い合わせて、何とも言えない感動を覚えた。これは明治十三年の三月二十五日のことであったと、彼は記している。

その夜も工夫したことだろうが、翌日から昼間は道場に出て剣の上にこれを試み、夜は夜で禅定に入って工夫をこらすのをくりかえしていると、三十日の夜明けになって、「釈然として天地物なき心境」に坐している感がして来た。

そこで、なお坐ったまま浅利にむかって剣を取って対する形をしてみたところ、これまでは浅利が山のように立ちふさがって、手も足も出ない思いであったのに、全然浅利の幻が浮かんで来ない。

「やっと無敵の極所を得たらしいぞ」

と、心ひそかに喜んで、すぐ門人の籠手田《こてだ》安定を呼んで

「ちょっとわしと相手をしてくれ」

と道場に出、ともに木剣をかまえて二三合したが、忽ち籠手田はさけんだ。

「先生! かんにんして下さい!」

鉄舟は木剣をひかえてたずねた。

「どうした」

「とても駄目です。わたくしが先生の門に入って教えを受けるようになってからずいぶんになりますが、今日のような不思議な刀勢にお逢したことがありません。今日の先生の前に立ってお相手するなど、とても出来ません。人間業《わざ》ではありません。どうしてそんな

ことになられたのでございます」

と、驚嘆しきっている。

そこで、浅利の家に使いを走らせて――人力車でも連れさせてやったものだろうが、来てもらって、

「ちょっと工夫し出したことがあるようなので、見ていただきたいと思いまして」

と仕合を乞うた。浅利はよろこんで、

「お相手しましょう」

という。

ともに道場に出て、道具をつけ、木剣をたずさえ、一礼して立ち上った。

「やあ！」

と鉄舟が掛声をかけて踏みこもうとした刹那、浅利は木剣をなげうち、一歩退って面《めん》をぬいだ。容《かたち》を正して言う。

「とうとう出来ましたなあ。大へんな進境ですぞ。わしはもうとうてい及びません。秘伝をお伝えします」

といって、伊藤一刀斎以来の無相剣の極意を伝えた。明治十三年三月三十日のことだと、彼は記している。

この時の心境を、彼はこう詩に作っている。

剣を学び心を労する数十年
機に臨み変に応じ、守りいよいよ堅し
一朝塁壁皆摧破す
露影湛如として還《ま》た全きを覚ゆ

鉄舟はなお工夫を凝らして、ついに無刀流の一派をひらいた。

「無刀とは心の外に刀なしということにして、三界ただ一心なり。内外本来無一物なるが故に、敵にたいする時、前に敵なく、後ろに我なく、妙応無方、朕迹《ちんせき》を留めず、これ余が無刀流と称する訳なり」

と、鉄舟は流名の解説をしている。

話は前後したが、浅利との仕合に打ち勝ったその日のことであろう、当時滴水は東京に来て、江川鉄心という人の家に滞在していたので、すぐ駆けつけて相見

し、見解を奉呈すると、滴水もまた、

「出来ましたな」

とゆるし、うれしげに鉄心に、

「ビールを差し上げておくんなはれ」

と命じた。当時鉄舟は後に胃癌となって彼の命をうばった胃病にかかっていたので、強い酒はいけないがビールならよかろうとの滴水の思いやりであったろう。

鉄心は早速ビールを一ダースとりよせてすすめた。鉄舟は意気虹のごとく、快談高笑、またたく間に全部飲んでしまった。鉄心はさらに半ダースとり寄せたが、これもまた飲みつくしかけたので、滴水は注意した。

「先生、あんた病気なんやから、ちっと加減しやはったらどうや」

鉄舟はからからと笑って、

「ちょっと過ぎ過ぎましたかな」

といって辞去した。

いかに鉄舟が歓喜法悦したか、わかるのである。後年鉄心がこの時のことを述懐して、

「あの時の鉄舟先生のすばらしい様子を見て、自分もあのくらいの悟をひらきたいものと、しみじみうらやましく思った」

といっているが、これは鉄舟ほどの直一文字な勇猛心と、長い間の苦しみがあって、はじめて味えるよろこびであろう。鉄舟の禅修業は少年時代にはじまり、二十前後の頃に願翁についてから本格的となり、ここに至るまで二十四五年を経過している。うれしかったはずである。鉄舟時に四十五歳。

四

鉄舟は剣客として、当時の第一人者であり、禅とともに剣の道に全生涯をかけて修業した人だが、幕末維新のさわがしい世にも、人を斬ったことが一度もなかった。

「わしは殺生がきらいだ」

といって、虫けら類まで追いはらうだけで、殺したことがなかった。

彼が剣術を禅の悟りのリトマス試験紙につかったことはすでに述べた。はじめ彼が剣を学んだのは普通の剣客と同じ心理であったにちがいないと思われるが、禅に深入りするにしたがって、剣は禅に包摂されているものと見るようになり、彼においては剣が最もわかりやすいものであったから、この部門から突入して禅の奥に入ろうと考えるようになり、それがリトマス試験紙に応用することにもなったのであろう。

あるいは、彼が滴水に無字についての見解を捧呈した時、滴水が眼鏡をかけていると指摘したのは、剣に執着しすぎていることを指したのかも知れない。つまり、剣を通じてしか見ていないぞという意味。

しかし、この悟りとためしとを平行させて、ためしを透過しない以上決して自ら認めようとしなかったねばりこそ、ついに彼を最も見事な徹見に導いたともいえるであろう。才気ある人には出来ないことだ。誠実とねばりと一本気の勝利だ。

彼は自分が剣を修める理由を、こう説明している。

「わしは剣法の呼吸のうちに神妙の理に悟入しようと思っているのである。至境に到達すれば、攻防自在であるはずである。これは即ち心が湛然として止水のごとく、また明鏡のごとく瑩《えい》然たるものがあって、はじめて可能なわけで、つまりは剣刃上をわたり、氷稜上を行き、西江の水を一口底にのみつくし、死んで死なない身、自由自在底の人でなければならない」

彼はまた剣法邪正弁の中で、真の剣法の極意は、人間世界のあらゆることに応用が出来る、といっている。彼の剣法の真理とは無の字の究明にあるからである。

こんな彼であったから、彼が門人らを指導するにあたっても、すべてが剣禅一致であった。彼の道場は春風館と名づけられていたが、それは祖元禅師の

乾坤孤筇《きょう》をたつるに地なし

喜び得たり、人空にして法もまた空なるを

珍重す、大元三尺の剣
電光影裏春風を斬る

の偈《げ》にもとづいているが、この春風館に題する彼の詩も、

心を論ずれば総てこれ心中に惑ひ
輸贏《しゅえい》に凝滞すれば還《かえ》って工を失ふ
剣家精妙の処を識らんと要せば
電光影裏春風を斬る

とある。

春風館の修業法は常にいのちがけであった。その入門者にたいして三日間は鉄舟自身が稽古をつけてくれるが、猛烈な突きを食わせることを常としたという。二十を少し越えてまだ達人といわれるほどでなかった時でさえ、木剣で一寸余の欅の厚板を突き破るほどの強力な突きだ。突きたおされて呼吸もたえるほどであったという。根性を見るためなのだ。不屈の根性によって、鉄舟は大成した人なのだ。ひよわく小利口な根性ではものにならないと思ったのであろう。

春風館には誓願という規則が設けてあった。これは一死を誓って稽古を請願するという意味で、三期にわかれていた。第一期の誓願の志願者があると、鉄舟が一場の訓示をし、その名を道場に張り出し、その日から一日の怠りなく満三年の稽古を積まなければならない。そして、最後の日には終日立ち切り二百回の試合をする。これを無事におわれば初等科卒業ということになる。

第二期の誓願はそれからさらに数年の稽古を積み、最後の日には三日間立ち切り六百回の試合をし、無事におわれば十二カ条目録の許しを得る。中等科卒業ということになる。

第三期はまた数々の稽古を積み、七日間立ち切り千四百回の試合をやりとげる。かくて目録皆伝の許しを得て、青垂れの道具一組をあたえられ、高等科卒業ということになる。

立ち切り稽古の期間中は外出一切禁止、三食は粥と梅干にかぎられ、入れかわり立ちかわり新手が飛び出

して来て相手になるので、誓願者の苦しみは大へんなもので、四肢五体はれ上って、小便のかわりに血が出たという。毎日の試合がすむと鉄舟の前に出て挨拶にする規定になっていたが、五体がいうことをきかず、両膝をつき両手をつくことが出来るものはなかったが、鉄舟は容赦もなく、

「いくじなし！　それで男か！」

と叱咤したという。荒稽古というもおろかだ。

が、これが禅家の修業方法から来ているものであることは、少し坐ったことのあるものなら、すぐわかる。禅の師家が修業者を悪辣手段でぎゅうぎゅういじめて、思慮分別を放擲して無意識にならざるを得ない境地に追いつめて行くやり方と実に似ているのだ。春風館においても、いじめられて疲労困憊の極に達した誓願者は、剣の来ることを意識せずして受け、すきのあることを意識せずして攻撃するという反射運動だけになりきるのだ。これはすなわち無意識境――明鏡止水に似た境地だ。おのずから妙手が出るのである。

これが鉄舟道場の修業法の特色で、彼はこれを自らの性格による修業過程と滴水和尚の鉗鎚法から得て、最上の方法と確信したればこそ採用したのであろうが、前にも少し触れたように、小技でもこの無我夢中の狂気の修業時期がなければ、卓越することは出来ないのだから、乱暴なようでも、無茶なようでも、最も効果的な方法であろう。

鉄舟の禅に関した話はずいぶんあるが、その一つには三遊亭円朝を見性させた話がある。円朝は当時一流の話し家として最も人気のある芸人であった。ある時、鉄舟は自宅に呼んで、

「桃太郎の話をやってくれ」

と所望した。

「へえ、桃太郎？　桃太郎と申しますと？」

「鬼が島に鬼征伐に行った桃太郎の話だ。おれは子供の時、母から毎晩聞いて、大へん面白かった。あれをやってくれ」

おかしな注文と思ったが、ここが芸の見せどころ

と、円朝は自らをはげまし、熱演した。十分の出来ばえと自信があったが、鉄舟は首をふって、

「お前は舌で語るから、かんじんな桃太郎が死んでしまっている。ちっとも面白くないぞ」

といった。円朝は口惜しかったが、この旦那は禅などに凝って変りもので有名な人だ、だからこんなことを仰っしゃるんだろうと思って、辞去したが、それ以後、彼は人気の絶頂にありながら、へんに心が空虚だ。不安でならない。そこで、鉄舟の家に行って、自分の今の気持を話し、教えを乞うた。鉄舟は、

「よく来たな。今に来るだろうと、おれは待っていたよ」

と言って教えた。

「今の芸人は世間の評判さえよければ、すぐうぬぼれて名人気どりになるが、昔の芸人はいつも自分の芸を自分の本心に問うて修業したものだ。しかし、なにほど修業しても、話し家なら自分の舌をなくし、役者ならその身を無くしないかぎり、本心は満足しないものだ。それが出来るようになるには禅以外にはない。だから昔の名ある名人達は皆禅に入っている。禅には知恵も学問もいらない。ただ根気さえあればよいのだ。どうだ、やってみるか」

円朝は鉄舟のところに来るについては、よほどの悩みを経験している。ためらうはずがない。お願いしますと頼んだ。鉄舟はこれに無字の公案を授けた。円朝は二年間苦心して、これを徹見したので、鉄舟の屋敷に走って見解を呈すると、鉄舟は、

「よし! さあ、そこで桃太郎をやってみい」

と命じて、円朝に演じさせて聞きおわり、

「出来たなあ。今日の桃太郎は生きているぞ」

とほめたという。

円朝が鉄舟から「無舌居士」の号を授けられたのはこれから間もなくのことであるという。

五

鉄舟は明治二十一年の二月頃から急に病気が重くな

って、食物は固形物は全部だめ、流動食ばかりとなったが、次第に衰弱がひどくなった。七月になると、きびしい暑さつづきなのにいくらか容態がよくなったように見え、客にも快く会い、談笑して快げであったので、家族や門人らは皆喜んでいたが、自分では死期の近づいたのがわかっていたのだろうか、八日には剣術の門人らを集めて、一人のこらず指南をした。

しかし、それから急に衰弱が増して来たようであった。二三日立って、鉄舟の古い友人であり、門人でもあった松岡萬《よろず》が見舞に来た。鉄舟は会った。いつもと変りない態度であった。松岡は粗豪な東洋流の豪傑型人物だから、この鉄舟の態度にだまされて、大いに安心して帰りかけると、英子夫人は松岡を別室に案内して、声をひそめて、

「主人もあの通りに弱って来ましたから、もう長くはありますまい」

と言った。

「えっ！　そうですか。衰弱してられますか」

松岡はびっくりして、帰って行ったが、その夜、どこからか忍びこんで鉄舟の病室に入った。鉄舟は寝床の上に起き上って坐禅している。いきなりそれに組みついた。鉄舟はそれをひよいと抱き上げて、

「松岡さんどうしたんだね」

といった。松岡は抱き上げられながら、

「やあ、大丈夫だ、大丈夫だ」

と叫び、おどろいて出て来た夫人に、

「先生は大丈夫です。御安心なさい」

と言って、喜んでかえって行った。

それからまた数日立った七月十七日の夕方、鉄舟は夫人に、

「白い着物を持って来い」

と命じた。夫人ははっとしたように、

「へんなことを仰っしゃいます」

と拒む風を見せた。

「ばかなやつだ。持って来いと言ったら、持って来るものだ」

と叱って持って来させ、白衣を着て病室を出て居間に行き、端坐して宮城の方を拝して、病室にかえって横になったが、その夜午前一時過ぎ、癌腫が破裂した。

知らせに接して、親族、知己、門人らが二百余人も集まり、午前七時頃には戸障子をはずして、鉄舟の病床をとり巻いて坐っている有様であった。勝海舟も駆けつけたが、この有様を見て、

「お前達はこれまで鉄《てつ》さんを責めぬきながら、この期《ご》になってもそんなにして責め殺そうとするつもりか！」

と叱りつけた。それで一同は別室に退った。そのあと、海舟が鉄舟に、

「お前さんはおれをのこして先きに行くのかい。ひとりで味なことをやるじゃやねえか」

というと、鉄舟は、

「もうあたしは用事がすんだから、お先きにごめんを蒙ります」

と答えた。

「話相手にする坊さんでも呼んだらどうだね」

「それは今遠方に行っていて留守でね」

滴水和尚はこの頃越後巡歴中であったのだ。

海舟は二階に上り、紙筆をもとめて、

塵世に横行す

磅礴《ほうはく》たる精気

残月弦のごとく

光芒地を照らす

と書いて、鉄舟に渡した。

夫人は鉄舟の枕許につきっきりで介抱していたが、子供らを見て、鉄舟に、

「今日は学校を休ませせましょう」

と言うと、鉄舟は、

「なぜ休ませるのだ。行かせなさい。平常通りにするがよい」

と夫人を叱って、子供らを学校に行かせた。門人らにも平日通り道場で剣術の稽古をさせ、またこの日は

夫人の琴の稽古日であったので、その稽古もするように言った。夫人は気は進まなかったが、隣室にさがって琴をひきはじめた。

鉄舟は道場から聞こえて来る勇ましい撃剣の音と隣室の琴の音に恍然として聞きほれていたが、やがてその両方がやむと、床をはなれてよろめいて立ち上りながら刀架の刀をぬいて、いつものように組太刀をつかって、

「ふだんと少しも変らないね」

と微笑して言って、刀をもとにかえして、また床に入った。

その日一日は宮中から侍医が三人も来たり、勅使が来たり、徳川家達が二度も見舞に来たり、いろいろあわただしかったが、毎日日課にしている写経もしている。

夜になると、円朝に、

「おれも退屈だが、皆さんも退屈だろう。落語をやってくれ」

といって落語をやらせて、面白そうに聞いた。

夜明方、紙筆をもとめて、さらさらと書いて、主治医で門人でもある千葉立造に見せた。俳句であった。

腹張って苦しきなかに明烏

「まあこんなものですな」

と笑った。

午前九時頃、千葉に、しばらく人払いをしてくれませんかと頼んだ。

「どうなさいます」

「昼寝のじゃまになるのでね」

千葉は一同に別室に去るように命じた。

鉄舟はしずかに起き上り、宮城の方に向って結跏趺坐したが、しばらくすると、右手をさし出した。千葉は何をもとめているかすぐ察して、そばにあったうちわをわたした。鉄舟はそれを受けとって目をつぶりながら、その柄で左の掌に何か字を書いていたが、急に呼吸がせまって来た。千葉はあわてて薬をすすめた。しかし、その時はもう呼吸たえていた。九時十五分で

あった。

彼の死に姿は、顔に微笑をふくみ、手に団扇をにぎり、端然として趺坐して、禅定に入っている人の姿そのままであったので、人々は皆そのすでに呼吸たえている人であることを疑ったほどであったという。享年五十三。

この稿黒竜会編の「高士山岡鉄舟」によること多し。つつしんで謝意を表す。――筆者

講　座

近代仏教

第3巻 思　想

法　蔵　館

目次

講座 近代仏教

思想編

西欧思想と仏教

——仏教における宗教—哲学的実存について——

西谷啓治

一

宗教のあらゆる高次の諸形態の歴史を貫いて、同じ一つの困難が支配している。すなわち、伝統的には、信仰と知、啓示と理性、或はより一般的にいえば宗教と科学、という問題のうちに現われている困難である。それは今日、一つの壁のように我々の前に立ち塞がって、次第に高くなって来つつあり、それとともに、唯物論の、更にはまたニヒリズムの、あらわな或は覆面した危険が、次第に強く我々を脅かしつつある。

宗教と科学とを全く別の領域として引き離そうとする試み、或は宗教的な信条や教義と科学の見解や成果との間を調停しょうとする試みは、すべて無効に帰するように思われる。それ故、宗教と科学とが相共に根差すことが出来るような、或る基盤を獲得するということが、現在の緊急な必須事である。

従来は神観念のうちに、そのような地盤が認められた。併し、これまで措定されてきたような神観念が、まさしく上述の如き困難を招来する主要原因の一つをなしているということも、また否定し難いところである。

私は、仏教のうちに既に古くから、この困難の克服への基礎が用意されていることを確信する。それ故簡単に、また或る一つの視点からではあるが、それに就いての考えを述べて見たいと思う。

周知のように無我の概念は仏教の一つの根本概念である。我（ātman）或は自性という概念は、すべての個々の存在するもののうちに於ける、存在の恒常なそして統一的な荷ひ手として、そのものの自己同一を成立たせるものを意味すると言えるが、そういうものの実在性の否定が、無我の概念の意味するところである。ところで、大乗仏教に於ける無我の概念は、二つの異った領域に対して等しく適用されている。一方では事物一般の領域に対して、他方では特に人間の領域に対してである。ātman の概念は、事物一般に関しては、ほぼ事物の physical な「実体」の概念に対応し、人間に関しては「主体」の概念、例えばデカルトにおける「思惟するもの」（res cogitans）としての ego の如き概念に対応する、と言ってもよいであろう。従ってこれら両方の意味を包含しているアートマンの概念は、ヨーロッパの古代・中世の思想に於けるヒュポケイメノン乃至は „subiectum“ の概念、「基体」の概念に対応するとも言える。この概念はすべての個々の存在者において、それが事物である場合にも、人間である場合にも、その存在の基底をなすものと考えられたのである。然るに仏教の無我の思想においては、そのような基体の実在性が拒否されたのであって、そこにその思想の特に注目すべき意味があると思う。併しそれならば、仏教は無我の概念、すなわち非基体の概念をもって、そもそも如何なる有り方を表示しようとするのであるか。そのことを明かにするために、西洋の精神史のうちに現われている二三の根本概念とそれとを比較することが、恐らく有益であろう。

我々は西洋の精神史のうちで、例えば古代末期の偉大な哲学者プロティノスにおいて、「一者」の概念に出会う。プロティノスによれば一者は世界の彼岸である。然も感性的世界のみならず、超感性的ないわゆる叡知的世界の彼岸でもある。つまり一者は、有と思惟とが成り立ち得る如何なる場をも超えたところである。その一者に到達するためには、人間の魂はそれ自身の外に出で立ち、一者と等同にならなければならぬ。人間は「脱自」においてて自己自身を（即ち自我的な、自己自らに関係する「主体」という意味での自己自身を）一者のうちへ忘失せねばならぬとされる。同時に、プロティノスの哲学体系は、一者の対極として「質料」を要請する。質料はあらゆる形相の以前なるもの、一切の形相を奪われたもの、従って総じて「実体」の彼岸に（或はむしろ此岸に）横たわるものであり、それ故にまた非存在でなければならぬと言われる。ところで、観念論的な立場に立つプロティノスは、一者を根本原理と見なしたのであるが、それに対して近代の唯物論は、反って質料概念のうちに唯一の原理を見る。勿論その場合、「質料」の概念はいわゆる「物質」の概念に転じている。

一者と質料の両概念は、いまプロティノスについて言われたことから明かなように、二つの種類の非基体である。然も相反した方向に、反対の仕方で、非基体である。両者は共に「基体」の彼岸に成り立つ。一者は「主体」の彼岸にであり、質料は「実体」の彼岸にである。

併しそれにも拘らず、我々は一者においても、質料においても、やはりなお基体の性格を認めざるを得ない。両者は、彼等が恰も基体であるかのように表象されざるを得ない理由を、彼等自身のうちに含んでいる。我々はそれらの各々を、それ自身と自己同一なる或るものとして考えざるを得ない。我々は、一者をも質料をも、それ自身の同一性をそれ自身のうちに含むものというようにしか表象することは出来ない。即ち「基体」的な或るものという性格のもとでしか把捉することは出来ない。そうなる理由はそもそも何処に存するのであろうか。それはひとえに、一者も質料も、有と思惟との彼岸（或は此岸）として、それぞれ根本原理たる主張を含むにも拘らず、或は寧ろまさしく彼等の含むその主張の故に、相対立するものとして現われざるを得ないということによってである。両者のそれぞれはそれ自身に自己同一であるが、一方と他方とは両極をなし、一方は絶対的に他方ではない。一者は絶対的に質料ではなく、質料は絶対的に一者ではない。それぞれはそれぞれ自身とのみ自己同一であらねばならない。そしてまさしくこの差別が、彼等の基体的性格を招来するのである。それらは、プロティノスの体系においては、実体の彼岸でありまた主体の彼岸であって、二種の非基体とも言えるものであるが、それにも拘らず、なおそのうちに基体の性格の痕跡を留めている理由がそこにある。

ところで、そのように非基体として志向されたものが然もなお基体の性格を留めているということから、どういうことが結果するであろうか。第一に、そのような非基体はそれぞれ、人間に、一つの立脚地として依拠し得るような立場を提供する。人間は彼自身をその立場に同一化しようと熱心に努める。哲学の歴史を支配している観念論と唯物論との間の、先に触れた分裂のみならず、それらの立場に依拠する人間達が闘争して熱を上げるということも、まさしく今言った二つの根本原理の対立に根差している。そしてその対立は、それら二つの根本原理のもつ基体的性格に根源しているのである。第二に、まさしくそのような基体化された非基体（いわゆるHypostasisにされた非基体）は、人間に一つの確実な根柢を提供するように見えながら、その実、人間が自己自身を貫徹するということを妨げる。人間が根柢的に自己自身に帰着し、そして自己自身を認識する、ということを妨げる。人々が自分達の根本原理と見做すところのものが、なお相変らず彼等に対向したまゝで彼等の前に立つ。彼等に確固たる根柢を与える当のものこそ、まさしく彼等が自己自身に帰るという道を行きつくことから彼等を抑止するものである。そのことを我々はあらゆる「イズム」のうちに看取することが出来る。

キリスト教の神学は、最も実在的な存在者（ens realissimum）としての神という概念と「無からの創造」(creatio ex nihilo) という思想を打ち立てた。その神概念はあらゆる対立を超えているように見える。神に対立するものは何も存在しないからである。併しそれにも拘らず、神そのものは「無」ではない。そして無（及び無から創られ、無を根柢にしている被造物の一切）は、もちろん神ではない。従って「神」と「無」はそれぞれ、それ自身に於て自己同一である。本来からいえば、それらはそれぞれの仕方で非基体であり、あらゆる主体や実体の彼岸なのであるが。併しそれにも拘らず、それらもまた基体の性格を帯びている。何となれば、神はあらゆる存在者に存在を与えるような存在者として表象される。あらゆる存在者の実体の根拠をなす最高実体として、或はまた、それに対してはあらゆる人間的な主体も無に等しいような絶対的主体として表象される。他方、無の方も、恰もそれが無という或るものであるかのように表象される。そしてその無もまた、ずっと後代になってではあるが、ニイチエにおいて根本原理として現われるに至った。ニイチエの能動的ニヒリズムといわれるもののうちで、無は神の玉座を侵略するまでに至った。それはそのようにして深淵的なものになった。依拠すべきあらゆる地盤を撥無した虚無が、神との主権争いを通して、地盤なき絶対的地盤として自らを提供することに成功した。二つの根本原理の間の分裂は、ここでは、観念論と唯物論の場合におけるよりもなお一層深くなったのである。そういう結果に立ち至ったのは、神の概念と無の概念とがなお基体の性格を帯びているからであり、従ってまた、それらが常に対立性のうちに現われざるを得ないからである。その結果、人間はここでもまた、根柢的な仕方で自己自身に徹するということを妨げられる。ニイチエのツァラツストラは語る、「もし神々が存在するなら、私は自分が神でないことにどうして耐えられよう。だから神々は存在しない』。よく知られたニイチエの此の言葉は、どれほど重大視されても過ぎることはない。というのは、その言葉は、ここで問題にしている困難の全き大きさと、その及ぶ範囲の全き広さとを、それのうちに包蔵しているからである。

非基体を「或るもの」として表象するというこの性癖、すなわち非基体を再び基体の性格において思考するという性癖は、その根差すところ極めて深く、それは今まで挙げてきた諸々の根本概念の成立してくる基盤そのもののうちに既に働いている。それらの根本概念が、いつも本質的に一種の二義性を包含しているということも、そこから由来する。それらの諸概念が表示している筈のものは、本来からいえば、いずれも実体の領域や主体の領域の外に、また感性的世界と叡知的世界との彼方に、存するものである。併し同時に、これらの根本概念は、彼等の対象を主体の性格でか実体の性格でか、そのいずれかの仕方で表象するということを出で得ない。それらの諸概念に本質的にまつわるこの不整合、彼等の免れ難いこの二義性は、彼等がそこから由来している思惟そのものが、上にいった性癖に支配されているということを表示する。そしてまさしくそのような事態についての省察が、古い印度の思想家達を「無我」の概念に導いたのではないかと考えられる。

二

上に提示された諸困難を乗り超えるためには、如何なる対立性にも陥らないような或る根本原理が求められるということが、何よりも必要である。然もその原理は、同時に、我々が根源的に自己自身に還る途を（或はむしろ、我々の根源的な自己が我々に到来してくる途を）、少しも塞がないようなものでなければならない。然るにそのことは、その根本原理が基体の痕跡を毫も含まないこと、それが真の非基体でなければならないことを意味する。然らば無我の概念は、こういう要求を充すことが出来るであろうか。

仏教のうちでは、非基体はしばしば虚空（すなわち世界空間）に比定されてきた。虚空はあらゆる事物がそこに聚まる場である。それは、あらゆる事物をそのうちに保っている。万物は虚空のうちでいろいろに動くが、然も虚空は彼等の如何なる動きや営みをも妨げず、また自身も動き廻るそれらの事物が何の妨げをも受けない。あらゆる天界もあらゆる地界も、或は一層近代的にいえば、銀河系の内や外にあるあらゆる星雲も、虚空のうちに成り立っている。虚空はいわばあらゆるもののための絶対的に開かれた場である。虚空はあらゆる種類の対立性を超えている。

併し、この比喩はいろいろな点で誤解を招き易い。というのは、第一に、虚空が拡がりを有っているのに対して、仏教における非基体（無我）は如何なる拡がりをも有たない。それはあらゆる物的なもの、心的なもの、また精神的なものの成立の場であると等しく、拡がりを有った世界空間としての虚空そのものの成立の場でもある。この意味における非基体は、絶対的な開けとも言うべきものである。それは、真の意味であらゆる対立性を超え、従って拡がりを有つものと拡がりを有たないもの、形あるものと形なきものとの対立をも超えているのである。第二に、非基体が一切のものへの場であるのは、いわゆる物質的なものも、いわゆる精神的なものも、本質的にそれに基き、それに依拠し、それら自身の究極の真理をそのうちに見出す、という仕方においてである。然るにそういうことは、虚空或は世界空間については言われ得ない。仏教における非基体は、それ自体としては物質的でも精神的でもないに拘らず、あらゆる物質的なものやあらゆる精神的なものの根本原理である。第三に、それはまさしく総ての人間がそれぞれ本質的に自己自身に徹し、自己自身に還り、自己自身を認識し得る場にほかならない。

そういうことを明かにするために、禅仏教の歴史から一つの例を挙げて見る。或る僧が禅の偉大な教師であった馬祖に、「如何なるか是れ西来的的の意」と訊ねた。これは仏教の根本真理を問うたものと解してよい。或はむしろ、根本真理なるものに関する仏教的な問ひ方の一つと言った方がよいかも知れぬ。その問いを聞くと馬祖は、矢庭に足を上げてその僧を蹋み倒した。ところがその僧は、倒れた瞬間に内的な突破を経験し、大悟した。そして大笑しながら起き上って叫んだ。「也太奇、也太奇、百千の三昧、無量の妙義、ただ一毛頭上に向って根源を識得し去る」。その僧が「一毛頭」と言ったのは、彼の転倒という自然界の小さな出来事を意味し、又倒れた彼自身をも意味し、最後には彼における転倒の経験をも意味するであろう。これら総ては然し別々に切り離して考えられてはならない。それらの全体が唯一つの出来事である。そしてこの出来事は、かの瞬間においては、その僧の現存在そのものに他ならない。それと同時に、「一毛頭」は文字通り一本の毛の末端であり、最も小さいものであり、従って一毛頭にもということは、ありとあらゆるものに於てということでもある。その事もかの出来事と、従ってまた彼の現存在そのものと、切り離して考えられてはならない。それら孰れかが切り離されて考えられるならば、万事が誤解されることになるであろう。

それでは「百千の三昧や無量の妙義の根源」と言われたことは、何を意味するか。その言葉は、非基体的、絶対的な開け——即ちあらゆる外的また内的な世界空間や世界時間のうちに成り立つ一切のものを、自らのうちに聚めつつ保っているもの——を指示している。その場合この根源的なものが、上に言った出来事のうちで識得されたということは、特に注意されねばならない。

然らばその際、識得する者はどうなのであるか。かの根源を識得する者としての人間は何であり、また如何にあるのか。彼はやはりその根源そのもの、絶対的な開けそのもの以外の何ものでもあり得ない。人間がここで言われている意味での認識者になり得るのは、そこからその認識が生起するところの絶対的な開けが彼自身の内に、また彼自身を通して開けるという時に始めてなり得るのである。その時、認識者自身は認識の場とは別ではない。両者は同じ一つのものである。すなわち非基体である。認識者は彼自身において、すなわち非基体としての彼自身において、諸物の根源を認識し、あらゆる真理の根源を認識する。

この同じ一つのもの、すなわち今の場合における認識者と認識の場とのこの同一性、この非基体は、上述の逸話において地から起き上りつつ大笑した人間自身とは別ではない。もしそうでなければ、非基体は再び基体の性格をもって表象されることになるであろう。例えば先に挙げた「一者」、すなわち人間が忘我の境においてそれとの神秘的冥合に入る如き絶対者、或は知的愛の対象であるスピノザの「唯一実体」、知的直観の対象であるシェリングの「無差別」の如きものとなるであろう。その場合には、認識する者自身が非基体（無我）として現にあるということではなくなるであろう。上に挙げられた出来事における人間の現存在と、「百千の三昧」や「無量の妙義」の根源と、その根源を認識する者と、此等三つは同じ一つのものであり、決して別々に考えられてはならない。その三つが同じ一つのものを成しているというところにおいてのみ、倒れた瞬間に認識者となったその人間の現存在の「現」が成り立っているのである。この「現」は非基体の「現」であり、そこにまた百千の三昧や無量の義の根源も存するのである。この非基体の「現」のうちで、またこの「現」として、その僧が訊ねた西来的的の意、すなわち窮極的真理が開示される。その窮極的真理は肉体と魂とを備えた或る人間のうちに開示された。然もあるがままの彼において、肉体的にも心的にも全く制約された此の特定の人間において、開示された。そのことは彼の非基体への突破において起った。つまり彼が心身上の諸制約を備えた特定の人間たることを止めずに、然も心身の、物質と精神の、世界と神々の、要するにありとあらゆるものの、彼岸である絶対的な開けに自らを開いたということによって、或はむしろ絶対的な開けが彼に開けたことによって、窮極的真理が彼に認識された。或は祖師西来の意が彼に開示されたのである。それは根本真理の最も直截な、最も根柢的な顕示である。

然らば、心身を備えつつ、然も同時にありとあらゆるものの彼岸である、というような人間のあり方は、如何なるものであるか。それは従来しばしば虎とか獅子とかに譬えられた。そのあり方は、一即一切なるその非基体性において、獅子の全身の如くであり、或は跳躍する活ける獅子自身の如くである。すべての個々の事物、またすべての個々の真理は、獅子の肌を一面に覆う毛の如くである。ところで、もし一つの毛端に獅子そのものを識得すべきだと要求されるならば、どうであろうか。そのことは何時また如何にして可能であるか。それは、識得する者自身がまさしくその獅子になり、その獅子であるという時に、そしてまたそういう仕方でのみ、可能である。そしてそのことが例えば、かの僧が地に倒れて痛い目にあったその出来事のうちで生起したのである。

併しこの譬喩を本当に適切に理解するためには、我々は常に、仏教の伝統のうちにおいてこの譬喩の背景をなしているものに注意しなければならない。獅子の一々の毛端に再びまた獅子が現われるというような獅子の譬喩は、大乗仏教の歴史のうちで屢々好んで援用されたものであるが、その譬喩の背後に潜んでいるものを暗示するために、ここでは一つの説話を例として引用しよう。その説話は、神話的な装いのもとに、印度の世界観をはっきりと我々に知らしめるものである。

「ヴルトラ竜との戦いに勝利を占めた後、インドラは神々たちの宮城を改築し飾り立てようと決心した。建築の神ヴィシュヴァカルマンは一年の間その仕事に従事して、荘麗な建築を造ることに成功した。然るにインドラはそれに満足せず、それを一層宏大豪華なものにし、世界に比類のないものにしようと欲した。ヴィシュヴァカルマンは自分の骨折りにすっかり疲れ果てて、創造神ブラフマの許に愁訴した。ブラフマは彼に助けの手を伸ばすことに約束し、ヴィシヌの助けを借りて調停に乗りだすことにした。ヴィシヌはブラフマをも自分の道具の一つとして使う最高存在者である。そのヴィシヌがインドラの傲慢を窘めることに取りかかった。

ある日のこと、インドラは彼の宮殿で　襤褸を着た一人の男の児の訪問を受ける。それは、こういう姿に変装して神々達の王を窘めるためにやって来たヴィシヌ自身である。自分の正体を現わすことなしに、彼は『我が子よ』とインドラに呼びかける。そして現在までに無数の世界に現われた無数のインドラ達のことを彼に語り始める。『一インドラの生涯と統治の期間は八十一劫である（一劫は四百三十二万年にあたる）。併し二十八のインドラ達がつぎつぎに過ぎ去ったその同じ期間には、ブラフマの一日一夜が過ぎただけである。そして一ブラフマの生存する期間は、今言ったブラフマの日夜の単位でいって単に一〇八年に過ぎないが、併し一ブラフマが隠れると次のブラフマが現われ、その果てしない系列は数えることが出来ない。ブラフマ達の数は際限がない。況んやインドラ達の数はなおさらである。然もその都度の瞬間に同時に成り立っているような、そしてその一つ一つに一ブラフマと一インドラとが住しているような、無数の宇宙世界については、誰がその数を測ろうとするであろうか。目の届く限りの最も遠隔な処のなお向うに、無数なる宇宙世界の集団が、大空間中に群居しながら去来している。それらの宇宙は、底知れぬ清らかな大海水の上を、かよわい船のように浮游している。ところが、その大海水がヴィシヌの体軀なのである。その体軀の毛穴の一つ一つに、一つの宇宙が泡沫のように現われてはまた破れる。君はそれらの宇宙の数を測ることを敢てしようと思うか。これら総ての世界のうちなる神々達、現在のまた過去の総ての神々達を数えようと思うか……』。*

* この説話は、M. Eliade 教授が一九五八年に京都大学でされた講演から援用したものである。

かような種類の世界観は仏教のうちにも流れ込んでいる。併し仏教が非常に実践的で且つ現実感覚を備えた支那民族に受容された時に、この世界観はその神話的な衣裳を脱ぎ去り、現実界に立脚した新しい形態に変容せざるを得なかった。その形態のうちでは、独自の論理、存在論、認識論などを含んだ深遠な形而上学的思弁と、実存的な宗教性とが何時も一つに融合している。併しその際重要なことは、この変容にも拘らず、かの神話的な世界観の核心が、すなわちその内に潜んでいる根源的な世界直観が、不変のままで保たれているということである。空想的・夢想的な世界観は今や現実的な、そして覚醒した世界直観になった。つまり、一つの目醒めを意味するような一種の世界直観である。それは例えば、禅の或る古い古典的な詩偈のうちに、全く簡潔に言い表わされている。「大千沙界は海中の漚《あわ》、一切の賢聖は電の払うが如し」と。

三

このような歴史的展望のもとで見た場合、かの神話のなかの二つの点が我々の注意を惹くものとして浮び出てくる。一つは、際涯なき大海に譬えられたヴィシヌ神の体という観念である。そのからだの毛穴毎に、一つ一つの宇宙が泡立ち且つ潰えると言われている。もう一つは、限り無きそのヴィシヌが、襤褸をまとった男の児の姿を採って現われたという想念である。第一の点については、それと似たような見地が、さきに挙げられた獅子の譬喩の背後にも潜んでおり、その譬喩の真の意味はそこから解明されねばならぬ。その譬喩における獅子の体は、本質的にはかの印度の説話におけるヴィシヌの体と同じものを意味するのである。その獅子の毛端の一つ一つに再びまた獅子が現われるということ、つまり、その一つ一つの毛に獅子そのものの全体が活きて居り、従ってそういう活ける獅子について其処で語られているということが、今言ったことから始めて正しく理解されるであろう。また、そういう世界観の類似性と同時に、本質的な相違もそのうちにはっきり現われている。その相違は、かの同じような世界観が神話的・夢想的なものから現実的な醒めたものへ変容したことによって生じたのである。神話の方はヴィシヌの身体の毛穴に現われた無数の漚について語っている。ところでその場合、これらの毛穴毎に一ヴィシヌが現われるとも言えるのであろうか。一つ一つのたまゆらの漚のうちに再び一ヴィシヌを見るということが、この神話の世界観では許されるであろうか。諸々の宇宙が本来その数だけの漚であるということは、もちろん真理の本質的な一面である。上に引用した『証道歌』の「大千沙界海中漚」の句も、そのことを示している。併しもしただ此の一面のみを見るに止まるならば、あらゆる存在するものが忽ち過ぎ去るという無常性が言い表わされるに過ぎない。この側面は、ややもすれば世界逃避に導く。その場合には、そのことと相伴なって、ヴィシヌが一つの基体として、例えば最高にして一切を包括する存在者として、表象されるということになる。かくして夢想的なるものへの傾斜が始まるわけである。

ところで、かの獅子の譬喩のうちには、現実感覚への転換が現われている。諸々の世界漚は飽くまで漚であることには変りないが、併しそれぞれの漚がまた同じ海そのものである。一つ一つの漚が絶対的なるものそのものの現われである。併し乍ら、繰返し言って来たように、今言った絶対的なもののもとに何か或る主体、或は何か或る実体を考えてはならない。もしそのように考えるならば、直ちに総てが誤りに化するであろう。ここでは、絶体的な「或るもの」という意味での絶対的なるものとか、或はそれの現われとかいうことについて語ることは出来ない。絶対的なるものとは、ここでは或る非基体である。すなわち仏教において「無」とか「空」とかいわれているものである。あらゆる事物、またあらゆる宇宙は、空を根底として（或はむしろ無底として）成り立つ。あらゆる事物や凡ゆる宇宙の根底に横わるものは、存在する或るものであることは出来ない。この無はもちろん虚無ということではない。この空は単に虚空ということではない。仏教における常套語として「真空妙有」といわれる如く、真なる空、真なる無は、いわば有の大海である。その大海中の漚、すなわち諸々の宇宙、またそれらの漚中の漚、すなわち諸々の事物は、現に有る。そしてそれらが現に有るのは、それらの一つ一つが同じ一つの「有の大海」だからである。それは獅子の一つ一つの毛端に獅子が現ずるのに等しい。

大乗仏教の思想圏では、屢々また水と波の譬喩が好んで語られる。そして波と水とが絶対的に切り離せないことが指摘される。水のほかに波はなく、波を離れて水はない。然も波は水とは呼ばれ得ず、水は波とは呼ばれ得ない。水は波であるとは言えず、波は水であるとは言えない。併しそれも拘らず、或はむしろその故にこそ、両者は唯一なる一として活きて有る。エックハルトの言葉をかりれば ein einzig Eins であり、それが無限の源泉である。波と水とは二にして一、一にして二である。そしてこのことは、あらゆる毛端上のあらゆる獅子と獅子そのものとの関係についても言える。かく同時に一にして二であるということに、「妙有」の有が存する。そしてその有が同時に、「有るもの」の有自体である。全体的に見られた有るもの――獅子そのものに譬えられた如き――の有でもあり、また個別的に見られた有るもの――一々の毛端に現ずる獅子に譬えられた如き――の有でもある。逆にまた「有るもの」の有とは、「妙有」の有にほかならないのである。

総じて「有るもの」は、例えば一つの花は、その現存在がどんなに無常で儚いものであるとしても、然もその全き現実在において現に有る。その花の「有」はその花に、その花として、本質的に現成している。それはその花の「有」が「妙有」と別ではないからである。もしそうでなかったら、恰も水のほかに波があり、また波のほかに水があるかのような考え方に陥らざるを得ないであろう。そしてその場合には、あらゆる事物は、やはり基体の性格で表象されるような絶対者の仮象乃至は現象ということになるであろう。併しながら現に有る如き千差万別なる有るもの、無限な多様性とそれぞれの全き現実在における有るもの、かかるもののみが現に有り、そのほかには何もない。そしてそれらのほかには何もない故にのみ、それらは現実にまた真実にそこに有る。此の「……のほかに何もない」が、有るものを現に有るがままにそこに有らしめている根底（或はむしろ無底）である。それは基体的な「或るもの」ではない。例えば絶対的な主体とか、絶対的な実体とかいうようなものではない。

仏教において「真空」が語られているのもその故である。この空は、あらゆる事物が現に有るがままに有ることを得しめられている際の源底乃至は無底である。空はどこにもない。が然も全体として見られた、また個別として見られた有るものが現に有るその到る処に、空は存する。水はどこにもないが、然も波が現に有る到る処に水は存する。水はあらゆる波を統一するような、或はすべての波の根底にあるような、基体ではない。然も水は果てしない海の無限な波を包括し、聚めている。空も同様である。先に言った虚空乃至は世界空間のように、空は無限な多様性と全き現実在において現成するあらゆる事物を有らしめつつ、あらゆる事物を聚め、包括する。上に波と水に関して、唯一つなる一（ein einzig Eins）が活きて有る、と言った意味はそういうことである。つまり唯一つの果てしない「有の大海」がそこに有り、その「妙有」は、同時に全体としての、個別としての「有るもの」の有にほかならず、逆にまた、「有るもの」の有が同時に「妙有」の有にほかならないのである。

　これは一種の汎神論であろうか。或はいわば汎虚無論とも言うべきものであろうか。もしそうならば、有とか空とかをやはり基体の性格で理解することになるであろう。そしてあらゆる事物はその基体の仮現した姿、いわゆるマヤの面帕ということになるであろう。併し一つの花が現に有るのは、現実にまた真実にそこに有るのであり、恰も獅子の譬喩において、毛端上に現ずる獅子が充全に獅子である如くである。そうでなければ、獅子は活ける獅子とはいわれないであろう。汎神論の「神」や汎虚無論の「無」は、容易に表象され概念されることが出来る。それらが現われるのは何時も或る表象されたもの、概念されたものとしてである。汎神論とニヒリズムの本質にそういうことが存するのである。

　併し、今いった活ける獅子についてはどうであろうか。我々はそれを概念的に把捉することが出来るであろうか。さきには、かの譬喩における獅子のからだが、ヴィシヌ神のからだについて言われたと等しく、底知れぬ大海の如きものであり、あらゆる宇宙やあらゆる事物はその大海の上に漂っていると語られた。また、その獅子の一つ一つの毛端に、獅子そのものが全体として活現するとも語られた。我々はそれを表象化しつつ概念し得るであろうか。いわばそれの外に立ち、それを対象として、且つ客体的に観察することが出来るであろうか。恰もそれが一つの基体であるかのように、それを表象し把捉することが出来るであろうか。むしろ、我々がそれを認識し得るのは、我々各自がその獅子の一毛となることによってのみではないであろうか。実際また、我々各自は本来かの活ける獅子の活ける一毛なのであり、従って各人がそれぞれ本来の自己自身になることによってのみ、彼を認識することが出来るといえる。そのことは同時に、各人が獅子そのものになるということをも意味する。何となれば、さきにも言ったように、獅子の一毛と獅子そのものとは活ける「唯一つの一」であるからであり、換言すれば、多くの毛端の一つ一つに現ずる獅子と獅子自身とは二にして一、一にして二であるからである。「真空妙有」を認識し得るのは、各人がその認識において同時に自己自身を認識するということ、無我（nātman）としての自己自身、非基体としての自己自身を認識するということによってのみである。併しこの点については後に再び触れるであろう。

同時に一にして二であるという此のところ、いわゆる「不一不二」のところにおいて、「無」或「空」、乃至はさきに言った無底も成り立つ。大世界海の泡立つ怒濤の唯中における、底なき静寂がそれである。我々が何か有るもの、例えば一つの花を見る時、つまりそれを実際にまた本当に見る瞬間には、我々はその花を「空に」（副詞）見る。また「空」として見る。いわばその花のありのままを無底から見る。そしてそのことが花を実際にそして本当に見るということである。その時また我々は、花が無底的にそして測り知れぬものとして現にそこに有るその姿において見る。そのことはまた、その花が実際にそして本当に有る（いわゆる existentia における）如きそのあるがままの花自身である相（いわゆる essentia）において見ることである。昔、曹山という禅師が或る僧に問うた。仏の真法身は恰も虚空の如く、物に応じて形を現ずること水中の月の如くであると言われるが、お前はそのことの道理をどう理解するか。僧はそれに答えて、驢が井を見るようなものだと言った。曹山はそれに対して、お前はただ八成を言い得たにすぎぬと批評した。そして師はどう解するかという僧の問いに答えて、井が驢を見るようなものだ、と言ったと伝えられる。現にあるがままの花を「空」として見るとか、「空に」見るとか、或は無底から見るとか言ったのも、いわば井が驢を見る如くにともいえよう。

この「空」はまた清浄をも意味する。先に述べた印度の神話でも、底知れぬ清らかな大海水といわれていた。泡立つ大海の底なき静寂、つまり波立つ水における「水であること」(Wasser-sein)、或は水の「水性」は、清浄なるものである。我々が一つの花をそれが本当に有るその姿において見るのは、我々はそれを清浄なるものとして清浄に見るという時である。我々は浄眼を以てのみ、或るものを清浄なものと見るのである。これら総てのことが宗教的実存というものへの関係において何を意味するかは、ここでは立入ることは出来ない。

ここでの主題に対する聯関において一層重要なのは、別の問題である。我々は上に、花を無底から見るとか、浄眼を以て見るとか言った。その二つの表現は同じことを言っているのである。併し、我々が或るものを無底から見るというようなことが、一体可能なのであるかと言われるかもしれない。そういうような言葉は一体何か意味を有つのであるか。いわゆる無底というようなものは、もし実際にそういうものがあるとすれば、全く世界の外にでなければならない。それなら、いつも世界の内部にいる我々は、どうしてそんな処に立つことが出来るか。また、かりにそういうことが出来たとして、その無底で我々は一体どうなるのか。我々はそれでもなお依然として「我々」であり得るのか。「我々」はむしろその無底のうちに没し去り、「我々」が消えるのではないか。「無底から見る」とか「浄眼を以て見る」とかいう言葉は、唯の言葉にすぎず、然も無意味な言葉にすぎないのではないか。「我々」というものもなく、眼というものもあり得ないような無においては、浄眼を以て見るというふうなこともあり得ないではないか。

すべてこのような種類の疑問のうちには、上に述べた根深い性癖、すなわち非基体的なるものをもなお基体の性格で考えたり表象したりするという性癖が、やはり現われている。「真空」の、従ってまた「妙有」の、非基体的・無我的な性格をもう少し明らかにするために、上に挙げられた印度の説話に関して指摘した第二の点に、次に目を向けねばならぬ。

四

ヴィシヌが採ったところの襤褸を着た男の児の姿は、ヴィシヌ本来の姿ではなくて、仮りの姿、一時かりそめに採用された、借りものの姿であった。男の児の現存在そのものは、単なる仮象であり、非現実在である。従ってそこには、存在の「自体」と仮象乃至は現象との間の差異がなお支配している。それならば、蹋み倒された刹那に万象の源底への突破を経験した上述の僧においてはどうであったか。この突破に於て万象の源底（むしろ無底）が彼に、彼を貫いて開かれた。彼自身がそのまま全く源底（むしろ無底）になった。そしてまさしくそのような仕方で、その源底の認識に到達した。同時にまた、彼はそれによって源底的に（むしろ無底的に）自己自身に目覚め、真の意味に於ける自己認識に到達した。

然らばこれらのことは、我々の主題にとって、すなわち仏教における宗教-哲学的な実存という問題に対して、何を意味するであろうか。それは宗教的実存——もしここでなお「宗教」という言葉を使い得るとすれば——としては、一つの大なる死と大なる再生、然も分ち難い統一をなしている両者を意味する。また、それは哲学的実存——もしここでなお「哲学」という言葉を使い得るとすれば——としては、一つの大なる認識と「妙有」的な現存在、但しここでもやはり、分ち難い統一をなしているものとしての両者を意味する。

かの僧はいわば、その一々の毛端上において一個の獅子で有り且つ一個の獅子を認識するというような、そういう獅子になったのである。同じことはまた逆にも言われ得る。その僧は獅子の一毛端に活現した獅子になった。すなわち、それ自身のうちに獅子そのものを認識し獅子そのもので有るような、そういう獅子になったのである。ここでは獅子の「自体」と仮象又は現象との間に、差異は全くない。そこにはその両者の不一不二があり、その不一不二のうちに、獅子の活ける当体があるのである。然もその獅子の体は、この神話におけるヴィシヌの体のように、底知れぬ清らかな大海水であり、それの毛穴ごとに一つの宇宙が泡立ち且つ潰えるのである。かの僧は「真空」になった。すなわち「妙有」になった。然もその真空妙有は、全体としてと同時に個別としての「有るもの」の有であり、従ってまた、唐朝の中国における襤褸を着た僧としての彼の現存在でもある。「妙有」とその僧の現存在という両者は不一不二である。先に言ったように、彼の制約された心身を離れることなしに、彼は絶対的な開けへ、絶対的な開けとして、開かれたのである。この僧のかかる突破は、支那の或る所で、遠い昔の或る日、彼が蹴倒されて痛い目にあったその瞬間に生起した。併しその瞬間はまた、かの印度の説話のなかで、「無数の宇宙世界がその都度の瞬間に相並んで成り立って居り、それの一つ一つに一ブラフマと一インドラとが住している。誰がそれらの宇宙世界の数を測ろうとするか」、と言われたその瞬間である。かの僧は彼の転倒と苦痛の経験の唯中に、「真空」と「妙有」を経験し認識したのである。このような経験について、曽って或る昔の仏教思想家が次のように語っている（延寿『宗鏡録』）。それは恰も、誰か或る男が自分の手で自分の体を撫でたり抓ったりするようなものであり、或は象が自分の鼻に吸い込んだ水を自分自身に掛けるようなものであり、或はまた幼児が自分の指を口中へ突込むようなものである、と。すべてこれらの言葉は、「真空妙有」といわれたものについて語っているにほかならない。即ちそれらの言葉は、かの「……のほかには何も無い」とその現―有について語っている。換言すれば、無限な多様性をもって現に有る如きあらゆるものを有らしめているところの無底、或は絶対的な開けについて語っているのである。

我々の経験はすべて本来的にはそのようなものである。我々が一つの花を見るとか、雷を聞くとか、或は我々の上なる、星を鏤めた天を驚異の念をもって眺め、また我々の内なる道徳法則を畏敬の情をもって見守るとき、我々はこれらすべての事の経験において、畢竟するに、何時も自分の指を口中へ差し込む幼児の如くである。或る有名な偈のうちで「心頭を滅却すれば火もまた涼し」と言われている。その偈は十六世紀の日本の或る禅僧（快川国師）が、敵方の軍勢の放った火に焼かれながら唱えたものである。その偈の意味は、火が熱いものであることを止めたとか、或はその禅僧が焼かれながら少しの苦痛も感じなかったとかいうのでは勿論ない。反対にここで言われた涼しさとは、まさしく痛みが激痛であり、熱が烈しい熱さであるその唯中に支配する涼しさである。恰もさきに、大海の泡立つ怒濤の唯中における底知れぬ静寂といったことと等しい。然らばこの涼しさは如何にして成り立つか。その涼しさの成り立つのは、熱さと苦痛の経験が、恰も或る男が自分の手で自分の体を撫でたり抓ったりするかのようにして生起する、ということによってである。

注意すべきことは、このような経験の（乃至はこのような「性起」の）可能性が、原子爆弾の時代とその人間にとっても、やはりなお確保されているということである。西欧の人にとっては、ここで語られたことが頗る異様なものとして響き、理解するに苦しむという感を与えるとしても、それは怪しむに足りない。併しそれにも拘らず、私はそれに対する理解が、何時の日か彼に開けるであろうということを信じている。実際、西欧の土地も、曽てアッシジのフランシスのような人を生んでいる。この聖者は周知のように、あらゆるものに兄弟とか姉妹とかと呼びかけた。然も単に人間達ばかりでなく、太陽、月、風、水、火、地、鳥獣などに対してもである。彼は或る時、眼を患ってめくらになろうとし、そのために白熱した鉄桿で手術されねばならなかった。いざ手術という時、彼はその白熱した鉄に向って十字を切りながら言った。「兄弟なる火よ、私は君を始終愛してきた。君は神のあらゆる被造物のうちで最も力強く、最も美しいからだ。だから私に憐れみをかけてくれ給え。私を焼くのにも、我慢出来るようにお手柔らかに焼いてくれ給え」。彼の伝記者は更に言葉を続けてこう語っている。「医者は太陽のように眩しく輝いている鉄桿を取上げた。そしてそれを耳から眉にかけてヂュッと焼ける皮膚の上に引っぱった時、聖者は母親の手に撫でられている幼児のように微笑し、低い声で笑った。その場から逃げ出していった僧達が彼の僧房に戻って来た時に、聖者は同じような静かな微笑をうかべて彼等に言った。『気の小さい連中だ。君達は何故そんなにびくびくするのか。私は少しも痛みを感じなかった』――『奇蹟だ』とその時医者は叫んだ。彼はそんなことをそれまで曽て経験したことがなかったのである」。

フランシスが灼熱した鉄片に向って十字を切るとき、彼が「兄弟・火よ」と呼びかけるとき、そして彼が焼かれながら静かに微笑し得るとき、それはそもそも何を意味するのであろうか。その中には一つの大きな問題が含まれているのでないであろうか。或る大きな、そしてこれまで予感もされなかったような、何かが現われているのではないであろうか。それをどう解するにせよ、それに類する奇蹟は、我々の最も日常的な経験、例えば一つの花を見るというようなことのうちにも生起し得るのである。或はむしろ、我々の経験はすべて本来的には既にそのような奇蹟（Wunder）である。不可思議であり不可得である。「妙有」の大海中における「妙なる」（wunderbar）一波瀾である。聖フランシスは自分自身のことを「神の道化師」と呼んでいたが、神の宮廷におけるこの道化役は、さきに言った日本の禅僧が火中における彼の偈頌で語ろうと欲したことを、恐らくよく理解し得たのではないであろうか。

五

今や我々は、昔の中国の僧が蹴倒された瞬間に目覚めに達したとき、彼の口を突いて出た言葉、「也太奇、也太奇、百千の三昧、無量の妙義、ただ一毛頭上に向って根源を識得し去る」、の真の意味を明らかにすることが出来るように思う。真実の自己へのそのような突破によって、或はむしろ、真実の自己そのもののそのような突出によって、我々は始めて世界への囚われからのみならず、同時に世界からの逃避からも全く脱出し、そして絶対的な「世界肯定」の場に立つことが出来る。我々は泡立つ大世界海のうちを快く航行することが出来る。かの僧は非基体になった。万有の源底乃至は無底になった。そして万有からの彼岸へ、同時にまた万有からの此岸へ、開放され、自由を得た。

併しここで彼岸といわれたのは、いわゆる「彼岸」よりもなお一層の彼岸である。そしてここで此岸といわれたのは、いわゆる「此岸」よりもなお一層の此岸である。真空は一切の「彼岸的」に存在するものと、一切の

「此岸的」に存在するものとを、等しく自らのうちに包括し、自らのうちに聚める。そしてそれら総てを、現に有る如き如実性において有らしめる。真空はいわば、あらゆる可能な彼岸性の更に彼岸であると一つに、あらゆる可能な此岸性の更に此岸である。それは真の彼岸と真の此岸とが同じ一つである場、「一如」である場、「真如」の場である。この場において根本真理が、かの中国の僧に顕わになったのである。

そしてこのことが彼に起ったとき、彼はまた彼の師を認識することが出来た。すなわち、彼の師がその乱暴な行為によって、彼の問訊したその根本真理を彼に顕わにしたということを、彼は認識し得た。そのことは何を意味するか。次の三つの事柄がその中に含まれているであろう。

一、その僧は彼の求める根本真理を、彼の師の手許に認識することによってのみ、それを彼自身の内に認識することが出来た。併しまた、彼がその根本真理を彼の師の手許に認識し得たのは、彼がそれを自己自身の内に認識するということによってのみであった。この場合「自己自身の内に」ということと、「師の手許に」ということとの間には、換言すれば「私の内に」ということと「汝の内に」ということとの間には、何等の隔ても存しない。二つのことは全く同じ一つである。今言った二つの認識のどちらが先行し、どちらが後続するか、というようなことは言われ得ない。もともと其処には二つの認識は存せず、純なる根本真理の同一なる認識が存するのみである。その根本真理は、二人の人間の差異を超えた光として、師から弟子へと伝わり、弟子の内に輝いたのである。

二、この照明を通して、弟子は、その同じ根本真理を、自己自身の内に自己の最も本来的な、最も固有なものとして認識し、同時にまた、それを彼の師のうちにその師の最も本来的な、最も固有なものとして認識し得たのである。

三、この認識を通して彼は、本質的に自己自身を認識し、且つ同様に本質的に彼の師を認識することを得たのである。

これら三つの事柄は、同じ一つの認識に於ける三つの本質契機である。かの弟子は、すべてこれらの認識を一つの認識として、そしてまた一挙に獲得した。然らばそのことのうちにどういうことが現われているか。師も弟子も、そのうちに根本真理そのものが顕わである限り、それぞれ絶対である。それぞれの現存在は、それ自身のうちで完き全体であり、恰も宇宙が完き全体であるのに等しい。それぞれが所謂「乾坤唯一人」である。両者のそれぞれが絶対であるから、両者の間には絶対的な差別が、絶対的な二が成り立っている。併しまたそれぞれが絶対的であるというまさしく同じ理由によって、絶対的な差別は同時に絶対的な自己同一であり、絶対的な二は絶対的な一である。絶対的な二のうちに、同じ一つの絶対的な開けが支配している。ここでは絶対的な差別と絶対的な平等とが同じものである。そのことは、二人の真実な人間の間に直接的な伝達（Kommunikation）が生じていることを意味する。然もそれはまた、何らいわゆる伝達というものでもない。というのは、それぞれの人間のうちで、一切が彼自身の固有なる根源から涌出して蓋天蓋地であるからであり、「門より入るものは家珍ではない」からであり、従ってそこには如何なる伝達さるべきものも、伝達ということも存しないからである。然もそれにも拘らず、両者のそれぞれ一方の者は、彼の自己認識において他方の者を本質的に認識し、同時にまた、他方の者がかく認識する自分を本質的に認識しているということを認識する。そのようなことは非基体の地盤の上でのみ起り得る。身振りや言葉や感情表出などによる通常の伝達のあらゆる種類は、常に半端で不完全なものに止まる。もしそれらがその伝達作用の完成に達しようと欲するならば、それらは自らを超出して、本来もはや如何なる伝達でもないようなかの伝達様式に帰らねばならない。

私がここで示唆しようと試みたものが、無我の地盤における宗教-哲学的実存への一つの指示たり得れば幸いである。

後記

これは前に、独逸マインツ大学の Fritz-Joachim von Rintelen 教授に捧げられる記念論文集のために寄稿を求められて書いたものの翻訳である。その論文集は "Sinn und Sein, Ein philosophisches Symposion" (Max Niemeyer Verlag, 1960) として刊行されている。新しく起稿することが予定通りには運ばなかったので、やむを得ず旧稿をもって暫く責をふさぐことにした。本講座の関係の方々にも読者にも深くお詫びしたいと思う。なお翻訳に際しては大谷大学大学院の小野蓮明君に筆記の労を煩わした。ここに謝意を表する。

近代科学と仏教

三枝博音

一　まえがき

題は「近代科学と仏教」となっているが、「近代科学」という言い方は、仏教と対照させて考える場合、よっぽど用心せねばならぬものだとおもう。

仏教に対して「近代科学」を考えている人たちは、おそらく古代や中世の自然科学でなくて、今日見る如き自然科学に発展したむしろ現代の科学をさすつもりであろうとおもう。そういう解釈の仕方はいっぱんに見うけられることであるし、またその意義がないことはない。しかし、仏教と対照するのに今日のまたはこれからの自然科学をもってしようとするならば、慢然と近代科学なぞといっていては、私たちの問題をいたずらに混乱させることになる。

なぜかというと、このところ三十年あまりのあいだに自然科学なる学問は、外からながめてはちょっと理解できぬくらい変っているからである。ガリレオやニュートンの時代から今から三十年ばかり前の時期までの自然科学は、今日のまたはこれからの自然科学とまったく同じものとはいえないほど変っている。それゆえ私はその点をとくに注意して私たちの問題をとりあつかいたいとおもう。それとすぐ連関してくることだが、仏教をどういうものとして受けとるか、これがまた重要である。何としても私たちの問題は仏教または仏教思想の将来なのだから、まず最初㈠で仏教をどう受けとるべきかについて述べた。つぎにひとくちで「自然科学」といっても簡単なものでないから、その内容を少し分析しておいて、仏教と相反するところがあるのはどういう意味での自然科学なのか、その点を少したち入って、㈢と㈣とでとりあつかってみた。㈤では「近代科学」といってしまっては、今日のまたこれからの自然科学を正しく理解させなくするから、そのことをとくに説明することにつとめた。そして、「新しい時代の自然科学」という別の言い方をきめることをした。㈥ではながい近代の科学の歴史の移りかわりに応じて、仏教者のなかから科学に対して反応してきたその実例をのべてみた。さてそうして置いて、さいごに、新しい時代の自然科学に対照させるに仏教思想の本質をもってした。

二　仏教をどういうものとして受けとるかについて

仏教に近代科学を対立させて考えている人はじつに多い。それらの人々はほとんどすべて仏教をひいきにおもっている。仏教をひいきにおもうといってもいろいろの立場が考えられる。したがって、それに応じて近代科学の解釈がまちまちになっている。いづれにしても、仏教は滅びてはならない、仏教はいつまでも生きのびねばならない、なぜなら仏教は十分に合理的な面をもっているから、自然科学と背馳などするものでない。――こういうように考えている点で、仏教をひいきにおもっている人たちはほとんどみな共通している。

さて、仏教をひいきにおもっている人々は大分けにして二つの群に分れるようだ。一方の人々は、仏教を宗教としてのみうけとり、信仰という点から離れては考えようとしない。したがって、そういう人たちは、自然科学は全能のものでなく、科学はただ一部の真理しかつたえないものとうけとり、自然科学は反仏教的なものときめてしもうことさえする。こういう人たちは仏教をひいきにおもう人々というよりまさに仏教びいきの人たちである。これとちがって、他方の人々は、仏教をば宗教信仰の組織的なものとのみは受けとらない。仏教は宗教でもあろうが、ひろく人間生活のぜんたいにわたる思想組織であり、生活行為の理想的な、それゆえに実践的な規範体系であるというように受けとっている。これらの人々は仏教びいきの人たちとはいいがたい。むしろ仏教文化を愛する人たちといった方がよかろう。これらの人々は自然科学を反仏教的なものとは見ず、むしろ自然科学思想こそ思想組織としての仏教を、仏教の外から、実証的に、確証してくれるものだ、というように受けとっている。

右の二群のうち前者における近代科学観は、その最初から人間の知的生活または思想生活に対する理解なしでいるから、これらの人々の仏教観はほとんど私たちの問題の外に置いていい。問題は後者の人々の立場である。しかし、現実には以上の二群（この二群をAとBとしておこう）にはっきり分かれているのでなくて、このAとBとの二つのあいだにさらに二つくらいの群が見出され、そしてそのなかの一群はややAに近く、もう一つの一群はBに近いというようなのが、実情に近かろう。たとえば、仏教のいづれの宗派にしても、教団のなかで指導的な位置にいる人、宗教宣伝に従事している人たちはAとBとのあいだにはさまっている二群のどれかに属するようだ。Aに近い一群に属する人々が予想以上に多かろう。

ところで、私たちの問題をさきの後者の人々の立場の人々が、すなわちBの人々が受けとっている「仏教」、これを少しでもはっきりさせて置くことが、これから私たちの問題をとり出し、それを解こうとする試みに対して、大切だとおもう。

仏教は宗教であるということは、まず認められねばならぬだろう。しかし、Bの立場にたっている人々であったら、Religio（religion《宗教》というう近代のことばのもとであるラテン語）を神（超人間的な者）への帰依というようにはとらず、超人間的なものの体験といったぐわいの意味にとめている人が多いのではなかろうか。さて、そうしたとき、その「超人間的」であるが、ある程度まで思索のできる人だったら、超人間といったところで人間生活からまったく超え出ることのあり得るものでないこと、したがって、人間生活のうちでのひとつの超えるという精神の運動であること、だから、超人間といっても人間生活以外ではないこと、このくらいのことは思索ができているだろう。さてしかしそうはいうものもともと弱い人間にとってまとい（纏い）つきがちな超越的な仏とか神とかのイメージはどうしたらいいものであろうか、という疑問はもつかも知れない。しかし、これは仏教としてはそうたいして難問ではなさそうだ。神についての像《イメージ》をどう処理したらよいかは、すでに仏教経典が巧妙な知性的処理のすぐれた思索方法を呈供していて、しかもすでに紀元二世紀から四世紀ころのインドのすぐれた思想家たちは、経典にもとずいて、しかもヨーロッパ的な論理方法でもってして、その処理方法を思索してみせているのである。このように考えられるとすれば、「仏教は宗教でもあろうが」とさきに私がいったことは、Bの立場の人々にとっては、とくに難問といわれるほどのものに立ち向うことはないであろうと考えられる。

　つぎは、仏教を理解して「人間生活のぜんたいにわたる思想組織であり、生活行為の理想的な、それだからこそ実践的な規範体系である」ととることである。この部分はなかなか大切な問題を含んでいるとおもう。仏教とは何かときかれるとき、三学だと答えることは、もっとも要を得たものだと私はおもっている。三学とは戒と定と慧の三つをひとつにつかんでいったものだが、昔から解釈家たちはこの戒定慧三つの順序をつねに問題としていた。近代人のものの考え方からいえば、私たちはこの三つの順序をかえて、まず人間生活を知性によって理解すること（慧）からはじめ、その理解に導かれて寂静《じゃくじょう》といったようなほんとうの聡明さ（定）をかちとる、そして日常の生活行為を実践的にほんとうに時宜《じぎ》を得たものにする（戒）と、いうような順で考えようとするだろう。現に私がさきに仏教の理解の仕方としてあげたあのやり方がそうなのである。ところが、昔から仏教家のいうところの三学の戒・定・慧はむしろこうした近代人の考え方とは逆にできている。しかし、ほんとうのところは、人間がことばで表現しようとすれば、ことばが空間的に（つまり前後に）ならばざるを得ぬから、いたし方なく、少しでも三学のほんとうの意義がつたえられんために、仮りに戒・定・慧としたまでであろう。私が仏教を解して、ひろく人間生活のぜんたいにわたる思想組織であって、生活行為の理想的、それゆえにこそ実践的な規範体系であるといったような表現をするのは、すでにもう近代人特有の説明の仕方にいつかしたがっているのである。

仏教はむしろ実践をとうとんで、実践のなかでほんとうの聡明さを学びとり、この聡明さを知性的にさらに深め、そして他人にそれをつたえるために論理的にととのえる仕事をしているものと、私にはとれる。このさいごのものが三学の慧である。そうではあるが、そのように三学の順序にとくに心をくばるということがながいあいだならわしであったこと自身、これは仏教が知的であることの証拠である。知的であるということ、仏教のほんとうの意味はそういうところにあるとおもわれる。高楠（順次郎）先生が『理智の泉としての仏教』という書物のなかで、「仏教の長処は、最後まで我々の理智主義を離れずして進み得る点に在る」とのべていられるのは、当っているとおもう。

仏教では三学とならべてまた三蔵ということをいっている。普通には三蔵とは経・律・論のことだとなっているけれど、漢訳仏教でなく、パーリー仏教やチベット仏教では、律・経・論という順序をもってつたえられているといわれている。漢訳の場合でも、とくに実践ということに重きを置くときは、律・経・論という順でうけとっていることは昔から知られていた。律は三学でいうところの戒と同じだととっていい。つぎに仏教家の解釈にしたがうと、経とはつぎのようなものである。まず根本的であること、体験的であること、どこへもっていっても真理であること、そうしたものを「経」といっている。さいごの論であるが、これはなんとしてもさきの三学の慧にあたっていることはまちがいない。

三蔵を三学に対照させていろいろと解釈することは昔からあったようだが、私たちにとって大切なのは、仏教とは何であるかと問われたとき、昔から三学や三蔵をもってその問いに答えてきたこと、じつにこのことである。三学や三蔵がそれぞれ含む内容の意味や三つのものの順序やについてやかましく論じてきたことそのこと自体が、仏教とは何は措いても人間の知性にうったえようとしているものであることを強く語っている。仏教はぜんたいとして思想組織であるととることは、まちがいないと断言することができよう。

人間生活のぜんぷく（全幅）をつかむのに知性をもってすることは、いずれ人間にとって免れぬことであるかぎり、仏教としてはどうしても知性を巧みに使いこなすことに重みがかかってくる。知性という精神の働き方は、その使い方がわるければわるいほど、人間生活の他の面（感性や感情や意志など）とかけ離れ、知性が独走するようになり、知性の働き方が無益に鋭くなり、固くなり、機械的になり、人間生活のぜんたいの調和が破れるようになる。知性自体が（人間生活の調和あるぜんたいに対して）ひとつの悪になりかわってしまう。仏教ほどこれを怖れる思想組織は他にないといっていい。三学とか三蔵といわれるものは、この悪を取り除こうとして、またさらに組織せられた思想だといってよい。仏教のどの経典もどの論もどの註釈も、この知性の悪をとり去り、悪の障りから自由な知恵、繋縛《けはく》から自由な寂静《じゃくじょう》の知恵——これがつまりは三学でいうところの定であるべきであろう。その禅定が、三学でいうと、慧と戒とのあいだに位置していることは、深い意味をもっているといわねばならない。

何は措いても仏教とはかようなものとして受けとるべきだと、私はおもう。仏教の経典や論や註釈やが倦《あ》くことなく説きつづけているものに、四諦というのがある。一は「苦」、二は「集」、三は「滅」、四は「道」である。㈠人間生活はけっきょくのところは苦悩であることにつきる。㈡人間生活は、生きつづけることを願うもので、何につけても楽しくありたい、あゝありたい、こうありたいとのぞみ、しかも、どのひとつも徹底してはとげられない。こうして追立てられていることの集りである。㈢この追い立てられ駆りたてられている焦燥をたちきることより貴重なことはない。滅より以上のものはない。㈣そのためには、浄《きよ》らかな決心(foi pure)、浄らかな意志(volonté pure)、浄らかなことば(langage pur)、浄らかな行い(action pure)、浄らかなじっさいの生き方(moyens d'existence purs)、浄らかな実践方法(application pure)、浄らかな想念(mémoire pure)、浄らかな思索(meditation pure)(八正道)しかない。こうしたゆき方――道しかない。八正道をこのように普通のやさしいことばでいってみることは、『仏教《ル・ブッディズム》』(「クセジュ」の一冊)の著者アンリ・アルヴォンの説明の仕方を参考にして試みたまでのことで、八正道の説明は、仏教概論というほどの書物には必ず出ている。ここに「浄らかな」と私はいってみたが、それは正しいといおうと清浄といおうと、なんと言い表されるにしても、やってみればやってみるほどむつかしいことで、肝心なところは、浅はかな人間の知性の使い方に拘泥しないで、実践生活のなかでほんとうに時宜を得た。ひっかかりのない。なずみのない・その意味で浄らかなのでなくてはならぬことは必定のようだ。

もし、三学や三蔵や、八正道などが仏教の何たるかを正しく語るものとすれば、仏教とは、人間に与えられた知性をほんとうに正しく働かせて、それでもって全人間生活を本来のものにすること以外の何ものでもないと理解されるのではあるまいか。

それならば、それではじめて近代科学と対応させて考えられるのではあるまいか。仏教びいきもなにもないことである。

三　自然科学を何として受けとるかがつぎに問題である

仏教はこれからどういう発展の仕方をするだろうか、このことが考えられるとき、必ず問題になるのが、仏教を自然科学に対置してみることである。では、なぜこれからの仏教を考えてみるとき科学をその対照とするのであろうか。その理由はつぎの点にあるだろう。自然科学という知性組織は人間生活にとって必須のもので、自然科学の衰亡など想われもしないし、社会的比重だって少くなることはない、その意味で、科学は合理的だと人々が理解していることである。そういうわけだから、仏教の発展に対して人類は希望をつなぐかどうかを簡単に便利に評価するには、希望と期待がもちつづけられている自然科学と比較し、自然科学の存在理由と関けいさせてみることが早道だ、という考えからきているといえよう。それとともに、自然科学は発見というひとつの科学的活動によって人類に対して全く新しい現象、新しいエネルギーを見つけ出すということに深いれんかんをもっている。その発見される新しい現象、新しいエネルギーのいかんによっては、仏教の思想のなかにあったある学説が否定され無価値にされてしまわないでもない。だから、仏教の将来を考えてみる人は、仏教の発展の仕方を自然科学のそれに、あたかももの さしに当ててみるように、当ててみようとする。これは例をあげて説明してみることができる。仏教の宇宙観のひとつの考えとして須弥仙説が経や論のなかに出ている。しかし、コペルニクスの地動説やニュートンの万有引力の学説が正しいとなれば、須弥仙説は意義を失ってしまう。古代エジプト人は大地がそこに浮んでいる天とは、河のような海のような液体だととっていたが、地の球形説が確立してからは無意味なものとなったと同じである。そういうわけで、自然科学の確立した学説を仏教の発展性のものさしにしようとするところがある。暗に自然科学に対し（権威といわないまでも少くとも）高い品位をみとめ、それと同じ品位を仏教にも認めようとする。

こうなると、自然科学にはゆるぎなき真理性が保証されていると認めてかかっていることになる。これはほとんどすべての仏教びいきの人々が自然科学に対していだいている態度である。

自然科学はそのように無条件に真理性が保証されているものであろうか。こうした根本的な問いからまずはじめていくべきではなかろうか。ここにはなかなか難しい問題がひそんでいる。いくらめんどうな問題が伏在していても、それを明らかにしない限り、仏教と自然科学の関係をつかむことはできない。なるべくわかりやすく、自然科学とは何であるか、これについて私の考えるところをつぎに述べておきたい。

人はかんたんに自然科学と呼んでいるが決して単純のものではない。私たちはそれには三つのあり方があることを知っておく必要がある。その一つは、もちろん自然界の事物についての科学であるが、技術と固く結びついている科学である。つぎは、生産技術のような実践的な人間活動とむすびついていず、もっぱら自然の真理に向って努力しているものと考えられている科学である。さいごの一つは、必ずしも技術と結びついてもいず、といって最後の真理または究極の真理という関心に追いこまれず、自由に、そしてできる範囲において、しかも無理しないで、自然界の諸現象についてできるだけ確実な知識をもとうという態度でいる自然科学である。第一の意味の自然科学は生産技術と結びついていることを気にもしないでいるから、この自然科学は技術とならんでいるといってもいい。だから、第一は人間生活の実践的な技術と併行している自然科学、第二はむしろ哲学と同行している自然科学、第三は第一のようにすぐ役立つことに結びついているとか第二のように真理という関心に捕えられているとかいうのでなく、つまり何と併行、何と同行するというのでなく、自分自身とともにあるといったようなあり方をしている科学である。科学自身であろうとする科学である。このように三様に自然科学を考察することは、これまで外国の科学論者のなかに先例があるとはいえない。読者はこうした分け方を自然科学に対してやってみて、それでもってどのくらい自然科学のほんとうのすがたがつかめるか、それを読者自身においても試みてみてもらいたい。三つをA・B・Cでいい表すと、Aは実践ということに向っている科学、Bは真理ということに向っている科学、Cはそれ自身に向っている科学というように言ってみることもできる。大切なことは、このような科学が三つの形式《すがた》でじっさいに分れ分れに存在しているというのでは決してないことを知っておいてもらいたい。自然科学のありどころ（すなわち、大学や研究所）や自然科学者そのものやについて言ってみると、以上の三様のものを多少ともすべて含んではいるが、それでもしかし、三つのうちのどれかひとつ強く特徴としているものではある。たとえば、工科系の大学や研究所や生産会社の調査研究部などでは、Aとしての自然科学が、つぎに大学や個人研究室やにおいてすでにひとつの体系をつくりあげている科学者の居るところでは、Bとしての自然科学が、第三番目に大学や研究所で自然界の諸現象についての基礎的知識の探求のため研究活動をたえず持続し、その操作のなかにある人々のところではCとしての自然科学が、それぞれいっそう強くその面を見せているということができる。自然科学をいちおう三つに分類して考えるのだが、それは区別しっぱなしではいけないのであって、じっさいに自然科学者が活動しているそのところで抑えてみて、自然科学なる人間活動には三様のあり方があり、現実には一人の科学者の人格のなかでこの三つのあり方が作用していることもあり得るものだという理解が貴重である。

こんどは、自然科学なり自然科学者の側から見ないで、外《そと》から眺めている場合をとって言ってみると、自然科学というとすぐに産業技術に役立ち、人間の衣食住の生活をいっそうよくし、いわゆる文明を前進させるものだとのみ受けとっている人がずいぶん多い。しかしまた宗教や哲学好みの人たちは自然科学は自然が内蔵している真理を見出すために日夜探究しつづけているものだといったように解釈しているむきも少くない。さらに、大学や研究所の研究の現場にあってあるひとつの自然現象（光なら光、音なら音、熱なら熱、エネルギーならエネルギー、またはある動物、ある植物につけてというように）について法則的な知識を見つけようとする科学技術的操作と知識のまとめ方とに没頭している科学者を側でじっさいに見ている人だったら、そこにある自然科学をAだともBだとも理解しようとはしないはずである。以上のように、自然科学の外にいる人々には、その人々に対して自然科学は三様の映り方をしている筈である。

自然科学はその活動のうえで三様のあり方をしているものだということが、いちおう認められるとしよう。さて、そうしておいて、仏教びいきの人々が仏教と自然科学を対置して考える場合のその人々の自然科学解釈を指摘してみることにしよう。

科学と仏教（宗教）とはぜんぜん別箇のもので、自然科学者には宗教はわからない、科学における機械観的考え方では仏教はわからない——こういったものさしで科学に対応しようとする人たちがいる。この人たちにはAとしての自然科学しかわかっていないことが明らかだ。またある仏教びいきの人々は、自然科学の主張する真理はけっきょく相対的だが仏教のそれは絶体的であるという——しばしばありがちな真理規準をもって自然科学を遇している。ここで見落してならぬことであるが、自然科学ことに新しい時代の物理学説はかえって仏教思想に理論的根拠をあたえてくれるものだという考え方にたって、自然科学ぜんたいが仏教の外護者であるかのように解釈している人々の多いことである。このような立場の人々はBとしての自然科学だけを、それもその表面しかみていない。さいごに、Cとしての自然科学であるが、このあり方の自然科学に対しては宗教的立場からはほとんど理解なしというのが、実情ではないかと察しられる。

Aとしてのあり方を示している自然科学がそのまま自然科学だとはいえない。これと同じことはBおよびCについても言えるわけである。いっぱんの人々の自然科学理解からいうと、Aをもって自然科学ぜんたいを覆うてしもう場合がもっとも多く、ついでBをもって安易に自然科学の本質としてしもう場合が多く、Cについての理解のゆきとどいている場合はきわめて稀だといってよかろう。

宗教に関心の強い人たちが、自然科学を宗教の否定者のように受けとるのは、Aの面を濃く示している自然科学をさらに強めて、きわめて功利的なものとして、自然科学を考えているためである。事実そのような特徴を本性とする自然科学は歴史的にじっさいありつづけてきたのである。今日もそうした面を強く明示している自然科学活動は社会のうちに大きい比重をもってあらわれている。そのような自然科学においては、案外に科学的真理なるものを手軽く解釈しているし、自然科学の傍観者たちも、それにひきづられて、真理観がきわめて浅い（真理観について触れておくならば、Aではほとんど無反省で、Bでは自覚的であって、しかも真理性そのものがBでは深こくの思索問題である。それだけに真理の問題はこのあり方の自然科学においては全問題にわたっているほどである。Cでは、真理性は形而上学的《てつがくてき》にとることが厳しく警戒されていて、究極の真理というようなことは、今日はやりのことばでいえば、ベンディングというかたちにしてある。

Aのあり方をしてきた自然科学は歴史的に旧い。古代の科学と呼ばれるものは、ほとんどAの思想的立場からなっている。古代でいうと、ある知識が真理だというのは、日常の活動においてその知識の指示するようにやっていけば、必ず好ましい成果が得られるということだったのである。水についての真理的知識は各民族ともに早くから命題にして残しているが（古代ギリシアでも古代の中国や印度でも）、水はものを潤すものだ、水は下に流れるものだ、水は火を克つ（消す）ものだといったような知識の命ずるように日常生活で行動すれば、身辺のことでも農耕でも、舟行でも、必ず所期の成果が得られる。その点、まちがいなし（真）であった。銀は鉄よりも熔融が早いという知識もそうだし、気象や天象についての知識にもこのようなのがいくらもあったし、ある知識が真理なのは実践にかけて、したがって人間の功利的な衣食住活動にかけて、成果必得の確実性が、知識の真理性の根拠だったのである。ところが、人間の功利性とか成果必得とかいうことが必ずしも真理だとはいえないのである（こうした自覚の声が地球文化のうえでもっとも早くあがったのは、仏教を生んだ古代インドの民族においてであることを私たちは想いおこしておきたい）。真理の早ぎめをして、そのために人間がしばられてはいけない、それでは本末が顚倒しているというのが仏教の思想のなかのもっとも貴重なもののひとつである。

科学とはかようなものとすれば、自然科学のなかでもAとしての自然科学を理解して置くことは、まことに大切である。Aの立場をよく理解するならば、自然科学について論ずる多くの哲学者や哲学好みの自然科学者において容易に発見されるあのBの立場がそもそも何であるかがわかる。Aの側面が強く出ている自然科学思想は、だいたいには、古代ギリシア人およびローマ人によって発達させられたいわゆる西洋の科学の特色である。それのみでなく、近代科学をも含めて、西洋の科学はAの特徴が強い。事実今日でも、西欧のすぐれた自然科学者でも、そのことを明言し、それを誇りとすらしているのである。その誇りのなかに西欧文化がかくさず顔を出していることも見落されない。

私たちは、これから自然科学が進みゆく道は、西洋といわず東洋といわず、Aの性格から外《はず》れるということはない――という意見をもっている。いいかえれば、自然科学はA性格をもちつづけることは確かである。けれども、A性格でもって人間の自然科学的活動のぜんたいを押さえてしまうことはまちがっている。

以上この節で述べたことは、仏教と近代科学とを考えるための必須の準備である。

四　仏教と自然科学との考え方の隔りについて

仏教と科学とを対置させて考える場合には、ほとんど例外なく「真理」ということばが用いられる。このことばは仏教では（少くとも漢訳仏教では普通の人の想像するであろうほどには用いられない。用いられるにしても、この語があらわれてきて、論や説やがちがっているかちがっていないかについて論じられるときのさいごきめてのような役をすることはない。もちろん仏教では、仮《かり》のものに対し真《しん》ということはいうし、セコンダリーのものに対してプライマリーのものをさすとき「真」とか「真実」ということはいうし、手段（方便）とそうでないものをいうとき後者を真実とはいう。けれども「真」とか「真理」とかの概念をつかって、一掃《ひとはき》にほんとうだ、まちがっているといったようにきめつけることは決してやらない。この点で仏教はぜんたいを通じてはっきりしている。私の経験では「真理」ということばを日本の仏教僧でつかっているのを見た例はわずかしかなかった。ほんとうだ・まちがっている、真理性・非真理性、といったように簡単にきめることは、仏教思想ではないことだから。

真理《ツルース》ということを割合に安易に言ってのけるのは、英国にしても、ドイツやフランスにしても、どちらかといえば、通俗的な哲学説の場合だとおもう。哲学的思索の鋭い学派の人々となると、そういう安易のことはしない。さしあたりカントの著作でいってみると、いっぱんの日本人の通念としての「真理」という語にちょうどあたる語はない。でもヴァールハイト（Wahrheit）という語があるではないか、という人があるかも知れないが、ヴァールハイトはカントの厳しい吟味のうえで用いられているものであって、日本人のいう「真理」でうけとってはいけない。あるものがあるとおり受けとられている状態、まずこれがヴァールハイトの意味である。あるものがある通りに受けとられている――こんな単純なことは現実にはなるものではない。AがAで受けとられる、いわば A＝A である。そのようにあるものがある通りに受けとられているといったような単純無比のことがらは、具体的な現実的な複雑したもののなかにはない。あるとすれば、私たちの知性が純粋に、したがって抽象的にのみ機械的に働いている場合にかぎられる。これが、カントが第一批判でいうところの「知性のくに」のなかでのもの（客観的）とそれを表明するもの（主観的）との関係を語るヴァールハイトである。世界観や人生観においてつきつめた問題を処理するとき、ヴァールハイトとは、それのみで役立つような概念では決してない。人間の世界でも自然科学の世界でも、ある物、ある事実が存在するのはただひとつのヴァールハイト関係（すなわちあるものがある通りに受けとられるという関係）によるのではない。もっともっと念の入った・手のこんだかたちによるのである。あるものがあるというのでなく、あるものが現われるというかたちによるのである。仮りに現われるのである。カントのいう仮象（シャイン Schein）である。つまりヴァールハイトとシャインと二通りあるわけだ。カントではヴァールハイトもシャインも認識理論のなかでどちらも同資格をもってあらわれている二概念であって、ヴァールハイトがより好ましいものでもシャインが好ましからざるもの又は否定されるものでもない。むしろ、ヴァールハイトとシャインとの相互がのり越え合うような運動関係においてこそ、なんというか本来のすがたがつかまれるというのである。そういう相互に超えるところをカントはトランセンデンタールということばで摑んでみせていることは、まちがいないところである。トランセンデンタールを単に「先験的」というようなことばで言ってみても、それはナンセンスで、人にわからないだけである。トランセンダンタールを超える運動というように理解する例はハイデッカーも試みているもので別に珍しいことではない。もののほんとうのところ——このようなこともそう簡単にいえることではないが——を真理ということばでとらえること自体が、すでに形而上学的というべきで、カントが排斥した「形而上学」の悪さは正しくそういったところにあるのでなくてはなるまい。カントのような解釈がむしろ仏教に近いということができる。人がもし時間がかかっても、手数がかかっても、ほんとうのものをつかもうとするなら、早ぎめをしてはいけない、面倒でも処理を重ねねばならない。カントもそういう仕方をしている。仏教がまさにこの方法をとっているのである。

日本人は議論めいたことを口にするとき、昔から真理に二つはないとか真理はいずれは一つだとか言う。判断するには制約というか条件というか、とにかく条件があって人はしているのだが、その制約がまもられて、「何は何々だ」といわれている判断は、その限りでまちがいないところを示しているのだから、真理だといっていい。判断を正しく言い表したもの、つまり命題は、どれもみな真理だとよんだっていい。そのいみでは、真理は一つにかぎらず、いくらもあるはずである。真理はひとつだというのは、同じ条件同じ制約をまもって結論（判断）を出すとき、否定し合う結論は出ないそのところを指していうべきなのであって、人間生活の重大などれかの問題のひとつをとらえて、それについて立言は一つしかないという如きは、暴論であって、そういう態度で論議することを私たちは厳しく排斥して置くべきである。

だから、真理の解釈には、平凡なものと鋭く批判的なものと二通りあるとせねばならない。仏教の真理解釈はもちろん後者である。ところが、Aの立場を強く出している自然科学は真理解釈において簡明卒直である。隠れているものを見つけ出す、隠れて見えないものがある、そのあるものをあるとおりに見てうけとる、それが真理である、といった解釈態度である。こうした実利的態度は、上述したように、人間の知識の実践性にもとずくのである。それはそれとして確実に承認される。好ましいとか好ましくないとかいったようなことでなく、人間生活が原始の蒙昧にかえらぬ限り、そして、今人類がその道をすすんでいる行き方からいって、承認されることだし、必然である。だから、Aの立場は、強大であって永続的である。その意味で必然的である。

仏教者が自然科学の優位性を認め自然科学的な考え方にならって、仏教上の問題の解釈にとりあげてしばしば用いる考え方に、「因果律」なるものがある。仏教はとくに因果の思想にくわしいと言われている。それはその通りで、倶舎論唯識論でもっとも煩さな理論のひとつは「因縁」の考えであるが、これに対する思索的訓練は、論ぜんたいの理解の成・否を決定するほどに重要である。その訓練を不十分にしかしないでおいて、多くの仏教論者はただちに自然科学における原因・結果という考え方と仏教の因果論とを安易に結びつける。仏教における因果の解釈はその思索の巾《はば》がきわめて広く、とりあげる例証がきわめて豊かである。たとえば、「成唯識論《じょうゆいしきろん》」で因を大分《おおわけ》に二つに分け（因だけとりあげるようであるが、実は果もともに考えられている。事）、能生因《のうじょういん》と方便因《ほうべんいん》とする。さらにそれを十に分類する、十五に分類する、まことに複雑さを加えるのである。字義の説明は略すが、自然科学の概論や科学哲学論で述べられる因果律はこの能生因の範疇のうちに入るべきだが、それにしても機械的に当てはめは簡単にできない。アリストテレスが試みた原因論は、西欧の哲学や科学における因果論の論議にはしばしばとり出されるものだが、そのアリストテレスの原因論にしてもが、今日いっぱんの人たちが原因と呼んでいるものに当るもの以外の考えが入っている。彼は原因には四種あるという。* その第一類の原因《もと》について、文字は綴りの原因だという例をあげている。このようなものは今日の人は原因とはいわない。変化や静止がそこから起るところのもの、そういったのを原因、そういうのを第三類の原因だといっている。これなぞさしあたり自然科学概論に出てくる原因に当るようだが、この第三類の原因にしても、その原因の意味のなかに、製作者は製作物の原因であるという例をあげている。だから、今日の自然科学者のあいだで問題にされる因果法則の因果はアリストテレスがあげているいろいろの因果概念のうちのほんの一部でしかない。そういったように、アリストテレスの因果論でも今日用いられるものとはその幅がひろい。それが仏教の場合においてはいよいよひどい。仏教の因縁論において説くところのものは、ひとり自然現象にとどまるのではない。それどころか、はじめから仏教思想にとっては自然現象という考え方からが成立していない。客観界といったものも西洋哲学的な考え方としては、仏教においてはいっさい通用しない。仮りに今日の用語の「自然」も「社会」もすべて私たちの用いるものにはぜんぜん別な性格の思索でもって構成されている。自然も社会もありとあらゆるもの、それを「法《ダルマ》」といってみることはしばしば試みられているが、その法の全構想を処理するためのまったく別な概念、別な範疇が仏教には織り出されているのであって、自然科学概論における因果律にちようど相当するものを引き出すことすらが不可能である。

以上のような込み入った問題を処理したうえでなくては、仏教の因果論を証明するために今日の自然科学論のなかに出てくる因果法則をもち出すことは、まったく意味がない。

仏教と近代科学としての自然科学とは、大きな隔りをもっているといわねばならない。なんとしても、背馳しているところは決定的に背馳しているのである。

＊アリストテレスの『フィジカ』の第二巻の第三章および第七章。

五　自然科学の旧概念と仏教思想との背馳について

いっぱんの人たちから自然科学とはおおかたこうだろうと考えられているその考えは、今日となれば自然科学の旧概念だと呼んでいいであろう。自然科学と一口にいっても、じっさいはそう単純のものではない。私はさきに（二）のところで、自然科学はAとBとCの三様のあり方をしていることをのべておいた。今日でも常識として人々のもっている「自然科学」の考えでは、ほとんどすべてAの意味のものを自然科学のぜんたいだと受けとっていることになっている。Aの意味での自然科学では、もっといいかえると、Aの意味で自然科学を解釈しているような考え方では、ものの考え方が実際的のようでじつは抽象的になっている。そして機械的であり、それだけにまた便利にできている。どこの国の政府でも思いついたように奨励する自然科学は、たいていAの意味の自然科学にかぎられている。宗教信者や神秘的な文学観を懐いている人やが目の敵《かたき》にしている自然科学はたいていみなAの意味での自然科学である。人間生活にとって実際に役に立てばよい、その意味で人類に幸福をもたらせばいい、というようにＡなる自然科学の進路はできている。そうである限り、仏教思想と相容れぬのは当り前である。

そうだからといって、Ａ以外の意味の自然科学、つまりＢなりＣなりの意味での自然科学ならば、仏教思想と調和的かというと、必ずしもそうではない。Ｂもだが ＣとなればとくにそのなかにＡの意味での自然科学のあり方は、妨げにならぬ範囲でとり入れられている。またとり入れざるを得ないのである。たとえば、ガリレオやニュートンによって確立された力学の知識は、Ａの意味の自然科学のなかでは、鉄則として働いている。けれどもＣの意味の新しい自然科学においても、あのような古典的力学は欠くことのできない基礎的知識として用いられている。ただＡとちがうところは、古典的力学の法則的知識を絶体のものとしてたよりきりではない、つまり手ばなしでつかっていない、というところにある。このようにして、Ｃの意味の自然科学はどんなものかを理解することは、そうやさしいことではない。ガリレオやニュートンの時代では、力学法則が自然科学のぜんたいにわたって通用させられたのではなかったが、いわゆる産業革命の頃（一七八〇―一八四〇）からいごでは、力学法則にもとづくような考え方が全自然科学を覆うようになった。そうなればそうなるほど自然科学はＡの意味の科学となっていったのも当然だった。しかし今日の自然科学はもう旧い時代のそれと同じものではない。

いずれにしても、自然科学は今日では新しい様子を示しつつあることは確である。このことはもうこのところ四分の一世紀いらいのことであるが、ぜんじにその傾向は強まっている。理論物理学者であって哲学的な著作活動もしているＷ・ハイゼンベルクのことばをつぎにあげておいて、読者の参考に供することにしよう。

一　近代の科学《サイエンス》は、そのはじめのうちは、意識して謙虚だった。近代の科学は、きびしく制限されているものごとについてだけ、発言したものだった。

二　そうした謙虚さは一九世紀を通じて大部分失われた。物理学的知識は自然ぜんたいを相手に論説するものだと考えられてきた。物理学《フィジクス》が哲学者《フィロソファー》にとって変ろうとしたようなものだ。

三　〔ところが〕今日では物理学は根本的な変り方をしようとしている。それのもっともはっきりした特色は、物理学のもともとの自己制限に帰ろうとしていることだ。

四　ある科学についての（哲学的）内容は、科学がこの制限に気づいてこそはじめて支持できるものである。個別的な現象のもろもろの固有性を見つけ出す偉大な仕事は、現象の本性《ネーチュア》というものが、アプリオリに（つまり根っから）一般化されないときにかぎって、可能である。物体だの物質だのエネルギーだの、いよいよの究極の本質を衝くことは開放のままにしておいてこそ、物理学は現象の個別的なもろもろの固有性の理解に達することができる。*

ハイゼンベルクのこの文章を読むとき、読者は「物理学」とあるところを「自然科学の基礎的な科学」というくらいの意味にとられて読んでみられてよいであろう。それからもうひとつ注意しておきたいのは、ヨーロッパ人がフィジクス（物理学）というときの語義である。日本ではいっぱんの人には物理学《フィジックス》と力学《メカニックス》との区別が漠然としてしかわかってない。これはひとつは訳語の罪である。明治のはじめ頃はフジックスを窮理といっていたが、こうなればいよいよ訳語が人を迷すことになる。フィジクスは生成する自然についての数学によるところの学問である、とはっきり受けとって置くのがよい。近代語の physics はもとは physica であって、physica

は physis（生成する自然）からきており、学問の呼び名になっているのだから（引用文の(四)のところに、「アプリオリに一般化される」ことがいわれているが、一般化または抽象化を無条件にやってしまうことこそがAの意味の自然科学であることも、ここで注意しておいてよかろう。）。

自然科学がAの意味の科学である特色を強く押し出せば出すだけ、人間生活のうちでも歴史学や文学、詩やその他の芸術さらに宗教におけるものの考え方や自然についての解釈の仕方とはかけ離れたものとなってくることは理解し易いことである。それゆえひとり仏教思想についてばかりが、自然科学に対して隔りができるわけではない。しかし、仏教者のたいていの人は自然科学といえばAの意味での自然科学だとおもっているのだから、仏教思想とこの種の自然科学とが相反するといわれているのは、当然のことである。私がこの節の見出しを「自然科学の旧概念と仏教思想との背馳」といったのは、こうしたことを狙ってかかげたのである。

さて、仏教思想に対照させて考える科学はどういう自然科学であるべきなのであろうか。それがCの意味での自然科学であるとしては誤りである。AとBとCとの三つの面から今日の自然科学の本性をよく見透うす努力をし、そのうえで仏教と合わせて本質的なところを衝いてみるのがよい。それで、今日の自然科学というべきを私は新しい時代の自然科学と呼んで置いた。それについては第七節で述べる。

* Werner Heisenberg; The Physicist's Conception of Nature, 1958.（『自然についての物理学者の考え』一九五八年）

六　その背馳を知らなかった人、知っていた人

「自然科学」と「仏教思想」とは根本的に相反するところがあるという言い方は、決して旧いものではない。

しかし、科学と仏教とのつぎのような相反ならすでに早くから考えられていた。西洋にはキリスト教より外に天地万物について説くところの学問（これを「西儒」または「西説」と呼ぶ人がかなり多かった。）がある。西儒のいうところは優れているようだが仏説に及ばない。西儒が宇宙の成り立ちや天文のことをいうなら、仏説にははるかにそれにまさったものがある、といった風の考えは、もう江戸時代から出ていた。文化七年（一八一〇年）に円通という天台僧が『仏国暦象編』（五巻）という書物を公けにした。円通は経典から汲んで仏教の宇宙観および天文・暦の知識を組織した。少からぬ努力がこれにそそがれた。円通のこの本には、ケイル（「ニュートン」を日本に早くつたえたことになったオランダの学者。）やニュートンやコペルニクスやティコブラーへなぞの名も見えている。これは当時のオランダ語からの和訳の本によったのであろう。円通は仏説にしたがえば「古今を照し、横に十方を観じて、森羅万象……事として明らかならざるものはない」といって、「西洋の新説」はとうてい仏教の一代蔵経の説くところに及ばないと力説している。しかし、天地万物（自然）についての知識を確実につかもうとすれば、物をつくる技術の知識のように、ひとつひとつ実際にあたって試してみ、できれば観察の器械をつくって試してみ、しかも計算してみ、そのうえで知識をまとめねばいけない。いくら頭脳が透徹で豊かな幻想の力をもっていても、私たち人間の眼に見え耳にきこえる現象の範囲では、右のような技術的知識でもってしないでは確実さは得られないはずである。私はここに「技術的知識」といったが、これはAの意味での自然科学の知識の性格を適確に言い表すものである。とにかく円通は西儒の説は程度が仏教より低劣だとのみ見たのであった。西欧の自然科学は仏教思想とまったく別の性格のものである、次元がちごうのだ、ということが円通にわからなかったのは致し方がない。しかし当時すでに円通の説を弁駁した学者はあった。小島好謙という人と伊能忠敬とが知られている。そのなかでも忠敬の駁論はひろく知られている。円通のように西欧の自然科学よりも仏説がすぐれているのだという偏見をいだく人は仏教僧侶のみでなく、無暗と日本国びいきの人のなかにもあった。それは明治変革の直前の文久二年（一八六二）に出ている「鎚地球説略」という書物の著者佐田介石である。彼はこの著作でもって、蛮夷の地球説を批判し斥けた。もちろん円通と同じように須弥山説を踏襲しようとしたのである。幕末であるだけに円通よりも外国の日本侵入を防ぐ意図が強く出ていた。ここにあげた実例は著名なものだが、明治はもちろん大正時代に至るまで、このような仏教優位―西洋科学劣位の論は案外に根強く、ことに信徒のあいだに共感を植えつけていた。そうした運動の特色は両者のあいだの優劣論なのであって、仏教思想と自然科学との本質的な相反性についての論ではなかったことである。つまりまだ何と何とが、背馳するかということを知るところまでもいかなかったのである。

　相反し背馳することがわかりだすのは、Aの意味での自然科学の性格を少しづつでも日本人が知りはじめてからいごである。その知りはじめは、明治十年代になって、政府が大学（東京大学、明治十一年）をつくり、西欧に模範をとる啓蒙運動が政府および民間の出版活動によって盛んになるにつれて、仏教者のなかに仏教思想と自然科学との相反矛盾を自覚しはじめた。そのいわば先覚者を二人あげることができる。原坦山（一八一九―一八九二）と村上専精（一八五一―一九二九）である。東京大学で講義していた原坦山は「宗教と科学の別るる所」を早く論評しはじめた。彼によると「科学とは大学等に於て教ゆる諸種〔の〕学問」である。そして、科学とは身近《みじか》な専物についての学問だといっている。「諸種」といっているところから汲んで（原は「通例科学即ち医学・生理学・解剖学等」といっているから）、科学とはだいたい自然科学のことだととっていい。彼はここで当時の用語での窮理（物理学）や化学をもあげているのであるが、原自身解剖学や生理学やを好んで自分で研究していたから、実例として右のようにあげたとおもえる。さて、では「宗教」とは何と考えていたかというと、「宗教とは〔科学とちがい〕遠大なる方に関する事」だとしている。「宇宙」の起りとか「思想」のもととか「生前死後」の問題とかにかかわっているものが宗教だ、といっている。原は、そのように見たうえで、「宗教は追々《おいおい》そげる塩梅《あんばい》」だが、「科学は漸々盛大なる様子だ」とものべている。* こうした時代のことだから、原は仏教は科学から徹底した批判をうけるという警告をもしている。原は仏教と自然科学の相反を反省した最初の人だといえるであろう。仏教思想では唯識論といえば基礎的理論であるが、原は遠大の思想としての唯識論に強い関心を寄せていたようである。そして唯識論にいうところの識や心を唯物論的にさえ説明している。心の「源は後脳及び背腰に在る」**というような説をしているが、これは当時の多くの仏教者たちには理解できなかったろう。

坦山よりやや遅れるが村上も自然科学と仏教思想の別れるところを摑んでいた。彼は仏教者のなかでも珍しい学者だった。原は自然科学と仏教思想の背馳するところをつかみ、それぞれが別の分野で寄与すればよいという思想をもっていたということができる。しかし、村上は、自然科学を仏教思想とまったく別なもの反対のものと受けとる必要はなく、仏教のなかには自然科学の学説と同じ線を行くものがあって、しかももっと根本的な穿ち方をするのが仏教だというふうにとっていた。その点は坦山の「遠大」説と通じている。村上は『仏教統一論』の著者としてひろく知られている。各宗派の解釈のうえでも歴史研究のうえでも文献のうえでも、異説まちまち、仏教思想の帰趨をとらえようとして茫漠としているといわれている仏教思想のぜんたいを、彼は組織づけようとした。村上は仏教思想と自然科学とが必ずしも背馳するものでもないことを、双方における学問用語の重要なものにつけて論述することすらした。東洋の文芸と西欧の文芸との性格のちがいについて思索することの多かった森鷗外が、村上のこの努力を見のがすはずはなかった。鷗外の指摘したところによると、村上はつぎのように述べている。物理学でアトム〔atom〕ということをいうが、これは極微《ごくみ》ということばで受けとればいい[***]。極微を元素〔element〕と受けとる人があるが、それはまちがっている（これは私たちが今日の用語で考えてみても村上の説は当っている）。西洋の学問では「空間」を論ずることが多い。これを人はあるいは仏教の「虚空」にあてるかも知れないが、西洋的な考えでいうならば、念を入れていうべきで、「空間の色《しき》」とすべきだ。仏教でいう虚空はそのような意味のものではない。村上はこのように理解した。西洋の物理学では昔から空間はまず測定できるものであり、今日では物質やエネルギーと少しも離して考えられないものであること周知のとおりである。だから、「空間の色」とするのがいいという村上の説は正しい。色《しき》とは仏教でいえば、村上のいうごとくいちおう物体的な「形体（Körperlichkeit）のこと」だととっていい。

原や村上の外にもこうした考えをもっていて、論説にまとめた人がなかったのではないが、しかし仏教学に通じ仏教思想を生きぬいた人として原や村上は、この方面において代表的だった。

仏教思想と自然科学との背馳をまったく知らなかったのは江戸時代であって、多少とも知りはじめたのは明治時代であるとして、まちがいあるまい。知ったうえで、仏教思想の独得の分野を開拓しようとした人は大正や昭和の時代にはかなり仏教者のなかに多く見られるようになった。私はここでも二人あげよう。高楠順次郎（一八六六—一九四五）と富士川游（一八六五—一九四〇）である[****]。

高楠は新修大蔵経の編纂者であって印度哲学の研究の功労者であるが、富士川は『日本医学史』の名著でいっぱんに知られた医学者である。富士川はその半生を仏教ことに親鸞の同信同行者としてその研究と啓蒙に努めた。彼は出《で》が自然科学者であったので、宗教と科学とについて講述した論文や著作は少くない。高楠は晩年には仏教と科学とが背馳しないことをずいぶん沢山論じた。ことに布哇大学で一ケ年仏教を講演した時、科学哲学者のノースロップと知り、ノースロップを通じて彼の先生だった数理哲学者のホワイト・ヘッドの自然科学思想にも親しむところがあって、なおいっそう仏教と自然科学、ことに理論物理学の思索の面から新しい科学知識を吸収することに強く関心を寄せた。高楠の晩年の仏教思想についての論著であって自然科学の知識および思想と対照させつつ説明をすることをしなかったものは、むしろ稀であるくらいだ。

高楠が英国留学中マックスミュラーの指導をうけたことは、後年の彼の仏教解釈に深い影響をもったものといってよい。マックスミュラーはサンスクリット研究の創立者だけでなく、言語学や考古学の方面で実証主義的学風できこえていたことはここにつけ加える必要もあるまい。高楠の仏教研究には生涯を通じて学問の合理性を貫徹しようとするところがあった。高楠は他面において彼のいだく合理性と一見相容れぬかのように見えるほど、直観性ときには神秘的共感といった面を学術上の業蹟のうえにもにじませる学者であったが、それにもかかわらず自然科学知識をひとつの拠りどころとして、仏教思想をいっそう深めいっそう組織化し、現代の教養の支柱にしようという意図をいだきつづけた。

昭和時代（一九二六—）に入る時期にあって、かねてからのプランクの量子論やアインシュタインの相対性理論のなかのいわば革命的な洞察がもとになって、物理学およびこれに近接する諸科学のなかで、「新しい物理学」が唱えられるようになった。そのうち、日本でも専門の学者たちがハイゼンベルクの不確性原理やボーアの相補性原理の説に影響されるだけでなく、いっぱんの知識者たちもがこれに対して関心をいだくようになった。高楠は自然科学といわれる学問に何か新しい解釈のおこりはじめたことを仏教者のなかでももっとも早くかつ鋭く看取した学者だった。日本の文学者や文学評論者のなかには、不確定性や相補性などの新しい理論物理学の思想をかなりに受けとりそこねて、自然科学のなかにも不合理性や神秘性が容れられていいもののように解釈する人たちが当時あらわれた。石原純のような科学者であった人も、このような解釈が素人のなかに出てくる誘因をつくったひとりだった。高楠は仏教者のなかで卒先して、新しい物理学のこうした傾向は仏教思想によってかえって深化され基礎理論としての物理学に役立つものであるという風に理解し、その考えを機会あるごとに講演や論文において発表した。アインシュタインやエディントン、ハイゼンベルクやボーアなどの学説から得られた知識がしきりと高楠の講説のなかにあらわれた。

読者は（□）のところで、私がAの意味での自然科学の特質を述べたことを想いおこしてもらいたい。Aの意味での自然科学ならば、何としても仏教思想と相反せずにはいない。しかし今や、といってヨーロッパではもう半世紀近く前から、いつ厳しくいうと三十年前から、Aの意味での自然学の立場でもっては（したがって古典的な物理学でもってしては）いかにしても把えることのできぬ自然現象が、自然科学者の研究によって技術的にわかってきたことが、相ついで唱えられるようになっていた。しかし、高楠が理論物理学思想からかりてきた新しい科学解釈は、当時の仏教研究者たちをどのくらい啓蒙したか、それはわからないが、仏教を改めて理解し直す必要の必至たることとの啓蒙が、彼によってひろく仏教研究者のあいだに問題を投げかけたことはまちがいない。

自然科学者として出発した富士川は、早くすでに大正のはじめ頃から、自然科学思想にもとづいて仏教の教えを受けとろうという企てから出発した。富士川は一八九八年にドイツに留学した。彼は物理学思想に接近することはなかったが、当時ドイツはプランクやアインシュタインが変革的な理論を発表する直前または数年前にあたっていて、十九世紀後半におけるドイツの自然科学の異常な発展時期だった。彼は医学者だったから生物学や生理学やに学問的関心をよせた。その頃一元論者のエルンスト・ヘッケルが科学者の立場から宗教を論じドイツの教養人の注目をひいていた。彼の一元論は「宗教と科学をむすぶ連鎖」を明らかにするものだった。十六版もの増訂本となったヘッケル『一元論《モニスムス》』は富士川をとらえぬ筈はなかった。それどころか、富士川が学んだイェナ大学ではヘッケルが講義していた。富士川の注目はヘッケルに向った。ヘッケルのモニスムスといえば、その根底には唯物論者のデモクリトスの原子説を含んでいるのだった。富士川は生涯唯物論に近づいたことはなかったが、終始ヘッケルにおける実証主義的な思想は富士川から離れたことはなかった。とにかく彼は自然科学思想を全幅的に彼の教養の基礎とし、そのうえにたって青年時代から彼のうちで発展しつつあった仏教の考えをあらためて理解し直そうとした。この彼の意向は帰国後ずっと彼のうちに成長したらしいが、この間に彼は前記の『日本医学史』の大著を完成し、つづいてさらに医学史研究に没頭していた。明治の末頃であるが、彼のなかの右の意向はついに表面にあらわれて、親鸞宗教の顕彰となった。大正五年に出た彼の著作『真宗講話及児童の養護』は少々変った名まえであるが、日本におけるかっての日の「仏教と科学」の問題については、見落されぬ労作である。この本は徹底して自然科学的知識のうえに仏教の考えを置こうとしている。その翌々年に富士川は『金剛心』という著述を公けにしたが、この書の「はしがき」に彼はつぎのように書いている。「自然科学的の学術に従事して居るひとびとに親鸞聖人の宗教をすすめたいがため」である、と。

富士川は、自然科学と仏教とは決して相反するものではない、という確信をもっていたとせねばならぬ。自然科学にはどういう側面と側面とがあって、その側面のいかんによっては仏教と相反もするが、必ず自然科学は仏教と相反するというものではないということ、――こうしたことを彼はとくに反省したのではないとおもう。原坦山は宗教と科学の分野について上述のような確信をもっていたが、富士川の科学対宗教観も原の思想とだいたいおなじ線にあったといえる。「私共ハ大宇宙ノ小サイ分子ニ過ギヌモノデアリマス。カナラズ絶体無限ノ力ノ支配ヲ受ケネバナラヌモノデアルトイフコトガ、明カニ知ラレルデアリマセウ。」このように、小さい人間が遠大なことを想うとなれば、それはもはや身辺の知識やその処理（こうした方面を原は科学の分野であるとした）としての自然科学のことではあり得ないという確信を、原も富士川もいだいたのである。

富士川には『金剛心』の外に『親鸞聖人』、『真宗』などの著述があるが、晩年に至るまで、彼の科学観は変らなかった。彼の科学観の底にはとうぜん自然《しぜん》なるものについての解釈がある筈だが、これと親鸞の「自然法爾《じねんほうに》」の思索とは当然その異同について問題がおこらねばならなかった。富士川はこの点では生涯を通じ動揺することは少しもなかった。しかし、彼の「自然法爾」説（彼は『法爾』という雑誌を編集（一九一八―一九四〇年）しつづけた。）を正しく理解しなかった人々（このなかには専門の真宗の学者や僧侶がかなり多く見出された）は、自然科学に対する理解にも親鸞の「自然《じねん》」に対するそれにも徹底していなかったようにおもえた。いずれにしても富士川は、仏教の教えはこれから生きのびるべきだ、事実生きのびる条件をその内容のうちにもっている、自然科学はその条件と矛盾するものではない、――こうした確信をもっていた。

高楠にしても富士川にしても、仏教はこれから生きのびるべき豊かな思想をそのうちに蔵しているという確信においては同じようにろうこたるものがあった。この二人いがいにも同様の確信をいだいていた学者思想家は少くあるまいが、高楠と富士川はそれぞれ信ずるところを論文や著述にして発表した点に注目して、私は以上代表的なものとしてあげたのである。

＊『動植二元論』

＊＊『心識論夾注要義』

＊＊＊読者は戦前に『極微の世界』という書物が湯川秀樹教授によって書かれたことを想い出されるといい。

＊＊＊＊この二人は筆者が直接にしかも多年にわたって師事した先生であるが、ぜんたいの統一を考えて先生とは呼ばないことにした。

七　新しい時代の自然科学と仏教思想の本質について

私たちは単に「近代科学」という言い方をやめて、新しい時代の科学という言い方をしよう。そして「科学」をこの論文でははじめから自然科学の意味でつかってきているのだから、新しい時代の自然科学、こう呼ぶことにする。前にもちょっと触れたように、その新しい時代というのは、今から三十年乃至四十年くらい前からもうはじまっていたのである。はじまりということを厳しくいうなら、二十世紀のはじめにプランクの量子論が出てき、その後アインシュタインの特殊相対性理論があらわれて、科学における研究の対象としての「自然」なるものの考えが、それいぜんの自然科学と根本的にちがってきはじめたことである。その量子論と相対性理論から今日の物理学のもっとも基礎的な学問のひとつである素粒子論という新しい分野がひらけてきた。ひらけてきたといったが、それは一九二〇年代の十年間でこの前後に新しい研究が展開されたのだった。三十年乃至四十年前からもうはじまったというのはそれである。どのように変ったかということだが、要約していえばつぎのように言える。

1　宇宙の支配者としての神の観念がとり去られたこと

2　自然界なるものが、研究する科学者からまったく離れて別に科学者とかかわりなく存在するものだという簡単な考えは支えられなくなったこと。

3　したがって、（2）の考えのもとで堅固にできあがっていたもろもろの法則的な知識（たとえば、物質の従来の考えや因果律など）がそのままはつかえなくなったこと。

4　おどろくほどに精密になった科学的機械と精細な数学的処理に信頼が置かれて、ひとつひとつ実験してみ、そして確証をとらえた範囲で、確実な知識を呈供するという謙虚な態度が科学者の態度となったこと。一口でいえば、科学的探究が技術的な面を強く押し出していることである。

右のうちで（紙面に余裕がないから）せめて1についてでも、少しばかり説明しておこう。これは私たちの当面の問題に関係が大きいから。ニュートンの主著である『自然哲学の数学的原理』の終りのところをみると、こういうことが述べてある。

「最高の神が必然的に存在する、このことは明白である。その同じ必然さでもって、神はつねにそして到るところに存在する。そういうわけだからすべて神は等し。いっさいが眼、いっさいが耳、いっさいが頭脳、いっさいが腕、いっさいが知覚、了解、行動だ。だけれど、少しも人間のようにでなく、少しもコルプス（＝物体、物質、実体）というようにではない。つまり私たちにはまったく知られないあり方でだ。」（「いっさい」何々だといっているところだけでも原文であげておくと、つぎのとおり）。

Unde etiam totus est sui similis, totus oculus, totus auris, totus cerebrum, totus bracchium, totus vis sentiendi, & intelligendi et agendi)

ここに言われているように、「私は仮説をつくらない」といったニュートンも、宇宙の支配者としての神をみとめることは彼にとって当然のことだった。そういう時代だったのでもある。さてしかし、今日の自然科学者は、ことに私が（三）のところでいったあのC立場の自然科学者のなかに入る人だったら、たとえニュートンのように用心して神《デウス》のことをいうにしても（というのは、教会がニュートンの説をよしとしたのではもちろんないから。）、支配者とか造物者といったような観念を容れるものではない。だから、さきに引用したハイゼンベルクの如きは、自然科学者のなかには唯物論者がかなり居ると述べている。それどころか、自然科学者のじっさいの仕事（器械により装置によりつつ精密な計量をただひとつの拠りどころとして探究しつづけていること）に直接に関係もない、あのような哲学的なことにはむしろかかわりないといった風なのである。それゆえ、今日の自然科学者、ことにCの立場の自然科学者には神の考えは（たとえニュートン的なものにしても）見出されない。さらに、（2）のような問題、つまり支配者はいないにしても自然という存在そのものの考え方も変ってしまっている（そういう点では、かえって、さきのニュートンのことばのなかにある「少しも人間のようにでなく、少しもコルプスといったようにでない」という考え方が「自然」そのものについてのCの自然科学者たちのいだくアイディアだといってよかろう）。さあ、そうなれば新しい自然科学者にとっては因果の法則だってもう旧い時代の自然科学者のようにきまりきったものとしてはつかえないのである。

こういうように新しい時代の自然科学の変り方をのべていると際限ないから、私は問題をせばめて生命といわれるものがどのような理解を受けようとしているかに触れて、さいごに仏教の本質との対照について考えてみたい。

私はさきに一九二〇年代という時代のことを言ったがこの時代の終り頃（一九二九年）にはもうつぎのような意見が自然科学者（ニールス・ボーア）から出ていた。「作用量子（これは前記のプランクの量子論の基礎となる概念であるが、ここではその説明にまでは入れないが、なんとかして量子論の考えに後でふれてみる。）が見つかったことは、古い時代の物理学に当然の限界が設けられねばならぬことを示すし、また自然科学をまったく新しい状態に移した。だから〔自然界の〕もろもろの現象が客観的に〔そのままのかたちで〕存在することを哲学的に問題にすることはもう私たちの観察には関係がなく、新しい解明にゆだねられることだろう。」ここに作用量子とあるが、それはプランクが唱え出したときのそのままのものでなく、その後三十年に近い時期にあって発展したいっそう精しいものをさすことはいうまでもない。それはそれとして、ボーアの右の重大な発言のなかに、「自然のもろもろの現象」ということが言われている。ボーアはそのころ自然の現象について記述するという新しい時代の自然科学者にとっていちばん大切なことに関し、いくつか論文を発表したのだった。ヨーロッパ人にとっては、昔から（古代・中世・近世のはじめから）自然ということがじつに大切な概念だった。「自ら然る」とかいったようなものでなくて、彼らのいう「しぜん」とは physical のものごとをいうのであるが、もともとどうしなくてもそうなりゆく生成変化の世界のものごとのことである。理（ロゴスまたはラシオ）くつをいっているあいだにもたえず変易しゆく事実の世界のことである。だから、Natural science とか Naturwissenschaft とかいうときの Natur（これはギリシア語でフィジスというのをローマ人たちは別にナツールということばをつかっただけで意味は同じである。）だって同じように、その寸秒となく生成変化しゆく事実の世界のことだから、それをすぐに physics（これを物理学と読みはじめたのは明治時代もはじめの頃ではない。）といったって、そうたいした飛躍ではないのである。もちろん今日では自然科学といえば、化学も生物学も、その他小分けをすればいろいろの科学が含まれ、物理学はそのひとつとなってはいるが、ことばの歴史からみれば、自然科学のぜんたいをフィジスの科学、フィジカル・サイエンスといってもいいわけである。

そういうわけだから、自然科学者が生命（これは仏教にとって貴重な概念であることはまちがいない）をどう理解するかといったところで、やはり自然現象としての「生命」なのであって、自然の世界から別にして生命なぞあるものでないことは、ことわるまでもないであろう。

では、新しい時代の自然科学は生命現象をどう記述しようとするのであろうか。新しい自然科学者の研究態度にはもう少しも形而上学的《てつがくてき》なところはなく、自然のまえには謙虚にしかふるまわないのであるから、生命とは何々だというように、断定を下すような考え方はしない。いつも頭におくべきことは、自然とは理論をいうあいだにも変化しているというよりも、科学的器械を挿入して計量する瞬間にも変化しつづけているものであること、を厳しくうけとることである。である限り、ただもう数を重ねてやってみる外に仕方がない。自然の研究においては、したがって生命現象においても、こんりんざい（金輪際）誤りなし、確実そのものだと断定できるものは何ひとつない。確らしさを狙う外ない。こういうところから、統計理論でいう確率というやかましい考え方が必要になってくる。生命現象の探研究でもけっきょく確率的な研究方法にたよらねばならない。自然界のある現象（私たちの場合は生命ということがら）を把えるといっても、カーテンの向うにかくされている或る品物を露《あらわ》にして見せるというようなものでないから、単に現象といわず統計現象という言い方さえある。こういったことになるのは、生命といえども空には懸って居ず、生きている物の物質に縁《よ》りて作用しているものなのだから、その生物体ととり組まねばならない。生物体のいちばん大切な脳ならば脳にしてもが、原子から成るものでなくてはならない。その原子の配列や原子の構造やに入り込めば、もう大まかなものを大まかにとりあつかう昔の自然科学（物理学）のやり方ではもはや通用しない。そのちがいは、一口にいうと、統計的な性格のものであるかないかである。そこで生命体についてたとえ法則的な知識を物理学者がつかむからとて、その知識は原子についての統計的処置のうえでできているにすぎない。

　私たちが眼で見ている物はどんなに小さくてもその物のもつエネルギーは大きいものからより小さいものへとうつるところに断絶はない。たとえば、振子を振らせてみると、その運動は空気の抵抗に遭ってぜんじにその速さが小さくなる。しかし、それが原子のように眼に見えない大きさのものとなると、そのシステム（体系）のなかでは、様子がちがっている。『生命とは何か』（What is life?”）という書物の著者E・シュレーディンガー（理論物理学者）はそこのところをわかり易くこう述べている。「原子的なスケールの秩序をなしている小さなシステムは、それの本性《ネーチュア》によって〔エネルギーの連続的な量でなく〕、ただ或るときれときれの量（Certain discrete amounts of energy）をもつことができるだけだということを認めねばならぬ。」エネルギーの量の変化がきちっと連続的にいけばいいのだが、そうでなく飛躍する。そういうのを「量子飛躍」（quantum jump）といわれている。それを自然科学者が「不思議なできごと」（mysterious event）と呼んだって責めるわけにはいかない。飛躍するとしかとれぬからとて、神秘的なものだと包んでしまうことは自然科学者にはできない。すでに「飛躍する」というような知識をもつにしても、そこに到達するためには科学者たちは紆余曲折めんどうな研究過程を経て達したので、さらに同じようにめんどうな過程は際限もなく彼を待っているのである。そのような研究のじっさいの道程そのものを離れては、どこにも真剣な自然科学者の世界はない。

生命現象をこうして探究しつづけるとき、いったい私たちは生命という何か実体的なものが考え得られる道に出ることがあるであろうか。問題の大切なものはここにある。霊魂が数たくさんあるとか、消えてなくならないとか、小さいかなしい霊魂がとくべつ支配的な霊魂のところに入りこんでいくといったようにものを不変な実体的なものとしてとりあつこう態度は、自然科学者からいえば、未開の人々の迷信でしかない。

霊魂というものが実体的でしかも数《かず》たくさんあることは迷謬だということが、ほんとうにわかったとしたら、もうあの古い時代の自然科学と裏表になっていた昔の哲学の形而上学的幼稚さは、きれいに取り払われるだろう。それとともに、その哲学説で甘やかされ、無益に飾られていた仏教思想もともに一掃されてしまうだろう。そうした真に拭われた眼で――眼でというのは比喩にすぎぬ、ほんとうの智恵でといったらいいであろう。いやほんとうの智恵といっても、そのような便利な智恵がひとつあるものではないから、じっさいは込み入った手数をとり（仏教では何段階も何十段階もの修行のことをいっている。）、智恵でもって洗い浄め、さらにそれらを否定し、否定のし直しもし、漸く到りつく、否、到りつかんとする、それこそさきの戒・定・恵の三学のなかに身をおかねばならないであろう――そういう智恵において試みられるならば、新しい時代の自然科学と仏教思想とは或る一線において交ることは明らかであろう。どちらの道も容易な道ではない。新しい時代の自然科学者さえも、たとえば、さきにあげたシュレーディンガーは、自分の進んでゆく物理学者の道を「まがりくねった道《クルックド・ウエー》」だといい、「このゆき方よりもよりよい明澄な道」は外にはないと、はっきりいった。そして、彼は仏教思想の流れの源のひとつであるウパニシャッドのある思想を引き合いにも出している。「私」というものの存在、「霊魂」といったようなものを安易にうちたてることを微塵に叩きつぶしてしまうことを、ウパニシャッドよりももっと組織的に深こくにやってみせた仏教思想のことを、私たちは想ってみるべきではあるまいか。

もう今日の自然科学者はニュートンのように宇宙の支配者としての神を引き合いに出すことをしない。自然科学者のなかのある人たちは、苦心しつづけ、仏教者におとらず自然科学者が人間の存在とその社会的苦悩について、これからうち重なる難問ととり組もうとしているのを、私たちは知っている。私は仏教思想のあるものとこれからの自然科学とが交る一線を見ないというほどおごった人間にはなりたくない。（一九六〇年八月一〇日）

仏教とニヒリズム

——原始仏教の受と想との概念をめぐって——

武内義範

一　仏教とニヒリズム

現代ニヒリズムの問題を論じるのには、ニイチェによって掘り下げられたこの問題の徹底化と、サルトルの無神論がもたらした尖鋭化をぬきにして考えることができないであろう。この問題に対して、仏教の諸法無我の立場が、如何なる関聯をもちうるかが、私の当面の問題である。仏教の無我の思想が一面ではニヒリスチックな無の否定的側面をもち、ニイチェにおいてもかかるものとして批判せられていることはよく知られている。けれども事実ニイチェも阿含・経集部の犀角経などに深い感動を覚えた時期があり、この経の示す涅槃寂静の理想は、彼の後期の思想の核心にも、たとえ対決の形ではあっても、喰い入っていると言えよう。更に仏教の無我の思想が、ウパニシャッドの梵我一如の形而上学の否定であり、したがって、ニイチェのいわゆる形而上学的な背後世界の超越者の否定をいみすることは、ニイチェの考え得なかったところで、形而上学的思索とその世界とを否定し「古き神々の死」をとなえた原始仏教が、絶対無の立場から回復する宗教的世界、絶対無の肯定的側面の意味を、現代はあらたに自覚しなければならないであろう。思うに仏教の現代に於ける意味は無神論とニヒリズムを包みこれを越えうるというところにあるであろうから。

現代のニヒリズムは、近代文化の総決算としてわれわれの上に重くるしくのしかかる問題であって、だれもがその問題の深さと広さを測りえない程のものである。それは千万の面相をもち、あい対立した徴候で、自己の到来を示している。たとえばスポーツはニヒリズムと全く関係がない健全なる精神の発露である、と考えられよう。

しかしユンガーが云っているように、現代のスポーツは、全くニヒリズムの一好例である。競技における記録への傾倒といったことだけでも、すでに競技が人間と人間との関係をはなれて、数字の世界へと人間の関心をずらして了っていることが判る。――そこに現代人だけのもつ競技における自己疎外がある。だから感激的なのは勝利の一瞬ではなくて、新記録の発表せられる瞬間である。

記録への挑戦をもっともよく示すスポーツが、たとえば登山であろう。しかし登山こそ又ニヒリズムの好個の代弁者である。それは「アルプス銀座」といった流行のことばかりではない。近代人が記録をめざして、寒さと戦い不撓不屈のたくましさを示すということは、実は彼がすき間風をもいとう人間だからなのである。登山者は「氷壁」の主人公のように、オフィスで事務をとる人間、暖房や冷房のあるところで働いていて、たまに山に出かけるというのでなければ、登山家らしくない。

キケルケゴールが現代の絶望を絶望しないことも又絶望の一種であるといったごとく、現代のニヒリズムはニヒリズムのないところ、健全と強靱のうちで、却って強く根づくのである。それは上述のごとく相い対立する面相をそなえているから、意識されない意識である。

私は最近ドイツに来て、恐らくこの二十年ぐらいの間に、徹底的にヨーロッパが変化したのではないかと感じている。それは精神的な一種の地すべりの様なものが、一切を世俗化の方向に潮流のように押しながしていると感じられるからである。ニイチェの予言は無気味なほどであって、特にドイツにみられる堅実無比なこのニヒリズムの滲透は、まことに恐るべき精神の霜柱である。もはや偉大な哲学や文学は新しい世代からは容易には開花しないのでなかろうかと、あやしまざるを得ない。

しかし私は狭く浅い私の経験から、重大な問題に予言めいたことを云う資格はない。私はただここでは五蘊無我とよばれるときの受と想について、無我の立場を前提として或は無我の立場の理解をめざしてこれを解明しつつ、ニヒリズムとその超克の問題を、仏教的視角から、その一端を論じたいと思うのみである。

二 受の概念

問題に立ち入るためには、まず受の概念を明らかにしなければならない。受（vedanā）は阿毘達磨においては領納性であると定義されている。色が感覚の具体的な内容を形成するのに対して、受はそれが受容されるときの主観の情意的な側面をあらわすと考えられる。しかしリスデヴィッツの注意するごとく、原始仏教における受はそれほどヘドニスティックな色彩で覆われてはいない。もちろん紋切り型に阿含の経典が繰返す受についての説明は、例の苦、楽、不苦不楽（dukkha, sukkha, adukkha-asukkha）の三つの分類である。しかしこの場合もドイツ語の Stimmung の場合も一応そう考えられるごとく、「楽苦は実際は、事実と（事態の本質と）適合する、（stimmen）、適合しない、という具体的内容との関わりをあらわしている語である」。受（vedanā）は元来 vid から出ていて、この語の本来の意義は知る、知覚するというのであるから、受 vedanā はその意味では感覚と感情を一つに合わしている様な意味をもっている。色というときは、視覚を越えた存在の全体が存在するものの訣別という仕方で自己を示したのに対して、*ここではその問題が同じく存在するものの崩落相、離別相において捉えられながら、より主観的、情意的な情態性において自覚せられているのである。注意すべきはこの場合、受は単にペシミスティックな苦の体験のみではない。苦の体験と相即しつつ、しかもその反面には、事態の真相と一応よく合致する楽の体験も、受の体系の中に存在する。それは禅定の体験であって、この経験においては、受は色の世界に沈湎し散乱しているわれわれの精神を離脱の第一歩（初禅）に導きかえした内面の最初の悦楽の情態とされる。この場合、色の世界の全体を苦として理解する厭離の心が、内に喜・楽（piti-sukkha）の踊躍歓喜となって宗教的内面性の最初の誕生を祝福している。

＊拙稿「実存主義と仏教」（理想　昭和三十五年四月号）参照。

色と受について阿含の経典は一つの面白い譬をあげている。それは

「皮革を剝がれた牛が樹陰に逃げても、水中に隠れても、日中に躍り出ても蜂や虻や蛭や日光が嚙みつき刺し痛める（日中にしばらくいると炎症をおこすという印度の烈しい夏の日射しを考えねばならない）。このように刺し、嚙み、靡爛せしめる色のはたらきが受――限りなき苦痛の領納である」と。

日常的な人間は虚偽の皮革に覆われているから彼等はこの苦痛を知らない。たとい知り得てもそれはとび上るほどの劇痛ではない。却って存在の真理の中に赤裸々な身をさらすものが全身で耐えねばならない刺戟を、彼等は快よいものとさえ感ずるのである。原始仏教において苦を説く場合に、自らの生老病死をはじめとし、愛するものと別れ、憎しむものと相い会う等を苦しみの例としてあげる。これらは苦の一例であると共に、また顕著な意味で苦の本質をあらわにする、人間の限界況位の開示でもある。さらに又注目すべきことは苦は勿論のこと楽も不苦不楽のどれもが皆苦である、と主張される。この一見矛盾したようなことを云っているのも苦や楽が人間の限界況位において、さきの裸の牛の感受性から捉えられているからである。輪

廻の深い自覚に立つ場合、われわれの生そのものがそのまま死であるごとく、従って苦であるごとく、外的な人間がそれを喜びとし、それを楽しみとするすべてのことが、この内面化せられた人間においては全体としてその本質の相において――苦として――自覚せられるのである。

それはグリムやダールケやその他の学者が考えたように、人生の挿話が――その部分部分には苦もあり楽もあるのであるが、――結局総決算すると苦になってしまうというようなことではない。またそのような説がそれにもとづいているショーペンハウエルのペシミズムの苦観でもない。原始仏教においては別に明らかにするごとく、苦は苦の集と一つに考えられている。苦集は苦の源泉という意味である。苦（Qual）は人間存在の根源（Quelle）にまで導かれ、いわば透明な結晶構造を形成しなければならない。この苦のもつ根源性が苦の自己超克の導火線となる。それがいかにしてであるかは、四諦説と十二支縁起説との関係を論じて苦の集と滅の相即の機微に立ち入らねばならない。さしあたってわれわれは一切の感性的な誘惑に、もはや身を任せることができなくなったほど、味、患、離のダイナミックスを自己の中に経験した人間（たとえば出離の際の仏陀）にとって、いわばこの結晶化した苦の自覚の上に、超越的な光の輝きがきらめきはじめる。それがかの初禅の場合の喜楽（piti-sukkha）である、とだけ云おう。*

* 拙稿「原始仏教に於ける禅定の問題」（宗教研究一五四・五号、上中）参照。なお以下の論述には上掲の二つの拙論を予想しているところが多い。

受を以上のごとく苦・楽・不苦不楽の三つに分類する立場と交錯して、他の分類の方法がある。それは「眼・耳・鼻・舌・身・意――色・声・香・味・触・法――眼識・耳識・鼻識・舌識・身識・意識」の六入説の体系にもとづいて、眼識所触の受・耳識所触の受……意識所識の受の六類に分類するものである。これは「六入によって触あり、触によって受あり」とする十二支縁起説の第七・第八・第九支の関係に照応するものであるが、縁起説のこの部分の複雑な議論はさて置き、われわれはここでは六入説にもとづくこの受の六種類の分類が、この根本経験においては、何を意味するかを明らかにしなければならない。——後の発展した経典では、この苦の上述の三分類法と六分類法とが組み合わされて、更に複雑な形に配列せられている。

同じことを「根・境・識の三事和合によって触あり、触によって受あり」とも説かれているが、この様な形で縁起説がしばしば語る触と受の概念は、一見すると頗る機械的に考えられるであろう。しかし私は、禅定の経験のうちで「感官の防護」が如何なる意味をもつかを、かつて明らかにした。われわれが自らの存在の根源である苦の自覚に立ち、あらゆる色の混濁をそこから浄めようとするとき、一つの新しい関係が主観と客観との間に張りわたされる。それは受が通常の認識の場合の如く、受容的情態的ではなく、むしろ色の側から云えば apathy とも云うべき、独自の離脱の自由を内から開いてくることにもとづく。もちろんそれによって色への受容性は全く対象の内容を拒否してしまうのではない。むしろ心は真澄みの鏡に研ぎ澄まされて、一層明瞭に事態そのものを己れに映ずるであろう。煩悩的な仕方では、それは「見て見ない、聞いて聞かない、……意識して意識しない」のである。そのような新しいより深い事物への視点を獲得すると通常の認識は、よしそれがいわゆる真理の認識に立ち向っている場合でさえも、一つの形而上学的な好色(concupiscentia)——この世の望み——に過ぎない。仏陀が形而上学的問答を解脱に益のない戯論としたのもその為である。そのようなわれわれの認識の世界への無益な彷徨は、われわれの対象に対する根源的な傾向性、「意近行」にもとづいている。意近行というのはむしろ後の阿毘達磨の特殊な術語であって、原始仏教ではそれは「有対触——造語触」という難解な言葉で示されているものが、それに当るであろう。対象の世界に一つの喜びを見出すと、われわれはそれに習慣づけられて、つねにそうしてしばしばそれへと駆り立てられてゆく。そのようにしてあらゆる直接的な眼・耳・鼻・舌・身——色・声・香・味・触の直接的関係の底に、いわばそれらの「共通感覚」としてある意の習性、傾向性が存在する。意は氷山の一角の様に僅かにその尖端を意識の表面に鋭くそそり立たせているだけで、その根底に到っては大部分が下意識的なるもの——下意識的な対象への執着（有対触）、分別への下意識的執着（造語触）——としてわれわれの目のとどかぬところに蟠まっている、この根源の無明の煩悩性が自覚せられ、克服される方法が発見されなければならない。眼根と意識とに加えられるこのような克服の為の訓練は、一つの禅定体験の特殊な生活法を示している。

瑜伽の訓練をへたものには、耳識はたとえば次の場合にも似た作用を営むことができる。ウッドの出している例によると（Ernest E. Wood : Practical Yoga-Ancient and Modern）、彼の友人が病身の妻と市内の繁華街に住まっている。彼等の二階の病室は窓の下がすぐ大通りになっていて、夜中もたえず警笛がやかましい。彼の妻は心臓病で時々発作におそわれる。彼は夜中、警笛にはめざめないが、ほんの僅かの妻のみじろぎにも直ちに眼をさますことができる、という。このような場合、いわば彼はもう一つの自己に汝はめざめていよ、そうして警笛その他の騒音に対しては私を起す必要がない、けれども妻の僅かな動作に対しても私を起さねばならないと命令しているようなものである。

このような言葉は、或は瑜伽行者のむなしい自負であると考えられるかもしれない。しかしわれわれの精神を、意識の立場よりは一層深い内面から制御するということもありうるわけである。現代の心理学はそのような方向に新しい眼を開きつつあるとも云えよう。瑜伽行者の立場にとっては、たとえば眼識は眼根を防禦することによってその意識の在り方を変えることができる。通常われわれは、対象は対象として意識せられると考えている。しかしわれわれの有意的な作用は、もっと広汎な不随意的な自律運動と相即している。そしてそれらの自律運動はわれわれの習慣や学習によって体得せられた第二次的な（第一次の自律運動に対して）自律系と呼ばれる。たとえばわれわれが仕事に注意を向けるという場合、大部分のはたらきは第二次の自律運動が行うのであって、注意は大部分それに対して障得となるような諸条件の排除に向けられているのである。ピェール・ジャネが明らかにしたように注意は非常に複雑な精神的諸因子の統合であって、彼の所謂第一、第二、第三の秩序が統合せられた全体である。阿含の経典は色と眼と眼識との関係について

「もし外に色があってそれが視野に届き、内に眼が働いていても、注意（samannāhāra）がなければそれに対する眼識は生じない」

という。samannāhāra は記憶とか集中とか注意とかいう意味であって、意識がそのような集中としての統合にもとづくものと考えられている。そうしてそのような統合が禅定の経験によって、高度の凝縮を成就せしめようとするのである。たとえばそこでは、自律的な運動まで有意的な統合のうちにはいって来る。その最も原初的な場合が呼吸の制御である。通常われわれは呼吸の自律的運動に関心を払っていない。しかし乱れた感情が呼吸の喘ぎをおこすように感情のリズムは呼吸のそれと対応している、と瑜伽行者は考える。もっと安らかな呼吸は熟睡者のそれである。眠りにはいると呼吸は覚醒時のそれよりははるかに緩慢である。瑜伽行者が内面の安らかさをもたらすものとして呼吸の制御を行うのは、さしあたってまず呼吸を睡眠時のそれに有意的に近づけようとするのである。同じような仕方で、随意的な意志の場を不随意的な領域に徹底的に拡充することを、瑜伽行者はそれの一つの目的としている。このことは裏から云えば、われわれの意志をもう一つ高い自動性につくりかえることである。すでにわれわれはさきの禅定の研究において、第四禅の不苦不楽・捨（upekkhā）という宗教的精神の神秘的段階に就いて論じた。通常この段階は、所謂身心の喪

失せられた神秘的な恍惚の状態であるとせられる。それは意識が失われて呼吸作用もほとんど停止した身心硬直の cataleptic な状態である。そのような神秘主義者の精神には、いうまでもなく精神病の一つの型が対応している。ヒステリー患者の発作の症状がそれである。われわれはすでに原始仏教の第四禅が、小乗仏教の解釈にもとづいて西欧の学者の解したごとき灰身滅智のものではなくて、むしろ能動的な慈悲の働きと一つのものでなければならないとした。しかし禅定のある状態においては、原始仏教においても——おそらく阿毘達磨化しつつある小乗仏教の最初の段階を示すものであろうが——このような cataleptic な状態が強調せられている。即ち想受滅定においては、たとえば一切の主客の対立(有対想)が否定せられるのみでなく、意識も亦完全に喪失して僅かに寿と暖（生命と体温）とが存在するだけである、と。

仏陀自身の体験としても、それに似たことが云われている。仏陀がある時山林の中で深い瞑想にはいっているると、ごく近くに落雷があって森林が燃えて多くの象が焼死した。しかし仏陀はそれを知らなかったとされている。そのようなものはたとえばソクラテスの放心にも比せられるべきものであって、深い精神の集中が一種の無感覚（anaesthesia）の症状を呈したといえる。精神病学者はしばしばそのような状態を一種の精神病的なるもの（例えば注意の肥大）という。そのような cataleptic な禅定の恍惚は、現代でも印度の瑜伽行者がしばしば苦行の最終段階において経験することである。エリアーデの「瑜伽の技術」の中には、そのような症状の精神に対する医者の所見が記せられている。それによるとそのような精神状態では呼吸はほとんど停止し、脈搏もほとんど消えんばかりに微かである。身心は一種の冬眠にはいった動物のそれに似た反応を示す。このような苦行者がほとんど考えられないような小量の空気の中で（たとえば地下に埋められて）なお長く窒息死しないで生存しているのも、かかる生理状態に帰せられる。

このような場合、精神恍惚の状態は明らかにヒステリーのそれと対比せられる。ヤスパースは何処かで西洋中世の宗教的精神の病的な模型はヒステリーであり、近世のそれは精神分裂症であると云っている。精神病と宗教的精神との関係はさきのジャネが深い洞察をおこなった。しかしながらわれわれはベルグソンと共に、宗教的精神と病的精神とをただちに一にする、しばしば精神病学者がおちいる誤謬を注意して排除しなければならない。だがそれにも拘らず、宗教的な精神と精神病との間には、たとえばある種の性格の型とそれに対応する精神病の型との関係よりも、一層深い関係の存在することは否定できない。それは通常の精神が示している有意的反応と自動的運動との調和関係を破ったような形態が、精神にあらわれるためである。宗教的精神はいわば健全な常識を上に越えたところに成立する。病的な精神はこれに反してそれを下に落ちた所に生起するといえる。いずれにしても自律的な不随意活動の領域が常識の立場からは異常な形であらわれてくる所に共通点がある。

さきの精神の集中の問題に立ちかえって考えてみると、ジャネは通常のわれわれの感覚とヒステリー患者の無感動（anaesthesia）とを対比して劃期的な分析を遂げた。彼は実験によって、夢遊病者や人格分裂の現象が実はヒステリーのそれと本質的に異らないことを証明した。このような患者においては、意識の領域がおおむね頗る狭窄で、それに対して副意識の自動性の範囲が顕著である。暗示や催眠術によって、意識の範囲の外のもう一つの体系に（即ち意識の automatism に）命令を与えることができる。ジェイムズはこの人格分裂の現象をジャネから学んで、彼の回心の分析に用いた。われわれは一般に宗教的精神が自己の最も深い統一をめざして、この automatism の領域までも再編成しようとするのを見る。「私は自分の意志によって瞳孔をひらくことができない。しかし明るいところに出ることによって間接に私の瞳孔をつぼめ、暗い室にはいることによって同じようにして瞳孔をひろめることができる。」このような仕方でわれわれの生存のメカニズムを究めることによって、これを支配し、夢の領域にまでその支配を及ぼしうると考えたのはデカルトである。デカルトでは、情緒は身体の構造が精神に関係したところに生ずる。いわば水の中の気泡のようなものであって、情念の構造を洞察し、身心の関係を見極めるものは、これを超克することができる。勿論ちがった次元に於てではあるが、同じように原始仏教の禅定者は、五蘊の法を知る者は、禅定にもとづく自覚を通じて、五蘊を超え、情念を鎮めることができると自負するであろう。

感官の防護においてわれわれは、そのものを見る眼つきというべきものをつくりかえる必要を認めた。都城の門を守る衛士のようにそれは絶えず正智正念でめざめていなければならない。われわれの感受性はその本来からしてつねに慣性的である。意近門の分析は、われわれの感受が常に対象の側にゆき、しばしば対象の下にあることを示した。この対象への執着性が有対触・造語触として、所謂「有対想」の本質をなしている。それらは禅定の習修の中でまず匡正せられねばならないものである。禅定はその初禅以来、外面的人間を内面的人間に内に翻すことによって、心を一向性に集中しようとする。そのような三昧への道がわれわれの内面にきりひらかれる時、見ゆる物の世界、感ぜられるものの世界はもはや昔のままの姿ではない。「見られたものはただ見られたまま」とか「見つつ見ない」とかいう無執着のあり方がそこに明らかになっている。だから色・眼・眼識の三つはそれぞれ独自の因子として独自の作用を営みながら根源的統一にはいることができる。それはすでに述べたごとく、認識を常にノエシスとノエマ、意識と対象という関係で捉えてゆく西洋哲学の潮流とは全く源泉を異にした精神の自覚の流れである。内面性の世界は、そこでは内的無限の世界を自己の直下に切り開くプリードリッヒ・ハイラーが Unendliche Mystik と名づけた神秘主義の一つの類型は、このような宗教的経験に立っている。

そこでは絶対知の明るさが、慈悲の暖かさと一つに融け合っている。慈の面から考えると、それは西洋的な愛の類型からすれば eros な愛でもなければ agape 的愛のそれでもない。しかもこの無限の神秘主義はプロティノスやその他の人々を通じて、中世の caritas 的愛の精神に流れ入っている。西洋中世の神秘主義は、そこここでこの東洋の無限の神秘主義の潮流を、その思いもよらぬはるかな近代の諸思想の中にまで入りこませる役割を果した。

われわれは受の概念を、楽・苦・不苦不楽の三受、或は眼識所触の受、耳識所触の受……の六受に分類せられるところから出発して、受の問題を一応概観した。受は領納の意味であった。そのような領納性が色と共にあるのは、即ち感覚が常に受納的であるのは、われわれの意識の有限性にもとづいている。そうしてわれわれの意識の有限性はまたわれわれを含めての全存在の有限性に外ならなかった。だから領納せられるものは、それがいかなる内容のものであれ、それがいかなる感情の下に受けいれられるにせよ、常に根源的には苦であった。苦即ちうまくゆかない、適合しないという関係が色と受の根源的な在り方としてそこにあらわれてきている。おそらく存在の全体をその一色に塗りつぶしてしまうような苦の感情（情調）が、不適合というような素朴な言葉であらわされるのは、余りに当を得ない表現であるとも考えられよう。しかし感情の根本の規定としては不適合という概念は、常識が考えるほどそれほど不正確なものではない。心理学の古典的な感情論が感情や情緒について、語るところはここでは問題としない。いわゆる感情の発動説にせよ、或は著名な周辺説（ジェイムズ・ランゲの学説）にせよ、感情の構造が静的に把えられていたことには変りはないであろう。今日の心理学がそれに対して取り出す問題はむしろ感情の力動的な性格であり、殊に場の理論からするそれの構造の問題である。

ジャネの感情についての考え方はこの点においても

特色がある。例えば一人の精神病患者が彼の治療を受けに来て病気の告白をせねばならぬという場合、多く途中から泣きくずれたり、ヒステリーの症状になってしまうという。ジャネによると、精神告白という一つの困難な課題をなし得なかった心が、一層低級な見せかけの課題の解決に代償を求めるのが、感情の本質である。例えば友人と冗談を云いあっていて、詰まると急に苛々してくるというような場合によくあらわれるように、上位我の緊張が未解決のまま下位のそれに移しかえられるときに、そこに感情の流露が生じる。だから例えばそれは、詰った排水路が溢れると、道路が原始の平野の氾濫と同じような状態を呈するようなものである。われわれの緊張に対する反応は最も原初的なものに帰る。うまれたばかりの子供をつねったり擽ったりするとおこすところの種々の運動や生理的変化とほぼ近いものが、感情においてはわれわれの反応の全体になる。だからジェイムズやランゲのような、悲しいから泣くのではなくて泣くから悲しいのだ、という逆説的な考え方は改められて、感情は行為の代償としての行為、うまくゆかないということである。

ゲシュタルト心理学においても、感情は一つの緊張の場をもつゲシュタルトが、その解決の方向へ導かれ緊張が解かれることが出来なくて、それの代償に新しいゲシュタルトがもちこまれることに生ずる、と説明される。例えば一つの問題を与えて同時にそれに対する障害を置き、被実験者を緊張の場に未解決のまま封じこめておくと、彼はしばしば揚句の果てに烈しい怒りの感情に襲われる。その時には場がもっていた意味聯関は悉く無意味なもの、価値なきものに感ぜられ、彼は解けない問題を与えられた受験者が怒って試験問題を破り、それを解決の代償にするように、今や全く新しいゲシュタルトの中に問題をずらしてしまう。苦の感情が情緒としてわれわれと、我々を包む世界の全体との意味連関を一様に無意味なものにして、それを廃棄せしめる場合も丁度それであって、感情の全ての色とりどりの味観は、根源の黒一色の悲観に塗りつぶされてしまう。一般に情緒はこの様な複合的な統一感情であるが、苦の情緒は情緒の中でも最も根源の、最も普遍的な基底として我々に迫ってくる。それ故にそれは又根源の感情として、宗教的感情に深め嵩められ得るであろう（以上の感情論には主としてサルトルによった）。

苦の感情の心理的な側面が以上の如きものであるとすれば色と受との関係はそれではどのようなことになるか。われわれはこの問題をもう一度考えることによって、色と受に加えて来たやや冗長な考察をまとめておきたい。色は形、姿輝やき等の意味であった。たとえばここに一つの椿の花がある。椿の花がその赤い輝かしい色や、その特色のある輪廓であらわれて来ているということが色である。ところで一の姿がそのような形をとってあらわれるのは、その背景との関係においてである。花の色彩は背景の色彩と区別されなければその姿をあらわさないし、花の形はいわばその背景から切りとられて始めて花の形になる。ところでいづれを前景にし、いづれを背景にするかはわれわれの aspect の問題である。だから花そのものは、本来はその葉や花瓶や机や本棚と一緒に一つの渾然たる一体をなしているとも云えよう。そこから椿の花が色としてあらわれる、ということは、われわれが無傷の一枚の生地に鋏を入れるということに外ならない。云い直すならば、花だけを除いた全体を背景に落すことになるであろう。サルトルはそのような切り取りを第一次の無化と呼んでいる。色がわれわれに色としてあらわれるときにそれはすでに庭から摘みとられた一輪の花のように無化の働きを受けている。存在そのものがそのような無化においてあらわれるということを、われわれは別のところでは訣別の握手にたとえた。*切りとられた花がすぐ凋れるように、椿の花瓣がやがて机の上に崩れ落ちるようになるのは、存在論的にはむしろ初めからそうなるものとして、そのさだめの中でだけ色として定着せられたのである。しかし色が色としてそのように切りとられて表象としてわれわれの前に立ちあらわれて来る時、われわれはこの室の中にある一枚の額のようにそれに相対して居たいという欲望をおこす。切り取られたものを無時間性の額の中におさめこんで、それを永遠化したいという転倒した感情は、それと必然的に結びついている。われわれはいわば握手の手を捉えて離そうとしないのである。縁起説の経典はつねに、われわれの対象への執着と対象の激変が出会う時に、われわれの畏怖・驚愕・悲歎・愁憂が生ずると云う。

以上の考察はサルトルの「存在と無」に示される無の理解を導びきの糸にして、彼の構想力論と感情論をそれに結びつけて、原始仏教の無の理解、とくに苦の概念が、さしあたり示しているその否定面（ニヒリスチックな一面）を明らかにしようとしたものである。彼の思想をたどって、彼の実存論的無神論の根本問題をここに明らかにすることは、残念ながら割愛せねばならない。その為には又苦の形而上学的な考察、近代においてはショーペンハウェル・ニイチェにおいてみられる如き苦の理解の問題も——さらには既述の如く前者によってみちびき出された西欧の仏教学者の原始仏教の苦の問題の諸解決も——看過せらるべきではないであろう。しかしここではそれらの問題を予想しつつ、上述の苦の感情の存在論的解釈と必然的に関聯する超越の問題を次に論じる。

*拙稿「実存主義と仏教」参照。

三　想の問題

色と受のこのようなわれわれの表象の本質からする関連は、更に想（saññasaṃjñā）の概念を検討すれば一層明瞭になるであろう。想については、古典的な阿毘達磨、倶舎論の定義がある。「想とは取像を体と為す」阿含の経典では、それは赤い花と判断することと、青いものを青いと言表することとしている。赤い花が眼に触れて赤い感覚を呼びおこした場合、それは色に過ぎない。それが更に赤いものとして言説（abhidheya）、即ち名（nāma）によって述語せられると、それは想の領域になる。だから想は判断の形で表現すれば、恐らく「この花は赤い」或は「これは赤い」として示されるであろう。想においては色の赤はその総相（samānya）において把えられる。換言すれば、想はつねに述語的な一般者としての普遍性をもっている。言語の方からいえば想は表象の性質的特殊性（nimitta-udgrahaṇa）を規定する。この赤い色が、この花は赤いとせられるとき、花の赤さは言うまでもなく花の特殊の性質、赤いこの花の赤さを示している。しかしその特殊性はまた同時にこの花にだけ属するものとしてではなく、赤一般という概念であらわされている。概念である限りそれは普遍性をもち論理性（無矛盾性）をもっている。たとえば赤という概念は非赤を遮する赤の総相として語られているのである。想は受の立場から云えばその対自化せられたもの、一つ一つの受を越えた全体の習慣性、領納の習気（anubhava-vasanā）である。* それは如何なる意味であろうか。

想は通常「領納の習気」であると言われた。それはいかにしてであろうか。想の問題の困難さは「それが青であるとか、赤であるとかと判別することである」という平明な解釈と、たとえば欲想（kāma-saññā）、有想（bhava-saññā）とか、或は禅定の段階において、さきの想受滅（saññā-vedayita-nirodha）とか等々と云われるような場合との間に、一見何のつながりも存在しないように見えることである。後の場合は「想を遍知して暴流を渡れ」という場合のごとく、想は悪しき想念、虚妄の認識の意味である。迷執 papañca-saññā と熟するときの saññā がまさしくその意味である。前者の場合は、想はさしあたって知覚Wahrnehmung perception 等々と近代の学者が解するごとく、それは客観的対象の認識の意味である。一つの花の感覚、たとえば赤い色は色であると共に受であって、それはその本質において主観的なものとも考えることが出来よう。ショーペンハウエルが Empfindung（感覚）はすべて Gefühl（感情）として主観的なものであって、それはそれだけとしては客観性をもたない、悟性がそれに対して立ちはたらくにいたってはじめてそれは客観的な知覚になる。悟性が感覚を一つの結果として捉

*山口益博士『仏教に於ける有と無との対論』参照。

える。そうしてそれに対して必然的に原因が考えられる。かくして感覚が因果の系列の中に納められた知覚となるときに、それははじめて外から触発されたものとして主体の外なる客観と関係し、またそのように知覚せられた印象が因果の系列に準じてその空間に排列せられる。シュミットはそのようなショーペンハウエル流の考え方が、阿含経典の一つに示されている想の解釈と相応ずることを指摘している（Kurt Schmidt, Buddhas Lehre, S. 36)。

「友よ、色と眼によって眼識が生ずる。三が和合して触がある。触によって受がある。受したものを想する。想したものを分別（追求 vitakka）する。分別したものを迷執（papañca-saññā）する。この迷執の分析によって眼識によって見られた過去、現在、未来の色が、想の分類せられた系統にしたがって、人間に対してあらわれてくる」

即ちここでは一つの花がこの花は赤いと想せられるとき、それは単なる感覚の内容の場合のごとく、ただ単に直接的な主観の現在に現在しているのではなく、vitakka とか vicāra とか言われる悟性の分析、推論の介入によって、新しい形に整理せられ、体系づけられていることがまず注意せられている。それと共にそれらの追求 vitakka は根本的に迷執の妄分別によって一つの誤まれる意志に吸収せられ、その意志が知覚の世界の全体に投げかける一つの漁りの網として、悟性の範疇の体系を役立てていることを意味している。純粋に認識論的な知覚の自覚ではなくて、何処までも煩悩論の立場からの知覚の遍知なのである。だから覚知とか論理的認識とかを意味する vitakka や vicāra は、すぐに悪しき追求、邪しまな推求の意味を以って迷執とせられるのである。「想が受の習気」といわれるときの意味を、今ここで立入って論じようとする場合、まず想の心理的、認識論的な面の考察（それの色の面の考察）を最初に述べる方が好都合であろう。

まず色としての赤い花と想としてのそれとの区別である。私が赤い花を色として受け取るとき、或は赤い花なる色がただ端的に現前しているとき、その感覚は少くとも直接的には内にも外にも無限に豊かである。内にというのは私の前の赤い棒は見れば見るほど微妙な色彩と形姿の錯綜であって、私はその内に箱の中にまた箱が入っているあの魔法の小箱を驚異を以て開いてゆく少年のように、その内容の無限な豊さに己れを失って眼を見はっている。外にというのは花の傍らには緑の葉があり、それが一層紅を紅に、緑を緑にしているからである。画家が一幅の画の中に描きこむあのさまざまの静物に対するように、私は飽かずに私の瞳をそれからそれへと移してゆくことができる。この外にも内にも無限に豊かな色の現在は、併しながら何処までもただ現在であるだけの現在、現前であるだけの現前であって、その背景を忘れている。われわれが先に述べた無化の背景は、いわば額縁の裏側のようなものであって、色を色として味著する立場、ヘーゲルの感覚的確実性 sinnliche Gewißheit の立場では不問に付せられているのである。しかしこのように豊かな内容も、もしそれが現在と現前の基底から一度でも滑りおとされるならば、忽ち白けた姿であらわれてくる。

ヘーゲルは感覚的確実性の対象を記述しようとすれば、ただこれとしか言えないとした。或はそのこれはここ hier、今 jetzt と言ってもよい。ヘーゲルの感覚的確実性の弁証法的分析は、この記述の魔法から始まる。即ちこの唯一の赤い棒はただこれとのみ言いうるものであるが、そのこれという概念は実は最も抽象的で何にでも——あれにでも、これにでも——あてはまるのである。ここ、今、にしても同様である。至るところがここであり、いかなる時も今でありうる。ヘーゲルは唯一のこのものをさす感覚的確実性が実はまったく無規定な抽象的普遍に外ならないことを暴露する。この場合のこれとか、ここ、今とかいう概念が、いわば魔法の棒の一ふりのように、それが記述せられるや否や全く感覚の現前を色あせたものにするのである。感覚の立場を越えて知覚の段階が問題になるのは、時間的にも、空間的にも、それが記述される排列された悟性の場を、己れの中に取りいれてくることによってである。

さきの仏教学的な用語を用いれば、それは造語触によって概念的な記述の場におきかえられるからである。否、色の無常性をしばらくでも止《とど》めようとする人間が故人の写真を大切にするように、せめて色を想の世界にうつしかえることによって、把握し保持しようと努めるのである。感覚的内容と知覚表象との区別は明瞭である。たとえばこの赤い椿の花は、そのままではただちに知覚表象とはならない。今日、私の机にある赤い花は、私の記憶の中に保持せられている相似た赤い椿の記憶像と結びつけられる。ここ、今のこの花は、かつてかしこのあの花と、過去、現在、未来の時間の排列の無限な平面に並びおかれる、——未来のというのは、過去と現在のこれらの花が、無限に可能な自由変更の可能性の中で、赤い椿の一つの想「像」を喚びおこすからである。この記憶像、現像、想像の一体性の中から、知覚表象が誕生するのである。したがって知覚表象はこの花でもかの花でもない普遍的な花一般の総相を示して来る。概念がその名（言葉）によってあらわにしようとするのも、まさしくこの普遍性である。

だから赤い椿が赤い椿の名 nāma をあたえられるとき、それは色とは全く異った領域に移しおかれたのである。そのことの意味は知覚表象に対する私の関わり方を考慮に入れると一層はっきりしてくる。赤い椿の色はただ私に現前している。しかしこれは赤い椿であると想せられるときには、赤い椿の花は述語としての意味の限定を受けるものとして、私の前に対象として立っている。この私の前にという在り方が、対象を主観に対する客観としての存在に性格づける。私の知覚は対象からの触発であり、対象は何時も有対触としてあらわれてくるものとなる。換言すれば、これは赤い椿の花であるという判断は、むしろこの椿の花は赤いというように、物自体である対象に対してわれわれの知覚する一つの性質を付与することになる。椿の花は赤く、柔く、薫りがよい、等々の種々の性質をもつのが当然である。ヘーゲルは知覚（Wahr-nehmung 感覚の真理把握）の本質を、種々の性質をもったもの、Ding von vielen Eigenschaften という形でとらえた。実体のもつこの諸性質の場、担い手としての特質が、一と多との矛盾をひきおこすというのが、彼の知覚の弁証法である。興味深いことは、原始仏教の思想を分析し展開した阿毘達磨から唯識への発展がほとんどヘーゲルと軌を一にする分析を知覚の本質に加えていることである。われわれはここでは後の発展に立ち入ることが出来ない。想は何処までもそのようなものの性質の差別（そのもののそのものとしての特質）の記述である。「青である」とか「赤である」とか想の簡単な定義がなされているときに、想は何時でもものの存在の特質の記述として理解されている。

この有対―造語触としての想のはたらきによって、対象は真にわれわれに対して立つものとなる。ショーペンハウエルがさきに引用した文の中で述べているように、この対象の対立して立つという性質（客観的認識）と共に、主体に対して外的世界が開かれるのである。時間・空間がわれわれに対して客観的認識の範疇としてあらわれてくるのも、丁度その所においてである。ハイデッガーはショーペンハウエルの根拠律についての考察とやや異った観点から、次の如に考える。即ち対象が私の向に、そうしてこちらに vor sich hin und zu sich her に立てられる、ということは、同時にそのような対象が因果の系列の中に排列されて、その系列によつて捉えられること、即ち根拠を認識の主観に手渡す（zustellen）ことと、密接不可分であるとしている。即ちそれが根拠律 nihil est sine rationes（何ものも根拠なしには存在しない）がライプニッツ以来、存在の根本原則として語られる所以であると。

原始仏教の場合にも諸法はみな法の関係（縁起）を有するわけであって、根拠の問題は根拠の超越と共に独自の立場から捉えられている。実存哲学、ことに最近のハイデッガーのそれにおいては、根拠の問題は存在（Sein）との根源的自同性において捉えられる。原始仏教においては、根拠はつねに無・空の原理と一つに自覚せられる故に、問題は実存哲学のそれとは全く異った新しい展望の下に立つのである。この問題については、改めて立入って論ずるつもりであるが、ここでは想の問題の分析が明らかにする範囲で、対象認識の有対性を通じてこの問題に迫らなければならない。

たとえば対象性を持たない直観や感覚と、対象性を有する知覚との関係は、次のようにも考えられるであろう。ベルグソンの捉えた著名な例であるが、或る昆虫はその産卵のために他の昆虫の脊髄の中に輸卵管を突き刺す。その昆虫は本能の玄妙な業《わざ》によって、いわば痒い所に手が届くようにその産卵の場を正確に探りあてる。これはたとえば医者が患者に注射するというのとは、全く違ったはたらき方である。後者の場合は少し大袈裟に言えば狙いを定めてその箇所に針を差しこむのであるが、昆虫の場合はそうではない。ちょうど私が私の右の手で左の手を握ったり、自分の身体のいろいろのところを触れる場合のように、二つのものの間には或る種の感応がはたらいていて、闇の中でも眼をつぶっていても一方は他方に吸着して行くのである。輸卵する昆虫は、その卵を産みつける昆虫をいわば自分のもう一つのからだのごとくに感ずることができるのである、と。主観的な認識、感覚そのものとしての直接的な経験には、何らかそのような本能的な感応の響きが残っている。

リルケが豹を歌った見事な詩の中で、巧みにそのような感応の道交を歌い上げている。檻の中にいる豹はもはや彼のかつて行動した幾十里に渉る行動圏から閉め出されてしまっている。彼の四肢はもはや柔かな大地にじかに吸着することはない。かつての大地と彼との間には、今は三坪か四坪のコンクリートの床があって、それが鉄の鎖のように彼の本来の歩みを抑制している。その瞳は檻というただ一つの形式を通して外を見ているに過ぎない。豹が自然の大地を駆けめぐるときに、彼と自然とは一体であって、その生き生きとした感覚の中に躍入してくるものの姿こそが、彼の本能的な直観の中にあるそのものの生きた形なのである。言いなおすならば、豹は自然の生の中では、いわば私の血液の一滴が私のからだの中を駈けめぐるようにして駈けめぐっているのである。だが捕えられた今はもうそのような玄妙な感応はない。彼は欠伸をしたり、首を振ったりしながら、時計の振子のように同じ所を往復する。その見るに堪えないような流謫の身におこった視野の変化と同じものが、われわれの対象的認識にある。生命の共感や共鳴を失って、分別の尺度をわれわれが対象の認識に押しあてようとするのは、恰も退屈した豹が屋外の風物を檻の鉄柵で位置づけるようなものであるかもしれない。

色の世界はすでに無化を間に含んだ世界であった。一つの切りとられた花はなお暫くはその色香を失わないにしても、すでに始めから切りとられたものとして、無化の犠牲に供せられてしまっている。色とはそのようなものであった。それに対して想がそれに名を与え、ものを総相において捉えようとするときに、われわれは無常の相から一歩内面に身を退けることによって、普遍(不変)の世界に立ち帰り得たかのごとくに見える。けれどもその場合実際は、無常な色がその流謫の色に左遷せられたにすぎない。無常の想はそれによって実は少しも救われてはいない。有対想の中で対象が無限の性質をもつ物自体として立ちあらわれるとき、造語想において色の有為転変を越えた名（nāma）の普遍者が捉えられたとき、感覚の世界を越えた無限性の世界が超越界としてまさしくそこに切りひらかれたと考えられよう。しかし事実はそうではない。阿含の経典は語っている。

「色は無常である。そのことをわれわれは知っている。けれども心（受想行識等）はそうではないとわれわれは考える。けれども事実はまさしくその反対である。色はなお百年の、十年の、一年の生存を保つかもしれない。しかし心にいたっては一瞬もとどまらないのである。」

著名な譬となったものであるが、この経典はさらに

「猿が一つの枝から他の枝に移るとき、一枝を捉えて他の一枝を放すように次から次へ五蘊を捉えて他の五蘊を放っているのが心の姿である。」

と述べる。もちろんこの経典の云おうとする所は何か猿にあたる心王があって、それが木の枝を捉えているということを意味するのではない。われわれの意識の内面が暴流の迅速さで絶えず流れ落ち、無に帰してしまう、ただそのこと、心意識の無常相を表現しうればそれでよいのである。

意識の迅速な流れにたち帰ってみると、概念や名称はいわばその中で押し流され、漂わされている捨小舟のようなものである。概念の内部に座している者には、それは或いは大地のごとくに安泰であると錯覚されるかも知れない。だが彼は自分の真の境位を知っていない。だから想による色の無常相からの回避は、実は難破船上の酒宴にすぎない。

想のもつこのような妄想としての性格は、問題を色から受に移して、受と想との関連を明らかにしようとする時に、一層顕著になる。想が領納の習気であると言われるときに、受のもっていた意近門としての特色が鮮明に浮び出てくる。受においては心はつねにその対象に近づき、或はしばしば対象と共にあろうとする。眼耳鼻舌身意の中、さきの五根は直接感官を意味している。それに対して意は、そのような外的感官ではなく内的感官であると言われる。外的感官は対象に向うが、意 (manas) はそれらの感官の全体を統合し、それを計量する内的機能であるとせられる。たとえば王が村から税金を徴収してそれを計算し集めるごとく、manas は一切の色 (感覚) を己れの中に集合せしめ統一する。アリストテレスの「共通感覚」の場合のごとく、それはやはり心臓にその座を占めていると考えられている。意と意識に対する分析は、後に阿毘達磨の経典で大いに発展せしめられたものである。しかし阿含の経典の中でも、それはかなり明確な概念規定によ

って、その機能を規定せられている。たとえば

「眼耳鼻舌身の五門にはそれぞれ固有の領域がある。そうしてそれは互に侵害することはない。それではそれらの統一となり、帰趨となるものは何か、それが意である。」

だから眼識、耳識……身識と意識との関係についても、当然深い考慮が払われていたに違いない。われわれの知っているのは、やや後のミリンダ王経に出てくる著名なかの比喩である。その経典では眼識と意識との関係が前後する二つの車にたとえられている。眼識と意識との間には何の約束も相談もない。けれども約束も相談もなくとも、先の車の通った轍の跡を後の車は通るものである。眼識と意識との関係もまさしくそのようなものである。この経典はなおそのほかにいくつかの譬を列挙している。それは傾向と門と習慣である。傾向というのは雨が降れば水が必ず低い方に流れるのを意味し、門というのは感覚がつねに一つの門（共通感覚）から出入するのにたとえられ、習慣とは練習が行為を容易にするのにたとえられている。このような比喩の中に、記憶の現象を神経と脳皮質に加えられた感覚の retention trace として説明しようとするかの生理・心理学的な説明を思い出させるものがあるが、印度思想史の上ではおそらく頗る特色のある理解の仕方であろう。

元来、原始仏教以前においては、感覚はつねに眼耳鼻舌身の五官として考えられている。意はそのような感官の座としての身体と、識とを媒介する媒介者の意味を担っていたとも考えられる。五官の中にあって、内からそれを統一する内制者としての識は、古代ウパニシャッドにおいても一方ではまさしくそれらの感官を統制するものとして考えられると共に、他方ではアートマンの神秘的な体験の場合には、あらゆる感覚も消え、識は夢もなき熟眠位に立ち帰るのであるから、その場合は識は全く超越的な、五官の感覚の内在的統一者とはかかわりなき、超在となる理である。識のこの二つのはたらきの関係がいかに理解せられるかが問

題となると、身と識との仲介的な機能としての意(manas)が導入せられるにいたるのであろう。

原始仏教においては内なる統一の原理としてのアートマンは否定せられる。識は後に明らかにするごとく、五蘊の中の一つとして無常なる存在の中に編入せられてしまう。内なる識が身の常一主宰の統制者でないことを論証しようとする阿含の一つの経典は、上述の経典とまさしく呼応している。

「たとえば一つの楼閣の中に六つの窓があるかの如くに、眼耳鼻舌身意の六つの根門があるとすれば、そのような識の心王は六つの門からいずれも自由に外的世界を見ることができるであろう。たとえば鼻根よって香を感覚するだけでなく、色をも音をも嗅ぎ分けてよい筈である。しかしそれぞれの感官には固有の領域が有つて、互いに介入しない。また感官が一つの窓であれば、識はそれから顔を出す事も、また窓の外にさえ出ることもできる筈ではないか。」

この証明はもちろん論証として正確なものであるとは云えない。――しかしそれにしても感覚のそれぞれの領域を相互に不介入のものとして区別しながら、他方ではウパニシャッドの伝統に反して、識の統一原理を拒否しようとする意図がすこぶる明瞭である。このような事情が意識の問題を共通感覚の原理として一面では生理的・心理的なそれの機能を強調しながら、恰もアリストテレスのそれにも似た仕方で問題としてとりあげて来たのである。意の問題の分析は原始仏教を通じてその形而上学的な比重を次第に増していって、阿毘達磨におけるそれの展開を通じて、いわゆる末那識(mano-vijñāna)として唯識論では特色のある彫琢を加えられた。

われわれはここでは眼耳鼻舌身の五識が、つねに意を介して意識としてあらわれることに留意したい。受の問題が習慣性、修習(bhāvana)という形で想の問題に干渉してくるのである。理論的な(色の認識論的)見地から云えば、想とは現像が記憶像の把持を通じて、想像力によって名（nāma）をもつ普遍的知覚に高められることであった。実践的、煩悩論的（受の）見地から云えば、想とは過去の受に傾向づけられた先行の意が、絶えずその方に眼を向け（manasi-kāra 意作―注意）未来に対してそれを期待すること、それを執着し所有せんとすることである。想の有対性の故に色は物自体の内核を内に所有するかの如くであった。「SはPである」という判断は、換言すれば、「Sは属性Pを所有する」ということである。この判断の形式が同時に所有の論理を意味することを、われわれはかつて「清貧」の現象に着目しつつ論じたことがある。近代においては主語（S）は主体（認識主観）となり世界は認識主観の構成し所有するところのものとなる。この観念論的な「色と想」との関聯を「受と想」とのそれに飜せば、ショーペンハウエルの盲目意志の論となり、更に、ニイチェの権力意志の説となるであろう。想の問題はさきの「この花は赤い」という簡単な判断の形式を保持しつつ無限に錯綜した問題を内から繰り出してくるのである。

四 想の無常性

色の無常をわれわれは第一の無化として把えた。それに対していえば想の無常は第二次のそれである、ということができよう。前者が即自であるのに対して、後者は無の対自である。疾走する自動車の運転台からみると、街の風景は人も車も両側の家々も、前方から走り来って私の視野の彼方に飛び去って行く。私は比較的遠くのものを判然と見定めることができるが、私に近づいた時には、それは帯状の流れになって視野の背後に突きぬけて行く。同じことがずっと緩かな形で、歩いている私にも起る。街路の風物はたとえば緩やかな流れのように視界の彼方から現われて来、緩慢に私に近づく。

通常私は歩いている時にそのような視界の中での風物の運動を感受しない。私の感覚は視野におけるこの流動を直ちに私自身の歩行の運動の感覚と結びつけ、それに読みかえてしまう。停車しているすれちがいの列車が動きだしたときに隣りの列車の発車が私の車のそれと間違えられる場合のように、私の眼の前の家や街路樹や人物のゆるやかな背後へ背後への後退は私の運動として感覚せられる。私は静止した空間の中を私自身が歩んでいると考えている。それは事実の感覚から一歩退いて私が私の運動を観念の地図の上に映し終えているからである。だが私を第一次的な感覚（色の世界）につれ戻すことは容易である。私は私をめぐって動きゆく物の流れの中に身を投じてみよう。その場合、さきの疾走する自動車と同じようなことがやはり起る。私はどのように注意しても私の視野の背後に滑り去ってゆく物を把えることが出来ない。近づいた物がその形を失い、流動しつつよぎり去ったように、ここでも私の直前のものは、それが私の背後に落ちてゆこうとする時には、やはり迅速な、把えがたい——私の面を切る風にも似た——性質をもっている。

しかしながらもしも私の感応がさきの豹のそれ、昆虫のそれのようであったならば、私の感覚はその瞬間に最も鮮明なものとなるのではあるまいか。磁石が鉄片を吸寄る時のごく短い時間を引き伸して考えると、その鉄片は最初にまず身じろぎし、ためらい勝ちに磁石の方へと歩み出すであろう。その歩みは次第に速くなる。しかしながら或る限界点からはその運動は質的な飛躍をする。われわれの感覚が吸着する鉄片の如くに対象に近づき、その視野が磁場のような構造をもつとすればどうであろうか。眼をつぶって私の右手の指先を左手のそれで探る場合、私の指は確かに眼前の対象を指すときとは全く違った仕方で働いている。指先と指先との間には一つの磁場のようなものがあり、感覚は坂道を下るようにおのずから対象の方へと移ってゆく。そうしてその模索の運動の最後に生ま生ましい触覚の体験がある。

たとえばそれは私の視覚が聴覚的な性格をもち、聴覚が視覚的な性格をもった場合になぞらえることができるであろうか。新しい音楽をきく場合、私はその昔が現在するまでは何であるかを知らない。しかし音楽に魅せられている私の身体はリズミカルに動き、未知の音は期待せられたものとして、全身の傾斜に沿うて滑り込んでくる。音の現在が私の意識の全領域を占めるとき、それが現在であるというただそれだけの理由で、陳腐なメロディーの繰りかえしさえも、限りない喜びや感動を与える。音楽にとっては未来にたいする視野は開かれてない。それが意識の現在に踊り入って来た時にだけ、そのものの生きた触覚的な覚知がある。さきの視覚の場合、視野が前方にだけ開けて背後に対しては閉ざされていたのとは丁度反対に、前方に閉ざされた音の世界は余韻の限りない背後の世界をもっている。それがすべて現在に、濁流の如くに流れ入っている。私の視覚がこのような音楽的構造をもち得たとするならば、私の眼が時間の中にその視線を投ずることが出来たとすればどうであろうか。聴覚が自己の中に視覚的な構造を編みこむことが出来た場合も同様である。しかしながらわれわれの五根はさきに述べたごとく、それぞれ別な領域をもち、相い侵すことがない。それはすでに分光器を通った光線のように、赤は赤、青は青と固有の領域に分光せられてしまって、一つにはたらくことがない。そのようなものがわれわれの色の本質であった。

想の本質をもう一度同じように疾走する自動車でたとえてみよう。その前面をすっかり鏡で覆ってしまって大きなバックミラーだけをもっている、めくら自動車を運転するとしよう。*その場合われわれの視野に入ってくるものは、ただ過ぎ去つた背後の世界の風物だけである。しかし背後の世界はただ乱雑にこのめくら自動車の鏡に映っているのではない。それは現在の此処、今を中心にして通り過ぎた街の姿を遠近法のある統一におさめている。私の通ってきた街路はその中心に、まさしく此処、今のこの点にまで、明瞭に位置づけられている。この時間の経過は私の車の運動に対応し、その運動は鏡の中に精密に計量されている。ところで今このめくら自動車の場合は、鏡の中の世界というものが、私の操縦のための唯一の地図であり方向指針である。私はこのめくら自動車を操縦するためには、その過去に開かれた視野を省りみ、その現在にまで到達している方向線を更にもう一歩先に推し進めることが出来ればよいと思う。抽象的な科学的認識の領域はちょうど平坦な一直線の道路のようなものである。そこでは未来が遮蔽されている。と言うのはこのバックミラー（われわれの悟性――概念的認識）は、真に将来するものを閉すことによって、それの過去化した姿（Gewesen　対象的本質）を把えるのである。だが時間が現実性と歴史性を失っている自然認識の領域では、未来の喪失はさして問題ではない。しかしわれわれが現実の世界、歴史の世界の中で生きたものに出会い、未知の未来を孕みつつ押しよせてくる事件に遭遇する場合はそうではない。即ち未来が真に将来する現在として受けとめられるためには、われわれの唯一の眼であるこの前面の鏡を打破らねばならない。余り多くのものを見ることが出来たが故に眼をくり抜いたというエディプスの歎きは、すべての人間における悟性と運命との避くべからざる矛盾を云っているのである。科学的な認識を人間の悟性の典型として考えるいわゆる理想主義は、歴史の世界、現実の認識をすべてこの抽象的な科学的記号によって舗装せられた一筋道におきかえてしまおうとする。未来は何であるかは分らないにしても、それは一層楽しく幸福なものであるに違いない。人間の知性の進歩がそれを予約しているのである。少年がクリスマスの贈物を母から期待するときのまなざしで、それは未来をみている。

＊この部分はかつて拙稿・宗教と文化綜合（昭和廿二年）に記した比喩を重用した。

しかしながら歴史は一筋道ではない。起伏があり凸凹がある。実存哲学者が挫折と呼ぶ現象が、はじめて知性の鏡を未来からくるものに衝突せしめ、未来への破れた口を開かせるものである。そのような挫折の体験がはじめてわれわれに、われわれの認識が後むきになっていたことを教える。知性の鏡の中で把えられるものは、それがたとえ此処、今において意識の現在に現在しているにもせよ、もはや現在 Präsenz ではなく再現前 Re-präsenz にすぎない。表象（representation）が対象として志向せられるとき、即ち想の世界が出現するときに、そこで判断せられる現在はもはや現在ではない現在、過去の烙印を押された現在である。しかもそのような過去化は、今や第一次の無化ではない。それは対自化せられた時の順序に排列せられ整備せられて、悟性的認識という鏡のうちに、アスペクトとしてあらわれて来た抽象的世界という虚像である。ハイデッガーはわれわれの対象に向った志向的認識の視をラテン語の本来の意味に解して「既に見てしまった」ということであると云う。われわれの物にあてる眼差しはすでにその現在がもう遅すぎたのであり、常に乗り遅れた列車を見送るような仕方でだけその対象に実は怨恨の眼差しを向けているのである。そうしてそのような遅過ぎたという枠が、われわれに時間と因果の範疇を廻送する時間の秩序、因果の秩序で

あって、それにしたがって見られるものはこのような弔辞の意味をもった認識である。

認識がこのような構造のものである限り、存在の第一原因とか永遠不滅の実体であるとかとして考えられた絶対者や神の概念は、無常の世界からの真の超越を確保するものではない。ハイデッガーは、近代の形而上学が表象的な思考の立場を脱しないが故に、そこで考えられた神はいかにそれが超越性を強調するにしても内在性を脱しない、とする。ニイチェと共に「神が死んだ」という言葉に彼が重い意味を与えるのは、かかる考えから出ているのである。

仏教においても、有我の立場――有限な世界を内に外に超越したウパニシャッドの梵我一如の形而上学的な思弁と瞑想――とが斥けられて、無我の立場が強調されるのは丁度そのような自覚においてである。無我の立場はそのような意味で形而上学の克服であり、内在的な超越の本質の暴露である。仏陀が形而上学的な問題を否定するのは、単にカント哲学のように形而上

学の独断性を否定するのでもなく、またわが国の多くの学者が語るようにプラグマティックな――尤もそれは解脱に資するという意味であるが――意味でもない。梵の世界も、それが想の世界に属する限り、対自化せられた無常の世界の中にあり、その無常の二重化が一見錯倒して砂上の楼閣のように無常の遷流（世間）の上に常想が妄想せられるのみである。色の世界と同様に、色を越えた無色の世界が無常なるものとして自覚せられている。想の世界は禅定の体験の中で自覚せられ或る種の神秘的な体験に対応する超越的な世界であって、無想定にいたる禅定段階の高度に応じて梵天のさまざまの世界があるとされた。禅定者は死後にかかる神々の世界に生れかわるのである。しかし原始仏教の中では、これらの神々も、また神々の世界も、すべて無常なものとして、時の流れの中で或は速く、或は遅く、やがては死に面する無常の棲家にほかならなかった。

想の世界は前述のごとく、判断としての認識の意味と、妄想としての意味を兼ねていた。認識が対象的認識としていかに斉合的なものであっても、それは根本において――対象の認識であれ形而上学的認識であれ――一つの妄想の上に立っていた。想の世界は錯倒した世界、前面に向わんとしつつ背後を省みるという構造をもったものである。そのような意味で想という漢訳の語が最も適切にその意味を示していると云へよう。通常所謂想像は現実の知覚と対照せしめてこれと区別せられる。私が花のイメージをもっているときには、それはまさしくその花に志向してはいるが、同時にその花が此処、今に存在していないということをも含んでいる。それは外ならぬ花に向いながら、花の無を同時に意識している。ピエールのイメージは実在しているピエールに志向すると共に、彼が今、此処にいないということを意味するとサルトルは云う。私がピエールのイメージをもつのは、今ここにピエールにいてもらいたいからに外ならない。ピエールのイメージは過去に私が彼に会ったときの印象を留めている。ピエールのイメージがあの顔で、あのやさしい笑いで笑う。そうすると私には、一層彼に会いたい思いが切なくなってくる。それは渇いた者が海の水で渇を癒すのに似ている、とサルトルは記している。この例は正しく仏教が渇愛（取）の本質として特徴づけられたものである。無常の相において眺められるとき、色の無常はなお単純である。それに対して想はその無常性が二重化し、錯倒している。それだけ想の無常性において、それを離脱することの困難さは倍化するといえよう。禅定の体験の中で、色と受の世界よりはより内面の微妙な繊細な自覚と反省とによって、またたゆみなき努力によってはじめて想の滅が自覚せられるとされるのもそのためである。

この稿は昨年（昭和卅六年）二月ドイツからフランスへの旅の間で仕上げられた。一部分はマールブルクから、他はパリーから発送した。当時は何分にも旅の空で、記憶の間違ひを文献に照して訂正することが出来なかった。今度校正の際に、出来るだけその欠点を補いたいと思ったが、一度活字でくまれるとそれもほとんど不可能であった。他日大方の叱正を得て書き改めたいと願っている。猶本稿の作成の最初の段階で、畏友源了円氏がいろいろ親切に御世話下さった。記して感謝の意を表したい。

（昭和卅七年八月）

仏教より見た実存哲学

玉城康四郎

序

私の執筆に課せられた標題は、「仏教より見た実存哲学」である。しかしこの標題は少し考えてみると、かなり問題を含んでいる。というのは、仏教も実存哲学も、それらが人間のぎりぎりの存在を問うていればいる程、それぞれ独自の方法と組織性とを有しているものであり、しかもそれが生々とした哲学的生命自体であるから、実存哲学は、ただ実存哲学自身によってのみ、同様に仏教はただ仏教自身によってのみ理解されなければならないであろう。従って、実存哲学を仏教の立場から見たり、逆に仏教を実存哲学になぞらえて解釈したりすることは、当面の哲学の生命を涸渇せしめ、もしくは変容せしめることに外ならないからである。そしてそれは結局、実存哲学でもなく、また仏教でもなくなるであろう。

実例を考えてみよう。実存哲学の先覚者と考えられている人は、キェルケゴールである。かれは周知のように、自己の実存に即して弁証法的な転回をなしていった人である。すなわち、美的実存、倫理的実存、宗教的実存である。美的実存に挫折して倫理的実存に飛躍し、また倫理的実存に行き詰って、最後に宗教的実存に極まっている。宗教的実存は、云うまでもなくキリスト教である。しかもそれはキェルケゴールによって受けとるべくして受けとられたキリスト教である。このようなキェルケゴールの本質問題を、仏教の立場から見ようとしても、そもそも無理であろう。哲学上の具体的なコースを全く異にしているからである。これと同様に、ニーチェ、ハイデガー、ヤスパース、サルトルなどについても、西欧の思想圏のなかで、それぞれ独自の実存哲学を形成している点から見て、仏教の立場に着眼を移してこれらを眺めることは殆んど不可能に近い。

ところで、別の観点から考察してみよう。

実存哲学のなかには、右に挙げたような人々の哲学体系が含まれている。これらの人々は互いに関連を持ちながら、しかしまた根本の傾向において互いに著しく異なった特徴を有している。その点から見ると、実存哲学として方法と目標を明示したものは、実存哲学一般というのではなくて、キェルケゴールとか、ヤスパースとか、誰々の実存哲学という外はないであろう。しかしそれにも拘らず、実存哲学としての共通の特徴を指摘することができる。その特徴は何であるかと云うに、まずそれは、自己の存在の徹底的な追求、ないしそれに関連する世界の在り方の究明であると云えるであろう。しかもその追求の仕方が、自己の存在を客観の場に置いて見るのではなく、追求するものも、追求される対象も、要するに自己に外ならないから、自己が全く自己のなかで自己を問うという、いわゆる主体性の徹底であると考え得るであろう。

右のような実存哲学における二つの特徴を念頭において仏教を眺めてみると、実は二つの特徴がそのまま仏教における本質的な傾向となっていることが領かれる。もしそうだとすれば、東と西とで全く相異なる思想体系でありながら、互いに無関心であるということはできなくなる。なぜならば、自己存在の追求に精魂を打ちこめば打ちこむ程、そしてその必然の目標を求むれば求める程、仏教にとっては実存哲学が、実存哲学にとっては仏教が少くとも他山の石にはなり得るにちがいないからである。しかも東西思想の交流がますます活潑になり、同じ傾向の思想を知るのでなければ自分の思想も十分に展開し得ないという点から見れば、「仏教より見た実存哲学」も一顧の価を持つことになるであろう。

ここでは仏教と実存哲学とに共通の主題を選んで両者を対照しながら論評を加えてみよう。

一　無の問題

(1)　実存哲学

無とか空とか、あるいは無我ということが仏教の根本性格をなしていることは一般に知れわたっている。実存哲学においても、かなり広い共通性を持っているものとして無の問題をとり上げることができる。無について、仏教と実存哲学との間に共通の主題が考えられ得るのは何故であるか。それはまず自己存在の追求において、存在のむなしさ、たよりなさということが痛切な問題となっているが為であろう。そしてその線から一歩踏みこんで、無の思想の深い意味を仏教と実存哲学の間で対照してみよう。

ニヒリズムの徹底的な推進者はニーチェである。かれは自己および世界のありのままのすがたを洞察して、一切はただ生成流転するのみで、それには目的もなく統一もない、という結論に到達する。しかも吾々は、生成流転の世界の「背後に廻ってその正体を見届け」(dahinterkommen) なければならない。その時、究極のニヒリズムが訪ずれ、ただ流転だけが唯一の実在であることを明かに知ることができる。このようなニヒリズムに耐え抜き生き抜くことによって、ニヒリズムの完遂に達するのであるが、かくして顕わになったニーチェの究極の思想がいわゆる「永遠の回帰」(die ewige Wiederkunft) である。これはおそらくニーチェが到達したニーチェ自身の覚醒の境地であろう。ここでは一切が生成流転し、かつ永遠に回帰する、それは因果関係ではなく、不断に創造的なものである、保存の意志ではなく、力の意志である、どこまでも運命に随い、必然の観念を排除し、認識そのものを排除する、世界は生成消滅する所の無である、むしろ、生成消滅はするが、いまだかつて生成し始めたこともなく、いまだかつて消滅し終わったこともない、世界は自己自身によって生き、永遠に自己自身を創造し、永遠に自己自身を破壊する、それは始めも終りもない所の力の怪物である、そして力の意識の極度の高揚が、遂には超人を造り出すのである。

右のようなニーチェのニヒリズムは、もとより消極的な虚無主義というものではなく、一切の固定的なものの徹底的な否定であり、その否定の果てにおのずから肯定に転換するという点において、大乗仏教の空の思想と酷似していると云えるであろう。ニーチェの無は、生成流転のままが無限に創造的な力の発現であるという、積極性に充溢しているものであり、この意味では大乗仏教における空の智慧の、無限に活動的なものと対比せられる。

なお仏教との一そう踏み込んだ対照は後に触れるとして、次にハイデガーの無の思想を検討してみよう。

ハイデガーもまたニーチェの無の系統につらなって、存在そのものの無たることを主張している。しかしハイデガーの場合には、無の体験が不安の根源的気分のなかでまれに起る、となし、不安のなかで自己存在の全体が崩れおちていく気分におそわれると云う。ハイデガーの不安というのは、あれやこれやに対する恐怖ではなく、存在そのものに属しているものである。従って吾々が不安になっている所では本来何物もなく、無そのものが現存している。無の本質は「無《む》する」という間断なき働きであり、「無は自己自身無する」のである。このように無は、存在そのものにおいて顕わになるものであり、現実存在は、「無のなかへ保入されているもの」ということができる。かくしてハイデガーは、「純粋有と純粋無とは同一である」という命題を掲げながら、存在そのものの無であることを解明しようとするのである。

ハイデガーの右のような無の見解は、形式的に見て有即無、無即有、あるいは色即是空、空即是色という大乗仏教の空思想に通ずるものがあると云える。このことについて、ハイデガー程つよく無の問題に集中しているわけではないが、しかし極めて重要な見解を表わしているヤスパースの無の思想のなかにも同様の類型を見出すことができる。

ヤスパースは自己存在について二様の面を考察している。その一つは、自己の存在を次第に深く掘り下げて、遂には自分というものが底のない深淵に沈みこんでしまう、そして結局は無のなかへ落ちこむ、それが一つの場面である。つぎに第二の場面は、無のなかに入りこむと同時に、その無の根源から真の存在が現われてくる。その二つの面をかれは同時に明かにしているのである。その第一の面は、私自身の「実体喪失」であり、その喪失において無というものをきびしく感得するが、第二の面は、それと同時に、あるいはむしろそれなればこそ、実はそのものが「私に贈られているもの」であるということ、云いかえれば、無のなかに全く没入すると同時に、その無の只中から私自身に贈られている真の存在が顕わになるのである。このような観点からヤスパースは、とくに仏教の無について、「本来の、全く充実した有」に外ならない、と云っている。従ってここでもまた仏教の色即是空、空即是色と同様の類型を見ることができるであろう。

(2) 仏教

実存哲学の無の思想が右の如くであるとすれば、これに対して仏教はどのように対照され得るであろうか。実存哲学の叙述の際にも寸言したのであるが、まず仏教との類似点を考えてみよう。

ニーチェが既成の権威のすべてを否定し、ひたすら現実の人間存在について思惟を集中して、遂には世界および人間の全体が全く生成消滅の流転を続けるのみであることを直覚し、このような世界の只中に没入して虚無の徹底を推進しようとしたことは、大乗における無の運動に著しく類似していると云える。大乗仏教の先覚者に挙げられるナーガールジュナ(竜樹、約一五〇―二五〇）は、ニーチェと同じくすべての既成的な立場の徹底的な否定を遂行している。ニーチェが神を認めないとすれば、ナーガールジュナもまた、対象的な如来や仏の存在を否定する。そして両者とも一切の哲学的立場を否認して、ニーチェが世界の生成流転に没入すれば、ナーガールジュナは万象の縁起に融没していると云えるであろう。

このように、神や或はそれに代る形而上的な理念にもとづいて、それによって現実世界を考察するという如き立場を全く排して、現実世界はただ現実世界として、それを考察し、それに終始し、それを徹底して開示される世界観は、ニーチェと同じく、ハイデガーも、またサルトルでさえも同類であると云えるであろう。従ってこのような世界観から生れてくる無の思想もまた、実存哲学や仏教の間で同じ傾向を帯びてくることは当然である。

それでは、実存哲学の無と仏教の無とはどのような点において異なるのであろうか。仏教もまた、ニーチェやハイデガーと同じように、存在者そのものの無であることを主張するに止まるのであろうか。ここで思い起されるのはヤスパースの無の見解である。これについて先に述べたように、かれは本来の無から本来の有の蘇ってくることを主張している。従って無は単に絶対否定に止まるのではなく、むしろ絶対肯定に転換することを目指している。この点から仏教における色即是空、空即是色につながってくるのであるが、しかしヤスパースが『偉大な哲学者たち』のなかで論述しているブッダとナーガールジュナに関する見解を見ると、必ずしも右のような無の理解にはなっていない。かれはニーチェの無と仏教の無とは理解困難なものであることを告白しつつ、仏教の無についてかれの語る所では、かれの理解は結局はニヒリズムに終わっている如くである。ヤスパースの仏教解釈では、無は思惟を超えるものであり、従って非思惟へ復帰することである。恰かも一羽のかもが決して濡れないで世界を抜けていくように、世界を捨てることによって世界を克服する。そして終には、「手の届かない処、交通し得ない処へ消失する」というのである。このようなヤスパースの空の解釈の幹線になるのは、思惟から非思惟へ、思惟し得るものから思惟し得ないものへ、すなわち思惟を契機として思惟を超えるものへの転換が図られている。

しかし仏教の無はもとよりこのようなものではない。仏教の無をニヒリズムか不可知論のように考えたのは、西洋の学者の初期の人々であった。しかしこのように解釈したことにも理由がなかったわけではない。それはナーガールジュナの『中論』の偈や、シャーンティデーヴァの『菩提行経』などのサンスクリット文に接して、それらのなかにはすべての立場およびすべての認識の否定を主張しているという点から、このような解釈が生まれてくることも頷かれる。しかし大乗仏教は、空思想から見れば、それは一部もしくは表面的にすぎないのであって、決して空思想の全体ではない。もし空の根幹を見ようと思うならば、どうしても『中論』や『菩提行経』の背景となっている般若諸経典にもとづかねばならないであろう。『般若経』には種々のものがあり、『般若心経』のような極めて簡単なものから、『大品《だいぼん》般若』六〇〇巻という大部なものまでさまざまである。

たとえば『般若心経』でも、その最初に、「観自在菩薩、深き般若波羅蜜多《はんにゃはらみた》を行ずる時、五蘊皆空を照見して一切の苦厄を度す」と云われている。観自在菩薩というのは、自由自在の真理を追求しつつある吾々一人一人を指している。その吾々が深い智慧によって涅槃に至ることを実践する時、自己の全体の在り方が無自性空なることを洞察して、すべての苦悩から離脱する、というのである。ここでとくに注意すべき点は、「行深般若波羅蜜多」ということであろう。般若波羅蜜多（prajñāpāramitā）というのは、「智慧によって究極の世界に到ること」であり、それを行《ぎょう》ずるというのは、実践し体得し、そして結局は生活するということであろう。ここでは智慧と生活とが区別されていない許りでなく、生活のなかにおいてしかも生活全体を貫ぬいて明白になる所のものが智慧に外ならない。

それでは生活とは何であるか。「大品般若」に従えばさまざまな生活の在り方が説かれている。たとえば個人の倫理として、怒りの心を除く、怠惰の心を捨てる、散乱の心を静める、煩悩や心の障りを離れて自由になるなど。また他の為に奉仕するものとして、心の乱れているものを静め、裸でいるものに衣類を与え、貧しいものに財物を施し、飢えているものに食物を与え、渇しているものに飲物を与え、不具者をなおし、病者をいやし、迷い悶えているものを目覚めさせ、かくして互に父母兄弟姉妹のように助け合うこと、そして遂には一切の悪を止めしめて一切の善を行なわしめ、仏道の種々の段階を昇って究極の悟りの世界に至らしめることなどである。或はまた、このような生活の仕方の外に、世界観のいろいろな在り方が説かれている。たとえば現実生存は、根本的に無知なることに由来して遂には病み或は老いて死んでゆくという十二の連鎖（無明・行・識・名色・六入・触・受・愛・取・有・生・老死）が成り立っており、それ以外のものではあり得ないこと。また、この世界は物的なものと心的なものとから出来ており、心的なもののうちには、感受性、表象性、活動性、主体性などが数えられるが、しかし自我の実体はどこにも見出されないこと。或はこの世界は、五つの感覚器官と五つの感覚対象と五つの感覚内容、および心とその対象とその知覚内容、という十八の領域に区分されていることなどである。

ところでこのような生活や世界観の在り方がどうであろうとも、またいかなる生活を推進し、いかなる世界観を奉じようとも、自分の関わる生活や世界観に少しの固執もなく執着もないこと、恰かも水の如くさらさら、さらさらと流れていくこと、いいかえれば、自分の生活を推進しながらどこにも停滞せず、自分の世界観を主張しながら而も限りなく展開して止まないこと。これがすなわち「行深般若波羅蜜多」の実態である。従って般若（智慧）において真理を追求し実現しようとするものは、生活しながら常に無執無著に帰っていき、無執無著でありながら限りなくさまざまな生活へ発展していく。無執無著と生活とは人生の両面であり、内実は一体である。従って生活全体のままで、無執無著を自ら頷くことが般若(智慧)に外ならない。

このように考えてみると、仏教の無は、無執無著の方面の徹底的な意味が、定型化されて無あるいは空、または無我と云われていることが知られる。それは思想的には次に問題になる所の縁起の考え方とも深く結びついているであろう。しかし仏教的な実存として、個体が生き抜いていこうとする際には、少くとも右のような生活そのもののなかから醞醸してくる所の智慧の輝き、云いかえれば無執無著の透徹性が受け取られねばならないであろう。それがまさしく仏教における人生の深い智慧である。従って、ニーチェやハイデガーの無がいかに仏教に類似していようとも、いかなる意味においても仏教の無をニヒル(虚無)の方へ理解しようとすることは、凡そ見当違いものであることが分るであろう。同様にヤスパースの如く、仏教の無を単に思惟を超えるものとして解釈しようとすることもまた仏教の本来の扱い方ではない。右のような仏教の無には、人類の一切の考え方、思想、主張を悉く飜転して、恰かも水に映ずる影を望むが如く、主観の愛憎を全く離れてこれを見直すだけの力を秘めている。そして主体者自身は何処へ向かおうとするか。云うまでもなく生活自体であり、自己自身である。自己自身と云っても自己の実体がある訳ではない。生活そのものに外ならない。かくして生の深さ、生の流動そのものに徹しなければならない。それは一切の考え方、思想、主張から離れている。従って、生きることのできるもの、あるいは現に生きつつあるもの(それは要するに人間に外ならないが)にとっては、普遍的に共通の地盤である。たといデカルトの疑惑を以ってしても、また現代の底知れぬ虚無によっても、現に生きつつあるという事実の深さをどうして覆すことができるか。すべての思想や主張を悉くすり抜けて生そのものに下りたってきた時に、始めて仏教と他の哲学との討論が始まるのである。

二　縁起の問題

(1)　実存哲学

仏教においては、すでに論じた無あるいは空と同様に、縁起が仏教思想の根幹をなしていることは改めて云うまでもないであろう。理論的には、縁起と無とは深い内面関係に立っている。縁起なるが故に無自性であり無実体であり、従って無であるということは、ナーガールジュナの哲学のなかで一つの重要な主張になっている。しかし一方では、縁起なるが故に無自性空と云われるように、縁起と無とは一事実の両面であると考えられつつ、また他方では両者はそれぞれ異なったニュアンスと流れとにあり、すでに論じた如く、縁起と無とは必ずしも全面的に一体ではないから、両者は仏教思想の重要な二つの特質を表わすものであるとも云い得るであろう。従って仏教から実存哲学を見る場合に、仏教における無の立場からの展望と同時に、縁起の立場からの対照もまた考察してみなければならない。

もし実存哲学のなかに、仏教における縁起思想と類似せるものを求めるとすれば、それは明かにヤスパースの哲学を指摘することができるであろう。かれの後期の哲学の中心主題をなすものは「包括者」の概念である。これは極めて広大な視野と複雑な体系性を有するものであるが、包括者そのものはむしろ仏教の無を想起せしめるものであろう。ヤスパース自身、自分の哲学とは無関係に仏教の無を理解する場合に、包括者を前提として解明しようと試みているからである。ヤスパース哲学の包括者を一語にして云えば、それは、自己存在の関われる主体的な視野が限りなく遥か彼方にまで拡げられていくと同時に、すべての事象が限りなくその中で生起していく所の主体的な場の観念であり、しかしながらいかなる意味においても、そのものを対象的には把捉し得ないが如きものである。従って包括者の概念はある意味においては無と云わざるを得ないものであり、ヤスパース自身がこれを前提として仏教を理解しようとするのも、一つの有力な見解として意味を持ち得るであろう。

ところでここで問題となるものは、このような包括者の在り方として自己および世界の種々の展相が繰り拡げられるのであるが、自己存在の理解が深まるにつれて、それらは次第に段階的に後段は前段を包んで重層的に進展し、かつ遂には関係性の在り方として窮まっていくということである。すなわち、包括者の種々の在り方は現実存在から意識一般へ、意識一般から精神へ、精神から実存へ、実存から超越へと進むことによって、自己存在の自覚は限りなく深まり、同時にまた自己存在は、立体的かつ流動的な無限の関係性へ進み入っていくことを表わしている。ヤスパースは哲学本来の使命を、世界の事象の一物も余すことなく関係性のなかへ組み入れていくことに置いているのであるが、このようなヤスパース哲学の特質は、その根本の構想において仏教の縁起と類似していると云えるであろう。

(2) 仏教

仏教の中にも種々の縁起が数えられる。たとえば、原始仏教における十二縁起、部派仏教における業感縁起、大乗仏教になってからは、唯識のアラヤ識縁起、如来蔵思想の如来蔵縁起、華厳宗における法界縁起《ほっかいえんぎ》などである。これらのなかでヤスパース哲学における無限の関係性に比し得るものとしては、華厳宗の法界縁起を挙げ得るであろう。

華厳宗では四種の法界を説いている。第一は事《じ》法界《ほっかい》である。これは、事事物物の形として顕われた現象の世界である。これに対して第二の理《り》法界《ほっかい》が説かれる。事法界が現象の世界であるのに比して、理法界は云わば本体の世界であるということができる。或は、事法界は個々の経験領域であるのに対して、理法界は超経験の領域であるともいうことができる。さらにまた一そう主体的に解するならば、事法界が日常経験であるとすれば、理法界は理体すなわち悟りの経験であるともなし得るであろう。ところで第三の事理無碍《じりむげ》法界《ほっかい》は、事法界と理法界とは単に区別されたものではなく、互いに相即《そうそく》し合って無障碍であるというのである。すなわち、現象の外に本体が体するのではなく、現象のままに本体は相即しており、或は個々の経験領域から区別されて超経験の領域があるのでもなく、内在と超越とは融合しており、さらにまた一そう直接的には、日常経験から隔てられて悟りの宗教経験が考えられるのでもなく、悟りの宗教性は全く日常の生活そのものの中でこそ実現されねばならないことを表わしている。そこで第四には事事無碍《じじむげ》法界《ほっかい》である。ここではもはや事《じ》に相即するが如き理《り》の必要性は認められない。なぜなら理に対するが如き事ではなく、事はすでに理と無障碍になり終った所の事である。従って事は事のままで、他の事と無碍自在に相即し合うことができる。そしてその外には形而上的な理体或は原理という如きものは全く存しない。ただ実在的なものは、事事物物の無碍自在の世界のみである。しかも事事無碍の相即し合うことは決して単調なものではなく、重層的に複合しており、その関係は遂に尽きることがない。従ってこれを重重無《じゅうじゅうむ》尽《じん》の法界縁起と云う。

譬えを示そう。上も下も四方八方すべての鏡から出来ている部屋の中央に一つの灯火を置く。その灯は四方八方上下の鏡に映じているが、ただそれだけではない。一つの鏡に映じた灯の影は他の鏡に映じ、また、それぞれの鏡に映じた影の影は、他のそれぞれの鏡に映じ、かくして影の影、またその影というように、すべての鏡が灯火の影を無限に映じ合うということになる。その無限に映じ合うということが事事無碍法界の特性を表わしているというのである。或はまた、帝釈殿《たいしゃくでん》という宮殿に一つの大きな網がかけられており、その網の目の一つ一つに玲瓏《れいろう》な珠が結ばれ、それぞれの珠は他のすべての珠をうつしており、うつされた珠の影はさらにまたそれぞれの珠にうつって窮まる所がない。これを帝網境界《たいもうきょうかい》とも因陀羅《いんだら》網《もう》境界（因陀羅とは Indra 帝釈天のこと）とも云い、無尽の縁起を表わすことになるのである。

右の譬に示されている光景が、そのまま吾々の現実の世界であり、而もただそれだけであって、その外にはいかなる形而上的な世界もあり得ないとなすのである。従って、現実世界の一つ一つの事象が、悉く互いに影響し合い、その影響し合う関係は無限であり、しかもいかなる事象もそれだけで独立した実体は全く存しないから、縁起のままが無自性空になるのである。

このように華厳思想に説かれる現実世界の万象の無限の関係性は、包括者のなかで限りなく展開していくヤスパースの重層的な関係性と、その構想において全く同類であると云い得るであろう。のみならずヤスパースにおいては、現実存在から意識一般、精神、実存へと自己存在をどこまでも主体的に追求していくのに対して、華厳思想においても唯心縁起と云われるように、重々無尽の法界縁起が実は自己の一心を、すなわち自己自身を離れているものではないという点が強調される。そしてこのことによってのみ始めて法界縁起は、単なる客観の眺められた世界ではなくなって、自己自身にとって事実上実現されている世界となるのである。

ところで、華厳思想の法界縁起とヤスパースの包括者との、長短の対比はいかがであろうか。法界縁起と包括者とは、大体の構想においては同類であるが、その体系の内容は全然異なっている。従って内容そのものを対比することは不可能であるが、その傾向については論じ得るであろう。

華厳思想の法界縁起は全く徹底的である。いかなる一事象といえども、実体を認むることなく、無限の法界縁起のなかへ組み入れられていく。従ってまた逆に云えば、いかなる一事象をとっても、そこには無限の法界縁起を宿している。一即一切、一切即一である。しかしその縁起の展開がいかに徹底的であっても、またそれは具体的な現実の世界を指示しているとしても、その体系はやはり理念の域に止まっていて、現実の問題を取り上げてはいない。これにくらべるとヤスパースの包括者は、それはもとより西洋哲学の性格にもとづくものであろうが、現実存在を出発点として次第に実存へ深まっていくという点において、華厳思想よりは遥かに具体的であり、論理的であり、また現代的であるということができる。この意味において包括者の展開は華厳思想よりもすぐれていると云えるであろう。

しかしヤスパースの哲学を見て、なるほど現代人の危機を意識し、現実存在を実存的に闡明《せんめい》（Erhellen）していることを知るのではあるが、そうかと云ってそれから一体どうなるのであろうか。吾々はヤスパースの哲学によって現代人として十分に安定し満足し得るであろうか。その点になると法界縁起は多少事情を異にしてくるであろう。もとより法界縁起は現代的でも論理的でもなく、またその着想が雄渾なだけに理解困難ではあるが、しかし法界縁起そのものの構想は、そのまま吾々の主体化の問題とつながっていると云えるであろう。吾々は法界縁起を観行《かんぎょう》（認知と実践）することによって、日常意識の対立観念を脱し、無限の関係の世界のなかに新たに蘇ることができるであろう。ヤスパースの哲学のなかにそうした生の転換がないという訳ではないが、その点になると仏教に一日の長ありと云えるのではなかろうか。

結

仏教と実存哲学との間には、種々の共通性が考えられるのであるが、仏教から実存哲学を見る場合には、以上論じた如く、仏教の二つの大きな特色である無と縁起の立場から対照を試みることが可能となるであろう。いうまでもなく仏教の思想形態は古く、実存哲学は新しい時代の所産である。仏教は東洋思想に属し、実存哲学は西洋哲学の主流にある。このような条件にもとづく両者の本質的な相違は数え切れなく挙げられ得る。それにも拘らず、人間思想の着眼として両者の間には互いに領き合えるような共通性のあることも否定することができないのである。それに関しては、すでに他の機会において論じたので、ここではすべて省略するが、このような共通性の中にあって、やはりどうしても将来吾々が問わねばならない一つの問題を提起して結びに代えたいと思う。これは或は、仏教と実存哲学の問題だけに限らず、仏教と西洋哲学、もしくはさらに拡げられて宗教と哲学の問題にまで亙るかも知れない。そういう方面への展望をも予期しつつ、ここでは仏教と実存哲学に領域を限定して論じてみよう。

仏教は云うまでもなく、煩悩《ぼんのう》（迷い）から菩提《ぼだい》（悟り）へ、生死から涅槃へ転換することを目指している。大乗仏教になれば、煩悩即菩提、生死即涅槃、あるいは、生死に住《じゅう》せず涅槃に住せず、ということを主張するが、何れにしても煩悩や生死のままで止まることはできず、何等かの意味で転換を図ることが求められるであろう。そしてこれが仏教の唯一の幹線であり、この路線が崩れればそれは仏教でなくなる。たとい仏教のこれまでの思想や学問の一切が消滅することがあっても、煩悩から菩提への幹線の消えることは許されない。それはまた従来とは別の形で発展することもあり得るであろう。

従来の仏教の形態から云えば、この幹線の為に種々の行道が現われてきた。つまり煩悩から菩提へを実現する為には、いかなる道を歩むべきかということである。たとえば原始仏教では四諦八聖道、十二因縁観、部派仏教では、三賢四善根、見道、修道、無学道など、大乗仏教では、唯識観、実相観、縁起観、菩薩の十地、あるいは、十信、十住、十行、十廻向、十地、等覚、妙覚、仏覚の五十三の段階、また仏教全体を貫ぬいている禅定、およびそれの種々の段階、日本仏教になると、只管打坐《しかんたざ》、念仏、信心、題目という如き極めて簡素な道、このようなさまざまな行道の形態が現われてきたのである。そして、これらの行道による、煩悩から菩提への実現が基礎となって、仏教思想の種々の体系が生じていることは云うまでもない。あるいは行道と思想とは判然と区別できないのが実情であると云えるであろう。時には行道を離れて思想だけが独走しているような傾向の場合もないではないが、それは本来の仏教の在り方とは云えまい。

ところで実存哲学の究極に深まって、そこから自己の新しい世界に蘇るというか、本来の自己自身の在り方に目覚めるというか、あるいは実存の矛盾に自己が分裂して始めて絶対者に当面するというか、もしくはただひたすら実存に限りなく深まっていくというか、ともかく日常の自己が新な自己の在り方へ転換していくということが特徴的である。このような実存哲学の動向は、主体的に自己存在を追求していく仏教の場合と同類であると云ってよい。しかし実存哲学の場合には実存追求の思想が主題であって、転換の為の実践の道は問われていない。実存の追求がいかに深くても、実存の思想は往々にして実存の転換から離れて独走し得ることも可能である。あるいは転換のニュアンスもしくはその影だけが、実存の思想につきまとうのみで、あたかも転換が実現されたかの如く錯覚する場合もしばしば起り得るであろう。このように考えてみると、やはりどうしても実存哲学の場合にも、仏教における行道に相当する所の具体的にして的確な道が必要となってくるのではあるまいか。そしてこのことによって、実存の転換が可能か不可能か、あるいはそれが実現され得たかどうか、ということが明確となり、従って、逆に実存の思想が一そう明瞭な形態を以て創造され得ることになるであろう。このことは敢えて実存哲学に対する一つの問題として提起しておきたい。

現代意識と浄土

星野元豊

一

俺には、この世界は知りつくされている。
俺たちにとって、彼岸の世界への望みなど
正気の沙汰とは思われないのだ。
そんなところへあこがれたり、
雲の上に同類を求めたりする馬鹿者よ！
しっかり立って、うぬが周囲を見まわすがいい！
真面目に努力する人間には、
この世界は打てばひびいてくれるのだ。

ファウストのこの叫びこそはあらゆる中世的なものに対して立ちあがった近代意識のたくましい宣言である。われわれの立っているこの現実、それこそがわれわれ人間にとっては打てばひびく栄光の世界なのである。

ルネッサンスから啓蒙主義の時代を経て、広く全世界に拡まっていった啓蒙主義の精神は理性の自律、理性の優位の認容と共に人間性を高らかにうたいあげた。いうまでもなく、啓蒙主義の精神の基盤となったものは自然科学である。自然科学の発達はますます合理的精神を涵養したが、それだけに止まらず、一切は合理的に思惟されうるものであり、実践されうるものである。そしてかく合理的に思惟し、実践されるときのみ正しいという合理主義が現代人の意識を形ずくっていった。

現代はすでに原子力の時代にはいった。人類の宇宙支配への希望は明るい。人間の願望と意志を無限に貫いてゆくことも決して不可能ではないのだ。人間のこの自信、この誇りこそは現代人のものである。理性の自律、人間性の自覚、そして現世的なるものへの確信、それが現代人の意識の基底をなしている――たとえ現代意識が不安と絶望におびえていようとも、その不安と絶望の底にはなお確固とした人間性の自覚をもっている。彼等はこの自覚の上に人間中心主義的、理性中心主義的、現世中心主義的に考え、行動しているのである。

この現代意識をくつがえして昔の時代の意識に逆行せしめることは不可能である。何んとならば、この人間性の自覚こそは人類が幾千年もの間営々として闘いとってきた人類の輝かしい努力のたまものだからである。人類のたえまない努力はあらゆる困難にうちかって人間性の解放をかちとってきている。現代の社会も現代の科学も旧い時代の意識を容れる余地を残していない。

西欧にあってはすでにキリスト教は近代精神の確立と共にこの精神と対決しなければならなかった。旧い神話的表現をもったキリスト教の原始的形態――シュプランガーの言葉をかれば、呪術的キリスト教（das magische Christentum）――をそのまま語り、そのまま受け容れることは近代人のなしえないところである。ここにキリスト教のもっている真実なるもの、永遠なるものを認めた人たちはこれをその時代の人たちに伝えるために、その時代の意識に受け容れられるように飜訳しなければならなかった。シュライエルマッハー（F. E. D. Schleiermacher 1768–1834）の「宗教講演」(Reden über die Religion) はこの企図の代表的なものであろう。この書は「宗教を軽蔑する教養ある人たちに」与えられている。彼が宗教の本質を「宇宙の直観と感情」といい、また「絶対依属の感情」として示したことは、当時のロマンティクの思潮にピッタリと適応した解釈であったということができよう。シュライエルマッハーだけではなく、すでにカント（I. Kant 1724–1804）が道徳主義の上に宗教の必然性を説いたのも、またヘーゲル（G. W. F. Hegel 1770–1831）の絶対精神の弁証法によるキリスト教の解釈――そこではキリスト教の神話的なるものがいとも鮮かに思弁的に解明されている――の如きも、すべてその時代の意識に応じてキリスト教の永遠なるもの、真なるものを示そうとしたものであるということができよう。

しかしこれらの偉大な思弁哲学者たちの努力にもかかわらず、キリスト教の本質的なものは歪められ、屈折されて飜訳されてしまったことは、その後の多くの宗教哲学者や神学者たちの指摘するところである。ところが反対にこれをおそれて旧来の神話的キリスト教をそのままうのみに伝えようとする正統派神学もまたとうてい、現代意識に受容されえない、このような正統派神学は漸次自滅への道を辿らざるをえない。ここで問題は本来の原キリスト教（Urchristentum）を誤ることなく、歪曲することなく、いかに現代意識に飜訳しうるかということである。従来は無意識的になされていたこの問題が第二次世界大戦のさなか神学界の大きな問題としてクローズアップされてきた。プロテスタントの神学者ブルトマン（Rudolf Bultmann 1884–）によって提唱された「キリスト教の非神話化」（Entmythologisierung）の問題である。この問題は宣教という実際上の問題とからんで大きな波紋をまきおこしたが、それは単に神学界のみならず、思想界にも波及し、現在なお論争が続けられている状態である。

ブルトマンによれば、新訳聖書に語られている神話論的な世界の表象、終末論、贖罪者、贖罪等の諸概念は全く過ぎ去った過去の概念である。それらはとうてい現代意識に受けいれられることはできない。しかしその神話論的な表象の背後には深い真実がかくされている。その深い真実を保持するためには、神話論的な表象は棄てさるべきである。このように神話論的表象の背後にあるより深い意味をとり出そうとするのがブルトマンの非神話化――彼自身この用語を不満足なものといっているが――である。従ってその目標とするところは神話論的な陳述を除去することではなく、それを解釈することである。それで非神話化とは解釈学(Hermeneutik)の一方法であるというのである。

いまここでブルトマンの非神話化論にたちいる余裕はないが、非神話化の提唱の志向の正しさは十分に汲みとることができるであろう。二千年も以前の人たちのものであった神話論的な世界像をそのまま現代人に与えようとすること自身まさに錯誤であろう。いわゆる正統派の人たちはこのあまりにも明白な時代錯誤の事実に気ずかないのである。もちろん、そこには真理――しかも超現世的（宗教的）真理――は時代と社会とを超越したものであるという気持があるからではあろう。たしかに真理は永遠である、真理は時間・空間によって限定されるものではない。しかし、真理が永遠であるということは、真理が時間や空間から超絶しているということではなくして、いかなる時間、いかなる空間においても妥当しうるということであって、いついかなるところでも現実にそれが生きているということではない。生きうるということと現に生きているということとには大きな相違がある。永遠なる真理も現実に生きるためには、現実の時間、空間すなわち歴史と社会に入りこむことなくしては不可能である、それぞれの歴史的社会的状況に応じて、それを媒介としなければならない。もしそうでないならば、永遠の真理といえども死滅するほかはない。真理は万人のものとなるとき、はじめてその真理としての価値を発揮するのである。宗教において特に然りである。このあたりまえの主張、これを素直に承認される人ならば、かの非神話化の提唱の正しさ――その方法の適不適はここで問わないとして――を認めるに吝かであってはならないであろう。非神話化は単にキリスト教だけにかぎらない。ひるがえってわれわれの日本の仏教はどうであろうか。

二

日本の近代化は西欧のそれとは異なって、短期間にしかも外から移入されたものであった。自ら苦しんで自らのうちから生み出したものではなかった。それが現代日本の文化を極めて跛行的なものにしている。一部の技術文明や文化の進歩に比して一部にはあまりにも遅れた部分が残っている。宗教界はその遅れた部分の代表的なものであろう。それは宗教界が旧態を維持しようとする遅れた層と結びついた外的事情にもよるが、もともと日本仏教の如き創唱的宗教は時代を経るに従って保守的性格をもつようになるのは必然的である。創唱的宗教はその教祖のカリスマ的性格の故に教祖の言葉や行実をそのまま伝持しようとする傾向があり、更にまた儀礼も規矩準縄を重んずるいわゆる儀礼の保守性を性格としている。この意味において創唱的宗教の保守性はその本質ということができる。このようにして日本の近代化の特殊性と宗教それ自身のもつ保守性とによって、宗教界は現代日本の最もおくれた社会を形成している。

このような仏教界にあって、教義の近代化ということはほとんど意識されなかった。しかし漸く大衆の近代意識の獲得と共に旧来の仏教に対する無関心さは目立ってきた、特に第二次大戦後の没落ははなはだしい。いまや日本仏教全体に旧態からの脱皮が要求されている。その中心をなしている教義も当然現代に適応するように変えてゆかねばならないであろう。経典の現代語訳はこのめざめの一つのあらわれということができる。しかし経典が現代語に訳され、その内容が現代人に理解されるようになるとき、はたして現代意識はこれを容易に受容するであろうか。漢文で素読されるとき、あるいはそこに神秘的な深遠なことが語られているかもしれないような期待がある。しかしその神秘的難解のベールがはがれてそこに露呈されたものが荒唐無稽なおとぎ話のような物語であったとすれば、はたして合理的な現代意識はこれをいかに受けとるであろうか。仏教のうち特に浄土教においてはキリスト教におとらず非神話化は必然的なものとして要求されざるをえないであろう。

「浄土三部経に描かれた浄土は現代意識にそのまま受容されうるか」という問に対しておそらく「然り」と答えうる人はまれであろう。浄土の表象はかって浄土教の興隆した頃には庶民に親しみ深く受けいれられたにちがいない。弥陀像の手にゆわえた糸をしっかりと握って死にゆく庶民の心には七宝荘厳の弥陀の浄土がリアルに描かれていたであろう。しかし千年の時代の推移はこのような浄土を幻想としてしか肯んじないようになってきている。もちろん来迎図に歓喜したり、糸引きの弥陀に未来をたくした民衆の心にえがかれた浄土は本来の浄土教の教える浄土でなかったかもしれない。それは幻想とよぶにふさわしいものかもしれない。しかしそれにしても浄土経典にとかれた浄土はなんとしても神話的であり、現代意識には親しみえないものである。

浄土は現代人に理解しがたいというが、しかし、現代人にかぎらず、本来浄土は人間的理性では理解できないものであるというかもしれない。たしかに理性的に理解できないということは浄土の本質に属することであって、いまさらこれはとりあげていう必要のないことである。いま浄土が現代意識にうけいれがたいということはこのような意味からいわれているのではない。浄土が本質的に非理性的であるということよりまえに、現代人なるが故に受けいれがたいというところに問題があるのである。このことはハッキリと区別しなければならない。例えば須弥山説は地動説が科学的常識となる以前においては信ぜられたかもしれない。しかし現代人には絶対にこれを信ずることは無理である。このような問題は本質的に非合理的であるということよりもさきの問題である。それは現代意識に不相応なのである。二千年前にインドで説かれた教はその当時のインドの人たちに受けいれやすいように説かれたにちがいない。その説き方には当時の世界観や慣習がとりいれられていよう。従ってこれをいわゆるオーソドックスのように一字一句を絶対視して現代人に説くということは、いかにも教をそのまま説いているようであって、実は教を現代に生かしきることなく、むしろ若い現代人たちに顔をそむけさすことにもなりかねない。教を現代に生かすためには、現代に受けいれられるように形をととのえねばならない。

三

浄土を現代意識に受容しえられるように現代化するためには、まず、何故に浄土が建立されたか、という浄土教設立の根源にまでたち帰らねばならない。このことは単に浄土教が設立されたその時代や社会あるいは浄土教の説かれた根本の経典に帰るということではない。もちろんこの事は必要である。しかしそれは浄土教成立の外的原因であって、その内的原因ではない。何故に浄土が建てられたかはまずその内的原因が明らかになることが必要である。まず第一に何故に浄土が建てられ、往生浄土が主張されねばならなかったか。そして第二に浄土の建立と往生浄土の遂行は何処に根拠をおき、どのようにしてなされることができるのか。この二つの問が明らかになって、はじめて浄土成立の構造を示すことができるであろう。もともと浄土の表象もここに根拠をおき、ここからその荘厳も形成されているのである。従って浄土の表象やそれにまつわる教説が現代に適さないというのであれば、ここから変えられねばならない。浄土の表象を解釈しなおす足場はここよりほかにはありえない。

われわれはまず何故に浄土が建立されねばならなかったかという点から考察をすすめていこう。いうまでもなく浄土門は聖道門に対して設立されたものであるが、聖浄二門の廃立を論じた道綽（562—645）はこういっている。

「一にはいわく聖道、二にはいわく往生浄土なり。其の聖道の一種は今の時証し難し。一には大聖を去ること遙かに遠きによる。二には理深解微によるこの故に「大集月蔵経」に云く、我が末法の時の中の億億の衆生行を起し道を修し、未だ一人として得者あらじ。当今は末法にして現にこれ五濁悪世なり、ただ浄土の一門あって通入すべき路なり。……」（安楽集上三七丁）

道綽は聖道門をすてて浄土門をすすめる理由として二つをあげた。一つは時代である、釈尊より時代がへだたって現在は末法であるが故に修行して悟るということが困難である。第二に聖道の教が難解であるのに対して、浄土教は念仏一つで往生して仏になることができるということである。一口にいえば末法の凡夫を対象として浄土が建立されたのである。被救済者の無能性の認識から浄土は建てられたのである。従って浄土を理解するためには、その救済の対象である末法の凡夫を解明しなければならない。浄土の荘厳の建立は単なる歴史的社会的状況に応じてなされたのではなくして、本来的にはむしろ一切衆生の救済という根本目的からなされたのである。浄土は救済の対象と対応して理解されねばならない。道綽はまた

「大聖慈を加え極楽に勧帰せしむ。もし斯において進趣せんと欲せば、勝果階《かな》いがたく、ただ浄土の一門のみ情を以って悕《ねが》い趣入すべし。」（安楽集上三丁）

といっている。浄土は聖道門的修行の不可能な人間、世俗の生活を営みつつある人間の情に応じて、情によって入ることのできる通路なのである。従って浄土は本来、凡情で理解できるように建立されているのである。にもかかわらず、その浄土が現代意識に受け容れにくいというのは浄土のどのような点なのであろうか。

かって鈴木大拙博士はその著「浄土系思想論」において

「第一は浄土が如何にも物質的・肉感的・感覚的に描かれるので、何だか嫌になる。それから、西方十万億土などと、方角を定め、距離を限定して——たとひそれが甚だ『不限定』なものであっても——とに角、数字を並べてあるのが、不可解と云はれる。またそこへは死んでから行くのだと云ふこと、これも甚だうな

づけぬ。

四十八願の中には今日の吾等の到底も想像し得られぬことがある。これは印度の神話を背景に持って居るからであらうが、そのわからぬものが表面に余りきらきらと目につくので、第十八願とか第十九願・第二十願など云ふのが、却て何となく後退しがちになる。一遍信じて仕舞ふと、肝要なところのみが残って、自余は消え失せるであらふが、それまでが一仕事である。勿論、宗教的信仰なるものには不可解の事項に対しての信仰ではあるが、それが可解と不可解との交叉点にうろうろして居ると、何となく気にかかる。……細かに言ふと、中々あるが、大体の上で、まづこんなやうな点が、浄土を信ずるのに困難とせられるところであらう。」（同書三七九頁以下）

現代人の疑問とするところが極めて明白に提出されている。経には「極難信」といわれているが、それは宗教の本来的非合理性をいっているので、現代的に難信というのとは意味がちがっている。

いま上に現代意識にはうけいれにくいとされた点を考慮しつつ浄土の成立をみてみよう。

衆知のごとく、無量寿経によれば、如来の説法を聞いて感動して無上菩提心をおこし、出家沙門となった法蔵が四十八願をたて、五劫の修行をへて建立されたのが弥陀の浄土である。あたかも歴史的事実のごとく物語られながら、神話的要素にみちみちている。大拙博士の指示のごとく、インドの神話の世界観がもりこまれている。劈頭第一願にはすでに地獄、餓鬼、畜生の三悪道の世界観が語られている。第五願から第九願などおとぎ話の魔法使を想像させる。第三十五願など女性であることが何故いけないのか。第三十八願の浄土では裁縫や洗濯をしないですむようにとか、また衣服が欲しいと思うと思いのままに自然に新品の衣服が身にまといつく願などなかなか面白いといいうる。おそらく裁縫や洗濯は当時は大きな負担であったのであろう。衣服も貴重なものであったであろう。女子が卑められているのも当時の社会観念からであろう。このような願は当時の民衆にとってはピッタリしたものであったであろうが、現在のわれわれにとってどれだけ重要な意味をもっているであろうか。

このようにして歴史的なもの（世界観をも含めて）はその当時は意味があっても、現在無意味であるとすれば、解釈し直されて然るべきであろう。このような観点からみるとき、親鸞の四十八願の理解はまことに鮮かなものであったということができよう。大拙博士はいちはやくこの点を指摘して

「教行信証を読んでみると、なるほど、その全体は浄土三部の経典、殊に康僧鎧訳の無量寿経を基礎として出来て居る。が、親鸞の主として引くところは、四十八願中五六の願及びその他数箇処の文句に過ぎぬ。殊に浄土を論ずる巻においては、主として浄土論註と涅槃経である。三部経中における浄土のまばゆく活きいきした描写に至りては、少しも触れて居ない。忘れたやうにしてうちやってある。願中にある神通の獲得の如き、天人の寿命の如き、道場樹の無量の光色の如き、『宮殿楼観、地流華樹、国土所有、一切万物、皆以無量雑宝、百千種香、而共合成、云々』等の如き、その他、四十八願以外の箇処で、如何にも印度民族心理的に描き出された浄土の光景の如きは、少しも引用又は参照せられて居ない。親鸞の最も力を入れて居るところは、教行信証全体に渉りて、弥陀の発願、願の成就、名号の執持、三信の廻向、利他円満の妙果等である。三部経を見て、浄土の光耀に眩惑したものが、親鸞を読むと、その色彩の如何にも静粛で寒国の気候中に起居する如く感ずるであらう。そこには光明仏のあるにはあるが、それは熱帯的・感覚的・情的灼熱性をもつと云ふよりは、寧ろ抽象的・哲学的なと云った方がよいやうである。或は神秘性に富むと云ふべきであらうか。とに角、親鸞は三部経において熱帯的なものを斥けて、日本国民にふさわしく温和で平静で深き宗教的体験を有ったものを探しあてたと云ってよいと思う。」（同書三八一頁以下）

まことにその通りであるが、しかし親鸞は三部経の

中から日本的なものを探しあてたのではなくして、インド的神話的衣をぬいでその内にある本質的なものをあらわならしめたのである。もちろん親鸞も時代の子として時代的制約は免れがたかった。女性蔑視の観念は親鸞にも残っていた。

親鸞が教行信証でとりあげた願をみるとき、さきに現代意識に不適切として指適した願の一つもとりあげていない。親鸞がとりあげた願はすべて十分に現代においても理解されうるものである。彼は師法然からうけついで第十八願を中心に四十八願を組織ずけている。これについて論ずることは紙数の都合上割愛せざるをえないが、しばらく浄土が末代の凡夫の救済を目あてとして建立されたという立場から浄土本来のすがたを明らかにしてみよう。

四

浄土の荘厳は大拙博士の指摘のごとく極めて物質的感覚的である。博士はそれで「何だか嫌になる」といわれる。しかしわたくしは逆に物質的感覚的であるところに浄土の意義を汲みとりたいと思う。精神的に訓練されたものにとって浄土のごとき本来形而上的存在が物質的であることは奇妙に感ぜられるであろうが、形而上的思索になれない一般大衆にとっては決して奇妙ではない。人間の日常生活は物質的である、大衆に直接的な世界は物質的感覚的世界である。とすれば浄土が霊性的世界として表象されるよりも、むしろ物質的感覚的に示されるのが当然であろう。大衆の日常生活が物質的感覚的なるが故に、浄土は物質的感覚的に荘厳されているのである。

また浄土が物質的感覚的であるかぎり、それが空間的に何処かに存在すべきは当然である。空間的に存在するかぎり、方角が規定され、距離が限定されるのもまた当然である。何故に東や北でなく西方なのかは、安楽集が教えるごとく、日没のところすべてのものが死にゆくところとして、凡情に応じたのであろう。浄土が凡情に応じたものであることはすでに曇鸞（476—

542）が「論註」において、浄土の荘厳がこの世の欠陥と大衆の欲求を洞察して成就されていることを相互に比較しつつ詳しく論じているところである。

浄土が凡情に応じて物質的感覚的に荘厳されたとしても、どうして浄土は死後の世界なのであろうか。物質的感覚的浄土が死後の世界であるということは現代意識にとっては最大のつまずきであろう。たとえ浄土の荘厳が凡情に応じてなされたにしても、幻想的な死後の世界であることによってその適応性も破壊されてしまわないだろうか。なぜ浄土は死後の世界なのか。

わたくしは浄土の本質とその衆生への働きかけの面からこれを理解することができると思っている。浄土は自らの修行によっては仏となることができない人間のために建立されたものであった。人間が仏となるためには一切の煩悩を断ちきるということがなければならない。ところが煩悩を断ずるということが凡夫にはとうてい出来ないのである。そこに煩悩を断ずることなくして涅槃をうる道として浄土が建立されたのであろう。凡夫はこの浄土へ往生することによって、そこで仏となることができるのである。ところがそのためにまず必要なことは凡夫が浄土を願生するということである。浄土へ往生したいという心をおこさなくては浄土も無意味である。願生心こそは浄土往生の出立点でなければならない。だが普通の人間で誰れが願生心などおこすだろうか。健全な人間なら浄土の荘厳など一笑に附するだろう。しかし現実はいつもわれわれに心よいところとは限ぎらない。現実には苦があり悩みがあり、悲しみがある。このような苦悩のない悲しみのないところが浄土だと聞かされて、もしほんとに浄土が在るものなら、そんなところへ往ってみたいと思うであろう。だがこの浄土は娑婆に直結していない。娑婆と浄土との間には絶対の断絶がある。そこには死線が引かれている。現実苦に悩んでフト思い浮べた浄土は思いがけなくもその人間に「死」という冷厳な事実を呈示するのである。一般に人は自己の死に気ずかない、ところが一とたび浄土に面したとき、人はいや応なしに自己の死に当面させられるのである。死後の浄土は人間にその死を知らしめる。もし浄土が彼岸の浄土でなくして此岸の浄土であり、それが物質的感覚的であり、現実と直接につながっているならば、呪術的迷信とならえらぶところはないであろう。浄土が彼岸の世界であることにおいてそれが呪術的迷信とハッキリと区別されるのである。一見、浄土が死後であることが現代意識にはうけいれにくいように思われるが、そうでなくて逆に浄土が死後であるところに浄土の大きな意義をわたくしはみとめたいと思う。

生きたものが死をいとうのは本能である。死が生の否定であるかぎりそれは当然である。しかし不思議なことに普通は人は死を気ずかない。死という現象については知っているが、自分自身の死についてはいない。一般に人が死に関して案外無関心であるのは死を客観的にみているからである。しかしわたくしがフト自己に思いをいたすとき、わたくしは自己の死に気ずかざるをえない。あるいは逆にわたくしがフト自己の死に気ずくとき、わたくしははじめて生きた自己に気ずくといってよいであろう。人は自己を知るとき、真に具体的に死を知り、死を知るとき、真に自己を知るのである。死はすぐれて主体的な事態である。死はわたくしの死であるとき真に具体的なのである。平生わたくしたちは自己をみない。わたくしたちがみるものは他であり、対象であって、みるわたくしは常にわたくしの視野の外にある。それ故に平生は客観的な死はみていても、主体的、具体的な死は問題とならないのである。

ところが、はからずも人間的欲望にかられてみた浄土はわたくしに死を告げる。死がわたくしの存在そのものにおいてあることを示す。わたくしの在るところ死はつねにある。この自己存在の危機が人間としてのわたくしの現実の事実である。まことに自己の死を知るもののみが真の自己を知るものである。

浄土はわたくしに死を知らしめ、わたくしに自己を知らしめるのである。自己は生死的存在である。わたくしの底にある生死の絶対矛盾はうす気味悪くわたくしをゆすぶる。ここに人間の不安があり、悩がある。この悩み、不安こそ宗教的悩みであり、宗教的不安である。この宗教的な悩みを目覚めさすもの、それが浄土の彼岸性である。このような立場から浄土の荘厳をみるとき、浄土の荘厳がいかに人間をとらえて宗教的苦悩へと導き、一たび浄土に心をとらわれた者をひきつけ離さないように形成されているかを知ることができよう。かりそめの願生から自己存在の絶対危機へ――善導のいわゆる二河白道の境地へ。そこではもはや一瞬の躊躇も許されない、とにかく浄土はこの危機より救うというのである。溺れる者は藁でもつかむのである。まして浄土を願生する者は必ず救うというのである。そこでは浄土が実在するかどうか詮索する余裕などどうしてあろう。せっぱつまって願生せざるをえないのである。浄土が実在するかどうかという問いなどは閑人の遊戯でしかない。人が理知的に浄土を解しようとするとき、そこには浄土はない。また浄土をしっかりとみきわめて、それを理想界として願生を決意するような人間的意志の対象でもない。全身心をなげうって宗教的悩みにのたうつ者の心情にのみこの浄土は生きて働くのである。

　ではこの浄土とは本来いかなるものなのか。

五

蓮如は

「物は思ひたるより大にちかふといふは、極楽へまいりての事なるへし」

といっている。いま宗教的心情に働きかけている浄土は感覚的で娑婆世界に類した存在であるにちがいない。だが宗教的心情に輝く七宝の浄土は娑婆では思いも及ばなかった自然の浄土なのである。「西方寂静無為の楽《みやこ》は畢竟逍遥して有無を離る。」のである。それは無為涅槃界であり、自然である。そこに往生するわれわれも「皆自然虚無の身、無極の体を受」けるのである。浄土は形而下的でありながら形而上的である。

形而上的でありながら形而下的である。形而下的即形而上的、形而上的即形而下的存在が浄土の存在である。

この形而下的即形而上的、形而上的即形而下的存在を如実に示したものが報身であり、報仏土である。親鸞は教行信証の真仏土巻の劈頭にいう。

「謹んで真仏土を按ずれば、仏は則ちこれ不可思議光如来なり、土はまた是れ無量光明土なり。然れば則ち大悲の誓願に酬報するが故に、真の報仏土というなり。」

法蔵菩薩の浄土建立の物語は形而上的即形而下的なものの形而下的面を示したものにほかならない。

何故法蔵の浄土建立がなされたのか、卒直にいって、仏が勝手に浄土を建ててもよさそうなものである。いな仏が衆生をそのまま救えばもっと手取り早くはないか。わざわざ法蔵となって四十八願をたて修行して浄土を作り、しかもその浄土へ衆生が往生することによってはじめて救われるという廻りくどい過程を経なければならなかったか。

わたくしはまず、浄土を人間に理解しやすからしめんために、人間世界の建設と同様の過程をとらしめたものと思う。ある国王が王位をすてて法蔵と名のる一介の修行者となり、五劫の思惟の後、はじめて成就したのが浄土である。まことに合理的な話である。浄土も仏も単なる手品師の作り出したようなものではなくして、最も合理的に成るべくして成ったものである。恣意的に生れたものでなくして、大悲をもととして成しとげられたものである。

この浄土建立の合理性を論理的に展開したのが曇鸞の論註において述べられた広略相入である。広略相入とは浄土の形而下的即形而上的なものの形而上的面を示したものにほかならない。曇鸞は浄土の荘厳を述べた後に

「上の国土の荘厳十七句と如来の荘厳八句と菩薩の荘厳四句を広となす、入一法句を略とするなり、何の故にか広略相入を示現したまうとなれば、諸仏菩薩に

二種の法身まします。一者は法性法身、二者は方便法身なり。法性法身に由って方便法身を生ず、方便法身に由って法性法身を出す、此の二の法身は異にして分つべからず、一にして同ずべからず、この故に広略相入して統ずるに法の名をもってす、菩薩もし広略相入を知らずば則ち自利利他するに能わず」（往生論註下三五丁）

といっている。浄土の荘厳と一法句とは相入するのである。そしてこれを可能ならしめる根拠は法性法身と方便法身とが不一不異であるからというのである。いま詳細に述べる紙数はないが、浄土の荘厳そのままが一法句であり、一法句はそのまま歴歴然たる浄土の荘厳である。もし一法句を絶対無というならば、浄土の荘厳は絶対無の自由なる自己限定ということができるであろう。湛然寂静の絶対無そのままに端厳絶妙の浄土があるのである。

それ故に「極楽は無為涅槃界」であり、「自然」なのである。そして浄土に往生する者は「皆自然虚無の身、無極の体を受」けるのである。それだけではない、浄土へ往生するといってもそれは「得生の者の情ならくのみ」である。浄土はもともと無生の生なのである。浄土はそのまま絶対無たる一法句である。それ故に浄土へ生れるというも無生であり、浄土へ往くというも不往である。生即無生、往即不往、それが浄土往生である。

わたくしは浄土の非神話化にあたってまず、何故に浄土が建立され、浄土往生が主張されねばならないのか、そして次に浄土の建立と往生の遂行は何処に根拠をおき、どのようにしてなされることができるのか、この二つを明らかにすることから出立すべきことを要求した。われわれはここを出立点として浄土の非神話化へ進むべきであるがすでに予定の枚数を超過している。それについては近くまとめて刊行されるであろう拙著「浄土」の続編にゆずることにしたい。

即非の論理と現代

市川白弦

一

即非《そくひ》の論理(註)は、鈴木大拙博士が金剛般若経の中に指摘されたものであるが、この論理を現実の歴史形成の場に見ようとの願いにおいて、少しく考えてみよう。

(註) 自己中心的な分別・執着を離れて思惟し行動する般若体験を示唆する表現法。大乗仏教の「空」「中」「妙」「無住」「自由」「非思量」「真空妙有」「無義の義」「自然法爾」などの境地と同じく、仏教の特質ないし東洋文化の根柢をなすもの。他の表現法に比べて、般若体験の論理構造を示す点に、思索の逞しさがある。鈴木博士の公式化によれば「AはAだというのは、AはAでない、故にAはAである。」(金剛経の禅)「所言一切法者。即非一切法。是故名一切法。」(言う所の一切の法は、すなわち、一切の法に非ず。この故に、一切の法と名づくるなり。―岩波文庫、中村・紀野訳註、「般若心経・金剛般若経」) 秋月竜珉「即非の論理」禅学研究四六・四七号参照。

日常経験の世界は般若の世界ではない。両者の間には対象論理的な知的自己の立場の否定がある。日常的な思惟態度の否定は、この態度に即する行為態度の否定でもある。善行為は、日常の分別意識上のものである限り、有漏《うろ》雑染《ぞうぜん》の業《ごう》として、捨てることさえも示唆される。行為の論理と倫理は結果論的ではなく、徹底して主体のあり方を問う点において、サブジェクティヴィズムである。キルケゴール風にいうならば、主体性が真理である。主・客を分別してものを向う側において思惟する、対象論理的意識が空ぜられることは、この意識における客観の相《そう》が空ぜられることである。即非の非は、知的分別意識の立場・内容にかかる否定であって、即自 an sich の対象、(註) 客体にかかるのではない。（ただしここにいう即自は、かならずしもサルトル的なそれではない。）

（註）　ここで即自の対象すなわち対象そのもの客体そのものというのは、特殊な言い方なので、卑近な例をあげてみよう。青酸加里は青酸加里ではないという論理によって、青酸加里の分子構造は否定されず、搾取は搾取に非ずの論理によって、生産方法の社会性と生産手段の私有制との矛盾は無くならず、フルシチョフは非フルシチョフであるの論理を行ずる禅者が、主体フルシチョフの客体である、という事態における青酸加里、搾取、フルシチョフを対象そのもの客体そのものと呼ぶのである。対象自体は、対象自体として志向され意識されたものだと、いわれるであろう。その通りである。しかし、月の裏側をとらえたのはロケット・カメラであって、月ロケット以前の純粋視覚がこれを生みだしたのではない。

六波羅密は波羅密（完成、到彼岸）としての倫理である。布施波羅密は施こす我、施こされる汝、施こされる物、施こす行為という分別上の意識内容を空じた（但し、非措定的、非執着的にはそれらがある。なければ布施は生じない。）布施である。ここに、布施は布施に非ず、故に（真の）布施である、という即非の論理が現成する。布施を慈善に限定するならば、慈善波羅密は慈善の廃止ではなく、即非の慈善である。能施、所施、施行が非措定的または超措定的にあるからこそ、施者も受者も到彼岸の機縁に結ばれるのである。

空無相の、無碍自由の慈善を必要とする事態を再生産する社会体制、権力構造の土台の上、枠の中での到彼岸である。この体制のゆえの慈善波羅密である。この妙用によって、この体制は影響されない。しかし般若はこの体制を是認してはいない。「世間虚仮」という。この否定は、人間現実を、総括的全体的に虚仮と観ずる。必ずしもそのなかの個別の事象を特殊的、対比的に、かつ対象的＝実践的に批判するのではない。このことは、即非の非が主体のあり方そのものにかかることの半面でもある。このことから事象の静《スタティック》的な把握が生れる(但し後段参照)。諸行無常観にしても事象が観る者の主体による変革という実践的投企のなかでとらえられない点において、スタティックである。諦観における全面否定は、客観的事実としての全面肯定にほかならない。無常観、析《しゃく》空観、体空観(存在をその構成要素に分析して、実体なしとみるのが析空観、存在をそのまま空とみるのが体空観)など各種の、もしくはそれらを兼ねあわせた空観から、社会における既成的事実の認容という、基本態度と発想法がなりたつ契機がここにある。

この論理・心理過程は、また般若の主客未分、物心一如の消息につながる。この事態は容易に自然と人生、自然と社会の一元観に展開し(これの真理性については、のちに考えよう。)、この一元観、一如観はアジアの前近代に汎自然的人倫観(逆にいえば汎人倫的自然観)としての宇宙論《コスモロジー》を生んだ。この宇宙像、宇宙観は、自然弁証法から史的唯物論への全自然史の観点にとっては、興味あるテーマであろうが、他面、人間界の秩序を自然界の秩序の模写、延長、対応物としてうけとるメンタリティを生んだ(この情想は、自然科学による自然の改造、民衆による権力体制の変革の見通しがない情勢の中で生れた。)。即非の論理は、このような諸事情のなかで、社会の潜勢的な胚芽の現実性、矛盾を内蔵して新らしい形を生まんとする胎動的現実面ではなく、顕勢化し定着した既成的現実面を現実として把握し、ここを足場とするうしろむきの現実主義に具体化し易い。この場合、個的実存が安心《あんじん》への欲求から、負わされた現実の中に生きる意義を見いだそうとして、――人間は人為的ないし政治的環境に適応し安住するためには、何らかの理由づけを必要とする。――狐疑する知性の自己説得にのりだすことによって、「事《じ》のうちに理をみる」事《じ》の哲学・宗教は、既成的現実そのものにこの現実の十分な存在理由を見ようとするイデオロギーを、自発的に構築する。国体明徴期の知識層が、天皇制の形而上的基礎づけと表裏する戦争の形而上的基礎づけによる、戦争協力の足場を求めたのも、この事情に通ずるものがある。即非の論理は、主体において、認識的・実践的に主我性を空ずることであった。問題は、我を空じて何を行なうか、である。「全体」のために服務する、といわれるかもしれない。しかし全体とはなんであろうか。

既成事実を最大の規模において、計画的に強力にかつ組織的に作りだすものは、官僚制国家権力である。「即非」にみられる絶対否定即絶対肯定の論理は、それのこれまでみてきたかぎりの性格の故に、かつ仏教者の従来の社会的存在形態の故に、仏教者の主観的意図の如何にかかわらず、事実上体制擁護的適応的な精神風土を形成しがちである。

しかしこの事態は、即非的真実から内的必然的に生ずる結果であろうか。般若体験の深さは、それの社会的あり方における保守反動性と一体であろうか。

「般若なる空慧は、光明無量と称せられる。そしてその慧に於いて、限りなき有の世界、すなわち具体的には生きとし生ける一切有情の我執、我所執が、限りなく打破せられてゆく。（略）そこには限りない一切有情が見出されて教化されるところの、智慧から大悲への転回をとらねばならない。」（山口益「静仏と動仏」。傍点市川）

智と悲についての、要約された、含蓄のある提示である。それだけに、考えねばならぬ多くの問題を示唆している。我執、我所執のことは、永遠の、全人類的な、階級の別をこえた問題である。しかも我執、我所執は現実には階級社会の広義の道徳現象として形をとり、このものは特定の組織、体制と構造的につながっている。例えば、商品生産の手段として勤労大衆を雇傭し解雇（これを合理化とよぶ）する側の約束、施設、措置ならびにそれを支える論理において具象化した我執、我所執と、これと妥協、協力または抗争する側の特定の措置、機構、行動における我執、我所執（従来の仏教は、この双方を、無差別に人間性の根本悪として教化しようとする真実性と抽象性をもつ。この抽象性は、抵抗するものが前者ではなくて後者である状況の中で、その階級性をあらわにする）との対立といった事態がこれである。我執、我所執の私的、微視的消息と集団的、巨視的態勢との縁起態が、特定の社会体制、権力構造の中で活動している現実を、仏教が「教化」しようとする場合、その教化が感傷道徳 Sentimental moralism の空語または凡庸におちいらぬためには、容易ならぬ準備が必要であろう。仏国土（ここでは一仏教者の境涯だけを意味しない。）を建立するということは、原理的には、人類普遍の真実を表示し実現し確保する体制を建設することでなければならない。すべての人格を手段としてではなく、目的として取扱えという原則を承認する者は、すべての人格を手段化する商品経済社会の論理に対する自分の態度を明らかにしなければならない。仏教者が人間の平等と人格の尊厳を教えるならば、その教化は、終局においては、この真実を具体化し保障する社会体制の建立を目ざすのでなければならない。この体制は、遙かな弥勒出世の時点において、忽然として一挙に出現するのではあるまい。もしも我執、我所執を空ずることが純粋に心境的、身辺的な範囲内の事柄だというのであるならば、現実の立法・司法・行政がいかほど反仏国土の動向にあるとしても、その矯正は挙げて弥勒出世の時点にゆだねられるというのであるならば、それは文字通り単なる悲願であるほかはなかろう。仏教者は体制論的視点をもつ一種の「工作者」でなければなるまい。

我執、我所執は単なる心理状態《メンタリティ》にとどまるのではない。それは特定の環境、情勢、状況（これが一面において我執、我所執の集団的産物）のなかで、特定の働らく形（それがすでにひとつの環境）をとっている。それは必ずしも個己の身辺的なマナーにとどまるのでもない。「立身出世」の我執もあれば、新安保条約を強行採決する我執もあり、立法、司法、行政における我執もあり、それは法体系、価値体系、信念体系（例えば大日本帝国憲法、教育勅語道徳）としても存在する。これらの状況ないし環境は、社会的かつ反社会的な個己の、ないしは集団の協働または抗争の産物である。歴史をつくる個人的、集団的行動は、主体面において我執、我所執の肯定、拡充または否定、抑制の方向、環境面においてもそれの挑発または鎮静の方向をもつ。世界のこのような縁起連関のなかで、仏土建立の行願が、そのための主体的要因の浄化、主体的条件の鍛練とともに、客体的条件の整備、設定をはかったことは、当然の措置であった。このようにして禅の「叢林《そうりん》」が設立されたのである。般若は計画的、制作的な構想力として具体化し、即非の論理は機能する組織への意志として政治的、経済的、倫理的技術にまで自己形成したのである。及《ぎゅう》と不及とを論ずることのない智慧の妙用（「譬えば剣をなげうって空に揮うが如し、及と不及とを論ずることなし。」唐僧盤山宝積の語。景徳伝灯録、巻七。）において、しかも結果の有効適切を期する目的と手段の動的論理活動、利害打算の執着を離れて、しかも利害を打算する即非の経済活動、そして平等の大悲にとどまらず、差別と平等の正しい綜合実現を期する社会正義の倫理が展開され、ここに仏土建立の行願の根拠地としての無権力共同体《コンミューン》である叢林、いわば仏教的ファランジュ phalange（註）が設立されたのである。

（註）Charles Fourier（1772–1837）によって一八三二年ベルサイユ近郊に創立された友愛による無権力の生産消費共同体。

ここに作られた機構と原則とは、智慧と法《ダルマ》の表現であるとともに、仏国土のイメージを含むはずである。そしてこの理、智、イメージが特殊的・偶然的なものでなくて、普遍性をもつものであるならば、そこに働らく制作意思は、叢林の境界をこえて現実の歴史に呼びかけ、この現実界からの批判と呼応を求めざるをえないであろう。世俗的社会の王位を捨てた沙門法蔵（無量寿経）が、仏道の教えを請うた師が、「世自在王仏」としての政治的覚者であったこと、非政治的政治者、無住無着の即非の主権者であったことは、深い示唆を含んでいる。現実の世界は穢土である。穢土はどこまでも穢土、浄土はどこまでも浄土である。しかも穢土と浄土とが即一であるところ、そこに般若即非の逆対応的一の論理がみられる。しかしそれだけでは十分ではあるまい。穢土が単なる心境ではないように、浄土もまた機構的な世界でなければなるまい。そして両者が絶対に矛盾したままで一であるというだけでなく、穢土を浄土のより美しい象徴にまで、創造してやまぬところに、般若のダイナミックな悲智が実現する、と考えられないであろうか。

諸宗教の聖典と教学とは、多くの場合、それらが成立した時、処、人に照応する当来世界のイメージをもち、そのイメージへの論理と情熱をもった。今日われわれがこの種のイメージをもっていないこと、イメージへのプログラムをもっていないことは、われわれの歴史的構想力の貧困であり、現代に生きる仏教社会倫理の不毛とともに、われわれの責任にぞくする。人間現実の根本悪、根本不安の超克の論理（狭い範囲での即非の論理）と、歴史的現実界の矛盾と不条理の止揚の論理（さきの場合を垂直的な靈性的自己疎外の回復の論理とすれば、この場合は水平的な商品社会的自己疎外ならびに技術論的自己疎外、大衆社会的自己疎外の回復の論理）との綜合の論理の自覚的形成のなかで、当来世界の新らしいヴィジョンが生れる、といえないであろうか。仏教者に共同の情熱《ライデンシャフト》をよびさます悲智の構想的展開が求められるのである。

二

「形なき形」というのは即非の論理（註）のスタティックな面を、「作《な》さずして作す」というのはそれのダイナミックな面を示し、両面ともに既成事実認容の態度として現成し易い事情を、上来みてきたわけである。いまあらためて「諸法無我」「諸行無常」を手がかりとして、考えなおしてみよう。

（註）A is non-A という場合、主語Aと述語Aとは、つねに、厳密に同一であるかどうか。同一でない場合にも、矛盾の同一といわれるであろうか、という問題がなりたつかもしれない。但し、対象化する契機と対象化を否定する契機との根源的同一を認めた上での問題である。

存在が孤立せずして縁起連関にあり、固定した自性をもたずして変易するという事実は、存在が他の諸存在との作用連関のなかで自己のうちに矛盾を含み、自己否定の契機をもつことにほかならない。この場合、われわれが諦観的態度にあるならば、存在は変易して常なきものとして捉えられ、さらには衰亡への存在として現れるでもあろう。この諦観がわれわれを物への執着から解放する。

この諦観が可能であるのは、存在自体が作用連関のなかで矛盾をはらみ、自己否定を現わすからにほかならない。この事実は、存在の構造、法則にしたがって、われわれがこれに働らきかけ、これを対象的＝実践的投企のなかでとらえるならば、自動詞的な変る sich ändern の事態を他動詞的な変える ändern の事態に転換しうることを（このプロセスの中でわれわれが自らを変えることをも）意味する。無常観、析空観を可能にするところの、存在自体の自己分解的・自己否定的契機は、技術（例えば核エネルギーの解放）を可能にする契機にほかならない。しかもこの存在が般若直観において、自体空として現成する。無常観、析空観ならびに科学、技術の作用および対象の根柢には、体空観がなりたつ場所がある。このことは言いかえるならば、無常観・析空観ならびに科学、技術が対象論的立場を空ぜられて、そのまま即非化する場所があるということである。このようにして、対象論理を否定する光 lumen としての智 prajñā は、対象論理的、技術的な力 potentia としての知 scientia を包む（力としての知がそのまま即非化する）ことになる。「万法に証せられる」とか「造化に参ずる」とかいうことは、「松のことは松に習え、竹のことは竹に習え」（芭蕉）といった自然観相の世界を別にすれば—このような「自然」から西欧的世界が自己疎外したことは、この世界の最も大きな悲劇の一つであろう。——「自然に服従することによって自然を克服する」ということと、必ずしも別の事柄ではあるまい。般若は対象論理ではなく、対象論理は般若ではない。しかも般若は対象論理であり、対象論理は般若である、という消息がある。われわれが自己の安心の道をきわめるというだけでなく、これまでみてきた歴史的構想力によって、歴史的自然を作りかえる実践の当処に、盤珪の「不生」臨済の「直下無心《じきげ》」の工夫《くふう》に徹しゆくならば、歴史創造の行為はいわば「天地の化育に参ずる」というおもむきにおいて、「作務《さむ》」の意義をもつことになるであろう（禅林における勤労を作務という。勤労そのものが生死の問題を明らめる場とみる。いわばアリストテレースの「必要な仕事」と「高貴な仕事」とが不二となる。拙著「般若経」一四一頁）。ここに寂静主義の、またはあしき現実主義の場にある即非の論理から、開拓的創造的な即非の論理[註]への転回がある。

（註）即非の論理は、「反動」にも「進歩」にも現成する

とみられる限りにおいて、「無我」と同じく、社会的価値としてはニュートラル（無記）だと、一応いえるであろう。

我執、我所執の超克は宗教の問題であるとともに、道徳の問題でもある。この一線において宗教は道徳に接し、道徳は宗教につながる。宗教、道徳はこのことのために久しい努力を重ねたが、見るべき成果をあげていない。我執、我所執はそれほどに根深く強靱であるが、同時に、このものを誘発し鼓舞して、その増殖の連鎖反応をかきたてる条件が、おびただしく存在することも指摘されねばならない。人間教育を効果あらしめるためには、これらの条件を清掃する必要があるであろう。達人に可能な道を、万人に求めるのは空想である。全体への個人の責任と個人への全体の責任との実質的な相互浸透を保障し、私益と公益、各人の自由と全体の秩序との正しい綜合を実現する体制がうちたてられるならば、今日の私有制競闘社会の我執、我所執は、その拡大再生産の悪無限から、大きく救われるであろう。経典や仏画に作者名がないのに似て、日常生活の雑器を生産する民芸労働において、作品に作者名をつけることがナンセンスとされている事実の論理を、他の分野にも拡大しうる体制をつくるならば、現代人の名誉心の大半をナンセンスにすることが可能であろう。権力構造の変革と人間教育の変革との合致によって、われわれの道徳価値体系の頂点にあった「忠君」のモラルが、影うすいものとなったように、外部条件の変革と人間教育の変革との協同によって、我執、我所執の現実態をナンセンスにする可能性は大きいと思われる。仏教社会倫理は、惑、業、苦の社会的連関と、それの体制的基盤との構造的=作用的連関と、この連関態の揚棄の問題について、一層くわしく考えねばならぬであろう。

我執、我所執のさまざまな現実形態を、社会的規模において無意味にするものは、組織された勤労大衆を中心とする、社会形成と人間形成との正しい綜合的実践であろう。仏土建立の行願は、前記ファランジュ運動の挫折と失敗から学ぶとともに、我執我所執の浄化といった、単なる教化運動についても、考えなおす余地をもつように思われる。我執の払拭ということは、厳しくいえば絶望的なほどに困難であるが、しかもそれだけで十分なのではない。人類の歴史は、献身とか無我愛とかいったモラルが、反人民的権力体制によって提唱され、そしてこのモラルがこの体制に奉仕した数多くの事例を残している。無私も和合も無執着も、それだけでは社会価値的にはニュートラルである。問題は誰のために何を如何に行うかにある。――金剛般若経には、誰のために何を如何に、とは考えないという意味のことが、くりかえし説かれている。しかしこれは単なる否定なのではない。誰のために何を如何に、と思わないことが、誰のために何を如何にと思うことだ、と説かれているのである。――社会倫理の場合とくにそうである。それればかりでなく、ここでは遅巧よりも拙速を、動機の純潔よりも結果の有効を重んぜざるをえないことも少くない。水に溺れつつある者にとっては救いの手がすべてであって、救い手の境涯は問題とならぬように（ここに般若道徳にとってひとつの問題がある）。仏教の社会倫理が国民大衆の真実の利害という尺度を離れて、単なる公共、単なる全体への無我の務めを教える場合には、旧日本の倫理道徳がそうであったように、その理説は深刻化（神秘化）せざるをえないであろう。「頭上の星空と内なる道徳律」を語るカントの厳粛説にも、すでに同じきざしがみられるかと思われる。般若道徳は、人民大衆の利害に心をくだく社会正義の見地と原則とを、みずからの内に確立し位置づける必要があるであろう。

社会正義の問題に関連して、闘争の問題がとりあげられる。闘争を否定することが、仏教道徳の通念となっている。いうまでもなく闘争は不幸であり、歓迎すべき事態ではない。まして闘争のための闘争、人権無視の闘争が許されていいはずはない。しかもこの種の逸脱した現象が起ることも事実である。しかしその半面、われわれの実践が錯誤と偏向からつねに全く自由であることは不可能であり（錯誤を忌み嫌うならば、何もしないで坐視傍観するほかない）、対象的実践にみずからを投企することは、過誤と挫折の危険に自身を賭けることでもあり、そしてそのつまづきから新しく学ぶ謙虚をもたねばならぬことも事実である。闘争には対象がある。この対象が生みだす禍害と闘争という態度ないしその手段方法が生みだす禍害との軽重が量《はか》られねばならない。対象が作りだす害悪を認めながら、これを阻止する有効な別の方法を示すことなしに、闘争をとがめるのは公正ではあるまい。今日「近江絹糸」の従業員に世間並の人権が認められるに至ったのは、かれらが闘ったからであって、それ以前に経営者が教化されたためではない。北富士演習場の返還が議題にくみこまれたのは、土地の農民が闘争したからであって、それ以前に日米軍当局が教化された結果ではない。アジア・アフリカの民族独立は、反植民地闘争の成果であって、植民地所有国の政府が人類愛に目ざめた結果ではない。社会悪、政治悪は、それの主たる被害者たちの共同闘争（もとよりそれは即非の闘いではない）によって、これを圧縮ないし除去するほかに道はないのであり、宗教者もしばしばこの闘いを支持してきた。——近代においては、自主的に考えることじたいがひとつの闘いであった。——安保新条約の強行採決に対して爆発した国民的抵抗が、もしも不争無執着の旧風のなかで、抵抗の思いを蒸発させ、過去への執念を無化するならば、日本の民主化は停滞し萎縮せざるをえないであろう。「依ってきたる所以を別として」「これまでの争点を暫く投げ捨て」ることを要請したマス・コミュニケーションの七社共同宣言（六月二七日）は、われわれ国民に過去への執念を捨てることを求めた、空前のプレス・キャンペインであった。禅における洒脱の精神は、このような忘却の論理の支えとはならないであろう。金剛経は即非の執着について説いている（岩波文庫前掲書、一二一頁）。信教自由のための宗教者のたたかいは、たたかいを必要とする世界を、宗教者が好まないからにほかならない。「若し菩薩、非道を行ずれば、これを仏道に通達すと

なす。」（維摩詰所説経、仏道品第八）

現実の国家、社会の情勢ないし動向は、霊性の真実を求める単独者には、かかわりのない事柄である。般若の生活者はどこにあっても、風に別調の中に吹かれる自由にみちあふれる。この自由は社会体制、政治情勢によって、毫末も増減しない。この一真実は自家の平常底に全現してあますところがない。般若が時として事大主義、現実追従に通ずるというのは、門外世俗の評定であって、般若人のあずかり知らぬところである。このような態度もしくは見解があるであろう。「世人の住処、我れ住せず。世人の愛処、我れ愛せず。庵小なりと雖も、法界を含む。」（石頭和尚、草庵歌。景徳伝灯録、巻三〇）脱俗者の道は、即非の否定面すなわち般若の文化否定的、超文化的な部面を生活したものといえよう。世俗に埋没した宗教の自己回復であるとともに、世間を捨てることにおいて、世間と新らしい結びつきを設定するのだともいえるであろう。それは世俗の文化による人間の惰性的平均化、個性と自由の喪失に対するアンチ・テーゼとして、世俗との断絶というかたちにおいて、新らしい距離による緊張関係のなかで、それじたいが世俗への呼びかけとなるのだともいえるであろう。世俗文化における単なる幸福の追求は人間を凡庸化し、倦怠と虚無におちこませるのであり、そこにかような人間形成の限界と宿命があることを、それは警告するともいえるであろう。この道は、しかしながら、すべての人間に可能な生き方ではなくて、どこまでも少数の「家」をもたぬ宗教的達人の境涯であるか、ないしは現代社会においてこの歴史現実のあり方、動き方に責任をもつことを好まないもの、いいかえるならば主権を分ちもつことによって、国民大衆の生活問題に心を労することを、重荷と考える態度であろう。現実に対する達観と現実からの逃避のうちにも、隠微な孤高独善のエゴをみとめて、この否定のかたよりをも空じて、大衆とともに歴史形成の苦悩と責任を分ちもつことをしめすものが、即非の論理・精神ではなかろうか。いずれにせよ、最も世俗的なものとしての政治権力は、それの支配圏にあるすべてのものに政治的意味を与えるのであり、非政治的なものにさえも事実上政治的な意味・役割をあたえることによって、非世俗的なものを事実上世俗的なものに転化する論理を含んでいる。

個己の根源に、逆対応的に超個の「世界」を見、ここに自己の無始の始源、無終の終極を見、この「世界」を階級なく、国境なく、権力なき人類社会の超越的根源として自覚するものは、この世界と自己を含めての歴史的現実界との断絶即連続の厳しさのなかで、苦悩し懺悔せざるをえない。そしてこの安心と苦悩のダイナミズムにおいて、仏土建立の行願が胚胎する。即非の世界のスタティックな安住面に、詩的審美的なものが見られるとするならば、ダイナミックな安住面に、歴史形成的な行為が見られるであろう。盤珪永琢（一六二二―一六九三）は「身の上の批判」を教えたが、仏土建立の願いは、自己および他己の般若的批判のみならず、社会および世界の動向と体制への創造的批判をも含むであろう。この批判は、仏教による一方的な批判ではなく、同時にその半面、仏教みずから世界大衆の批判の中に、身を置くことである。「常に世に在りて、而も世の摂に非ざるが故に、離と云うなり。」（法蔵、華厳経探玄記、巻十七、同経離世間品の註解）といわれる場合、この「世に在りて」ということには、仏教者が世間の大衆の客体として批判せられること（大衆はわれわれ自身と同じく、根源において、個超の世界と逆対応的に一である個性的独立者である）、その批判から学び、みずからを改め作る、という意味が含まれるのでなければならない。同じ理由によって世界の諸学に学び、その学習による自己批判と自己形成をおこなう、という意味がそこに含まれるのでなければならない。水村山郭的部落社会の中で有効であった直覚的無心の道徳が、その身辺的な手狭さを自覚して、これをのりこえてゆく行程にも、即非の論理が現成するはずである。

しかしながら、「世の摂に非ざるが故に」という「非」の智見から、人間の所有慾、支配慾、名誉心などの問題が、くりかえしとりあげられるであろう。環境は我執、我所執にとって、どこまでも環境であり条件であるにすぎない。人間の我執は条件の変革過程そのものに参加して、この過程をたえず制約する。「整風」がくりかえし要請せられるゆえんがここにある。「主観主義（教条主義と経験主義。いうなれば、仏教の法執にあたるもの。）に反対することによって学風を正し、派閥主義に反対することによって党風を正し、党八股（文章・言論活動における形式主義、主我主義、無責任など八つの弊風）に反対することによって文風を正す。」という「三風整頓」（註）は、「人民に服務する者」の我執、我所執の現実形態を具体的に分析、批判するという意味において、仏教の社会倫理にとっても、他山の石として示唆をもつと思われるが、さらにこの問題を我執、我所執の根源にむかってきわめすすむならば、その路の絶えはてるところ、結局、即非の世界に転身せざるをえないのではなかろうか。

（註）毛沢東「党風を正せ」同「党八股に反対せよ」（選集巻五）劉少奇「党員の修養を論ず」

仏土建立の願いは、すでにみたように、制度・体制への意思をもたざるをえないであろう。そこにおいては、この意思の制作行程そのものが、即非の論理につらぬかれるばかりでなく、作られた組織は即非の智慧の表現でありながら、即非の智慧の表現であるが故に、権威と謙虚の即一なる組織として、すなわち、どこまでもみずからを貫徹する意志をもつとともに、世界による不断の批判と、みずからの錯誤または挫折とに学び、かつ「功成りて居らぬ」（老子道徳経、天下皆知章第二）体制として、体制そのものの上に一貫性と幻住性とを、制度化することが願われるのである。夢窓疎石（一二七五—一三五一）その他の禅者たちにおいて、庭造りの作務《さむ》、普請《ふしん》（禅林の大衆全体が一斉に作務を行うこと）のところに働いた構想力は、こんにちその分野においてのみならず、広く大衆との歴史形成の場において、みずからをたしかめみがく道があるのではなかろうか。（即非の即は物即自につながる契機をもつと思われるが、これは別の機会に考えよう。）

西田哲学をめぐる問題

鈴木亭

一　はじめに

こんにちわれわれが西田哲学を論ずることに意義があるとすれば、いうまでもなくそれをわれわれ自身の問題として受け止めることであろう。戦後多くの西田哲学の批判書が進歩的な哲学の研究者によって刊行されたけれども、そのほとんどは西田哲学の思想的内容とその論理の批判というよりは、むしろその亜流者によって歪曲され、誇張された戦争追随とその基礎づけの批判であったといえよう。もちろん西田哲学そのものの中にもこのような側面が確かに存在していたし、そのことはどこまでも厳しく批判すべきであるけれども、それだけで西田哲学が崩壊したり、批判されつくしたりされたわけではない。この哲学が有つ積極面は今なお存続しているし、何人もこれを無視することを許さない、厳しい思想の現在的性格を有っているのである。

西田哲学の根本問題は、自己と世界の成立の事実を根本的に、厳密に論理的に明かにしようとすることであった。この問題は今日、さまざまな流行思想の送迎に多忙なわがくにの哲学研究者たちにとって、ともすれば閑問題として閑却されているようであるが、それはギリシヤの昔から今日の最新の哲学に至るまで、およそ偉大な哲学思想といわれるものが懸命に取組んだ哲学の最深の問題なのである。

ハイデッガーの場合もまた決してその例外ではない。彼はこの哲学の根本問題を存在者と存在の関係の問題として受け止め、これをあくまで哲学の領域の内部で解き明そうと苦心している。

二　西田哲学の地位

西田哲学が出発に際して立脚した地点は決して単なる孤立した極東の一小島の内に限局された出来事ではなかったのである。それは当時の心理学が初めてヴントやジェームスによって経験科学として成立したことと大きな関連をもっているのであって、これを足場として当時の新らしい哲学が旧来の古い観念論から脱出して、心理学を媒介とする哲学的立場の建設を企図したのであった。

ジェームスの「純粋経験」やベルグソンの「純粋持続」の思想の劃期的な意味は皆この心理学の科学としての成立と結びついたものである。そしてわが西田哲学の初期の創成も同じく「純粋経験」を基礎としてすべての実在を説明しようとする企図にほかならない。

その意味で西田哲学の思索の動機が、西欧の哲学的状況と無関係に、孤立的に働いたものでなくして一つの哲学の世界史的な事件であるということが注意されねばならない。

もちろん、西田哲学が「純粋経験」をその思想の基礎に据えていたとはいえ、それがヨーロッパの類似の哲学と全く異る他の根柢を有っていたことは、彼の哲学の独自な性格をヨリ強めるものであることはいうまでもない。そしてその思想の根本基調が東洋の伝統的な思想である禅を背景とするものであることは今日ではあまねく知られている通りである。

しかし、この新興科学としての心理学の成立が、新らしい哲学の誕生を促したとはいえ、それがなお意識の内面的な分析に止まるものである限りでの方法的な限界を映し取ったこれらの哲学もまた、その制約を越えて羽ばたくことはできなかった。ベルグソンがその永い実証的な生物学・心理学への沈潜を媒介とした諸著作において、当時全盛を誇っていた機械的唯物論を克服し、生命の非機械論的な構造を明らかにし、創造的な「生の躍動」の哲学を礎いたとはいえ、それは自己の創造的な生命の体験を基礎とする、機械的な物質観の克服にとどまっていて、広く社会の弁証法的な運動にまで適用されることのできないものであった。そこにベルグソン哲学は依然として生命の神秘主義を脱することができなかった理由がある。わが西田哲学はさすがにこの初期の心理主義を克服して、人間的生存の弁証法的構造をその究極的姿態にまで分析することを執拗に追求し、遂に場所的弁証法の論理を確立するまでに至ったのである。このことは単にベルグソンの『生の哲学』が、生命の肯定的つまり創造的な側面を強調するにとどまり、逆にその否定的つまり被造的な側面を見て取ることがなかったのに対して、西田哲学は死の自覚から出発して、人間的生存の内在即超越としての弁証法的な場所的構造を明らかにしたのであって、その意味で、西田哲学はベルグソン流の「生命の哲学」の真実の克服の一つの形態であるといってよい。けれども、これらの観念論の哲学は当時の機械論的な唯物論を克服するために闘い、さまざまなその止揚の形態をとったけれども、ヘーゲルの「法の哲学」において最高の表現をとった、歴史的社会の論理的構造を解明しようとする意図を新カント学派も新ヘーゲル学派も、生の哲学その他も無視して、観念の中に閉ぢこもったのであった。このような事態が起ったのは当時のヨーロッパの哲学の主流が、当時すでに大きな社会問題と化していた労働者と資本家の階級的対立の姿を積極的に哲学的に解明することを避け、依然として意識の問題から脱出することができなかった観念論哲学界の意識的ないし無意識的な反動化にほかならなかった。それらが今日ブルジョア哲学と呼ばれても仕方のない状況であったのである。なぜならばすでにそのジエームスやベルグソンの哲学のはるか以前にカール・マルクスが社会の科学的な解明の方法を確立し、それによって当時の社会構造を原理的に分析し、社会科学をきずき上げていたのであるからである。

この社会科学の成立は、心理学の科学的成立に勝る学問の大事件であったにもかかわらず、観念論的な哲学界はこれを無意識的にか、意識的にかネグレクトしていたのであった。このことは当然に哲学の前進にも不幸な事態を産み出さねば置かなかったのであって、例えば今世紀初頭にあれほどの盛名を有ち、我国の思想界にも流行を見た新カント学派の哲学は今日ふり返ってみれば、どれほどの古典的な、内容的な意義をもつものであるだろうか。そして新カント学派最盛の当時、ほとんど無視され、哲学史の傍流としての地位しか与えられなかったキルケゴールとマルクスが、今日実存哲学と、弁証法的唯物論の先駆者として哲学史の本流に正当に位置づけられるに至っている。

しかしこのような事態の一つの責任は他ならぬマルクス主義哲学と呼ばれるものが負わねばならぬところであって、マルクス、エンゲルス以後レーニン、スターリンとマルキシズム哲学は発展していったとはいえ、それらは社会科学を確立した「資本論」を哲学の方法として、あるいは基礎として積極的に摂取することを怠って、ただ自然や社会の一般的な原則を教科書風に説きつづける風を脱しなかったのである。マルクスの社会科学の成立の原理的な意味が本当に把握されるに至ったのはごく最近のことである。

三　民族的主体性の問題

民族的主体性の問題——本来無個性的かつ普遍的な自然科学はともかく、人文科学にはそれを産んだ民族の個性が現われている。それは芸術や宗教などと同じように、民族の特殊性において普遍が表現されているのである。そこに民族の主体性があるといってよい。一つの民族の全精神を根源的に集約する哲学には当然、この民族的主体性が特殊即普遍として個性的に表現されていなければならない。東洋の深大なる思想的伝統を承継し、西欧哲学の手法をもってはじめて体系化を可能ならしめた西田哲学もまた当然にその例外ではありえない。そこには禅を中心とする日本の伝統的な思想が論理体系の形で秘められているのであって、それが西田哲学を西欧の哲学と異なった独自の哲学体系たらしめているが、将来わがくにの哲学を真に前進せしめようとする者は、この西田哲学に潜んでいる民族的伝統の問題を背負うのでなければ、一歩も前進することはできないであろう。もとよりこのことは西田哲学と対決し、これを否定し、批判し、超克することと矛盾するものではない。かえってこの哲学のもつ伝統的問題をわが身に主体的に引受けるのでない限りは、この哲学を真に否定することも、批判することも、超克することも不可能なのだ。それが民族の主体性であるからである。そして人文系の学問はこの民族的主体を離れては真に独創的な、個性的な確立はありえないのである。そうでない思想とは、学問とは、ただ西欧の思想の解説か、註釈か、せいぜいのところ、西欧人の立場に立っての、西欧へのお手伝いにすぎない。そこには民族の主体性はありえないのである。真の思想はどこまでも土着化されねばならない。郷土化されるべきである。郷土化(特殊化)された文化こそ真に世界的(普遍的)であるといいうる。筆者がこのように云ったからといって、当節わがくにに流行しかけている、きわめて危険な右翼ナショナリズムの風潮と同一視する人はおそらくあるまいが、東南アジヤに、アフリカに起こりつつある力強い民族の独立への運動は、この民族的主体性の問題を無視しては解けないものである。

今日、わがくにの文化人たちは西欧文化を追いかけるのに多忙を極めている。明治になって三百年の鎖国から解き放たれたわが国の明治書生が懸命に西欧文明の摂取に努力し」、「追いつけ、追い越せ」の富国強兵政策と相俟って、略々西欧文明に追いつくことができた。科学のある種の領域では西欧を追い越したものもあった。そのあまりにもあわただしい文明開化の速度は時に嘲うべき猿真似に等しい文化国家を産み出していたが、それでも明治の西欧文明吸収の努力には和魂洋才（積極面）があった。それは多くは西洋と東洋という本来全く異なった、時に全く相反した文明を無理に結びつけようとした結果、つぎはぎの出来損いの文化に終るものが多かった（消極面）けれども、その根抵においては東洋の民族的主体性が強力に働いていたのである。鷗外、漱石の文学や内村鑑三の宗教思想などはその典型といわれるべきものであった。

わが西田哲学もこれらの和魂洋才の積極面の現われである明治精神の独自な産物に他ならない。それがなお十分に東西両思想の綜合統一に成功していないとしても、それはその最初の一歩、その巨大なる一歩を踏み出したものであることは疑いを容れないであろう。これを単に木に竹を継いだにすぎないといって軽蔑し、あらためてせっせと西欧を追いかけるに忙がしい当世風文化人や文献学者たちには、この先人の努力と成果がいかに多量の汗と苦しみとに満ちた巨大なものであったかに思い及ばない軽薄才子にすぎない。もちろん、この「追いつけ、追いこせ」の明治的富強精神はその隆盛の図にのって、遂に徹底的にその鼻柱をもぎとられるに至ってしまったのであるが。ここにこの和魂漢才のいわば折衷的精神がこの敗戦によって徹底的に反省せしめられて、改めて西欧文化とその背後にある西欧精神とを謙虚に学び直すという、新らしい文明開化の首途にわが民族が立ったことは一面大いに喜ぶべきことではあるが、しかし、他面そこには明治の西欧崇拝が再び露骨にあらわれており、いなむしろ、明治的精神になお強固として残っていた和魂漢才として現われていた民族的主体性の背骨すら失われているのではないであろうか。むしろ今こそ和魂洋才の否定面と肯定面とがきびしく反省されるべきときである。

今日、西欧文化を習うことだけが文化的になることとされ、われもわれもと西欧の文明や文化の流行の送迎に血眼になっているていたらくだ。そして技術家たちは日本の技術は国際的水準に近づいたといって驚喜し、科学者はわがくにの学問が世界的水準に近づいたといって得意になっている。そして伝統的な宗教家までが、西欧諸国に仏教が迎えられたと喜こんでいる有様である。

西欧文化を習うことは自己を否定することである。そこに捨身がなければなるまい。けれども、簡単に自己否定をいう今日の思想輸入業者たちに、果して真の自己否定があるのであろうか。捨身が行じられているのであろうか。自己否定しようにも初めから自己を有たないのではないか。自己のないところに自己否定のありようもまたないのである。個性的な自己のない所では、西欧思想はただ機械的に詰込まれるだけである。それが教条主義の生れる地盤にほかならない。個性的な自己が自己を否定して他者を受容れる時、そこには捨身が、自己否定的に真の自己の回復となる。個性が自己否定的に個性となるのである。受容即回復である。そこに真の自己の取戻しがある。西田哲学の本来的な意義はこの受容即回復を行じて見せたことにあるといっていい。もちろんなお十分な東洋思想と西洋思想との融合、統一ということはできないであろうが、今日、敗戦を契機としてわがくにの文化は再び同じ危機に立たされている、われわれはこの哲学を足場として、一歩を進めてゆく他はないのである。この巨大な先人の苦闘の足跡を忘れて、ただ西欧を真似ぶならば、それは単なる西洋かぶれか解説者として、自己の民族的主体性を喪失したままで終ってしまうであろう。仏教徒もこの哲学が成し遂げた西欧との論理学的交流という足場を離れて、西欧精神に東洋思想を注入することに熱中しているだけでは、単にエキゾチックな魅力を発散させるだけに終るであろう。

四　西田哲学の論理的性格

アメリカには最近非常な禅ブームがあるということである。これは表面的には日本の敗戦によるアメリカ軍の進駐によって、東洋趣味へのエキゾチックな関心が強まったということもあるであろう。それは生花や茶の湯や和服への関心というものと密接な関係があるのであろう。しかし、本質的には、一方現代の西欧文

明の極限的な発展形態としての機械文明の典型である
アメリカには、本来人間によって創り出された機械が
逆にそれを創り出した人間を支配するに至るというい
わゆる「機械の自己疎外」というものが典型的な形で
見出されるのであるが、この機械によって支配されて
いる人間の精神が、その苦悩の解決を機械を知らない
東洋の宗教に、その救いを見出そうとしているのだと
いえるであろう。しかもこの際、さらに重要なこと
は、これだけならば必ずしも禅でなければならぬこと
はなく、他の東洋の、あるいは未開発国の宗教によっ
てもいいはずであるのに、特にその救いが禅に向けら
れているというのは、現代の人間はもはや従来の西欧
精神の救いであった有神論的なキリスト教によって救
われることが不可能となって来ている、ということで
ある。自然科学の発達を基調とする近代文化は中世の
有神論的キリスト教信仰から離れて、次第にその無神
論的傾向を強めてゆく過程であるといっていい。近代
の理想主義的な神の解釈は全くその人間神的な、神の
ヒューマニスティックな把握の現われであるし、フォ
イエルバッハとニーチェの出現は、その一つの極限で
あったといってよい。このような状況の下にあって、
人間の魂の救いは伝統的な有神論的な神の信仰ではな
くして無神論的方向において求められるのは当然のこ
とであろう。東洋の禅の思想と行がこれに応えうる強
力な根拠を有つものであることは今日何人も認めない
わけにはゆかないであろう。そして、これをその論理
的基礎において支えているのが、まさにわが西田哲学
であり、それは西欧思想界に対して、単に特殊的な体
験や直観においてではなく、普遍的な論理の形態での
了得を可能ならしめる場を開いたものである。西田哲
学がその執拗な思弁的探求の果てにおいて到達したの
は、「絶対矛盾的自己同一」という論理学的原理であ
るが、それは有限即無限、相対即絶対、瞬間即永遠等
等の絶対に矛盾したものが、にもかかわらず自己矛盾
的に一つであるということである。これはしかし単な
る形式的な論理学的原則を意味するのではなく、それ

を背後から支える人間的生存の自己成立の根本的規定を示すものなのである。およそ人間が人間として成立するや否や、いかなる人間であるかの区別なしに、一切の人間的生存を根源的に貫いて支配する法則がこの規定なのである。そしてこの原則を明らめるのが真の宗教というものに他ならない。すなわち有限、相対する人間存在は自己矛盾的に無限、絶対、永遠なるものによって存在せしめられているのであり、このことによって人間が人間として存在しえているのである。しかしそれは人間的存在の外に、何か対象的に人間を支配し、愛し、怒る絶対者があるというのではない。対象的にいかなる絶対者もないという意味でそれは絶対に無である、と同時に人間的個物が真に個物であるのは、相互に働くものであるからであり、相互に働き合うことによって個物が個物であるということは、媒介する無の一般者の自己否定的媒介としての絶対無の自己限定であるということである。ここに人間的生存の内奥を支配する原理が、このように単に体験的にではなく、きわめて厳密に、論理的に明らかにされたのである。

五　西田哲学と弁証法的唯物論との係わり

西田哲学は昭和の初め頃、日本の労働運動が強力に擡頭して来、その思想的背景となっていたマルクス主義の思想に対しても無関心でいることは出来ず、主として三木清や戸坂潤によるマルクス主義の哲学的基礎づけに刺戟されて、唯物論を当時のアカデミー哲学者としては珍らしくも真剣に哲学的文献としてまともに取上げ、自己の立場でそれに対決し、批判・止揚を通じて自己の立場の中にその真理性を包摂しようとしたのであった。しかし一つには彼の唯物論哲学への理解の制限により、また一つには当時の弁証法的唯物論哲学者の公式的な主張とによって、唯物論哲学に対する西田哲学の対決、止揚、克服、包摂は実りないものとして終った。しかし逆に唯物論哲学の側からしても、自己の立場の拡大、発展、強化を計るために西田哲学との対決を志ざすということは、稀有なる例外を除いてはほとんどあり得なかったのであった。当時の唯物論者はこの主体的な、真実の哲学的態度を忘却していたかの感がある。いや、今日の唯物論者もまた例外ではない。当時の唯物論の公式性は当時の日本の労働運動の制約の表現にほかならないと弁明されるでもあろう。けれども、今日の唯物哲学の場合も当時の水準を抜くことどれほどであろうか。いぜんとして、唯物論以外の哲学をあるいは帝国主義の召使い、あるいは資本主義の思想的表現というレッテルを張ることに多忙なのではないであろうか。戦後の一連の西田哲学批判と称するものも、ほとんどそのような水準を出るものではありえなかった。それは内在的批判と称するものであっても、論理の形式的な構造を跡づけるだけで、その核心にふれるものはほとんど出ていないのである。このような意味で西田哲学が真に批判されるのは、したがって真に生かされるのはこれからであるといってよいであろう。

弁証法的唯物論者たちは現在に至ってもまだ西田哲学が、ただ主観的な信仰や、具体的な現実を遊離した観念の体系にすぎないと決め込んでいる。けれども西田哲学は筆者がさきに明らかにしたように、いかなる人間もそこから一歩も逃れることのできない人間的生存の自己成立の事実の根源的な根本構造をあくなき厳密さで論理的に規定したものである。ただその分析があまりに根本的であり、その対象があまりに包括的であるために、よほどの思索力がなければ、それと納得しにくいまでのことである。そこに唯物論者にかぎらず、きわめて多くの哲学者たちの、あの「絶対矛盾的自己同一」の論理に対する冷笑的なまなざしを見るわけである。

しかしあらゆる学問の中で最も包括的かつ根本的な哲学が徹底した事態の分析を要請され、そのゆえに、最も無内容な単純さにまで至らねばならぬことは当然のことであるにもかかわらず、哲学研究者の多くは事柄の具体性の名のもとに不十分な分析に満足している今日の哲学的状況が、哲学本来の途からは堕落するものでなければ幸いである。

具体性を呼称する唯物論者たちは、マルクスの、あの「資本論」第一版の序文を憶い出してみるがよい。「何事も初めがむずかしい、という諺は、すべての科学に当てはまる。第一章、特に商品の分析を含んでいる節の理解は、したがって、最大の障害となるであろう。そこで価値実体と価値の大いさとの分析をより詳細に論ずるに当っては、私はこれをできるだけ通俗化することにした。完成した態容を貨幣形態に見せている価値形態は、きわめて無内容であり、単純である。ところが、人間精神は二千年以上も昔からこれを解明しようと試みて失敗しているのに、他方では、これよりはるかに内容豊かな、そして複雑な諸形態の分析が、少くとも近似的には成功しているというわけである。なぜだろうか。出来上った生体を研究するのは生体細胞を研究するよりやさしいからである。その上に経済的形態の分析では顕微鏡も化学的試薬も用いるわけにいかぬ。抽象力なるものがこの両者に代らなければならぬ。しかしながら、ブルジョア的社会にとっては、その分析は徒らに小理屈をもてあそぶように見えるかも知れない。事実上、この場合問題のかかわるところは細密を極めている。しかし、それは、ただ顕微鏡的な解剖で取扱われる問題が同様に細密を極めるのと少しも異ったところはない」（岩波文庫版十三―十四頁）。ここにマルクスが経済学についていっていることはまさしく哲学に当てはまることであり、西田哲学の「絶対矛盾的自己同一」の原理がこのようにして「抽象力」の極度の徹底の上で得られた「きわめて無内容であり、単純である」ものであることは疑うわけにゆかない。このことが納得されるためには、読者もまたマルクスが云ったように「いやしくも私の所説に追随しようとするほどの読者なら、個別から一般へとよじ登ってゆく位の覚悟をもたねばならない」（「経済学批判」序言）のである。この一般的なるものの究極の相にまでよじ登ってゆけない人びとが西田哲学のこの根本的な規定に対して抽象的であるとか、主観的であるとかと非難をなげかけるのである。

西田哲学の真の意図と成果とはこのようなマルクスの『資本論』の方法と成果との対比によってはじめて十分に理解されることができるのである。もとよりそこに一つには、『資本論』は科学であるから、具体的なものからの抽象を「商品」という定有 Da-sein に留めねばならぬのに反して、一そう根源的な学問である哲学はさらに抽象を進めて、存在者そのもの Seiende の根本的な構造にまで及ばねばならないという差異があり、したがってまた西田哲学はマルクスにおけるような分析の過程を明確に示し得ていない欠陥はあるけれども、抽象力の極限的ともいうべき徹底化はほとんど変りはないのである。しかしこのことは、一つには西田哲学の欠陥といわねばならないけれども、存在者そのもののほとんど比類なく抽象的、包括的な根本的規定を目指す哲学そのものに不可避的にまつわる難点でもあるのである。

いまだいかなる大思想家といえども十分にこの点に関して非難を免れ得た人はいないといわねばならない。ただ西田哲学もまた同じ人の子の常として、いかに広くかつ深く考え抜いたとしても、人間自身に不可避的にかかわる欠陥をもつものとして、主観的であることを徹底的には脱することができ得なかった。そこにはまさしくマルクス主義、唯物論が鋭く批判するように、社会の客観的な科学的把握としての社会科学の意義を見抜くことができなかったし、このことからして、全実在を一つの客観的なロゴスの展開過程として把える、自然史という客観的科学と連関する立場にまで到達しえなかったといわねばならない。

六　西田哲学の仏教に対する係わり

西田哲学の根本問題が、現代ヨーロッパの哲学の根本問題の解決の要請に応えようとするものでありながらも、それがわがくにの伝統的な仏教思想にその最深の根を有つものであることは、早くから諸家によって指摘されているところである。彼がその独自な思想体系を組織する以前に、はやく只管打座の禅の修業に参じたことは周知のとおりであるが、その根本的体験は最初の独創的な著述である「善の研究」の中にも明らかである。彼の名前をもって呼ばれる独自の哲学的論理の完成を示す「場所の論理」は、この青年時代の禅体験の論理的基礎づけと云うことができよう。そこにおいて彼は、ヨーロッパの科学的な論理が対象そのものの客観的な構造を把握し、基礎づける対象論理であるのに対して、客観的対象とともに、それを見る自己そのものを包む弁証法的世界の主体的な論理を明らかにしようとしたのであった。しかし西欧の客観的な論理を単に対象論理として、それから自己を区別することに、重点を置いた西田の哲学的論理は西欧思想とは異なった、それと対立する独自な東洋の論理学を形成するものではあったけれども、西欧の客観的な論理学の正しい位置づけを、自己の思想の中で確立することができなかったのである。西欧の論理と単に対立するだけでは十分にグローバルな論理であることは不可能である。対立するとともにそれを止揚した統一的な思想構造をもっていてこそはじめてその思想が汎世界的であることができる。そのためには、例えばヘーゲルが「論理の科学」の中でやったように、他の論理を自己の論理学の中で正しくかつそれを止揚できるように位置づけるのでなければならない。しかしそうはいっても、西欧の客観的な論理思想に拮抗して、独自な東洋の、主体的な「無の思想」を論理学として深く基礎づけた功績は世界の思想史、哲学史上においても、比類のない独創的なものである。ここにおいてはじめて東洋の思想が、世界の思想史と交流し得る、論理的地盤を有つに到ったのである。両者が理解し合い得るためには、その論理学が示されることによってはじめて可能であるからである。したがって仏教思想界もその比類のない独自な思想構造を、西欧の人びとに開放するためには――そのことを通じてのみはじめて自己自身がグローバルになり得るのであるが――、単に彼ら西欧の人々に対して体験主義的にのみ自己を開示するばかりでなく、論理的に、さらに論理学的にも自己を顕示するのでなければならない。その意味で西田哲学や田辺哲学は仏教思想界にも、仏教徒にとっても重要な意味を有つものであろう。西田哲学において根本的な企図とされた、世界と自己との根本的な成立の事実の根源的な、厳密な論理的規定、把握は、もちろん西欧思想においてもなかつた訳ではない。キリスト教思想史はその明確な試みを数多く有っている。しかし、近代において、特に自覚的、論理的に徹底して深刻に捉えたのはデンマークの宗教思想家、セーレン・キルケゴールであった。彼は従来のいかなる哲学よりも徹底して自己というものの根本的構造を考えており、自己の内在的な徹底がかえって逆接的に超越に面するという自己の内在即超越のパラドックスを明らかにしたのである。

西田の「絶対矛盾的自己同一」という根本概念は明らかに東洋の禅の思想の哲学的論理化の究極的な原理を示している。そこでは有限、相対的な人間的個物が自己矛盾的に、絶対に人間的自己を超える無限、絶対なるものに逆接しているという、人間的自己の逆説的な構造が原理的に明らかに捉えられている。しかも有限、相対なる人間的個物を超越する絶対者が直接に有るのではない。もしそれが単に有るとするならば、西欧のキリスト教思想のいわゆる有神論となるであろう。また直接に無いとするならば、それは無神論となるであろう。西田哲学の絶対無の場所的論理は、この有と無とを自己矛盾的に超えて、その両者を基礎づける有即無なる絶対矛盾的自己同一の論理を明かにするものである。そこに本来有限、相対的なる人間的個物が逆説的に無限、絶対なるものに自己を翻えすという主体的な論理として、それは自己を越える絶対者をあくまで自己の外に立てない立場として、東洋の主体的な禅思想を論理的に基礎づけるものといいうる。けれども、西田哲学はこの禅の立場の論理的な基礎づけに止まることができなかった。それはさらに東洋の大乗仏教の根本思想を論理的に基礎づけることに努力が傾けられている。西田の最後の論文「場所的論理と宗教的世界観」は、その根本概念である「逆対応」の論理が示しているように、それは親鸞の思想の核心に迫るものである。そのことは禅的といわれる西田哲学に対して最も批判的であり、そして「懺悔道」の哲学としてヨリ親鸞的といわれる田辺哲学が、その思想体系の成立の当初から、絶対矛盾的自己同一なる概念に終始徹底的に反対し、批判しながらも、その「逆対応」の概念には讃同を惜しまないことによっても理解されるであろう（田辺元著「哲学入門」補説三参照）。「絶対矛盾的自己同一」なる西田哲学の根本概念は比類なく、人間的生存の逆説的な弁証法的構造を把えたものであるが、この表現自体はなお有限、相対なる人間的個物が絶対否定的に超越者によって生かされるという、人間的生存の絶対受動性、被造性の自覚を示すにはやや曖昧であるといわねばならない。おそらくは晩年の西田哲学がこの事態を表わすために、「逆対応」という概念を用いざるを得なかったかと思われるが、この表現はさきに云ったように、禅的というよりは浄土真宗的といわねばならない。そこに西田哲学が一面わがくにの伝統的な思想の二大形態をヨリ包括的、論理的に基礎づけようとしている点にその特徴を有ちながらも、他面、両思想の性格の差異性を曖昧化していることもまた免れていないのである。後学のものはこの点の明確化とともに、ヨリ論理的な掘り下げに努力しなければならない。

七　西田哲学と弁論法的神学との係わり

初期西田哲学が当時の新興科学である心理学の急激な発達と結びついて成立したものであることはさきに論じたが、後期西田哲学は、その初期においてすでに顕わとなっていた宗教的色彩を著しく強めており、二十世紀のはじめに擡頭してきたバルトを中心とする弁証法的神学の運動と原理的に対応する性格を有つものといわねばならない。西田哲学の宗教哲学としての成立はそのほとんど最後の論文である「場所的論理と宗教的世界観」によって明らかにされたのであるが、もともと彼の哲学の根本的なモティーフが、人間的生存の自己成立の事実の根本的な規定にあるかぎり、それは宗教的な色彩を必然的に帯びるものであり、「善の研究」以来いかなる方向の探求に当っても、その底に一貫して流れる本質的な性格であったのである。

しかしこれを宗教哲学として組織することに対しては極めて慎重な態度が取られ、それはさきに見たようにほとんど最後の論文となったのである。

カール・バルトがその新らしい独自な宗教運動の爆発的な口火となった書物「ロマ書」の第二版の序文の中に、有名な「もしわたくしが方式なるものをもっているとしたならば、それは、わたくしがキルケゴールのいわゆる時間と永遠との無限の質的差別なるものの否定的および肯定的な意味をどこまでも守った、ということである」という言葉を書いたように、キルケゴールのバルトへの影響は、後にバルトが拒けてはいるが、疑うべくもない。そしてわが西田哲学も、後期の論文「実践哲学序論」において、キルケゴールを援用しつつ、その独自な宗教思想を展開しているのである。もとより、もはや自己の哲学体系の根本原理を完成したこの一代の思索家が、他の思想家の影響を受けることはないともいえよう。それはただ自分の思想と親近性を有する思想を借り来って、自己の思想を展開したのであろう。けれども、両者の思想的な類縁性は極めて著しいのである。ただキルケゴールはあまりに主体的体験に頼りすぎたために、そこに論理思想はあっても、独自の論理学を形成するまでには遂に到らなかった。それに対して、西田哲学はどこまでも論理学を求めて止まなかったのである。

キルケゴールの性質的弁証法を媒介としてバルトなどの弁証法的神学と場所的弁証法の哲学としての西田

哲学とは極めて親近な思想的関係においてあるといってもいい。それはもとより西欧のキリスト教思想と東洋の仏教思想との根本的な差異性は見逃すことはできないけれども、それが極めて親近な、そして徹底的に考え抜かれたことはいかに異った思想であっても、どこかで必ず相会することがあるように、東洋と西欧の異なる思想が相会していることは、例えばバルトが「ドグマティーク」でわがくにの仏教思想史上における法然から親鸞への発展を「日本的ロテプスタンティスムス」として高く評価しているところに見ることができるであろう(K. Barth. die Kirchliche Dogmatik. Bd. I/2 S. 372 ff.)。もとよりバルトは両者の決定的な差異を「イエス・キリストの御名」すなわち神の啓示行為の有無に見ているのであるが、必ずしもキリストの存在を通さずには、人間的生存の根源的な構造に、ひとが到達し得ないということはありえないことは、われわれが西田哲学において見たとおりであって、そのことが「日本のプロテスタンティスムス」の伝承の下に、現代において一つの哲学体系として樹立されているのを見るとき、バルトがかえって伝統的なキリスト教の思想圏に制約されて、そこから自由になっていないとも云いうるのである。

結　論

問題克服への途

さきに西田哲学は自然と社会との真に客観的な科学的把握を媒介とすることによって、全実在を一つの客観的なロゴスの展開過程として把握することはできなかったと云ったが、それは西田哲学の弁証法が、結局は場所の弁証法であり、人間的生存の自己成立の根本的規定を場所的に明らかにするものではあっても、それが同時に、過程的に、自然史的に展開するゆえんの論理を具体的に築いていないということである。このことが真に明らかにされる為には、その弁証法は場所的であると同時に過程的であるのでなければならない。要するに場所的即過程的な弁証法において、はじめて十分に全実在の根源的にして具体的な構造が明らかにされるのである。場所の哲学にかぎらず、一般に実存主義哲学は例外なしに、人間の主体的実存を強調するために、人間が何かほかの存在とまったく秩序を異にする特別の存在者であるかのように考え、人間的生存もまた他の存在者と根本的にはなんら変ることなき、一箇の有限なるものにすぎないことを自覚していない。したがってこれらの哲学は、物質的存在をいやしめ精神的存在をともすれば、それと次元の異なる存在者として、それ自体機械論的に区別しようとする傾向を免れないのである。生命の哲学者ベルグソン、弁証法的神学者ブルンナー、有神論的実存主義者ベルジャエフ、無神論的実存主義者ハイデッガー、サルトルなどみなその例外ではありえない。単に人間的生存のみではなく、存在者としての神をも超えて、存在者そのものの根源的規定を存在そのものとして照らし出そうとする後期のハイデッガーでさえも、存在者そのものの間の相互的連関の弁証法的構造を過程的に明らかにすることができていない。そこでは、一方存在者そのものの根源的な規定である、存在者即存在という弁証法的な場所的構造が明らかにはされていず、また他方、過程的に全実在の展開構造が、自然科学や社会科学の客観的な法則的探求と照応して、自然史的に把えられてもいない。西田哲学の場合もまたその例外ではない。人間的生存の自己成立の根本的な事実が相対即絶対、瞬間即永遠、有限即無限の絶対矛盾的自己同一として場所的に根源的に規定せられるとき、その人間的生存はまた同時に逆接的にどこまでも一個の有限なる物であることを超えるのではない。したがってそれはどこまでも唯物論的なる物質として、宇宙展開史的に、物質から生命へ、生命から意識、社会へと進化するのである。唯物論はこれを過程的に自然史として、自然科学と社会科学との統一としての歴史科学の立場から客観的に明らかにすることにほぼ成功している。しかし唯物論はもともと有限相対的なる物質からいかにして生物的生命、人間的社会が進化して来るかを、客観的、科学的に明らかにしようとしているが、この物質的存在そのものの根本的規定をヨリ根源的に究尽し、規定しようとしない。そこに唯物論の立場からはものの現象のメタモルフォーゼが明らかになるだけで、ものそのものの根源的、本質的規定が明らかにされることはない。そこにいかに弁証法的物質と呼ばれたとしても、それは有限なる物質の現象形態を脱するものではない。この物質の弁証法的な構造が根本的に問われるとき、そこに物質は哲学的物質として、絶対的なるものと規定されるにいたるであろう。弁証法的唯物論が、真に哲学的であろうとすれば、物質を絶対化するほかはなく、物質を絶対化するとき、有限相対なる人間的生存を超越する絶対的物質なるものの根本的な内容の規定が問われなければならない。そのとき哲学的物質はそれ自体有限なるものを脱することのないヘーゲルの絶対精神の、単なる裏返しであることを超えなければならないであろう。もしそうでなければいかに絶対を潜称しても、哲学的物質は有限相対なる人間生存に対して単に発生史的に先なるものとして、それ自体等しく有限相対なる存在であることを免れることはできないからである。そこに有限・相対なる人間的生存は自己の無を自覚せざるをえないのである。そしてこの人間的生存の有限性の自覚こそキルケゴールにはじまる実存的思想の核心的な内容にほかならない。そこに今日弁証法的唯物論に対立する思想としての実存哲学の存在理由があるのである。実存的思想は唯物論に、この反省をつきつけて止まないのである。しかし、逆に実存哲学はさきに論じたように、単に人間的生存の有限性の自覚の立場に立ち、その主体性を強調するが、その人間的生存が、同時にそれ自体一箇のものにほかならぬことを忘却している。唯物論によって厳しく批判される理由である。それは両者がヨリ一そう具体的にして、根源的なる真理の各々一方の真実を究極にまで解明したものであり、したがって、その立場からはもはやヨリ根本的な立場は追求し得ないのであって、両者はともに自己を否定的に超えることによってヨリ根源的にして具体的なる立場に立つことを通してのみはじめて、自己の真実に到達することが可能なのである。すなわちその立場こそ、実存思想と物質的自然史の哲学の統一としての実存的自然史の哲学にほかならない。実存的自然史の哲学とはここで詳しく述べる余裕はないが、一言にしていえば、人間的生存の自己成立の事実は、一方場所的に、縦の関係として絶対に結びつくことなき超越者に絶対矛盾的に逆接する実存的二重性であると同時に他方過程的に、横の関係として、どこまでも物質から生命へ、生命から意識、社会へと自然史的に展開し来る歴史的世界の弁証法的二重性の世界なのである。歴史的世界の始元的構造が、過程即場所的な弁証法的二重性にあるのである。したがって人間的生存は一方どこまでも、物として物質より生命へ、生命より意識、社会へと展開する自然史的、物質的存在であると同時に、他方、どこまでも有限なる自己は逆接的に自己を超える超越によって成立せしめられているのである。この縦と横との弁証法的二重性としての存在者の、自由の容れる余地のない機械的な在り方が物質的存在であり、ヨリ自由の進んだものが生物的生命であり、自由がさらに拡大されたものが精神である。けれども人間的精神といえども、機械的な物質的存在と全く次元を異にするものではなく、等しく有限なるもの﹅﹅でありながら弁証法的世界における極限的な展開形態として自由をもつにすぎないのである。実存哲学、ないし観念論は人間の自由性を強調するあまりに他方の契機を見失う傾きをもち、唯物論ないし経験論は自然と必然を強調するあまりに他方の契機を見失う傾きを免れない。両者はヨリ根源的にして具体的な真理の各々一方の真理性の、それ故に、抽象的な主張にほかならない。したがってさきに云ったように両者は自己の真実に到達するためには、各々自己否定的に両者の根源へ還帰するほかはないのである。（実存的自然史の哲学についての詳細は拙著「実存と労働」ミネルヴァ書房を参照して戴ければ幸いである。）

河上肇

寿岳文章

戦後もやがて二十年になろうとする。明治・大正・昭和前期の三代を通じて、近世日本の歩みに大きな足跡を残した河上肇の存在も、若い世代の人たちには、皮膚で直接に感じられず、その記憶も日日にうすらぐであろうと思われるので、簡単に生涯の行実を録しておく。河上肇は、明治十二(一八七九)年十月、山口県岩国町に、微禄の旧藩士河上忠の長男として生まれた。幼少時のことは、自叙伝の「幼年時代・少年時代」がつぶさにしるしている。明治三十五年、東京帝大法科大学政治科を卒業、大塚秀子と結婚(のち一男二女をあぐ)。翌年、東京帝大農科大学実科の講師となり、他に二・三の学校の講師を兼ねた。三十八年、読売新聞に「社会主義評論」を連載、これによって読売の発行部数が急増したほどの反響を見たが、十二月、中途で筆を折り、一切の教職を辞し、伊藤証信の無我愛運動に加わった。そうなるまでの心境は、自叙伝の中の「大死一番」にくわしい。しかし約二ヵ月で無我苑生活と袂別、読売新聞の記者となったが、四十年、新聞社を退き、自由貿易を主張する田口卯吉の「東京経済雑誌」に対し、保護政策の立場を掲げた「日本経済新誌」を創刊。翌四十一年、京都帝大法科大学講師となって東京より京都へ移居、昭和三年、教授を辞するまで、終始職を京都大学に奉じた。その間、一九一三年の初冬から一五年の春までヨーロッパに留学、ベルリンで第一次世界戦争勃発に会う。留学中、法学博士となる。人道主義の立場による有名な「貧乏物語」が大阪朝日新聞に連載されたのは、大正五年九月十一日から十二月二十六日にかけてであった。マルクス主義経済学への志向は、大正後期からであるが、大正十五年一月には、いわゆる「学生事件」に端を発して家宅捜索を受け、京大を去るとともに実践運動に入り、昭和四年、大山郁夫らと新労農党結成、翌年その誤謬を認めて解消、七年五月、家を出て地下にもぐり、九月九日、正式に日本共産党員となり、翌八年一月十二日検挙、八月、治安維持法違反のかどで公判に付され、同月八日、第一審で懲役五年の判決をうけ服罪、転向することなく、昭和十二年六月十五日刑期満了により出獄。その後は自ら閉戸閑人と称し、清貧の生活に甘んじ、十六年十二月、第二の故郷ともいうべき京都へ移居、二十一（一九四六）年一月三十日、栄養失調による身体衰弱を主因として逝去。世寿六十八歳であった。

このようにして、誠実なマルクス主義者としての生涯をとじた河上肇をここでとりあげるのは、かれが、マルクス主義者あるいは共産主義者の通念に反し、終生、宗教的真理、特に仏教的真理への傾斜を改めなかったからである。かれのように、柔軟な心越えてをもって真実を求め続けた人、いわば、徹底した求道者が「たどりつきふりかへりみれば山川を越えては来つるものかな」（共産党員となった時の詠）の末、なお宗教的真理の存在を否定しなかった事実は、かれの宗教への理解に幾多の矛盾や附会があるにもせよ、また宗教を肯定する側と否定する側の両陣営からの攻撃を受けるにもせよ、示唆するところが多いと私は信ずる。河上肇は、全身全霊を以て対象にぶちあたってゆく人であった。決して嘘の言えない誠実真摯の人であった。幸いにも大正十四年の春から、親しくこの人に接することができ、晩年の京都時代は、特にしばしば面晤の機をえた私は、河上肇の正直な人がらを身にしみて感じ取っているが、その動かすことのできない事実を、なおかれ自身の言葉によって裏づけておこう。誠実な人の言行は、その人の思想を論ずる場合、何よりも安心できる基盤となるからである。引用は、自叙伝の一部「自画像」からで、杉山平助が「文芸春秋」昭和八年三月号にのせた河上肇論が支離滅裂をきわめたものであることをきびしく指摘したのち、自己解剖を試みたくだりで、岩波版「獄中日記」(二)巻末の解説の中で、堀江邑一氏も言及しており、私もすでに何回か言及した。

「……苟くも自分の眼前に真理だとして現はれ来たったものは、それが如何やうのものであらうとも更に躊躇することなく、いつでも直ちに之を受け入れ、そして既に之を受け入れた以上、飽くまで之に喰ひ下がり、合点のゆくまで次から次へと掘り下げながら、依然としてそれが真理であると思はれてゐる限りにおいては、敢て身命を顧慮せず、毀誉褒貶を無視し、出来得るかぎり謙虚な心をもって、無条件的に且つ絶対的に徹底的に、どこどこまでもただ一図にそれに服従し追従してゆき、遂には、最初はとても夢想だもしなかったやうな、危険な、無謀な、或ひは不得手な境地に身を進めなければならなくなっても、逃避せず尻込みせず、無上命令に応召する気持で、いのちがけの飛躍をなすことを敢て辞しないが、しかし、かうした心持で夢中になって進んでゆくうちに、最初真理であると思って取組んだ相手がさうでなかったことを見極めるに至るや否や、その瞬間、一切の行掛りに拘泥することなく、断乎として直ちに之を振り棄てる。

これが私の人格の本質である。そして私の色々な特徴は、それらが外見上如何に矛盾対立したものに見えてゐようとも、みなこの本質を中心にして放射してゐるのであり、いづれもみなこの本質の光を浴び、総てがこの本質的なるものの色合に染め出されてゐる。だからまたその矛盾対立には、おのづから なる限度があり、統一があり、調和がある。」

真理に対してこれほど柔軟で誠実な信従を示し、「我不愛身命但惜無上道」を実践した河上が、昭和八年の下獄以来、在獄中の課題としたのは「科学と宗教との関係、特にマルクス主義と仏教との関係」であった。かれはなぜこうした公案を自分に課したか。その理由を、かれ自身の口から聞こう（岩波版「獄中日記」㈠所載、「マルクス主義について」（15）参照）。

「……宗教は科学と異り、面壁九年がその本領である。それは人間を現実から引き離して其の内的世界に沈潜せしめることを、本来の職分とする。だから、科学の研究こそ刑務所内では殆ど不可能であるが、それと反対に、宗教的な修業なら、啻に可能であるばかりでなく、寧ろ修道院に次いで刑務所は最も之に適する場所だ、と云ふことが出来る。それが私の宗教を問題とした第一の理由である。

なほ私の自惚《うぬぼ》れてゐる所によれば、日本のマルクス主義者の中で私ほど宗教特に仏教に対して真の理解を有する者は稀であらう。マルクス主義に委しいものは兎角宗教のことを知らず、宗教に通じて居る者は全くマルクス主義を理解して居ない、と云ふのが普通であるのに、私はその例外をなして居る、と考へられる。これが私をしてマルクス主義と仏教との関係を課題とせしめた第二の理由である。」

と書いた河上は、次に、「近親から発狂したのでは無いかと疑はれるほどの熱狂さを以て暫く宗教運動に従事した」無我苑時代を回顧し、「私の自覚する所では、私をして一旦宗教運動に熱狂せしめた動力が、更に私を駆ってマルクス主義の研究に専心せしめるに至った」と述懐し、続けて、自分の宗教への関心が真剣そのものであった理由を説明する。

「……私の育った家庭には、煙草の臭気といふものが微塵も無かったと同様に、宗教的な雰囲気も殆ど無かった。祖母も父も母も、念仏一つ唱へたことも無ければ、お経一つ読んだことも無い。さうした家庭に育った私は、大学生となった頃に初めて宗教といふものに注意を向けたのであるが、しかし前に述べた無我愛の運動に参加した当時の如きは、実に全身的な力を之に集中したのである。『人生の帰趣』（読売新聞に連載した宗教上の随筆をまとめて、明治三十九年今古堂から出版したもの）の巻頭に掲げてある書簡（野田といふ真宗の僧侶が私に宛てたもの）の中に、「この上、大兄……一層の御奮発ありて、真宗の一僧侶となり、妻帯し肉食して、道を求めつつ恩を謝しつつ、生涯を過ごしたまへ。……然らずば、大兄もとの職業に帰り、教師なり講師なりして、及ぶ限り父母の意を安め妻子を泣かしめざるやうにして、世を渡りたまへ。云々。」とあるによっても、当時私が如何にその運動に夢中になって居たかが想像されるであらう。僧侶の子に生まれ、寺で育った為めに、ついずるずるに坊主となりお経を読むやうになったと云ふ人達よりも、当時の私は、もっと自発的に、もっと本気になって、全心を宗教的熱情の炉火中に投じ去ったのである。私はさうした体験を経て始めてマルクス主義に出て来た者であり、寧ろさうした体験を経たればこそ始めてマルクス主義者となり得たとすら云へるのである。私が烏滸《をこ》がましくも、私はマルクス主義者の中で宗教に対して最も理解と同情を有して居る者の一人であるなどと自称するのは、以上の如き閲歴を有って居るからである。」ここで注意すべきは、河上が、宗教を知識として――これならば洋の東西を問わず、多くの先達があり、マルクスやエンゲルスもその例外ではない――ではなく、宗教を体験として――いわゆる聖職者と呼ばれる世上多くの人でも、この点では殆んど有資格者ではなかろう――とらえていることである。河上が、マルクス主義者としてユニークな存在であるのはこのためであり、マルクス主義者も宗教家も、かれのこの体験を、かれ自身の立場において十分に再体験しないかぎり、河上理解の最も重要な手がかりが失われる。なぜなら、河上の宗教への傾斜は、青春時代におとずれたはしかのような熱病ではなく、終生、かれをとらえてはなさなかった大きな課題なのである。もう少しかれの言葉に耳を傾けよう。

「若い人達の中には、治安維持法違反に問はれて刑務所に拘禁されるやうになってから、初めて本気になって宗教書を繙いたと云ふやうな人が、少くないであらう。検挙されると間もなく私の謂ふ消極的転向をなして、宗教の信仰を獲る代りに共産主義を棄てたと称してゐる連中の多数は、恐らくさうした人人であらうと思はれる。だが、私から見れば、獲るにしても棄てるにしても談何ぞ容易なる、と云ふ感なきを得ない。思ふに、かうした連中の棄てたと云ふ共産主義も、実は最初から本当の共産主義ではなく、新たに獲たと云ふ宗教上の信仰も、恐らく本当の宗教的真理を意味するものではあるまい。何故と云ふに、……科学上の真理と宗教上の真理とは、どちらか其の一を選ばねばならぬと云ふやうな・即ち同一の領域で同一の対象につき互に是非を争ってゐると云ふやうな・性質のものではなく、従って二者は、一方を本当とすれば他方は誤謬とせざるを得ないと云ふやうな、排他的な関係に立たされて居るものでは無いのだから。」

科学的真理と宗教的真理を異質のものと見る河上の考え方に対しては、既に触れたように、当然両方の陣営から批判が下される。現に堀江邑一氏も、既に引用した「獄中日記」解説の中で、「私は……真理に二つあるかのようにのべていられる説明が正しいとするものではない」と言う。私もそう思う。もし正しいなら、たとえば唯物論的無神論者とネオ・トミストたちの間の論争にしても、いままでに行われてきたような形を取るまい。しかし、ここでは今、その考え方の当否を論ずるよりも、誠実な河上肇その人の立場に身を置いて、かれの説く宗教的真理と宗教の関係に耳を傾けようと私は思う。しかし、ここでもまた、その所説は宗教人から多くの不条理や誤解を指摘されるであろう。私でさえ、たちどころにその幾つかを指摘することができる。しかし、そうしたことを指摘するよりも、ここでは、河上が仏教のありかたに対して加えた批判を率直に反省する方が、はるかに多くのみのりを約束すると私は考える。ともあれ、正直に宗教的体験を語った河上の「獄中贅語」は、まじめな仏教徒の間で、討論のテキストに用いてよい貴重な文献の一つであろう。

河上は、宗教的真理が、「外界の事物を認識するための意識の仕方」によってではなく、「意識の自己意識」という方法によって把握されることを、「一枚起請文」「歎異抄」「末灯鈔」その他の浄土真宗系文献、「臨済録」「槐安国語」その他の禅宗系文献を引いて立証した上、宗教的真理と宗教とをはっきり区別し、「私は私の謂ふ意味に於いての宗教的真理を認めるものであるが、しかしその事は……私が神仏の存在を信じることを意味するのではない。宗教的真理を認めたからと云っても、私は依然として無神論者、唯物論者として残るのであり、世の謂はゆる宗教に帰依するものではない」と自分の立場を限定し、「人は神を信じることに於いて……宗教に」はいり、「宗教的真理は、かうした神の信仰と合体することによって、一の宗教に転化する」と説く。そして、「一神観的な神であらうと、汎神観的な神であらうと、総じて人間の心に生まれる神々は、みな人間の無力感の所産」だと言い、この無力感は、現在の資本主義社会では、資本主義経済組織が被搾取大衆の個々人の上にもたらす生活の不安や、その不安に対する無防備を主な酵素とすると説明し、「自分がいつ死んでも妻子が食ふに困るやうな気遣はないと云ふことになれば、今の世の多くの人々の死に対する恐怖は半ば救はれるであらう。(このことはまた、大衆に向って宗教を鼓吹し奨励しつつある大資本及び其の代理者達それ自身が、却って信仰心に乏しいのは、何故であるかを説明する。)現代の社会に於ける下層民が宗教を信じるのは、ただ彼等が無智なるが為めではない、貧困なるが為めである、貧困にして生活が不安なるが為めである」と分析する。この分析を論理的につきつめてゆくと、貧乏でなくなれば、すなわち、社会主義社会が実現すれば、河上の言う宗教は無くなって、宗教的真理だけを、限られた人たちが把握する結果となる。私は、宗教と宗教的真理との関係を、もっと相入相嵌的にとらえるものであり、従って、共産主義者の共産主義に対する確信をさえ、宗教的範疇に入れて考えるものであるから、この分析を全面的に肯定するわけにいかない。そこに主張されている立言も、多くは半真理でしかないと思う。しかし階級社会の現実の歴史において、宗教的真理がただ宗教的真理として説かれず、「必ず幻想、迷信、謬見、妄想、欺瞞、虚偽等々……種々雑多なものが粘着して、一定の宗派的＝教団的宗教を形成し……時の権力者の保護を受くると同時に、また権力者によって利用され、いつでも民衆の（被抑圧＝被搾取大衆の）反抗を眠り込ますための道具とされ」た事実は、河上とともにこれを卒直に認める。まことに、「いつの世でも必ず真面目な人々が宗教の――現実に於ける宗派的教団の――堕落腐敗を嘆息する」のは、河上の言葉に従えば、「民衆の接する宗教なるものは、宗教的真理に粘着して之を十重二十重に覆うて居るところの、幻想、迷信、等々の形骸に過ぎない」からである。「宗教は民衆の阿片である」というマルクス主義の立場は、このような具体的現実をふまえたとき、誤りなく理解されるであろう。

かくして河上は、「主上臣下、法にそむき義に違し、忿をなし怨を結ぶ」と説いて、信仰とかかわらぬ「俗世間」の政治や経済には一箇所も言及していない「教行信証」の世界が、純粋無垢の信仰の芳醇であるのにひきかえ、「それ国にあらば守護方、ところにあらば地頭方にむきて、われは仏教をあがめ信心を得たる身なりと云ひて、疎略の儀ゆめゆめあるべからず。いよいよ公事をもっぱらにすべきものなり。かくの如く心得たる人をさして、信心発得して後生をねがふ念仏行者のふるまひの本とぞ云ふべし」の蓮如になると、すでに阿片の臭気が感じられ、「そこには、宗教的真理が世の中へ浸透して行かうとすると、否でも応でも、その世の中を支配してゐる権力にぶつかり、そのため次第に其の真意義を歪曲されて来る過程が、手に取るやうに現はれてゐて、甚だ興味がある」と言う。これはその通りであろう。さらに河上は、山辺習学の「御伝鈔講話」から、凝然大徳の「浄土源流章」の中に一言も親鸞への言及がなく、ずっと降って元禄十五年出版の師蛮の「本朝高僧伝」――千六百六十二人がそこにあげられている――にさえ、親鸞の名が数えられていない驚くべき事実を引用し、次のような観察を下している。

「何故かうした事実が起ったのか？……親鸞聖人は私の謂ふ意味の宗教的真理を把握した人であるけれども、「宗教」を創始した人ではなく、（無神論者にあらざる彼は、宗教の信奉者であったに相違ないが、私のいふ意味の阿片的宗教を世に流布するための教団を組織した人ではなく、）従ってまた、さうした宗教に関係のある偉人といふ意味に於いては「高僧」でも何でもなく、さてこそ一個の「宗教」たる真宗の勢力が已に偉大な時節であった元禄時代になっても、本朝の高僧千六百余人を算へる際に、人は蓮如上人をこそ第一に挙げたれ、親鸞聖人をそれに編入しようとは思ひも染めなかった、のかも知れない。私は試にさう解釈することによって、今日の人々には「ただ驚くより外ない」とされる此の事実に、頗る興味を有つのである。」

夾雑物の多い「教団的宗教」ではなく、正醇な「宗教的真理」に生涯随順しようとした河上が、いわゆる妙好人たちの行状に、はげしい嫌悪を覚えたことは、まことに当然であろう。かれは、「妙好人伝」におさめられている摂州治郎右衛門の行状を述べ、さらに、その行状をほめたたえて、「まことにその心が宗教の本質をあらはして居るのであります」という富士川游の「真実の宗教」を引用し、貧乏な境遇を少しでも改善しようとすることは、他力宗の信者としてあるまじい所業だというのが浄土真宗の信仰であるのなら、「神とは、歴史上、実践上、いつでも、人間が外界の自然ならびに階級的隷属制によって愚鈍なる意気銷沈に陥れられている結果生ずるところの諸観念の結合物であり、かかる意気銷沈を固め、階級闘争を眠り込ませる諸観念の結合物である」とのレーニンの言葉を思い出さずにおられないと言い、その浄土真宗論を、次の言葉で結んでいる。

「阿弥陀仏も今日では民衆にとって正にかかる諸観念の結合物となって居るではないか？　今日浄土真宗の檀徒は、（昭和六年末現在、文部省宗教局の調査によると、）千二百万人に達して居ると云ふことだが、このうち果して何人が本当に親鸞聖人と同じ信仰を得て居るであらうか？　私は真宗の僧侶と称する者にすら、さうした信仰を得てゐる者は極めて少いことを、確信して疑はない。今や源流すでに遠くして、滔々たる黄河の末は、徒に濁波を揚ぐるを見るのみである。親鸞聖人を地下に起して今日の状態を見せしめたならば、恐らく事の意外なるに驚かれるであらう。さういふのが、個人の主観的意図とは無関係な、階級的社会諸関係の必然的不可避的な結果と云ふものである。」

「獄中贅語」は、余ったページを、釈宗演や飯田櫄隠らのマルクス主義や社会問題の理解が、いかにでたらめなものであるかの論破に費しており、それも現代仏教人の態度を考える上に役立つけれども、私は、むしろ親鸞や白隠に対して寄せていた尊敬を通じ、宗教的真理の宣揚につとめた河上肇その人の行実こそ、始めに述べた通り、近代仏教のあり方を考える上に、大きな示唆となると信ずる。

祖師の再発見

法然と現代

諸戸素純

一　人間性に基ずいた宗教

法然の宗教は、人間性を内に見つめることから出発した。人間性の追求とそこに現われた問題の解決こそが法然の教えの基調をなしている。ちょうど、釈迦の教えが人間の探求に終始しているところと軌を一にしたものというべきである。人としてのあるべき真実の姿になりきろうとする仏教の究極の理想が、現代人（法然と現代を含めて）にはどうしても達成できないというところに、法然の問題があったが、その達成できない原因が実は人間の本性に根ざすものと解せざるを得なかったのである。少くとも現代人は、人間の真実の姿に立ちかえる力を欠いていると判断せざるを得なかった。人が内省を深め、人間の現実に目ざめるときには、自分の弱さ、無力さというものを感ぜずにはおれないが、私の内省を通して得られたこの無力さの実感は、それが真実なものであるかぎり、ひろく人間自体の無力さを示すものである。この弱さ、無力さは、実は人間性の真底にまといついた、人間の根本的性質とも見るべきものである。本来内向的な性格の人であったと思われる法然は、この人間の弱さという問題に苦しみ続けたのである。現代ならば「危険な年ごろ」とされる十八歳の若さで、黒谷に「遁世」して、聖の道を求めてより、二十五年間の精進は、ただ内省と、そこにからみついた人間の苦悩の解決に向けられたのである。

けれどもよく考えて見れば、このような判断には大きな矛盾がひそんでいるものとせねばならない。人間が、本性上、真実の人間になりきれないということは、論理の許さぬところである。必ずどこかで解決の道が開けているのでなければならない。悉皆成仏という仏教の理想がゆるがぬかぎり、いかなる人間も必ず真実の人間になり得るものでなければならない。もしも自分の実力ではおぼつかないとすれば、何かがこれを助けて、その成功を保証してくれる。一方に弱さがあれば他方には強さがあってこれを補い、全体として均衡がとれ、調和がなければならない。宇宙には大きな調和、秩序がはたらいていて、何一つとしてこの調和の外にはずれ去るものはないとの確信を持つとき、右の問題解決の道は自ずと開けてくるであろう。二十五年にわたる法然の求道は、おそらく、この宇宙の調和を信ずるという方向に進んでいたことであろう。これより他に問題解決の道がないからである。

この時、四十三歳の法然は始めて善導を発見して、アミダブツこそがその力であるとの明快な解答に接したのである。疑いを許さぬ権威を持つ経典の説くところによれば、アミダブツの名を口に称えるだけで、仏の力に助けられて浄土に生れ、弱い人間も真実の姿にかえることができると教えられたのである。自らもおそらくはほぼ同じ方向に解決の道を求めながらも、まだ模索を続けていたかと思われる頃に、善導の教えに接したのである。法然は、これによってその確信を強め、直ちに善導の指導にその身をゆだねることができたのである。偏えに善導に依り、「立ちどころに」念仏の道に進むことのできた理由はここにある。これをもし conversion と呼ぶならば、この突然の回心は、実は法然の内心で、途々に準備されていたものであった。その確信の根拠は、ひいてはその理論ずけは、「偏えに善導」によるものであっても、確信そのものは法然のものであった。だから一たび善導にょってその確信を強めることができて後は、更に善導をも乗り越えて、念仏の実践に専心し、すべての他の修行法を捨てることができたのである。

内省に根ざす法然の宗教はいちじるしく実存主義的である。すでに善導の教えが実存主義の色彩を強く打ち出していることは、二河白道の譬によっても広く知られているが、法然はその実存主義を理論的に表明しようとした。それが主著「選択集」である。選択とは法然の基本的な態度を示す言葉であるが、その選択とは「あれかこれか」の二者択一の選択であり、自分の全存在を賭けての決断をせまる選択である。まず初に人間のあるべき真実の姿に立ち向うには、人間自身の努力修行の力によるか、それとも仏の救いの力にすがるか、自力か他力かの選択決断をせまるのである。二つの外には道はない。その何れをとるか、その選択に自分の存亡、成否がかかっており、全存在を賭けての決断がそこに要求せられているのである。次に仏の救いにすがるとしても、特にアミダブツにたよるか、その他の仏にすがるか、第三に、アミダブツにすがるとして、口にその名を称える念仏の方法によるか、その他の道をとるか。三段にわけた選択の一一の段階で、いずれもきびしい二者択一の選択が繰返され、そのいずれの段階においても、自分のすべてを賭けての選択決断が行われている。この選択について、古来「捨閉拋閣」ということがいわれているが、その伝統的な解釈はしばらく別として、これらの文字がいずれも捨てることを意味するのは、他宗を捨てるという闘争ではなく、実は選択の本義が二者択一にあることを示すものと解される。法然の選択は、善導の二河白道の譬の論理的表現であり、実存主義の宗教の性格をよく示したものである。自分の全存在をかけた、このきびしい二者択一の決断を重ねた結果であったればこそ、一たび選択を経た上は、他のすべての修行法をすてて、「専ら」念仏を修する、専修念仏の道に進むことができたのである。もちろん選択とは、本来、仏の選択であろう。ただこの仏の選択が具体的になるには、人間を場とし、人間の選択を通すの他はない。仏の選択に裏ずけられつつも、しかも人間の選択でなければ、それは人間の力とはならない。更にまた二百十億という国土の形態の中から、特に浄土が選びとられ、それが法然の選択の内容をなすということは、この選択が、あらゆる可能性の中から、一つが選び出されたことを意味するもののようであるが、実は、それが二者択一の論理に組みかえられている。法然においては、やはり自分の全存在をかけて、二者択一の決断を行わねばならなかったのである。

法然の宗教は実存主義的であった。人間の無力さを痛感したところに法然の真面目があったとすれば、現代人にとっても、そのことの理解はさほど困難ではない。ただ、この無力感を直ちに罪悪観と見ることには注意深くなければならない。なるほど、人間が人間になりきれないという根本的な矛盾は、人間の、少くとも現代人の、まぬがれることのできぬ悪とも、罪とも解されよう。またこのように、人間の弱さを罪悪と観ずることによって、なお一層その無力感は身にせまるものとなり、より強い宗教がにじみ出て来るであろう。けれども、このような罪悪観は、実は直接的な実感として、心の底から湧き出てくるよりも、むしろ弱さの原因についての、理論的な解釈ともとれるものであろう。ことに現代人にとっては、このような罪悪感にはかなりの抵抗が感ぜられる。法然の生涯を通じての生活態度より判断して見ても、おそらくは、実感は罪悪感よりも無力感にあったであろうか。もちろん、法然に罪悪観がなかったというのではない。ただそれが、無力感を裏ずけるための理論であり、第二義的な意義を持つにすぎなかったと考えたいのである。又その身に罪悪を感ずることは、この国土を穢土と見ることと相応する問題であるが、法然においてはこのような一連の現実否定の態度は、一般に考えられている程に強くはなかったようである。要するに、法然は人間性を内にみつめ、その弱さを痛感したが、その弱さを補う別な力が宇宙の調和の内に冥々に働いていることを確信し、これをアミダブツの救いとして受けとり、すべてをかけてこれを選択し、念仏の道に専心したのである。

二　仏を知る力＝知性と愚鈍

人間性に根をおろす宗教であるかぎり、法然の教えは現代的であり得るであろう。ただそこに救いがたい弱さを認めざるを得なかった人間観には、現代一般の常識との対決が避けられないものがある。また同じような非現代的傾向が、真理を認識する上にしめる知性の意義についても認められるのである。法然において問題解決の鍵がアミダブツの救いの力にある時、その仏の実在を、法然は知性によって論証し得るものとは考えなかった。現代の常識とは正反対に、法然は知性にあまり高い評価をおこうとしないのである。

当時第一級の学者であった法然に、現代流の学術論文が少い。ただわずかに、その例外をなす選択集は、理路整然とし、論旨の透徹した学術論文である。けれども、その選択集においても、論証のしかたは、理論よりも教証をたっとび、必ずしも現代人を十分に納得せしめないのである。例えば、なぜ念仏の一行のみを選取するかという最も根本的な問題についての法然の答えは「聖意は測り難く、たやすくは解することができない。定んで深い意があろう」(第三章、第五章)という。たとえこれに若干の理論的な私の論述をつけ加えて、勝劣とか難易の別によって、念仏が他の行よりも優れていることを説くとしても、その論拠がまた経説の中に求められ、それだけでは決して、念仏が必要である理由を論理的に明かにするものではない。法然は現代人が行うように、知性の判断によって、問題の結着をつけようとはしない。人間の知性や論理に決定的な権威を認めようとはせず、如何にも宗教家らしく、問題を究極的に解決する力は、ただ仏の知慧、経典の教えの中だけにありとするのである。

法然に見られるこの態度は、確かに現代的ではないが、決して知性を否定したものと単純に解してはならない。学者としての一面を失わぬ法然に知性を否定するいわれはない。知性の意義を十分に尊重しながらも、ただ知性の絶対性への信仰を否定するにすぎない。知性の論理的判断によって究極的に物の真実を見出すことができると信ずる現代的な態度に徹底的に反対するにすぎないのである。真理を把握するについては、論理的判断にはきびしい限界があるとし、この限界を越えたところに、真実の知慧が湧き出てくるものと確信するのが仏教の考え方である。人間的な知識の限界を越えたところに、仏の知慧があらわれるが、この仏の知慧を求めて、論理的判断のゆきずまりをはかり、もしくは、論理的判断を中止することを勧めるところに、宗教的知識論の特色がある。「たとえ一代の法をよくよく学すとも、一文不知の愚鈍の身になして……智者の振舞をせずして、ただ一向に念仏すべし」という法然の真意は、学問、知識の限界を越えて、真実の知慧に至るには、まず、身を愚鈍にかえすべきことを教えるにあった。「愚にかえる」とは知識よりの超越に他ならず、この途を通して宗教的神秘体験に迫ろうとするのである。法然理解には、神秘体験の意義を十分に合せ考えねばならない。

法然を単純な神秘主義者とすることは、適当ではない。けれども、神秘主義に注目することは、法然理解の上に重要である。神秘主義とは、一般に感覚を統御し、精神を統一して対境の一点に集中し、その極には主観と客観との合一の体験に達するものをいうのであるが、この主客一体感の体験されるときには、我意識を失い、恍惚として、光明と歓喜とを味うという。神秘体験のこの段階に進んだとき、知識を超越した真の知慧が直観的に把握されるものとせられている。仏教の教える禅定とか三昧は、ほぼこの種の体験をさすものと見てよい。そこではただ、主観が滅して真知のひらめきがおこり、或は仏との一体感を得るというような、深い宗教的体験こそが、重要であることを忘れてはならない。この深い宗教的体験に、法然の信仰や確信が根ざしているものと考うべきであろう。法然はこの三昧を発《おこ》すことに極めて重要な意義を認め、自らもまた、この三昧発得につとめたのである。「三昧発得記」を法然の真作とすることには問題があるとしても、法然に三昧発得の体験がなかったと断ずる根拠はない。法然に程近いその信奉者の伝記作者も、三昧発得の人として法然を理解したが、ことに、法然自らも告白するように、善導に絶対的に信服し、偏えに善導に依ろうとしたのは、主として、善導が三昧発得の人であった点を考え合せる時、法然における神秘体験の意義が決定的であることを知るのである。

法然には確かに神秘主義者の一面があり、知性の限界を認めて愚鈍を説く。この法然の態度はあくまでも非現代的とせねばならない。けれどもそこには、現代文化への徹底的な批判としての一面があることを見落してはならない。「知は力なり」と信じ、知性の権威を基礎として築きあげられた現代文化を批判し、これに対決をいどむものである。ここに非現代的な法然宗教の現代的な意義がある。現代文化を根抵から批判する現代の代表的な宗教形態は、おそらくは神秘主義的宗教であろうか。この点、ベルグソン晩年の宗教論などは示唆多いものと言わねばなるまい。

三　念仏と声の哲学

現代的な知性を通じてではなく、むしろ神秘主義的な愚鈍を通じて仏にせまろうとする。この仏との出会いをもたらすものとして、念仏が説かれるのである。仏との出会いを神秘体験と見るならば、念仏によって神秘体験を得ようとするのが法然の宗教と考えてよい。念仏三昧の宗教である。法然にとっては念仏こそがその教えの真髄であり、この念仏の意義を明かにすることが、結局は法然の宗教を理解するかなめとなる。

法然における念仏は、声を出して、口に仏の名を称える口称の念仏でなければならないが、この口称の念仏は、法然においては、宗教にいたる方便ではなくして、宗教の真髄そのものであった。ただ口称の念仏には一見して、方便のような面もなくはない。法然は自ら、この口称の念仏を、毎日六万遍七万遍と繰り返したという。睡眠や食事の時間を除いた残り時間をすべて念仏にあてたとしても、六、七万遍を充すには、四秒間に五遍か、少くとも一秒に一遍の割合で、一日中休むことなく称え続けねばなるまい。余事をまじえてはおれない、かなり忙しい仕事である。念仏のような短い文言を、極めて単調に、しかも長い間に亙って繰り返すことは、神秘体験を得る上にしばしば用いられる方法であるが、この上さらに後には、木魚という簡単な楽器の伴奏を附け加えるに至った。これらの事情は、確かに、神秘体験を誘う上に効果があったであろう。また、多数の人々が一ヵ所に集まって、念仏を唱和することも、神秘的体験を導くよい方法である。この点を考えてか、近代の宗教学者の中には、口称の念仏をもって、神秘体験を誘う一つの手段と解釈する傾きが少くないが、現代の宗教理論より見ても、一応は肯定できる見解である。けれども、念仏を手段と見る右の解釈は法然の真意には遙かに遠い。法然にとっては、念仏がそのまま宗教の真髄でなければならなかったのである。

神秘主義を説く者は多く主観主義におちいり易く、宗教のはたらきを主観の側だけに認め、宗教信仰を単に心理現象と見る傾きが強い。けれども、宗教とは、超越的実在としての客体と交るところにその真髄が存する。われわれの体験の中で、超越的実在としての仏の強いはたらきかけを感得するところに、宗教の本義が認められる。実在の仏にかかわり、実在の仏を現前せしめるのである。仏を心理主義的に解釈することはこれを観念化したり、抽象化することと同じように、宗教の真義よりそれたものとすべきである。法然はこの点に十分の警戒をおこたらなかったから、その教える念仏には、この仏の実在性が十分に保証されているものとせねばならない。法然の念仏は口称の念仏を出ない。声を出してナムアミダブツと称えることがそのすべてである。従って、当然、声を出して仏の名を称えることが、そのまま仏を実在せしめていることでなければならないはずである。まごころをこめて（三心具足）称える念仏の声は、単なる音の無意味な連続ではない。音を声に転ずるものが三心であり、この三心具足の念仏の声は、実は、現前に実在している仏の姿なき姿そのものとせねばならない。声は常住なりというのが、インド哲学の伝統的な解釈である。イデアの実在性の主張である。このイデアを現前せしめるものが声であり、仏の名を声とすることは、仏を現前せしめることに他ならない。法然が口称の念仏を強調したのは、実は仏を現前に実在せしめる途であった。口称の念仏を通して仏の現前が得られるとき、この仏との出会いはそのまま神秘体験とみなすべきである。念仏三昧とは、口称の念仏を通して、仏との出会いを体験することである。ここに法然の宗教の真髄がある。

超越的な仏が、人の声を通して現前に実在する、それが来迎である。念仏のないところに来迎はない。またこの来迎のあるところ、そこには同時に浄土が実現していなければならない理である。アミダブツはその浄土と離しては考えられないからである。仏の来迎は浄土をたずさえての来迎としか考えることはできない。浄土が現前するならば、人間にとっては、それはそのまま、往生のすがたに他ならない。浄土の来迎によって往生せしめられているのである。来迎と往生とは声を通して即一しているものとせねばならない。

浄土はアミダブツと共に、いずれも宗教的客体として、われわれ人間の住むこの現実の世界より超越した実在であり、人間とは「全く他なる」実在である。経典ではこの浄土をもって西方にありとし、法界というような抽象的なものでないことを明かにし、また十万億土の彼方にあると説いて、それが全く他なる具体的存在であることを明かにしようとしている。浄土は確かに、人間の世界とは次元を異にした存在として全く違ったものでなければならない。けれども、質的に違ったものが、必ず場所的に離れている、別なものでなければならないか。形式論理では許されぬとしても、宗教的実在においては、「違っている」distinct ものは、必ずしも「別である」different ことを要しない。浄土はたしかにシャバと違ったものである。けれども、この違ったものが、別なところになければならぬとするのは短見にすぎる。来迎は瞬間に実現し、浄土は「ここを去ること遠からず」と教えられている。

往生や浄土をこのように解することは、此土往生を説くことではない。浄土はあくまでも全く他なる実在であり、依然として「彼土」であることに変りはない。彼土往生でなければ弱い人間は仏に出会うことはできない。このような考え方は、また、未来往生を否定したり、臨終行儀を軽んずるものでもない。ただ未来といい、臨終ということの解釈に、ありきたりの理解と合わぬところのあることは認めねばなるまい。要は時間解釈の上での相違である。現代人の常識となっている科学的な時間解釈は小乗仏教の時間論である三世実有論と全く同じであって、生活感情としての時間を正しく理解したものではない。体験の中の時間を正しく把握するものは実に大乗の時間論のように、今のこの瞬間だけが実在であり、これにすべてをかけ、過去や未来を現在の地盤において解釈しようとする。西洋哲学でも有力な時間論となっている、右のような時間解釈をとるわれわれは、人間の全存在を今の一瞬一瞬にかけて見ようとするものであって、過去も未来も、この一瞬の実在を離れては考えられないのである。未来往生も臨終行儀も、この今の一瞬を離れては正しい理解に達することはできない。法然の言葉に「阿弥陀仏は、一念に一度の往生をあておきたまえる願なれば、念ごとに往生の業となるなり」と。

現代文化は、その基本的性格において、宗教に批判的であるが、このような現代文化に逆批判を加えるところに、純正なる宗教の現代的意義が認められる。法然の宗教はその一つである。

道元と現代思想

前田一良

一

三十年ちかくも前、和辻博士の「沙門道元」にひきつけられて、永平寺の山内を歩きまわったことがある。そのときの印象は、もううすらいでしまったが、さいきん、同学の人々とともに、ふたたび訪れる機会をもつことができた。こんどは山内に一泊するというのでよろこんでいたものの、じつはそれがわたしには大変なことであった。こちらで宿泊といっていたものが、寺側では参籠としてとりあつかうわけである。一夜の参籠に禅堂生活の一端を体験させられるのである。

食事も入浴も、廊下に整列して寺僧の誘導と指揮によっておこなう。食事のときには、あの「赴粥飯法」の五観の言葉を斉唱して箸をとる。深夜、巡視の寺僧は男女の部屋をとわず提灯をかざし懐中電灯で照していく。あくる日は三時に起床して光明蔵で法話をきいたが、そこへみちびかれる途中「坐臥歩行すべて坐禅の行である」。と寺僧の訓戒があり、法話を正座謹聴させられること一時間、おわって寺僧は、「楽にして、しびれをなおして」という。坐骨神経痛の痼疾をもつわたしには相当の苦痛であったが、ふと戦時中いじめぬかれた軍隊での内務班生活をおもい出した。わたしたちの部屋へ入ってきて、終始立ったままで指示、注意をあたえていた寺僧が上等兵殿、班長殿に見えてきたものである。

法話がおわってから、承陽殿はじめ、法堂、仏殿、坐禅堂、庫院、山門を案内されて説明をうけた。まことに壮大な結構である。山門のところで寺僧は「この門には柱だけがあって、すべての人に開かれている。しかし、来る者は知解をすてなければならない」という意味のことを言っていたようである。朝食をすませてから宝物殿を見、通用門を出たとたんに、おもわず「身心脱落」とつぶやいたのは、度しがたい凡夫のあさましさというものであったろう。

面授をおもんじ、正師をとうとび、正師のなかに仏を見、儀式の中に法を見る立場からいうなら、こうした参籠の形式の中に道元の宗風がしめされているのかもしれない。しかし、これによって参籠の衆生が道元の精神を体得するとでもいうのであろうか。またわたしたちに接する僧衆の修行に役立つというのであろうか。衆生への班長的説教や訓示は無用であろう。道元の師如浄が、天童山で衆僧の坐禅懈怠をいましめて、「見ずや、世間の帝王官人、何人か身をたやすくする。君は王道を治め、臣は忠節を尽し、乃至庶民は田を開き鍬を取るまでも何人かたやすくして世を過す。是をのがれて叢林に入て空しく時光を過して何の用ぞ」といったことが「正法眼蔵随聞記」にみえている。わずらわしい世俗の生活をけいべつするのではなくて、世俗をすてて出家を志したものには、それだけの修行のきびしさがなければならぬということであろう。そのおのれへのきびしさは、世俗の衆生にたいする寛容と謙虚となってあらわれねばならぬはずである。わたしは、わたしたちのように、ささやかな知解をとおしてしか知らない道元の宗教と実践の意義を、修行僧自身から聞きたかったし、また僧衆たちのありのままの生活から感得したかったのである。道元を愛する衆生の一人としてのこのような願いも、やはり道心なき半解の徒の高慢としてしりぞけられるべきであろうか。

二

道元には多くの著述があり、またその語録や言行を編述したものがある。「普勧坐禅儀」、「学道用心集」、「宝慶記」、「正法眼蔵」、「正法眼蔵随聞記」、「道元禅師清規」、「永平広録」、等々、難解なものが多いが、その生活、思想、宗風を知るためには必読すべきものである。

道元はじぶんの宗教を禅宗とも曹洞宗とも呼ぶことをこばんだ。「弁道話」や「仏道」の巻、「随聞記」にそのことが見えている。如浄も、道元の問に答えて「仏祖の大道をもってみだりに禅宗と称すべからず、今、禅宗と称するは、頗るこれ澆運の妄称なり」といっており、道元はそれをうけついだわけである。かれの宗教は、天台、真言、また浄土というような宗派仏教と並立するものでなくて、それらすべての根源をなす仏祖の仏法であって、坐禅を本とするから、只管打坐の仏法を唱えたのであった。かれが仏法房とか仏法上人とか呼ばれていたのもその特色をよく示している。しかもその坐禅は、悟りをひらくための手段ではなくて、それがそのままに仏法であるとの立場に立つだけに、只管打坐は道元の宗教の生命ということになる。

平安末から鎌倉期にかけての宗教界の動きの中には、二つの方向が見られた。一つは、破戒、無戒の凡夫という自覚のもとに仏への絶対的信の道をひらいた新宗教の形成であり、一つは旧仏教の復興運動、とくに戒律の強調であった。道元の宗教も信を重視する。「およそ諸仏の境界は不可思議なり。(中略)たゞ正信の大機のみよく入ることをうるなり。不信の人はたとひおしふともうくべきことかたし。(中略)おほよそ心に正信おこらば修行し参学すべし。しかあらずばやむべし」(弁道話)と。臨済禅の栄西が戒律を強調したのにくらべると、より道心を重要視したともいえよう。戒律を否定したのではない。いわゆる戒律主義の形式化を批判したのである。破戒放逸を当然と考えるのは邪見外道であるとともに、戒律さえ厳守すれば得道すると考えるのは大きいあやまりであるといっている。（随聞記）破戒によって救済の道がとざされるなどとは考えていない。いわば、戒行が道心の中に止揚されるということであって、この意味では浄土教とも相通じるであろう。道元は僧衆の生活規準—清規《しんぎ》—を多くのこしているが、それらは得道のために行じた仏祖の実践であったが故に随順しなければならぬとしたのである。したがって、清規は真実の道心にうらずけられた修行のなかに生かさるべきであって、そうでなければ修行者自身にとっても他に対しても、それは一片の外的な空疎な形式に堕するほかないであろう。

このような清規と只管打坐に仏法をもとめた道元の宗風が民衆に近ずきがたいものであったことはいうまでもない。また、曹洞宗が、後年地方に発展したのは、道元の宗風の純粋性によるものではなくて、むしろ民間信仰的なものとの妥協によって可能であったとは、すでに指摘されてきたことであるが、それにしても、道元の思想の形成されてきた過程はいちおうかえりみておく必要があろう。

三

一二〇〇（正治二）年に生れ、五三（建長五）年に死んだ道元は、れっきとした貴族の出身である。当時の権勢家久我通親と近衛基房の女とを父母とし、藤原兼実や僧慈円とは姻戚関係にあった。幼時、父母に死別し、十三歳のとき良観法師に出家の決意をのべて剃髪受戒し、叡山でその天生の才智をふるうて天台、真言の研究と一切経の閲読に心身をうちこみ、一大疑問につきあたったとつたえられている。この疑問解決のために、延暦寺と対立関係にある三井寺の公胤僧正を訪い、その勧めで建仁寺に栄西の門をたたき、その高弟明全の教をうけ、明全とともに入宋して天童山の如浄に師事、ついに年来の疑問を解決して、「一生参学の大事こゝに終りぬ」ということになった。その後なお如浄のもとで二年修業して、一二二七（安貞一）年帰国したのであるから、十四歳から廿五歳にいたる十年余がその思想の形成期であり、その間に道元の体験したことが、かれの宗風の特質をつくりあげているわけである。一大疑問の解決が道元の修行のすべてであり、それにひたむきな十年の精進をかけたとするならば、その出家の動機が母の死にあり、入宋求法の時期を促進したものが承久の変にあったとしても、その当時の社会のうごきや、それにともなう人間存在の危機の問題に関心をむける余裕などなかったであろう。

道元の発した一大疑問が無意味なものであるなどといっているのでは決してない。「衆生が生れながらにして仏性をそなえているのならば、なぜ三世の諸仏は修行する必要があるのか」という疑問は仏教の根本にふれるものであり、たんなる教学的説明では道元を満足せしめ得なかったからこそ、公胤はかれを栄西の建仁寺へおもむかせたのだし、また建仁寺の修行でも解決できなかったからこそ、明全とともに入宋したのであった。如浄のもとでもこの疑問は終始もちつづけられていたのである。

「弁道話」の巻には、弘法《ぐはふ》救生の時機をまつことが記されている。「坐禅の中に於て衆生を忘れず、衆生を捨てず（中略）仏祖は常に欲界にあって坐禅弁道す」（宝慶記）というのが如浄の教であり、道元も「仏道にしたがふというは興法利生のために、身命をすてゝ諸事を行じもて行くなり」（随聞記）といっており、衆生救済がその中心にあったことはもちろんである。臨済禅の宗風に接して、それが砂のごとく実なきことを知ったというのも、かれが尊敬した栄西や明全にたいする批判ではなく、たんに公案、問答をもてあそんで悟りをひらく傾向に堕した宗風にあきたらなかったからであろう。禅であろうと、念仏であろうと、形式化した空疎な宗風には痛烈な批判をくわえた。心身をなげうって衆生救済の真実に生きぬこうとする情熱があの一大疑問として発したとすれば、かれが高野の空阿弥の専修念仏に感激した事実も（随聞記）十分にうなずけるとともに、真実の仏法としての只管打坐とそれを実現するための清規の厳守を唱えたことも理解できるであろう。道元における学道のきびしさは、ここからきている。叡山の修学以来、むしろおのれ自身をむちうつきびしさのなかに、学道へのひたむきな精進をふかめたのであって、日本や中国の末法の社会、宗教界の堕落を見たとき、それがひとしお精進への意欲を高め、「末法なりというて今生に道心発せずば、何れの生にか得道せん」とのさけびともなった。けれども、その末法思想の浸透がどのような社会的意味をもつのか、というようなことには無縁であったし、それだけにいよいよ仏法自体の純粋なるものへの追求となっていったのである。

「学道の人はもつとも貧なるべし」。「学道の人衣食にわずらうことなかれ」。「たゞ今日今時ばかりと思うて時光をうしなはず、学道に心をいるべきなり」。「病めりなんと称して道心をおこさず、非器なりと云て学道せざるはなし。今生にもし学道修行せずんば、何れの生にか器量の人となり、無病の者となつて学道せんや」。などと随聞記のいたるところに見える道元のこのような言葉は、わたしたちの怠け心を痛打するはげしいひびきをもつ。またかれの時間論、人々によって注意されてきたあの「仏性」や「大悟」の巻さらに「随聞記」に展開されている過現未論、現在の重視、無常観の強調も、真実の仏法を実現するための、寸刻をも惜む修行への要求にもとづいている。のみならずわかいころ訪れた建仁寺の厳正な規矩も青年道元の心をふるい立たせたことであろうし、のちに法然に帰依した公胤の指導や栄西の風格、さらに明全がその師明融の重病をすてて求道のために道元の入宋に同行したことなども、かれの学道の方向に決定的な影響をあたえたにちがいない。参師、問法を強調し、正師をえらぶべきことをくりかえしのべ、面授伝法に仏法の真義をみとめたのも、かれ自身の出自とこうしたかれの修行過程から理解することができる。

四

　したがって、道元の宗風には、法然や親鸞に見る民衆的性格はもともと求めらるべくもなかったと思われる。「仏祖は欲界にあつて坐禅弁道す」るのが如浄の教であり、「興法利生のために諸事を行ずる」のが道元の宗風であるとしても、在俗の衆生はそこには観念的にとらえられているにすぎなかった。わたしたちによく知られている道元と一老典座《てんざ》との話にしてもそうである。道元が在宋中、自己に課せられた仕事に精進している一老典座との問答によって、文字と弁道との真義をさとり、日常の作務がそのままに仏法であることを了得したという「典座教訓」に記されている物語である。また、道元が帰国後十年、禅堂の開堂にさいして、「山僧叢林を歴ること多からず、たゞこれ等閑に天童先師に見えて当下に眼横鼻直なることを認得して人瞞を被らず、便ち乃ち空手にして郷に還る」とのべた有名な言葉がある。いずれも、いってみれば人生即仏法ということであろう。それがなぜ民衆に直接よびかける宗教とならなかったのであろうか。

　道元はその修業の時代にばくだいの内外の典籍に通暁したが、ついに文字の学を排する境地に到達した。「知識もし仏というは蝦蟆蚯蚓ぞといはゞ、蝦蟆蚯蚓を是ぞ仏と信じて日頃の知解を捨つべきなり」というほどの正師への随順と知解の放棄を要求したのは、かれ自身のたどってきた知識の学の絶対否定の上に、はじめて正信の成立することを明らかにしたものである。また、「弁道話」や「礼拝得随」の巻に見られる在家得道、男女平等の主張もよく知られているところであろう。それにもかかわらず、「菩提分法」や「出家功徳」の巻では、在家成仏、女人成仏を否定し、在家の学道と出家の学道との相異を強調して、「行持の至妙は不離叢林なり、不離叢林は脱落なる全語なり」といい、さらに「出家して禁戒を破すといへども、在家にて戒をやぶらざるにはすぐれたり」（出家功徳）といい切った。知解の放棄といい、出家学道の強調といい、信仰の深義にふれたこれらの言葉をただ表面的に理解することはきわめて危険であろう。在家得道、男女平等の言説にしてもそこでは坐禅行が中心とされているのであるし、出家得道の主張についても、それが自己のみを正しとする僧侶の傲慢を戒しめたものとするならば、この二つの主張のなかに矛盾は存在しない。また「弁道話」が他の巻とちがって一般大衆を対象とし、旧仏教からの風あたりをも顧慮して書かれたものとするならば、「道俗貴賤男女をえらばず」という言葉は、弘法救生の真意を表現したものといえるであろう。しかし、正法眼蔵全巻を通じて見れば、道元の宗教の真義が出家得道にあったことは否定しえないところである。

それゆえに、道元の宗風がいままで見てきたような性格をもつにいたったのは、「正伝の仏法」、「直指単伝の正法」なる仏祖の仏法の根源にさかのぼろうとする求道の特質にもとめられねばならない。復古主義であり伝統主義である。「袈裟功徳」や「法衣」の巻には、「いわんや仏々祖々の正伝は皇太子の即位のごとくなるなり。俗なほいはく、先王の法服にあらざれば服せずと、仏子いづくんぞ仏衣にあらざらんを着せん」とあって、仏法の純粋性を高唱した。そのような仏法が正、像、末の三時観を超越するものであり、儒学、老荘の学などと明らかに区別されなければならない（四禅比丘、仏経）ということになるのは当然であろう。根源に立ちかえるということは、仏法がもともとどのような社会のなかで、どのような事情によって発生し、発展せしめられたかを明らかにするうえに必要である。けれども、その仏祖の仏法がながい時代の経過のうちに多くの宗派を形成させた理由や、また民衆が、それぞれの時代において、どのような宗教を要求し、仏教がどう対応していったかということが無視されるなら、たとえ、仏祖の行持なるが故に絶対に随順し、「皇太子の即位」のごときものであるがゆえに正伝を重んじ、面授による単伝の仏法に権威をみとめようとも、それは他教への批判とはなりえても、社会の現実とは隔絶するほかないのではないか。

五

この小論は「道元と現代の思想」という、あたえられた題目に答えたことにはなっていない。それについて、わたしにはわたしなりの弁明が必要である。戦前からの道元に関する研究は戦後にうけつがれて、いちおう問題点は出つくした感がある。宗教的に、宗教学的に、哲学的に、歴史的に、そして文学の方面からもその思想のもつ意義や、言語表現の意味内容への追求がなされてきた。道元のあゆんだ道がいかに他の宗祖のそれとちがおうとも、かれもまた時代の子である。「民衆性ということをのぞいては、道元の宗教は新仏教としてのすべての性格をそなえていた」と一史家もいっているように、当時の日本の仏教界で問題となっていた諸点は、道元の宗教においても問題とされていた。「頑魯の者」とも「愚禿」とも「せんだらが子」ともいいえなかった道元の出身とその参学過程が、かれの宗風を貴族的なものたらしめたにしても、その求道は他の宗派を意識しないで行なわれえたものではない。あくまで自己を追求して、しかも自己を否定していったあの求道精神の深さや、如浄の教もあったとはいえ、王城聚落に住せず、権門勢家に近ずこうとしなかった道元の風格に、わたしたちはひきつけられる。政治や学問や芸術や教育にたずさわる人々は、それぞれ、道元の求道の生活から、人間の生きかたについて多くのものを学びとるであろう。しかし、弘法救生を目標とする宗教が世俗を回避するなら、それは宗教としての生命をうしなうのではないか。かつて、ある宗教学者は、弁道話の十九問答の中の一文をひき、道元の立場からは、自己の主体に覚醒した政治家なり、教育家なりがそれぞれの任務を果せば、その政治が仏法であり、その教育が仏法であるということになると説明した。また一哲学者は、キリスト教における神は創造者として絶対有であり、道元の思想は東洋的無の立場に立つものとし、現在の哲学の危機をすくうものは東洋的無の立場しかないとして、「てってい的に現実に身を没し、その底に死することによってかえって現実の限定力をうばう」ものを道元の思想にもとめたことがある。いずれも現実を回避しない精神を道元の思想に見出しての言説であるが、その「自己の主体に覚醒する」とか、「てってい的に現実に身を没する」とかいう意味が問題であろう。ただ心を内に向けて自己を反省究明することであるなら、外界との遮断にほかならない。回光返照とか脚下照顧とかの言葉に内包せられるものが己我、己見をすてて正師に参ずるという仏道実践を意味するなら、学道のすじみちとして肯定しえても、そのまま歴史的社会に対決させることは不可能であろう。

道元が建仁寺から洛南へ、洛南から越前へと移っていったのは、権門や宗教界とのわずらわしさをさけるためであったとすれば、この世俗回避は権門との断絶ではあっても、それがただちに民衆との遮断を意味するものではなかろうし、また、わたしたちが道元のたどったあゆみをあとずけるためのよりどころとする「正法眼蔵」その他も、かれが会下の僧衆に示したものであってみれば、そこに直接在俗の民衆によびかけた言葉がないからといって民衆を無視したことにはならないであろう。けれども不離叢林の宗風が民衆に近ずきにくいものであったことは、すでに見てきたとおりである。とすれば、現代において、道元の宗教が宗教としての積極的意義をもつためには、この「民衆性」の問題をどうするかという点にかかっているのではないか。科学の時代に生き、世界的な規模での政治や経済の波の中にゆすぶられている現代の民衆の知性に、全身全霊を投入して到達した道元の作務仏法、眼横鼻直の真義をどう対応させるかということである。

そこで、現代の「科学・政治・経済と宗教」の問題にとりくむことによって、道元の学道から現代的意義をほりおこすことが宗教家に望まれる。でなければ、民衆を時代から背けさせ、知性をくらませるばかりでなく反動的なものに転化する恐れさえもつであろう。

日蓮と現代社会

相葉伸

一　戦後の精神流

敗戦を境に、長い間の心身の緊縛が一時に解けると、ひとびとの心を最初に襲ったものは衝動主義の流れである。現実生活それ自体をエンジョイする一応ヒューマニスチックな娯楽もの、趣味ものをはじめ、西鶴的好色物や、一連のヨロメキ文学と、いわゆる太陽族やアロハ型のデカタニズムを巷に氾濫させたが、それらの中の意識は資本主義社会の頽廃面の露頭であり、日々の食糧を追う勤労階層とは凡そ縁遠い貴族趣味的享楽主義以外のものではなかったが、他面に古い道徳や秩序に対するレジスタンスとしての反俗精神でもあった。

第二の流は復古意識の流れである。それは講和、独立、警察予備隊の強化、戦力論議等と世は移って、国土防衛の想いを念頭に去来させる人々も多くなって、そこに復古意識の蕾がふくらんだ。そうかといって一度味ったチャタレー的ムードを一朝にして捨て去る筈もない。この二つの潮流に浮動する大衆の真中に投じたジャーナリズムの一石が、一時「源氏物語」ブームを生んだ。それは国土防衛を呼び起した人々には日本古典への郷愁であり、チャタレー的翻訳文化に夢心地の人々にはそれの日本版にあたっていた。日本古典への回想をもちながら、文学を罪悪とみる時代の思考形式に抵抗して、本能も衝動もそのまま菩提のいとぐちと見る点で、戦後の性解放の気分に半ば芸術的な形で一時の妥協的満足感を与えたかに見えた。そして一応第一の流れは出版界に戦記文学の流行や歴史物ブームを生んだが、同時にまたそれらを意識背景とする保守的支配層のナショナリズム的傾向への抵抗としての、基地闘争や原水爆禁止アッピールをはじめ勤務評定反対、警職法反対、新安保条約阻止等のスローガンの下に活潑な大衆運動が、ほとんど全国的規模をもって展開した。そしてそれらはすべて、今後支配層によって起されるかも知れぬ「戦争の危機」に対決する平和運動の一環としてPRされ、更に目的達成の方式として労働者、学生等のデモや坐り込みやストが実力行使の名の下に激化していったが、勢のおもむくところ時に殺傷流血の惨を繰りかえした。

右の二つの流れを大衆志向の第一、第二の類型とすれば、戦後における更に第三の類型として宗教的狂信の流れを挙げることができる。つまり戦後の虚脱感を超克しようとする日本の大衆が選んだ方向は大体この三つの精神流のいずれかであった。そして極く一般的な云い方ではあるが、この第三の類型に属する階層は例外はあろうが政治的には比較的に無関心であり、或は無関心でないまでも公的な機関に対する自己の要望を口に出すことに極めて消極的な人々が多い。

これらの三つの類型はつまり戦後の人々が打ちのめされた虚脱感と社会不安から如何にして脱却しようかとする焦燥を根底とするものであったので、濃淡の差こそあれ、すべての日本の庶民を襲った心的パニックへの反射行動でもあった。この場合、ある者は右翼に、あるものは左翼に……という云い方もあろうが又別の見方では、右翼にも、左翼にも、享楽にも行けなかった中間派大衆が新興宗教に走ったといえるのである。そしてそのいずれの階層にも驚くべき多数のいわゆるミーハー族を産んだことも事実である。流行歌手の公演に熱狂して負傷者を出す群衆をはじめ最も知識的と目される学生や大衆の政治的集団行動においてさえ、進歩保守の両陣共に批判なき追随者の一群、いわば政治的ミーハー族（この言葉は異様だが）が亦なかったとは云えない。

ともあれこの間を通して注意すべき共通の現象がある。それは心的虚脱や経済的社会不安の中にいかに秩序を回復するかという積極派と、如何に逃避するかの消極派との差異は別として、かれらが何らかの新らたな秩序を欲し、そこに強力な英雄の出現を待望しているという事実である。かれらはそれを意識している場合も、意識していない場合も、押しなべて、おのれの描いた英雄の映像に、如何に忠誠と随順を希望しているかを推理することができよう。

つまりこのような社会心理が日蓮的エネルギーの現代的展開を促す温床として存在することを先ずもって知らねばならない。

二　日蓮系新興宗教の社会的実践

1　在　家　型

宗教は戦前一九三三年（昭和八）の前後において一度NHKの聖典放送を契機に復興期に際会した。こんにちの新興教団は実はその前後において、ひそやかな源流を発するものが多かった。戦後の解放は再び宗教の社会的昂奮期を誘発した。殊にその特徴として、いわゆる「新興宗教」の華々しい盛行を促し、九百万人以上の庶民大衆がこれに動員されたが、この中仏教系特に日蓮系が断然多く、かれらだけで全体の半数に及ぶ盛況ぶりである。それは霊友会及びそこから独立した立正佼成会（妙佼の死後交を佼に改名）、妙智会、仏所護念会、孝道会、妙道会等々の一群と、日蓮正宗の外廓信徒グループで、新興的色彩の濃い創価学会などを内容とするものであった。これはたしかに驚異すべき事象である。

ところでこれら日蓮系諸教団なるものが、このような華々しい成果をあげ得た諸要素は幾多これを指摘できるが、最も共通な特色はその教団形態である。

すなわち「在家型」の教団であるということだ。つまりかれらの教祖や指導者はいずれも在家人で、職業的な僧侶ではない。したがって法衣をまとってはいない。霊友会の小谷喜美にしても、立正佼成会の死んだ長沼妙佼も、妙智会の宮本みつにしても普通のおばさん然としている。公式の行事などで裾模様のついた留袖など着ているところは田舎の婚礼などでざらに見られる仲人のおばさんといった恰好である。立正佼成会の庭野日敬はモーニングを着たり時に紋付羽織袴で共に変っているところといえば題目をかいたタスキを肩から斜にかけているだけだ。これとても一般信者並みである。創価学会の死んだ二代会長戸田城聖などももともと小学校の教員であっただけに校長か普通のサラリーマンを思わせたし、第三代の会長になった池田大作に至っては全くの平社員並の感じである。服装も生活も全く一般社会人と同じであり、その説法も高遠な理想より卑近な生活の茶飯事を捉える。この様な庶民性は日蓮が世法の中に仏法がある、資生産業はこれ仏道だと説いたり、更にまた「女房と酒打ちのみて何の御不足あるべき」「男女交会のとき南無妙法蓮華経と唱え奉るを凡悩即菩提」などと云ったのと軌を一にするもので、衣食住から夫婦の愛情の問題にまで及ぶ現世利益中心である。

2　教祖本尊論

この場合かれらの言動を権威づけるものは釈迦であり、法華経であり、日蓮であり、その日蓮の現世的顕現が教祖その人だというのである。試みに立正佼成会の場合を見よう。

何故に本仏を御本尊とするかと申しますと、主師親の三徳を具備せられた仏格は本仏釈尊以外にないからであります。両先生（庭野日敬、長沼妙佼を指す）はこの主師親の三徳を具備し給うた本仏釈尊の真実の御法を、日蓮上人を通して、我々にわかり易く御伝えできる（仏・法・僧の三宝で申しますと）僧宝の大役を果しておられるのであります。（入会の手引）

これによれば仏法なる釈迦、法宝たる法華経、僧宝たる日敬、妙佼を崇めることが「日蓮大聖人の流れをくむ仏教徒としての正しい信仰の在り方」であるとする。つまり釈迦から日蓮へ、日蓮から日敬、妙佼へと直通の師資相承をもつもので、真の釈迦の教を現世に実現する当体こそ日敬・妙佼その人であって、日敬・妙佼と釈迦・日蓮は全く一体のものだという。これは中世にみられた日蓮本尊論を現代的に模倣した日敬・妙佼本尊論である。主師親の三徳とは日蓮の好んで口にした言葉であるが、現行の日蓮宗ではまさか身延の貫主がそのまま日蓮と同体だなどとは云っていない。この点まず既成の日蓮宗とは完全に一線を画す、新興の新興たるゆえんがある。

そこで本部の信徒への指導も、常にこの線に沿って「両先生の御慈悲で毎月各地方へ布教班が御手配になり」とか「一度に払えない人（霊園の代金のこと）もあるだろうからという両先生の御慈悲で分割払という方法もございます」というように、しきりに「両先生の御慈悲」を連発し強調しているし、信徒の側でも本部の指導を反映して、「両先生の御慈悲」や「御守護」として感激して受取っている。「ある夜の二時頃……御本部の方に向い両先生を一心に念じ、何か不思議な御力を御見せ下さいと御願いをしたのでございます」「一生懸命お題目を唱えながら両先生を念じたのでございます」「喀血はしなくなり、ああ有難い御守護があればこそと益々陰の力を信ずる気持になり……妙佼先生何卒今迄の心得違いを御許し下さい」「妙佼先生どうか御役がありますものなら子供の一命お助け下さい」等々枚挙し難い程の好例がある。

3　シャーマン性

宗教指導者には三つの類型があることを筆者はかつて指摘した（拙著「日蓮」弘文堂刊）。住持型。験者型。聖型の三がそれである。日蓮はこの中で第二のタイプ験者型に属する。現今の日蓮系在家教団の教祖たちはいずれもこの色彩が濃厚である。つまり媒介者がそのまま仏自身と同格とされるのは験者型の信仰といっていい。烈しい自虐的な修練によってシャーマン的権威を体得し、しばしば自らを予言者とし、また奇蹟の行為者とする。その為多分に呪術的要素をもっている。もちろん彼ら自身は呪術信仰を否定しながら尚文証・理証・現証の三証具足の見地から奇蹟の「御手配」を実蹟する霊威の保持者（験者）として自らを示し、それがかえって信徒の「蔭の御力」への信頼と期待をうながす結果となっている。そこに不況や離職や不和や病気や敗亡感にあえぐ、はかない民衆のなやみが、奇蹟を求める願にマッチするものがあり、同じ庶民の中から生れでた英雄への随喜と心酔がまたそこにあった。新興宗教の教祖達に女性が多いのも霊感の保持者としての適格性の故であろう。特にまた佼成会では会長が男性、副会長が女性で、女性は男性たる会長の導きによって教えに入ったという信仰歴であるのにかかわらず、副会長たる女性の方がより多く教祖的で信仰の随喜もこの女性に集中していた。この点霊友会の久保角太郎と小谷喜美の場合も同じで多分に神主と巫女という古代的、かつ、シャーマン的であることはさきに指摘しておいたが、恰もそれを裏書きでもするように、会長日敬は副会長たる女性妙佼を通して神示をうけたといっている。会は昭和十三年三月発足以来本尊の勧請も初めは毘沙門天、次に大日、次に釈迦と、信仰の骨格が三度も変っている。これも神示だという。日蓮への傾倒は二十年二月十五日の釈迦涅槃の日の神示からで、以後日蓮信仰に大日を本尊としていたことに自ら疑義をもち、妙佼を通じ神示を乞うたら、十月十三日日蓮入滅の忌日に、釈迦を本尊にせよとの神示があったという。更に昭和三十二年の十一月十五日庭野の誕生記念日に重ねて神示があり妙佼は法華経行者の証明役とし、庭野を真の法華経行者とするために妙佼をつかわしたという神示があったという。この経緯を庭野は妙佼が三十二年九月十日に歿した二ヵ月余り後の十一月十五日彼の誕生日の祝い席の法話でいっている（交成32年12月号「神示に基いて交成会の御本尊勧請の経緯」）。会の信仰的中心であった妙佼死後の人心集約に庭野が如何に腐心しているかがわかる。筆者はいつか庭野との面接の機に妙佼生前と死後とをどう区別して説法しているかを問うたら、生前を「爾前」とし死後を「真実開顕」とすると答えた。つまり釈迦の迹門・本門・日蓮の佐前佐後にならって、これからが真実開顕だと会員に説いているようである。如上の法話はその意味で重要な布石である。しかもそれを神示の権威でバックアップするところに、古代的な咒術の名残を否定し得ない。彼への神示とやらが如何なる神であるかは明らかにしていないが、一方に本部命日として虚空蔵をまつり、八幡をあがめるあたり、尚諸行的習合信仰を離れていない。彼及びその支部長が、信徒誘引の手段として姓名判断を用いたり、新潟布教の幹部が、たまたま鳴った寒中の雷鳴を直ちに活用して「寒中に雷が一つだけ鳴るのは大きなことの起る前兆なんですよ」といってその地の道場建設を激励督捉している如き（交成昭三〇・三月号）根も葉もない神秘性を説いたりする。

妙智会の会長宮本みつも雨が降った本部の供養日の説法に「天候と御供養日とは深い関係があります。今日は午後から雨になるという天気予報ですのに、十時頃から降っているのはなぜでしょう。皆さんが心から念ずる心が足りないからです。皆さんは寝ぼけ過ぎています……そうした心の悩みやわだかまりを取れれば今日の天候は晴れます」（妙智六九号昭三一、七）といっている。

戸田城聖も昭和二十九年五月、男女青年部の総登山が二回とも雨天だった時、「お前らが頭数を揃えようとして信心のない者まで馳り集めてくるから雨が降るんだ」と教訓し、これをうけた青年部長の辻武寿までが「この一言は腹の底までジンと私にはひびいた。形式にとらわれて信心の本質をゆるがせにしたために、先生まで雨に打たせてしまったことを心の底から悔い、お詫びした」というのである（大白蓮華35・4月号）。

また富士大石寺に大客殿を建立する発願に際し全会員の強信と結束を促す戸田の言葉の中に、時たまたま伝えられた比叡山延暦寺の大講堂焼失を指して「御書に云く迹門の大教興れば爾前亡ず、本門の大教興れば迹門亡ず、観心興れば寺迹共に亡ず」との日蓮遺文の予言の現証としたごときもこの例に洩れない。

日蓮遺文の予言性に基礎をおく場合、学会もしばしば呪術的になるのだ。

このような神秘性や呪術的権威の表現として、時に彼ら指導者は信徒に対して、罵倒に近い烈しい言葉を浴びせかける。

妙智会の宮本みつの場合はその好例である。彼女は会員に面と向って小便とかツラといった様な言葉を平気で浴びせる。

「ツラといわれるのがいやなら顔になりなさい。誰も彼も顔という程の顔をしていないではないか……自惚れ、どん欲、ひねくれ……それがそのまま出ているから顔でなくてツラだと私はいうのだ」（妙智への道）

このような頭ごなしに信者を叱りつけてはばからぬ教祖の言動も、受ける信徒の側からは烈しい修行の結果累積された自信と権威の表出として映じさえする。「蔭の御力」への期待はかくてこの種の言論の暴力をも、頼もしき権威そのものと見て、かえって心よい随喜とエクスタシーにさそわれゆくのである。

唯戸田城聖の場合は、彼と会員との間は本来教祖と信徒の関係ではなかった。幹部の中のある者とは居酒やで戦時中の乏しい酒をのみ合ったりしている。彼は烈しい修業によってその位置を得たのではない。微塵の謗法も許さぬという初代牧口会長以来の伝統の上に立って「折伏の大棟梁」、「日蓮以来の末法の大導師」としての尊敬をかち得たが自らを仏だとは云ってはいない。彼は云う「バカヤロウ、仏様だの如来様だの神様だのになるような片わぢゃない。「おれはリッパな凡夫だ」皆と同じ凡夫だというのである（大白蓮華昭5・4月号）。かくて次第に教祖的権威の色彩が濃くなっている。尚、彼は立正佼成会の様に神の権威を借用しない、のみならず日本の神々を邪神とする立場から、戦時中不敬罪に触れて初代牧口は牢死し、彼も亦戦後漸く出牢して、学会を再建している。これらの「法難」がむしろ修業以上の修業の実績として信者を鼓舞するものがあったのであろう。

4　家中心と天皇制

日本の仏教は長い歳月を通じて家族制度や政治的権威の庇の下に過してきたことによって、戸主を代表者とする「家単位の宗教」として成立ってきた。為に個人は全くその中に埋没し、家の宗教をもって自己の宗教と錯覚してきた。こんにちの檀徒という言葉はもはや完全に信仰なき惰性者の代名詞にすぎない。寺は唯葬儀の時の為にのみ存在し、その葬儀も形式化した。現代人は長々と漢訳仏典を読む田舎の葬式の退屈さをきらって都会は告別式の形式を採ってきた。一般会葬者はこれによって退屈な読経の時間を避けて、儀礼的に経後の焼香の時間だけ参加し、家族や親族などのっぴきならない人々だけが忍耐して僧の独演する経を聞く始末である。仏教はその最後に残された葬式儀礼さえ全く大衆から敬遠されている。これは何も現代への多忙だけが原因ではない。

ではこんな生命を失った形骸だけの仏教がどうして続いてきたか。その秘密の一つは彼らの保有する墓地にある。家族制度下において、人は容易に先祖代々の墓地をすてさることはできない。寺と墓地はこの意味で遺産であったのだ。のみならずその遺産の故に、人はその信仰まで遺産の中に含めて受けとらねばならぬかのごとき錯覚に陥ってきた。だからたまたま家族の一人が他の信仰をもったとしても家族ぐるみの転宗でない限り、彼も亦やがて無自覚のままに惰性の宗教に帰り、つまりは菩提寺僧の引導で、先祖代々の寺の土をかぶってゆくのである。だから新興宗教の盛行はこの惰性への痛烈な批判であり、あらゆる宗派の中からなやみ多き個人を抽出して再編成を志したものといえる。その数字は惰性ではなくて自己の信仰告白による個人である。家の宗教から離れて漸く個人の宗教となったのである。ところで注意すべきは立正佼成会はこれらの個人に「総戒名」を付与して父方、母方の無数の先祖をそこに吸集して、それへの献身を説く点で、もう一度家の認識を求めていることである。それは民間信仰の先祖まつり、魂まつりの延長にほかならない。創価学会も亦、最初の一人を手がかりとして、三〇〇万世帯の獲得が今年の目標だという。特に世帯とことわっているのは明らかに家を単位とする布教目標である。ここには家族制度復活への志向がある。そしてこの志向の延長上に天皇制への憧憬がひそむものと見られる。現に立正佼成会の支部旗にはヒゲ題目の傍に「天壌無窮」の文字を付している。創価学会においても王仏冥合を説く日蓮意識の歴史性からその理想は天皇を同志として獲得することである。その意味で折伏の窮極は天皇が学会に帰依して「王臣一同」に題目をとなえる事である。大石寺に現存するという「紫宸殿本尊」は四海皆帰妙法の後に宮中の紫宸殿に安置すべく用意された本尊だという（大白蓮華一〇五号）。ここには学会が現在の政治制度、殊に天皇制の厳存を公理的事実として一片の疑いなく肯定しそこに彼らの理想の灯をかかげていることを知りうるであろう。

5 墓地

しかし彼らがこの新しい信徒獲得を永遠のものにするためには、既成仏教の故智にならって専有の墓地を用意せねばばうそだ。というのはかれら新興諸宗に詭く信徒たちは、いずれも現今の日蓮宗又はその他の宗門に属している。その墓地は菩提寺の回向と監理下にある。新宗教に自らは移っていて死後の墓だけ菩提寺に納まりたいといっても菩提寺がこれを喜ばないのは当然である。立正佼成会では東京都内に広大な佼成霊園を設けて完全独立をはかる一方地方で菩提寺との間の摩擦をさけてしかも実質をとる為に菩提寺がつくってくれた戒名はそのまま温存し、これに佼成会でつくる戒名とを併存せしめる妥協策を講じている。創価学会はこれに比して最も烈しく、葬儀は学会員が馳せ参じてその手で一切の処理をする。一般会葬者も霊前で題目を唱えぬものは拒否する立場である。まして菩提寺の僧もである。彼らは日蓮正宗以外はたとえ題目を唱える日蓮宗であっても、かれらにとっては邪宗日蓮宗にすぎないからである。しかし日蓮正宗の存在は地域的にも限界があり、まして墓地は尚更である。そこで学会員の墓地は菩提寺側から烈しく拒否される結果となる。そこに学会の全仏連への新らたな要求は各宗各寺がその墓地を解放せよというにある。しかし佼成会もその霊園を他宗徒の為に開放するとはいわないであろうし、学会も亦大石寺の広大な墓地を他宗の為に開放することなど謗法拒否の主張の上からは夢想だにしていないであろう。自己の信徒だけの為に他宗の寺だけにその墓地を解放せよとは虫のよすぎる要求といわねばならない。要は学会は自身の墓地をもつか市町村営の共同墓地を活用すべきであって、墓地に関する限りおのれ自身は絶対に与え得ぬる物を他宗に向って求める独善はこれを避けるのが至当であろう。とまれここに彼らの深刻なやみがある。

6 布教の方式

日蓮系在家型教団の布教方式の特徴は説得にある。霊友会やその分裂・脱退派では、これを「御みちびき」と称し、創価学会では折伏と呼んでいる。それは一人でも多くの者に法悦を分つという宗教的利他行というよりは、むしろ会員自身の不可欠の義務であり修行であり、罪障消滅の自利の行としてである。それ故に説得は熱心以上の執拗ささえ加わるのが常である。彼らの集団的説得は法座(佼成会等)又は座談会(学会等の研修)がある。更に高度の者には学習会(学会のみ、日蓮遺文の方法で)がある。これらを通して個人のなやみやざんげへの指導と共に功徳と罰が教えられる。これは既成宗教の最も閑却したグループによる個人の生活指導であり、同時に会員を布教の尖兵たらしめる温床でもあって、新興教団盛行の一つの鍵をなしている。特に女性にとっては、これによって閉ざされた家庭内のうっ血と隷属の繰り言を家庭外の広場に散しうるところに、ひそかな解放感を味い得る場でもあったからである。創価学会では折伏の究極は国立戒壇の建立にありとし、その行動源としての青年の結束を重視して、これを旧軍隊組織類似の体制を布いた。現在百部隊三十万と号する青年を擁し、かれらに、戦陣訓まがいの「青年訓」と「国士訓」を与え、国難救済の青年の心がけは宗教家でなくて国士であると説いている。学会は更に日蓮の国家諫暁の構想を民主社会の議会主義に求め、選挙による学会人の政界進出に成功した。現在十六人の参議院議員と多数の地方議員を獲得して世間の瞠目を浴びている。更に余勢を駆った青年行動隊は身延山への集団攻撃をかけるなど、めざましい折伏行を展開している。

折伏の語は摂受と対照の語で、ほんらい破邪とか拒否の意をもつ宗教的古典語である。終戦前までは少くとも多数の一般社会人の知らなかった言葉であろう。それが終戦を契機として、ミサイル飛ぶ現代社会の街頭に、堂々と日蓮的口調そのままに再登場して来たことは驚異すべき事実である。茲にわれわれは日蓮の現代社会に及ぼす歴史的エネルギーの沸とうを見ることが出来るが、その横溢は更に現代社会の切実な問題としての基地闘争や、新安保条約阻止に果敢な挺身を見せた日本山妙法寺派の一団の存在をも併せてここに記しおかねばならない。権威に抗する日蓮的歴史的エネルギーは、かくて亦民族のもつ殉教的エクスターゼでもあるのであろう。

思想家親鸞

務台理作

一　廻心ということ

歴史上のすぐれた宗教者には劃期的な廻心の事実がある。廻心の動機、その決定、内容、過程等を明らかにすることが、その人の宗教思想に近づくキーになることは疑いがない。親鸞の思想を知るについても、その廻心の事実を明らかにすることが大切であろう。

親鸞みずからも廻心の意味を慎重に考えている。

「一向専修のひとにをひては、廻心といふことたゞひとたびあるべし。

その廻心は、日ごろ本願他力真宗を知らざる人、弥陀の智慧をたまはりて、日ごろのこころにては往生かなふべからずと思ひてもとのこころをひきかへて、本願をたのみまいらするをこそ、廻心とはまうしさふらへ。（歎異抄十六）

つまり廻心の以前と以後とにはまごうかたない切断がある。その以前においては未だ本願他力の意識をわきまえずにいたものが、仏智をうけて、いわゆる賢善精進の行を積み重ねても正信に達することの不可能なるを思い明らめ、そのような心をひきかえて、仏願にすべてをたのみまいらせること、即ち真実の他力摂取の一念に決定《じょう》すること、これがほんとうの廻心だというのである。

ここに大切なことは、「もとの心をひきかへて」ということ、即ちそこには切断の機がなければならないのだ。もとの心というのは「自力のこころ」である。「自力のこころをひるがへして、他力をたのみたてまつれば、真実報土の往生をとぐるなり」（歎異抄三）とある。このように自力の心をひきかえて、或はひるがえして、他力に帰るのが、親鸞のいう廻心の本質である。そこにまごうかたない切断がある。この切断こそ機の発展にほかならないから、廻心とは機の切断を媒介とする不連続の連続というべきものであろう。

このような廻心がじっさい親鸞に起ったのはどういう時期であったか。これについて三つの見解がある。

(1)　親鸞が叡山の常行三昧堂の堂僧として多年の行を重ねたが、その行業の意味にかんして、とくに女犯・妻帯の問題にかんして伝統の戒律に深い疑いを感じ、煩悶の末、建仁元年（一二〇一）山を下り、京の六角堂に百日の参籠をした。親鸞二十九歳の年である。満願に近い九十五日目に聖徳太子示現の文を感得し、その告知によって吉水の源空の念仏道場に入室した。そこではじめて称名専修念仏の教えを受け、信行の大変革を受けたのである。いわゆる「建仁辛酉ノ暦、雑行ヲステ、本願ニ帰ス」ることになり、三願転入の道を明らめたという廻心の事実である（なおこの事実は弘長三年（一二六三）二月十日恵心尼から娘覚信につかわした消息の中に生き生きとうつし出されている。恵心尼消息五）。

(2)　弘長三年二月十日付の恵心尼の書状の中で物語られている事実、即ち建保二年（一二一四）、親鸞が妻子を伴うて越後から常陸に向う途中、上野国佐貫で、衆生利益のために三部経を一千部読誦しようとした折、一向専修の念仏者は、名号・本願・念仏のほかに何一つ大切なもののないことに思いいたり、一千部の読誦とてそれは余業であり、他力の中の自力に過ぎないとみて、急に経文の読誦を止めて、佐貫を去ったという事実である。この折こそ正念往生のためにふかく決定《じょう》して、自力のこころをひるがえしたとみるのである。この事実こそ生涯の廻心を示すものとみるのである。

(3)　恵心尼の同一書状の主要部分をなしている事実、寛喜三年（一二三一）四月十日より風邪の高熱で臥床していた親鸞が、夢うつつにひまなく大経を読誦し、「たまたま眼をふさげば経の文字の一字ものこらず、きららかにつぶさに見ゆる也。さてこれこそ心得ぬことなれ、念仏の信心より外には、なにごとか心にかかるべきと思て、よく〳〵案じてみればこの十七八年がそのかみ……名号の外にはなにごとの不足にて、必ず経を読まんとするやと思かへして読まざりしことの、さればなほもすこし残るところのありけるや。人の執心自力のしんは、よく〳〵思慮あるべしと思ひなして後は、経読むことは止まりぬ」と、恵心尼によって消息されている事実である。この折こそ経文の読誦という自力余業を完全に否定し、且つ念仏にまとい易い呪文的、呪法的信仰から完全に解放されたという点で、生涯の廻心を示すものと見るのである。この中で「十七八年がそのかみ」というのは(2)の事実である。たしかに寛喜三年（一二三一）四月のこの出来事によって、親鸞は一向専修の信心決定の境地に達したと思われる。他力の中に根づよくひそむ自力作善《きぜん》の執心をとり去ることに決断を下したのである。

二　真実の廻心はいつ行われたか

この(1)、(2)、(3)、いずれも親鸞の廻心の事実を示していることは疑いがない。しかし親鸞は「一向専修のひとにをひては廻心といふこと、たゞひとたびあるべし」という。真実の廻心はただの一回しかない筈だというのである。廻心の本質について、「もとの心をひきかへる」ところの切断は、ただの一度というのは正しい。ただの一度とすれば、(1)、(2)、(3)のいずれをもってすることになるだろうか。

これは当然(1)をとるべきであろう。そこで、彼はいわゆる賢善精進の自力作善の道に決定的な終止符をうった。常行三昧堂の堂僧生活にたいする切断の意味はもっとも大きいではないか。「シカルニ愚禿釈ノ鸞、建仁辛酉ノ暦、難行ヲステヽ、本願ニ帰ス」（教行信証化身土巻の読み下し、建仁辛酉は建仁元年）というのである。この難行を捨てて本願に帰入するというのが、有名な三願転入の思想である。この建仁元年（一二〇一）の廻心が後に、教行信証化身土巻で、「是ヲモテ、愚禿釈ノ鸞、論主ノ解義ヲアフギ、宗師ノ勧化ニ依テ、ヒサシク万行諸善ノ仮門ヲ出テ、永ク雙樹林下ノ往生ヲハナル云々」と誌されているほどに明白な切断な形をとって、いわば一挙に行われたものであったかどうかは一応考慮してみる必要があるが、とにかくそれから大凡二十年余後の回顧として、そのように意義づけられていることは重要である。

この(1)の事実をもって、親鸞真実の廻心と見ることは、当然廻心の内容に立ち入らねばならぬ。その内容として、源空の専修念仏行を受け継ぎながら、源空から区別せられるものを示さねばならないであろう。それは次の三点に見られるのではなかろうか。

（Ⅰ）三願転入の思想

（Ⅱ）「悪をもおそるべからず」という見地

（Ⅲ）造悪無碍の本願ぼこりにかんする態度

の三者、とくに（Ⅱ）と（Ⅲ）についてである。

（Ⅱ）「悪をもおそるべからず」という見地について、

「しかれば本願を信ぜんには他の善も要にあらず、念仏にまさるべき善なきがゆへに。悪をもおそるべからず、弥陀の本願をさまたぐるほどの悪なきがゆへに（歎異抄一）。

この思想はいうまでもなく師の源空にある。しかし源空ではまだ善悪の区別を問わず、人は平等に救われるという点の主張であった。これにたいして親鸞は「願をおこしたまふ本意、悪人成仏のためなれば、他力をたのみたてまつる悪人、もとも往生の正因なり」（歎異抄三）というように、むしろ悪人なるが故にこそ救われるという点を高調する。このように往生のために悪をおそれるなと高調することは、悪人正機の問題になる。悪人正機思想における「悪人」とは何であるか。後にも述べるように、それは善人と区別され、善人に対立する意味での悪人でなく、ひとえに「他力をたのみたてまつる悪人」、「われらのごとく下根の凡夫、一文不通」の悪人、「いずれの行にてもおよびがたき身なれば、とても地獄は一定のすみかぞかし」（歎異抄二）と諦める悪人である。このように他力をたのむ悪人こそ本願によって往生決定《じょう》と約束されているのである。「善人なをもちて往生をとぐ、いはんや悪人をや」（歎異抄三）。この思想は後年いっそう明白にされるのであるが、その「本願ニ帰ス」という建仁元年の廻心の中にすでに含まれていなければならない。

（Ⅲ）本願ぼこりの問題は、造悪無碍にかんする問題として東国門徒の間において争論され、一時はその教団を破滅の危機につきおとした問題である。この問題について、師の源空はすでに七箇条起請文において、弥陀の本願があるといって造悪無碍のふるまいに出ることを堅く禁じたいきさつがあり、親鸞も僧綽空の名をもってこれに署名している。造悪無碍をかたくいましめたのは、東国在住中においても、上京後においても変らなかったが、しかし親鸞には本願ぼこりの生じる人間の宿業と仏願との深いつながりについて、師の源空よりもいっそう他力摂取の信仰を主体的に深めていた。それは歎異抄の中でもとくに現実味をもって生々と描き出されている十三によく示されている。

この（Ⅰ）、（Ⅱ）、（Ⅲ）は、いずれもすでに師の源空によって基本的に、或は萌芽の形で示されている思想であるが、それが親鸞において、いっそう明白にされ、浄土真宗の信心為本の建て前がつよく押し出された。それには建元元年の吉水入室を機とする生涯の廻心の中に含まれていた、難行聖道からの切断が、いっそう展開していく必要があった。

廻心はただの一回の出来事である。そのことにまちがいはない。二回の廻心というものがあれば、そのどちらかは真実の廻心と言えないはずである。しかし一回だけとは言っても、その中に含まれている思想がいっそう深いものに向って展開するのは当然である。そしてその展開について、一向専修の教団の上に加えら

れたその後の法難のかずかずの危機が、その深化展開の媒介になっているように思われる。そのような教団の危機として、

(1) 承元元年（一二〇七）二月上旬、法然一門の法難に座して越後国府への流謫。

(2) 元仁元年（一二二四）の山徒の念仏停止上奏と、それによる停止の宣旨。親鸞は教行信証化身土巻の中で、「ワガ元仁元年」と言い、この上奏によって念仏者を弾圧した朝家にたいして、「主上臣下、法ニソムキ、義ニ違シ、イカリヲ成シ怨《カタキ》ヲムスフ」というきびしい弾劾を加えている。

(3) 文暦元年（一二三四）以後、とくに建長四年（一二五二）以後において強まる幕府の弾圧、それに同調する領家・地頭・名主《みょうじゅ》の迫害。

(4) わが子善鸞によってひきおこされた教団内部での異解にかんする重大な危機。

これらはいずれも一向専修のともがらにとっての危機的事件、とくに親鸞が東国を去るべき時と決断して、年来の同朋同行にわかれて上京した後、異解解決のために東国に下向したわが子善鸞が、親鸞の名を使っていっそう異解をふかめ、領家・地頭・名主のような支配権力ならびに旧仏教の勢力と結託して、念仏教団を解体させようとするにいたったことは、じつに教団の内部に生じた重大な危機であった。しかしこのような危機感は親鸞の思想と行信をいっそうひたむきのものにまで深化したことは疑いがない。しかしこれは源空の禅室において経験した廻心の展開というべきもので、要するに源空の下でふみきった往生決定の道を、しだいに展開したものというべきであろう。

師の源空が善導和尚の観経疏に偏依したように、親鸞はひたすら源空に偏依した。「たとひ法然上人にすかされまいらせて地獄におちたりとて、さらに後悔すべからずさふらふ」というように、ひとえに源空に傾倒した。源空に傾倒することによってわが師を超えて、「悪をも恐るべからず」というような正信為本の思想に展開した。

これはさらに他力についての己証として、
(1) 建保二年(一二一五)上野国佐貫の決断
(2) 寛喜三年(一二三一)四月十日後、病中の決断

などの体験となるではなかろうか。これは己証の過程を示す重要な出来事であることは疑いがない。

三 悪をもおそるべからず

(一) 「悪をもおそるべからず、弥陀の本願をさまたぐるほどの悪なきがゆへに」(歎異抄一)

この思想の成立するには、仏願には善悪の人を択ばれず、摂取不捨してやまないという善悪平等観のあることはいうまでもない。歎異抄にも、「上人のおほせには、善悪の二つ、惣じてもて存知せざるなり」(歎異抄十八)とある。これは源空より受け継いだものである。「されば善《よき》ことも悪《あしき》ことも、業報にさしまかせて、ひとへに本願をたのみまいらすればこそ他力にてはさふらへ」(歎異抄十三)。「唯信抄にも弥陀いかばかりのちからましますとしりてか、罪業の身なれば、すくはれがたしとおもふべき、とさふらふぞかし」(同)。ここにいう聖覚の『唯信抄』は、源空と親鸞との善悪平等観をつなぐものと思われる。

しかし親鸞の「悪をもおそるべからず」は、善悪平等より一歩進めて、悪人こそ却って往生の正因であるという悪機の積極性を主張している。この悪人正機説は、「善悪の二つ惣じてもて存知せざるなり」という善悪不可知観、善悪平等観と、どういう関係に立っているか。

源空の吉水門下には名だたる武士も参じていた。熊谷直実、大胡《おおご》実秀、津戸為守というような関東武士もいた。これらの関東武士は、悪をおそれるなの意識よりも、むしろ戦場で多くの人命を殺傷したことについて、その罪業のむくいをおそれることを縁として、仏門に入ったのがほんとうであろう。そのこころの中には、他人の生命を犯した罪はげにおそろしい、そのおそろしい罪障感から救われようとする自分本位のものがあったではなかろうか。時は古代国家の崩壊によっ

て公家は没落し、武家の勃興という変革の時代であったので、武士が身の罪障を感じるというようなことは、普通のことではなかった。戦場でより多く敵人を殺傷して功名を立てることは、立身出世のための常道であった。そういう時期の名だたる武士が剃髪し黒衣をまとって念仏宗に帰したのは、たしかにつよい罪業感があり、それ故にこそ源空の善悪平等観によりすがったのである。しかしそこには、自己中心の身分意識がまだつよく残されていたにちがいない。

親鸞にとってこのような武士階級は伝道本来の対象ではなかった。親鸞の相手にしたのは、一文不通の名もない下積の人間たちであった。「他力をたのみたてまつる」ことのできる悪人というものいっぱんであった。それはもとより善人と区別された悪人ではなく、善悪の区別をこえた業人、「われらのごとく下根の凡夫、一文不通」のともがらにほかならなかった。賢善者からうとまれる悪人ではなく、仏願の前での悪人であった。たんなる凡夫が悪人なのではない、他力をたのむ悪人であることが大切であった。それは領家・地頭・名主などの支配の下に、明日への希望もなく、これという慰めもなく、汗を流して働いている百姓が多かったが、しかし百姓そのままで悪人といわれるのでなく、「他力をたのみまいらせ」「悪をもおそるべからず」と決定《じょう》している悪人のともがらである。親鸞によると、他力摂取の信心は、権力をもつ支配者よりも、一文不通のともがらにこそ却ってたやすく受け入れられると考えられた。

なぜというと、力をもつものはその力にたより、自己をたのむ自力作善の業《わざ》から容易に出られない。武士の入門も、念仏の力によって「自己」の罪障をつぐない、それをもって自分の手に斃れた人々の後世に廻向しようとする自力がはたらいている。この点で、社会の下積みであり、土に汗して自己の無力をたやすく信じうる百姓こそ却って本願の対象となるもの、絶対他力の信仰に入信できるものと信じたのであろう。親鸞はたんなる善悪平等によって悪を肯定したのではない。「他力を信じたてまつる悪人」こそ往生可能の正定聚であるとみて、そこに悪人正機説を確立したのである。

親鸞は悪人正機の「悪人」として、じっさいにどういう種類の人間を見ていたか。「うみかはにあみをひき、つりをして世をわたるものも、野やまにしゝをかり、鳥をとりて、いのちをつぐともがらも、あきなひをもし、田畠をつくりてすぐる人も」といって、漁・猟・商・農のともがらをあげている。すべて社会の底辺にあって、つらく苦しく渡世している人々である。これらの人々は、生きものの生命をとり、他人の懐から利をかせぐが、そのような生業によって世を過ごすのも、すべて業縁のもよほしによるものであって、その人々の責任ではない。悪人といっても、それはすべて宿業の然らしむるところである。所詮悪人から出られないこのような煩悩具足の凡人こそ、却って自力をひるがえして、他力をたのむ正定聚になることができるというのである。

悪とは善にたいする反価値として悪でなく、人間のふかい宿業によって、却って人間を平等化する媒介としての悪である。富と力によっては、人はますます差別されるほかはなかろう。汗と土とを離れられない悪人こそすべての人間を平等にする。悪とはここで人間のふかい業縁を意味する。この業縁・宿業によって人間の貴賤貧富の差別は失われてしまう。宿業のはたらきであるが故に、人を千人ころせば成仏できると言われても、一人を殺しうる器量のないものもあれば、一人を助けようとして千人を殺してしまう業人も出てくる。すべては宿業の縁によって定められている。そのことは人間の根源的な平等観を形づくる。悪の前には支配者も被支配者の区別も、賢善者と一文不通のともがらの区別も消滅する。人間の貴賤貧富の差別に立脚する此世の考え方は、すべて「そらごと」「たわごと」に過ぎなくなる。

この業縁平等を示すものが「悪人」である。だからその業縁がもっとも深く、しかもそれをかくしへだてなく、はだかのままに示している底辺の無力の人々こそ、他力をたのむ縁がふかく、「もとも往生の正因」となる人々である。本願は業縁ふかく、それ故に却って他力をたのみたてまつる人々をこそ対象として誓願されていると信ぜられるからである。これは善悪平等から悪人肯定へ向っての前進である。

このようにして親鸞は東国の土に関係のふかい一文不通の在家の百姓を対象として、その伝道を進めていった。もっとも在家の沙弥というカテゴリーの中には、名主の田圃にぞくする農民だけでなく、商人もあったであろうし、また念仏道場主として、武士の身分をもつものもあった筈である。高田入道国時（真仏の伯父）、真岡城主国行、真壁国司国春、笠間庄司基員などは、そういう稀なる入信の武士であった。

いったい親鸞がどうして越後から東国に移住したかについては、生活困難な雪国から未墾の土地の多い東国へ集団的に移住するものがあり、そういう移住民の伝手《つて》を求めたという説がある（服部之総氏）。しかし親鸞の妻の恵心尼は三善氏の出であり、三善氏の所領が越後にあるとともに東国にもあり、その所領関係をたよって移住したではないかという説もある（赤松俊秀氏、笠原一男氏）。おそらくこの後説が正しいであろう。いくら信仰のためとはいえ、妻子を伴って全く未知の土地へぶっつけにいくことは考えられないが、その伝手になったのは、親しい豪族の所領関係であったであろう。

このような関係によって常陸国へ移住したとすれば、最初に親鸞の伝道の相手になったものは、若干の富と力をもつ地方豪族・地頭・名主の類ではなかったろうか。まずそういう人々の入信によって、その下部にいる底辺の人々が、しぜんとそれに関心をもち、また親鸞もしだいに一文不通の人々への接触を深めていったではなかろうか。

東国の念仏者は、親鸞の入国に先立って、すでに東国には相当に散布していた筈である。源信門下の熊谷直実などの所領の中には、その縁故によって法然流の念仏者がいた筈である。これらの中の有力者がしたしく親鸞に接し、その影響を受けるということもあったであろう。つまり親鸞門下の中には、地頭・名主の身分にぞくして入道するものもあったにちがいない。

しかしそういう念仏者としての支配者というものは、全体としてみればまことに寥々たるもので、多くは一文不通のともがらであった。親鸞もこの人々に身命をうち込んで伝道をした。何といってもその主体となったものは、在家の沙弥としての農民であったことは疑いがない。同朋同行としての門徒の人々は、土地共同体の底辺にあった農民であった。

農民というものは、土に結合している。土と運命を共にしている。在家というのは土の一部分のようなものであった。そのために彼等にはしぜんと保守的な考えがつよい。その考え方と行動について、企劃と体系をもつことが困難である。そういう無力な農民に改革思想を植えつけるのはきわめて困難で、そのために彼等を念仏教団にまで組織する力をもった指導者が必要であった。そういう指導者としての役割を若干の商人や武士が担ったということも言える。しかし他方から考えると、このように社会の底辺におかれ、社会生活から見はなされているような農民であればこそ、一向専修の念仏者になることもできた、他力真宗の原始教団をつくるに却って好都合であったということもできよう。

とにかく他力摂取の対象としての悪人とは、東国の農民によって代表される人々であった。それはいっぱんに領家・地頭・名主ら、その他「余の人々」と対立するものであった。元仁元年(一二二四)山徒の念仏禁止の上奏の後、それに伴ってしだいに強められてきた鎌倉幕府の圧迫、とくに建長四年(一二五二)以後の圧迫、康元元年(一二五六)前後の善鸞事件、同二年(一二五七)正月親鸞から真浄への消息に見られるようなせっぱつまった状況などを通して、つねに領家・地頭・名主にたいする念仏者の信仰を守り通してきた人々、この人々こそほんとうに「他力をたのみたてまつる悪人」の代表者であった。それこそ悪人正機の対象としてつねに親鸞の胸中にある人々であった。

四　本願ぼこり

(Ⅱ)　悪人正機説は当然悪行の肯定、造悪無碍、それを正しとする「本願ぼこり」の思想と関係してくる。じっさいにこれは親鸞が上京してから、東国門徒との関係において、親鸞のもっとも苦しんだ問題であった。

「悪をもおそるべからず」というのは、じつに素晴らしい言葉である。このような言葉を底辺の民衆にむかって唱えた宗教者が他にあったであろうか。この言葉は源信にもなかった。まして古典的な念仏行者にもなかった。それは悪を、悪として肯定したのでなく、人間そのものの負目として、善悪のワクと、修善への執心から人々を解放する言葉であった。それによると一文不通の念仏者こそ本願に選択されたものとして往生決定となるのだから、社会の底辺の人々にどれほどの光明と勇気を与えたことであろう。親鸞が源信同門の聖覚の『唯信抄』を、生涯を通して高く評価していたのは、その中にこれと通ずる精神があったからであった。

しかし悪をもおそれないという思想は、これをそのまま日常生活の中へもち込むと、容易に造悪無碍の思想に転化するわけであり、じじつ念仏者の中には公然と造悪無碍を口にするものがあった。また一向専修の念仏者に反対するものは、これをもって念仏停止の絶好の口実としたのであった。

このような造悪無碍、本願ぼこりについて、すでに師の源空は門下をかたくいましめていた。それは門下の親鸞も綽空の名で署名した七箇状起請に明白である。これは源空の時代においても、朝家・山徒の念仏停止の好口実になっていたからである。親鸞も東国から上京して後、事あるごとに東国の門徒をいましめた。それは親鸞の帰京後、東国の門徒の間に、本願ぼこりの是非についての異解を生じたからである。建長

四年（一二五二）八月十九日付の親鸞消息に

「煩悩具足の身なればとてこころにまかせて、身にすまじきことをもゆるし、くちにもいふまじきことをもゆるし、こころにもおもふまじきことをもゆるして、いかにこころのままにてあるべしとまふしあふてさふらふらんこそかへす〴〵不便におぼえさふらへ。ゑひもさめぬさきになをさけをすゝめ、毒もきえやらぬにいよいよ毒をこのめとさふらんことは、あるべくもさふらはずとこそおぼえさふらふ」

とあるは、その代表的ないましめであろう。

しかし本願ぼこりについて、歎異抄十三に示すところのものは、むしろ本願ぼこりを弁護しているように思われる。

「弥陀の本願不思議におはしませばとて悪をおそれざるは、また本願ぼこりとて、往生かなふべからずということ、この条、本願をうたがふ、善悪の宿業をこゝろゑざるなり」

「願にほこりてつくらんつみも、宿業のもよほすゆへなり。されば善のことも悪のことも業報にさしまかせて、ひとへに本願をたのみまいらすればこそ、他力にてさふらへ。……本願にほこるこころのあらんにつけてこそ、他力をたのむ信心も決定しぬべきことにてさふらへ」

「かかるあさましき身も、本願にあひたてまつりてこそげにほこられさふらへ」

これは本願をほこることによって造悪するにしても、本願をほこるということは宿業の然らしむるところ、この業縁をまぬがれぬ凡夫の身を思い、それゆえに他力をたのむほかには往生の道のないことを決定することこそ、まことの信心というものだというのである。

しかしよく読んでみると、この言葉は決して本願ぼこりを無条件に許しているものではない。親鸞のいうところは「他力をたのみたてまつる悪人、もとも往生の正因なり」の立場からの立論である。これは東国の念仏者が、領家・地頭・名主などの支配者、その他の

「余の人々」によって、念仏者は本願をたのんで造悪無碍をあえてするともがらという誹謗をもって非難弾圧されたことと関係している。親鸞は一方で、念仏者が本願ぼこりによって造悪無碍にはしることをいましめる点はすこしも変わっていないが、正信の念仏者を本願ぼこりの名によって一括的に誹謗することにたいしてつよく抗議し、他力信心による本願ぼこりであるならば、それも本願によって許されるではないかと言って、念仏者を擁護している。歎異抄十三の本願ぼこりの批判と擁護はこういう意味をもつものである。

文暦元年（一二三四）前後、建長四年前後の念仏者圧迫にたいする親鸞の抵抗が、相当に強いものであったことは、教行信証における元仁元年の山徒の奏上による朝家の圧迫にたいして、「主上臣下、法ニソムキ義ニ違シ、イカリヲ成シ怨《カタキ》ヲムスフ」といって強く朝家を弾劾していることとならんで、康元二年（一二五七）正月九日、真浄坊に宛てた消息に明瞭である。

本願ぼこりについて、一方で信心の障りであるばかりでなく、反対者の弾圧の口実にされる点について、堅くいましめるとともに、他方で、それをも「他力をたのみたてまつる悪人」のあかしとして肯定するというような、一見矛盾に似た立場は、親鸞の思想そのものが本質的に具有している他力摂取の論理の中にひそんでいるものであろう。この論理は一念・多念の争論の論理とも密着しているのである。

五　一念・多念の争論の論理

親鸞が、当時の念仏者の間に行われた争論、異解にたいする態度をみると、それを一方で肯定しながら、他方でつよく否定する、或は一方で否定しながら他方でいっそうふかくそれを肯定するという論理が用いられている。つまりこれを形式的に表現すれば、「AはAに非ず、即ちAと名づく」という鈴木大拙先生の即非の論理である。この論理は親鸞の思想の中につねに繰返されている。本願ぼこりの問題もその一つの現われと見られる。

当時の念仏者の間の著明な争論、有念・無念のこと、一念・多念のこと、誓願不思議と名号不思議のこと、信・行のこと、みな然りである。親鸞自身は、有念・無念については聖道の無念でなく、浄土の無念即ち自然法爾の立場をとっている。一念・多念ではいうまでもなく一念の立場、誓・名の対立においては誓願の立場、信・行においては信心為本の立場をとっていることはいうまでもない。それが念仏者の正道にほかならないからである。

しかしこれらが対立する限りにおいては、いずれもその一方への偏執が生じる。一念を主張するものは、一念八十億劫の罪を滅すと信ぜられる。正念は一念決定であらねばならぬ。とくにその日の生業に追われている在家の念仏者にとって多念往生は、不可能の難行といわねばならぬ。これはどこまでも正しい。しかし一念を主張するあまりに十念乃至多念を全くあやまりとし、不用のものと偏計することは、悪しき意味の本願ぼこりと同様にあやまっている。それは多念こそ専修念仏の功業をあらわすものとして、一念を廃棄しようとするのと同様である。親鸞は、このような一方への偏執を徹底的に排するものである。

この一念・多念の問題は、前述の本願ぼこりの問題と密着して居り、また朝家・領家・地頭・名主などの念仏者圧迫にたいする抵抗の問題とからみあっている。一念・多念の対立を排するのも、また他方でこれを肯定するのも、この歴史的事実からひき離して見るわけにはいかない。

建長七年(一二五五)九月二日付、念仏者の人々への親鸞の消息によると、

「この世のならひにて念仏さまたげんひとは、そのところの領家、地頭、名主のやうあることにてこそさふらはめ、とかくまふすべきにあらず。念仏せんひと〴〵は、かのさまたげをなさんひとをばあはれみをなし、不便におもふて、念仏もねんごろにまふして、さまたげなさんを、たすけさせたまふべしとこそ、ふるきひとはまふされさふらひしか。……た

ゞし念仏のひと、ひがごとなどをまふしさふらはゞ、その身ひとりこそ地獄にもおち、天魔ともなりさふらはめ、よろづの念仏者のとがになるべしとはおぼえずさふらふ。よく〳〵御はからひさふらふべし。」

この書状で親鸞は、支配者の念仏者にたいするさまたげは、支配者の立場としてありうることとし、それにはそれだけの理由もあることゆえ、念仏者はそれに逆らわず、ひとえに支配者の後世に向って余れる念仏を廻向すれば、支配者もやがて仏恩を感知することになろう。しかるに念仏者が、造悪にほこること、余業を重しとすることをすれば、その念仏者こそ地獄に落ちるのが当然であろう。たとえそういう念仏者があるにしても真実の念仏者は動じてはならない。それで支配者や余の人々の圧迫があっても信心を疑わず、勇気をもって念仏を怠るなというのである。

ここで親鸞は多念を肯定している。信心決定によって「余《あま》れる念仏」を余人のために、念仏を誹謗するもののためにも、廻向せよというのである。この場合むしろ真実の多念こそを念仏者にむかって勧めているのである。こういう考えと、「親鸞は父母の孝養のためとて、一返にても念仏まうしたること、いまださふらはず」という念仏とどういう関係になるであろう。とにかくこの書状で、多念をすすめていることは疑いがない。

しかし康元二年（一二五七）正月九日、真浄坊に与えた消息は、支配者、余の人々にたいするつよい抵抗と、それにたいする念仏者の態度をうち出している。これに先立って前年康元元年（一二五六）九月二日には、余人（余行の人々）の強縁によって念仏者を裏切るわが子善鸞を義絶し、念仏者の疑惑を晴らそうとしている。わが子の義絶という肉親のかなしみを通しての親鸞の決断が、この消息につよく出ているのも不思議はない。

「詮ずるところ、そのところの縁ぞつきさせたまひさふらふらん。念仏をさへらるなんどまふさんことに、ともかくもなげきおぼしめすべからずさふらふ。念仏とゞめんひとこそ、いかにもなりさふらはめ、まふしたまふひとはなにかくるしくさふらふべき。余のひと〴〵を縁として、念仏をひろめんと、はからひあはせたまふこと、ゆめゆめあるべからずさふらふ。」

支配者の圧迫がこうひどくなってはもはやその土地に望みをもつわけにはいかない。念仏者は念仏しやすい土地を求めて他の地に去るべきだ。それが念仏者の進退というものだ。念仏者を圧迫するものこそやがてその自業によって没落するにちがいない。念仏者は決して余行を重しとする人々に強縁して、その力によって念仏をひろめるようなことをしてはならないというのである。これは明らかにわが子善鸞を義絶したいかりと哀しみから出てくるものであるとともに、文暦二年（一二三五）前後、東国に別れを告げて上京した自分自身の心境をも語っているものであろう。また多念による「余《あま》りの念仏」で、誹謗者を救おうというような甘い考えではならないことを言っている。これは明白に多念の否定である。勇気をもって一念をつらぬけというのである。

しかし、善鸞に使嗾された東国門徒一派の幕府への訴訟に応訴して、念仏者の正当性について弁護を重ねて、ついて勝訴した性信坊宛の康元二年（一二五七）七月九日付の書状では、再び建長七年九月二日の書状の立場に帰って、勝訴を祝福し、支配者や余人にたいする抵抗心に捉われず、余れる念仏をこれに施こせという多念の立場をとっている。

この書状は、康元二年正月九日、真浄への書状と矛盾しているように見える。わずか半年後において、どうしてこのような矛盾した態度をとったのであろう。しかし仔細に見ると、この書状において親鸞は、信心決定《じよう》の人と未決定《じよう》の人の区別を明らかにし、決定者は余れる念仏を他人の往生のために施こすべきだといって、この書状が信心決定者のために書かれたことを示している。善鸞に動かされている東国門徒一派の訴訟にたいして有利になったよろこびによって、信心決定者の勝利をそこに見たのであろう。しかし未決定者の多念はここでも決して許していない。

　この書状の中には、有名な「朝家のため、国民のため」に、「世のなか安穏なれ、仏法ひろまれ」と念仏を申せという言葉もある。これも信心決定者にたいしてのみあてはまる言葉と見るべきで、無条件に、いっぱん的に念仏について言った言葉ではない。親鸞はどこまでも信心為本の立場であって、王法為本の立場をとるものではない。これがほんとうの他力の念仏者の立場である。

　この三つの書状を貫く論理は、上述した、「ＡはＡに非ず、即ちこれをＡと名づく」という即非の論理を、きわめて切実な信仰と現実生活の問題において了解《げ》している。ここにはたしかに生きた他力の論理がある。これは日常生活にとってはつまずきの論理であろう。しかし一度び信心決定すれば、「末とをりたる」信心の論理となるものであろう。

誓・名の不思議についても同様である。誓願があってこそ名号が生きるのであって、名号は誓願のあるじを称え易い形にまでつづめたものである。「誓願の不思議によりて、たもちやすく、となへやすき名号を案じいだしたまひて、この名号をとなへんものを、むかへとらんと御約束あることなれば……」（歎異抄十一）というのがほんとうである。誓願があって名号がはたらくのである。誓願は信、名号は行であるから、信・行についても信が根源である。しかしこれを二つのものの対立におきかえて、その一方に偏執することのあやまりを親鸞はふかくいましめている。二者は、異立であり、反立しているが、しかしほんとうは一つなのである。これを形式的に言えば、「ＡはＡに非ず、即ちこれをＡと名づく」という即非の論理の形となる。

　いうまでもなく、これは大乗仏教に共通する不一不二の中道の弁証法であるが、親鸞はこれをどこまでも悪人正機の問題において、具体的、現実的に捉えている。ＡとＢとの異立においては、Ａに共感しふかくＡ

を支持している。しかしこれを悪人成仏の主体的問題からひきはなして、「AかそれともBか」という二者択一の対立の形で、観念的或は律法的な見地によってその一方へ偏執することを絶対に許さない。こういう観念的或は律法的な立場での一念・多念の争論にかんして、共にそのあやまりを断言する。「一念多念のあらそひをなすひとは、異学、別解のひととまふすなり」(一念多念文意)。「浄土真宗のならひには念仏往生とまふすなり、またく一念往生、多念往生とまふすことなし」(同)。有念・無念についても同様である。「選択本願は有念にあらず、無念にあらず」(末灯鈔一)というのである。

以上述べたことは親鸞の信心為本思想についての一つの粗雑なメモに過ぎない。しかし少しも仮籍することなく、律法化・呪物化を絶対に許さない態度をとって、現実生活への対決をせまった他力の論理については、いろいろのことを考えさせられる。こういう論理は、七百年余りのむかし、日本の念仏思想家の中に生生と生きていたのである。

人間親鸞

圓地文子

一

私は今春、親鸞聖人七百回大遠忌紀念講演に京都に行き、法要にも招かれて、東本願寺に行った。

法要は盛儀であった。殊に終り頃、正信偈を参会者数千が異口同音に唱和するときには、異様な親近感が温泉の湯口のように、熱つく噴き上って来るのが感じられた。しかし、あのように華麗壮厳された大本堂に、花や果物、菓子などがうずたかく盛られ、金襴の袈裟に装われた高僧達が行道散華するさまを見て、教祖親鸞は一体どのような顔をされるであろうかと、私は疑いたいような気持になった。「親鸞は弟子一人ももたず候」と云い「法然上人にすかされまいらせて念仏して地獄に堕ちたりとも後悔すべからず候その故は云々」といって大俗凡夫を自認していたこの謙抑な信仰者は、果してこういう形で自分の肉食妻帯の思想が普及されることを予想したであろうか。

仏誕二千五百二十余年、仏教は印度、中国を経て、日本に伝来し普及した。その間に、八万四千の経文の示すように、幾多の名僧智識が現われ、無数の宗派を生じたのであるが、七百余年前に親鸞が拡めた浄土真宗のように、貴族武家階級というよりも、庶民の間に滲透し、やさしい母のように慕われ、なつかしまれて来た仏教は尠いのではないだろうか。

浄土真宗は法然によって唱道され、親鸞によって大成し、蓮如によって普及されたものであるが、しかも親鸞がいなければ真宗は存在し得ず、また宗教的生命を得ることもなかったに違いない。法然には『一枚起請文』、『選択本願念仏集』、『念仏往生義』、『七箇条起請文』などがあり、蓮如には『御文』、『正信偈大意』、『蓮如上人御一代聞書』などがあり、いずれも浄土真宗にとって重要な文献ではあるが、親鸞の『教行信証』、『三帖和讃』、『歎異抄』などのそれの重大なのに及ぶべくもないように思われる。

殊に『教行信証』は浄土真宗の一切を集大成したものであり、『歎異抄』はまさにその信仰を端的に凝縮結晶せしめたものにほかならない。恰度、『般若経』と『般若心経』とのような対照ではあるまいか。それであればこそ今日では真宗といえば親鸞、親鸞といえば真宗と考えられるようになったのであり、親鸞が真宗の信者に信仰を与えた宗祖とされているのである。

従って親鸞とその信仰については、古来、多くの議論がなされているらしいし、その研究の文献の夥だしいことにおいても、他に類例を見ないようである。私は勿論そういう研究については何も知らないが、殊に明治時代になって西欧文化が導入され、科学的方法論によって歴史や思想の研究が一新され、一時は親鸞の存在さえも疑われたこともあったが、長沼賢海博士の『親鸞聖人の研究』以来、五十年の学界の業績には誠に立派なものがあるようである。またその資料についても、親鸞自筆の文書や消息が多くあり、最近に至るまで、新しく発見されるものもあって、その史料の豊富なことにおいても、他の宗祖に比類を見ないのであるから、今後の研究においても目覚ましい発展が期待されるに違いない。

それは日本文学の最高峰である『源氏物語』が千数百年に渉って愛読され、その研究も近代に至って益々盛んとなり、更に将来の発展を期待されているのと似たものがあるといえるであろう。一条兼良や本居宣長によって拓かれた『源氏物語』の研究や解釈が、明治以後の新研究によって一層盛んとなり、更に現代語訳によって普及するに至った経過も、親鸞研究のそれに似たものがあるように思われる。

勿論、親鸞については、宗教と文学との相違があり、『源氏物語』と同様に論ずることはできないから、戦後、所謂『谷崎源氏』の完成により源氏物語の研究が時代の風潮をなし、何某源氏の続出するように、親鸞の研究が何某親鸞の続出を来たすかどうか判らない。かつて倉田百三氏が戯曲『出家とその弟子』を書いてベストセラーとなり、その翻訳がロマン・ローランの推賞を得たことを思うと、そうしたブームが今後必ずしもないとはいえない。

二

親鸞は藤原氏の一流の日野家の皇太后宮大進日野有範の子として承安三年に生れ、齢九歳で治承五年に出家して、青蓮院の慈円の門に入ったという。父は五位の殿上人程度で大した名門ではなかったにせよ貴族の生れである。

比叡山延暦寺の常行三昧堂で二十九歳までは戒・定・慧の三学を修業する堂僧であったから清僧としての生活を送ったことも明らかである。出離の機を求めて京都の六角堂にこもって百日の祈念をこめ、霊感を得て吉水の房に法然を訪ねて、その門に入ってからは浄土真宗に帰依するのである。肉食妻帯という、これまでの仏教の禁欲の戒律を破った新宗を立て、邪教として弾圧され遠流されるのはそれからであるが、親鸞の真骨頂も、それから発揮されるのである。

親鸞の人間性については、誰しも第一にその僧侶としての肉食妻帯を挙げるであろう。女犯の罪は出家の戒律では最も重いものであるが、青年期に臨んでこの悩みを経験しなかった出家は、恐らく一人もなかった筈である。親鸞の師である慈円もこれに悩んでおり、親鸞と同時代で持戒の厳正で知られた明恵も、またこの男の欲に悩みぬいた。二十九歳で叡山を下って六角堂にこもったのも、この愛欲の苦しみに悩んだ結果であるが、彼は他の聖僧達が修業によって禁欲生活を樹立したのとは別の方向、即ち僧侶としては破戒行為といわれる肉食妻帯を、人間煩悩の余義ない欲求として、自分の内にうけ入れ、同時に一介の沙弥となった。沙弥とは在俗のまま入道したものに与えられる身分であるが、それは僧にあらず俗にあらぬ生活の念仏者たることである。

浄土真宗が戒律なく女犯肉食をゆるすのを怪しからぬこととして、法然の専修念仏寺の停止を、元久元年以来延暦寺や興福寺が強訴してやまず、法然の『七箇条起請文』で一時言い開きをつけたものの住蓮、安楽の女犯事件によって、結局建永二年専修念仏寺が停止され、一門は処刑されたのであるが、この際に親鸞は法然と同じく還俗させられ、俗名藤井善信として越後国へ流された。「これに因つて真宗興隆の大祖源空法師ならびに門徒数輩、罪科を考へず、猥しく死罪に坐す。或は僧儀を改めて姓名を賜ひ、遠流に処す。予はその一なり。しかれば已に僧に非ず、俗に非ず、この故に禿の字を以て姓とす」と『教行信証後序』に述べたように、爾来、愚禿親鸞と称すると共に、非僧非俗の生活に徹底したのである。殊に親鸞は「われはこれ賀古の教信沙弥の定なり」といって、教信の生活を念願したが、教信こそは興福寺の僧を棄てて播磨国の賀古に隠遁し、庵には本尊を安置せず、垣根を作らず、非僧非俗の姿で妻と共に、世間の人々と同様の貧しい生活に入りながら、念仏を怠らなかった沙弥であった。

従ってこれを念願とする親鸞は、越後国府の流在地に七年間、赦免されてから建保二年関東に赴き常陸国稲田に居住すること二十年、更に晩年京都の大谷の地に移ってから弘長二年、齢九十歳で遷化するまでの永い生涯において、その非僧非俗の生活を貫いたのである。

『歎異抄』に「親鸞は弟子一人ももたず候」といったのも、また『教行信証』の信巻に「誠に知んぬ、悲しき哉、愚禿鸞、愛欲の広海に沈没し、名利の大山に迷惑して、定聚の数に入ることを喜ばず、真証の証に近くことを快まず、恥づ可し傷む可し矣」といったのも、愛欲と名利の世俗の大衆と共に生きて、しかも懺悔の念仏を専修した「世間解」としての親鸞の人間的な姿があるのである。親鸞は越後においても常陸においても、農夫や漁民や下級武士に親しみ、帰洛してからも市井に交わり、関東からの僅かの志納金で暮すという貧しい生活であったが、そこに一介の沙弥としての親鸞の親しさ、庶民と共に生きる人間性が湛えられている。これが浄土真宗を庶民の信仰対象として、大教団に発展させた原因であろう。

三

親鸞について考えられる特色は、何といってもその庶民性である。

仏道を修業して悟入する道には二つあって、一つは出家した僧尼が戒律を厳守し勤行に専念する道であり、これは世間を棄てて名利愛欲を禁断する信仰者の道である。他は在家の衆生が家業にいそしみ妻子を養いながら、信仰を得ようとする道であり、名利愛欲の広海に迷いながら、なお仏に救いを求める民衆の信仰の道である。前者を聖道門といい、正しい道ではあるが誰れでも修業し得るというものでない自力の難行道である。後者は浄土門といい、仏の絶対の信仰をそのままに信ずることによって救われようとする他力の易行道である。これこそ無智蒙昧の俗人も、悟りの世界に入ることができるものであり、念仏専修の浄土真宗の道なのである。

従って浄土真宗では、何人も出家しないで仏道に入ることができるのであるから、謂わば親鸞は仏道を一般民衆の手に取り戻してくれたものというべきであり、ここに親鸞の庶民性が遺憾なく発揮されたのである。

こうした在家の信仰は仏・法・僧・戒に対する四不壊浄の信にあるのであるが、それを更に簡明直截に六字の称名念仏一つによって、四十八の弥陀の本願を第十八願に結集させ、絶対他力の不壊浄の信を一般民衆の極めて行い易い道としたのが親鸞である。

また「善人なほもて往生をとぐ、いはんや悪人をや。しかるを、世のひとつねにいはく、悪人なほ往生す、いかにいはんや善人をや、と。この条一旦そのいはれあるににたれども、本願他力の意趣にそむけり。そのゆえは、自力作善のひとは、ひとへに他力をたのむこころかけたるあひだ、弥陀の本願にあらず、しかれども、自力のこころをひるがへして、他力をたのみたてまつれば、真実報土の往生をとぐるなり。煩悩具足のわれらは、いづれの行にても生死をはなるることあるべからざるを、あはれみたまひて願をおこしたまふ本意、悪人成仏のためなれば、他力をたのみたてまつる悪人、もとも往生の正因なり。よて善人だにも往生す、まして悪人は、とおほせさふらひき」と『歎異抄』にあるように、親鸞が悪人こそ浄土往生の正機といった時に、ここに全く浄土真宗が在家の仏道として確立したといえるであろう。

この悪人正機は極めて誤解を招き易い言葉であり、そのため如何なる悪業をしてもよいのだと考えるものが現われ、神仏軽侮、造悪無碍の邪道に陥った解釈のために、社会的に混乱を起したこともあるが、勿論これは誤りである。また親鸞のいう悪人とは、生きるために殺生や暴利などの罪を犯さざるを得ない漁猟師や商人などの階層をも広く含めた意味であることも、他の文書によって明らかに示されている。

なお「本願信ずるひとはみな、摂取不捨の利益にて、無上覚おばさとるなり」と『正像末和讃』にもあるが、これを皮相的に解釈して、信心を得たものはこの世から如来と等しいと考えるものがあるが、しかし真宗の教説は自分の計らいによるべきものではなく、「義なきをもつて義とする」(法然の言葉)絶対他力の弥陀の本願によるものであり、親鸞も門弟も、すべて同朋であり、同行であるという本義を忘れたものである。こうした親鸞と布教者との考えの喰い違いが、関東で布教につとめた有力道場主に多く、ために関東に派遣された親鸞の子の善鸞を義絶しなければならぬ位に問題を紛糾せしめ、親鸞を苦しめたことは人の知る通りである。

親鸞の信者には、武士、名主などの上層階級もあったが、百姓、商人などの「末代無智の在家止住の男女」（蓮如『御文』の言葉）の形成する下層階級が主体をなしていた。従って浄土真宗の根本教義を書いた『教行信証』を読み且つ理解し得たものは、当時の親鸞の門弟中おそらく十指を数えることを得なかったであろうし、また親鸞も敢えてこの書写を文字なきものには許さず、理解に容易な平易な書物を書写して与えるという心ずかいをしており、飽くまでも庶民のための真宗に徹していたことを忘れてはならない。

四

仏法伝来以後、わが国には幾多の名僧智識を輩出したが、天台宗の最澄、真言宗の空海、臨済宗の栄西、曹洞宗の道元などは、事情の相違はあるけれども、いずれも朝廷や幕府という当時の権勢の多少とも援助を得て一宗一派を立てているのである。彼等の偉大なる宗教活動も、広大なる寺領、壮麗なる堂塔伽藍という有力なる権勢関係者の援助喜捨なくしてはあり得なかったものといってよいであろう。傑僧日蓮でさえも、時の権力北条幕府にたてをついたようであるが、しかしこれは幕府が他の宗教を弾圧して法華宗を取り立てないことに対して反撃したのであって、その『立正安国論』に見られるように、国家経倫という最も政治性のある発言をしているのも、権力を無視していなければこそであろう。

親鸞だけはそうではなかった。親鸞は朝廷に近づくようなことはしないのみか、建永二年に専修念仏の禁止、法然以下の流罪を決定した後鳥羽上皇の処置に対して、敢然と「法に背き義に違し」たものとして堂々と批判して、毫も権勢に屈したり迎合したりするところがなかったのである。

また当時の宗祖は、最澄が比叡山を、空海が高野山を、それぞれ法の久遠の道場として選び、そこに伽藍を建立したが、親鸞には全くそうした考えがなかった。親鸞は延暦寺を下山した時に、既に伽藍仏法を棄てたのである。越後にいても、関東にいても、親鸞から親しく教を受けたものは、それぞれ道場を作って、自ら道場主となって一般民衆の間に布教したのであり、この道場に集った信徒が門徒と称するものであるが、この道場は決して伽藍ではなく、道場主の私宅がそのままに使用されたのである。そこに集る門徒は、親鸞と同じく出家精進の生活をするわけではなく、肉食妻帯して家業にいそしむ人達であったのである。

こうした道場の経営が後に親鸞の理想に反して、一大教団に発展したことは歴史上の事実であるが、在世中の親鸞がこのために闘ったこともまた事実である。いずれにせよ親鸞が権勢をしりぞけ、教会を作ろうとしなかったことは、真宗の民主性と共に、その近代性を示すものともいうことができるであろう。その『教行信証』が当時の仏教経典と教論とを渉猟して、その引用が全巻の九十パーセントを占めるという実証的方法論によるものであり、真宗が怪力乱神を信ぜず、迷信を排斥するという科学性をもっていることは、親鸞の思想が人間性に徹していたことを語る例となるであろう。

『浄土三部経』を中心として論証した『教行信証』において、親鸞は、仏教者は仏・法・僧の三宝に帰依すべく、それ以外の神・鬼・魔を礼拝すべきでなく、また吉日良辰を選ぶべきでないといい、偶像礼拝を排し迷信を却けたのであって、それには法琳の『弁正論』や孔子の『論語』をまで引用しているのは注意するべきことである。また、一切の呪術的なものを却けたことは、当時において、それがために真宗に対する反撃があったにしても、迷信排斥と共に真宗の近代性を表わすものといってよい。この点ではキリスト教の新教に相通ずるものがあるともいえるのであり、『歎異抄』には新約聖書に相似たものを感ずるといって差支ないであろう。

親鸞の『教行信証』は顕密諸宗の経典教義ほどに難読難解のものではないにしても、相当文字の智識なくしては入り難いものであるが、その『浄土和讃』以下の和讃類や蓮如の『御文』などは「一文不智」の一般民衆にも容易に理解し得るものである。ただ時代の相違のためと、余りに卑俗な表現とのために、現代人の好みに合わない憾みがないとはいえない。しかし『歎異抄』の簡潔な文章は、仏教者の文章の中、最も現代人の読み易く理解し易いものである。『歎異抄』に拠った倉田百三氏の『出家とその弟子』がロマン・ローランの讃詞を受けたことは、既に述べた通りである。

五

親鸞の教えが浄土門の易行道であるから、この信仰を安易なものであると考えるならば非常な間違いである。戒律苦行の聖道門は在家の俗人にとって難行であることは確かであるが、世間を出離して絶対の世界に指向専念するだけに、必らずしも悟りを得るのが不可能ではない。ところが真宗の信仰は、仏と衆生との関係であり、人間の生活と恩愛の絆を離れずして絶対他力による悟りを求めるものであるから、その道の易行に見られるだけに、反って難思難行であるともいえなくはないのである。

浄土真宗の道は、実に親鸞自身の九十年に渉る生涯の血みどろの求信の体験に基くものである。不安な平安朝末期から源平の制覇と鎌倉時代につながる承安三年に生れ、治承五年に出家したのも、下級貴族の生活難とも関係がなかったとはいえない。延暦寺の堂僧から吉水の房に法然の教えを受けてからの親鸞は、専修念仏の浄土真宗によって安心を得たといっても、遠流の受難はもとより半僧半俗の生活は容易なものではなく、親鸞を観音菩薩の化身と夢みた恵信尼を妻としたことは幸福であったには違いないが、宗派が盛んになり門徒の数が増加するにつれて、宗俗共に面倒な問題の群生連続であったことは事実である。

殊に晩年に至っては、一家離散の憂目を見てをり、小黒女房、信蓮房、益方入道、高野禅尼の兄妹四人は母の生国の越後の門徒を頼って京都を去り、その小黒女房や益方入道の妻が早死のために、その遺児を養うために恵信尼もまた越後に下っている。関東の門徒間の紛擾を鎮めるために長男の善鸞を関東に遣わした後は、残った末女の覚信尼と孫達を抱えての親鸞の京都の生活は、主に関東の門徒から送くられる「こころざし」の銭によるものであったから、その窮乏は察するに余りあるものがあったらしい。

このような人間的苦悩を担いながらの絶対他力の信心であるから、至心信楽といっても、それは決して容易ではなく、至難の道であることを知らねばならない。しかも親鸞は八十四歳を過ぎて「目も見えず」なり、寄寓先を焼出されるという不幸に遭ったが、どのような苦境にあっても親鸞が常に人に接する態度は春風のようで、いつも心情の健康で楽天的であったことは、「義なきをもつて義とす」る親鸞の法語である「自然法爾」に完全に一致するものであり、明恵の「人はあるべきやうに」「三業四儀、あるべきやうにふるまへ」（明恵上人遺訓）といった言葉にも通ずるものである。親鸞の浄土真宗の信心こそ、真の意味における釈尊の教示に徹したものというべきであろう。

なお最後に、日本の在来の仏教は鎮護国家をその使命に唱っているが、親鸞の「朝家の御ため国民のため」の念仏といったのは、朝廷や幕府の支配者の安泰を祈念したものではなく、「世の中安穏なれ、仏法ひろまれ」を念じての念仏を意味することが、その消息集によって明らかであることを注意しておきたい。蓮如の『御文』に「外には王法をもつて表とし、内心に深く他力の信心を蓄えて」、国家権力や社会規律に対して「粗略の儀なく」、また「諸神諸仏菩薩をもおろそかにせず他宗他人に対して沙汰すべからず」といったのも、この親鸞の真意を伝えたものといってよいであろう。

親鸞の一生は困難に満ちているが、その生涯を通して、偉大な凡人であって英雄ではなかった。そのことが七百年の永い歴史の後にも親鸞を私達に親しませるのではあるまいか。

史実の親鸞

松野純孝

親鸞の生まれたのは、一一七三年（承安三）である。この前の年には平清盛の娘徳子が高倉天皇の中宮となり、翌年には後白河法皇の厳島御幸があり、清盛以下平家の一門がこれに従い、いわゆる平氏にあらざれば人にあらずの時代であった。ところが七年後の一一八〇年（治承四）には、源頼朝、義仲が兵を挙げたが、やがて義仲が敗死し、つづいて平氏は滅亡してしまった。そしてこの平氏に代わった源氏によって、京都を離れた東国の新たな土地・鎌倉に、幕府という全く形態の異なった武家政治が始まろうとしたのである。このように親鸞の生まれたころは実にめまぐるしい時代であった。このような公家社会のほろびゆくなかに、親鸞は一公家の子として生まれたのである。しかも親鸞の場合、公家といっても勢力のあったものではなく、当時ざらに見られたほどの貧乏公家であった。幼にして母と別れたらしく、九歳にして出家したという。弟の尋有や兼有も出家している。この間、親鸞は伯父の範綱に養われていたようであるが、この範綱は後白河法皇の近臣で文章生であり、またもう一人の伯父宗業ものちに昇殿を許されたほどの文章博士であった。元来、親鸞の家系は院政期には代々文章博士をつとめていたが、こうした環境に育ったことを考えると、親鸞は早くから漢籍の素読に親しんでいたとおもわれる。

この九歳から二九歳までの二〇年間を、比叡山ですごすわけだが、この二〇年間の行実はほとんどわからぬといってよい。ただ堂僧をつとめていたことがわかっているだけである。この堂僧というのは、だいたい法華堂で懺《せん》法をなしたり、常行堂で念仏三昧を修したりして、諸堂に奉仕する下役僧であったようである。ところで、親鸞の出家に関係あったという慈円は、横川の首楞厳《しゅりょうごん》院の検校《けんぎょう》をつとめていたので、親鸞はこの横川に一堂僧としていたものであろうか。横川の地は静寂なところであり、しかもここは念仏の先蹤源信の修学していたところであった。融通念仏の祖となった良忍もかつてここで堂僧をつとめていた。この良忍の弟子の叡空が源空の師であった。また源空とともに学んでいた隆寛―のちに源空に帰依し、親鸞の尊敬していた人―も、この横川に住してもいたのであった。こうして源信→良忍→叡空→源空と次第したなかにいた親鸞もやがて源空にめぐりあう路線を横川は伏蔵していたわけである。漢籍にもなれていた親鸞が、ここで経典の読誦・書写にその若い精魂をうちこんでいたことと想像される。

常行堂の不断念仏は、いわゆる「山の念仏」として、当時貴紳の間に親しまれていたので、堂僧はよく法会に招かれていた。こうして親鸞も法会に招かれては山を下ることがあったに相違ない。こうして俗界の空気にふれ、かたわら肉体も成熟してゆくにつれ、やがて青春期特有のいろいろな悩みにもだえるようになっていった。性の悩みもその一つであった。彼のように集中性の強いタイプには、性欲も人一倍はげしいものがあったにちがいないのである。そうしたとき、凝り性の彼に横川の地が閑寂であればあるほど―もし、これが市井の巷であれば、かえってその騒音に雑念がまぎれ飛ぶこともあったろうが――、そのような悩みは一層執ように堂々めぐりしては、その振幅をより深く、かつ大きくしていったのではなかろうか。これまでつとめてきた学問も修行も、いっこうにこうした煩悩の前には、何んの役にもたたなかった。一瞬にしてもろくもくずれていった。「定水《じょうすい》を凝らすと雖も、識浪しきりに動く」である。親鸞はここに目的的な学問や修行が、煩悩の前には、いかに無力なものであるかを知ったろう。えたいのしれないエネルギーをもって勃然と逆巻《さかま》く不可思議な煩悩の熾盛《しじょう》な正体、これに対して人間の意志力のなんともろくもくずれることか、こうした無力感、挫折感を味わっただろう。親鸞はこれより幾度も妻帯してもよいという夢告にあずかったが、越後に流されるまでは、ついに妻帯できなかったようである。親鸞の純潔さがにじみでている。そのうえ、この頃になると、どんなものでも身分の貴賤にかかわらず修行次第によって僧位を昇ってゆくことができる、とした開山最澄の理念は失われて、ここでも俗界における門閥がものをいっていた。しかも経済的な裏づけのないものは、ここでは正式な修道の資格さえ奪われていたので、離山するしかなかった。門閥の背景に乏しく、貧しい一公家の出身でしかなかった親鸞も、このようないろいろの事情の錯綜するなかに、ここに安んじきれなくなっていった。

分別もついたはずの二九歳（一二〇一年＝建仁元）、当時聖徳太子の創建と伝えられていた京都の六角堂に、自分のこれからすすむべき道の指示を求めて、降るにも照るにも百か日の参籠に通いつづけた。ところで、九五日のあかつきに、聖徳太子の示現にあずかり、吉水の源空をたずねてゆくこととなった。ここへも百か日通いつづけたのである。ときに源空は六九歳であり、あのきびしい一徹の精神にみちている「選択本願念仏集」を著わしてより間もないころであった。「たゞ一すぢ」に、自己の所信をあふれるばかりの情熱と確信とをもって語る源空に、親鸞はすっかり吸いこまれてしまったという。ここに何んの孤疑も逡巡もなく、源空の専修念仏の道に帰した。親鸞のあとにもさきにもただ一回かぎりの回心《えしん》であった。親鸞の生涯の方向はここに決したといってよい。これから四年後の一二〇五年（元久二）、源空から「選択本願念仏集」の書写を許され、そのうえ源空の真影の図画もゆるされて、これに源空の内題や銘文の真筆まで頂戴したといわれているが、初期の専修念仏にもこうした態度が見られた。このような精神においてこそ、社会の倫理となることもできる。源空のこうした態度を当時の人たちが「偏執《へんじゅう》」として非難した。そのため「偏執」という言葉が源空の立場の代名詞とまでなったほどである。つぎに、「ひとりといふこゝろ」とは、孤独のきびしさに徹することをいうのであろう。ここでは祈禱とか呪術とかいった一切の有限な人間のはからいの介入を許るさず、そこにはただ自己一人と絶対者である弥陀一仏とがあい対すという関係しか成立しない。この孤独のきびしさに徹することによってはじめて絶対の弥陀一仏に対面し、真の宗教的世界にはいることができたのではなかろうか。こうして「ふたつならぶこと」をどこまでもきらい、「ひとり」のこゝろになりきる一向専修の立場こそ、源空をして新仏教を生みださせた根源的なものであったとおもわれる。

う。いったい、この書の見写をゆるされたものはごくわずかで、現在伝えられているものでは、証空・源智・聖光・隆寛・幸西・親鸞の六人にしかすぎない。こうした十指にも及ばなかったなかに、親鸞が加えられていたのである。この見写は一種の嗣法を意味していたが、もって吉水時代における親鸞の面目を知ることができる。この時代には、親鸞は先輩格であった聖覚や隆寛を尊敬し、また一念義の行空や、坂東武者あがりの熊谷蓮生房直実などとも交友があったようである。

源空の基本的立場である一向専修とは、「ふたつならぶことをきらふことば」であり、同時にまた「ひとりといふこゝろ」であった。ヨーロッパのゼウスの神は、ふたつ並ぶことを嫌らう妬みの神であるといわれるが、この点、源空の「ふたつならぶことをきらふ」一向専修の立場は、マホメットやカソリックに通ずるものがあるようである。ヨーロッパでは相手の宗教の如何によって、相手を許すかどうかが決まるといわれ

こういう精神は抵抗を呼ぶことは必至である。一二〇六年（建永元）から一二〇七年（承元元）にかけておこ

った、いわゆる承元の念仏禁止がそれである。この弾圧は、けっきょく源空門下において、右の源空の「偏執」の立場に基づいて積極的伝道をなしていた有力門弟を対象としてなされたのである。親鸞もこうした伝道にふみきっていたことは、「親鸞夢記」の示すとおりである。そこで親鸞もこの弾圧をこうむり、「遠流」という流刑のうちで最もきびしい所刑にあった。遠流の地は越後（新潟県）であった。

越後に流された親鸞は、一種の虚無感におちいらされたようである。だが、流罪地越後は親鸞をしてそうしたニヒルにあぐらをかかせておかなかった。当時、このような流刑にあったものは、その流罪地で健康をそこね、生きのびることは容易なことでなかった。親鸞もこうして、生きるために労働とか生産ということを知らされたらしい。こうした生産と結びついた生活を強いられたところに、ニヒルを克服することができたのだろうか。このことは親鸞の人間形成にとって大きな意義をもっていた。「僧にも非ず俗にも非ず」といった言葉はこうしたニヒルの克服として生まれたとおもわれる。親鸞はここで結婚した。恵信尼とであう。恵信尼はこの地方の領主層の出身であったか。恐らく恵信尼の実家からおくられた若干の田畠とそこを耕作する数人の下人などによって、親鸞一家の生活が支えられていたのだろう。荒れ狂う北海、半年にわたる豪雪、襲いくる飢饉と疫病、こうした非情な自然にさいなまれながら、親鸞はじっとたえていた。一二一一年（建暦元）、流刑がゆるされるまで。人一倍行動的であったらしい親鸞が、こうして黙って生活せねばならなかったことは、どんなに辛らかったことだろう。親鸞はここで、血気にはやる心をぐっとおさえて、かつての吉水時代の自分をしずかに省み、再整理したとおもわれる。ここに「教行信証」も、のちにみるほどの体系までにはととのわぬにしても、その原形ともいうべきものを誕生させたようである。流罪がゆるされても、京都に皈ることをとりやめ、師源空の往生必定の機とほほえんだ辺境の無知な人たちと、もっと膝つきあわせて語ろうと越後にとどまった。そして布教の仕方ももっと幅広い立場からなそうとして、当時、民間にも親しまれていた天台の不断念仏などを媒介として、念仏の伝道にあたったようである。こうして念仏の教団もできた。やがてそれから二年も経た一二一四年（建保二）、こうして住み馴れた越後をあとにして、新しい関東の地へと旅立ったのである。このように越後時代は、親鸞に内面的沈潜の生活を強いた。こうした一歩後退が、かえって内的充実となり、のちの二歩前進を約束させたといってよい。越後時代はこのようにして、親鸞の生涯における最も重要なる時期であったに相違ないのである。

三人の子供を伴っての関東への旅は楽しいものでなかったろう。ではなぜそのような旅にたったか。この理由はよくわからない。いろいろなことを綜合してみると、けっきょく、源空の念仏と東国とには当初より往来があり、そうしたところから、越後から関東への線——ここは「ひじり」たちをはじめとして、行商や浪人・農民の出稼ぎ、逃散の線でもあったろう——に沿いつつ、愚ろかな東関の人たちと念仏を語るために、移住したと思われる。はじめに落ちついたところは、常陸国下妻（茨城県下妻市）近辺であったらしい。ここになんらかの便りがあって、これを縁として関東入りをしたようである。しかし、ここにずっと落ちついていたわけではなかった。ほんの二、三年で他へ移っていった。こうした転々の生活が、これより約二〇年ばかりの東国時代を形づくっていった。それは、ひとえに自からを「愚」にかえすいわば、意識の変革をこころざすためであり、同時に東国の民衆に一人でも多く念仏のよろこびをわかちあたえるためであった。親鸞はこうして念仏者との山河へだてた往復をいとうことなく教人信＝布教につとめた。いつしか頬の肉が落ちて、こけ、額は赤黒く陽に焼け、その面貌はいっそう引き締っていった。

もともと東国は最澄の伝道以来、天台の地盤であった。そこで天台の不断念仏が処々に行なわれていた。

これは念仏の一つであったことはいうまでもない。また、そのころ新しいいきおいでおこった聖徳太子の信仰や、善光寺如来信仰が特に東国で盛行しはじめていた。聖徳太子は当時念仏と深い関係をもって信仰されていた。善光寺如来も同様に阿弥陀信仰と密接に結びついていた。そこで親鸞はこうした念仏と深いかかわりをもって民間に親しまれていた不断念仏・聖徳太子・善光寺如来信仰や、また弥勒《みろく》・毘沙門天信仰などを媒体とした念仏の布教仕方もとっていたようである。幸い、聖徳太子や善光寺如来をまつったお堂があると、それを道場として、念仏者の集まり場としてもいった。当時の東国の社会も、畿内と同様とはいえぬにしても、一円性を失い、それまでの閉鎖的自給自足的体制もくずれていたから、念仏者の集まりもできたようである。こうした集会が、いっそう念仏者相互の同胞感を深め、そのつながりを強めていったことは想像にかたくない。

親鸞の宗教の受容層については、いろいろと推測されているが、その主もなるものは、直接生産者層としての在家農民・漁夫・猟師、下層の商人といった人たちであったろう。これに下級武士も加わったにちがいない。そして、注目すべきことに、二〇歳前後の青年がその主軸となっていたようである。

親鸞の思想の中心は、ただの信の一念で、即刻に往生がきまる、つまり来世を待たずにこの世において、この穢悪の身このままですでに如来と等しい位いにさだまるといった、いわば一念往生ということであろう。吉水時代の親鸞に、一念義の行空と交友のあったふしの見られることについては、さきに述べたが、じじつ親鸞の思想には、ただの一念で往生できるとした一念義の思想がみられる。この一念往生といった思想もこうした系譜に立つものである。いったい、一念義の思想は源空その人に見られるもので、この点、一念義を源空の異端とした従来の論者の見解は偏見というほかはないようである。たとえば、源空門下のうちで、「偏依善導」の情熱の最も顕著にみられるのが、やはり一念義であろう。シナの一二家から善導に関する二五の伝記を拾い集めたり、善導の「般舟讃」の証本を求めて、はるばるシナまで渡ったり、善導の五部九巻の開版をしたのも一念義の人たちであった。宋代浄土教の典籍に着目して最も早く引用したのも一念義であった。

源空の「選択本願念仏集」で、これまで見のがされていた大切なことをひとつあげておきたい。それは、源空が「大経」の四十八願中の第十八願文を引くに当たって、「唯除五逆誹謗正法」の八字を全く切り捨てて記さなかったことである。つまり「大経」では五逆人と正法を誹謗するものの往生は不可とされていたが源空はこうした拒絶を排除して、五逆と誹謗正法の重悪罪を犯した者でも、漏れなくいっさいの人が平等に念仏で救われるとしたのである。まことに思い切った態度というほかはない。元来、「観経」では「大経」と異なり、五逆罪の往生まではゆるしていたが、誹謗正法の往生までは認めていなかった。それを五逆のみならず誹謗正法の罪までもゆるしたのは、実に善導であった。源空が念仏を五逆誹謗正法の極重罪人にまで開放し、文字どおり万人の福音たらしめたのは、かかる善導の態度に負うたものであろう。こうした態度をもっと明示したのは隆寛や親鸞である。隆寛は右の「唯除五逆誹謗正法」の八字は、「大経」の翻訳者が、翻訳する際に新しく勝手に追加したもので、「大経」の原典にはなかったのだろうといい、親鸞の「教行信証」の信巻もこれを結論としている。

ただの一念で誰でも即刻往生が定まるとした簡明直截な親鸞の一念往生の立場は、こうして善導・源空の精神をより徹底しておしすすめようとしたものであろう。けれどもたび重なる饑饉や疾疫の襲った東国の冷厳な現実は、一念往生の立場の明証を惜しげもなく踏みにじっていった。親鸞が信巻のヤマ場にこの立場を支える大経の「乃至一念」の文を三回にもわたってくりかえしくりかえしして執拗に書き入れていったのは、こうした現実に刀折れ矢尽きてもなお、この一念往生の立場を貫ぬきとおすために起ちあがっていった彼の悪戦苦闘のドキュメントにほかならぬであろう。もちろん、こうした東国の社会的現実だけが、一念往生の立場をより堅固にしていったのではない。なかでも、当時盛行してきた真言や禅をはじめ、宋代浄土教も影響を与えていた。源空の直弟中、宋代仏教に最も関心を注いだものは、一念義を除いては、親鸞と九品寺流の派祖長西であろう。ところで興味あることは、親鸞と長西とはこの宋代仏教を共に積極的に摂取した点で同じであったが、親鸞はこれを自己の信の一念の立場に深めていったのに反し、長西は親鸞とは対照的に、これを信とは全く逆の諸行本願義へと転ぜしめていった。ここに思想の受容に際しての主体性の問題がある。これと関連して、付言しておきたいことがある。それは源空の思想を源信に伝統することをきらって、一躍して直ちにシナの善導と結びつける見方である。源空が専修念仏を新たに唱えると、まずこれに対する批判は、源空の教説は時勢に迎合し、媚びへつらったものだ、ということであった。新しいものが抬頭する場合、こうした批判は、たしかに新しきものの痛いところを突いている。源空が源信に伝統せずに、安易にシナの善導に飛躍していたならば、こうした批判は当たっているかもしれぬ。けれども、源空は、源信と善導とは底においては「一同」である、と断言しているところからみて、源空の念仏にはまず源信が背骨となり、かく源信を通して善導に至ったことが知られる。従って源空の専修念仏は時代に迎合して成立したものでないとおもわれる。こうした言葉は、また聖覚・隆寛や親鸞にも見られる。

こうして、親鸞の念仏の教線は、常陸・下野・下総（茨城・栃木県）を中心として、武蔵・越後から遠くは陸奥国会津辺にまで伸びていった。親鸞のいわば生涯における最も得意な時代であったのである。けれども親鸞はこの得意な時代に終止符を打って、京都へと急いだ。なぜせっかく築きあげた東国のこうした生活の地盤を捨てて、京都へと向かったのであろうか。これについてもいろいろな臆測がなされている。弾圧とか著作のためとか、等々である。そうしたリアルに差し迫った事態もあったのだろう。けれども最も大きな動機は、やはりこうした得意な生活が恐ろしくなったのではなかったか。ちょうど師の源空が貴顕の間からもてはやされだすと、「房籠り」といつわって、貴族からの招待を避けたように。親鸞は源空の「房籠り」に対して言えば、「市籠り」ともいうべき、市井の一隠者になろうとして、思い出深い第二の故郷ともいうべき東国をふり捨てて、一路京都へと旅たったのではなかったか。一二三四、五年(文暦・嘉禎)の六二、三歳ごろであったろうか。

京都へは妻と子供をもつれていったようである。ここでは実家の日野家や、弟の尋有、旧知の人たちをたよって寄寓生活をなしていたが、東国にいたようなあいにはいかなかった。それどころか、東国の人たちから送ってくる「こころざしのぜに」で、その生活を支えていた。けれども、そう潤沢に送ってくるわけではなかった。そこで、もう一人立ちのできるようになった子供たち四人は父母と長男の善鸞と末女の覚信尼とをのこして、先ず越後の門徒を頼って下っていった。しかしここでも生活は楽でなかった。長男の善鸞はそこで越後をやめて、関東の同行のもとへいった。そのうちに越後に下った子女たちに不幸ができてきたのか、妻の恵信尼も越後へ下った。こうして一二五四年(建長六)ごろまでに、親鸞と覚信尼とのただ二人だけをのこして、京都の親鸞一家は離散してしまったようである。親鸞ももう八二歳のころである。

親鸞が東国を去ってから凡そ二〇年ほどたった一二五一年(建長三)ごろから、東国の門弟のなかに、いわゆる異義に走るものがでてきた。この異義の本質は、親鸞の基本的立場であった一念信心往生の一念に偏執しようとしたものであった。それゆえ、動機としては純粋なものであった。それだけに、ラディカルであった。それまで念仏者の集りに、本能的な苦々しさを感じていた在地の領家・地頭・名主層の支配者たちは、こうした念仏者たちのラディカルな行動を、いわゆる醇風美俗といった村々の秩序を破壊するものとして、「ところせき」弾圧に乗りだした。そこで親鸞は目的のためには手段を選ばぬごときラディカルな独走の好ましくないことを努めて説得した。そして念仏を弾圧するごとき念仏の敵にこそ、悲しみのこころをもって、ねんごろに念仏の教えをひろめるよう祈れ、といった。これは驚くべき態度である。それは念仏の妨げをなすものは堕地獄必定と確信されていたからである。

けれども、親鸞は決して一念往生の立場が誤りであるとは言わなかった。ましてそうした支配者に妥協した念仏のすすめ方にも同じなかった。村のボスから弾圧され、そのため周囲の人たちばかりでなく、母や兄姉からさえ罵られ、のけものにされて、孤立無援の窮地に陥らされていた弟子にむかって、親鸞は、そうした人たちの思想の古くさく誤りであることを述べて、門弟をはげましていたのである。けれどもこのような異義は第二の段階にたち至った。すなわち、「われは」の意識から、門徒の縄張り争いになっていったのである。一人でも余計に自分の傘下に抱えておこうとする門徒自専の傾向である。これはけっきょく旧仏教のごとく有力なパトロンとてなく、かく経済的基盤の欠如していた無教会の念仏伝道者の宿命ともいうべきものに根ざしていた。こうした異義に走った一人が、外ならぬ親鸞の長子善鸞であった。そこで親鸞はついに善鸞を義絶せねばならぬ羽目におちた。この善鸞の異義もよくよく調べてみると、一つには、親鸞の京都における経済事情の不安定な生活に発していたのである。そうすると、善鸞や東国の門弟にこうした「収奪」の異義に向わせたものは、もとを正せば、親鸞その人の生活形態——一所に定住しない生活、従って経済的に確固とした基盤のない——に基づくものであった。この異義は、親鸞を動揺させた。一家の離散、門弟に対する弾圧、経済的不遇、寄寓先の丸焼け、失明、——こうした打ちつづく運命の饗宴にも、むしろ楽天的でさえあった親鸞は、この段階ではすっかり一転して自信を喪失して戸迷いつづけていった。それは要するにこれまでの自分の生活方式や思想的立場に、こうした異義の発生する盲点があったからであろう。親鸞はここに「末法」という二字を、ひしひしと自己のうちに感じとらざるをえなくなっていった――これまでは主に自己の外なる旧仏教者たちの退廃にむけられていたのだが――。こうして失明した親鸞の末法の事態に泣きつづけてうたわれたものが、「正像末法和讃」であろう。ここには、のろいと独白と懺悔とが、時には水と油とのごとくはげしく角逐しあっているかと思うと、一転してこれらのものが渾然と一体となって不思議な叙情をみなぎらせている。八六・七歳(一二五八・九、正嘉二―正元元)ごろから、こうした態度はいっそう強くなっていった。

親鸞の理想像は賀古の教信沙弥であったという。沙弥教信は妻子をもった一介の日傭人夫でしかなかった。教信はそうした額に汗する労働のなかに念仏生活をしていたのである、その教信の往生ぶりは、死骸のうえには鵰烏が翔けり、群狗競ってその屍体を食い散らしていた、髑髏の眼口は咲《わら》っているようであったというのである。まさに〝鳥葬〟の図である。親鸞の持言に、「某《それがし》閉眼せば賀茂河にいれてうほ(魚)にあたふべし」という一語がある。自分の屍体を賀茂河に投げ棄てて、魚たちの餌食にしてくれ、というのである。腐らんした遺体に食いついているどすぐろい魚の群れを想像してみよう。こうした親鸞の心境は、さきの教信の往生の相と全くあい通じている。まさに苛烈である。親鸞は八八歳で書き上げた「弥陀如来名号徳」で、如来の光明を「ひのさかりにもゆるがごとし」と形容している。それは真夏にもえつづける真赤な太陽を想像せしめる。親鸞の八八歳における意欲の熾烈さである。無住所無所有の扶風馮翊《ふふうかよく》の生活は、自己を孤独とし、自己破壊をつづけさせてゆく。右の親鸞の苛烈な精神は、このような親鸞の自己破壊力の熾烈さを如実に象徴している。こうした自己破壊をさいごまでもちつづけていったところに、親鸞をしていわゆる四海兄弟の思想と体験とを展開せしめていったのではなかったか。

いったい、このような四海兄弟の思想はまた鎌倉仏教を形成していった源空、道元、日蓮のごとき新仏教の人たちをはじめ、高弁、叡尊、忍性などの旧仏教の人たちにも、ひとしく認められるものであった。ところでこうした新旧仏教者の同朋運動の展開推進の仕方に、はっきりした一線を引くことができるようである。それは旧仏教では殺生禁断、非人・乞食・囚人・疥癩人・病者への施行・造塔・架橋・作道・掘井などといった、いわゆる慈善救済事業に積極的意欲を示したのに対し、新仏教の源空・親鸞・道元・日蓮などにはこうした事跡が殆んど見られぬということである。源空・親鸞・日蓮においては、こうした慈善救済の仕方に、むしろ批判的でさえあったということができるようである。史料の語るところによると、こうした殺生禁断の奨励は殺生を生業としていた人たちの生活を脅かし、また造塔架橋作道掘井とか病舎の建立、施粥といった事業は諸人旅人の悲歎のたねとなっていた関米関銭などの徴収によってまかなわれてもいた。そしてこうした貧窮苦悩の衆生は文殊菩薩の再来と信ぜられていたので、こうした文殊の再現である貧窮苦悩の衆生を救恤することこそ文殊菩薩の供養に資することともされていたのである。こうしてみると、こうした捨身の行為も、修道の一つの楷梯ともいえるわけである。これに対して親鸞はこのような慈善救済に関心を示さず、専ら自己破壊の道をえらんでいったといえよう。

親鸞は一二六二年（弘長二）一一月二八日午後二時に、その生涯を閉じた。ときに齢九〇歳であった。

上巻

第1巻	概説編	1963年1月10日	初版第1刷発行
		1967年9月20日	初版第2刷発行
第2巻	歴史編	1961年3月10日	初版第1刷発行
第3巻	思想編	1962年11月1日	初版第1刷発行

新装版 講座 近代仏教 上巻
―概説・歴史・思想―

二〇一三年八月三〇日 新装版第一刷発行

編集者 法藏館編集部
発行者 西村明高
発行所 株式会社 法藏館
京都市下京区正面通烏丸東入
郵便番号 六〇〇-八一五三
電話 〇七五-三四三-〇〇三〇（編集）
〇七五-三四三-五六五六（営業）

印刷・製本 株式会社 デジタルパブリッシングサービス

ISBN 978-4-8318-6531-1 C3015